미국의 미래

7개 키워드로 보는 미국 파멸 보고서

크리스 헤지스 지음
최유신 옮김

AMERICA:
The Farewell Tour

미국의 미래

오월의봄

유니스를 위하여

그녀는 모든 국가이고 나는 모든 군주이니,
이것만이 사실이다.
세상의 군주들은 우리를 흉내 낼 뿐이다. 우리에게 비교하면,
모든 명예는 모방이고, 모든 부는 가짜이다.

나는 이 세상이 어떻게 돌아가는지 궁금하지 않다. 우리가 사는 이 지구 상에서 수많은 문명이 유혈과 폭력 속에서 사라져갔다. 우리는 유혈과 공포가 사라진 문명이 오기를 바라야 한다. 실제로 나도 그러한 세상을 꿈꾼다. 그러나 지구가 1억 년째 혹은 4억 년째 생일을 맞이하는 날 우리가 그런 선물을 준비할 수 있을지 매우 의심스럽다. 만일 우리가 그렇게 하지 못한다면, 지구는 최후의 심판으로 깊은 생각 없이 막연히 잘되기 바랐던 우리를 응징할 것이다.

—발터 벤야민Walter Benjamin, 〈1935년 파리에서 보낸 편지〉 중에서[1]

*

지금 서구 세계가 빠져들고 있는 허무는 성대하게 번성하던 여러 민족 공동체의 종말, 쇠퇴, 침몰을 나타내는 것이 아니다. 그것은 특별히 서구적인 허무로 그 허무는 반항적이고 폭력적이며 반反인간적이고 반反신적 성향을 띠고 있다. 그 허무는 모든 기성 체제를 깨고 벗어나는 것이기 때문에, 결국 신에게 반대하는 모든 힘의 궁극적 표출이다. 그것은 신의 권위를 가진 허무이다. 그것이 어디를 향해가고 얼마만큼의 힘을 발휘할지 아무도 모른다. 허무의 통치는 절대적인 권위를 갖는다. 그것은 일종의 창조적인 허무이다. 왜냐하면 모든 존재하는 것에 반反신적인 숨을 불어넣어 새 생명을 낳는 망상을 일으키는 동시에, 존재하는 것들의 본질을 빨아들이고 빈 껍질만 남기고 버릴 것이기 때문이다. 이 허무는 생명, 역사, 가족, 국민, 언어, 신앙을 포함해서 모든 것을 집어삼킬 것이며, 모든 것이 이 허무의 희생물이 될 것이다.

—디트리히 본회퍼Dietrich Bonhoeffer, 《윤리학Ethics》[2]

일러두기

1. 본문의 각주는 모두 옮긴이 주이다.
2. 국내에 번역된 도서나 개봉된 영화는 번역서나 개봉작 제목을 그대로 썼다.

차례

한국 독자를 위한 서문 **11**

1장 **쇠망** DECAY ——————— **17**

2장 **헤로인** HEROIN ——————— **105**

3장 **노동** WORK ——————— **147**

4장 **사디즘** SADISM ——————— **187**

5장 **증오** HATE ——————— **247**

6장 **도박** GAMBLING ——————— **327**

7장 **자유** FREEDOM ——————— **369**

감사의 글 **491**
번역을 마치며 **497**
주(註) **501**
참고문헌 **537**

한국 독자를 위한 서문

한국 역시 신자유주의의 지배적 이데올로기와 그것이 가져온 결과가 무엇인지 미국만큼 잘 알고 있다. 미국의 지배적인 기업 엘리트와 한국의 재벌 사이에는 유사점이 많다. 미국의 세 갑부 빌 게이츠Bill Gates, 제프 베이저스Jeffrey Bezos, 워런 버핏Warren Buffett의 부는 미국 시민 절반 이상의 부를 합친 것보다 많다.[1] 한편 한국에서는 소수의 가족이 소유한 거대 기업으로 구성된 재벌이 대부분의 부를 차지하고 있다.[2]

사실 재정위기나 높은 실업의 근본적 원인은 국가의 공적 기관이 월가나 재벌에게 책임을 묻지 않는 데 있다. 그러나 기업의 포로가 된 미국이나 한국의 어떤 주요 정당도 구조적 변화를 꾀하려 하지 않는다. 한국의 경제 도약은 저임금 공장 노동자 없이는 불가능했지만,[3] 미화된 미국 역사와 마찬가지로 한국 역사는 한국의 '경제 기적'이 반反노조적 재벌 덕분이라고 미화한다.[4]

한국에서 기업 독재는 최근에 형성되기 시작했지만, 미국의 권력 구조를 짧은 시간에 그대로 답습했다고 볼 수 있다. 한국은 1948년 독립 정부를 수립했을 당시 농업국가였다.[5] 1950~1953년 한국전쟁으로 폐허가 된 한국은 1961년까지 제대로 된 산업 발전을 이룰 수 없었다.[6] 1961년 군사정변으로 정권을 획득한 박정희 군사독재 정부는 정실자본주의crony capitalism를 받아들여[7] 1960년대에 몇 개 가족 단위의 민간 사업체에 엄청난 재정적 인센티브를 제공하기 시작했다.[8] 부정회계,[9] 뇌물, 일반 투자자에게 낮은 주식 배당금을 지급하는 것[10]을 통해 자본은 신속하게 소수 재벌의 손에 집중되었다. 1980년대에는 '정부 주도 자본주의'[11]의 허울 아래 한국 정부는 엄청난 양의 외채를 대기업에 몰아주었다.[12] 재벌이 외국 채권자들에게 빚을 제대로 상환하지 못할 경우에 정부가 지불을 보장했다.[13] 이것도 모자라 재벌은 국내 은행에서 엄청난 양의 돈을 대출했다.[14]

1997년, 드디어 버블이 터졌고[15] 아시아의 재정위기가 시작되었다. 1997~1999년에 가장 큰 재벌 가운데 11개가 채무를 갚지 못했다.[16] 국제통화기금IMF, 세계은행World Bank, 아시아개발은행ADB, 몇몇 무역 상대국가가 한국에 550억 달러의 구제금융을 제공했다.[17]

재벌이 한국 경제에서 담당하는 몫이 너무 크기 때문에 무너지면 안 된다는 주장에 은행은 거대 복합기업의 빚의 상환을 연장해주었다.[18] 그런데도 한국에서 두번째로 큰 거대 복합기업이었던 대우그룹을 포함해 몇몇 재벌이 파산선고를 신청했다.[19]

한국 경제가 회복된 후, 그 책임은 재벌이 아닌 IMF에 있었다.[20] 주요 정당들은 선거에서 이기기 위해 재벌의 도움이 필요했다.[21] 그리고 회생한 재벌은 계속해서 더 많이 부를 축적했다. 한국의 상위 10대 재벌의 매출수익을 합산하면 한국 GDP의 67퍼센트를 상회하며, 이들의 자산 총액은 한국의 GDP를 넘어선다.[22] LG와 현대는 각각 191조 원[23]과 203조 원[24]에 이르는 자산 가치를 보유하고 있다. 삼성은 252조 원[25]의 자산 가치를 보유하고 있는데, 이는 한국 GDP의 42퍼센트에 해당한다.[26]

미국에서 볼 수 있듯이, 반복해서 일어나는 높은 실업률과 노동자의 절망은 사실 기업 전체주의에서 비롯된다. 한국의 실업률은 2019년 1월 4.5퍼센트에 이르며, 2010년 1월 이후 가장 높은 수치를 기록했다.[27] 미국의 러스트벨트Rust Belt처럼 대부분 제조업과 건축 분야의 일자리가 사라졌다.[28] GM 한국지사는 2018년 한국에 있는 네 개의 공장 중 하나를 폐쇄했다.[29] 약 17만 개의 제조업 일자리가 날아갔다.[30]

선거철이면 각 정당의 후보들이 재벌 개혁을 부르짖지만, 시끄러운 빈 수레일 뿐이다. 반反재벌 정강을 내세우며 선거에 승리한 문재인 정부도 친재벌로 선회하고 있다고 비판받고 있다.[31] 지배 엘리트들은 경기침체의 근본적 원인을 무시하면서 취약한 인력 시장과 불경기를 최저임금 상승 탓으로 몰아붙이고 있다.[32]

신자유주의 영향 아래에 있는 미국이나 다른 산업국가처럼 한국의 중산층도 급격하게 무너지고 있다. 한국은 상위 10퍼센트 부자들이 총소득의 50퍼센트 이상을 차지하고 있다.[33] 재벌의 독점과 경쟁할 수 없는 대부분의 중소기업은 낮은 임금을 줄 수밖에 없는 형편이다. 2019년에 30~40대가 25만 개의 일자리를 잃었고 빈곤층이 늘어났다.[34] 경제협력개발기구OECD에 따르면, 한국은 사회안전망이 가장 취약한 국가 중 하나다.[35] 노인들 가운데 빈곤층에 속하는 사람들이 45퍼센트를 차지하는데 이는 부유한 국가들의 평균 노인 빈곤율의 세 배에 해당한다.[36]

미국과 한국 모두 거대 기업의 쿠데타가 시민사회를 파괴했다. 높은 실업률과 지속 불가능한 상업주의가 도덕을 짓밟고 사람들은 절망의 나락으로 떨어지면서 마약, 도박, 격렬한 증오심, 사디스트적 여성 포르노에 빠졌다. 지배 엘리트층들은 이런 절망에서 이득을 얻는다. 이 책에서 나는 현재 미국 사회에서 일어나고 있는 민중의 고통과 희생이 사회지배층의 정책에서 비롯된다고 주장한다. 아마도 신자유주의 정책하에서 고통당하고 있는 대부분의 한국의 민중도 비슷한 상황이라고 생각한다.

예를 들면 제주도는 아홉 개의 카지노를 운영하고 있는데,[37] 2018년 한국도박문제관리센터의 한 연구에 의하면, 제주도 고등학생의 12퍼센트가 게임중독 증세를 보이고 있다.[38] 애틀랜틱시티에 있는 트럼프Donald Trump의 카지노와 크게 다를 바 없이, 삼성은 제주도에서 호화 호텔인 제주 신라호텔을 운영하고 있다.[39] 이런 약탈적 사업은 지역 공동체를 현란한 가짜 행복감에 빠뜨리고 젊은이의 장래를 어둡게 만든다.

증오 단체는 무너져가는 사회에서 증식한다. 미국의 거대 기업 자본주의로 인해 사회에서 소외된 신나치, 기독교 우파, 안티파antifa는 각각 증오의 대상과의 성전을 통해 자신들의 의미를 찾고 있다. 한국의 극단주의자들도 이와 비슷한 자기도취적인 증오심에서 자신의 정체성을 확인하고 있는지 모르겠다. 한국인 중 44퍼센트 이상이 이민자를 이웃으로 보지 않는다고 한다.[40] 아프리카인, 혼혈아를 향한 인종주의적 태도, 다른 아시아 이민자와 탈북자를 향한 노골적인 적대심은 한국의 역사적 배경에 기인하겠지만, 이는 신자유주의적 경제가 낳은 병리적 증상이기도 하다.

여성 폭력의 상업화는 통제받지 않는 자본주의의 또 다른 병리적 증세다. 미국에는 가학적 포르노가 무성하다. 한국에서 '몰카'가 유행병처럼 번지고 있다. 남성들이 여성과의 성관계를 몰래 찍거나 심지어 성폭행 장면을 찍어서 돈을 받고 판다고 한다.[41]

전 지구적 새로운 출발의 희망은 소수 부자권력층에게 힘을 되찾아오는 데 있다. 지배 엘리트들은 민중이 불만에 차 있다는 사실을 알고 있다. 그들은 모든 정치 스펙트럼에서 이제 신자유주의 이데올로기의 약발이 다했다는 사실도 잘 알고 있다. 지금 그들은 매우 두려워하고 있다. 더 가혹한 형태의 검열과 자신과 견해를 달리하는 자를 범법자로 몰아붙이는 것은 미국에서나 한국에서나 대중의 신임을 얻지 못하는 엘리트들이 쓰는 마지막 수단이다. 한국의 헌법재판소는 2013년에 통합진보당(통진당)의 활동을 금지시켰다.[42] 통진당의 당원은 고작해야 10만 명이었다.[43] 그렇게 박근혜 전 대통령을 가장 시끄럽게 비판했던 자들의 입을 봉했다. 그러나 박근혜는 삼성과 같은 재벌에게 뇌물을 받은 죄 등으로 탄핵당했다.[44]

미국에서 좌파적 반체제 인사들이 외세의 앞잡이 노릇을 한다며 그들을 재판하듯 한국에서는 통진당이 북한 정권의 앞잡이 노릇을 한다고 판결했다.[45] 미국에서 말하는 '외세'는 러시아다. 그러나 통진당이 지지했던 것은 "제국주의자들의 침략으로 얼룩진 오욕의 역사, 민족 분단과 군사독재, 초국적 독점자본의 횡포와 수탈을 바로잡는 것"이었다.[46] 통진당은 남북통일을 위해 한반도에 미군이 주둔하는 것에 반대했다. 그렇지만 일곱 명의 통진당 당원은 국가안보의 이름 아래 내란선동 혐의로 투옥되었다.[47] 언론의 자유를 파괴하고, 반정부 조직의 인사를 괴롭히고 제거하려는 것은 미국에도 흔한 일이다. 우리는 같은 적과 싸우고 있다.

1 장

쇠망

DECAY

존재하는 모든 것은 반드시 쇠락하기 때문에
어떤 상황에서도 흔들리지 않을 것처럼 보이는 국가도
영원히 종속할 수 없으며 결국 소멸할 것이다.

— 플라톤 Plato,《국가 The Republic》[1]

나는 폐기된 레이스 공장의 흔적을 보려고 측면도로를 걸어가고 있었다. 도로는 곰보 자국처럼 여기저기 구멍이 나고, 악취를 뿜어내는 구정물이 가득했다. 금이 간 아스팔트 사이에는 잡초와 어린 잡목들이 비쭉 튀어나왔다. 공장 이곳저곳에는 나무 상자들, 녹슨 기계들, 깨진 유리, 아주 큰 낡은 서류 캐비닛, 쓰레기들이 널려 있었다. 87만 7824평방미터 부지에, 두 개의 거대한 벽돌 건물이 있고, 두 건물은 고가 통로로 연결되어 있었다. 측면도로를 가운데에 두고 치솟은 두 건물의 높은 담에는 담쟁이덩굴이 무성했다. 창문에는 유리가 없거나 깨진 유리 조각이 창틀에 박혀 있었다. 육중한 나무문은 반쯤 열려 있었다. 무너져가는 이중 나무문을 통과하니, 휑뎅그렁한 큰 홀(비둘기 집으로 변해버린 공업 시대의 유물)이 눈앞에 펼쳐졌다. 서까래와 통풍기에 자리를 튼 비둘기들이 깨진 유리 조각과 썩은 마룻널 밟는 발소리에 놀라 휙 날아가더니 폐기된 직조기에 앉아 시끄럽게 울었다.

스크랜턴 레이스 컴퍼니Scranton Lace Company는 그 자체가 미국이었다. 과거 1200명이 넘는 노동자들이 수입 직조기를 사용해 일했다. 일부 직조기는 그때까지 제조한 것 중에서 가장 큰 것이었다.[2] 직조기 정면에서 보니 제조업체는 영국 노팅엄Nottingham이었고, 무게가 약 20톤이며 높이가 6미터가 넘었다. 직조기들은 낡은 공장 바닥 전체에 널려 있었다. 직조기의 검은 날개에 새겨진 'Nottingham'이 도드라졌다. 나는 공장 밖 세상과는 다른 시대, 다른 시간, 다른 나라에 와 있었다.

이곳은 1891년에 문을 연 뒤 세계에서 노팅엄 레이스를 만들어내는 제일 큰 직조 공장이었다.[3] 2002년 어느 날, 회사 부사장이 근무 교대시간에 나와서 곧 공장 문을 닫을 것이라고 발표했다. 이때 스크랜턴 공장은 직원 숫자가 50명이 안 되는 귀신이 출몰하는 폐기 선체 같았다.[4] 내 앞의 직조기 위에는 하얀 레이스 롤이 풀려 있었다. 바닥에는 바늘이 통과하는 작은 구멍이 촘촘한 펀치카드가 널려 있었다. 직조기는 한창 생산 중에 멈췄고, 시간은 앞으로 나아가지 못했다. 그것은 탈공업화한 미국의 모습을 보여주는 유물이다.

이곳은 1세기 이상을 우리와는 전혀 다른 세계를 품은 채 머물러 있었다. 여기저기를 살펴보니 낡은 볼링장, 육중한 무쇠 난로가 가득한 황폐한 카페테리아, 사내 이발소, 먼지 쌓인 실내 체육관, 무대가 빈 강당, 부속 진료소가 있었다. 바깥에는 교대근무를 알려주던 무쇠 종과 큰 경적이 달린 우아한 시계탑이 있었다.

스크랜턴 레이스 컴퍼니는 자체 탄광과 목화밭이 있었고, 힐러리 클린턴Hillary Clinton의 아버지와 할아버지를 포함한 자부심 넘치는 노동자들이 자부심으로 가득 차 바라보던 공산품들을 생산했다.[5] 노동자들의 일상에는 커튼, 냅킨, 식탁보, 휘장, 샤워 커튼, 우산에 덧대는 섬유 박판 등 이 회사 제품들이 항상 있었다. 제2차 세계대전 시 군사 보급기지로 폭탄을 투하하는 낙하산, 모기장, 위장망을 제조했다. 노조도 있었다. 노조는 노동자들의 초과 근무수당, 의료보호, 연금, 안전 노동조건 등을 보장했다. 동시에 이 회사는 수천 명의 남녀 노동자들에게 임금 이상의 중요한 것을 제공했다. 그것은 이 회사에서 일한다는 명예, 목적, 자부심, 소속감, 희망, 자존감이었다. 그러나 이 모든 것이 사라졌다. 스크랜턴과 미국 전역에서 이 모든 것은 자포자기, 가난, 표류, 정체성 상실, 되돌릴 수 없는 깊은 절망감으로 바뀌었다.

스크랜턴시의 시장 크리스토퍼 도허티Christopher Doherty는 인터뷰 당시에, 군살 없는 몸매를 가진 54세의 여섯 아이를 둔 아버지였다. 그는 11년 연속 시장직을 맡아왔으나 2014년 재선에 실패해서 지금은 다른 민주당원이 시장이다. 새로운 시장은 서둘러 시 소유 재산 일부를 매각했다.

도허티는 여름 더위로 숨이 막히는 방에서 와이셔츠 차림으로 나와 인터뷰했다. 에어컨은 전기세를 줄이려고 꺼져 있었다. 그는 스크랜턴 레이스 컴퍼니를 파산에서 회생시키기 위해서 적대적인 다섯 명의 시의회 의원들과 협상을 막 끝낸 상태였다. 2012년 여름, 은행은 시에 더 이상 현금을 대출해주지 않았다.[6] 시 은행 계좌에는 5000달러뿐이었고, 공무원들에게 줄 7월 임금이 100만 달러나 되었기 때문에, 스크랜턴시는 시장 자신을 포함한 모든 시 공무원들의 임금을 시간당 7달러 25센트의 최저임금으로 줄이지 않을 수 없었다.[7] 그는 시 정부를 채무 불이행에서 구제하기 위해 세금 인상률을 29퍼센트로 협상했다. 이는 본래 제시했던 세금 인상률 78퍼센트의 절반이 안 되는 수준이었다. 이 세금 인상분에는 향후 3년간의 부동산세 인상, 새로 부과하는 통근지 소득세*, 판매세, 유흥세, 부동산 양도세, 인허가세, 영업 혹은 상업세가 포함되어 있다.[8]

이 긴축 계획에 따르면 시 예산에서 100만 6000달러를 삭감해야 했고, 이는 더 많은 실직을 의미했다.[9] 도허티는 이미 시 공무원을 500명에서 400명으로 줄였다.[10] 시 정부는 시 경상비 7000만 달러를 확보하기 위해서 스크랜턴대학, 코먼웰스 의과대학을 포함한 모든 대학에 당시 30만 달러였던 기부금을 240만 달러로 인상해달라고 요청했다.[11] 스크랜턴대학은 이 요청을 순순히 받아들였다.[12] 예산 부족액을 채우기 위해서 시 정부가 이미 대출한 것과 재융자한 금액을 합하면 거의 1700만 달러다.[13] 도허티는 이러한 노력은 시가 새로운 수익원을 확보하지 않는 한 재앙을 연기하는 것뿐이라고 말했다. 스크랜턴 학군은 매년 적자가 2000만 달러 이상이다.[14] 연 500달러 이하의 재산세를 내는 주민들이 전체의 17퍼센트다.[15] 1인당 평균 연 소득은 약 2만 달러이고, 가구당 평균 소득은 3만 8000달러를 하회한다.[16]

도허티는 스크랜턴시의 주요 기관을 두고 "지금 우리에게 있는 것은 당신이 보는 그대로 정부와 교육기관과 의료기관뿐입니다. 제조업체는 하나도 없습니다"라고 말했다.

그러나 이 말은 사실이 아니다. 지금도 스크랜턴시에서는 군

★　통근 지역에 살지 않고 다른 지역에서 통근하는 사람들의 임금에 부과하는 직접세를 말한다.

수품을 생산하고 있다. 미국에서 생산하고 있는 마지막 제조품은 전쟁 무기이다. 스크랜턴 육군 탄약 공장The Scranton Army Ammunition Plant(SCAAP)은 레이저 선으로 만든 높은 담장에 둘러싸여, 105밀리미터 포탄과 155밀리미터 포탄을 포함한 일련의 발사체를 생산하고 있다. 이곳은 한때 증기기관차를 수리하던 벽돌 건물 복합단지에 있다. 여기서 만드는 포탄 대부분은 이라크나 아프가니스탄으로 가면 쓸모없는 금속 파편으로 변할 것이다. 스크랜턴 육군 탄약 공장은 미국 군수 자본주의의 한 부분이다. 미국 군수 자본주의는 막대한 돈을 써서 영속적인 전쟁 경제를 생산한다. 전체 연방 예산의 반 이상이 군수산업에 사용된다. 미국 국방성은 매년 거의 6000억 달러를 소비한다.[17] 다른 이름의 예산에 숨은 비용까지 합하면 무려 1년에 1조 달러 이상이다.[18]

도허티 시장에 의하면, 시 예산을 가장 많이 잡아먹는 것은 시 공무원들의 연금과 의료비다. 2008년 경제 위기로 스크랜턴시가 주식시장에 투자한 돈의 40퍼센트가 날아갔다.[19] 다른 도시와 기관들이 그랬듯이, 스크랜턴시도 부채담보부증권collateralized debt obligations(CDOS)과 같은 월가의 사기 금융 투자 상품에 투자했다. 이런 위험도 높은 투자를 당시 스탠더드 앤드 푸어스Standard & Poor's와 같은 신용평가 기관은 매우 높은 신용을 보증하는 3A 등급으로 평가했다. 2018년 금융버블이 터지자 금융회사들의 자산이 폭락했다. 아메리칸 인터내셔널 그룹American International Group(AIG)은 1분기 적자가 617억 달러라고 발표했고,[20] 대부분의 대형 은행들처럼 미국 재무성에 구제금융을 신청했다. 그러나 누구도 금융위기의 희생자인 서민들에게 융자를 제공하지 않았다.

나는 도허티에게 앞으로 스크랜턴시의 가장 큰 걱정거리가 무엇이냐고 물었다. "시 정부가 진 빚을 갚을 수 있도록 재정 소득원을 창출하는 능력입니다"라고 즉시 답했다. "그렇지 못하면 도시가 붕괴할 겁니다. 우리는 그 현상을 교육에서, 사회 범죄에서 보게 될 겁니다. 메릴랜드주의 볼티모어에서 보듯이 이러한 현상들은 도미노 효과를 불러일으킵니다. 설령 좋은 교육기관이 있어도 재정 소득원이 없다면, 범죄 문제는 여전히 우리가 짊어지고 가야 할 짐입니다."

스크랜턴의 현 시장, 빌 코트라이트Bill Courtright는 시 당국의 하수도 관리권을 아메리칸 워터의 자회사인 펜실베이니아 아메리칸 워터Pennsylvania American Water(PAW)에 1억 9500만 달러에 매도했다.[21] 펜실베니아 아메리칸 워터는 이미 스크랜턴의 상수도 시설을 소유하고 있었다.[22] 스크랜턴시는 하수도 관리권을 던모어시와 공유했다.

매도 금액 중 7000만 달러를 당국이 진 빚을 갚는 데 썼다.[23] 나머지 금액의 20퍼센트를 던모어시에 주고 7000만 달러가 남았다.[24] 이 돈은 도로 등 기반 시설 보수에, 시 공무원을 위한 연금 부족액을 채워 넣는 데 쓸 예정이다. 시는 은퇴자를 포함해서 경찰, 소방관들에게 밀린 체납액 2930만 달러를 지급할 수 있었다.[25] 159만 달러는 공적 연금기금에 넣었다.[26]

코트라이트 시장은 나의 인터뷰 요청을 거절했고, 그는 시 소유의 공영주차권을 전미개발협의회National Development Council에 3200만 달러에 매도했다.[27] 현재 민간인이 운영하는 시내 주차장은 시간당 25센트를 받고, 시의 주차장은 시간당 50센트를 받는다.[28]

시의 마지막 자산마저도 팔고 나면 다음은 어떻게 될까? 누구에게도 답이 없다.

카를 마르크스Karl Marx는 자본주의 고유의 역동성을 '부르주아

생산양식'이라고 불렀다.[29] 그는 자본주의의 지배 이데올로기(오늘날 기업 자본주의corporate capitalism의 신념, 즉 탈공업화, 규제 완화, 공공자산의 민영화, 긴축, 사회복지 프로그램의 삭감, 정부 재정지출의 막대한 축소)가 결국 경제 엘리트들의 이익에 봉사하기 위해 고안되었다는 것을 잘 알고 있었다. 왜냐하면 "물질적 생산수단을 마음대로 처분할 수 있는 계급은 동시에 정신적 생산수단도 통제할 수 있기"[30] 때문이고, "한 사회의 지배적 이념은 지배적인 물질적 관계, 즉 한 사회계급을 지배계급으로 만들기 위한 관계를 이상적으로 표현한 것에 불과하기"[31] 때문이다.

스튜어트 홀Stuart Hall이 (공저자들과 함께) 《위기관리Policing the Crisis》에서 설명했듯이, 1970년대 제조업 쇠퇴의 가속화로 사회 지배 엘리트들은 새로운 정치 프로그램을 만들어야 했다.[32] 기업가들에게 고분고분한 미디어들이 나팔수 노릇을 한 이 프로그램은 관심의 초점을 공동선에서 인종, 범죄, 법과 질서로 바꾸어놓았다. 심각한 경제적 정치적 변혁으로 생기는 고통이 기업의 탐욕에서 비롯한 것이 아니라 인종, 범죄, 법과 질서의 파괴와 같은 국가적 통합을 위협하는 요소들 때문에 발생한다고 주장했다. 뉴딜정책이나 복지국가 프로그램은 흑인 젊은이들을 범죄자로 만들고, 복지 여왕welfare queens*과 사회적 기생충을 낳는다고 공격을 받았다. 이와 함께 로널드 레이건Ronald Reagan과 마거릿 대처Margaret Thatcher가 시작한 권위주의적 포퓰리즘이 등장한다. 이것은 가족의 가치, 전통적 도덕, 개인의 자율, 법과 질서, 기독교 신앙, 신화적 과거를 향한 회귀를 주장했다. 적어도 이 주장은 미국의 백인들에게 호소력이 있었다.

---

* 복지 혜택을 진짜 필요해서 받는 것이 아니라 일하지 않기 위해 받는 여성들.

도널드 트럼프는 소위 국민 통합의 위협과 권위주의적 포퓰리즘을 십분 활용했다.

마르크스는 자본주의 그 자체에 자신을 붕괴하는 씨앗이 있다고 경고했다. 자본주의는 잠재력을 소진할 때, 스스로 붕괴할 날이 올 것이라고 했다. 그는 그날이 언제 올지 알지 못했다. 경제학자이자 영국 노동당 소속 정치인인 메그나드 데사이Meghnad Desai가 썼듯이 마르크스는 "역사의 천문학자였지 점성가가 아니었다".[33] 마르크스는 자본주의가 스스로 혁신하고 적응하는 능력을 예리하게 인지했다. 그는 자본주의적 확장이 영원한 것이 아님을 또한 알고 있었다. 지금 눈앞에서 벌어지는 자본주의의 대단원을 목도하면서 우리는 마르크스가 선견지명을 가졌던 가장 뛰어난 자본주의 체제 비판자임을 알 수 있다.

그는 《정치경제학 비판 요강A Contribution to the Critique of Political Economy》의 서문에서 다음과 같이 썼다.

어떤 사회질서도 그것이 가진 생산력을 다 개발하기 전에는 사라지지 않을 것이고, 생산력의 물질적 조건이 기존 사회의 태내에서 성숙하기 전에 새로운 상위 생산 관계는 절대로 나타나지 않는다. 인간은 항상 해결할 수 있는 과업만을 손댄다. 우리가 문제를 더 깊이 들여다보면, 우리가 해결해야 할 과업 그 자체는 항상 그것의 해결을 위해 필요한 물질적 조건들이 존재할 때 혹은 그것이 형성되고 있을 때만 나타난다.[34]

달리 말하자면 사회주의는 자본주의가 더 이상의 이익을 낼 능력이 없을 때, 비로소 가능하다. 그때를 예언하는 것은 어리석은 일이지만 자본주의의 종말이 오고 있다는 것은 틀림없는 사실이다. 위기를 반복하는 글로벌 자본주의는 결국 중국식 전체주의적 자본주의(가혹한 억압으로 유지되는 잔인한 체제로, 여기에서 노동자는 현대판 농노와 다름없다)의 모습이 될 것이다.

우리는 마르크스가 말하는 자본주의 최종 단계의 특징을 스크랜턴시에서 볼 수 있다. 자본주의는 더 이상 이익을 만들 수 없을 때 이제까지 자본주의를 유지해왔던 시스템 자체를 갉아먹을 것이다. 결국 자본주의는 긴축의 명분으로 노동자와 가난한 자를 희생양 삼아 그들을 빚더미와 가난으로 몰아넣고 국가가 국민의 기본적 요구를 채울 능력을 상실하게 만들 것이다. 이제껏 그래왔던 것처럼 제조업뿐 아니라 전문직 영역까지 점차 자동화하거나 값싼 노동력을 구할 수 있는 나라로 이전할 것이다. 그러면 노동자계급뿐 아니라 자본주의와 민주주의의 보루인 중산층도 타격을 입을 것이다. 중산층의 소득은 줄어들거나 답보 상태에 머물 것이고, 대출이 점점 늘어나 엄청난 개인 부채에 시달릴 것이다. 자본주의 후기 단계에서 정치는 경제에 종속하고, 정당은 정치의 고유한 실질을 잃고 기업가의 지시에 따를 것이다.

마르크스가 경고한 대로 긴축과 빚에 의존한 경제는 한계에 봉착할 것이다. 마르크스는 자본주의가 새로운 시장이나 빚을 짊어질 새로운 노동자들을 더 이상 찾지 못할 때가 올 것을 알았다. 우리는 이를 서브프라임모기지 위기에서 보았다. 은행이 새로운 서브프라임 대출자를 만들어내지 못하자 자본가들의 기획이 작동하지 않고 동시에 경제 체제가 무너져 내렸다.

한편, 소수 자본권력자capitalist oligarchs는 엄청난 부를 축적한다. 이들이 해외 세금 회피처에 은닉한 돈은 자그마치 7조 6000달러다. 이 엄청난 부는 그들이 지배하고, 빚을 지게 하고, 가난으로 내몬 민중의 희생으로 쌓은 것이다.[35] 마르크스에 의하면, 자본주의는 결국 그것이 옹호하는 가치와 전통과 함께 자유시장을 중심으로 운영된다. 자본주의는 그 마지막 단계에 이르면 자본주의를 가능케 해왔던 체제와 구조 자체를 약탈한다. 이런 과정에서 생겨난 사회 곳곳의 고통을 통제하기 위해서 자본주의는 더욱더 강화한 형태의 억압을 가할 것이다. 미치광이처럼 국가를 운영하는 시스템과 제도마저 약탈과 강탈을 일삼고, 이익을 쥐어짜고, 결국 스스로 주장해온 자본주의의 본질과 상치되는 일을 벌일 것이다.

마르크스와 프리드리히 엥겔스Friedrich Engels는 자본주의의 글로벌 기업들은 마지막 단계에서 세계시장의 독점권을 가질 것이라고 예측했다. "생산품의 판로를 끝없이 확장하려는 욕구가 부르주아지를 전 세계로 내몬다. 그들은 도처에 둥지를 틀어야 하고, 도처에 정착해야 하며, 도처에 관계를 형성해야 한다."[36] 이런 기업들은 금융 산업이든, 화석연료 산업이든, 농업과 식품 산업이든, 군수 산업이든, 통신 산업이든 모두 그들의 강력한 힘을 사용해서 국가의 메커니즘을 장악하고 누구도 그들의 세계적 독점에 도전하지 못하게 할 것이다. 그들은 이익을 최대화하기 위해서 가격을 조정할 것이다. 그들은 여태까지 해온 대로 자신들에게 이로운 무역협정을 밀어붙임으로써 각각의 국민국가들이 시행해왔던 환경규제와 노동자의 노동조건을 감독하는 권한마저 무력화할 것이다. 마침내 글로벌 기업들의 독점은 그들의 근본 교조인 시장의 자유경쟁마저 제거할 것이다.

2015년 5월 22일, 뉴욕타임스The New York Times에 〈중죄인 아니면 아류인 범죄자 은행〉이란 사설이 실렸다. 이 사설에서 우리는 마르크스가 말한 자본주의 최종 단계의 특징을 엿볼 수 있다.

현재 시티코프Citicorp, JP모건체이스JPMorgan Chase, 바클레이즈Barclays, 스코틀랜드 왕립은행Royal Bank of Scotland이 저지른 세계 통화가치 시세 조작 음모가 밝혀져 지난 수요일에 형사 고발을 당했다. 법무부에 따르면 이들은 공공의 선, 법, 공정성의 원리에 아랑곳하지 않고 오랫동안 많은 이익을 챙겨왔다.

사설은 다음과 같이 이어졌다.

주 정부, 연방정부, 외국의 규제기관뿐 아니라 법무부에 따르면, 이 은행들이 치러야 할 벌금은 약 90억 달러다. 이 벌금은 2007~2013년까지 적어도 5년에 걸친 대사기극에 비하면 솜방망이에 불과하다. 이들이 그동안 외환으로 벌어올린 수익이 약 850억 달러다.[37]

마르크스가 말했듯이, 자본주의의 최종 단계는 전혀 자본주의가 아니다. 대기업의 부가 그들의 생산품에서 비롯하는 것이 아니라 납세자들이 낸 세금을 탈취하는 데서 이루어지기 때문이다. 미국 정부는 앞으로 10년에 걸쳐서 3480억 달러를 핵무기 현대화에 쓸 것이고,[38] 하나에 80억 달러가 들어가는 최신 '오하이오급 핵잠수함Ohio-class nuclear submarines'을 12개 더 제작할 것이다.[39] 핵잠수함의 필요 여부는 상관없다. 민주당 의원이든 공화당 의원이든, 그 어떤 국회의원도 감히 국방성 지출에 관해서 묻지 않는다. 국방성 예산은 1996년 이래 법적으로 회계감사를 받아야 하는데 실제로 받은 적이 없다. 총 10조 달러에 해당하는 국방성 예산은 눈먼 납세자의 세금이다.[40] 그러나 군수산업과 미 제국에 도전한다는 것은 버니 샌더스Bernie Sanders조차 알듯이 정치적 자살 행위이다. 미국 정부가 정보의 수집, 해석, 감시에 지출하는 금액은 매해 약 1000억 달러에 이른다. 이 돈의 70퍼센트는 부즈 앨런 해밀턴Booze Allen Hamilton과 같은 사설 도급업체에 지출된다.[41] 이 회사들 전체 수입의 99퍼센트는 미국 정부에서 들어온다.[42] 미국 교육부는 연 680억 달러를 지출하는데, 교육부가 그 예산을 충당하는 전국의 차터 스쿨charter school은 월가나 헤지펀드와 관련을 맺고 있다. 이 학교를 또 하나의 수입원으로 보기 때문이다.

IMF에 의하면 화석연료 산업을 계속 유지하기 위해서 드는 간접비용이 자그마치 5조 3000억 달러다.[43] 또한 전 세계 정부가 대손상각write-offs과 감가상각write-downs, 토지 사용 등과 관련한 갖가지 제도를 통해서 지원하는 금액이 4920억 달러다.[44] 우리가 사는 세상이 합리적이라면 이 엄청난 지원금은 화석연료 사용 때문에 생기는 탄소의 치명적인 영향에서 벗어나는 데, 무너져가는 국가 인프라들을 재건하는 데 써야 마땅하다. 안타깝게도 우리는 합리적인 세상에서 살고 있지 않다.

2013년도 블룸버그 뉴스Bloomberg News의 한 사설 제목은 〈왜 납세자들은 매년 830억 달러를 거대 은행들에 바쳐야 하는가?〉였다. 정부가 거대 은행에 부과하는 대출이자를 약 0.8퍼센트로 낮춰야 한다는 경제학자의 결정을 폭로한 사설이었다.[45]

"자산 규모가 열 손가락 안에 들어가는 미국 거대 은행들이 총 부채액을 배가할 때마다 납세자 세금에서 지원되는 금액이 연간 830억 달러에 이른다."

"상위 5위 안에 드는 은행들이(JP모건JPMorgan, 뱅크오브아메리카Bank of America Corp., 시티그룹Citigroup Inc., 월스파고 앤드 컴퍼니Wells Fargo & Co., 골드만삭스 그룹Goldman Sachs Group Inc.) 정부 총지원금 중에서 640억 달러를 차지하는데, 이 금액은 그들의 평균 연 소득과 맞먹는다. 정부가 기업복지를 끊는다면 미국 금융 산업의 최고위를 차지하는 은행들(이들은 자산 규모가 9조 달러인데, 미국 경제 규모의 반 이상을 차지한다)은 하루 아침에 붕괴할 지경에 이를 것이다. 본질적으로 이들 은행이 보고하는 이익금은 납세자의 세금이 주주들에게 넘어간 것이다."

정부 지출은 GDP의 41퍼센트에 해당한다.[46] 필사적으로 경제를 살려보려는 소도시와 대도시, 주 정부들은 정부가 소유하거나 관리하는 공유지, 감옥, 학교, 수도전기 시설, 주차관리권, 하수도 시설, 쓰레기 수거, 공공의료 서비스를 영리 목적의 회사에 팔거나 민영화하고 있다. 그러나 영리 목적의 기업들이 이것을 장악한다고 해서 기본 서비스가 나아지거나 비용이 줄어드는 것은 아니다. 애초에 이것은 그들의 관심거리가 아니다. 기업들의 관심은 무력한 정부의 돈을 짜내는 것이다. 이러한 절차는 자본주의를 지탱해왔던 구조물 자체를 필시 해체할 것이다. 이 모든 것을 마르크스는 알고 있었다.

마르크스는 자본주의가 내포한 모순을 설명했다. 그는 자본주의 이데올로기(자유무역, 자유시장, 개인주의, 혁신, 자기계발)는 앨런 그린스펀Alan Greenspan과 같은 자본주의 신봉가들의 유토피아적 사유에서 작동하는 것이지 현실 세계에는 절대 맞지 않다는 것을 잘 알고 있었다. 소규모 엘리트 자본가는 부의 축적에만 관심이 있고, 노동자의 임금은 계속 떨어지기 때문에 자본주의가 생산한 생산물을 소비할 주체는 줄어든다.

노동자계급에 대한 위협은 수십 년 동안 진행 중이다. 1970년대 이후로 임금은 제자리걸음이거나 내려가고 있다.[47] 제조업체들은 해외로 이전해서 중국 노동자들에게 시급 1달러를 준다.[48] 방글라데시 노동자의 시급은 32센트다.[49] 노동자들은 현대판 노예시장에서 경쟁한다. 한때 보수도 좋고 노조가 있던 건설업은 이제 보수가 낮고 노조가 없으며 주로 불법 이민자들이 일하는 산업 분야가 되었다. 기업은 해외 엔지니어들과 소프트웨어 전문가를 수입한다. 이들은 H-1B, L-1 비자나 다른 취업비자로 들어와 정규 임금의 3분의 1을 받으면서 전문직의 일을 한다. 물론 이런 노동자들에게 시민권자가 누리는 권리는 없다.

자본가는 국내 경제를 붕괴시키고 세계적 고리대금업자와 투기업자로 변신한다. 이들은 노동자층과 빈곤층이 갚을 능력이 없다는 것을 알면서도 그들에게 터무니없는 이자로 돈을 빌려준다. 그다음 신용부도스와프credit default swap(CDS), 채권, 주식을 포함한 부채들을 하나로 묶은 상품들을 연금기금, 시 정부, 투자회사나 다른 기관에 판다. 이런 식으로 파생상품을 계속 만들어내는 최근의 금융 자본주의는 마르크스가 말한 '의제자본fictitious capital'에 근거한다.[50] 마르크스가 말했듯이, 이런 사태가 오면 결국 돈이 공중으로 증발한다.

서브프라임모기지 차용인들이 대출을 갚지 못하자(대형 은행과 투자회사는 이렇게 될 것을 알았지만) 정부는 은행에 긴축 정책을 취하는 조건으로 긴급 구제금융을 제공했다. 이 경제 위기에서 막상 우리를 구제한 것은(마르크스는 참으로 역설적이라고 했었을 것이다) 자유시장이 아니라 국가였다. 국가가 AIG나 제너럴모터스General Motors(GM)와 같은 대기업을 국유화한 것을 포함해서 대대적으로 경제에, 즉

시장에 손을 대지 않았다면 이 전면적인 불황은 극복하지 못했을 것이다.

2008년 금융위기에서 우리는 부자를 위한 복지국가, 즉 마르크스가 예언했던 일종의 금융 엘리트들을 위한 국가사회주의의 사례를 보았다. 더불어 일시적인 비정상적 호황과 불황이 널을 뛰면서 반복되는 일이 점점 증가하는 것을 보았다. 우리는 21세기에 들어서서 불과 10년 동안에 두 번의 엄청난 증권시장 붕괴와 부동산 가격의 폭락을 경험했다.

대부분 미디어를 소유한 6대 대기업은 당황한 시민들에게 지금 경기가 회복 중이라는 소설을 써서 파는 데 많은 시간을 들이고 있다. 그들이 1년 이상의 실직자들을 실직자 명단에서 누락시키는 등 갖가지 속임수를 써서 작성한 고용 수치는 모두 거짓이다. 대중의 소비를 진작시키려고 쏟아져 나오는 금융 지표도 마찬가지다. 일단 시장 메커니즘이 자연계뿐 아니라 국민국가의 운명을 결정하는 유일한 요소라면, 이 둘은 모두 붕괴한다는 사실을 마르크스는 알고 있었다.

무너져 내리는 사회 기반 시설과 지금도 진행 중인 정리해고로 전국의 도시들이 몸살을 앓고 심각한 방치 현상이 일어날 것이다. 수거하지 않는 쓰레기가 길가에 쌓이고, 정전 사태가 반복될 것이다. 경찰, 소방관, 교사의 숫자는 점점 모자랄 것이다. 연금은 삭감되거나 산발적으로 지급될 것이다. 부자들만 안전하게 의료 혜택을 받을 것이다. 현재 의료보험에 들지 못해 의료 서비스를 제대로 받지 못해 죽는 사람들이 연간 4만 5000명인데 이 숫자는 훨씬 늘어날 것이다.[51] 연료비와 식비는 치솟을 것이다. 방부제, 설탕, 지방이 잔뜩 들어 있는 가공식품이 주식이 될 것이다. 인구의 4분의 1이 안정적인 직장을 갖지 못할 것이다. 법과 질서는 무너질 것이다. 범죄가 고질병이 되고, 거의 누구나 총을 소지할 수 있는 나라에서는 폭력으로 인한 사망이 늘어날 것이다. 사회 해체 현상이 멈춰지지 않는 한 폭동이 들불처럼 퍼져나갈 것이다. 총기 난사 사건을 흔하게 볼 것이다. 혐오 단체들이 기생충처럼 번식할 것이다. 실의에 빠진 미국인들은 미래의 불확실성과 혼란, 널리 퍼진 정치 엘리트를 향한 혐오감 때문에 일종의 군국주의적 해결책에 매력을 느낄 것이다.

부패와 약탈을 일삼는 기업가들은 정치적 방화범들이다. 그들은 공공선을 진작시키는 조직과 프로그램들을 모두 불태워버리려고 정부기관, 법원, 백악관, 의회에 휘발유 통을 실어나른다. 스티브 배넌Steve Bannon은 이런 약탈 행위를 '행정국가 해체'[52]라고 명명했는데, 아주 적절한 말이다. 트럼프가 임명한 관리들은 자신들이 지휘 감독할 부서와 집행해야 할 프로그램들을 축소하거나 해체 중이다. 사실 그들은 이런 일을 하도록 임명되었다. 국방부 장관 렉스 틸러슨Rex Tillerson, 재무부 장관 스티븐 므누신Steven Mnuchin, 환경보호청장 스콧 프루잇Scott Pruitt, 에너지부 장관 릭 페리Rick Perry, 주택도시개발부 장관 벤 카슨Ben Carson, 교육부 장관 벳시 디보스Betsy DeVos, 모두가 민주주의의 기관과 제도의 뿌리를 뒤흔들고 있다.

윌리엄 버로스William S. Burroughs는 그의 소설 《네이키드 런치The Naked Lunch》에서 '머그웜프Mugwumps'라는 괴물을 등장시킨다. "이들은 포식가로 간이 없으며 단것만으로 영양을 섭취한다. 이들은 남색의 얇은 입술과 검은색 뼈로 된 면도날처럼 날카로운 부리를 가지고 있다. 이들은 먹이 때문에 자주 싸우는데 부리로 상대방을 갈기갈기 찢는다. 이 괴물들은 꼿꼿이 선 성기로 중독성 액체를 분비해

신진대사를 늦추며 생명을 연장한다."[53] 이 액체에 중독된 자들을 '파충류Reptiles'[54]라고 부른다.

우리는 우리만의 머그웜프에 중독되어 있다. 우리는 트럼프라는 머그웜프의 분비물을 역겨워하면서도 거기에 도취해 있다. 그는 우리를 자기 수준으로 끌어내린다. 우리는 케이블 뉴스에서 눈을 떼지 못한다. 일반적으로 대통령 선거가 끝나면 시청률이 내려가는데, 대통령 트럼프가 펼치는 리얼리티 쇼는 시청률이 50퍼센트까지 올라간다.[55] CNN은 2016년에 역사상 최고 수익을 남겼다. 2017년에는 10억 달러의 수익을 남겼다.[56] 뉴욕타임스는 6개월에 걸쳐 순수 독자층을 50만 명으로 늘렸다.[57] 워싱턴포스트Washington Post는 1년 만에 75퍼센트의 새로운 구독자를 얻었다.[58] 《뉴요커The New Yorker》[59]와 《애틀랜틱The Atlantic》[60]의 구독률도 상승했다.

구독률이 상승한 것은 미국인들의 정보 욕구가 갑자기 늘어나서가 아니라 정치판을 요약해서 보여주는 정치 연속극을 향한 관심 때문이다. 오늘은 대통령이 어느 나라에 모욕을 줄까? 멕시코? 오스트레일리아? 스웨덴? 아니면 독일? 대통령이 어떤 유명 인사나 정치인에게 비하하는 말을 할까? '꼬마 밥 코커'? '거짓말쟁이 테드'? '비비 꼬는 힐러리'? 오늘은 트럼프나 그의 부하들의 입에서 얼마나 바보 같은 말이 튀어나올까? 트럼프의 딸 이방카 트럼프Ivanka Trump의 회사 제품을 케이블 티브이를 통해서 선전해주던 백악관 고문 켈리앤 콘웨이Kellyanne Conway의 주장(도널드 트럼프를 도청하기 위해서 전자레인지도 몰래카메라로 바뀔 수 있다[61])처럼 더 재미있는 뉴스거리를 계속 만들어낼 수 있을까? 총기 난사 범죄에서 어린이들을 보호하기 위해 학교에 총이 필요하다고 주장한 교육부 장관 디보스는 이런 말도 안 되는 이야기를 계속할까?[62] 트럼프는 앤드

루 잭슨Andrew Jackson 대통령이 남북전쟁을 반대했다고 주장했다. 잭슨 대통령은 1845년에 죽었고, 남북전쟁은 1861년에 시작했으니 트럼프가 얼마나 역사에 무지한지 알 수 있다. 그의 역사적 무지는 계속될까? 트럼프는 노예제도 철폐론자 프레더릭 더글러스Frederick Douglass가 지금도 살아 있는 사람 중의 한 명이라고 믿는다. 과연 이 보다 더한 코미디를 앞으로 계속 볼 수 있을까?

맷 타이비Matt Taibbi는 다음과 같이 썼다. "트럼프는 미국식 '죽음의 별Death Star'*이 가진 약점을 알고 있다. 죽음의 별은 자신이 죽어가는 것을 카메라로 찍을 때조차 어떻게 카메라를 꺼야 하는지 모른다."[63]

미디어는 항상 오락거리를 제공한다. 미디어는 우리를 즐겁게 하려고 오래전 저널리즘의 사명을 포기했다. 트럼프는 여기에 크게 일조했다. 지금 우리는 백악관에서 연출하는 '황당무계 쇼Gong Show'를 날마다 본다.[64] 이것은 트럼프에게 좋고 케이블 뉴스도 이익이다. 그러나 이런 일이 국민에게는 매우 해롭다. 왜냐하면 우리의 관심을 딴 데로 돌려서 '약탈형 정치가들kleptocrats'이 나라를 바나나 공화국banana republic**으로 바꾸어가는 것을 보지 못하게 하기 때문이다. 트럼프가 대통령직을 어떻게 수행하는가를 보려면 가브리엘 가르시아 마르케스Gabriel Garcia Marquez의 소설 《족장의 가을The Autumn of the Patriarch》을 보면 된다. 사람들은 '영원한'[65] 독재자를 조롱하지만 그

---

* 영화 〈스타 워즈〉에 등장하는 제국의 가장 강력한 마지막 무기.
** 미국 작가 오 헨리O. Henry가 지어낸 말로 경제적으로 제한된 자원 생산품, 예를 들어 바나나와 같은 농산물 수출에 의존하는 정치적으로 불안한 나라를 말한다. 바나나 공화국은 계급화 사회로 다수의 가난한 노동자와 소수의 금권정치가로 구성되어 있다.

만큼 그 존재를 두려워한다.

우리가 직면하는 가장 불길한 위험은 '망 중립성net neutrality'을 훼손하거나 구글의 알고리듬을 통해서 일반인의 견해와 다르거나 좌파적이거나 진보적이거나 반전 성향을 띤 사이트들을 보지 못하게 하는 식으로 언론의 자유를 말살시키려는 데서 오는 것이 아니다. 기업들과 소수 지배자의 배를 채우려고 국가 재정을 포기하고 사회보장제도와 같은 복지 프로그램을 포기한 2017년도 세금 법안에서 불길한 위험이 오는 것도 아니다. 공유지를 광산업과 화석연료 산업에 내주고 환경법을 폐지함으로써 환경 파괴를 가속하거나 공교육을 파괴하는 데서 그 위험이 오는 것도 아니다. 나라가 서서히 무너져가는데 연방정부의 예산을 부풀려진 군비에 흥청망청 쓰거나 국내 안보 시스템을 정부 정책에 반대하는 자들을 범죄자로 만드는 일에 사용하는 데서 불길한 위험이 닥쳐오는 것도 아니다. 우리가 직면하고 있는 가장 불길한 위험은 법조계, 학계, 입법부, 문화 단체, 언론을 포함한 사회 정치 제도를 파괴하거나 변두리로 몰아내는 데서 온다. 이런 제도는 시민의 담론이 실재와 사실에 근거할 수 있게 했고, 진리와 거짓을 구별하는 데 큰 역할을 했으며, 정의 실현을 가능하게 해왔다.

트럼프와 현재의 공화당은 기업 전체주의의 마지막 단계를 대표한다. 약탈과 억압은 '영구적 거짓permanent lies'으로 정당화된다. 영구적 거짓은 빌 클린턴Bill Clinton, 조지 부시George W. Bush, 버락 오바마Barack Obama와 같은 정치인들이 했던 순전한 거짓이나 '반쪽 진실half-truths'과 구별된다. 보통 정치가들의 거짓은 실재를 없애려고 고안한 것이 아니다. 그것은 일종의 조작이다. 클린턴은 북미자유무역협정NAFTA에 서명할 때 "미국인들의 일자리를 확보하며, 보수도 충분히 보장할 것이다"[66]라고 약속했다. 부시는 사담 후세인Saddam Hussein이 대량살상무기를 가지고 있다고 주장하면서 이라크 침공을 정당화했다. 클린턴은 NAFTA가 노동자들에게 이익을 가져다준다는 약속이 사실이 아닌 것으로 드러나자 그 주장을 밀어붙이지 않았다. 부시 역시 대량살상무기가 발견되지 않았을 때 그것이 있다고 고집을 피우지는 않았다.

영구적 거짓은 실재가 드러났음에도 그 거짓을 철회하지 않는다. 이 거짓은 명백한 증거가 드러났음에도 그 생명을 영속화한다. 그것은 애초부터 비이성적인 것이다. 진실과 사실을 말하는 이들을 거짓말쟁이, 배반자, '가짜 뉴스fake news'를 퍼뜨리는 사람이라고 공격한다. 전체주의적 엘리트들이 충분한 권력, 즉 망 중립성을 폐기할 정도의 힘이 생기면 진실을 말하는 이들을 공론장에서 추방한다. 영구적 거짓말을 하는 자들은 투명한 사실이 드러나도 그것을 절대로 인정하지 않는다. 영구적 거짓이 판을 치는 세상에서는 집단 정신질환이 증가한다.

한나 아렌트Hannah Arendt는《전체주의의 기원The Origins of Totalitarianism》에서 다음과 같이 말했다. "사실에 입각한 진리가 완전히 거짓으로 둔갑하는 일이 계속 일어나면 거짓이 진리로 받아들여지고 진리가 거짓으로 오명을 쓰는 결과를 초래하는 것보다, 근본적으로 우리가 실제 세계에서 우리의 위치를 확인할 수 있는 감각, 즉 우리의 정신적 기능 가운데 진리와 거짓을 구별하는 기능 자체를 파괴하는 결과를 초래한다."[67]

영구적 거짓은 정치적 담론을 부조리 연극으로 만든다. 대통령 취임식에 모인 사람들의 숫자는 부풀려 자랑하는(사진만 봐도 얼마나 모였는지 뻔히 알 수 있는데도) 트럼프는, 세금 신고액은 엄청 줄여 신고하면서 개인 재무로 인한 세금 때문에 죽을 지경이라고 엄살을 부린다. 실제로 그는 세금 제도를 이용해 자신과 상속자들을 위해 10억 달러 이상을 챙겼다.[68] 재무부 장관 므누신은 세금 삭감을 하면 재정 적자가 늘어나는 것이 아니라 흑자가 늘어난다는 것을 입증하는 보고서가 있다고 주장했으나 확인 결과 그런 보고서는 없었다. 공화당 상원의원 존 코닌John Cornyn은 모든 사실적 증거가 있는데도 "이 법안은 주로 부자나 대기업에 이익이 돌아가도록 만든 법안이 아니다"[69]라고 거짓말을 했다.

한편 트럼프는 200만 에이커에 해당하는 공유지를 광산업계와 화석연료업계에 넘기면서 이런 양도는 "공유지를 다시 한번 공익을 위해 쓰는"[70] 방법이라고 주장한다. 환경론자들이 이런 양도는 도둑질이라고 비난할 때 공화당 하원의원 롭 비숍Rob Bishop은 그들의 비판을 "지어낸 이야기"라고 매도한다.[71]

망 중립성을 포기하면서 인터넷에서 언론의 자유를 압살한, 연방 통신위원장 아짓 파이Ajit Pai는 "우리가 알고 있던 인터넷은 이제 끝났다고 말한 사람들의 주장이 잘못되었다는 것이 입증되었다. ……우리는 앞으로도 계속해서 자유가 보장된 인터넷을 즐길 것이다"[72]라고 말했다. 그리고 질병통제예방센터Centers for Disease Control and Prevention에서 '증거에 기초해서' 혹은 '과학에 근거해서'라는 말을 이제 사용할 수 없게 만들었다.[73]

영구적 거짓은 전체주의의 극치이다. 무엇이 진실이냐는 더는 중요하지 않다. 중요한 것은 무엇이 '들어맞느냐'이다. 연방법원은 어리석고 무능한 재판관으로 채워지고, 이들이 하는 일은 기업주의 이데올로기와 기독교 우파의 사회적 도덕관에 봉사하는 것이다. 이들은 과학과 법의 통치를 포함한 엄연한 실재를 무시한다.

이들은 지적, 도덕적 자율성으로 정의되는 실재에 근거한 세계에 사는 사람들을 추방하려고 한다. 전체주의적 통치는 항상 잔인하고 어리석은 짓을 독려한다. 어리석은 전체주의 통치자들은 진정한 정치철학도 정치적 목표도 없다. 이들은 권력의 갈망과 탐욕을 정당화하려고 판에 박힌 말이나 슬로건을 반복하는데, 대부분 모순 투성이다. 이는 자유시장과 세계화를 부르짖는 대기업뿐만 아니라 기독교 우파에도 해당하는 말이다. 기업주의와 기독교 우파의 결합은 거대 괴수 고질라와 프랑켄슈타인이 결혼하는 것과 다름없다.

정신의학자 주스트 미어루Joost A. M. Meerloo는 《정신약탈: 사상통제, 두뇌 살해, 세뇌를 위한 심리학The Rape of the Mind: The Psychology of thought control, Menticide and Brainwashing》에서 다음과 같이 썼다. "타락한 정치인들은 자신들의 행동이 초래하는 사회적 정치적 결과에 전혀 관심이 없다. 그들은 (아무리 자신들이 이데올로기에 근거해서 행동한다고 할지라도) 이데올로기적 신념에 따르는 것이 아니라 왜곡된 인격에 따라 행동하는 것이다. 그들은 자신들이 광고한 대로 나라와 인류에 봉사하고자 행동하는 것이 아니라, 그의 병적인 인격 구조에서 오는 갈증을 만족하게 하려는 압도적인 심리적 요구와 강박 충동 때문에 행동한다. 그들이 거침없이 내뱉는 이데올로기는 그들의 진짜 목표가 아니다. 그것은 냉소적 도구이다. 이런 정신질환자들이 희망하는 것은 자신들이 이해하는 개인적 가치와 권력을 성취하는 것뿐이다. 그들의 심리에 내재하는 미묘한 거짓이 그들의 심적 상태를 더욱 악화시킨다. 방어적 자기기만, 제한된 통찰력, 타인과의 정서적 공감대를 회피하려는 경향, 감정이입 능력의 퇴화와 같은 정신 상태는 방어적 메커니즘을 만들어 결국 양심을 눈멀게 한다."[74]

실재가 변덕스러운 여론과 편법으로 대치된 곳에서는 오늘 사실인 것이 내일 거짓으로 변한다. 일관성은 폐기 처분된다. 복잡한 것, 미묘한 의미, 깊이, 심오한 것은 사라지고, 단순한 바보들이 믿는 위협과 폭력이 난무한다. 트럼프 행정부는 외교를 혐오하고 국방성을 무력화하고 있다. 소설가이자 비평가인 토마스 만Thomas Mann에 의하면, 전체주의는 그 핵심에 복잡한 현실의 정확한 이야기보다는 단순하고 흑백이 분명한 이야기를 듣고 싶어하는 대중의 욕구가 도사리고 있다. 이런 이야기가 실재를 대신하면 도덕과 윤리는 사라지고 만다.

볼테르Voltaire는 "당신에게 불합리한 것을 믿게 할 능력을 갖춘 사람은 결국 흉악한 일까지도 저지르게 할 능력이 있다"라고 경고했다.[75]

기업 권력의 수중에 있는 대중문화는 강력하고 위험한 힘이 있다. 그것은 군중심리를 만들고 독립적이고 자율적인 사고를 추방한다. 그것은 자신감을 파괴하고 의견을 달리하거나 반체제적인 사람들을 주변으로 몰아내거나 불신하게 하며, 시민이 정치에 무관심하게 만든다. 또한 그것은 그 사회의 지배 이데올로기를, 하늘이 계시한 부정할 수 없는 진리이며 인간 진보를 가능하게 하는 불가피하고 움직일 수 없는 유일한 힘이라고 한다. 그렇게 사람들에게 자신들이 쓸모없는 존재라는 의식과 무력감을 주입한다. 대중문화는 민족주의라는 공염불과 미국의 힘과 덕목을 끊임없이 기념하는 애국적 상징물을 이용한다. 또한 노동자들이 나라를 넘어서 연결되지 못하도록 한다. 이것이 바로 자본가계급이 노리는 주요 목표 중 하나이다.

혁명가이자 이론가인 로자 룩셈부르크Rosa Luxemburg는 민족주의가 언제나 노동자계급을 배신하기 위해 사용되는 도구라고 경고한다. 그녀는 민족주의가 "반혁명주의 계급이 사용하는 정책의 도구다"[76]라고 썼다. 민족주의는 대중을 세뇌할 수 있는 강력한 힘을 가지고 있다.

제1차 세계대전 발발 시 민족주의가 전염병처럼 퍼졌다. 독일 사회민주당을 포함해서 유럽의 자유주의 정당들은 수년 동안 반전을 외쳤지만 조국이라는 명분 아래 손쉽게 우파 민족주의자들에게 무릎을 꿇었다. 룩셈부르크는 이런 배신을 자본주의 사회 안의 자유주의적 기득권층의 도덕적 정치적 파산의 증거라고 보았다. 전쟁이 끝날 무렵 참전국 전체 전사자의 수는 1100만이었는데, 대부분 노동자계급이었다. 대량학살로 부자가 된 자본가들은 노동자계급을 두려워할 이유가 없었다. 그들은 노동자들을 기관총의 제물로 만들었다.

이탈리아 마르크스주의 철학자 안토니오 그람시Antonio Gramsci가 썼듯이 대중문화는 인간의 의식을 공격해서 "혼란에 빠지게 하고 조각낸다".[77] 마르크스가 말했듯이 대중문화는 '허위의식'을 만들어낸다. 대중문화는 프롤레타리아계급에게 그들의 '진정한' 이익은 지배계급의 이익과 일치한다는 신념을 전파하도록 고안되었다. 대중문화는 합법적인 경제적 사회적 불만을 심리적 감정적 문제로 전환한다. 민족주의를 이용해 계급의 이익을 불신하게 만든다. 그람시의 이해에 의하면 우리는 자연의 산물이 아니라 역사와 문화의 산물이다. 우리가 역사와 문화를 모른다면, 엘리트층이 꾸며낸 역사와 문화를 받아들인다면, 결코 자신을 억압 세력에게서 해방시킬 수 없다. 1960년대 급진적 사회운동으로 우리는 우리의 기억과 문화를 되살려냈고, 엘리트층을 두려움에 떨게 했고, 급진적 사회운동가들에게 자신들이 가진 힘과 능력을 각성시켰다. 우리는 그 운동을 통해서 권력자들이 노동자들에게 은혜를 베푼다는 신화가 아니라, 남녀 노동자들과 억압받는 자들의 분투와 노력을 명백하게 인식하고, 세상에 널리 알렸다. 그 운동은 지배계급의 착취와 거짓을 폭로했다. 기업가들은 수억 달러를 들여서 이런 운동을 분쇄하거나 무력화하고 이 운동의 역사를 학교, 문화, 언론, 연예계에서 지워버렸다.

그람시는 파시즘의 지배 아래에 있을 때 다음과 같이 한탄했다. "민중들은 자신의 역사적 정체성을 분명하게 의식하지 못할 뿐 아니라 역사적 정체성이 무엇인지, 어디까지가 적대자의 한계인지를 정확하게 몰랐다."[78]

우리가 우리의 역사를 모른다면, 우리는 비교 대상조차 갖지 못한다. 우리는 우리를 통제하는 세력을 알아보지 못하거나 자본가의 지속적인 억압에 저항하지 못한다. 플라톤이 경고했듯이 실패한 민주주의는 대중의 지지에 기초한 전제정치의 조건을 형성한다. 이것은 독일과 이탈리아에서 일어났던 일이고, 우리는 이를 트럼프의 당선에서 또다시 목격했다. 우파 포퓰리즘이나 파시즘이 권력을 잡을 때, 그람시가 말했듯이 우리의 목표는 "국가의 시민의식"[79]을 북돋는 것이 아니라 잃어버린 시민의식을 양성하고 재창조하는 것이다.

서양사에서 민주주의는 일상적인 것이 아니라 이례적인 것이었다. 기원전 322년에 아테네 민주주의가 마케도니아에 의해서 억압을 받았고(물론 이때의 민주주의는 남자 성인에게만 해당했고 노예를 배제했다) 2000년이 지난 후 또 다른 형태의 민주 정부가 생겨났다. 20세기 후반에 가서야 비록 완전하지 않지만 민주 정부가 번성할 수 있었다. 우리의 정부 시스템은 어떠했는가? 지난 세기 중반까지 아프리카계 미국인, 북미 원주민, 재산이 없는 남자들, 여자들을 배제한 것을 고려할 때, 우리의 민주주의를 완전한 민주주의였다고 규정할 수 없다. 지금 우리는 우리에게 더 친숙했던 전제주의로 돌아가고 있다.

그람시는 1919년 노동 반란이 일어나고 있는 동안(이때 노동자들은 작업현장을 접수했고 노동평의회를 결성했다) 튜린에서 '새로운 질서'라는 뜻의 《오르디네 노우보Ordine Nuovo》를 편집했다. 그와 그의 동료 필자들은(소요가 한창일 때, 확실한 이유는 모르겠지만 노동평의회 결성에 집중하려고 신문 출간을 중지했다) 노동평의회에 일일이 찾아가서 자세하게 토론할 때까지는 그들의 입장을 지지하지 않았다. 그람시에 의하면, 노동평의회는 노동자들의 노동에 동력을 제공했을 뿐만 아니라 시민 개개인의 정치적 삶의 참여에 방해가 되는 벽을 무너뜨렸다.

그람시에 의하면, 자본주의 국가는 노동자에게 노동의 대가를 충분히 지급하지 않기 위해 노동자를 무지에 가두려 한다. 자신이 받아야 할 이익을 제대로 이해한 노동자는 누구나 자본주의 타도에 매진할 것이기 때문이다.

그람시가 주장하는 혁명은 위로부터가 아니라 아래로부터 오는 것이다. 이것은 유기적이다. 엘리트 혁명가가 실패하는 이유는 엘리트 자본가 못지않게 종종 독재적이거나 노동자에게서 분리되어 있기 때문이다. 그람시는 새로운 형태의 대중 정치를 이루기 위해서 대중을 권력 구조 안으로 통합해야 한다고 주장한다. 모든 사람이 자율적이고 독립적 사고를 할 수 있는 지식인이 되어야 한다는 것이다. 시민 모두가 권력 구조를 이해하고 권력을 행사할 때만이 민주주의는 가능하다.

그람시가 무기력한 좌파와 노동자계급이 분열한 오늘의 미국을 보면 매우 실망했을 것이다. 트럼프 지지자들을 조롱하면서, 가난한 백인 노동자를 포함한 빈곤 노동자들이 겪는 고통에는 귀 기울이지도 않고 관심도 두지 않는데 어떤 혁명이 성공할 수 있겠는가? 기업 국가를 전복하려는 혁명은 각 지역의 현장에서 시작해야 한다. 최저임금 인상, 수질 오염 방지, 보편적 의료보험 제도, 대학 무상교육을 포함한 양질의 공교육, 즉 노동자계급의 삶을 개선하는 구체적인 운동이 펼쳐져야 한다. 그것은 노동자들에게, 특히 백인 노동자들에게 다문화주의와 '정체성 정치identity politics'를 강의하는 일이 아니다. 우리는 먼저 경제 정의를 위한 투쟁을 해야 한다. 그렇지 않으면 지배 엘리트층이 도발하는 인종주의, 심한 편견, 증오 범죄와 싸울 수 없다. 우리가 먼저 사회정의를 말하고, 그다음으로 다문화적 포괄주의를 이야기할 때 많은 트럼프 지지자가 지닌 파시즘적 요소를 무력화할 수 있다.

그람시는 대안으로 제시할 정치적 비전을 갖지 않은 혁명은 성공할 수 없다는 것을 알고 있었다. 노동자들은 '과잉민족주의hyper-nationalism'와 같은 반민주주의적 이데올로기에 쉽게 동원될 수 있다. 만일 노동자들이 충분히 깨어 있지 않으면, 역사가 입증하듯 그리고 트럼프 지지집회에서 보듯이 그들은 증오 범죄를 확산하는 어두운 정치 세력이 될 수 있다.

그람시는 물었다. "우리가 프롤레타리아 혁명이라고 할 때, 그것이 단지 프롤레타리아에 의해서 수행되었다는 사실 하나만으로 충분한가?" "아니다. 전쟁 역시 프롤레타리아에 의해서 치러지지만 이것만으로 전쟁을 프롤레타리아적 사건이라 할 수 없다. 혁명에는 힘의 문제 이상의 것이 있다. 바로 도덕의 문제, 즉 삶의 방식에 관한 문제다."[80]

1960년대의 급진 세력이 동원되는 것을 보거나, 혹은 하버드 대학 정치학 교수 새뮤얼 헌팅턴Samuel P. Huntington이 말한 미국의 '민주주의의 과잉'[81]을 보고 겁에 질린 지배 엘리트들은 기업 자본주의와 기업 제국주의 비판자들의 활동을 비합법화하고 무력화하기 위해서 기존의 제도를 파괴했다. 그들은 민주당과 공화당, 이 양당 정치인들의 충성을 돈으로 매수함으로써 뉴딜연합*을 지지하는 민주당원들New Deal Democrats과 기업 자본주의와 제국 자본주의를 비판하는 이들을 당에서 숙청했다. 그들은 학계와 언론계에서도 기업 자본주의와 세계화에 따르지 않을 수 없도록 했다. 이 작업은 '미국 자유 기업 시스템 공격하기Attack on American Free Enterprise System'라는 이름으로 루이스 파월Lewis Powell이 작성한 비망록에 쓰여 있었는데, 그것은 은밀한 기업 쿠데타의 청사진이었다. 오늘날 그 쿠데타는 성공했다.[82]

시민이 힘을 행사하고 목소리를 내는 민주주의 제도를 파괴하는 것은 대중 선동가 트럼프가 백악관에 입성한 것보다 훨씬 심각한 일이다. 이 쿠데타는 양당 정치 시스템과 노조를 파괴했다. 공교육, 사법부, 언론, 학계, 소비자 보호, 환경 보호, 산업 기반, 공동체, 도시 전체를 파괴했다. 생활임금을 받을 수 있는 직장이 사라졌고, 수천만 미국인의 삶이 파괴되었으며, 가난에 시달리게 되었고, 엄청난 숫자의 사람들이 괴물 같은 시스템의 우리에 갇혔다.

이 쿠데타로 사람들은 자유민주주의 자체를 의심했다. 빌 클

---

* 프랭클린 루즈벨트는 각 주와 시에 있는 민주당 조직, 노조, 블루칼라 노동자, 소수자, 농부, 남부 지역 백인들, 그리고 지식인층들을 망라한 뉴딜연합New Deal Coalition을 조직했다. 1968년 선거에서 심한 당내 파쟁으로 해체되었지만 여전히 민주당 열성 당원들이 복구하고 싶어하는 모델이다.

린턴, 힐러리 클린턴, 버락 오바마와 같은 자칭 자유주의자들은 입으로는 자유민주주의적 가치를 외치지만 실제로는 기업의 지배를 받아 자유주의적 가치를 파괴했다. 지금 미국 전역에 퍼지고 있는 반란은 노동자들을 배반한 기업 자본주의를 향한 반란일 뿐 아니라, 많은 사람에게는 자유민주주의 자체를 향한 반란이기도 하다. 이것은 참으로 위험하다. 이러면 극우파들의 미국식 파시즘이 공고히 자리 잡게 된다.

정말로 우리의 자유를 증오하는 자들은 군수산업주의자가 날조한 적들(베트남, 캄보디아, 아프가니스탄, 이라크, 이란 탈레반, 알카에다, ISIS)이 아니라는 것이 이미 밝혀졌다. 우리의 자유를 증오하는 자들은 금융업자, 은행가, 정치인, 잘 알려진 지식인과 전문가, 법조인, 언론인, 엘리트 대학과 경영대학원에서 교육받은 사업가들이다. 이들이 우리에게 기업 자본주의와 세계화의 유토피아라는 꿈을 판 장본인들이다.

이제 부는 생산품 제조에서 창출되지 않는다. 통화, 증권, 상품의 가격을 조작하고 민중을 빚에 쪼들린 노예로 만듦으로써 부는 창출된다. 우리의 카지노 자본주의는 도박 산업과 하나가 되었다. 우리의 전체 시스템은 생산 체제가 아니라 남의 피를 빨아먹는 기생충과 같은 체제가 되었다. 그것은 절망 상태에 빠진 사람들(학자금 대출로 빚진 젊은이들, 신용카드 빚과 저당 잡힌 집을 짊어지고 제대로 보수를 못 받는 노동자들, 시 행정을 유지하기 위해서 부채를 짊어진 소도시와 대도시)을 먹이로 삼는 체제로 고안되었다.

셸던 애덜슨Sheldon Adelson과 같은 카지노 거물들, 로버트 머서Robert Mercer와 같은 헤지펀드 매니저들은 사회에 부가가치를 창출하지 않는다. 그들은 돈 버는 일을 하는 것이 아니라, 돈을 1퍼센트

상위층에게 재분배하는 일을 한다. 그들은 독점 체제를 구축하고 법과 규정을 바꾸도록 로비스트들을 이용하고 정치인들에게 선거 자금을 댄다. 제약회사 밀란Mylan은 알레르기 부작용을 가라앉히는 에피펜EpiPen의 가격을 2007년에 57달러에서 500달러로 올렸다.[83] 그들은 사실상 세금을 거부할 수 있는 법적 권한을 가졌고, 재무성을 약탈한 것이나 다름없는 일을 했고, 국내 공장을 폐쇄하고 일자리를 해외로 내보내고, 사회보장 프로그램의 기반을 파괴했다. 동시에 경찰을 군대처럼 무장시켰고, 인류 역사상 가장 정교한 안전, 감시 장치를 만들었고, 사법적 명령을 시민의 자유를 박탈하는 데 사용하게 했다. 그들은 우리의 저항과 궐기에 대비하고 있다.

　이런 지배층 거물들은 나라를 배반하는 반역자들이다. 금융 투기는 17세기 영국에서 범죄 행위였고, 투기업자들은 사형당했다. 오늘날 은행가와 헤지펀드의 대표들, 월마트Walmart와 갭Gap과 같은 대기업(해외에서 노동 착취 공장을 운영해 노동자들을 죽음의 덫으로 몰아넣고 있다)의 이사들은 현재 내가 감옥에서 가르치고 있는 대부분의 가난한 유색인종 학생들(이들은 한 번도 공정한 재판과 삶의 기회를 얻지 못했다)보다 가혹한 감옥 생활을 치러야 마땅하다.

　소수의 도당(군주제 지지자든, 공산주의자든, 파시스트든, 기업주의자든)이 권력을 장악하면 마피아식 경제와 국가를 만든다. 트럼프는 변종이 아니다. 그는 민주주의가 붕괴할 때 나타나는 기형 중의 하나일 뿐이다. 트럼프와 그의 패거리들(억만장자, 장군, 정신박약자, 기독교 파시스트, 범죄자, 인종주의자, 일반적 도덕 상식으로 이해할 수 없는 이상 성격자)은 윌리엄 포크너William Faulkner의 3부작 소설에 등장하는 스놉스Snopes 일가의 역할을 재연하고 있다. 스놉스 일가는 퇴락한 전 노예 소유 귀족 엘리트들에게서 무자비하게 권력을 찬탈해 부패한 남부 세력의 공백을 메웠다. 플렘 스놉스와 그의 대가족들(이들 중 살인자, 소아성애자, 중혼자, 방화범, 소와 교미한 정신 장애자, 잔인한 행위를 증명하는 티켓을 파는 친척이 있다)은 지금 연방정부에서 최고직을 차지한 인간쓰레기들을 표상하는 가공인물들이다. 그들은 고삐 풀린 자본주의에서 뿜어져 나온 도덕적 부패를 표상한다.

비평가 어빙 하우Irving Howe는 스놉스 일가에 관해서 다음과 같이 썼다. "이들에게 '도덕관념이 없다'라고 하는 것은 정확하지만 그 뜻을 구체적으로 확연하게 표현하기에는 충분치 않다. 그들이 저지르는 행위가 어떤 것인지 역사적 상황과 같이 언급할 때, 그 의미가 정확하게 전달된다. 이들이 도덕관념이 없다는 것은 구체적으로 나중에 나타나는데, 그것은 참화의 잔해에서 입술에 진액을 묻힌 채 나타나는 괴물들이 대변한다.

……남북전쟁 후, 러시아가 무너진 후의 세상이 어떠했는가를 생각해보면 우리는 다음과 같은 모습을 얼마든지 그려볼 수 있다. 사회 밑바닥에서 추잡한 야망의 괴물들이 밀치고 올라온다. 이들에게 도덕이란 불합리라기보다는 아예 이해할 수 없는 것이다. 이들은 어디선가 표류하다 매우 포악하고 획일적인 세력 전체를 인수한 오지 주민이거나 제정 러시아 시대 농민들의 후세이다. 그들은 지역의 은행장이 되고, 당의 지역위원회 의장이 되고, 나중에는 숙달된 잔재주로 의회나 정치국으로 밀고 올라온다. 그들은 거리낌 없이 썩은 고기를 먹으려고 찾아다니기 때문에 허물어지는 공공 규약을 믿지 않는다. 따르는 척 흉내 내기만 한다."[84]

도둑 정치가들이나 이들에게 속아 넘어간 사람들은 포용, 다원주의, 민주주의와 같은 화려한 말에 관심이 없다. 파산한 자유주의자들이 기업을 대신해서 대중을 속이기 위해 30년 동안 효과적으로 이 말을 사용했다. 이런 미사여구는 이제 무력하다. 오바마는 2016년 대통령 선거에서 전국을 순회하며 힐러리 지지 선거운동을 할 때, 배신을 경험한 대중에게 그녀가 자신의 행정부가 해왔던 일을 완수할 것이라고 온갖 미사여구를 붙였지만, 공허한 말잔치의 반복으로 끝났다.

정치적 미사여구는 리얼리티 쇼에 나오는 상스러운 외설로 바뀌었고, 트위터, 프로 레슬링, 불륜 추적 쇼에서나 들을 수 있는 언어로 바뀌었다. 이런 언어를 구사하는 이가 트럼프이다. 그는 티브이 쇼나 사회 유명 인사들이 만들어내는 병든 문화의 안경을 통해서 세상을 본다. 이것이 그가 정치인으로 큰 효과를 본 이유다. 그는 뉴욕의 아둔한 억만장자일지 모르지만, 많은 대중과 마찬가지로 그 역시 티브이에서 보고 듣는 것이 그가 얻는 거의 유일한 정보이다. 이 전자 환각제는 트럼프의, 많은 미국인의 실제 세상을 대신하고 있다.

한 사회가 과거를 애석해하고 미래를 두려워하고 다가올 죽음을 의식할 때, 그 사회는 토끼굴로 떨어진다. 《이상한 나라의 앨리스Alice in the Wonderland》의 주인공 앨리스는, "꿈속에 있듯이 자신에게 '고양이가 박쥐를 먹나? 고양이가 박쥐를 먹나?'라고 묻다가 때때로 '박쥐가 고양이를 먹나?'라고 묻는다. 그러나 앨리스는 어느 답도 할 수 없는 상태이기 때문에 어떤 방식으로 질문하든 이미 의미가 없다".[85] 그녀의 언어가 이미 현실에서 벗어나 있기 때문이다. 이제 공적 담론이 유치한 횡설수설로 변해버렸다.

지난 6000년의 인류사에서 발생한 문명은 한결같이 지나친 어리석음과 오만으로 미래를 탕진하는 습관이 있었다. 우리도 예외는 아니다. 메소포타미아, 이집트, 그리스, 로마, 오스만, 마야, 인더스를 포함한 폐망한 제국의 물질적 잔해는 지구를 어질러놓았다. 그 문명은 민중이 모진 고통을 겪는 동안 무능하고 타락한 지도자들의 기를 한껏 북돋아 민중을 분노와 공포에 몰아넣고, 줄어드는 자원을 자멸적 전쟁이나 거대한 건축에 쏟아부었다. 지배 엘리트들은 탐욕과 쾌락에 빠져서 특권을 가진 울타리(파리 서남쪽의 도시 베르사유와 같은 금단의 도시)에 틀어박혀 살았다. 그들은 민중의 비참한 생활, 굶주림, 점증하는 가난에도 아랑곳하지 않고 자신들의 부를 축적했다. 상황이 나빠질수록 민중은 그만큼 더 자기 자신을 속였고, 그만큼 더 속기를 원했다. 현실은 그들이 도전하기에는 너무 고통스러운 것이었다.

엄청난 고통을 받는 사회는 인류학자들이 말하는 '위기 제례 Crisis Cults'*를 만든다. 이를 통해 사람들은 붕괴와 불안과 무기력 속에서 과거의 위대함과 힘을 회복할 것이라는 약속을 믿는다. 신화화된 과거가 신비스럽게 돌아온다. 미국은 다시 위대해질 것이다. 옛날의 계급사회, 기회, 규율이 부활할 것이다. 현 사회의 위기를 조성한 악의 세력을 추방하기 위해서는 폭력을 마다하지 않는 행동을 포함한 새로운 의식과 행동 방식이 필요하다. 위기 제례(이스터섬Easter Island부터 1890년대 고스트 댄스Ghost Dance**가 한창이던 때 아메리카 원주민까지, 파괴에 직면한 사회집단에서 이런 제례를 볼 수 있다)는 사람들이 마술적 사고방식을 받아들이게 함으로써 사회에서 완전히 단

★ 한 집단이 위기 상황을 해결하기 위해서 제례 형식을 활용해 집단적으로 노력하는 것을 일컫는다. 소수 종교 집단처럼 광적인 성향을 띤다.

★★ 1890년대 백인에게 억압받던 아메리카 원주민이 일으킨 종교운동으로 이 춤을 추면 죽은 자가 이 세상으로 돌아와서 백인을 쫓아내고 지복의 세계가 온다는 것이다.

절된 종족들을 만들어낸다. 우리 사회는 이미 이런 방향으로 흘러가고 있다. 우리의 지배 엘리트들은 인류학자 로널드 라이트Ronald Wright가 내게 말했듯이 브룩스 브러더스Brooks Brothers의 옷을 차려입은 빙하시대의 사냥꾼과 다름없다. 비싸고 멋진 옷에만 관심이 있는 이들은 털이 북슬북슬한 매머드 무리를 벼랑 끝까지 몰아붙이면 결국 자신들의 식량이 바닥난다는 사실에 아랑곳하지 않는다.

철학자 존 그레이John Gray는 말했다. "우리가 가진 진보의 핵심적 신념에 의하면, 인간의 가치와 목표는 지식의 증대와 함께 진보한다. 20세기에는 그 반대 현상이 일어났다. 인간은 이미 가지고 있던 가치와 목표를 주장하고 옹호하기 위해 과학적 지식의 힘을 사용한다. 신기술은 인간의 고통을 줄이고 자유를 증대시킬 수 있다. 그러나 이것은 전쟁을 수행하는 데 혹은 전제정치를 강화하는 데 쓸 수 있으며, 앞으로도 그럴 것이다. 과학은 산업혁명의 동력인 기술을 가능하게 했다. 동시에 20세기에 이 기술은 전례 없는 규모로 국가적 테러와 대학살에 이용되었다. 그러므로 윤리와 정치학은 지식의 성장과 일치해서 진보하지 않는다. 우리가 아무리 긴 안목을 가지고 역사를 보아도 그렇지 않다."[86]

우리는 지금 문명의 마지막 단계에 들어서고 있다. 언제 닥칠지 모르는 파멸을 대비하는 데 필수적인 정부기관의 예산을 늘리기는커녕 삭감을 하고 있기 때문이다. 기후 변화를 다루는 나사NASA의 프로그램을 포함해, 전미해양대기관리처National Oceanic and Atmospheric Administration, 미국 연방재난관리청Federal Emergency Management Agency, 미국 환경보호청Environmental Protection Agency 연달아 발생하는 허리케인, 거대한 폭풍우, 홍수, 산불, 가뭄이 미 제국을 망가뜨릴 것이고, 미국의 부와 자원은 고갈될 것이며 무법과 불결로 얼룩진 지역이 늘어날 것이다.

자연재해로 망가진 지역은 상업지로도 주거지로도 기능하지 못할 뿐 아니라, 군사 기지로도 기능하지 못할 것이다. 제프 구델Jeff Goodell이 《물이 들어오고 있다: 상승하는 해면, 침몰하는 도시, 문명 세계 다시 짓기The Water Will Come: Rising Seas, Sinking Cities and the Remaking of the Civilized World》에서 지적하듯이, "국방성은 55만 5000개가 넘는 시설물과 2800만 에이커에 해당하는 부지를 포함한 세계적인 규모의 부동산을 관리한다. 이 모두가 어떤 방식으로든 기후 변화에 영향을 받을 것이다".[87]

플로리다의 세 개 주요 군사 시설은 허리케인 '어마Irma' 때문에 2017년 9월에 철수했다. 하나는 카리브해와 남미의 군사작전을 감시하는 미국 남부 사령부의 마이애미 본부, 또 하나는 중동과 서남아시아의 해외 군사작전을 책임지는 탬파의 미국 중앙사령부, 나머지 하나는 키웨스트의 해군 항공기지이다. 이곳의 기반 시설이 사라져서 더 이상 군사작전을 할 수 없는 날이 곧 올 것이다. 기후 변화에 영향받고 있는 시설물은 이뿐만이 아니다. 플로리다 팬핸들 지역에 있는 에글린 공군기지의 군사 시설, 마셜제도의 미국 미사일 기지, 디에고가르시아섬의 해군기지, 해변 지역에 널린 수많은 다른 군사 지역들이 있다. 미 제국이 직면할 실존적 위협은 중동이 아니라 바다와 하늘이다. 이는 고통스럽지만 피할 수 없는 현실이다. 상승하는 해수면 때문에 위험에 처한 군사 시설물은 128개에 이르고 있다. 그중 버지니아주의 해군, 공군, 해병대, 육군 시설물도 있다.[88] 거대한 수직 눈금자가 놀포크 해군기지 바깥쪽 고속도로 곳곳에 세워져 있다. 운전자들이 고속도로를 운전해도 안전한 수심인지를 결정하기 위해 세워 놓은 것이다. 20년이 지나면, 아니 그 전에 만조가 되면 해군기지로 가는 주요 도로들을 통과할 수 없을 것이다.

런던, 상하이, 리우데자네이루, 뭄바이, 코펜하겐, 밴쿠버, 뉴올리언스, 마이애미, 샌프란시스코, 사바나, 뉴욕과 같은 전 세계의 도시들이 방글라데시, 마셜제도, 뉴질랜드와 오스트레일리아의 거대한 지역과 함께 현대판 아틀란티스가 될 것이다. 미국에서 만성적 홍수를 겪는 해안 도시가 90개다. 이 숫자는 20년 안에 배로 늘어날 것으로 예상된다. 이렇게 되면 중앙의 권한과 사회의 기본적 서비스가 사라지고, 국가 경제와 내부 응집력이 해체될 것이다. 수천만이 필사적으로 식량, 물, 안전을 확보할 곳을 찾아 헤매는 기후 난민이 될 것이다. 일본 후쿠시마의 원전이 지진과 쓰나미로 파괴된 후에 원자로 노심이 용해된 것과 같은 일이 마이애미 남쪽 비스케인만 가장자리에 있는 터키포인트를 포함해 많은 원전에서 일어날 것이다. 이 원전은 방사능 쓰레기를 바다로, 공기 중으로 뿜어낼 것이다. 극지방의 빙원이 해체하면서 상황은 걷잡을 수 없는 재앙으로 번질 것이다. 작가이자 사회 비평가인 제임스 하워드 쿤스틀러James Howard Kunstler가 말하는 '장기 긴급사태'[89]로 돌입할 것이다. 그런 일이 일어나면 우리의 문명 실험은 끝날 것이다.

구델은 다음과 같이 썼다. "물에 잠길 뉴욕시 부동산의 양은 믿어지지 않을 정도이다. 1290만 달러의 가치에 해당하는 7만 2000개의 빌딩이 현재 홍수 지역 안에 있다. 해수면이 1피트 상승할 때마다 수천 개 빌딩이 위험에 처한다. 게다가 뉴욕에는 수많은 산업 해안지구가 있다. 이곳에는 독성물질이 산적해 있고, 주변에는 가난한 사람들이 모여 살고 있으며, 지하에는 지하철, 터널, 전기 시스템 같은 엄청난 양의 기반 시설이 있다. 한마디로 뉴욕은 해수면이 상승하고 있는 위험지역이다. 빙하기를 지나 북미 대륙이 냉각기에서 벗어나면서 빙하가 서서히 녹기 때문에 뉴욕시 지반이 가라앉고 있다는 사실뿐 아니라 대양 역학의 변화 때문에 뉴욕 지역의 해수면 상승은 전 세계 평균보다 50퍼센트 빠르기 때문이다."[90]

기후 변화에 경종을 울리는 사람들은 비관론자라고 비난을 받는다. 현 행정부(트럼프는 취임하자마자 백악관 웹사이트에서 오바마 기후 실행 계획Barack Obama's Climate Action Plan을 제거했다)와 공화당은 기후 변화를 즐거운 마음으로 부정하고 있다. 그들은 기후 변화에 대비해 버지니아 입법부의 대응과 비슷한 대응책을 택했다. 그들은 기후 변화에 관한 토론을 금지하고 '재발하는 홍수'와 같은 조금 덜 불길한 용어를 쓰고 있다. 엄연한 현실의 부정(우리가 얼마든지 변화에 적응할 수 있다고 주장하는 사람들도 현실을 부정한다)은 지구 온난화의 주범인 두 산업, 즉 화석연료 산업과 축산업이 추동하고 있다. 그들은 기후 변화의 합리적이고 효과적인 대응책이 자기 이익을 해칠까 두려워한다. 광고로 돈을 버는 미디어 업체들은 침묵의 음모에 일조한다. 이들은 기후 변화의 패턴과 영향을 무시하면서 유쾌한 이야기에 보도의 초점을 맞춘다. 예를 들어 재난 가운데서 볼 수 있는 영웅적 구조 작업, 혹은 물에 잠긴 도시에 관한 극적인 보도, 플로리다 해안의 폭풍우에서 탈출하는 피난민 대열을 흥밋거리로 만든다.

우리는 미국 해안 지역을 포함해 지구 여러 곳에서 가뭄, 홍수, 기아, 질병이 지나간 후에 결국 사회적 통합이 무너지는 것을 목격할 것이다. 주거할 곳을 잃은 자들이 겪는 불안, 굶주림, 절망으로 시민군 조직이 생길 것이고, 범죄와 테러가 늘어날 것이다. 〈급격한 기후 변화와 그것이 미국 안보에 주는 영향An Abrupt Climate

Change Scenario and Its Implications for United States Security〉이라는 국방성 보고서는 아주 직접적이고 솔직한 내용을 담고 있다. "붕괴와 갈등이 생활 곳곳에 유행병처럼 퍼질 것이다."[91]

그러나 구델이 지적한 대로 "오늘날의 정치 분위기는 기후 변화가 주는 위험을 두고 공공연히 토론하는 것을 반역적인 일로 여긴다". 2014년 당시 국무부 장관인 존 케리John Kerry가 기후 변화를 "아마도 세계가 가장 두려워할 대량살상무기"라며 그것을 테러, 전염병, 빈곤의 영향과 견주었을 때, 존 매케인John McCain이나 뉴트 깅그리치Newt Gingrich 등 우파 정치인들은 광적인 반응을 보였다. 깅그리치는 "망상에 가득 찬 케리 국무부 장관은 우리의 안전을 위협하기 때문에"[92] 사임할 것을 요구한다고 했다.

전 미국 중앙정보부CIA 국장 제임스 울지James Woolsey는 〈결과가 나타나는 시대: 지구의 기후 변화가 외교정책과 관련한 국가안보에 끼치는 영향The Age of Consequences: The Foreign-Policy National Security Implications of Global Climate Change〉이라는 기후 변화에 관한 국방성 보고서에 다음과 같이 썼다.

아메리카 대륙에 사는 사람들이 지금 이민법에 합리적인 타협을 보기 힘들다고 생각하면 다음의 경우를 생각해보자. 멕시코만, 남부 플로리다, 뉴잉글랜드에 이르는 동쪽 해안의 여러 지역에서 일어나는 해수면 상승 때문에 수백만의 미국 시민이 새로운 정착지를 마련하려고 정신이 없을 때(여기에 더해 라틴아메리카와 카리브해 지역에서 북쪽으로 밀려드는 거대한 인구 이동을 상상해보면) 우리는 무엇을 어떻게 토론해야 할까? 그와 같은 인구 대이동은 기후 변화와 해수면 상승으로 서반구에서 일어나는 초기 사회적 현상 중 하나다. 굶주림과 갈등으로 고통받는 남쪽 나라 이웃이 우리의 국경선을 향해 대이동할 때 생기는 문제와 함께 광대한 지역에서 일어나는 홍수 사태는 미국이 안보적 차원과 인도주의적 차원에서 해결해야 할 가장 큰 난제다. 또한 전 세계적으로 점점 뜨거워지고 건조해지는 지역에서 조금 더 온화한 기후 지역으로 인구 대이동이 일어날 것이다.[93]

그 결과는 예측할 수 없을 정도로 끔찍할 것이다. 우리가 당면할 종말의 징후는 너무나 명백하다. 위기 제례로 강화된 망상에 빠져들기 십상이다. 우리는 그 어느 때보다 열렬히 과학과 기술의 세속적 신이 우리를 구원해줄 것이라고 믿거나 우리의 운명을 예수나 성서의 예언자들에게 맡기려고 할 것이다.

구델은 이렇게 썼다. "우리는 높은 조수가 더 자주 밀려들어오는 것을 목격할 것이다. 물이 금방 빠지지 않고 길거리와 주차장에 오래 머물러 있을 것이다. 나무는 소금물을 빨아들여 갈색으로 변하고 죽어버릴 것이다." 우리는 더 높은 지역으로 이동할 것이고 지붕을 태양 패널로 덮을 것이며 마침내 플라스틱 사용을 중지하고 철저한 채식주의자가 될 것이다. 그러나 때는 늦었을 것이다. 그가 쓴 대로 "부촌에 버려진 집에도 귀신이 출몰하고 야생 고양이로 가득 찰 것이다. 피난민들은 더 높은 지대를 찾아 떠날 것이다".

휴스턴, 탬파, 마이애미, 푸에르토리코가 최근에 입은 피해는 이례적인 일이 아니다. 그것은 종말의 시작이다.

지배 엘리트들은 탈산업화와 기후 변화가 우리의 미래를 불길하게 만든다는 것을 알고 있다. 그들은 이메일, 트위터, 인터넷 검색, 전화 기록, 파일 전송, 실시간 채팅, 금융 자료, 의료 자료, 형사 및 민사 재판 기록, 반체제 운동 정보를 모두 장악하고 있다. 그들은 이 정보를 복잡한 컴퓨터 시스템에 저장한다. 감시 카메라, 바이오센서, 스캐너, 얼굴 감지 기계가 우리의 일거수일투족을 들여다보고 있다. 정부가 하루 24시간을 감시한다면 우리가 어떻게 '자유'라는 말을 사용할 수 있겠는가? 이는 우리의 관계를 주인과 노예의 관계로 만든다. 정치철학자 아렌트가 썼듯이, 완전한 감시는 범죄를 찾거나 막으려는 수단이 아니라 "정부가 특정한 범주에 드는 사람들을 체포하려고 할 때 그것이 언제든지 곧 가능하게끔 하는 수단이다".[94]

우리는 정당한 법적 절차와 구속적부심 청구권을 박탈당했고, 미국은 세계에서 가장 큰 감옥 시스템을 운영한다. 군대화된 경찰은 무기를 소지하지 않은 민간인, 특히 가난한 유색인종에게 함부로 총을 쏴도 처벌받지 않을 권한을 부여받았다. 1878년 '대민 지원에 관한 법Posse Comitatus Act'(군대가 국내 경찰력을 대신하는 것을 금지했던 법이다)은 '국방수권 법안the National Defense Authorization Act' 1021 조항이 통과하며 그 효력을 잃었다. 1021 조항에 따르면, 국가는 거리에서 '강제적 용의자 인도extraordinary rendition'[95]를 수행할 수 있으며, 정당한 절차를 거치지 않고 군 강제수용소에 무한정 가둘 수 있다. 이것은 본질상 전체주의 국가처럼 사람을 흔적 없이 없앨 수 있다는 뜻이다. 행정부가 미국 시민을 죽일 수 있는 권한을 가지고 있다는 것이다.[96] 법원의 기업 충성파들은 기업을 사람처럼 다루고 사람은 기업의 이익에 해를 주는 존재로 취급한다.

스크랜턴 도심부에 1886년 전차가 들어왔다. 스크랜턴은 '전기 도시'라는 별명이 생겼다. 이곳은 오스트리아-헝가리 제국의 버려진 전초기지와 비슷하다. 이곳에는 위풍당당한 건물이 있다. 예를 들어 로마네스크 양식의 래커워너 카운티 법원 청사, 스코티시 라이트 대성당(프리메이슨식 대성전으로 1896개의 좌석이 있는 극장과 2300명을 수용할 수 있는 대연회장이 있다), 잘 꾸민 신고딕풍의 시청 건물이 있다.[97] 성 베드로 대성당, 성 누가 대성당 건물도 있다. 건물 안에는 세례를 주는 성수반 뒤에 예수의 승천을 그린 티파니^{Tiffany} 모자이크 패널이 있다. 이 웅장한 건물 주변에는 빈 상점들, 문 닫은 영화관, 여기저기 구덩이가 파인 도로, 문과 창문을 판자로 막은 창고, 썩은 미늘판, 치장 벽토를 바른 연립주택, 도넛 가게, 문신 시술소, 공터가 있다. 시의 인구는 지난 80년간 14만 명에서[98] 7만 7000명[99]으로 줄었다.

도시 위쪽, 스크랜턴의 힐과 그린리지 지역에는 옛날 석탄왕들이 살았던 빅토리아풍의 허물어져가는 저택들이 있다. 많은 곳은 허물어서 소규모 아파트로 바꾸거나 버려두고 있다. 1900년경에 이 도시의 1인당 소득은 전국에서 두번째로 높았고, 소득원은 주로 철광과 무연탄이었다.[100] 전국의 모든 철도가 이 지역의 용광로에서 만들어졌다. 또한 스크랜턴은 웨일스, 독일, 아일랜드, 이탈리아, 폴란드, 러시아, 리투아니아에서 온 이민자들의 중심지이기도 했다. 그리고 '미국탄광노동자연맹^{United Mine Workers of America(UMWA)}'이 바로 이 도시의 탄광들과 거리에서 태어났다.

노동자들은 피를 대가로 그들의 권리와 노조를 얻어냈다. 1877년에 파업이 일어났는데 전국 철도 파업의 일부였다.[101] 파업 노조 광부들과 철도회사 노동자들은 총에 맞아 죽고 일부는 석탄왕과 철도왕이 고용한 사병 조직이나 무장 경비병에 의해 사살당했다. 계엄령도 선포되었다.[102] 파업을 진압하기 위해 파병된 주민병대가 파업 노동자들을 향해 발포하기를 거부하자 5000명의 연방 부대가 이 지역에 주둔했다. 그러나 광부들은 멈추지 않고 1900년에 임금 인상을 위해서 파업을 일으켰고, 2년 후 더 많은 임금 인상과 더 나은 노동조건을 위해서 다시 파업을 일으켰다.

나는 1898~1908년에 UMWA 대표를 맡았던 존 미첼John Mitchell의 동상 앞 카운티 법정 건물 바깥에서 발걸음을 멈췄다.[103] 미첼은 1902년에 파업을 이끌었다.[104] 이때 급진적 노동운동가 메리 해리스 '마더' 존스Mary Harris 'Mother' Jones가 펜실베이니아 탄전 현장에 나와 파업을 지원했다. 미첼은 3만 4000명의 노조원을 30만 명으로 끌어올렸다.[105] 1923년 파업을 통해서 하루 14시간 노동시간이 8시간으로 줄었다.[106] 1925년과 1926년에 8만 3000명의 무연탄 광부들이 170일 동안 파업을 벌이고 작업을 중단했다.

스크랜턴의 산업은 점차 다양해졌다. 1902년 이후, 스크랜턴 가족이 만든 래카워너 아이언 앤드 스틸 컴퍼니Lackawanna Iron and Steel Company가 공장을 버펄로 외부 지역으로 이전하고 더욱 그렇게 됐다. 이 회사는 한때 세계에서 두번째로 큰 철강회사였다.[107] 스크랜턴 시에 있는 공장은 목화, 비단, 양모, 플라스틱, 단추, 가죽, 신발, 가구, 매트리스, 기성복을 생산하기 시작했다. 광부들은 계속해서 석탄을 캐냈다.

스크랜턴은 점점 격렬한 노조 단지로 변했다. '기관사동맹The Brotherhood of Locomotive Engineers', '노동기사단The Knights of Labor', '미국노동총연맹The American Federation of Labor(AFL)', '여성복국제노조연맹The International Ladies' Garment Workers' Union', '미국탄광노동자연맹', '워블리스Wobblies'라고 알려진 '세계산업노동자동맹The Industrial Workers of the World(IWW)'과 같은 노조가 생겨났다. 물론 지금은 모두 사라졌다. 이 카운티로 이사 왔

던 마지막 50개 회사 중 단 한 곳, 베리즌 커뮤니케이션스Verizon Communications에만 노조가 있는데 정부와의 계약 때문이다. 미국의 많은 지역이 그렇지만 스크랜턴에 현재 남아 있는 노조는 주 정부, 연방정부, 시 정부 노동자들이 만든 것이다. 2014년 현재 전국의 사기업 노동자들의 노조 가입률은 7퍼센트 이하이다. 이것은 1932년 이래 가장 낮은 수치이다.[108]

스크랜턴에 있는 대다수 공장은 버려진 채로 있다. 그나마 몇몇은 창고로 쓴다. 나는 스크랜턴 변방에 있는 캐피털레코드Capitol Records 공장(1946년에 열어 1970년에 문을 닫았다)을 방문했는데, 여기서 프랭크 시나트라Frank Sinatra와 비틀스the Beatles의 음반을 찍었다. 회사 건물 정면 벽돌에 대문자로 쓴 회사 이름이 희미하게 보였다. 가까이 가서 보니 글자 색깔은 흰색이고, 글자 가장자리는 푸른색으로 장식되어 있었다.

뉴욕에 본부를 둔 회사 오울드 굿 씽스Olde Good Things에서 온 짐 디기아코마Jim DiGiacoma가 상품 가치가 있는 것을 고르려고 시내를 돌아다녔다. 그 회사는 해체 예정인 건물에서 조명기, 목욕통, 마호가니 벽난로 입구 장식물, 철로 만든 장식품, 무거운 오크로 만든 문을 구입한다. 그는 이렇게 건진 물건들을 해외로, 특히 일본으로 보낸다. 산업시대의 미국이 버린 시체에서 쓸 만한 잔해를 거둬들이는 것이다. 그의 회사는 2001년 250개의 객실이 있는 11층의 케이시 호텔에서 역시 쓸 만한 물건을 쓸어갔다. 1911년에 문을 연이 호텔은 마호가니로 만든 문, 테라코타 자재로 만든 사자 머리상들, 화려한 돔 천장이 있었다. 호텔은 주차 빌딩으로 바뀌었다.

하얀 턱수염을 기른 디기아코마는 네온 등으로 'Capitol Records'라고 쓰인 큰 푸른색 금속 간판 옆에 서서 "우리는 40피트 크기의 컨테이너에 수집한 물건을 가득 싣고 전 세계로 수송합니다"라고 말했다.

극작가 제이슨 밀러Jason Miller는 자신이 성장했던 스크랜턴시를 배경으로 한《고향의 챔피언That Champion Season》이라는 희곡을 써서 1973년 퓰리처상을 받았다. 이 작품에서 다음과 같은 장면이 나온다. 왕년에 가톨릭계 고등학교 농구팀 운동선수였던 네 명의 중년이 20년 전에 주 챔피언이 된 것을 기념하기 위해서 지금은 불치병 말기 환자인 코치 집에서 만난다. 다섯 명의 주전 가운데 한 명이었고, 최후 승리의 슛을 터뜨린 마틴은 참가하지 않았다.

코치는 왕년의 선수 네 명에게 이야기한다. "챔피언들! 사람들이 우리는 챔피언이 되지 못할 거라고 했지. 우리는 필라델피아에서 우리 학교보다 세 배 큰 학교와 싸워 이겼지. 우리는 불가능한 일을 해냈어. 우리는 그 순간을 잊을 수 없지. 제기랄, 너희들 기억나니? 그 팀에 캥거루처럼 점프하는 키가 큰 검둥이가 있었잖아!"[109]

후기 산업사회의 미국 젊은이들이 가졌던 벅찬 꿈과 희망은 산산이 부서졌다. 코치들이 설교했던 만트라mantra, 즉 열심히 일하기, 팀워크, 적극적인 태도, 성공, 미국의 신화적 가치가 모두 거짓으로 드러났다. 코치의 영웅(상원의원 조 매카시Joe McCarthy와 우파 선동가인 신부 찰스 코글린Charles Coughlin)은 불명예스러운 반공 유물이 되었다. 세상은 1952년에 코치의 라커룸에서 젊은이들이 꿈꾼 것이 아니었다.

냉소적이고 실패한 작가인 톰 데일리Tom Daley는 알코올중독자이다. 노천 채굴에서 백만장자가 된 필 로마노Phil Romano는 매우 탐욕스럽고 부패한 사람이다. 톰의 아버지 제임스 데일리James Daley는 학교 교장인데, 마음에 원통함이 가득 차 있다. 익살맞은 시장 조지 시코우스키George Sikowski는 무능하고 인기가 없다. 그는 다음 선거에서 패배할 가능성이 커서 로마노의 재정적 도움을 기대한다. 왜냐하면 시장이 로마노에게 채굴권을 부여하기 때문이다. 로마노는 시장의 아내와 불륜 관계이다. 모든 이의 삶은 도덕과는 전혀 상관없고 뇌물 수수, 부정직, 사기, 정치적 후원, 인종차별주의로 물들어 있다. 밀러는 다음과 같이 쓴다.

> **톰**: 이제 거짓말 좀 그만해요. 우리가 얼마나 훌륭했냐는 이야기는 제발 그만해요.
>
> **코치**: (톰에게) 우리는 한 시즌도 져본 적이 없어. 앞으로도 질 일이 없어. 우리는 언제나 승자였고, 앞으로도 그럴 거야……
>
> **톰**: 마틴은 그렇게 말하지 않았는데요.
>
> **코치**: 뭐라고?
>
> **톰**: 마틴요. 그 친구 기억나요?
>
> **코치**: 그래, 기억난다.
>
> **톰**: 그 친구 여기 오지 않았잖아요. 왜 우리 모임에 다시 오지 않는지 알아요?
>
> **코치**: (정적) 안 오는 이유를 아느냐고?
>
> **톰**: 그 친구가 20년 전에 진실을 이야기해줬어요.
>
> **코치**: 그래?
>
> **톰**: 그 친구가 코치님이 공개적으로 트로피를 거부하길 바랐던 것 기억하세요? 코치님이 3쿼터에서 점프력이 좋은 캥거루 검둥이 센터를 잘 잡으라고 했잖아요. 기억나세요? 지시대로 했잖아요. 마틴이 게임에 나가서 그 흑인 갈비뼈를 부러뜨렸죠.

코치: 마틴에게 그놈을 잘 막으라고 했지. 검둥이 녀석은 마틴보다 훨씬 잘했잖아. 농구 골대 밑에서 걔를 거칠게 다뤄서 제대로 못 뛰게 하라고 한 것뿐이야.

톰: 게임이 끝나고 1주일 후에 마틴이 코치님을 찾아왔잖아요?

코치: 맞아. 그 녀석이 왔지……. 여기 이쪽으로. 뭔가 진실을 말하겠다면서 더듬거리며 들어왔어. 내가 말했지. 무슨 진실? 우리가 이긴 것 말고 다른 진실이 있어? 저 트로피가 진실을 말해주지. 유일한 진실이야. 나는 마틴에게 더 야비해지고, 어떤 놈들은 혼을 내줘야 하고, 겁도 좀 주라고 했지. 이기려면 미워할 줄도 알아야 해. 남을 이기려면 증오심이 필요해. 그러나 난 마틴에게 누구 갈비뼈 부러뜨리라고 이야기하지는 않았어.

(정적), 너희들 내 말 못 믿겠어? (동의를 구하듯이)

조지: 전 코치님을 믿죠.

톰: 챔피언이요? 도대체 우린 이런 가짜 의식을 언제까지 할 건가요? 제기랄! 우리가 훔친 거잖아요.

코치: 난 마틴에게 2등은 존재하지 않는다고 말했어.[110]

밀러는 이 극에서 미국의 백인이 앓고 있는 가장 어두운 병리를 폭로한다. 미국의 백인들은 자신들이 누구인지, 어디서 왔는지를 받아들일 수 없으며, 그동안 저지른 범죄를 인정하지도 책임지려고 하지도 않는다. 이 사실을 인정하면 자신들이 어디로 가야 할지 어떤 사람이어야 할지 보일 텐데 그럴 능력이 없다. 자기기만의 위험성이 밀러가 쓴 희곡의 중심 주제이다.

대니얼 부어스틴Daniel Boorstin은 《이미지와 환상The Image》을 통해 현대 문화에서 조작, 진짜가 아닌 것, 연극처럼 과장된 것과 자연적인 것, 진짜인 것, 자발적인 것이 대치하고 있다고 지적한다. 실재가 이미지와 연출 기법으로 둔갑했다. 그에 의하면 미국인들은 점점 더 "판타지가 실재보다 더 실재적인" 세계에서 살고 있다.[111]

부어스틴은 다음과 같이 쓴다. "우리는 우리의 환상을 너무나 생생하고, 너무나 설득력 있고, 너무나 '사실적인' 것으로 만들 수 있는 역사상 최초의 인간이 될 위험에 처해 있다. 우리는 지구상에서 가장 환상에 사로잡힌 사람들이다. 우리는 이 환상에서 깨어나려고 하지 않는다. 우리의 환상은 우리가 사는 집 자체이기 때문이다. 이 환상이 우리의 뉴스이고, 우리의 영웅이고, 우리의 모험이고, 우리 식의 예술이고, 우리의 경험이다."[112]

그러나 자신과 미래를 환상에 근거해서 결정하는 사회와 개인은 밀러가 이해했듯이 자멸하고 만다.

나는 어느 늦은 오후, 스크랜턴시 중앙법원 청사 광장에 있는 노던 라이트 에스프레소 바에 들렀다. 손님은 두 그룹으로 나뉘어 있었다. 스크랜턴을 떠날 수 있는 사람들과 떠날 수 없는 사람들이었다.

27세의 메건 콜레로Megan Collelo는 변호사이고 지난해에는 민사판사 서기로 근무했다. 스크랜턴에서 자란 그녀는 남자친구와 다음 달이면 이곳을 떠날 계획이다. 그녀는 이런 곳에서 아이들을 키우고 싶지 않다고 했다.

"자영업자는 요식업 빼고 생존할 수 없어요. 이들은 사업을 벌이면 채 2년이 안 되어서 문을 닫아요. 이곳 경제는 당신이 보는 그대로예요. 더 이상 내려갈래야 내려갈 곳이 없어요. 경기가 바닥을 치고 있어요." 그녀는 "앞으로 경찰을 볼 수 있을지 의문이에요.

시 정부가 돈을 대지 못하면 제대로 기능을 할 수 있겠어요?"라고 덧붙였다.

또 다른 테이블에는 경제적 파산의 희생자가 있었다. 안드레아 맥기건Andrea McGuigan은 근처 농장 단지에서 성장했고 매사추세츠주에 있는 마운트홀요크대학 영문과를 졸업했는데, 당시에 그 시에서 유일한 책방 앤솔러지Anthology를 운영했다. 그녀는 2008년 사업을 시작한 지 4년 반 만에 문을 닫아야 했다. 2008년 경기침체의 여파로 지역의 전기회사인 일렉트릭 시어터 컴퍼니Electric Theatre Company도 자금 부족으로 문을 닫았다. 시 동물원은 동물들이 열악한 조건에 있다고 전국에서 비난이 쏟아지자 2009년 문을 닫았다. 31세의 맥기건은 도심부 스팀타운의 몰에 있는 공공도서관 출장소에서 일한다. 몰에 입점한 상점의 반은 비어 있었다.

맥기건은 말했다. "모두 지역 책방을 지원해야 한다는 마음은 있었지만, 실제로 책을 사는 사람은 없었어요. 아마존에서 책을 사든지, 전자책을 킨들에 다운받았어요. 사람들은 '당신 책방에서 책을 사고 싶어요. 하지만 온라인에서 사는 게 훨씬 싼 걸 어떡해요'라고 말해요. 아마존에서 파는 책값이 내가 도매로 책을 사는 금액과 같으니, 내가 파는 책이 비쌀 수밖에 없죠. 이 사실을 알면서 시작했죠. 이벤트 행사도 하고, 책방을 건축학적으로 풍요롭고 역사적인 공간으로 만들 생각을 했어요. 사람들이 서로 만나고 싶은 공간이 되리라 예상했죠. 책 말고 다른 것들도 전시하고 팔면, 책에만 의존할 필요가 없다고 생각하고, 그렇게 해봤죠. 새 책도 팔았지만, 중고 책들을 싼 가격으로 팔았죠. 신간 하드커버 시장과 경쟁하지 않으려고 했어요. 그런데도 효과가 없더군요."

나는 물었다. "책방이 없는 도시는 무엇을 잃을까요?"

"영혼을 잃죠. 도시가 제안할 수 있는 문화의 주요 부분을 잃는 거죠. 나는 책방이 없는 도시로는 결코 가지 않을 겁니다. 책방 없는 도시에서는 살고 싶은 마음이 없어요."

나는 되물었다. "당신은 이곳에 살고 있잖아요."

"네, 살고 있죠. 난 스크랜턴을 너무 사랑해요."

래카워너 카운티에는 약 10만 개의 일자리가 있는데[113] 병원, 대학의 일자리를 빼고는 대부분이 서비스 업종이다. 콜센터, 창고 하역업, 트럭 수송업, 은행, 보험회사 행정업이 있다. 예를 들면 뱅크오브아메리카는 약 800명, 프루덴셜 리타이어먼트Prudential Retirement는 약 900명, 메트라이프MetLife는 약 500명을 고용하고 있다. 대부분의 일이 시급 약 13달러 50센트에서 시작한다. 서비스센터의 직원 중에는 세무사, IT 전문가, 시스템 분석가가 있고, 인도에서 연봉 4만 5000달러나 5만 달러를 주고 데려온 사람들도 있다. 남아시아에서 오는 사람들이 늘어나고 있다.

영리를 목적으로 하는 의료 산업계에 서비스를 제공하는 맥시머스Maximus 회사는 변호사와 의사를 고용한다. 이 회사는 연방정부와 계약해서, 메디케어Medicare*를 통해서 의료 서비스를 받고 싶지만 거부당한 환자들의 호소를 듣는 일을 한다. 맥시머스의 변호사와 의사들의 연봉은 수십만 달러에 이른다. 스크랜턴 콜센터의 고객 서비스 담당자가 받는 연봉은 고작 약 2만 5000달러이다.

스크랜턴도 다른 곳과 마찬가지로 엘리트 전문가와 노동자의 임금 차이가 매우 심하다. 퇴직연금 제도와 급여 외 수당을 받는 중산층은 이제 거의 사라졌다. 중산층이 1년에 5만 달러 혹은 6만

★　65세 이상의 노인에게 미국 정부가 제공하는 의료보험 제도.

달러의 수입을 올리려면 많은 시간을 일해야 하고, 대개 하나 이상의 직업을 가지고 있다.

나는 조지 반크로프트 초등학교의 지하실에서 일하는 청소부인 팻 랭건Pat Langan을 만났다. 이 학교는 1928년에 건립되었고, 학교 이름은 미국 전역에 중등교육을 장려한 학자의 이름을 따서 지었다. 랭건은 허연 수염이 까칠했고, 콧수염과 넓은 어깨가 힘깨나 쓸 사람처럼 보였다. 그는 다섯 아이의 아버지였다. 그가 입은 티셔츠에는 빨강, 하양, 파란색 기타 그림과 'Freedom Rocks'가 쓰여 있었다. 그는 심리학 학위가 있으며, 사회복지 전공 석사를 1년 하다 중도 하차했고, 일생을 육체노동자로 살았다.

그는 학교 도서관의 어린이용 의자에 앉아 에어컨으로 간신히 여름 더위를 식히면서 말했다. "아침 6시 20분에 일어납니다. 이곳에 7시 10분 전에 도착해서 2시 30분이나 3시 15분 전까지 일합니다. 집에 가서 샤워하고 밥을 먹고, 두번째 돈벌이를 하러 나갑니다. 여름에는 대개 잔디 깎는 일을 합니다. 다시 집에 돌아와서 샤워를 한 번 더 하고, 티브이를 보다가 자정쯤 잠자리에 듭니다. 일요일, 월요일, 수요일에는 밤 9시에서 11시, 11시 반까지 자동 세탁소에 가서 세탁기 청소를 합니다. 목요일, 금요일, 토요일 밤에는 월마트에서 야간근무를 하죠. 진열대에 물건 올려놓는 일, 고객 서비스, 계산 등 뭐든지 합니다."

그는 1주일에 70~75시간 일했다. 월마트에서 시급 15달러를 받았고, 학교 청소부 시급도 거의 비슷했다. 자동 세탁기 청소로 25달러를 받았다. 이렇게 일하면 세금을 빼고 남는 돈이 연 약 5만 달러고, 이 돈으로 가족을 부양한다. 그는 중산층이었다. 그가 중산층이 되기 위해 쏟아붓는 노력은 초인간적이라고 말할 수 있다.

만일 그가 건강을 잃으면 그야말로 끝장이다. 그 자신만이 아니라 부양가족이 모두 끝장이다. 그에게는 세 아이를 혼자서 키우는 딸이 있고, 아스퍼거증후군을 앓는 아들이 있다. 그는 67세까지 앞으로 7년 더 학교 청소부 일을 계속하고 싶어한다. 그렇게 하면 충분한 퇴직 연금을 받을 수 있기 때문이다. 하지만 시 정부가 계속 노동자를 해고하면 그것은 꿈으로 끝나버릴 것이다.

"자식들을 위해서라면 무슨 일이든 하려고 해요. 나 자신을 돌보지 않고 있다는 것도 알고 있죠. 일을 좀 줄여야 하긴 하죠."

그는 계속해서 말했다. "이 나라가 지금 내리막길로 접어들었다는 것은 의심할 바가 없습니다. 눈덩이가 아래로 굴러떨어지는 것이나 다름없죠. 점점 악화하고 있으니까요. 모두가 이 나라와 도시에 문제가 있다는 것을 알고 있지만, 누구에게도 해답이 없습니다. 지도자들이 해결해준다고요? 우리는 선택의 여지가 별로 없습니다. 지도자가 바뀌고 나면 우리는 록밴드 더 후the Who가 부른 노래를 다시 부르게 되죠. '새 지도자를 만나봐라. 구관이 명관이지. 우리는 다시 속지 않을 거야.' 어딜 가도 마찬가지입니다."

그는 부드러운 말투로 계속해서 말했다. "우리는 옛날과 같은 초강대국은 아닙니다만, 요즘 시대에 정부를 뒤집어엎는 게 가능하겠습니까?"

그의 딸 켈리Kelly는 26세이고 노던라이트 에스페소 바에서 일했다. 시급 9달러를 받고 4년간 그곳에 있었고, 대학을 한 학기 마치고 중퇴했다.

"우리는 정말 고생을 많이 했고 지금도 힘든 일이 많아요. 모든 게 불행의 연속이었습니다. 동생 중 케빈은 지적 장애인이에요. 그 애는 집에 늘 있어요. 사회보장연금을 받죠. 그리고 세 아이를 혼자서 키우는 여동생이 있어요. 그 애는 마빌러스 머그스 체인점에서 웨이트리스로 일해요. 아이 아빠 중 한 명은 감옥에 있고, 다른 한 명도 아마 그럴 거예요. 아버지라고 해봐야 아무 도움도 안 되죠. 우리 가족 모두가 그 애들을 돌보고 있어요. 나는 건강보험도 없습니다."

켈리는 부모님과 함께 살고 있었는데 5000달러의 학자금 대출을 갚고 있었다. 남동생 케빈은 2년 전 어느 날, 화를 벌컥 내더니 일곱 시간이나 어머니 목에 칼을 들이대고 위협했다. 켈리는 경찰을 불렀고, 특수기동대, 구급차가 동원되었다. 저격수들이 케빈을 말로 설득할 때까지 집을 에워싸고 있었다. 그는 한 달 동안 감옥에 있었는데 자살하지 못하도록 감시를 받았다.

"엄마는 더 속이 상했어요. 경찰이 현장에서 동생이 하는 짓을 보았기 때문에 우리가 고발하지 않을 수가 없었거든요."

그녀는 계속해서 말했다. "케빈은 맥도날드에서 일해보려고 했어요. 동생은 정말로 불안감이 심해요. 여러 사람이 있는 곳에서는 어쩔 줄 몰라요. 우리의 목표는 그 애에게 운전을 배우게 하고 독립하는 법을 가르치는 거예요."

그녀의 목소리가 점점 작아졌다. 그녀는 한숨을 쉬면서 "아빠가 정말로 열심히 일하는데도 더 이상 돈을 못 받는 것을 보면 정말 가슴이 찢어질 것 같아요"라고 말했다.

켈리 옆에서 이야기를 듣고 있던 친구 대니엘 리날디Danielle Rinaldi는 울기 시작했다. 그녀는 남성복 매장에서 근무했다. 대니엘은 29세인데 등에 할머니의 생일과 기일, 벌새를 문신했다. 왼쪽 손목에는 검은색 퍼즐 조각을, 오른쪽 흉곽에는 깃털을 문신했다. 목 뒤에는 코끼리, 입술 안쪽에는 호주로 이사 간 남자 이름이 새겨져 있었다. 켈리는 왼쪽 팔뚝에 아이스크림 문신을 하고 오른쪽 팔뚝에 풍선껌 기계, 컵케이크 문신을 했다.

"몇 년은 더 해야겠지만 계속 커피숍에서 일하고 싶진 않아요" 라고 켈리는 말했다.

그날 밤 '더 보그' 바에 갔다. 그곳은 지역 예술가들과 음악가들이 모여서 시간을 보내는 곳이다. 그날은 마침 트리비아 게임을 하는 날이었다. 누군가 토드 룬드그렌Todd Rundgren의 노래 〈안녕, 나야 Hello, It's Me〉를 연주하고 있었다. 책방을 운영했던 맥기건과 몇 주 전에 결혼한 코너 맥기건Conor McGuigan이 문제를 소리 내어 읽었다.

"캐나다에 주가 몇 개 있나요?"

코너는 지역 극장에 근무한다. 바 옆에는 문 닫은 철물점이 있는데 한때 그의 가족 소유였다.

바를 나와 옛날 철물점 정면에 있는 보도에 서서 그는 "나의 할아버님이 1963년에 심장마비로 이 가게에서 돌아가셨어요"라고 말했다. 불이 꺼져 깜깜한 창문을 가리켰다. "저기 위쪽이 제3지구인데, 지금은 문을 닫았지만 객석이 600석인 극장이 있었어요. 프랭크 시나트라와 루이 암스트롱Louis Armstrong이 와서 공연한 곳이죠."

브라이언 리스Brian Reese가 이야기에 끼어들었다. 그는 '팔리즈 Farley's' 식당에서 일하다가 며칠 전에 그만두었다. 식당은 개업한 지 30년 만에 문을 닫았다. 그는 식당에서 나와 담배 피우는 사람들과 보도에 서 있었다. 그는 대학을 중퇴했다가 다시 복학해 학위를 마쳤다. 그의 아내는 공립학교 교사이다.

"너무 많은 일이 있었어요. 우리 안에 깊은 분노가 있는 게 분명해요. 여기 있는 많은 사람이 무기를 소지하고 있지만 겉으로는 유순해 보여요. 사람들이 총 이야기하는 것을 많이 듣습니다."

나는 그가 앞으로 뭘 하고 싶은지 물었다.

"창작을 전공으로 예술학 석사를 하고 싶어요. 연극을 하면서 내 인생을 풍요롭게 만들고 싶어요. 그동안 단조롭고 고된 육체노동만 해왔거든요."

그는 이어서 말했다. "여기 사는 많은 사람이 다시 광산 채굴하는 일을 반겨요. 그것 때문에 지역 환경이 파괴되었지만요. 우리는 그 일이 유산의 일부라고 봐요. 누구도 이곳에서 다시 왜 광산 채굴을 시작하게 되었는지 묻지 않아요. 새로운 악덕 자본가들이 어떻게 수압 파쇄법으로 땅속에서 독을 퍼 올리는 일을 허락받았는지 묻지 않아요."

현재 이 도시에서 마지막으로 돌아가는 공장 중 한 곳에서는 아반티 시가Avanti-Cigars를 만들고 있다. 지난 1세기 동안 공장 기계는 멈추지 않았다. 이곳에서는 드노빌리De Nobili, 페트리Petri, 파로디 Parodi 시가를 생산한다. 파로디 시가를 광부들은 '기분 나쁜 놈the little stinkers'이라 부른다. 작업하는 동안 흡연을 금지하기 때문에 광부들은 촘촘히 감아서 만 긴 검은색의 시가를 씹는다. 버번 맛이나 아니스 맛이 나는 시가도 생산한다.

이 공장은 28명의 일꾼을 고용 중이고, 12대의 압연기가 있다. 20년 전에는 16대의 기계를 움직이는 70명의 일꾼이 있었다. 1954년에 제작한 롤러가 시멘트 바닥 위에서 철커덕 소리를 내며 돌아가고 있었다. 시가는 물, 옥수수 녹말, 설탕으로 만든 혼합물에 담가두었다가 선반에 진열해 말린다. 일꾼들은 기계 작업을 할 때 고무장갑을 끼고 작업복을 입는다. 대부분이 이곳에서 수년 동안 일해왔다. 그들의 시급은 9달러 25센트로 시작했다.

노동자들은 더 이상 잎의 줄기를 떼는 일을 하지 않는다. 그 일은 스리랑카에서 한다. 하지만 그들은 장인의 자부심, 오랫동안 일하면서 얻은 소속감, 가족 연대감을 가지고 일했다.

31세인 크리스 에이어스Chris Ayers는 선반에 재료를 계속 채워 넣고 압연기 풀 통에 풀을 채워 넣었다. 그녀는 말했다. "아빠는 수석 기계공이었어요. 엄마도 여기서 일했고 할머니도 일했죠. 아빠는 20년 이상을 일했어요. 나와 같이 일하는 바브는 거의 40년을 일했죠. 관리인 캐시는 30년 넘게 여기 있었어요. 이 회사는 가족이 100년을 운영해왔어요. 이게 다른 회사와 아주 다른 점이죠."

31년째 스크랜턴 상공회의소 회장을 맡아온 오스틴 버크Austin J. Burke를 그의 사무실에서 만났다. 그는 지역 건물과 풍경을 그리기도 한다. 사무실 벽에는 그의 작품이 걸려 있었다. 그의 할아버지는 석탄 차 사이에 끼어 죽었고, 삼촌 세 명은 광산에서 일하다가 죽었다. 그의 부모님은 교사였다. 그의 소년 시절에 이미 석탄 산업은 하향길에 들어섰다. 그는 여름에 의류 공장 트럭을 운전했다.

그는 1964년을 회고하면서 다음과 같이 말했다. "트럭을 운전하면서 여름 한나절을 보냈습니다. 모든 옷감을 재단하는 공장이 중심에 있고, 여기서 재단한 옷감을 주변 공장으로 싣고 갔습니다. 공장들은 소규모 자영업체였고 개발도상국에서 볼 수 있는 열악한 환경과 저임금 노동의 작업장과 비슷했죠. 재단한 옷감을 배달하고 완성된 옷을 받아서 중앙 공장으로 싣고 갔습니다. 그때 이미 이 산업은 내리막길에 들어섰습니다. 80년대에 들어서서 급격히 쇠퇴했고 90년대에는 거의 볼 수 없었습니다."

"그 공장들이 어디로 갔습니까?"

"아이티로 갔죠"라고 그는 대답했다.

"우리는 재단과 재봉 일을 했죠. 주로 뉴욕 사람들이 입는 옷이었습니다. 우리는 최신 패션을 만들었습니다. 이 바지를 보세요."

그는 다리를 책상 위에 올려놓더니 카키색 바지를 잡아당기면서 질감이 어떤지 보여주었다.

"브룩스 브러더스 바지에요. 이것을 펜실베이니아주 올리펀트에 있는 포니 팬츠Pawnee Pants에서 샀어요. 그 당시에 소매로 70달러였는데 나는 12달러나 15달러면 샀죠. 정말로 품질이 최고였죠. 물건 만들기가 무섭게 나갔습니다."

길 아래쪽으로 일렉트릭 시티 타투 갤러리Electric City Tattoo Gallery의 주인 마이클 프렌치코Michael Frenchko가 테이블에 누운 손님에게 문신을 하고 있었다. 손님의 이름은 매니 마산케이Manny Masankay고 22세였다. 프렌치코는 마틴 루터 킹Martin Luther King 목사의 인용 문구를 마산케이의 몸에 쓰고 있었다. 마산케이는 그 인용문을 선택한 이유가 '아빠 같은 그런 존재'가 자기에게는 없기 때문이라고 말했다. '사람의 됨됨이는 안락하고 편안한 순간이 아니라 도전과 갈등의 순간에 알 수 있다'라는 문구였다.

플라톤이 《국가론》(이는 무너져 내린 아테네의 민주주의를 애도한 글이기도 하다)을 쓸 때, 민주주의가 다시 아테네에서 살아날 것이라고 믿지 않았다. 고대 세계에서는 오늘날 우리처럼 시간을 직선으로 보지 않았다. 생명은 순환한다. 태어나고, 자라고, 성숙하고, 쇠망하고, 죽는 것의 반복이다. 인간의 진보는 필연적이라는 생각은 고대 사회에는 낯선 것이었다. 개인에게 맞는 것은 사회에도 맞는 것이다. 《국가론》에서 플라톤이 제시한 내용을 보면, 이상 국가를 만들고자 하는 사람들은 일련의 엄격한 조치를 시행해야 한다. 예를 들어 연극, 음악을 금하고, 어릴 때 어린아이를 부모에게서 떼어놓고 사상을 주입한다. 이런 조치는 아테네의 쇠망은 불가피하지만 그나마 늦추어보겠다는 염원에서 제시한 필사적 시도이다. 그러나 쇠망과 죽음은 이상 국가에서조차 불가피한 것이었다. 그리스의 운명의 세 여신 '모이라이the Moirai'는 바꿀 수 없는 인간의 비극적 운명을 지배했다.

플라톤은 스승 소크라테스Socrates가 아테네 항구 피레우스를 방문하는 이야기로 《국가론》을 시작한다. 피레우스에는 선술집과 갈보집이 차고 넘쳤다. 그곳에는 거지, 도둑, 갤리선을 젓는 노예, 군인, 용병, 범죄조직, 술 마시고 떠드는 선원 집단(이집트인, 페르시아인, 메디아인, 켈트족, 게르만인, 페니키아인, 카르타고인이 있었다)이 거주했다. 그리스인들은 이들이 다른 언어를 말하면서 뒤엉켜 사는 모습을 보고, 이들을 야만인으로 보았다. 피레우스의 정교하게 장식된 경관과 음탕한 오락물은 사람들을 진지한 시민의식에서 벗어나도록 유혹하기에 충분했다. 그것이 그리스인들에게 주는 의미는 고대 투기장이 고대 로마인에게, 오늘날 전자 화면과 거대한 스포츠 경기와 콘서트가 현대인에게 주는 의미와 비슷했다.

소크라테스가 항구에 도착했던 날은 밤새 축제를 준비하던 날이었다. 이 축제는 '여신을 위한 마상 횃불 계주'[114]를 진행했다. 그곳에는 아테네 전투 함대(청동으로 에워싼 놋쇠 충각을 이물에 붙이고 검은색 3단 노를 가진 전함들)가 선박 창고에 여러 줄로 정박해 있었다. 이 함대 덕분에 아테네는 민주적 도시국가에서 기원전 5세기 제국으로 바뀌었다. 플라톤과 그의 제자 아리스토텔레스Aristotle가 이해했듯이, 제국의 건설은 그것이 어떤 제국이든 민주주의를 소멸시키고 만다. 제국을 유지하기 위해서는 중앙집권적 관료제가 필요하다. 복잡한 조직과 제도를 가진 제국을 유지하기 위해서는 영속적인 지위를 갖는 관료들과 군대 장교들이 필요하다. 왜냐하면 이들이 있어야 일반 시민에게 권력을 빼앗아 올 수 있기 때문이다.

아리스토텔레스는 민주주의에서는 항상 가난한 자들이 부자들의 재산을 강탈할 가능성이 존재한다고 경고했다. 그는 민주주의는 빈부 격차가 심한 불평등과 공존할 수 없다고 썼다. 그는 민주주의 국가에서는 모두가 사회에 관심이 있어야 한다고 주장했다. 아리스토텔레스의 민주주의는 아테네 참주의 생각과 달랐다. 미국 헌법의 아버지로 불리는 제임스 매디슨James Madison의 민주주의와도 달랐다. 매디슨은 정부가 민주주의를 축소해야 하고 노동자의 정치 세력을 무력화해야 한다고 주장했다.

플라톤은 피레우스 항구가 민주주의의 사망과 함께 따라오는 쇠망과 부패를 실질적으로 드러내는 곳이라고 보았다. 이런 병적 징후는 그리스인들과 심리학자 지그문트 프로이트Sigmund Freud가 알았듯이, 사람을 호리는 매력을 가지고 있다. 역사에 대한 망각, 망상, 쾌락주의, 위대해지고 싶은 꿈, 허무주의적 폭력, 변태 성욕, 영원한 젊음을 향한 헛된 추구, 소크라테스 같은 진리를 말하는 자에 대한 핍박은 생명에서 벗어나 죽음으로 가는 것을 보여주는 징후이다.

플라톤에 의하면, 시민의 덕목과 공동의 선을 포기한 지배 엘리트들은 대중의 관심을 다른 데로 돌리고 그들을 기만하기 위해서 동굴 벽의 그림자처럼 명멸하는 환상을 조작했다. 실재를 왜곡한 이 이미지들(오늘날 우리가 보는 일련의 전자 이미지는 플라톤의 상상을 초월한다)은 불합리한 욕망을 자극한다. 그것은 희망이 없는 삶이다. 피상적 위안을 주는 이 환상을 깨는 사람들은, 소크라테스가 경고했듯이 군중에 의해서 즉시 침묵당하거나 살해된다. 에피쿠로스 쾌락주의(우리를 옥죄는 일상사와 정치에서 우리를 해방하고 우리의 삶을 정치와 관련 없는 일에 집중시켜야 한다는 신념)는 시민들이 정치에 참여하기를 요구했던 소크라테스를 조롱했다. 냉소주의가 지배적이었다. 공동체가 무너져 내렸다. 플라톤은 이렇게 썼다. "삶에서 선을 찾지 못한 사람들이 행복을 움켜잡기를 희망하면서 공적인 일에 관심을 쏟으면, 모든 일이 뒤틀리기 시작한다. 그들은 권력을 획득하기 위한 투쟁을 시작하고 결국 자신과 나라를 멸망시킨다."115

기존 질서가 붕괴하면 환상의 세계가 나타난다. "이 환상의 세계에서 사람들은 정교하게 만든 그림자를 쫓느라, 그리고 권력을 차지하기 위한 분쟁으로 (마치 그것들이 대단한 것이라도 되는 듯이) 서로 치고받으며 투쟁한다."116 일단 열광적인 죽음의 무도Danse Macabre에 사로잡히면 늘 그렇듯이, 활력 넘치던 문명이 끝날 때까지 죽음이 건 어두운 마술에서 벗어날 수 없다.

스크랜턴을 수천 배 확대하면 그것이 곧 오늘의 미국이다. 전국에 1만 9000개에 이르는 거의 모든 지자체117의 재산세 소득이 줄어들거나 정체되어 있고, 지출 경비는 계속 상승한다. 지자체의 운영이 위기에 처해 있다.

현재 미국 문화에서 전반적으로 나타나는 사회 병리 현상을 스크랜턴에서 볼 수 있다. 마약 위기, 총기 난사, 자살률 상승, 특히 중년 백인 남자의 자살률 상승, 병적인 비만, 도박 강박증, 값싸고 번지르르한 구경거리에 감정과 이지를 쏟아붓는 일, 기독교 우파들의 터무니없는 약속부터 현실이 어떠하든 욕망은 성취된다는 믿음까지 우리를 유혹하는 마술적 사고방식. 이런 현상들은 인간의 사회적 지위, 자존감, 품위를 가져다줄 기회 자체가 없는 쇠망한 세상에서 나타난다.

충분한 수입 없이 불경기가 지속되면 경제적 고통이 뒤따른다. 또한 에밀 뒤르켐Émile Durkheim이 《사회분업론The Division of Labour in Society》에서 지적한 대로 그것은 삶의 의미를 주는 필수적인 사회적 연대를 무너뜨린다. 자신의 사회적 지위와 힘의 축소, 앞으로 나아가는 능력의 부재, 교육과 의료 혜택의 부족, 희망의 상실은 우리에게 심각한 굴욕감을 준다. 굴욕감은 고독감, 좌절감, 분노, 무가치하다는 감정에 불을 지핀다. 한마디로 우리는 사회적으로 무시당하고 거절당할 때 인생의 의미를 상실한다. 영향력을 잃어버린 사람들은 자포자기에 빠지면서도 신처럼 전능하고 싶은 갈망을 갖기도 한다. 그러나 이런 전능한 힘을 가질 수 없다는 것을 깨닫는 순간, 문화 인류학자 어니스트 베커Ernest Becker가 《죽음의 부정The Denial of Death》에서 썼듯이, 사람들은 반대 방향의 대안을 찾아 파괴의 신이 된다.

정치철학자 에릭 푀겔린Eric Voegelin은 《히틀러와 독일인Hiltler and the Germans》에서 히틀러는 제대로 교육받지 못한 평범한 사람이지만 웅변술과 정치적 기회를 포착하는 능력이 뛰어나서 독일 국민을 홀리고 유혹했다는 신화를 일축했다. 독일인들은 히틀러와 그의 주변에 있는 '정상이 아닌, 변변치 못한 인물들'[118]을 자기 손으로 선출한 것이지 홀려서 넘어간 것이 아니다. 그들은 히틀러에게서 경제적 붕괴, 절망감, 폭력으로 피폐한 당시 사회의 병리 현상을 그대로 보았고, 자신들을 아는 그가 이 문제를 해결해줄 것으로 보았다.

푀겔린은 우둔함을 '실재의 상실'[119]이라고 정의했다. 실재를 보지 못하면 "'어리석은' 사람은 자기가 사는 세상에서 방향 감각을 제대로 가질 수 없다".[120] 선동가는 항상 어리석지만 그는 특별히 유별난 변종이거나 사회적 돌연변이가 아니다. 선동가는 오히려 그 사회의 시대정신을 구현한 사람이다.

뵈겔린은 다음과 같이 썼다. "히브리어로 바보는 '나발nabal'이다. 나발은 그의 어리석음, 즉 '네발라nebala' 때문에 사회 혼란을 야기시키는데, '나발'은 이스라엘인을 의미하는 계시라는 차원에서 볼 때 믿지 않는 사람을 말했다. 불합리하고 무지한 사람을 말하는 그리스어 '아마테스amathes'는 플라톤에게는 이성의 권위를 갖지 못한 사람이거나 이성의 권위에 머리 숙일 수 없는 사람을 뜻했다. 토마스 아퀴나스Thomas Aquinas에게 '스툴투스stultus'는 바보를 뜻했는데, 이는 플라톤에게 '아마티아amathia'가 갖는 의미, 이스라엘 예언자들에게 '네발라'가 갖는 의미와 같다. '스툴투스'가 실재를 상실하고 불완전한 실재에 근거해서 행동하면 무질서를 낳는다. …… 만일 내 경험 영역에서 특정 부분의 실재를 상실했다면 나는 그 부분을 제대로 설명할 언어를 잃는다. 그렇게 되면 실재의 상실과 어리석음에 비례해서 문맹 현상이 일어난다."[121]

무질서와 혼돈으로 뒤흔들린 사회는 뵈겔린이 지적했듯이 도덕적 타락자들, 즉 교활하고 조작을 즐기고 사기 치고 폭력을 일삼는 자들을 부추기고 찬양한다. 열린사회는 이런 이들의 행태와 태도를 경멸하고 범죄시한다. 그러한 특질을 보이는 사람들을 어리석다고 비난한다. 뵈겔린은 "이런 식으로 행동하는 사람들은 사회적으로 퇴출될 것이다"라고 말한다.[122] 그러나 병든 사회의 사회적 문화적 도덕적인 규범들은 그 반대다. 열린사회를 지탱하는 특질들, 즉 진리, 정직, 신용, 자기희생과 같은 가치는 병든 사회를 유지하는 데 치명적이다.

바보들은 비틀거리는 말기 문명을 인수한다. 바보 장군들은 이길 수 없는 전쟁을 끝없이 수행하고 바보 경제 전문가들은 기업과 부자의 세금을 줄이고 가난한 자를 위한 사회보장 프로그램의 폐지를 요구한다. 그들은 신화에 근거한 경제 성장 계획안을 제시한다. 바보 기업가들은 물, 흙, 공기에 독을 내뿜고 일자리를 없애고 임금을 억제한다. 바보 은행가들은 자기들이 만든 금융버블을 가지고 도박을 한다. 바보 저널리스트들과 대중적 지식인들은 독재가 민주주의라고 가장한다. 바보 정보기관들은 외국 정부를 타도해서 분노에 가득 찬 광신자들을 낳는 무법 고립지대를 만들고 있다. 바보 교수, 바보 숙련가, 바보 전문가는 알아들을 수 없는 전문 용어와 불가해한 이론으로 지배자들의 정책을 옹호하면서 자신들을 팔고 다닌다. 바보 연예인들과 프로듀서들은 섹스, 피가 낭자한 싸움, 환상으로 뒤엉킨 선정적 광경을 만들어내느라 바쁘다.

우리는 문명이 멸망할 때 사람들이 어떤 일을 벌이는가를 잘 알고 있다. 그런데도 사람들은 비슷한 행동을 반복한다.

바보들은 오로지 '좀 더'라는 말만 안다. 그들은 상식에 구애받지 않는다. 그들은 노동자들이 생계를 유지할 수 없을 때까지, 사회 기반 시설이 붕괴할 때까지 끝없이 부와 재원을 축적한다. 그들은 특권을 가진 주거지역에서 산다. 그들은 국가를 그들의 허영심을 채우는 도구로 본다. 로마, 마야, 프랑스, 합스부르크, 오스만, 러시아 로마노프, 빌헬미네, 팔레비, 소비에트, 이 모든 왕조는 바보 지배층들의 변덕과 강박증이 법이 되었기 때문에 무너졌다.

트럼프는 우리의 집단적 우매함을 보여주는 얼굴이다. 그는 우리가 정중하고 합리적인 사람인 양 행동할 때, 그것을 이용해서 무슨 짓이든 한다. 한마디로 그는 자기애에 빠진 우둔한 과대망상증 환자이다. 그는 지구 곳곳에서 비참한 지경에 빠진 사람들을 향해 군대와 함대의 힘을 과시하고, 지구 온난화로 인한 재앙적 고통을 즐거운 마음으로 무시하고, 세계의 소수 자본권력자들을 대신해서 약탈하고, 밤에는 입을 쩍 벌린 채로 티브이를 보다가 자칭 '아름다운'[123] 트위터를 연다. 그는 막대한 국비를 마술적 세력을 획득하는 일에 할당한 로마 네로Nero 황제의 우리식 버전이다. 또한 영생을 위한 한 첩의 약을 찾아 반복해서 원정대를 보낸 진시황의 우리식 버전이다. 전쟁에서 많은 백성이 죽어 나가고 거리에는 혁명의 음모가 꿈틀대는데도 궁중에 앉아서 타로 카드로 점치고 영을 불러 강령회를 여는 망상에 사로잡힌 러시아 왕족의 우리식 버전이다.

지금 이 순간의 역사는 백인들이 저지른 탐욕과 살인의 슬픈 이야기가 끝나고 있다는 징후를 보여준다. 마지막 쇼를 위해서 트럼프가 이 세상에 등장하는 것은 피할 수 없는 일이다. 유럽인과 미국인은 지난 5세기 동안 정복, 약탈, 착취를 일삼았고, 인류의 진보라는 이름으로 지구를 오염시켰다. 그들은 월등한 기술을 이용해 지구상에서 가장 효율적인 살인 기계를 만들었다. 이 살인 무기를 자신들의 진보를 방해한다고 생각하는 모든 것, 모든 사람, 특히 토착문화를 파괴하는 데 사용했다. 그들은 지구상의 부와 자원을 훔치고 축적했다. 그들은 피와 황금이 어우러진 이 잔치가 절대 끝나지 않을 것이라고 믿었고 지금도 그렇게 믿고 있다. 그들은 자본주의와 제국주의의 끝없는 팽창주의가 보여주는 어두운 도덕으로 인해 자신들이 착취하고 있는 사람들뿐 아니라 착취자 자신들에게도 곧 죽음의 선고가 내려질 것이라는 사실을 모르고 있다. 우리는 문명의 말기에 들어섰는데 안타깝게도 이것을 깨고 나올 이

지나 상상력이 부족하다. 경고의 조짐이 점점 더 분명하게 드러나는데도(지구 온도의 상승, 전 세계 금융 붕괴, 사람들의 대규모 이주, 끝없는 전쟁, 중독된 생태계, 지배층의 만연한 부패) 우리는 무지 때문이든 냉소주의 때문이든 과거에 통했던 것이 앞으로도 통할 것이라는 만트라를 반복해서 외는 지도자들에게 운명을 맡기고 있다. 사실적 증거는 우리가 원하는 것을 성취하는 데 방해가 되기 때문에 사회에서 추방되고 있다.

발터 벤야민Walter Benjamin은 유럽에서 파시즘이 일어나고 세계전쟁의 조짐이 보이던 1940년에 다음과 같이 썼다.

파울 클레Paul Klee의 작품 가운데 〈새로운 천사Anelus Novus〉라는 그림을 보면, 한 천사가 꼼짝 않고 생각에 잠겨 무엇인가를 바라보다 막 떠나고 있다. 그는 입을 벌린 채로 뭔가를 응시하고 날개를 펼치고 있다. 이것은 역사를 꿰뚫어보는 천사의 모습을 그린 것이다. 그의 얼굴은 과거를 향해 있다. 우리가 여러 가지 일을 볼때 그는 단 하나의 일, 재앙만을 바라본다. 이 재앙은 파멸의 잔해 위에 또 잔해를 쌓고 있는데, 천사는 이 잔해를 자기 발 앞에 던져놓고 있다. 천사는 계속 머물러서 죽은 자들을 깨우고 부서진 것을 원상회복하길 원한다. 낙원에 폭풍우가 몰아친다. 폭풍우가 너무 격렬하게 몰아쳐서 천사는 이미 편 날개를 접을 수가 없다. 폭풍우는 천사의 등이 향하고 있는 미래로 천사를 꼼짝없이 내몬다. 한편 그 앞에 있는 잔해 더미는 계속 하늘 높이 쌓인다. 이 폭풍이 우리가 말하는 진보이다.[124]

마술적 사고는 전근대적인 믿음과 풍습에 국한한 것이 아니다. 그것은 자본주의 이데올로기의 특성을 나타낸다. 자본주의 이데올로기에 의하면, 생산 할당량과 예상 판매는 반드시 성취되며, 이윤은 항상 늘어날 수 있고, 성장은 불가피하다. 불가능은 항상 가능하다. 어떤 인간 사회도 시장의 지시를 따르기만 하면, 자본주의 낙원으로 진입할 것이다. 문제는 우리가 그에 맞는 태도를 보이고 그에 걸맞은 기술을 보유하고 있느냐이다. 우리는 자본주의가 번성할 때 우리의 삶도 번성한다고 확신한다. 그러나 우리가 자본가 집단과 일치할 때 우리는 우리의 행동, 창조력, 자기반성 능력, 도덕적 자율을 빼앗긴다. 우리는 자기 가치를 독립성 혹은 인격으로 규정하지 않고 자본주의가 정해준 물질적 기준인 부, 브랜드, 지위, 승진으로 정한다. 우리는 억압을 받으면서 순응하는 집단이 되도록 세뇌당했다. 집단적 순응은 전체주의적이고 권위주의적 국가에서 볼 수 있는 특징이다. 그것은 영원히 행복하고 적극적인 태도가 가득찬 디즈니랜드 같은 나라를 만드는 것이다. 마술적 사고가 통하지 않을 때, 우리 자신에게 문제가 있다는 이야기를 듣게 된다. 우리는 스스로 그렇다고 인정한다. 우리는 환경에 적응해야 하고 더 큰 믿음을 가져야 한다. 우리는 적극적인 사람이 되어야 한다. 우리는 계속해서 우리가 원하는 바를 비전으로 만들어야 한다. 우리는 더 열심히 노력해야 한다. 우리의 자본주의 시스템을 탓해서는 안 된다. 왜냐하면 우리가 시스템을 제대로 이용하지 못한 것이지 시스템이 우리를 망친 것이 아니기 때문이다.

각 분야의 자조 구루self-hlep guru의 이야기, 할리우드 이야기, 트럼프와 같은 정치적 괴물 이야기까지 우리에게 정보를 알려주는 모든 시스템은 한결같이 가짜 약을 팔고 있다. 우리가 자기기만에 빠지면 우리는 달콤한 말을 들려주는 협잡꾼들의 돈벌이 수단으로 전락한다. 그들이 지지하는 마술적 사고는 일종의 유아증의 발로이다. 마술적 사고는 '다시 한번 미국을 위대하게' 같은 슬로건이 조롱거리가 되고 있다는 사실을 받아들이지 못한다.

미국인이 대부분 경험하는 심각한 소외감, 자존감과 희망의 상실은 뒤르켐이 말한 집단적 아노미anomie 현상을 낳는다.[125] 아노미란 계속해서 절망감과 무력감, 자멸하고 싶은 욕구가 상승하는 심리적 불균형 상태를 말한다. 아노미 현상은 사회적 규범, 이상, 가치, 기준이 붕괴할 때 일어난다. 한마디로 민주주의를 작동하게 하는 사회의 구조와 신념을 상실하는 것이다. 그 결과는 프리드리히 니체Friedrich Nietzsche가 근대의 핵심적 사회 질병이라고 본 목적과 방향의식의 상실이다. 그것은 혼이 빠져버린 공격적 허무주의를 말한다. 가장 극단적인 형태의 이런 허무주의는 도덕적 비판에 무감각하고, 니체가 이해한 바와 같이 광신적 열정으로 가득 차 있다.

트럼프의 이데올로기적 진공 상태는 그가 더 고립되고 더 공격을 받을수록 기독교 우파의 원시적 파시스트적 세력으로 채워진다. 이렇게 기독교화한 파시즘(대형교회, 학교, 대학, 로스쿨, 광대한 라디오, 텔레비전 제국으로 이루어진 망을 형성하고 있다)은 포위당한 백악관에 강력한 동맹군이 된다. 기독교 우파는 수십 년에 걸쳐서 자신들의 세력을 조직화하면서 권력을 잡기 위한 준비를 해왔다. 이 나라가 다시 경제 붕괴(십중팔구 불가피한 일이다)나 또 다른 국내 테러리스트의 공격 혹은 새로운 전쟁을 겪으면, 트럼프가 기독교 우파의 어젠다를 대중에게 강력하게 밀어붙이고 반대자를 봉쇄할 절호의 기회는 극적으로 커질 것이다. 지난 대통령 선거 때 트럼프는 백인 복음주의자들에게 81퍼센트의 지지를 받았다.[126] 그가 떠나거나 혹은 대통령직에서 쫓겨난다고 문제가 끝나는 것이 아니고, 기독교 우파의 앞잡이인 마이크 펜스Mike Pence가 집권하면 사태는 더욱 악화될 것이다.

낙태를 제한하고, 산아제한 가족계획 프로그램Planned Parenthood의 재정 지원을 철회하고, '종교적 자유'라는 이름으로 LGBT에 대한 차별을 허용[127]하고, 존슨 수정헌법*을 폐기해 교회의 더욱 적극적인 정치 참여를 가능하게 하고, 연방주의자협회Federalist Society가 지지하는 판사들을 임명하고, 무슬림의 이민을 금지하는 정책을 내놓으며 트럼프는 기독교 우파의 사랑을 받았다. 트럼프는 시민 평등권에 관한 규정과 영업규제법, 환경규제법을 이전의 수준으로 끌어내렸다. 그는 기독교 우파의 충실한 당원을 권력의 자리로 끌어올렸다. 예를 들어 펜스를 부통령으로, 제프 세션스Jeff Sessions(그는 트럼프의 요청으로 2018년 11월 7일에 사임했다)를 법무부 장관으로, 닐 고서치Neil Gorsuch를 대법원으로, 벳시 디보스를 교육부 장관으로, 톰 프라이스Tom Price를 보건사회복지부 장관으로(그는 강제적으로 사임당했다), 벤 카슨Ben Carson을 주택도시개발 장관으로 임명했다. 트럼프는 기독교 우파가 지지하는 백인 우월주의, 편협주의, 미국 쇼비니즘, 탐욕, 종교적 불관용, 분노를 신봉한다.

트럼프가 사실을 경멸하고 마술적 사고와 음모설을 좋아하는 것은 기독교 우파의 세계관과 어울린다. 기독교 우파들은 미디어, 학계, 자유주의 체제, 할리우드, 민주당이 구현한 세속적 휴머니즘과 같은 사탄 세력에게 공격받고 있다고 생각한다. 이 세계관을 가진 사람들은 기후 변화는 사실이 아니고, 오바마는 무슬림이며,

---

*   린든 존슨Lyndon Johnson이 텍사스주 상원의원을 지낸 1954년 6월에 제안한 법안으로 교회를 포함한 비영리 기관들이 정치 후보자들을 지지하거나 반대하는 것을 금하는 법이다.

2016년 선거에서 수백만 명이 불법적으로 투표를 했다고 믿는다.

기독교 우파 추종자들은 마니교도들이다. 그들은 세상을 흑백, 선과 악, 적군과 우군으로 갈라서 본다. 트럼프는 2017년 7월 6일 폴란드를 방문해 연설을 했는데, 그중 미국이 일으킨 전쟁과 혼란으로부터 도망친 불경한 무슬림의 무리를 박멸해야 한다는 내용이 있었다. 이는 미국 기독교 우파의 시각을 반복한 것이다. 기독교 우파 지도자들은 트럼프를 지지하기 위해 2017년 7월 10일에 백악관을 방문했다. 이틀 후 팻 로버트슨Pat Robertson이 기독교방송네트워크Christian Broadcasting Network(CBN)에 트럼프와의 인터뷰를 방영하려고 백악관에 나타났다. 만일 이런 기독교 우파 열성 당원들과 현 정부의 동맹이 성공한다면 미국 민주주의의 마지막 자취는 완전히 소멸할 것이다.

겉보기에 기독교 우파들이 교활한 뉴욕의 부동산 개발업자를 지지하기 위해서 모인다는 것은 전혀 어울리지 않는 것처럼 보인다. 그의 언행은 전혀 기독교와는 어울리지 않기 때문이다. 그는 공개적, 상습적으로 호색 행위를 벌이는 간통꾼이자 진리 따위에는 관심이 전혀 없으며, 탐욕에 불타 있으며, 성경은 읽지도 알지도 못하며, 상투적으로 자신의 투자자들과 계약자들을 탈취하고 기만하며, 원색적인 여성 혐오 발언을 해대고, 노골적으로 자기도취에 빠진 말을 하며, 독재를 선망하는 듯 보인다. 이 모든 언행은 많은 기독교 우파의 특성이기도 하다.

트럼프는 그의 카지노에 있는 수천 개의 슬롯머신으로, 그의 가짜 대학과 부동산 거래로, 절망에 빠진 사람들을 먹이로 삼았다. 대형교회 목사들은 '시드 헌금seed offerings', '감사 헌금love gifts', 십일조, 기부금을 쥐어짜면서 '기도의 천prayer cloths', 자기계발서, 오디오와

비디오, 심지어 단백질 음료를 팔고, 치유 안수기도를 돈을 받고 팔고, 추종자들을 착취한다.[128]

목사들은 마치 트럼프가 자신의 사업체 안에서 그러하듯이 대형교회 안에서 독재적 절대 지위를 확보한다. 〈디 어프렌티스The Apprentice〉라는 리얼리티 쇼에서 누구도 전능한 트럼프에게 도전할 수 없듯이 대형교회 안에서는 누구도 목사에게 도전할 수 없다. 자신들의 소규모 전제정치를 국가적 규모에서 실현해 백인들이 지배하는 국가를 만들려 한다.

기독교 우파를 이끄는 많은 목사가 보여주는 경건한 모습은 순전히 허울일 뿐이다. 그들의 사적 생활은 대개 천박한 쾌락주의로 물들어 있다. 예를 들면 이들은 고급 맨션, 개인 제트기, 리무진, 경호원, 개인 비서, 하인과 같은 수행원들이 있고, 돈을 물 쓰듯 쓰며 쇼핑하고, 사치스러운 휴가를 보내며, 트럼프 못지않은 성적 탈선 행위를 벌인다. 그들은 교회의 세금면제 혜택을 이용해서 교회를 사치스러운 생활의 펀드 제공처로 만든다. 또한 그들은 트럼프의 사업체에서 볼 수 있는 족벌주의에 빠져 있다. 가족, 친족들을 고임금의 고위직에 앉히고 그들의 권력을 자식들에게 물려준다.

억만장자 목사들의 탐욕스러운 생활의 단면을 들여다볼 수 있는 기독교 우파들의 스캔들은 아주 많다. 예를 들어 짐과 타미 페이 바커Jim and Tammy Faye Bakker 부부가 이끄는 '주 찬양 클럽Praise the Lord Club'은 짐 바커가 감옥에 가기 전까지 거의 5년 동안 매주 100만 달러의 돈을 긁어모았다. 그는 신도들의 휴가 여행을 위해 1억 5800만 달러의 헌금을 모았으나 결코 그 여행 계획을 실행하지 않았다. 이런 사기와 또 다른 혐의로 그는 1989년에 유죄선고를 받았다.[129] 바커 제국이 무너지면서 마약 복용과 강간 혐의도 고소장에 포함되었다.[130] 타미 페이는 2007년에 죽었고 지금은 짐 바커가 수감 생활을 치르고 돌아와 인터넷에서 종말에 대비한 식량을 팔면서[131] 현격히 줄어든 티브이 쇼 시청자들에게 트럼프를 반대하는 사람은 누구든지 반尺그리스도라고 설교하고 있다.[132]

폴과 재니스 크라우치Paul and Jan Crouch 부부는 세계에서 가장 큰 텔레비전 전도televangelist 방송국인 트리니티 브로드캐스팅 네트워크Trinity Broadcasting Network(TBN)를 만들어서 처음에 바커 부부를 등장시켰다. 지금은 그들의 아들 맷Matt과 맷의 아내 로리Laurie가 운영하고 있다. 텔레비전 화면 밑에는 요금 수신자 부담 번호가 있어서 시청자의 기도 상담을 장려했다. 기도 상담자와 통화한 사람들을 '감사 헌금'으로 유도한 뒤, 트리니티 방송 '동역자partner'가 되어달라 요구하고 나중에 마라톤 찬양 대회Praise-a-Thons가 열리는 동안 더 많은 돈을 보내지 않을 수 없게 만든다.

크라우치 부부는 트럼프처럼 화려하지만 저속한 것을 즐겼다. 이들은 루이 16세풍의 가구를 배경으로 저녁 방송을 했다. 주변에 로코코식의 금장, 빨간 벨벳, 번지르르한 샹들리에, 금칠한 피아노, 스테인드글라스 창문이 있었다. 이 방송국의 심벌마크(두 줄로 단추가 달린 그의 블레이저코트의 주머니에도 있다)에는 왕관, 사자, 말, 하얀 비둘기, 십자가, 라틴어 문구가 있다. 크라우치 부부는 아마도 트럼프 타워를 흉내 냈을 것이다. 트럼프 타워에도 크라우치의 집처럼 모조 '트럼프 깃장식Trump crest'(다른 가문이 쓴 것을 도용했다는 의심을 받고 있다)이 있고, 옥상 고급주택을 베르사유 궁전의 일부처럼 장식해놓았기 때문이다.[133]

크라우치 부부는 조작의 명수이다. 이 부부는 시청자들에게 형편이 어렵더라도 1000달러 수표를 보내라고 끊임없이 권고했다.[134] 폴 크라우치는 2013년에 죽었는데, 시청자들에게 '신앙 성장a step of faith'[135]의 표시로 수표만 보내도 주님께서 몇 배 이상으로 갚아주실 것이라고 설교했다. 그는 찬양대회 방송에서 다음과 같이 물었다. "여러분은 하나님께서 여러분에게 1000달러 이상으로 갚아주시는 게 도대체 힘든 일이라고 생각하십니까?"[136] 시청자들(많은 이가 절망적인 상황에서 힘들어했고 기적과 마술 같은 신의 은혜만이 그들을 절망의 나락에서 건져줄 것이라고 믿었다)은 교회의 헌금 강요와 감정적인 압박에 저항하기 어렵다고 느꼈다.

2006년 출판한 졸저《지상의 위험한 천국: 미국을 좀먹는 기독교 파시즘의 실체America Fascists: The Christian Right and the War on America》에서 내가 크라우치 부부를 취재한 내용에 의하면, 그들이 방송국에서 받은 연봉은 거의 100만 달러이고, 30개의 교회 사택을 사용했는데 그중에는 캘리포니아 뉴포트 휴양 도시 바닷가에 위치한 수백만 달러의 맨션들, 레이크 애로우헤드의 산장, 텍사스의 목장이 있었다.[137] 그들이 고용했던 직원들의 말에 의하면, 그들은 19개의 좌석이 있는 700만 3000달러의 캐나데어Canadair 터보제트기를 타고 여행했으며 여러 호화 차량을 탔고 음식, 호텔 객실, 골동품 구매 등에 들어가는 비용을 회사 법인 카드로 사용했다.[138]

TBN 방송국은 기독교 우파 협잡꾼들의 소굴이다. 대표적인 인물은 대중적 치유자라고 소문난 베니 힌Benny Hinn이다. 그는 예수가 자신이 만든 십자군으로 재림할 것이고, 아담은 달나라로 비행할 수 있는 슈퍼 영웅이며, 어느 날 죽은 자들이 관 속에서 이 방송을 시청하면서 일어날 것이라고 한다. 힌은 그가 '성스러운 기름을 머리에 바르는 의식'으로 암, 에이즈, 청각 장애, 시각 장애, 수많은 질병, 육체적 상해까지 모두 고쳤다고 주장한다. 만일 치유를 받지

못했다면 그 이유는 충분한 헌금을 하지 않았기 때문이다.[139]

이런 종교적 행상인들은 이 나라에서 가장 성공한 사기 기술자 중 하나인데, 현재 백악관을 점유한 자와 공통점이 있다.

내가 기독교 우파를 언급할 때 '파시스트'라는 용어를 썼는데 이것은 가볍게 쓴 말이 아니다. 2년 동안 이들에 대한 탐사 보도를 끝낼 무렵에 미국의 가장 뛰어난 두 명의 파시즘 연구자인 프리츠 스턴Fritz Stern, 로버트 팩스턴Robert O. Paxton과 여러 시간에 걸쳐서 이야기를 나눈 후 이 말을 썼다. '기독교' 이데올로기가 고전적 파시즘과 어울릴 수 있는가? 이 이데올로기가 파시즘이라고 할 만큼 매우 해로운가? 권력을 잡을 수 있을 정도로 충분히 조직화되어 있는가? 반대자들을 핍박하는 파시스트 운동처럼 기독교 이데올로기도 무자비하고 극단적인 모습을 보일 것인가? 항상 파시스트 운동의 먹이가 된 엄청난 절망, 소외, 분노가 탈산업화된 우리의 사회에 있는가?

기독교 우파에 의해서 조장된 복음주의는 1세기 전의 복음주의나 근본주의와는 매우 다르다. 두 운동의 특징인 개인적 경건(오염된 정치를 피하라는 하나님의 부름이기도 하다)의 강조가 기독교 재건주의Chiristian Reconstructionism 혹은 기독교 주권주의Dominionism로 바뀌었다. 새로운 이데올로기는 기독교 국가를 세우기 위해서 정부를 포함한 모든 제도를 장악하는 것을 내용으로 한다. 루서스 존 러시두니Rousas John Rushdoony는 1973년 그의 책《성서법 적요The Institutes of Biblical Law》에서 그것을 자세히 설명했다. 그의 주장에 따르면 하나님이 아담과 노아에게 세상을 다스릴 권한을 주셨듯이, 그의 선민에게도 기독교 세상을 세울 목적으로 세상을 다스릴 권한을 주셨다. 기독교 국가는 사탄 세력의 물리적인 제거와 함께 도래할 것이다. 그리스

도가 이 땅에 재림하기 위해서 세상을 '구원'하는 것이 교회와 선민의 의무이다.[140]

세속적, 휴머니스트적 사회는 반드시 제거해야 하고, 십계명이 우리의 법 시스템의 기초가 될 것이다. 공립학교에서 창조과학 혹은 '지적 설계설intelligent design'*을 가르칠 것이다. 기독교 우파들은 동성애자, 이민자, 세속적 휴머니스트, 페미니스트, 유대인, 무슬림, 범죄자, '명목상 기독교인'(기독교 우파의 왜곡된 이단적 성서 해석을 받아들이지 않는 기독교인을 말한다)은 더 이상 떠들 수 없을 것이며, 이들은 감옥에 가거나 살해당할 것이다. 연방정부의 역할은 재산권 보호, '조국'의 안보와 전쟁을 수행하는 것으로 축소될 것이다. 교회 기관들은 정부에게 펀드를 받아 사회복지 기관을 운영할 권한을 수여받을 것이다. 게으름, 나태, 자신이 지은 죄로 인해 가난에 처한 사람들은 정부의 지원을 받지 못할 것이다. 사형의 적용은 '도덕적 범죄'를 포함해 더 확대될 것이다. 여기에는 살인으로 취급되는 낙태뿐 아니라 배교, 신성모독, 남색sodomy, 마법이 포함될 것이다. 여자들은 남자에게 종속될 것이다. 기독교 외에 다른 신앙을 가진 자들은 잘해봐야 2등시민이 되거나 그 사회에서 추방될 것이다. 중동전쟁은 무슬림들에 대항하는 종교적 전쟁이다. 교회와 국가의 분리는 사라질 것이다. 유일하게 합법적인 목소리는 '기독교적'인 발언뿐일 것이다. 미국은 하나님의 대리인이 될 것이다. '기독교적' 권위를 무시하는 자들은 모두 사탄의 대리인이다.

이 기괴한 세계관이 이미 수천만의 미국인들의 뇌리에 각인되

---

*   우주의 특징과 생명은 일정한 방향이 없이 이루어진 자연의 선택이 아니라 어떤 지적 원인이 있어서 생겨난 결과물일 수밖에 없다는 이론을 말한다.

어 있다. 이들은 인터넷, 교회, 기독교 학교, 기독교 텔레비전과 라디오 방송을 통해서 끊임없이 음모론과 거짓말에 세뇌당하고 있다.

이들은 극우 정치 활동가이며 나치 동조자였던 엘리자베스 딜링Elizabeth Dilling이 쓴《빨갱이 네트워크The Red Network》를 필독서로 선전한다.[141] 이들에게 교회와 국가의 분리를 옹호했던 토머스 제퍼슨Thomas Jefferson은 무시해야 할 인물이다. 남북전쟁 당시의 남부연맹은 미국 역사에서 중요한 공헌을 했기에 찬양의 대상이다. 1950년 대 공산주의자 마녀사냥을 이끈 상원의원 매카시를 미국의 영웅으로 명예 회복시킨다. 이라크, 아프가니스탄, 예멘, 소말리아, 리비아 전쟁과 함께 이스라엘-팔레스타인 분쟁을 사악한 이슬람 테러에 대항하는 세계적 전투로 규정한다. 현재 미국 대중의 42퍼센트가 창조과학설 혹은 지적 설계설을 믿고 있다.[142] 인구의 거의 3분의 1에 해당하는 9400만의 사람들이 그들 자신을 복음주의자라고 생각한다.[143]

실재에 근거한 세상에 사는 사람들은 이런 불평론자들을 어릿광대로 치부하는 경향이 있다. 대중의 대다수를 차지하는 백인 노동자층이 여기에 속한다는 사실을 심각하게 받아들이지 않는다. 그들은 경제적 고통 때문에 복수심에 불타 있으며 마술적 사고에 사로잡혀 자신들의 영광의 시대가 도래할 것이고 새로운 도덕의 갱신이 일어날 것이라고 믿고 있다. 트럼프는 그들의 열망과 감정을 이용했다.

이런 운동에 가담하는 사람들은 자신들을 파괴하려는 사악한 어둠의 세력에게 박해받는다고 느낀다. 자신들이 고매한 사명과 목적을 지닌 성스러운 투사라는 자부심까지 있다. 그들은 파시즘의 핵심을 이루는 분노와 강력한 남성성을 신성시한다. 하나님께 인생의 특별한 목적을 부여받았다는 신념을 포함해서, 그들의 단순하고 완고한 믿음은 악마와 싸우는 강력한 무기이고, 삶의 의미를 찾는 강력한 힘이다.

시몬 베유-Simone Weil는 "우리가 악의 지배를 받는 동안에는 그것을 악이라고 느끼지 않고, 삶에 필수적인 것, 심지어 의무라고 느낀다"라고 썼다.[144]

이런 믿음을 가진 사람들은 모든 파시스트와 마찬가지로 그들이 사는 세상이 부패하고 비도덕적이라고 비난한다. 세상이 그들의 직업을 빼앗고 미래를 파괴했다. 그들의 공동체를 망하게 하고 자식의 장래를 어둡게 했다. 이 세상은 자신들을 알코올, 마약, 포르노, 성적 학대, 감옥, 가정 폭력, 박탈, 절망으로 몰아넣었다. 그러나 자살 충동을 일으키는 이 절망의 나락에서 하나님께 그들을 위한 계획이 있다는 것을 발견했다. 하나님은 그들을 구원할 것이다. 하나님은 그들의 삶을 보호하기 위해서 그들의 삶에 개입할 것이다. 하나님은 당신의 신성한 사명을 이 세상에서 수행하기 위해 그들을 부르셨고, 그들을 부자가 되게, 권력을 갖게, 행복하게 만들어주실 것이다.

합리적이고 세속적인 세력, 즉 사실과 이성의 언어로 이야기하는 사람들은 그들에게 증오와 공포의 대상이다. 이 세력은 그들의 삶을 거의 파괴할 뻔했던 '죽음의 문화'로 다시 그들을 몰아넣으려고 하기 때문이다. 나치당의 강령이 나치당에 물밀 듯 몰려든 빈곤한 독일 노동자들의 감정적 구명 뗏목이었듯이, 그들에게는 마술적 믿음의 체계가 구명 뗏목이다. 그들을 지지해주는 것은 오직 이 믿음뿐이다. 이런 파시스트적 운동을 막을 수 있는 유일한 방법은 그들의 자존감을 회복시키기 위해서 충분한 임금, 수당을 제공하고 경제적 안정을 다시 회복시키는 것이다.

고대 로마의 지배 엘리트들(이들은 현재 미국과 마찬가지로 주로 우쭐대는 군부와 타락한 과두 집권층들이었다)은 서기 192년에 허영심으로 가득 차 있는 천치 코모두스Commodus 황제를 목욕하고 있는 동안 교살했지만, 로마 제국의 나날이 깊어가는 혼란과 급격한 몰락을 막을 수는 없었다. 코모두스는 트럼프, 그리고 다른 로마 말기의 황제들과 마찬가지로 무능했고 끝없는 허영심에 빠져 있었다. 그는 자신을 헤라클레스처럼 조각한 조각상을 수없이 만들도록 지시했고 나라를 다스리는 일에는 관심이 없었다. 그는 최고지도자의 위치를 이용해, 자신이 직접 진행하는 쇼에서 자신을 스타로 만들었다. 그는 이미 조작된 경기에서 늘 승리하는 검투사였다. 코모두스 주변의 권력층의 주된 일은 (마치 트럼프의 경우처럼) 그의 끝없는 자기도취에 아부하는 것이었다. 코모두스는 당시의 벳시 디보스와 스티브 므누신 같은 이들에게 공직을 팔았다.

코모두스의 자리에 오늘날의 버니 샌더스Bernie Sanders와 같은 개혁가 페르티낙스Pertinax가 들어섰다. 그는 고대식 군산복합체라고 볼 수 있는 근위병단Praetorian Guards 세력을 제어하려 했지만 실패했다. 근위병단은 페르티낙스가 황제로 재임한 후 3개월 만에 그를 암살했다. 근위병단은 황제 자리를 입찰인에게 경매로 팔았다. 다음으로 황제가 된 디디우스 율리아누스Didius Julianus는 66일 만에 자리를 내놓았다. 코모두스가 암살된 이듬해인 서기 193년에 자그마치 다섯 명의 황제가 바뀐다.

트럼프와 쇠락하는 미 제국 앞에는 불길한 역사적 전례가 있다. 만일 군부, 정보기관, 정부 관료 집단, 기업 사장단으로 구성된 딥 스테이트deep state*가 트럼프(그의 무능과 어리석음이 미 제국을 당황하게 했는데)를 제거해도, 코모두스를 제거한 후에 로마의 민주주의를 회복하지 못했듯이 미국도 민주주의를 회복하지 못할 것이다.

지배 엘리트들은 트럼프와 함께, 혹은 트럼프 없이도 계속해서 자신들에게 굴종하는 사람들이 더 적은 봉급을 받고 더 열심히 일하도록 강요할 것이며, 남쪽 국경선에 벽을 쌓는 일, 석유 자원 채취, 전쟁과 같은 거대한 프로젝트에 정부가 돈을 흥청망청 쓰도록 강요할 것이다. 트럼프가 군비를 540억 달러 올리고 이를 위해 국내 프로그램에서 필요자금을 빼오도록 결정한 것은 말기 병을 앓는 문명의 대표적 모습이다.[145] 로마 제국이 망할 때, 로마는 50만 군대를 유지하기 위해서 국가 자원을 사용했다.

프로이트는 사회가 개인과 마찬가지로 두 개의 근원적 본능에 의해 움직인다고 했다. 하나는 생명의 본능인 에로스Eros인데 사랑, 양육, 보호, 보존을 추구한다. 다른 하나는 죽음의 본능이다. 프로이트 학파가 타나토스Thanatos라고 칭했던 죽음의 본능은 공포, 증오, 폭력에 의해 작동한다. 이 본능은 우리 자신의 존재를 포함해서 모든 살아 있는 것을 붕괴한다. 프로이트에 의하면, 두 가지 본능은 균형을 이루는 것이 아니라 언제나 한쪽이 우세한 불균형을 이룬다. 프로이트가 유럽의 파시즘과 제2차 세계대전이 일어나기 직전에 쓴 《문명 속의 불만Civilization and Its Discontents》에서 이야기하듯이 쇠망하는 사회는 죽음의 본능이라는 유혹에 빠진다.[146]

프로이트는 다음과 같이 썼다. "우리가 죽음의 본능이 갖는 본성과 그것이 에로스와 갖는 관계를 성공적으로 가장 명확하게 들

★　선거로 선출되지 않은 권력층으로, 선거로 선출된 권력이 대항하기 어려운 권력층을 말한다.

여다볼 수 있는 현상은 사디즘이다. 사디즘 가운데 죽음의 본능은 에로스의 본래 목표를 왜곡하지만 동시에 에로스적 충동을 완전히 만족시킨다. 그러나 성적 목적 없이 파괴력을 지닌 맹목적인 분노 중 죽음의 본능이 일어나는 곳에서, 이 본능의 만족감은 엄청난 나르시시즘적 즐거움 뒤에 따라온다. 이 엄청난 나르시시즘적 즐거움은 죽음의 본능이 오랫동안 전능해지기를 바랐던 에고의 갈망을 충족시키기 때문이다."[147]

프로이트가 이해한 대로, 처음에는 사람들이 죽음에 대한 강한 욕구를 꺼리지 않는다. 나는 이것을 전쟁터를 취재하며 경험했다. 우리는 전쟁터의 무장 군인들(이들은 자신의 주변에 있는 사람을 포함해 어떤 것도 죽이고 파괴할 수 있는 권한을 부여받았다), 인종 혹은 종교 집단에서 신적인 힘과 아드레날린으로 가득 찬 분노로 행복감이 넘치는 것을 볼 수 있다. 에른스트 윙거Ernst Jeuger는 제1차 세계대전을 회상한《강철 폭풍 속에서Storm of Steel》에서 "전멸시켜버리고자 하는 기형적 욕망monstrous desire for annihilation"을 설명했다.[148]

절망과 자포자기에 빠진 사람들은 모든 것을 파괴할 수 있는 권한이 있다는 생각과 그것이 주는 쾌락에 도취된다. 이 절멸의 잔치는 곧 자신의 절멸로 변화한다. 그들은 자신을 배반하고 꿈을 좌절시킨 세상을 지키고 발전시키는 것에 전혀 관심이 없다. 그들은 자신들을 비참하게 만든 인종, 종교 집단, 제도를 희생양으로 만들고 적대시한다. 그들은 줄어드는 천연자원을 약탈한다. 그들은 역사를 망각하며 자기를 미화하는 것으로 퇴행한다.

제임스 볼드윈James Baldwin의 예언적인 미완성 원고《이 집을 기억하라Remember This House》를 기초로 만든 라울 펙Raoul Peck의 다큐멘터리 〈나는 당신의 니그로가 아니다I Am Not Your Negro〉는 미국 사회 전반에서 볼 수 있는 뿌리 깊은 갈등을 고발한다. 이 작품은 미국의 이 갈등은 미국의 백인들이 자신이 어디서 왔고, 자신이 누구인가 직면하려 하지 않은 결과이며, 자신의 과거와 현재의 범죄를 숨기기 위해서 사용하는 거짓말과 신화가 초래한 불가피한 결과라는 것을 잘 보여준다.

이 영화는 볼드윈의 말을 인용한다. "역사는 과거가 아니라 현재다. 우리는 역사를 짊어지고 간다. 달리 생각하는 것은 범죄이다."[149]

이 영화의 대본은 볼드윈의 메모, 에세이, 인터뷰, 편지, 음성 녹음과 티브이에 방영된 장면에서 가져와 만든 것인데, 배우 새뮤얼 잭슨Samuel L. Jackson이 이 대본을 읽었다. 화이트니스whiteness는 위험한 개념이다. 그것은 피부색에 관한 이야기가 아니며, 인종 이야기도 아니다. 그것은 백인의 우월성을 정당화하기 위해 사용된 자기기만에 관한 것이다. 화이트니스는 착취, 인종주의, 대량학살, 테러 세력, 제국의 범죄와 관련한 이야기이다.

볼드윈은 다음과 같이 썼다. "미국 니그로는 미국의 백인이 집착하는 집단적 신화를 결코 믿어본 적이 없는 커다란 이점을 가지고 있다. 집단적 신화에 의하면, 미국 백인들의 조상은 자유를 사랑하는 영웅이었고, 그들은 세상이 여태까지 보지 못한 가장 위대한 나라에서 태어났으며, 미국인들은 전투에서는 누구에게도 지지 않으면서도, 평화를 구현할 수 있는 지혜를 가졌다. 미국인들은 멕시코인, 인디언과 열등한 사람을 항상 명예롭게 대해왔으며 미국 남자는 세계에서 가장 솔직하고, 남자다우며, 미국 여자는 순결하다."

니그로는 미국의 백인을 잘 알고 있다. 니그로는 미국의 백인을 부모가 혹은 어미가 자식을 아는 것처럼 알고 있으며, 백인들을 그런 식으로 간주한다. 그것이 니그로가 백인에게 당한 고통에도 최근까지 백인에게 증오심을 품지 않고 살아온 이유다. 니그로는 백인이 약간 미친 짓을 하는 것은 자신들이 스스로 세뇌한 결과라고 생각하고 앞으로도 이렇게 생각할 것이다.[150]

미국이 도덕적인 우월과 순결 위에 세워진 나라라는 생각은 순전히 허구이고 상상이다. 그들이 타자를 지배하고, 그 지배가 가능한 것은 그들의 제한받지 않는 폭력 때문이라는 사실을 건국 신화에서 삭제했다. 계속해서 진실을 외면하는 것은 일종의 집단적 정신이상을 영속화하는 일이라고 볼드윈은 경고한다. 진실을 외면함으로써 미국의 백인은 자기반성과 자기비판 능력을 억압하거나 파괴한다. 그들은 자기 잇속만 차리는 환상의 세계를 구축한다. 화이트니스 신화를 먹고 자란 사람들은 악을, 특히 내면의 악을 그들의 희생자들에게 구현시킨다. 볼드윈은 인종주의가 내적 고독과 잠재적 죄의식에서 비롯한다고 해석한다.

볼드윈은 다음과 같이 썼다. "만일 미국인이 감추어둔 자아를 두려워하지 않았다면, 소위 '니그로 문제'를 만들 필요가 없었고 그것에 매달리지도 않았을 것이다. 자신의 순결을 안전하게 보호하고자 만든 니그로 문제는 오히려 자신을 범죄자와 괴물로 만들며 파괴한다. 니그로 문제는 흑인과 전혀 상관없는 문제이며, 백인의 죄의식과 제한된 상상을 흑인에게 투사해서 생긴 문제이다."[151]

볼드윈은 다른 에세이에서 다음과 같이 썼다. "우리는 일의 대가를 받는다. 자기가 만든 일에 훨씬 더 큰 책임이 있다. 책임과 대가는 삶을 살며 치른다. 결정적으로 중요한 사실은 이 개개인이 자신이 짊어져야 할 책임을 포기하면 전 세계의 생명이 위태롭다는 것이다. 대체로 사회적 도덕적 정치적 성적 존재인 미국의 백인들은 오늘날 세계에서 발견할 수 있는 모든 인종 가운데서 역겹고 가장 위험한 사람들이다."[152]

펙의 다큐멘터리에는 1955년에 일어난 14세의 에밋 틸Emmett Till 살해 사건을 포함한 흑인 암살사건이 등장하고, 근래 발생한 마이클 브라운Michael Brown, 프레디 그레이Freddie Gray와 같은 흑인 청년이 살해당한 영상이 나온다. 백인 청년이 '미국은 백인 국가이다Keep America White'라고 쓴 영상, 1960년대 백인 우월주의자들의 퍼레이드 영상이 나오다가 2014년 8월 9일에 경찰이 18세의 브라운을 살해하는 장면이 나오고, 미주리의 퍼거슨 지역의 소요 장면이 나온다. 이 영상을 보면 밀려오는 마음의 고통을 견디기 어렵다.

이 작품은 1957년에 볼드윈이 10년 동안 살았던 프랑스에서 미국으로 돌아오는 것으로 시작한다. 그는 이제 막 시작한 시민 평등권 운동에 참여하기 위해서 귀국한다. 그는 도로시 카운츠Dorothy Counts의 사진(막 인종차별주의를 폐지한 노스캐롤라이나 샬럿의 한 고등학교에 그녀가 등교하려고 하는데, 백인들이 그녀에게 침을 뱉고 인종차별적 욕설을 외치는 장면)을 보고 깊이 번민한다.

그는 말했다. "더는 파리에 앉아서 알제리와 아프리카계 미국인 문제를 논의하면서 시간을 보낼 수 없었다. 모든 사람은 자기 몫을 치르고 있었다. 나도 고국으로 돌아가서 나의 몫을 치를 때가 왔다."[153]

그는 도로시 같은 흑인 아이가 증오심으로 가득 찬 인종차별의 바다 가운데를 혼자 걷도록 내버려둘 수 없어서 미국으로 돌아왔다. 그는 인종평등대회Congress of Racial Equality와 학생비폭력통합위원회Student Nonviolent Coordinating Committee를 위한 행사에 수백 번 참여하고 연설했다. 루터 킹 목사가 이끄는 남부크리스천리더십협의회Southern Christian Leadership Conference는 그를 멀리했다. 볼드윈은 집단에 속하기에는 독자적이고, 지나치게 솔직한 사람이었다. 그의 말은 루터 킹 목사를 지지하는 북부 백인 자유주의자의 귀에 거슬렸다. 볼드윈은 1963년 워싱턴 행진에서 연설 일정이 있었지만 루터 킹 목사와 이 행진을 이끄는 다른 지도자들이 연설자를 배우 버트 랭커스터Burt Lancaster로 바꾸었다. 볼드윈은 누군가의 '니그로'가 되는 것을 거부했다.

마치 조지 오웰George Orwell처럼 볼드윈은 현대 문화, 그리고 현대 문화가 어떻게 인종주의와 제국주의의 범죄를 정당화하는가를 빈틈없이 비평했다. 볼드윈은 《악마, 일자리를 찾다The Devil finds Work》에서 할리우드가 가진 인종 이미지를 실재와 맞비교했다.[154] 펙의 다큐멘터리에는 볼드윈이 그의 책에서 비평했던 영화의 장면들이 나온다. 〈국가의 탄생The Birth of a Nation〉(1915년 영화로 볼드윈이 '대량학살을 정교하게 정당화한 것'이라고 불렀다), 〈댄스, 바보들, 댄스Dance, Fools, Dance〉(1931), 〈괴물이 걷다The Monster Walks〉(1932), 〈킹콩King Kong〉(1933), 〈슬픔은 그대 가슴에Imitation of Life〉(1934), 〈그들은 잊지 않을 것이다They won't forget〉(1937), 〈역마차Stagecoach〉(1939), 〈흑과 백The Defiant Ones〉(1958), 〈연인이여 돌아오라Lover Come Back〉(1961), 〈태양의 건포도A Raisin in the Sun〉(1961), 〈초대받지 않은 손님Guess Who's Coming to Dinner〉(1967)과 같은 영화들이다. 볼드윈은 작품을 일일이 분석하면서 화이트니스의 거짓 이데올로기를 지탱해주는 대중문화 속에, 인종차별로 각인된 아프리카 미국인들의 전형적인 모습들이 무의식적으로 얼마나 깊이 뿌리 박혀 있는가를 폭로했다.

흑인들은 대중문화에서 게으르고 유치한 사람으로 묘사되어 왔고, 지금도 종종 그렇게 묘사된다. 그러므로 흑인은 부모 같은 백인의 감독과 지배를 받아야 한다. 아니면 흑인들은 위협적이고 폭력적인 성적 약탈자이기 때문에 제거되어야 할 대상이다. 볼드윈은 할리우드가 만든 흑인의 전형적인 모습이 상상 속에 있는 백인의 순결함, 예의바름, 순진함을 돋보이게 하기 위한 장치라는 것을 알았다. 백인들은 정의, 자유, 민주주의의 이상에 헌신하는 국가 신화를 지지했다. 피억압자들은 성격적 결함 때문에 억압을 자초한다. 억압은 흑인들의 이익을 위하는 것이다. 인종주의는 하나의 자선 행위이다. 볼드윈은 만일 미국이 진실을 끝까지 외면한다면 스스로 소진될 것이라고 경고했다.

볼드윈은 《악마, 일자리를 찾다》에서 영화 〈두 도시 이야기 A Tale of Two Cities〉(1935)를 언급한다. 이 영화는 찰스 디킨스Charles Dickens가 쓴 동명의 소설을 영화화한 것이다. 그는 소년 시절에 '니거nigger가 된다는 것이 도대체 무슨 의미인가'[155]를 이해하려고 이 소설을 비정상일 정도로 집요하게 읽었다. 그가 탐독한 이 소설과 표도르 도스토옙스키Fyodor Dostoyevsky의 《죄와 벌Crime and Punishment》은 억압받는 자의 이야기이다. 그는 등장인물들이 받는 억압이 "자신의 억압과 관계가 있다"[156]는 것을 알고 있었다. "그 책들은 내게 뭔가를 말해주고 있었다".[157]

예를 들면 《두 도시 이야기》에서 알렉산드르 마네트Alexandre Manette의 서류 내용이 머리에서 떠나지 않았다. 그 내용은 한 소작농 소년이 살해당한 것을 묘사한 것인데 소년은 죽으면서 다음과 같이 말했다. "우리는 수없이 약탈당하고 쫓겨 다니다가 결국 가난뱅이가 되었어요. 아빠는 저희에게 이런 세상에서 애를 낳는 것은 너무나 끔찍한 일이라고 말씀하셨어요. 우리가 가장 많이 기도해야 할 것은 우리 종족의 여자들이 애를 낳지 못하도록 하는 것과 제발 비참한 우리가 완전히 없어지도록 하는 것이라고 말씀하셨어요."(의사 마네트는 "나는 억압받는 느낌이 이렇게 불처럼 폭발하는 것을 전에 본 적이 없어"라고 말한다.)

디킨스는 전체를 보지 않았다. 이 땅의 억압받는 비참한 사람들은 결코 사라지겠다고 결심하지 않는다. 그들은 더 번식하겠다고 결심한다. 생명은 생명을 거부하는 것에 대항하는 유일한 무기이고 생명은 그들이 가진 전부이기 때문이다. 이것이 박탈당하는 자들과 굶주린 자들이 (어떤 이들은 강요 때문에 어쩔 수 없이 그렇게 하기는 하지만) 결코 문명화된 자들의 인구 조절 계획에 설득당하지 않는 이유이다. 나는 박탈당하고 굶주린 자들이 다른 사람이 소유한 들판에서 온종일 트랜지스터라디오를 들으면서 노동하는 것을 보았다. 이들은 방송을 통해서 다른 중요한 일들을 배우듯이, 문명화된 세상의 지도자 가운데 한 사람인 교황에게서 똑같이 중요한 것을 배운다. 방송을 통해서 천박한 자신들이 강요당하는 그 낙태를 교황은 문명인에게 금지한다는 사실을 알게 된다. 가난한 사람들의 운명을 양심의 가책을 받지 않고 의도적으로 비참하게 만든 자들은 바로 문명인들이다. 문명인들은 현 상태를 바꾸려고 하지 않는다. 그들은 학살과 노예화의 책임이 있다. 그들은 자신들이 '아주 중요하다고 여기는 이익'이 위협받는다고 생각하면 언제 어디서나 방어할 힘이 없는 어린아이에게도 폭탄을 퍼부어댄다. 그들에게 사람을 고문하다가 죽이는 것쯤은 문제가 아니다. 그들은 인간 생명의 '신성함'이나 문명

세계의 '양심'을 이야기 하면서도 이렇게 죽어가는 생명에는 관심을 두지 않는다. 아이를 낳는 것은 '신성함'과 관련이 있다. 그것은 한 생명을 포격으로 죽이는 것과는 비교할 수 없는 일이다. 어린아이가 굶어 죽는 것을 보는 것은 정말로 끔찍하다. 해결책은 어린아이가 이 세상에 오지 못하도록 하는 것이 아니라 세상의 구조를 다시 바꾸는 것이다. 그래서 어린아이가 새로운 세상에서 살게 하는 것이다. 세상에서 가장 중요한 것은 다름 아닌 어린아이의 생명이다.[158]

아프리카계 미국인에게는 백인의 피가 흐른다. 대개 백인의 강간 때문이다. 백인 노예소유주들은 혼혈아들을(사실은 자기 자식을) 상습적으로 노예로 팔았다. 볼드윈은 아프리카계 미국인의 얼굴만 보아도 알 수 있는 폭력의 역사를 백인들이 인정하지 않는다는 것을 알고 있었다. 이렇게 피가 섞인 사실이야말로 아프리카계 미국인을 글자 그대로 백인들의 형제자매로 만든 일임에도. ……볼드윈은 아프리카계 미국인을 미국 백인의 '서자'라고 썼다. 그들은 특별하고 유일한 미국 인종이다.

그는 말했다. "진실은 이 나라가 흑인을 어떻게 대해야 할지를 모른다는 것이다. 미국인은 흑인이 그들의 육체 중의 육체라는 사실에 직면할 수 없기 때문이다."[159]

볼드윈은 백인의 우월성은 지성이나 덕으로 규정되지 않는다고 썼다. 백인종은 항상 지구상에서 가장 효율적인 살인 메커니즘들을 조정해왔기 때문에 다른 인종을 계속 지배할 것이다. 그들은 산업 무기를 대량살상, 인종 대학살, 정복, 착취를 위해서 어디서든(노예 농장에서, '눈물의 길Trail of Tears'*에서, '운디드니Wounded Knee**'에서, 필리핀에서, 베트남에서, 발티모어와 퍼거슨과 같은 도시에서, 중동의 끊임없는 전쟁에서) 사용했고 지금도 그렇게 사용하고 있다.

백인종의 진짜 신조는 '우리는 모든 것을 가지고 있다. 만일 당신이 우리에게 그중 어느 것이라도 빼앗으려고 하면 우리는 가차 없이 당신을 죽일 것이다'이다. 이것이 화이트니스의 진정한 의미이다. 자원이 고갈되어가는 이 시대에 소유의 끝을 모르는 엘리트 백인들은 결국 같은 인종마저 착취 대상으로 삼을 것이다. 따라서 가난한 백인 노동자와 다수의 하류층이 소수 엘리트 백인들이 원하는 바가 무엇이며, 그들이 세울 제국이 무엇인지 정확하게 이해하는 것은 그들의 생존에 결정적 영향을 줄 것이다.

볼드윈은 다음과 같이 이야기했다. "당신은 다음과 같은 질문을 하는 날(오늘도 그날 중 하루지만)이 있을 것이다. 이 나라에서 당신의 역할이 무엇인가? 이 나라에서 당신의 미래는 어떠한가? 당신은 당신이 처한 상황에 얼마나 적응하겠는가? 당신은 다수의 무분별하고 생각 없는 잔인한 백인들에게 당신이 여기에 있다는 사실을 어떻게 전달할 수 있는가? 나는 조국에서 일어나는 도덕적 무감각, 심장의 죽음을 볼 때 공포를 느낀다. 이 사람들은 오랫동안 자신을 기만했기 때문에 '나 같은 존재는 사람이 아니다'라고 생각한다. 정말로 그렇게 생각하고 있다."[160]

★   미국 동남부의 원주민들을 서부로 강제이주시킨 일련의 지역을 말한다. 강제이주는 미국 정부가 1830년 인디언 이주법the Indian Removal Act을 통과시키면서 시작되었다.

★★   미국 사우스다코타주의 마을로 1890년에 백인들이 인디언을 대학살한 곳이다.

2장

헤로인

HEROIN

당신은 곤경에 빠져 있습니다. 매우 심각한 곤경이죠. 당신도 그 사실을 알고 있습니다, 마침내 치명적으로 심각한 곤경에 빠져 있다는 것을요. 왜냐하면 당신의 진정한 친구라고 생각했던 헤로인이, 기꺼이 당신의 모든 것을 주었던 이것이, 당신의 어머니, 연인, 신, 친구들을 잃은 고통에서 오랫동안 위안을 주었던 이것이, 마침내 그 미소 짓는 가면을 벗고 초점 잃은 눈을 드러내고 송곳니를 드러낸 채 입을 벌리고 당신을 잡아먹으려고 하기 때문이죠. 이것은 〈바닥에 그려진 얼굴 Face In the Floor〉입니다. 이것은 이를 드러내면서 웃는 악몽의 얼굴입니다. 그 얼굴은 거울 속 당신의 얼굴입니다. 이것은 당신 자신입니다. 이것이 당신을 삼켜버렸습니다. 당신이 몇 주 동안 입었던 티셔츠(토사물, 침, 헤로인 가루가 달라붙은)를 벗어 던지고, 거울 속 당신을 바라봅니다. 허연 뿌리처럼 앙상해진 가슴이 보입니다. 아마도 모습을 드러낸 가슴의 한가운데에서 헤로인에 혼을 빼앗긴 심장이 맥없이 뛰고 있겠죠. 중심을 잃은 눈은 그저 빛이 없는 구멍으로 보입니다. 먹지 않으면 못 견디겠다고 벌린 입에 드러난 이빨, 더 주워 먹겠다는 독수리 발톱 같은 손이 보입니다. 당신은 이용당할 대로 당했습니다. 심하게 망가지고 발가벗겨졌습니다. 이제 끝장입니다. 길거리에 버려진 인형처럼 당신은 버려진 모습 그 자리에서 언제나 그대로 있습니다. 당신은 헤로인이 당신의 적이고, 당신의 가장 끔찍한 악몽이라는 것을 알고 있습니다. 이것이 당신에게 가져다준 고통을 피할 수도 멈출 수도 없다는 것을 알고 있습니다. 이것을 계속 사용하는 것은 망자를 위한 미사에 참여하는 것입니다. 이것이 당신을 황홀경으로 데리고 가지 못해도 당신은 이것을 멈출 수 없습니다. 사람들이 흔히 말하듯이 당신은 끝장입니다. 당신은 이것을 사용해도 취하지도 않고, 사용하지 않는다고 해도 제정신으로 돌아오지 않습니다. 당신은 황홀해질 수 없습니다. 당신은 정신을 차릴 수가 없습니다. 당신은 지금 구금되어 있습니다. 당신은 새장에 갇혀 있습니다. 사방을 둘러봐도 창살뿐입니다. 당신은 지옥에 있습니다. 삶을 끝내거나 돌이킬 혼란의 지옥에.

—데이비드 포스터 월리스David Foster Wallace, 《무한한 재미Infinite Jest》[1]

나는 뉴저지주 프린스턴 외곽의 간이식당, 레드 오크 다이너Red Oak Diner에서 크리스틴 파가노Christine Pagano와 그녀의 친구와 같이 있었다. 그들은 상점가의 조그만 방에서 열린 알코올중독 갱생회Alcoholics Anonymous(AA) 모임을 막 마치고 들어왔다. 그 모임의 참석자 중 많은 이가 집세, 자동차 할부금을 내기 힘들다고 말했다. 그나마 일자리라도 있는 이들은 근무 시간이 줄어들거나 해고당할까 걱정했다. 몇 사람은 채권자들이나 주 정부가 이전에 갚지 못한 빚이나 벌금을 얼마 남지 않은 예금 잔고에서 빼 갈까 걱정했다. 다른 이들은 예전에 발부된 체포영장 때문에 잡히면 교도소로 끌려갈까 두려웠다. 이들은 아직 겁이 나지만 간신히 찾은 안정감이 언제 수포로 돌아갈지 몰라 불안했다. 몇 사람은 고통을 잠시라도 잊고자 다시 술에 취하거나 마약을 하고 싶은 게 솔직한 마음이라고 말했다. 이들은 서로에게 최선을 다하자고 말하면서 하나님이나 '초월적 힘'

을 믿자고 했다. 이들은 인생에는 결코 마음대로 할 수 없는 일이 많다는 사실을 받아들이고 항상 '수용'하는 자세를 연습해야 한다는 주문을 끊임없이 반복했다. 그들은 서로에게 '모든 문제는 당신 바깥에 있지 않고 당신 마음에 달려 있다', '다른 사람들을 심판하지 말고 다른 사람의 물건을 취하지 말아야 한다'라고 상기시켰다. 그 방에 있는 많은 이들이 먼 길을 돌아 여기까지 왔다. 교도소나 감옥을 나와 주체할 수 없는 중독을 끊고, 일자리를 찾고, 양육권을 되찾고, 가족이나 파트너와 관계를 다시 맺고, 사랑에 빠지기도 하면서 여기까지 왔다. 새로운 삶을 택하고 직면하는 것이 너무 힘들어서 다시 마약의 세계로 도망가고 싶다는 마음이 들더라도 그 유혹을 이기고 꼭 여기에 나와야 한다고 서로를 격려했다. 모임이 끝나자 모두 일어서서 서로의 손을 잡고 주기도문을 외웠다.

우리가 앉아 있는 부스 옆 창문으로 비가 세차게 내렸다. 식당은 한산했다. 206번 도로 위를 트럭이 요란한 소리를 내면서 지나가고, 트럭의 헤드라이트가 폭풍우 가운데서 뿌옇게 보였다. 31세인 파가노는 간이식당에서 온종일 일했다. 그날 그녀는 오전 6시 30분에 일어났다. 그녀는 설탕을 넣지 않은 아이스티 잔을 손바닥에 올려놓고 살며시 움켜잡았다. 짙은 적갈색 머리를 말쑥하게 쪽지어 올렸고, 아이라이너를 세심하게 그린 눈이 두드러져 보였다.

파가노는 16세 때 학교 상담사에게 의붓아버지가 그녀와 같은 학급의 여자아이와 동침한다는 이야기를 전해 들은 후 마약을 복용하기 시작했다. 어머니의 재혼 후 파가노의 안정적인 삶은 끝났다. 그녀의 급우와 의붓아버지 이야기가 그녀가 살던 시골마을 저지 북쪽에 알려졌다. 그녀는 수치심을 참을 수 없었다. 헤로인을 흡입하기 시작했고 학교를 중퇴했다. 그녀는 마약을 계속하기 위해 일했다. 2007년에 마약 치료 프로그램에 등록했다. 마약을 끊고 뉴저지의 브릭의 한 공동주택(이곳에 들어오려면 마약이나 술을 끊고 앞으로 하지 않기로 서약을 해야 한다)에 들어갔다. 그녀는 감옥에서 막 출소한 남자를 만났는데 그도 마약중독에서 회복하고 있었다. 그들은 새로운 생활을 시작하기로 했다.

그녀는 간이식당에서 일했고 미용 자격증을 땄다. 그들은 집을 얻고 차를 샀다. 아들을 가졌고, 아들을 낳은 후에는 아들과 같이 집에 있었다.

그녀는 말했다. "어느 날 갑자기 엄마가 된 거예요. 뭘 어떻게 해야 할지 몰랐어요. 정말로 당황했어요. 다시 마약을 하거나 술 마실 생각은 정말 안 했어요. 그러나 정상은 아니었어요. 나 자신이 늘 불만이었어요. 늘 내가 부족하다고 느꼈어요. 예쁜 아이를 가진 엄마지만……. 결코 괜찮다고 느끼지 않았어요. 나는 언제나 손톱을 물어뜯었어요. 항상 걱정에 시달렸어요."

그녀와 그녀의 남자친구는 마약중독에서 회복 중인 이들을 위한 모임에 같이 다녔고, 4년 동안 마약을 끊었다.

어느 날, 파가노는 남자친구(그는 수목 관리 회사의 전기기사 노조원이었다)가 마약성 진통제 옥시콘틴OxyContin을 사용하고 있다는 의심이 들었다. 그는 여러 의사를 찾아가서 처방 약을 받고 그것을 되파는 '닥터 쇼핑doctor shopping'을 하자고 파가노에게 제안했다. 남자친구는 마약중독 가족력이 있었다. 그의 아버지는 뉴욕 리커스섬에 있는 교도소에서 사망했다. 그의 여동생은 헤로인 중독자였고 뉴저지의 유명한 포주 '프린스Prince' 밑에서 일하는 매춘부였다. 프린스는 롤스로이스 아니면 백색 캐딜락(번쩍이는 휠을 달고 흰색 카펫을 바닥에 깔았다)을 몰고 다녔다. 파가노는 말했다. "그는 저지시에 있는 링사이드라는 술집에 들어가면서 '얘들아, 두목님 오셨다'라고 지껄이는 사람이었어요."

결국 그녀는 옥시콘틴을 복용하기 시작했다. 한 달 후에는 헤로인으로 바꾸었다. 그것이 더 쌌기 때문이다. 1주일은 코로 흡입을 했고, 그 후에는 남자친구가 주사를 놔주었다. 그녀가 처음 주사제로 헤로인을 사용했던 순간이다.

그녀는 말했다. "그이의 여동생이 어디서 헤로인을 살 수 있는지 알려주었어요. 그녀는 저지시 중심지에 살았어요. 우리는 거기로 갔어요. 처음에는 헤로인을 계속 맞을 돈을 마련하기 위해서 옥시콘틴 알약을 팔았어요. 그 돈으로 감당이 안 되자 아이 아빠가 나더러 자기 여동생과 몸을 팔러 나가라고 했어요."

그녀는 그의 여동생(화류계에서 '베이비Baby'라는 이름으로 통했다)을 따라서 저지시에 있는 토넬리 애비뉴로 갔다. 값싼 모텔들이 즐비했다. 백인인 파가노는 금빛으로 번쩍이는 짧은 치마를 입고 '구찌Gucci'라는 이름을 쓰기로 했다. 저지시와 맨해튼을 연결하는 홀랜드 터널에 가까이에 있는 토넬리 애비뉴에서는 구강성교는 50달러, 질을 통한 성교는 100달러였다. "10분이 넘어가면 추가 요금을 내야 해요"라고 그녀가 말했다. 1시간에 250달러이고 하룻밤을 보내면 1500달러였다. 주 고객인 월 스트리트 증권 중개인들과 기업체 중역들, 은행가들에게 금액은 문제가 아니었다. 파가노는 첫날, 눈물을 터뜨리고 남자들을 밀쳐냈다.

"첫날 밤은 제가 제대로 해낸 것 같지 않았지만, 돈은 벌었어요. 차 안에서 울고불고하느라 제대로 일을 못 했지만 남자들은 돈을 주었으니까요. 모두 도시 사람들이라서 돈이 많았어요. 애 아빠가 아이디어를 제안했어요. 만일 내가 그 일을 할 수 없다면 남자들에게 방을 잡으라고 하고 섹스를 할 것처럼 하는 순간에, 애 아빠가 막 방문을 차고 들어오면서 남자들에게 돈을 빼앗는 거죠. 두 번 정도 그렇게 했는데 문제는 내가 어느 남자에게 그 짓을 했는지를 기억하지 못했던 거예요. 방으로 들어가니 이른 밤에 우리가 이미 돈을 훔친 남자가 있었어요. 그는 나를 두들겨 패기 시작했어요."

그녀가 '비법'을 갖고 섹스를 하는 데 2주가 걸렸다. 정기 손님이 생기기 시작했고 생존 기술을 터득했다.

"두 번은 뉴어크 공항이 보이는 고급 응접실이 딸린 호텔 방에 들어갔어요. 내가 상대했던 손님 중 몇 사람은 돈이 아주 많았어요."

그녀는 밤일을 마친 후 헤로인을 샀다. 그녀와 남자친구는 하루 500달러의 헤로인을 사용했다. 헤로인은 '키스'라는 마약 딜러로부터 샀다.

"키스는 내가 전화하면 어느 때라도 달려왔어요. 500달러를 확실히 벌 수 있었으니까요." 그녀는 종종 새벽 4시 반쯤에도 차를 몰고 집으로 가서 남자친구와 헤로인 주사를 투여했다. 그와의 관계는 '마약 파트너'로 전락했다. 그게 전부였다. 점점 자주 싸웠다. 마약을 하지 않았을 때는 싸우지 않았다.

"그는 내가 매춘을 하는 걸로 나를 심하게 욕했지만, 내가 마약을 하는 건 아무런 문제가 아니었어요. 우리는 더 이상 부모가 아니었어요. 우리는 아이에게 전혀 쓸모없는 존재였어요."

그러나 그녀는 계속 아들 리엄Liam을 데리고 있었다.

"크리스틴Kristen(남자친구 여동생의 진짜 이름)이 영업하러 나갈 때 차에서 아들과 같이 있었어요. 토넬리 애비뉴로 아들을 차에 태우고 나가곤 했죠. 차에서 아들과 놀아주기 때문에 좋은 엄마라고 스스로 위로했어요. 크리스틴이 나갔다가 돌아오면 다시 내가 돈을 벌러 나갔고, 그동안 그녀가 내 아들을 데리고 있었어요."

그녀는 밤에 리엄의 아버지에게 리엄을 맡기기 시작했다.

그녀의 말에 의하면, 경찰은 대부분 돈을 내지 않는 정기 고객이었다. 돈을 내지 않고 섹스하는 것을 거부하면 체포하겠다고 으름장을 놓았다.

"내가 처음 강간당한 건 엘리자베스 지역의 경찰에게 당한 거였어요. 경찰들이 보통 그렇지만 그도 나와 섹스하기를 원했어요. 그는 나를 경찰차 뒷좌석으로 데리고 갔어요. 그는 내게 돈을 주더니 내 얼굴에 주먹질을 하고 그 돈을 다시 빼앗아갔어요. 총을 뽑아 들고는 자기가 시키는 대로 하라고 했어요. 총을 내 질에 들이대면서 자기가 말한 대로 하지 않으면 방아쇠를 당기겠다고 했어요. 그는 나를 개똥처럼 취급하고 싶어했어요. 내게 욕을 퍼붓더니, 스스로 더러운 창녀라고 말하라는 거예요. 그러다가 나보고 에이즈가 걸렸다고 말하라고 그랬어요."

"경찰들은 나를 체포하는 것처럼 차로 데리고 들어가요. 일단 나를 차에 가두고, '내 걸 빨아주면 놔 줄게'라고 해요. 몇 번 이런 일을 당하고 나서 이런 궁지를 빠져나갈 꾀가 떠올랐어요. 이렇게 말했죠. '감옥에 넣으려면 넣어!' 그럴 수 없다는 것을 아니까요. 걔들이 뭐라고 말하겠어요? 내가 한 일을 증거로 녹화한 것도 없는데요. 할 말이 없죠. 이런 걸 아는 데 시간이 걸렸어요."

파가노는 손님의 차에 들어가 조수석 앞에 달린 사물함을 열고 운전자의 이름과 주소를 알아두었다가, 손님의 아내에게 전화하겠다고 협박했다. 시간이 가면서 협박 횟수가 늘어났다.

파가노는 금기해야 할 일이 뭔지 알았다. 그녀는 말했다. "저 지시에서 토넬리 애비뉴로 내려가면 도로가 있어요. 내 기억으로 길 이름이 인더스트리얼 웨이, 아니 인더스트리얼 드라이브였던 것 같아요. 산업단지예요. 거기는 절대로, 절대로 가면 안 돼요. 남자 손님하고 차를 타고 거기에 들어가면 항상 문제가 생겼어요. 만일 남자가 그쪽으로 운전해서 가면 차에서 뛰어내렸어요. 여러 번 그랬어요. 그곳으로 들어가면 반드시 강간을 당했거든요."

"저지시 경찰관 중에 내가 이름을 기억하고 있는 사람이 한 명뿐인데, 우리는 그를 바니Barney라고 불렀어요. 그 사람 진짜 이름은 모르겠어요. 그 사람은 꼭 〈플린스톤Flinstones〉에 나오는 바니처럼 생겼어요. 나를 최초로 체포한 사람이었어요. 단지 내가 크리스틴 옆에 서 있다는 이유 때문이었어요. 크리스틴은 그 세계에 잘 알려진 여자였으니까요. 경찰이 우리를 체포했을 때 크리스틴은 39번째로 체포된 거니까요. 경찰관들은 우리가 끌려갈 때 손뼉을 쳐댔어요. 모두가 그녀가 누군지 알고 있었죠."

운이 좋은 날 밤이면 파가노는 600~700달러까지 벌었다. 운이 나쁜 날은 100달러를 벌었다. "눈이나 비가 오는 날에 수입이 제일 좋았어요."

어떤 손님들은 페티시를 좋아했다. "어떤 남자들에게는 기저귀를 채워주었어요." 어떤 남자들은 화장하거나 여자 옷을 입고 싶어했다.

그녀는 종종 손님과 호텔 방에 들어가자마자 헤로인 주사를 놓거나 크랙crack을 흡입했다. "손님과 같이 마약을 했어요. 자신들의 마약을 사달라고 돈을 따로 주기도 했죠."

그녀는 그렇게 9개월을 버텼다. 그녀는 남자친구에게 제발 이런 일은 그만하게 도와달라고 간청했다. 그러자 그는 은행을 털었다. 2010년 6월에 배낭과 함께 그에게 폭탄이 있다는 메모를 갖고 뉴저지시의 한 은행에 들어갔다. 얼굴도 가리지 않았다. 그는 한 창구직원에게서 578달러를 빼앗았다.

"집에서 나와 턴파이크 도로를 타고 저지시로 운전하는데 큰 표지판이 보였어요. 'FBI 수배 중'이라고 쓰여 있는데 애 아빠 사진이 있는 거예요. 당황해서 길가에 차를 대고 정신을 잃었어요."

그는 한 달 후에 체포당했다. FBI, 주 경찰, 연방보안관들이 새벽 5시 30분에 들이닥쳤다. 그는 지금 펜실베이니아주 루이스버그시에 있는 경비가 삼엄한 연방감옥에서 9년 형을 받고 수감 중이다.

"화가 머리끝까지 치밀어 참을 수 없었어요. 단돈 578달러에 9년 형이라니요? 모든 것을 단념했어요."

파가노는 교사인 어머니에게 아들을 돌봐달라고 부탁했다. 그녀는 저지시에 사는 아이 아버지의 여동생인 크리스틴의 집에 살다가 결국 노숙자가 되었다. 버려진 꽃 가게에서 자기도 했다. 마약 사용량은 엄청나게 늘어났고, 6~7일 동안 눈을 붙이지 못하고 깨어 있기도 했다. 하루에 20명의 손님을 받기도 했다. 그렇게 몸이 만신창이가 되고 중독 치료를 시작했다. 마약을 끊고 제정신이 돌아왔다. 치료 프로그램에 참여하던 중 한 남자를 만났는데, 그는 2주 후 마약을 다시 했고 곧 교도소로 끌려갔다. 그녀는 크리스틴의 어머니와 같이 심하게 술을 마시기 시작했다.

그녀는 자신이 살고 있던 뉴저지주 윌리엄스 타운에서 버스를 타고 애틀랜틱시티로 가서 마약을 사다 체포되었다. 그녀는 교도소에서 나오자 캠던으로 가기로 했다. 캠던은 애틀랜틱시티에 있는 많은 딜러가 마약을 사는 곳이었다. 헤로인이 저지시에서는 6달러였지만 캠던에서는 봉지 하나에 10달러였고, 캠던의 헤로인은 효능이 훨씬 강력했고 더 오래 갔다. 캠던은 그녀가 거주하는 곳에서 겨우 20분밖에 걸리지 않았다.

캠던은 전국에서 가장 가난하고 범죄율이 높은 도시이다. 한때 산업의 중심지였는데 지금은 제조업 기반 전체가 사라졌다. 1950년대에 12만 명이었던 인구가 지금은 8만 명 이하로 줄었다. 캠던의 모든 구역은 버려진 상태인데 유기된 건물이 1500채인 것으로 집계된다. 늘어선 집, 주유소, 가게, 창고는 모두 빈 채 지붕들이 주저앉아 있고 나무들이 불쑥 자라 있었다. 유기된 건물 지하는 침수된 채로 있다. 넝마주이들은 구리철사, 금속 문짝, 라디에이터, 파이프 등을 떼어다가 델라웨어강 옆의 거대한 고물 처리장에 팔아넘겼다. 약 175개의 야외 마약 시장이 이 도시에 있다.[2] 종종 마약중독자나 백인 매춘부들이 트럭 운전사들을 호객하려고 거리 모퉁이나 캠던 중심지를 통과하는 다차선의 고속도로 주요 출구 램프 근처에 모여 있다.

파가노는 버스를 타고 캠던의 왈터랜드 교통 센터에 도착하자마자 처음 본 사람에게 "어디로 가야 몸을 팔 수 있어요?"라고 물었고, 브로드웨이로 가라는 답을 얻었다. 그녀는 다시 집으로 돌아가지 않았다. 캠던은 저지시나 애틀랜틱시티와 달랐다. 그녀의 손님들은 돈 많은 사업가나 월스트리트 매니저가 아니었다. 손님이라야 그녀처럼 마약이나 알코올중독자들이었다. 전처럼 돈을 벌수 없었다. 거리에는 단돈 5달러에 구강성교를 하는 여자들이 있었다.

파가노는 말했다. "그 여자들은 코카인 환각제 1회분이면 남자들의 성기를 빨았어요. 캠던은 내가 가본 곳 중에서 정말 최악이었어요. 너무 가난한 동네죠. 사람들은 5달러, 진짜 말 그대로 5달러도 강탈해요. 돈이 있든 없든 무조건 총을 들이대요. 차에서 나와서 두세 걸음을 걷지 못하고 꼼짝 않고 서 있어야 해요. 주머니를 뒤져서 있는 돈을 다 빼앗아가요. 처음 이 일을 당했을 때 한 시간을 울었어요. 이게 사람꼴인가 싶었어요."

그녀는 몸값을 낮추어서 20달러에 구강성교를 했다. 손님들은 콘돔을 쓰지 않았다.

"그 시점에서는 정말 모든 것을 포기했어요. 죽고 싶었어요. 어떤 희망도 관심도 없었어요. 죄의식과 수치심뿐이었어요. 아들을 엄마에게 떠넘긴 것, 아들에게 아무 이야기도 안 한 것, 가족에게도 아무 말 안 했던 것, 이런 생각만 뇌리에 차 있었어요."

파가노는 '이-프리E-frie'라는 이름을 가진 남자를 만났다. 그는 감옥에서 18년을 살고 출소했다. 그는 섹스의 대가로 그녀에게 마약을 주었다. 그는 폭음을 하고 마리화나를 피웠다. 그는 그녀를 마약쟁이라고 조롱했고 자주 때렸다. 한번은 계단 밑으로 그녀를 밀어 굴러 떨어뜨리기도 했다.

그녀는 말했다. "나는 여전히 길거리에 있었어요. 누울 곳이 있으면 아무 데서나 잤어요. 버려진 빌딩에서도 잤어요. 소지품들은 모두 캠던 시내 이곳저곳에 숨겼어요. 땅을 파고 소지품을 묻었어요."

그녀는 목에 매달린 반지를 손가락으로 가리키면서 말했다. "엄마가 아들을 통해서 주신 거예요. 나는 한번도 이것을 목에서 떼어놓은 적이 없어요. 엄마의 반지이자 아들의 반지거든요. 이 반지는 나와 함께 무슨 일이든지 견뎌왔어요. 한번은 누군가 훔쳐간 걸 알고 실신했어요. 내가 아들과 함께 있다고 느끼게 해주는 유일한 것이었거든요. 다시 반지를 찾았어요. 그러고 나서 반지를 손에 끼고 다녔어요. 하지만 누군가 내 손에서 반지를 빼앗아가지 않을까 너무 불안했어요. 그래서 땅에 구멍을 파고 묻었어요. 돈도 같이 묻어두었죠."

그녀는 고객을 받으려고 인터넷에 프로필을 올렸다. 그때까지 그녀는 무려 20번이나 강간을 당했다.

"마지막에 당한 것이 가장 끔찍했어요. 오프 브로드웨이라는 술집 근처의 파인 스트리트에서 당했죠. 길가에 잡초가 무성했어요. 나는 길거리에서 하는 손님은 안 받았어요. 차가 있는 손님하고만 했어요. 그날은 몸이 안 좋았어요. 피곤했어요."

거리에서 한 남자가 그녀에게 20달러에 구강성교를 하자고 했다. 그런데 잡초가 무성한 공터 근처에 사람이 보이지 않자, 그는 칼을 꺼내 들고 소리를 지르면 죽이겠다고 위협했다. 그녀가 반항하자 칼로 찔렀다. "그는 내 질을 찌르려고 했어요." 그는 그녀의 허벅지를 찔렀다. "나중에 심각한 감염을 일으켰어요."

"제가 당한 것과 비슷한 에피소드를 수년 전에 〈오프라 윈프리 쇼Ophrah Winfrey Show〉에서 본 적이 있어요. 그 쇼에 나온 젊은 여자도 강간을 당했는데, 그 상황에서 그 여자가 쓴 방법을 써서 그 여자처럼 나도 살아남았어요. 그녀가 강간한 남자에게 말한 것처럼 나도 '여자에게 꼭 이렇게까지 할 필요가 있겠느냐? 더 나은 방법이 있지 않겠느냐?'라고 말했어요. 그가 좀 누그러지더니 말을 꺼냈어요. 여자친구와 싸우고 그녀가 섹스를 거부하자 다른 여자와 섹스하러 나왔다는 거예요. 그는 포르노 영상이 담긴 휴대폰을 잡고 있으라고 했어요. 그는 바지를 반쯤 벗었어요. 제 허벅지에서는 피가 심하게 흐르고 있었어요. 정말로 겁이 났어요. 나는 오프 브로드웨이 술집 바깥에 있는 깨진 유리 위에 누웠어요. 목에는 조그만 유리 조각이 박혔고요. 정말 두려웠어요. 몸이 얼어붙는 것 같았어요. 담배 한 대 피우게 잠깐 멈추자고 부탁했어요. 그가 부탁을 들어주었어요. 내가 온순하게 그의 말을 들었기 때문에 그가 칼을 땅에 푹 찔러놓았어요. 그는 '언제든지 다시 뽑을 수 있다는 걸 알아야 해'라고 말했어요. 그는 내가 충분히 겁을 먹고 있다고 생각한 것 같았어요. 내 머릿속에는 어떻게 이 지옥 같은 순간을 벗어날 수 있을지 하는 생각밖에 없었어요. 갑자기 좋은 생각이 떠올랐어요. 남자는 계속 자기 엉덩이를 핥아달라고 했어요. 그렇게 해주니까 흥분하더라고요. 몇 번 그렇게 하다가 그가 돌아서서 핥아달라고 할 때, 그를 힘껏 밀어제치고 일어나서 달렸어요."

그녀는 벌거벗은 채로 길에 뛰어들었다. 경찰이 달려왔다. 마침 행인이 그녀에게 셔츠를 주었다. 그녀의 키는 165.1센티미터다. 당시 몸무게는 39킬로그램이었고, 피부 색깔은 잿빛이었으며, 발이 부어올라 남자 실내화를 신고 있었다.

그녀는 이 일을 당한 후 그녀의 어머니가 고용한 사설탐정이 2012년 9월에 그녀를 찾기까지 4주 더 캠던 거리에 있었다. 그녀를 찾은 사설탐정은 어머니에게 전화해서 파가노를 바꿔주었다. "엄마에게 '그냥 내버려두세요. 그냥 죽게 내버려두세요'라고 말했어요. 엄마는 그럴 수 없다고 말했어요. 엄마는 '오늘 밤 캠던 거리에서 자면 안 돼!'라고 말했어요"

파가노는 여러 번 체포영장을 받았기 때문에 사설탐정은 그녀를 교도소에 데리고 갔다. 그녀의 몸 상태가 너무 나빠 교도소에서 그녀를 받아들일 수가 없었고, 병원에 2주 입원했다. 그녀의 어머니가 2만 달러를 내는 메타돈-methadone 프로그램에 들어갔다.

"너무 아팠고 너무 망가져 있었어요. 쇼크 상태였죠. 밤에 소리를 치다 일어나면 온몸이 땀 범벅이었어요. 자다가 나도 모르게 두 번이나 오줌을 쌌어요. 지금도 악몽을 꿔요. 주로 마지막으로 강간당했을 때가 나와요. '이-프리'가 끊임없이 나와요."

"지금은 룸메이트와 31년 된 거지 같은 아파트에 살고 있어요. 그녀는 마약을 하지 않아요. 요즘에는 스트립쇼에 나가요. 난 고물차가 있어요. 앞으로 그럴듯한 직장은 못 잡을 거예요. 그렇지만 내 인생에서 지금보다 행복한 적은 없었어요."

그녀는 내년 여름이면 아들의 양육권을 되찾을 것이다.

그녀는 호세José라는 이름의 남자친구 이야기를 했다. 그녀는 그라는 존재가 마치 기적인 것처럼 그의 이름을 말했다.

그녀는 말했다. "그이는 내가 뭘 해야 하는지 알아요. 그는 결코 나를 비난하지 않아요. 전혀요. 내가 무기력하면 '5시 30분 모임에 가야지'라고 말해요. 5시 30분에 하는 모임은 AA를 말하죠. 그이는 사실 이게 무슨 모임인지도 몰라요."

그녀는 말했다. "하나님을 믿으려 애쓰고 있어요. 나는 이렇게 험한 인생을 살아왔다고 해서 인생을 포기할 이유는 전혀 없다는 믿음을 가져야 해요. 사실 포기하고 싶을 때가 많았어요. 그전에 발급된 영장으로 체포되어 캠던 카운티 교도소로 갔어요. 그때는 마약을 끊은 상태여서 제정신이었어요. 교도소에서 같이 매춘했던 사람들을 만났고, 그들은 나를 구찌라고 불렀어요."

그녀는 계속해서 말했다. "내가 가장 감사한 건 지금은 두려워할 줄 안다는 거예요. 나는 법이 두렵다는 것을 알아요. 전에는 전혀 그렇지 않았어요. 지금 내가 가지고 있는 아주 작은 것을 잃을까 두려워요. 물질적인 걸 말하는 게 아니에요. 아들을 볼 수 있다는 거예요. 아이와 함께한 날을 기억해요. 아이와 같이 사는 게 인생에서 가장 소중하다고 생각했어요. 지난날을 돌아보면서 아들하고 살면 모든 게 해결될 거라고 생각했어요. 그런데 그렇지 않았어요. 세상 아무것도 나를 고칠 수 없다는 것을 알았어요. 아들 리엄도 나를 못 고쳐요. 매일같이 가는 AA모임도 나를 고치지 못해요. 물론 그들은 나를 도와주고 있어요. 인생에서 만난 좋은 사람들 모두가 나를 도와주려고 했어요. 그러나 나를 고칠 수 있는 사람은 오로지 나 자신뿐이라는 것을 깨달았어요. 내가 살아온 동안 제대로 한 것이 없고, 인생을 망쳤다고 느낄 때, 결국 나 자신을 내가 책임져야 한다는 사실을 실천하기란 쉽지 않아요. 아직도 가장 극복하기 어려운 것 중 하나가 내가 분명히 옳은 일을 하고 있어도 뭔가 잘못된 일을 하고 있다는 느낌이 들 때에요. 이 감정이 늘 나를 사로잡고 있어요. 착한 사람이 될 수 없다는 감정이죠. 난 벌써 서른한 살이고 큰 범죄 기록이 있어요. 나는 신용불량자고 집도 차도 별 볼 일 없죠. 엄마는 놀랍게도 내가 저지른 일을 알면서도 여전히 같은 마음으로 나를 대해주셨어요. 엄마는 나를 다른 눈으로 보지 않아요. 내가 잘못할 때 '그건 내 딸이 아니지. 그것은 내 딸이 생각을 똑바로 하지 않을 때 하는 일이지'라고 말해줄 첫번째 사람은 우리 엄마예요."

다섯 살 리엄은 최근에 아빠가 어디 있는지 알았다. 아이가 아빠가 어디 있냐고 물었을 때, 파가노는 "아빠는 너를 아주 사랑해"라고 대답했다. 결국 그녀는 사실을 말해야 했다. 아이는 이야기를 듣고 오래 울었다. 아이는 엄마에게 게임을 하자고 졸랐다. 그녀가 경찰이 되어서 아들을 체포하면 아이가 감옥으로 가고 거기서 아빠와 이야기하는 게임이었다. 그들이 자주 하는 게임이었다.

"아이가 열한 살이 되면 애 아빠가 출소할 거예요. 리엄은 자기가 아빠 대신 감옥에서 살 수는 없는 건지 알고 싶어해요. 난 아들에게 대답할 수가 없어요. 578달러 때문에 9년을 감옥에 있어야 한다는 건 정말 슬픈 일이에요. 그의 죄를 용서해달라는 게 아니에요. 그는 죄를 저질렀어요. 그렇지만 9년요? 그건 아니잖아요."

"이런 시스템은 인생을 망가뜨리는 제도 아닌가요? 앞으로 10년 동안 나는 이 번호를 달고 살아야 해요. 항상 SBI 넘버*를 가지고 살아야 해요. 인터넷에 범인 식별용의 사진이 돌아다닐 거예요. 리엄의 아빠는 마흔두 살에 출소해요. 그 나이에 뭘 할 수 있겠어요? 그들은 사람들이 교도소로 다시 돌아오지 않기를 기대하죠. 그런데 그가 뭘 하겠어요? 나도 모든 사람은 선택의 자유가 있다는 것을 알지만, 국가는 이런 나를 절대 도와주지 않을 거예요. 국가는 그 사람도 도와주지 않을 거예요. 사람들이 자신이 한 일에 대가를 치르지 않아도 된다는 말이 아니에요. 문제는 대부분 사람이 변하지 않는다는 거죠. 물론 전혀 안 변한다는 말은 아니고요. 어떤 이들은 변화하죠. 나는 더 나은 사람이 되려 싸우고 있어요. 사회에 적응하려고 노력하고 있어요."

식당 매니저가 15분 후 문을 닫을 거라고 이야기했다. 파가노의 얼굴이 심란한 것을 보더니 "시간 구애받지 말고 이야기하다 가세요"라고 부드럽게 이야기했다. 그녀는 커피 크리머를 붓고 그걸 계속 저으면서 커피를 마셨다.

★ 주 신원 조사국State Bureau of Identification 넘버, 공공안전부The Department of Public Safety(DPS)는 범인을 체포한 후에 지문과 함께 번호를 매긴 후 데이터로 보관한다. 지문을 확인하면 이 번호로 신상을 조사할 수 있다.

파가노는 말했다. "내 인생이 이렇게 될 줄은 꿈에도 생각하지 못했어요. 누구도 예상하지 못했을 거예요. 요즘 많이 울어요. 자비로운 마음도 많이 생겼고요. 나는 이런 마음을 가져본 적이 없어요. 전에는 사람들이 나를 얼음 여왕이라고 불렀거든요."

그녀는 이야기를 멈추더니 테이블 아래쪽을 내려보면서 마음을 가라앉히려 애썼다. 그녀는 과거의 자신을 이야기하면서, "거울로 나 자신을 볼 때 절반은 소녀 시절의 나를, 절반은 현재의 나를 봐요"라고 말했다.

우리는 식당을 나와서 세차게 내리는 비 사이로 각자의 차가 있는 곳으로 뛰었다.

가난한 미국인에게는 단 한 번의 기회만 있다. 그런데 이제 그 것마저도 끝났다. 저지시나 캠던의 거리에서 파가노와 같이 있던 사람들 가운데 사설탐정의 도움을 받을 수 있거나 마약중독 치료에 돈을 내줄 어머니를 가진 사람은 거의 없을 것이다. 그들 대부분이 계속해서 도시의 불결한 구역에 살면서 고통을 겪다 죽을 것이다. 그들은 직업이 없다. 희망도 없다. 누구도 도와주지 않는다. 그들은 알코올과 마약으로 절망을 달랜다. 그곳 생활을 청산하고 세상으로 나와도 파가노가 그랬던 것처럼 그들을 에워싸고 있는 과거의 사슬을 짊어지고 다녀야 한다. 고용주들은 그들을 원치 않는다. 집주인들도 그들에게는 세를 주지 않을 것이다. 부동산업자들은 이들이 집을 사고 싶어도 거래하려 하지 않을 것이다. 은행과 신용카드사는 이들과 신용거래를 하지 않을 것이다. 그들에게는 충분한 돈이 없다. 십중팔구 앞으로도 그럴 것이다. 그들이 있는 자리에서 한 발자국만 나아가면 지옥이다. 그들은 지옥을 알고 있다. 이곳이 바로 월스트리트의 도박꾼들, 은행가들, 채권 중개인들, 금융 투자자들(이들은 두둑한 지갑을 가지고 있고, 멋진 차와 뉴저지의 교외, 멘드햄, 쇼트 힐에 수백만 달러의 집을 소유하고 있으며, 늦은 퇴근길에 아내나 파트너를 보기 전에 매춘부들과 즐기고 돈을 던져주고 가는 이들이다) 이 원하는 곳이다. 가난한 자들의 지옥이 이들에게는 놀이터이다.

오피오이드Opioid*로 지옥 같은 생활을 하는 사람들만이 있는 것이 아니다. 오피오이드 때문에 수많은 사람들이 죽어가고 있다. 50대 이하 미국인의 주요 사망 원인이 오피오이드 과다복용이다.[3] 2016년에 오피오이드로 죽은 사람이 5만 9000명이다. 하루에 161명이 죽은 셈이다.[4] 미국은 세계 오피오이드 소비의 80퍼센트를 차지한다.[5] 매년 3억 개의 오피오이드 처방전이 발행되고 240억 달러에 이르는 진통제가 소비된다. 미국, 캐나다, 서부 유럽이 전 세계 오피오이드 소비의 95퍼센트를 차지한다.[6] 미국은 전 세계 옥시코돈oxycodone 83퍼센트를 소비하고,[7] 특수 오피오이드인 하이드로코돈hydrocodone의 99퍼센트를 소비한다.[8] 하이드로코돈은 바이코딘vicodin과 롤타브lortab에 들어 있는 오피오이드 성분을 제공하는 강력한 진통제다. 미국은 이러한 '합법적' 마약중독 외에 불법인 마리화나, 코카인, 메탐페타민methamphetamine, 헤로인 복용에 1000억 달러를 쓴다.[9]

비양심적인 의사들은 사탕을 만들 듯이 통증 클리닉으로 위장한 일명 '약 공장pill mills'에서 옥시콘틴(옥시코돈)을 처방하는데, 이 약은 본질적으로 의사가 공인한 헤로인이라고 볼 수 있다. 이런 불법적인 '약 공장'은 1996년에 제약회사 '퍼듀제약Purdue Pharma'

★   일단의 마약성 진통제.

이 옥시콘틴을 만들어 팔기 시작한 후 1990년 후반에 미국 전역에 급격히 퍼져나갔다. 의사들은 환자가 처방을 받으러 오면 대개 200~250달러를 받았다. 진료는 새로 아편 처방전을 써주는 것이고, 몇 분이면 충분했다. 많은 의사는 마약중독자를 만들며 큰 부자가 되었다. 옥시콘틴에 중독된 환자는 쉽게 헤로인으로 약을 바꾼다. 가격이 훨씬 싸고 거리에서 누구나 살 수 있기 때문이다. 헤로인은 그것을 빨리 강하게 느끼기 위해 가루로 만들어서 코로 흡입할 수 있고, 주사로 맞을 수도 있다. 헤로인 복용자의 80퍼센트가 처음에는 처방된 오피오이드를 복용했다.[10] 환자의 치료 기간이 길어지는 것을 싫어하는 보험회사는 통증을 즉시 해결해주는 오피오이드 약값을 지급하는 것을 아까워하지 않았다.

퍼듀제약은 의사 사무실과 의학 콘퍼런스에 수많은 판매사원을 보내서 공격적으로 약을 팔았다. 퍼듀제약은 코네티컷에 소재하고 있으며 새클러Sackler 가족이 소유한 오피오이드 제약회사이다. 퍼듀의 마케팅 파트너인 애봇 래버러토리스Abbott Laboratories는 옥시콘틴 사용자 중 1퍼센트 이하가 중독 증세를 보였다고 거짓말을 하며 약을 팔았다. 선물을 받거나 비싼 음식을 대접받은 의사들에게 무료로 옥시콘틴 처방을 1회 받을 수 있는 쿠폰을 발행해주면 병원은 환자에게 미끼로 이것을 나누어주는데, 이는 흔히 쓰는 책략이다. 퍼듀는 '수억 달러'를 써서 개업의들을 휴양지에 실어 날랐다. 샘 퀴노니스Sam Quinones는 《꿈의 나라: 미국 오피오이드 유행의 진짜 이야기Dremland: The True Tale of America's Opioid Epidemic》에서 다음과 같이 썼다. "퍼듀는 열심히 의사들을 만찬으로, 골프 회동으로, 스파로 불러냈고, 그 회사가 추천한 전문가들이 이끄는 의학 세미나에 의사들을 보냈다."[11] 옥시콘틴의 연 판매치가 30억 달러에 이르렀다.[12]

퍼듀제약은 결국 2007년에 마약을 처방전 약으로 거짓 브랜드를 붙인 사기 혐의로 연방정부에 소송당해 6억 달러의 벌금형을 받았다. 그러나 옥시콘틴으로 인한 피해는 한창 진행 중이었다.[13]

옥시콘틴에 마약 성분이 있다는 것을 대중이 인식한 2010년 이후로 미국에서의 옥시콘틴 판매량이 40퍼센트로 줄었다.[14] 퍼듀제약은 미국 내 판매량이 급감하자 똑같은 사기 광고와 책략으로 국제 시장을 파고들고 있다. 이것은 미국 담배업계가 국내 시장에서 판매량이 감소하자 벌인 행태와 거의 똑같은 방식이다.

2017년 5월 3일에 10여 명의 미국 국회의원이 당시 세계보건 기구WHO 심의관인 마거릿 챈Margaret Chan 박사에게 편지를 보냈다. "퍼듀제약의 파트너인 '먼디파머 인터내셔널Mundipharma International'이 국제 사회에 끼치는 사기와 위험한 관행을 경고하기 위해서" 그들은 편지를 보냈다. 국회의원들은 다음과 같이 비난했다. "한 회사와 그 파트너사의 탐욕과 무모함이 미국 공중보건의 위기를 초래했습니다. 그 피해를 완전히 치료하는 데는 몇백 년이 걸릴 것입니다." 그들은 WHO가 "이들이 미국에서 저지른 수법과 똑같은 방식으로 세계적으로 오피오이드 유행을 일으키려는 것을 막기 위해 전력을 다해서 할 수 있는 모든 일을 해줄 것"을 촉구했다.[15]

2017년 2월 1일, 비 내리는 오후였다. 뉴저지주 에디슨 뉴도버 로드에 있는 고셀린 장례식장에 도착했다. 고인 접견실로 가는 로비의 이중 나무 문은 아직 닫혀 있었다. 문밖에는 밥Bob, 수 밀러Sue Miller, 그들의 두 딸 메건Megan, 캐머리Camarie, 보리스 로러Boris Rorer, 10여 명의 친구들, 보리스의 친척들이 있었다. 장의사가 천천히 문을 열었다. 열린 관 속에는 섀넌 밀러Shannon Miller가 있었다. 그녀는 보리스의 약혼자였으며 나이는 23세였고 1월 27일에 헤로인 과용으로 사망했다. 조그만 도널드 오리 인형이 그녀 옆에 있었다. 꽃과 헬륨 풍선이 관을 에워쌌다. 섀넌의 어머니 수는 접견실에 들어가자마자 주저앉았다. 비탄에 잠긴 울음소리가 전류가 흐르듯 하늘을 찔렀다. 그녀는 남편 밥과 여동생이 부축해 간신히 관 앞에 무릎을 꿇었다. 그녀는 흐느끼면서 "섀넌, 섀넌, 사랑해"라고 반복했다.

방 뒤에 서 있던 장의사가 내게 그가 지난 2년 동안 치른 장례 중에 헤로인 과용으로 죽은 사망자들이 있는데, 섀넌 밀러가 열번째라고 말했다. 여섯 시간의 접견 시간 동안에 1000명 이상의 손님들이 오갔다. 많은 이들이 젊은이였다.

밀러는 뉴저지주 팔린에서 성장했다. 이곳은 래리턴 강가의 둑을 따라 있는 세이레빌 타운에 속한 조그만 지역이다. 그녀의 어머니는 교사, 아버지 밥은 경비원이었다. 그녀는 세 자매 가운데 둘째였다. 언니는 메건이고, 동생은 캐머리인데 약칭으로 캠이라고 불린다.

수는 사망한 딸에 대해 말했다. "섀넌은 매우 재미있는 아이였어요. 모든 사람에게 따뜻한 마음을 가지고 있었죠."

섀넌은 13세에 '키아리 기형'을 진단받았다. 이 병은 뇌 조직이 척수에 확장되어 주체할 수 없는 두통을 낳는다.

수는 장례식 이후 몇 주가 지나서 나에게 이야기했다. "심한 편두통으로 몸이 쇠약해져서 제대로 걸을 수도 없었어요. 취한 사람처럼 비틀거리며 걸었고 생각하는 것도 할 수 없었어요. 불이 켜진 방에는 있을 수 없었고요."

섀넌의 부모가 그녀를 신경과 전문의에 데리고 갔는데, 의사가 별생각 없이 처방해준 약이 아이의 고통을 악화시켰다. 섀넌은 그 약에 알레르기가 있었다.

의사는 섀넌에게 통증을 완화하려면 하루에 1.9리터 정도의 물을 마시라고 했다. 항상 그런 것은 아니지만, 보통 아스피린과 다이어트 마운틴듀를 같이 먹으면 섀넌의 두통이 나아졌다.

수는 말했다. "처음에는 편두통이 자주 일어났어요. 1주일에 두세 번요. 한번은 내 침대에 누워서 닷새 동안 울었어요……. 응급실로 데리고 갔죠."

그녀는 계속해서 말했다. "섀넌은 움직일 수 있는 한 축구를 했어요. 그게 그녀의 인생이었으니까요. 결국 축구마저 하지 못할 지경에 이르렀죠. 편두통은 섀넌의 인생을 완전히 망가뜨렸어요."

섀넌은 의사가 처방해준 통증 완화제에 의존했고 나중에는 중독되었다. 통증 완화제에는 페르코셋Percocet이 들어 있었는데, 아세타미노펜과 옥시코돈을 조합한 것이다. 축구를 더 이상 할 수 없자 학교에서 헤로인에 손을 대기 시작했다.

섀넌이 어느 날 학교에서 돌아와 수에게 말했다.

"엄마, 나 중독된 것 같아요."

"뭐라고?"

"헤로인에요."

"어떻게? 왜? 언제? 우리가 뭘 했는데? 우리 때문이야? 우리가 너를 그렇게 만들었니?"

"엄마, 그건 엄마 잘못도 아니고 아빠 잘못도 아냐. 누구 잘못도 아냐."

수가 말했다. "어떤 부모도 이해 못 해요."

밥과 수는 중독자 가족을 지원하는 그룹에 서명하고 모임에 참가했다. 딸이 마약중독자라는 현실을 받아들일 수 없었다.

밥은 말했다. "처음으로 그 모임에 갔던 게 기억나요. 옆에 참석한 부모가 말하기를 자기 자식은 지금 열일곱번째 재발했다는 거예요. 하늘이 무너지는 것 같았어요. 그 부모는 '당신도 그럴 겁니다. 틀림없이 그럴 겁니다'라고 하더라고요. 2년 후 그 말이 사실이 되었어요."

섀넌은 새벽 3시, 4시에 일어나 집을 들락날락하면서, 부엌에 가서 무언가 먹기도 하고 마당에 나가서 전화기에 대고 뭐라고 말하기도 했다. 그녀는 물건을 강박적으로 쌓아두었다. 목소리는 어린애처럼 변하곤 했다. 마약에 취했다는 표시였다.

헤로인 중독자는 하루에도 몇 번씩 헤로인을 하고 싶어서 못 견딘다. 그것을 복용해야 일상생활을 할 수 있다. 퀴노니스는《꿈의 나라》에서 이렇게 썼다. "모르핀 분자는 유사 세뇌 작용을 해서, 중독자의 몸이 그것을 원할 때, 이익에 반하는 행동을 유도한다. 사랑하는 사람을 배신하고, 물건을 훔치고, 험한 날씨에 고속도로 밑에서 지내고, 헤로인을 하기 위해 끔찍한 짓을 감행한다. 헤로인은 과잉의 시대를 전형적으로 표현하는 마약이다. 헤로인은 내성이 강해 사용량을 끝없이 늘려야 한다. 잠시라도 복용을 중지하면 금단 증상이 나타난다. 대부분의 마약은 몸에 들어가면 수용성 포도당으로 쉽게 변해 몸에서 배출된다. 그러나 모르핀만은 그렇지 않다. 포도당으로 변하지 않고 체내에 남는다."[16]

섀넌의 부모는 그녀를 치료 프로그램에 등록했다.

수는 말했다. "비용은 천문학적 숫자예요. 프로그램 보내는 데 6000달러가 들었어요. 프로그램 하나에 말이에요. 해독이 끝나면 다른 곳으로 보내요. 그러면 또 5600달러를 내야 해요."

섀넌은 치료가 끝나고 1주일 만에 재발했다.

헤로인을 못하게 여러 방법을 써도 안 되자 아버지 밥은 AT&T 통신사로 가서 섀넌 전화기에 위치추적기를 달았다. 하지만 추적기는 그녀의 위치만을 알려줄 뿐 섀넌이 헤로인을 사는 것을 막을 수 없었다. 어느 날 밤 밥은 추적기를 통해 섀넌이 마약 거래로 유명한 해안 지구에 있다는 것을 알았다. 밥은 밤 11시에 섀넌을 찾으러 차를 몰고 달려갔다.

밥은 그가 섀넌을 찾았을 때, 섀넌이 했던 말을 기억했다. "여기 왜 왔어요? 아빠! 왜 왔냐고요? 내가 여기서 뭘 하든 제발 상관 말아요!"

현장을 찾아가 막으려 해도 소용이 없었다.

밥은 말했다. "아이는 점점 영리하고 대담해졌어요. 전화기를 어딘가에 두고 다른 사람과 함께 외출하는 거죠. 그 아이의 차 위치를 추적하려고 차에도 추적기를 달았어요. 그런데 생각처럼 호락호락하지 않더군요. 다 알아내더라고요. 이번에는 차와 전화기를 어딘가에 두고 친구 차를 타고 나갔어요."

수는 말했다. "헤로인은 구하기 쉬워요. 세이레빌 거리 구석에 가면 누구나 구할 수 있어요……. 어느 시간에 가더라도 사람이 있어요. 십중팔구 마약상들이에요. 헤로인은 가게, 식당, 슈퍼마켓, 어디든지 있어요."

섀넌의 부모는 미들섹스 카운티에 있는 경찰서에 마약 거래를 신고했다. 밥이 이야기했다. "그 사람들은 아무 일도 안 해요. 조사반이 와서 대대적 불시단속을 하기만을 기다려요. 그러는 사이에 마약상들은 동네까지 오고, 숍라이트 슈퍼마켓에도 오고, 안 가는데 없이 가면서 마약을 팔아요. 동네 파출소는 이런 일에 관심이 없어요. 그들은 시의 수입을 올리려고 출근하는 운전자들을 멈추고 교통위반 딱지 떼는 일에나 관심이 있지, 그들의 본분이나 섀넌 같은 애들을 보호하는 일에는 신경 쓰지 않아요."

섀넌의 가족은 여러 방법을 써도 효과가 없다는 걸 알고, 그녀가 마약에 접근하지 못하도록 플로리다주 델레이의 재활클리닉에 3개월 동안 보냈다.[17]

섀넌의 어머니가 말했다. "어디를 가나 헤로인이 있는 줄은 몰랐어요."

플로리다주의 재활 프로그램 비용은 1만 달러였다. 그녀는 회복되는 것처럼 보였다.

섀넌의 동생 캠은 말했다. "열여섯번째 생일 파티에 섀넌이 같이 있으면 좋겠다고 말씀드렸어요. 섀넌이 못 오면 생일 파티는 하지 말자고 했어요. 이틀에 걸쳐 섀넌을 비행기에 태워 데리고 왔어요. 정말 오랜만에 최고의 시간을 보냈어요."

섀넌은 재활 프로그램을 마친 후 플로리다주에 있는 중간갱생센터halfway house로 갔다. 그녀는 부모에게 여러 번 전화해서 센터에서 나가고 싶다고 애원했다. 결국 섀넌의 아버지는 아이를 데리러 차를 몰고 델레이 비치로 달렸다. 그리고 1주일 후에 병이 재발했다.

밥과 수는 전문 치료사를 찾았다. 치료사는 그녀의 양극성 장애(조울증)를 치료하기 위해 아빌리파이Abilify를 처방했다.

수는 말했다. "섀넌이 아빌리파이를 복용하니 정상으로 돌아왔어요. 정상적으로 말하고 행동했어요. 아픈 사람이라는 생각이 들지 않을 정도였으니까요. 섀넌은 약을 안 먹으면 다시 아픈 상태로 돌아갔어요. 치료사가 준 아빌리파이는 무료로 주는 견본 약이었어요. 치료사는 필요하면 의사에게 약을 처방받으라고 했어요. 약값이 한 달에 1000달러였어요."

아빌리파이는 보험 혜택을 받을 수 없는 약이다.

수는 계속해서 말했다. "보험 대상인 토파맥스Topamax를 처방했는데 아빌리파이와 효과가 같지 않았어요. 섀넌에게 정상으로 돌아왔다는 느낌을 주지 않았어요. 아이가 원하는 것은 정상적인 사람이 된 느낌이었어요. 그 약값은 보험회사에서 지불해주지 않고요."

섀넌의 치료 비용은 산더미처럼 불어났다. 보험회사에서 내주는 돈은 30일 치료 후 끝났다. 일부는 밥이 고모에게 상속받은 돈으로 썼지만 한 달에 8000~1만 달러가 진료비 본인부담금, 약값, 보험료로 들어갔다. 섀넌이 사망할 때까지 그녀를 구하기 위해 그 가족은 10만 달러를 썼다.

밥은 말했다. "치료를 받으려면 어떤 치료든 최소 6개월은 갱생 클리닉이나 그와 비슷한 시설에 입원해야 해요. 보통의 미국인은 베벌리힐스 치료센터는 꿈도 못 꾸죠. 돈이 있으면 갈 수 있는 곳이 달라져요……. 아이를 구하기 위해 사람들은 결국 집을 잃고 일생 벌어둔 돈을 날리는 거죠."

섀넌의 마약중독은 가족에게 경제적 고통만을 준 게 아니다.

동생 캠은 말했다. "나와 언니 메건은 가족이 아닌 느낌이었어요. 혼자서 알아서 자랐으니까요. 부모님은 섀넌의 병치레에 온 시간을 쏟았어요. 우리는 정말 화가 났어요……. 그래도 어떡해요. 섀넌에게 늘 보호가 필요하다는 것을 우리도 알았어요. 정상적인 가족생활이라고 볼 수 없었죠."

메건은 말했다. "가족이 모두 섀넌에게 매달릴 수밖에 없어서 마음이 아팠어요. 어떻게 하면 걔를 낫게 하느냐는 이야기뿐이었죠. 부모님 대신에 다른 사람들과 대화할 수밖에 없었어요……. 나도 알아요. 부모님이 섀넌에게 그렇게 하지 않았다면 섀넌은 더 빨리 죽었을 거예요."

마약을 복용하지 않으면 죽을 것 같은 중독 증세는 결국 다른 중독자들과 마찬가지로 섀넌이 도둑질을 하게 만들었다. 동네 슈퍼마켓에서는 그녀의 상점 출입을 막았다. 그녀는 가족의 돈도 훔쳤다. 아버지가 우유병에 모아둔 돈을 훔쳤다. 할머니가 메건에게 물려준 목걸이와 귀걸이도 사라졌다.

메건이 말했다. "섀넌이 집에 없을 때 방에 들어가서 찾아보니 침대 매트리스 밑에 잃어버린 장신구가 있었어요. 저는 화가 나서 섀넌의 물건을 부수고 찢었어요. 섀넌에게 따져 물으니 아무 말도 못 하더라고요. 사람 사이에서는 믿음이 가장 중요해요. 섀넌이 반복해서 똑같은 일을 저지르니까 우리 관계는 완전히 깨져버렸어요."

수가 말했다. "돈지갑을 베개 밑에 놓고 잤어요."

어느 날 수가 설거지를 하려고 결혼반지를 빼두었다. 설거지가 끝나고 반지를 다시 끼려고 하니 반지가 안 보였다.

"세 시간 동안 있을 만한 데는 다 찾았는데, 섀넌이 2층 바닥에서 울면서 태아처럼 몸을 웅크리고 있었어요. 제가 물었어요. '섀넌, 내 반지 어디 있는지 혹시 아니?' '네 엄마, 알아요. 내가 전당포에 맡겼어요' 하는 거예요." 수는 섀넌에게 "차에 타. 네 아빠를 데려갈 거야"라고 했다. "같이 전당포에 갔어요. 다행히 전당포 주인이 뭔가 찜찜했는지 섀넌이 맡긴 우리 물건들을 모두 보관했더라고요. 돈을 주고 되찾았어요. ……그때는 섀넌을 용서하기 힘들었어요. 섀넌도 그걸 알았죠. 울면서 '엄마, 용서해줘요'라며 계속 빌었어요. 결국은 용서했지만요."

그 후 그녀의 부모는 그녀가 마약에 취해 집에 돌아오면 집 안으로 들어오지 못하게 했다. 캠은 그때를 회상하면서 말했다. "언니가 집에서 쫓겨나면 저는 현관에서 울었어요. 경찰이 집에 오기도 하고요. 저는 막 울었어요."

수는 말했다. "날카로운 비명, 고함, 싸우는 소리가 집 안에서 끊어지지 않았어요. 친구와 차를 타고서 어디론가 나가버리고, 섀넌을 언제 다시 볼 수 있을지 모르고, 이러면서 하루하루 보냈어요…… 그때 섀넌은 열아홉, 스물이었어요."

섀넌은 한번 나가면 2주 동안 집에 들어오지 않았다.

수는 말했다. "전화도 없고, 어디로 간지도 모르죠. 중독자들과 어딘가에 있었겠죠. 우리는 자주 밤늦게까지 집 안을 오갔어요. 경찰관이 문을 노크하며 '여기 나와서 이 댁 아이가 아닌지 보세요' 하는 것을 기대하면서요……"

섀넌은 남자친구 보리스 로러를 만나면서 안정을 찾는 것처럼 보였다. 그는 뉴저지주 프린스턴 지역에 있는 슈퍼마켓에서 그녀와 같이 일했고 마약중독에서 회복 중이었다. 보리스는 지역 전문학교에서 학위를 따려고 했다. 그는 근육질의 사교적인 역도선수였다. 그는 도스토옙스키 소설을 러시아 원어로 읽고 니체, 잭 런던Jack London, 토머스 하디Thomas Hardy의 책을 읽는 독서광이었다.

그는 말했다. "13년 동안 헤로인을 복용했어요. 끊은 지 9년이고요. 그렇지만 아직 중독 상태에 있다고 볼 수 있어요."

보리스와 섀넌은 점심시간을 같이 보냈다. 보리스가 쉬는 날이면 섀넌을 보러 매카프리 슈퍼마켓으로 갔다. 그들이 처음으로 키스한 날은 2015년 10월 13일이었다. 그들은 매달 그날을 기념했다.

보리스는 말했다. "우리는 서로 완전히 달랐어요. 그것은 참 신기한 일이었어요. 그녀에게 생소한 외국영화를 보여주곤 했어요. 그 대신에 나는 〈해리 포터Harry Potter〉 시리즈를 끝까지 보겠다고 약속해야 했어요."

샤넌은 뉴저지주 해밀턴의 아파트 단지로 보리스와 이사했다. 그녀는 쉬는 날이면 집 안을 장식했다. 보리스는 그녀에게 '너랑 결혼할 거야'라는 문장이 적힌 팔찌를 주었다. 둘은 미니 골프를 하고 하이킹을 가고 과수원에 가서 사과를 땄다. 늑대 보호구역에도 놀러 갔다. 유리병을 마련해서 결혼반지를 마련할 돈을 차곡차곡 쌓아갔다. 샤넌은 은행 텔러로 취직하고 생활에 안정을 찾는 것 같았다.

샤넌과 보리스의 관계를 보면서 가족은 희망을 품었다. 보리스는 그녀의 아빌리파이와 토파맥스 값도 지불했다. 샤넌은 AA모임에 충실하게 참여했고, 후원자와 정기적으로 만났다.

2016년 5월에 보리스는 변기에서 봉지를 발견했다. 샤넌이 변기에 넣어서 흘려보내려다 실패한 흔적이었다. 그녀는 다시 헤로인을 시작했다.

보리스는 말했다. "그녀가 아니라 다른 사람이었다면 그것을 헤로인 봉지로 의심했을 거예요. 한번 중독된 사람들은 그 증세를 금방 알아보거든요. 전 그녀를 너무 믿었죠. 전혀 의심하지 않았으니까요. 샤넌이 다시 헤로인을 시작할 거라고는 꿈에도 생각한 적이 없어요. 다시 생각하니, 그녀가 내 앞에서 마약에 취하거나 명현 현상을 보인 적이 몇 번 있어요. 나는 그저 그녀 몸이 안 좋다고만 생각했어요."

샤넌은 2016년 6월에 헤로인 과다복용 중이었다.

보리스는 말했다. "운 좋게도 내가 일을 안 나간 날이었어요. 약물에 취해 쓰러진 그녀를 10분 만에 발견했지요. 섀넌은 숨을 쉬지 않았지만, 심장은 뛰고 있었어요. 구급대에 전화했더니 심폐소생 조치법과 응급대처법을 말해줘서 그대로 했어요. 응급 의사가 와서 헤로인 해독제 나칸Narcan 주사를 놓았어요. 간신히 고비를 넘겼어요. 그날 밤 섀넌은 병원에 입원했습니다."

섀넌은 퇴원하자마자 보리스는 그녀를 갱생 클리닉으로 데리고 갔다.

2016년 가을, 섀넌은 헤로인 없이 점점 더 견디기 어려웠다. 메건은 그때쯤 섀넌과 통화한 내용을 기억했다. "나 헤로인 다시 시작했어. 이제 다시 안 할게. 내가 왜 그랬는지 모르겠어. 트렌턴에 있는 어떤 사람에게서 약을 구했어. 나는 '섀넌, 다시 시작하자. 네 생명이야. 누구도 대신할 수 없어'라고 말했어요."

메건은 눈물을 참으면서 말했다. "그렇게 말하고 엄마랑 싸웠어요. '다시는 섀넌과 상대하지 않을 거예요'라고 말했어요. 너무 실망스러웠어요."

섀넌의 주변 친구들이 헤로인 과다복용으로 죽어가고 있었다. 친구를 잃은 상실감이 그녀의 우울증을 악화시켰다.

수가 말했다. "아이는 친구들 장례식에 한 번도 빠지지 않고 갔어요. 섀넌은 그것에 대해 별로 이야기하지 않았어요. 섀넌 머릿속에는 머지않아 자기도 겪을 일이라는 생각이 떠나지 않았을 것을 나도 알고 있었어요. ……11월쯤이었어요. 아이는 1주일 동안 헤로인을 과다복용했어요. 섀넌은 친구 소식을 들을 수 있는 페이스북에 겁이 나서 들어가지 않았어요."

캠은 섀넌에게 말했다. "친구들이 모두 죽어가고 있어. 난 언니가 그렇게 되는 것을 원치 않아." 섀넌은 이렇게 답했다. "캠, 나는 병자야. 나도 곧 죽을 거야."

섀넌은 캠에게 절대 마약에 손을 대지 말라고 부탁했다. 섀넌은 캠이 파티에 가서 마약을 하는 주변 친구들 때문에 불편하다고 느끼면 언제든지 보리스가 가서 캠을 데려올 거라고 약속했다.

메건은 말했다. "마약을 하는데 언제까지 버틸 수 있겠어요. 때가 오기를 기다리는 게임이나 마찬가지였어요. 언제 일이 터질지 기다리는 것뿐이었어요."

섀넌은 우울증이 올 때, 재발 현상이 가장 심했다.

보리스가 말했다. "섀넌은 헤로인이 우울증과 육체적 고통을 잠시 없애주지만 결국 그걸 더 악화시킨다는 것을 알고 있었어요. 지금은 예전보다 진통제 종류가 많아요. 내가 마약을 시작했을 때는 코로 헤로인을 흡입하다가 주사로 진행되는 식이었어요. 하지만 그때는 애들 대부분이 헤로인은 하지 않았어요. 헤로인은 극단적인 거였어요. 주로 대마초를 피우거나 맥주를 마셨죠. 그런데 지금은 진통제가 너무 많아서 대마나 술이면 충분했을 애들이 부모님 약장 서랍에서 처방 진통제를 찾게 되는 일이 너무 흔해요. 처방 진통제는 헤로인과 똑같은 거예요. 헤로인은 싸고 효과는 강해요. 자신들이 마약쟁이가 될 거라 생각해본 적 없는 아이들이 결국 헤로인을 하는 거예요."

섀넌은 잠시 마약에 손을 끊었다. 그러나 그녀의 자존감은 바닥을 친 상태였다.

수가 말했다. "언제나 자책감에 시달렸어요. 아무도 마약중독자를 고용하지 않으니까요."

크리스마스에 섀넌이 다시 크로퍼드 하우스라는 중간 갱생 센터에 들어갔는데, 그곳에 있는 사람들에게 주려고 양말에 선물을 잔뜩 넣고, 자기 선물을 안 받으면 어떻게 하나 걱정할 정도였다.

보리스는 말했다. "그녀는 분명히 헤로인을 끊고 싶어했어요. 하지만 헤로인은 그녀가 저항하기에는 너무 강했어요. 그녀는 마약에 취해서 아무것도 하고 싶지 않은 마음도 있었어요. 죽음이 가까이 오자 헤로인을 과용했어요. 제정신일 때는 줄어들었고 재발 횟수가 늘어났고요. 자기 자신을 통제하는 게 어려웠어요."

보리스는 계속해서 말했다. "뭔가 불길한 일이 일어날 거라는 느낌이 왔어요. 그게 어떤 일일지 구체적으로 몰랐지만요. 그녀가 사고를 낼 수도 있고, 체포될 수도 있고, 헤로인을 과다복용할 수도 있고, 뭐 그런 것들 말이에요. 제가 통제할 수 없는 어떤 일들이요. 죽음의 공포가 밀려왔어요. 그것이 어떤 일이든 그녀의 정신을 뒤흔들어 마약을 끊지 않으면 죽겠구나 할 만큼 큰일이 일어났으면 좋겠다는 생각도 했어요."

섀넌은 비비트롤Vivitrol 주사를 맞기로 마음을 먹었다. 그 주사는 마약 욕구를 줄이는 약이었다. 주사가 효과를 발휘하려면 적어도 7일 동안은 어떤 마약도 중단해야 한다. 섀넌이 치료 효과를 보기 바로 전날, 상황은 과거로 되돌아갔다.

보리스는 우리와 함께 거실에 앉아 있었다. 그는 "그녀를 고쳐보려는 일을 멈춰본 적이 없었어요. 그러나 어떻게 해볼 도리가 없다는 무력감을 느꼈어요"라고 말했다. 섀넌이 사망한 날, 보리스는 회복 중인 마약중독자를 위한 중간갱생센터에서 야간근무를 하고 있었다. 목요일 밤 10시 20분에 근무 교대를 위해서 집을 나왔다. 섀넌은 발코니에 서서 잘 다녀오라고 손을 흔들었다. 그녀는 말했다. "사랑해, 보리스."

보리스는 그때를 기억하면서 이렇게 말했다. "제때 집에 도착하지 못할 경우를 대비해서 두 친구에게 집 열쇠를 맡겨놓았어요. 무슨 일이 일어날지 모를 상황이었으니까요. 그녀가 마지막으로 과다투여한 후에는 매우 겁이 났어요. 밤마다 걱정이 떠나지 않았어요. 그날 밤은 무슨 이유인지 모르지만 괜찮을 것 같다는 느낌이 들었어요."

다음 날 아침, 섀넌은 외래환자 프로그램에 가기로 예정되어 있었다. 보리스는 일하다가 섀넌에게 전화했지만 아무런 기별이 없었다. 보리스는 그녀가 전화기를 충전시키지 않았나 생각했다. 보리스가 집에 돌아와서 침실로 들어가니 섀넌이 카펫이 깔린 바닥에 누워 있었다. 재킷과 담배 한 갑이 옆에 있었다. 얼굴은 푸른 색깔이었다. 액체가 입에서 흘러나와 있었다. 보리스는 나칸 주사기를 찾아서 그녀 몸에 꽂았다. 그리고 미친 듯이 심폐소생을 했다. 아무런 효과가 없었다. 즉시 911에 전화하자 몇 분 후에 의료진이 왔다. 보리스가 그녀를 발견한 것은 그녀가 죽고 꽤 시간이 흘렀을 때였다.

경찰이 도착해서 보리스에게 시체를 처리하는 데 방해가 되니 나가 있으라고 했다. 그들은 검시관이 오기를 기다렸다. 보리스는 거실에서 소리를 지르면서 흐느껴 울었다. 검시관이 도착해서 시체를 치우기 전에 보리스가 마지막으로 인사하는 것을 허락했다.

그는 말했다. "할 수 있는 한 그녀를 꼭 안고 울면서 용서해달라고 외쳤어요. 나와 결혼해달라고 했어요. 그녀를 정말로 사랑한다고 말했어요. 그들은 섀넌을 물건 취급하듯이 가지고 갔고, 나는 방에 멍하니 홀로 남았어요."

경찰이 본가에 와서 벨을 누를 때 캠은 혼자 있었다. "그들은 집에 누가 아픈 사람이 있냐고 물었어요. 나는 없다고 대답한 것 같아요. 그들은 '부모님이 어디 계시냐'라고 물었어요. '어머니는 학교에 계시고 아버지는 조부모님과 함께 해밀턴에 계시다'라고 대답했어요. 그들은 조부모님 주소를 달라고 했어요. '어머니가 귀가하시면 다시 오세요'라고 말했어요. 그들은 내게 무슨 일이 일어났는지 말해주려고 하지 않았어요. 잠시 외출하고 돌아오니 엄마가 경찰차에서 내리시는 거예요. 경찰들이 다시 왔어요. 이렇게 경찰들에게 외친 것 같아요. '하나님 맙소사! 뭔 일이에요?' 다시 엄마를 향해서 외쳤어요. 그들은 나를 집 안으로 데리고 갔어요. 엄마는 저를 보면서 말했어요. '섀넌을 잃었다.' 정말로 미칠 것 같았어요. 몸을 동그랗게 움츠린 채로 '아냐! 아냐! 그럴 리가 없어!'라고 소리 질렀어요. 제 마음을 헤아릴 수가 없었어요. 어떻게 이 사실을 받아들여야 할지. 믿고 싶지 않았어요. 섀넌은 내 가장 가까운 친구예요."

메건은 그날을 기억했다. "학교에서 수업 중이었어요. 교장 선생님이 교실로 와서 '사무실로 빨리 오세요. 누군가가 전화해서 선생님을 찾아요'라고 말씀하셨어요. 섀넌 이야기인 줄은 정말로 생각하지 못했어요. 섀넌과 2주 전에 같이 있었거든요. 우리는 프린스턴의 파머스퀘어에 가서 피자를 먹었어요. 할아버지나 할머니 부고 소식이 아닌가 했어요. 고모가 머뭇거리면서 '섀넌이 죽었어'라고 말씀하셨어요. 난 글자 그대로 온몸의 감각을 잃었어요. '뭐라고요?' 고모가 다시 말씀하셨어요. '섀넌은 더 이상 우리 곁에 없어.' 교장 선생님은 나보고 지금 떠나지 말라고 했어요. 사무실에 멍하니 앉아서 중얼거렸어요. '아냐, 아냐. 그럴 리가 없어. 내가 동생이랑 같이 있었는데? 섀넌은 괜찮았어. 모든 게 좋았어. 이런 일이 일어날 리가 없어.'"

　이틀 후에 보리스는 섀넌의 부모님께 전화해서 그녀의 반지 치수를 물었다. 그는 장례식장에서 섀넌에게 결혼반지를 끼워주고 싶었다. 메건은 섀넌이 보리스처럼 좋은 남자를 놓친 것에 분한 마음이 들어서 벽을 발로 찼다가 발가락이 부러졌다.

　섀넌을 치료하는 데 10만 달러가 들었고, 장례 비용으로 2만 6000달러가 들었다.

　밥은 말했다. "아이들이 매일 죽어가죠. 한두 명이 죽어간다는 게 아니라 미국 전역에서 아이들이 죽어간다는 말입니다. 그것을 매일 보는 부모는 지옥에서 사는 것 같습니다."

　보리스는 자신이 마약중독일 때, 헤로인이 그렇게 치명적이지 않았다고 말했다. "세 번 과다투입한 적이 있어요. ……정신을 잃고 쓰러져도 병원에 가면 살 수 있었어요. 지금은 과다투약의 원인이 펜타닐 진통제 때문인데, 훨씬 더 치명적이에요. 마약상들은 헤로인에 펜타닐을 넣어 헤로인을 더 강하게 만들어요. 그렇게 하려면 돈이 더 들죠. 그들은 무작위로 몇 개의 봉지에 펜타닐을 넣어요. 그 봉지는 더 관심을 받죠. 펜타닐이 어느 봉지에 들어 있는지 그냥 봐서는 몰라요. 중독자들은 보통 한 번에 열 봉지를 사요. 한 묶음bundle이라는 뜻으로 '번bun'이라고 불러요. 한 묶음의 가격은 40~90달러고요."

　칼리 글리슨Carly Gleason(20세인 그녀는 섀넌과 막역한 친구였고 헤로인 중독에서 회복 중이었다)이 말했다. "봉지에 펜타닐을 골고루 섞는 게 아니에요. 어떤 사람은 일부를 사용해보고 별문제가 생기지 않아, 그 봉지 안에 든 것을 한꺼번에 먹다 죽기도 해요."

　헤로인 사용자들은 그 안에 펜타닐이 들어있는지 아닌지를 금방 안다.

보리스는 말했다. "마약상들이 헤로인에 펜타닐을 넣는 이유가 사람들이 과다복용하기를 원하기 때문이에요. 그들은 마약 사용자들에게 자기 브랜드가 더 강력하다고 알리고 싶은 거죠. 일종의 마케팅 전략이에요. 그런 브랜드를 사용하다가 재수가 없는 사람은 죽기도 해요. 마약중독자들에게 이런 브랜드는 더 인기를 끌어요."

이렇게 살인을 초래하는 마케팅은 효과를 본다. 칼리는 헤로인을 끊었는데도 우리와 대화를 나누기 몇 주 동안 메스꺼움이 지속되었다면서 무의식적으로 보리스에게 섀넌이 사용했던 봉지를 보자고 요청했다.

칼리가 금방 정신을 차리면서 '무의식적으로 봉지를 보자고 했던 자신의 태도'를 다음과 같이 설명했다. "제가 방금 말한 게 중독자들이 보이는 반응이에요. 중독자들은 누가 과다 헤로인을 파는지 알아내려고 해요. 그들이 파는 봉지에 있는 것들이 정말로 기분을 좋게 만드니까요. '그래, 섀넌이 가졌던 것이 어떤 봉지였는지 그 브랜드를 사야겠다'라는 생각이 순간적으로 머리에 떠올라서 그렇게 말한 거예요."

보리스는 헤로인을 이미 변기에 흘려보냈다.

칼리는 말했다. "지난 몇 달 동안 주변 친구들이 계속 죽고 있어요. 스물네 명이 죽고 나서는 몇 번째 죽음인가를 세지 않아요."

미국 연방정부는 리처드 닉슨Richard Nixon 대통령이 마약과의 전쟁을 선포한 후 지금까지 1조 달러를 썼다. 비용과 결과를 비교할 때, 어느 모로 보아도 이것은 엄청난 실패작이다.[18] 연방정부는 법

집행과 사회복지 사업을 위해서 연간 360억 달러를 할당한다. 교도소 시스템을 운영하는 데 800억 달러를 지출한다. 죄수들 가운데 절반이 마약 관련 범죄로 투옥되는데, 이들에게 들어가는 돈이 연간 약 760억 달러에 이른다.[19] 마약과의 전쟁을 선포한 이후 수십 년이 지났는데도 50세 이하의 미국인 가운데 마약 과용으로 죽는 사람이 심장병, 암, 자살 혹은 교통사고로 죽는 사람보다 많다. 마약 과용으로 인한 사망자 수는 1999년 이후 네 배 증가했다.[20]

오늘날 마약과의 전쟁은 마약중독자와 마약상을 범죄자로 선언하고, 마약 제조, 판매 과정에 참여하는 제약회사와 의사에게 책임을 묻는 것이어야 한다. 마약중독 치료센터와 메타돈 약물치료 병원에서 경찰, 감옥에 이르기까지 마약으로 이익을 취하는 거대한 마약 산업은 국가와 중독자들과 그들의 가족에게서 엄청난 돈을 빨아들인다. 그러나 왜 많은 사람이, 특히 젊은이들이 목숨을 건 러시안룰렛에 빠지듯이 마약에 빠지는지 근본적 원인을 밝히는 데 관심이 없다. 기업 국가는 많은 사람, 특히 젊은이의 삶을 돌보지 않았다. 이들의 꿈은 좌절당했다. 이들이 가질 수 있는 직업이란 서비스업 내의 지루하고 시시한 저임금 직종뿐이다. 아동학대, 성적 학대, 가정 폭력을 당하거나 사회에서 소외당하거나 경제적 불안으로 생기는 감정적 상처가 있어도, 돈이 없어서 상담사나 치료 전문가들을 찾아갈 수 없다. 절망감, 스트레스, 좌절감, 자존감 상실, 언제 해고당할지 몰라서 늘 불안한 생활, 의료비를 포함한 채무의 압박, 이런 것들은 사회가 분열하고 원자화되어 진정한 인간관계나 공동체 생활이 어려워지거나 불가능해질 때 더욱 증가한다. 인간관계, 특히 사회 주변부로 낙오된 사람들에게 인간관계는 감정적, 심리적 행복에 결정적인 역할을 한다. 많은 사람들, 특히 젊은이들이 친구 관계를 유지하고, 사랑을 찾고, 희망을 품고, 감정적 도움을 받으려고 너무 많은 시간을 컴퓨터 스크린 앞에서 쓴다. 이런 인간관계를 전자 기기를 통해서 맺으려는 것은 헛된 노력이다. 그것은 인간의 소외, 외로움, 절망감을 악화시킬 뿐이고, 이런 감정들은 오피오이드와 같은 마약을 매력적으로 보이게 만들기 때문이다.

마크 루이스Marc Lewis는 가디언The Guardian에 다음과 같이 썼다. "당신은 이미 어머니 품속에 있을 때 당신의 뇌줄기를 통해서 오피오이드를 섭취한다. 모유에는 오피오이드가 풍부하게 들어 있다. 쥐에게 일정한 양 이상으로 오피오이드를 주사하면 활동량이 늘고 서로를 간지럽히는 행동을 보인다. 만일 쥐들을(따로따로 떼어놓아 쇠창살 우리 안에 넣은 경우보다) 모아놓고 자유롭게 활동하게 하면 그들은 우리에 걸어놓은 오피오이드가 담긴 병에 입을 대지 않는다. 이미 몸 자체에서 충분한 오피오이드를 공급받아 더 이상 필요하지 않기 때문이다."[21]

포르투갈은 헤로인과 코카인을 포함해서 마약 사용을 범죄 대상에서 제외했다. 그 나라는 그것을 하나의 유행병으로 본다. 즉 정신건강의 문제, 의료 차원의 문제로 취급한다. 포르투갈은 10만 명의 헤로인 중독자 숫자를 2만 5000명까지 줄였다. 포르투갈의 마약중독 사망률은 현재 유럽에서 가장 낮다. 그것은 현재 미국의 마약중독 사망률의 5분의 1에 해당한다. 니컬러스 크리스토프Nicholas Kristof가 뉴욕타임스의 〈어떻게 마약과의 전쟁에서 이겼나: 포르투갈은 마약중독을 범죄로 취급하지 않고 하나의 병으로 보았다How to Win a War on Drugs: Portugla treats addiction as a disease, not a crime〉라는 기고문에서 썼듯이, 만일 미국도 포르투갈처럼 마약 과다복용으로 인한 사망률을 줄일 수 있다면 "우리는 10분마다 한 사람의 생명을 구할 수 있다". 총기사고와 교통사고로 죽는 사망자 수와 거의 같은 수의 사람을 살릴 수 있다는 뜻이다.[22]

포르투갈의 의료 관리들이 종종 밴을 타고 이동하면서 메타돈을 배급하는데, 이것은 갱생 프로그램과 함께 모두 정부 기금으로 이루어지기 때문에 무료이다. 미국에서 마약중독 치료에 들어가는 비용이 어마어마한데, 이는 그나마 미국인의 10퍼센트에게만 해당하는 이야기이다. 비싼 비용이 드는 치료도 일시적이며 기간이 짧아 유명무실한 경우가 많다.[23] 포르투갈에서도 마약 거래는 여전히 범죄다. 그러나 소량의 마약을 사거나 소유하는 것은 형사 고발 대상이 아니라 벌금형에 그친다. 고발당한 사람은 만류위원회Dissuasion Commission의 출두 명령을 받는데, 이 위원회는 이들을 사회복지사와 연결한다. 또한 마약 사용을 범죄 대상에서 제외한 것이 전염병 감염률에도 큰 영향을 준다고 크리스토프는 썼다. "1999년 포르투갈은 유럽연합EU에서 마약과 관련한 에이즈 감염률이 가장 높았다. 하지만 마약 주사로 인한 인체 면역결핍 바이러스HIV 감염은 90퍼센트 이상으로 줄었고 포르투갈은 더 이상 에이즈 최고 감염국이 아니다."[24]

마약을 하는 사람들, 몽상의 지하 세계로 숨으려 하는 사람들은 현실의 고통, 절망, 혼란에서 벗어나려고 한다. 그들은 오피오이드에서 자기 긍정, 온정, 유대감을 얻는다. 그러나 이것은 가족, 친구, 인생의 목적과 인간의 존엄을 찾을 수 있는 공동체에서 찾아야 한다. 마약 사용을 범죄 대상에서 제외하는 것은 우리가 취해야 할 하나의 조치일 뿐 그것으로 모든 문제가 해결되는 것이 아니다. 기업 자본주의는 공동체적 삶과 인간의 신성불가침 요소들을 몰락

시켰다. 우리를 하나로 묶어 현세의 조건들을 연결하고, 그것을 초월하도록 도와주는 세력들을 무너뜨리고 있다. 우리는 공동체적 연대를 재건해야 한다. 그렇지 않으면 우리는 죽음이 생명보다 매력적인 세계로 빠져들 것이다.

3 장

노동

WORK

삶이 살만한 가치가 없다는 생각이 들면,
주변의 모든 것을 삶을 포기하는 핑곗거리로 만든다.
……국가가 집단적 슬픔에 빠지는 것은 먼저 개인의 슬픔이 있기 때문이다.
……개인은 사회적 삶과 깊이 연관되기 때문에 개인들이 아프지 않은데
사회가 아플 수 없다. 사회의 고통은 필연적으로 개인의 고통을 수반한다.

—에밀 뒤르켐,《자살론On Suicide》[1]

데일 구스타프슨Dale Gustafson은 2015년 5월 4일에 권총으로 자살했다. 향년 61세였다. 그는 일리노이주 록퍼드 지역에서 35년 이상 가옥 도장업을 했다.

그의 여동생 로리Lori는 1950년대와 60년대에 록퍼드에서 오빠와 보낸 시절을 회고했다. "오빠는 사람들을 불러모아 스포츠 게임하는 것을 좋아했어요. 야구 게임요. 우리는 성 짓기 놀이도 했어요. 오빠는 마음이 착해서 모든 사람이 같이 즐기기를 원했어요. 장애인도 게임에 참여하게 하는 것은 오빠나 하는 생각이었지 보통 사람들은 그렇게 생각하지 않았던 시절이에요. 이웃에 팔이 잘린 장애아가 있었어요. 오빠는 꼭 그 애를 게임에 끼워 넣었죠. 오빠는 그런 사람이었어요."

남매의 아버지는 나사, 취사도구, 도시락 바구니를 만드는 공장의 외판원이었다. 그는 데일이 16세가 된 1970년에 심장마비로 죽었다. 남매의 어머니는 가구점의 재봉사로 일했다.

데일은 오리건주에 있는 대학에 가서 원예학을 공부했는데 졸업하지 못했다. 그는 1980년에 록퍼드로 다시 돌아왔고 가옥 페인트공으로 일했다. 1981년에 결혼하고 딸 둘을 낳고 방갈로를 샀다.

이때 록퍼드 지역경제가 급격히 무너지기 시작했다. 동생 로리는 1980년대 말에 나일린트 완구회사Nylint Toy Corporation의 디자이너로 일했다. 금속으로 된 장난감 트럭, 장난감 자동차, 장난감 중장비차를 만드는 회사였다. 회사는 점점 더 많은 일을 중국으로 내보냈다. 로리는 곧 직장을 잃었다. 1970년대에 최고 약 400명이었던 직원의 수가 2001년 1월에 회사가 파산 신청을 할 때는 약 80명으로 줄었다.[2]

로리와 그녀의 남편은 아파트를 사려고 은행 융자를 냈다.

"우리는 건물을 아주 싸게 사서 개조하고 다시 2차 담보 설정을 했어요. 이럴 때 은행은 건물 가치에 비례해서 담보를 재설정하고 대출해주는 게 상식이죠. 그런데 은행에서 '그냥 필요한 금액만 이야기하세요' 하는 거예요. 건물의 가치가 얼마인지는 상관이 없다는 겁니다. 설정 금액이 건물값을 훨씬 넘는 금액이었어요. 전혀 신경 쓰지 않더라고요. 은행은 어떤 것이든 담보물로 잡았어요."

로리 부부는 욕조가 딸린 아파트를 400달러에 월세를 놓았다. 아파트 전체에 27개 방이 있었다.

"세입자들 가운데 육체노동자들이 많았어요. 그들은 일자리를 잃었고 다른 일자리를 구하려고 노력했어요. 우리도 같이 노력했죠. 언제 그들이 다시 일자리를 찾을 수 있을지는 알 수 없지만요. 공장이 문을 닫을 때마다 한번에 여러 세입자가 집세를 낼 수 없어 떠나야 했어요."

그녀와 남편은 세입자들과 협상해서 집세를 분납할 수 있게 해주었다.

"집세를 점점 밀리기 시작했어요. 3~4개월씩 밀린 세입자들은 결국 내보냈죠. 그들도 더 이상 세를 제대로 낼 수 없다는 것을 알고 있었어요. 어떤 때는 그들이 알아서 먼저 나가기도 했어요."

그녀는 계속해서 말했다. "세를 내주기 전에 지원자들의 신용 거래 기록, 범죄 기록을 조사했어요. 그렇게 하니까 세를 내줄 수 있는 사람들이 별로 없었어요. 그중에서 가장 낫겠다는 사람들에게 세를 내주었죠. 나중에는 마약상이나 매춘부들에게도 세를 내주었어요. 그들 중 어떤 이들은 건물에 많은 손상을 입히기도 했어요. 마침내 임대업을 포기하기로 했고 퇴거해야 할 세입자가 몇 명 있었어요. 세입자 퇴거 법정으로 갔더니 사람들이 엄청 많았어요. 집주인들은 '세입자들이 카펫을 망가뜨렸고, 이런 것도 망가뜨렸습니다. 이게 손해를 본 전액입니다'라고 말합니다. 그렇지만 손해 보상비를 다 받는 집주인은 없어요. 나는 법정에서 이렇게 말했어요. '난 집만 돌려받으면 돼요. 손해보상비는 안 받아도 돼요. 어차피 받지 못할 거 아는데요. 방을 망가뜨리지 않고 방 열쇠만 돌려주면 돼요.' 우리는 동물 똥과 오줌으로 얼룩진 아파트를 청소하기 위해서 강력 세척기를 사용했어요."

그들은 2008년 금융위기 전에 아파트를 팔았다.

로리는 오빠에 대해 말했다. "오빠는 검소했어요. 굿윌Goodwill에서만 장을 보았어요. 그가 사람들에게 주는 크리스마스 선물은 가게에서 산 게 아니었어요. 직접 나무로 동물을 만들어 페인트를 칠하고 바닥에 재미난 이름을 붙여서 선물했어요. 그는 새를 위해서 새집을 만들고 자녀와 조카딸을 위해서 인형집을 만들었어요."

데일과 가장 친했던 친구 밥 바커Bob Barker가 거들었다. "그 친구는 골프채, 수도꼭지, 목욕통 등 뭐든지 페인트칠을 했어요. 심지어 차고 진입로도 페인트칠을 했으니까요."

바커는 계속해서 말했다. "내 딸은 축구를 했는데 그 친구가 코치였죠. 딸이 다른 팀으로 갔는데 다시 데일과 있고 싶다고 해서 그의 팀으로 합류했어요. 그는 아이들을 좋아했어요. 운동장 연습 중에는 직접 아이들과 같이 뛰어다녔어요."

데일은 발달장애인을 고용하고 추수감사절이면 그의 집으로 이들을 초대했다.

"그는 항상 다른 사람들을 격려했어요"라고 로리가 말했다.

그는 캐스케이드산맥을 등산했고 마라톤을 했다. 비르켄 크로스컨트리 스키 대회에 참가했고, 카약 보트 경기에 출전했다.

데일의 10년지기 이웃이자 친구였던 아트 위스Art Wiss가 말했다. "데일은 1주일에 6일을 일했어요. 부업으로 잔디 깎기, 조경, 덤불 치기를 했어요. 일요일에는 조경하면서 시간을 보냈죠."

데일은 열심히 번 돈으로 주택 융자금을 상환할 수 있었고 은퇴를 준비하기 위해서 개인연금 적금도 몇 개 부었다. 그러다가 데일과 아내는 적금을 미리 빼서 쓰기 시작했고, 적금이 바닥나자 벌금을 물어야 했다. 데일은 아내와 이혼했다. 이혼소송 비용으로 5만 달러가 들었고 그는 무일푼 신세가 되었다. 집을 다시 저당 잡을 수밖에 없었고, 4만 5000달러를 융자했다. 그때 집의 시세는 9만 달러였다. 그는 어린 딸이 있었다. 큰딸은 출가한 상태였다. 그는 천천히 재저당 융자금을 갚아나갔다.

그는 주 정부에서 근무하는 사라Sarah를 만났다. 사랑에 빠진 그들은 혼인신고를 했다. 사라에게 의료보험이 있어서 데일이 오랫동안 미뤘던 무릎 수술을 했다.

데일은 계속 열심히 일했고 두번째로 집값을 다 상환했다. 그런데 사라의 신용카드 부채가 3만 달러에 이르렀고 그녀의 학자금 대출금은 적지 않은 금액이었다.

데일은 다시 집을 저당 잡고 융자를 내서 아내의 빚을 청산했다. 2008년에 집값이 폭락했을 때 그의 집 시가는 융자금 이하로 떨어졌다. 록퍼드는 2013년에 미국 전역에서 집 시가 대비 대출 원금 비율이 가장 높았던 지역이었다.[3]

데일과 사라는 헤어졌다. 그는 빚에서 벗어날 수 없다는 것을 알았다. 아무리 일해도 주택 융자금을 갚을 수 없었다. 무릎에 다시 문제가 생겼다. 고통스러웠고, 페인트공 일을 하기 어려웠다. 사회보장연금에 넣은 돈도 얼마 남지 않았다.

그는 엎친 데 덮친 격으로 교통사고까지 당했다.

데일은 구급차 사용료를 물고 800달러의 병원비를 내야 했다. 어머니는 치매에 걸렸다. 데일은 동생 로리와 함께 교대로 그녀를 돌보았다. 그는 세상이 자신을 궁지로 몰아넣는다고 느꼈다.

로리는 말했다. "내가 오빠를 마지막으로 본 날, 오빠는 집안일 이것저것을 이야기했어요. 우리는 별로 가깝지 않은 여동생이 있어요. ……오빠가 그 동생이 그전에 자기에게 했던 말을 기억하면서 '오빠는 우리 집에서 유일하게 대학을 못 나오고 유럽도 가보지 못한 사람이야'라고 했어요. 동생의 말이 오빠 마음을 몹시 상하게 했어요."

며칠 동안 로리는 오빠와 연락을 주고받지 못했다. 오빠의 안부가 궁금해서 집에 갔을 때 오빠는 죽어 있었다. 그는 지난 6개월 동안 자살 충동 속에서 살았다는 쪽지를 남겼다. 그는 켈시와 메건

두 딸을 사랑한다는 말을 남겼다. 누군가 자기가 키우던 개 버디를 돌봐달라고 부탁했다.

로리는 오빠와 이야기하려고 영매를 만나기 시작했다.

그녀는 말했다. "이렇게 하면 오빠가 완전히 가버렸다는 생각이 들지 않아요. 오빠와 대화하지 않고 어떻게 살아야 할지 모르겠어요."

2016년 록퍼드에서 백인 남성이 평균적으로 10일마다 1명씩 자살했다.[4]

미국 자살학회 자료에 의하면 매일 121명의 미국인이 자살한다.[5] 압도적으로 남성이 많은데(121명 중 93명), 그 남성 10명 중 7명은 45~65세의 백인이다.[6] 매년 약 4만 4193명의 미국인이 자살하고,[7] 110만 명의 미국인이 자살 미수에 그친다.[8]

프린스턴대학의 경제학자 앤 케이스Anne Case와 앵거스 디턴Angus Deaton은 백인들의 높은 자살률은 '누적된 불이익cumulative disadvantage' 때문인데 이는 실직, 불안한 취업, 결혼 실패, 사회적 응집력의 상실, 건강 악화를 모두 합한 상태를 말한다. 두 학자에 의하면 "한창 경기가 좋았던 1970년대 이후에 일어난 고졸 출신의 백인 노동자층의 붕괴는" 쉽게 치명적인 절망감을 조장하는 여러 "사회 병리 현상"을 낳았다.[9]

"이러한 사회적 영향력이 서서히 작동하고 누적되면 질병과 사망률이 증가하는데, 특히 절망감에서 오는 자살이 증가한다." 두 학자는 이어서 다음과 같이 설명했다.

개인을 지지해주는 전통적 사회경제 구조는 서서히 약화되었다.

사람들이 더 이상 아버지나 할아버지를 따라 제조업체에 취업하거나, 노조에 가입하거나, 노조의 임금체계에서 시작하지 않는다. 친밀한 동반자 관계를 형성하고 자식을 키우는 것은 결혼을 통해서만 가능하다는 사회적 통념은 이미 깨졌다. 사람들은 조상 때부터 내려온 종교나 그들의 부모나 조부모가 다니던 교회를 떠나서 독자적 정체성을 추구하는 것을 강조하는 교회로 옮기거나 사회적 연줄이나 경제적 성공에 도움을 주는 교회로 갔다(우스노우Wuthnow, 1988). 이러한 변화들로 사람들은 직업, 종교, 가족생활을 결정할 때 전통의 틀에서 벗어난 선택을 하는 경우가 많아졌다. 이런 선택에 성공할 때 사람들은 자유로움을 느끼지만, 실패한 사람들은 그것이 순전히 자신의 책임이라고 느낄 수 있다. 최악의 경우, 뒤르켐의 말대로 자살을 선택한다. 그 이유는 처음에 가졌던 기대를 충족시키지 못했다는 데, 더 근본적으로는 인생에 의미를 주는 사회적 지지 구조를 상실한 데 있다.[10]

뒤르켐은《자살론》에서 다음과 같이 썼다.

사람들이 때때로, 인간은 본성상 자신보다 큰 존재나 자기보다 더 오래 사는 존재에 연결되어 있어야만 생존할 수 있으며, 이러한 필연적 추구는 아마도 자신의 존재가 영원히 사라지고 싶지 않은 인간의 공통적 욕구에 기인한다고 말한다. 우리는 어떤 목적을 볼 수 있을 때, 목표를 가질 때, 그 목표가 추구할만한 가치가 있을 때 인생이 살만한 것이라고 말한다. 그러나 개인 자체가 자신의 목적이기에는 충분하지 않다. 개인은 너무 작은 존재이다. 개인은 공간적, 시간적으로 매우 제한된 존재이다. 우리는 우리 자신 외에 어떤 다른 목표를 가지고 있지 않으면 모든 노력이 무無로 끝난다는 감정을 떨쳐버릴 수 없다. 무란 우리가 돌아갈 수밖에 없는 곳이기 때문이다. 우리는 우리가 완전히 소멸한다는 생각을 받아들일 수가 없다. 그 상태에서는 우리는 살아갈 기력, 행동하고 분투하고 노력하며 살 힘을 잃는다. 우리가 겪어야 할 삶의 고통 외에 남는 것이 아무것도 없기 때문이다. 한마디로 이기주의는 인간 본성과 모순되고 너무 불안한 것이어서 인간은 계속 그런 상태로 버틸 수가 없다.[11]

인디애나주의 수도 인디애나폴리스에서 50마일 떨어져 있고, 록퍼드에서 네 시간 걸리는 앤더슨에는 GM 공장이 있었다. 한때 2만 5000명의 노동자가 여기에서 일했다.[12] 50년 전에는 시의 주민 3명 중 1명이 GM에서 일했다. 교대근무 시간이 같으면 공장에 출근하는 사람과 퇴근하는 사람들이 한꺼번에 시내에 몰려들어 교통이 혼잡했기에 시차를 두고 교대근무제를 시행해야 했다.[13] NAFTA을 맺은 후 GM은 미국의 공장을 닫고 대부분의 생산 시설을 멕시코로 옮겼다. 그리고 2006년에는 완전히 국외로 나가버렸다.[14]

앤더슨도 록퍼드와 마찬가지로 죽음의 소용돌이에 빠졌다. 인구는 7만 800명에서 5만 5000명으로 줄었다.[15] 학교, 교회, 슈퍼마켓, 식당, 세탁소, 가구점은 문을 닫고 문과 창문을 판자로 막아 완전히 폐쇄했다. 앤더슨 일부 지역은 유령 마을이 되었다. 경제적, 물질적 쇠망과 함께 뒤르켐이 말하는 아노미와 심한 향수병이 찾아왔다. 과거로 돌아가 마술처럼 도시가 완전히 다시 살아날 것이라는 꿈, 희망을 다시 찾을 수 있다는 꿈, 이런 향수병에 빠졌다.

1981년에 교황 요한 2세는 '노동을 통하여Laborem exercens'라는 회칙을 발표했다. 교황은 자본주의의 근본 이념, 즉 노동이 단순히 일을 한 대가로 돈을 교환하는 것이라는 생각을 공격했다. 교황은 노동이 인간의 상품화로 환원될 수 없다고 썼다. 노동자는 비인격적 도구가 아니다. 노동자는 무생물이 아니다. 노동자는 임금과 이윤, 그 이상의 무엇이다. 노동은 인간의 존엄과 자기실현을 위한 본질적 요소이다. 노동은 목적의식, 권한, 정체성을 부여한다. 노동자는 노동을 통해서 사회와 결합하고 사회적 조화와 화합에 기여한다.

교황은 실업, 불완전 고용, 충분하지 못한 임금, 자동화, 직업 안정성의 결여가 인간 존엄을 침해한다고 혹평했다. 그는 이런 조건들은 자존감, 인격적 만족감, 책임감, 창조성을 파괴하는 세력이라고 했다. 기계를 찬양하는 것은 인간을 노예 상태로 환원하는 것이라고 경고했다. 그는 완전 고용과 가족의 생계를 충분히 유지할 수 있는 최저임금을 요구했다. 아이를 키우는 전업주부들과 장애인들은 최저 생활임금을 받아야 한다고 주장했다. 그는 보편적 건강보험, 연금, 상해보험, 건강한 가족을 만들기 위한 자유시간과 휴가를 허용하는 근무시간을 옹호했다. 그는 모든 직업은 노동쟁의권을 가진 노조가 대표해야 한다고 했다.

이 모든 노고에도 (아마도 어떤 의미에서는 바로 그런 노고 때문에) 노동은 인간에게 좋은 것이다. 성 토마스Saint Thomas가 쓴 노동bonum arduum이란 용어는 '어렵지만 좋은'이라는 내용을 담고 있지만, 노동 그 자체가 인간에게 좋은 것이라는 사실을 약화하지 않는다. 노동은 그것이 유용하고 즐길 수 있다는 의미에서 좋은 것일 뿐 아니라 가치 있는 일이기에 좋은 것이다. 즉 노동은 인간의 존엄

과 일치하고, 존엄을 표현하고 증가시킨다.[16]

교황은 지적한다. "노동은 가족생활의 기초를 구성한다. 이는 하나의 자연권이며 인간의 소명이다."[17]

그는 노동과 근면은 가족의 전 교육과정에 영향을 준다고 했다. 모두가 무엇보다 노동을 통해서 인간이 되고, 인간됨은 전 교육과정의 주요 목적이라는 것은 틀림없는 사실이다.

데니 체이서Denny Chaser는 GM에서 42년을 일했다. 그는 한때 조합원이 1만 4700명에 달했던 미국 자동차노동조합United Automobile Workers(UAW) 662 지부의 조합원이었다. 그와 나는 차를 몰고 앤더슨 거리를 지나고 있었다. 우리는 길가에 주차했다. 그는 철조망 넘어 20호 GM 공장이었던 거대한 박스 모양의 흰 건물을 보았다. 그 공장은 현재 중국 타이어회사인 수통Sutong의 창고로 40명의 노동자를 고용하고 있다.

나는 그에게 일했던 옛날 공장을 바라보는 기분이 어떠냐고 물었다.

"기분이 좋지 않습니다. 이 공장 옆을 지나가면 억장이 무너지는 것 같아 주저앉고 싶어요. 공장을 그만둔 지 11년이 지났는데도요."

GM이 그곳을 떠날 때 운송회사, 수리 공장 등 많은 하청회사가 폐업했다. GM 연금을 충분히 받은 운 좋은 사람들은 앤더슨에서 몇 안 되는 가처분소득이 있는 이들이다.

데니는 굵고 쉰 목소리로 말했다. "다음 세대는 세상 살기가 쉽지 않을 거예요. 시급 9~10달러, 많으면 12달러를 받고 가족을 꾸릴 수 있겠어요? 어떻게 저축을 생각할 수 있겠어요?"

데니는 열네 살에 처음으로 노조에 가입했다.

그는 회상했다. "1950년대 말에 우리가 처음 서명했던 날, 시급 90센트가 1달러 25센트로 뛰었어요. 그 35센트가 오늘의 나를 만들었죠. 지금도 여전히 노조 일을 하고 있습니다."

그는 말했다. "만일 당신이 정말로 노동조합주의를 이해한다면, 당신은 사회주의자입니다. 우리는 힘없는 사람들을 위해서 일하니까요. 공정한 대표, 반차별주의, 임금, 수당을 위해서 일하죠. 이 모든 것은 손에 손을 맞잡고 일할 때 얻어지는 것입니다. 숫자에서 힘이 나옵니다."

그는 이어서 말했다. "내가 고용되었을 때, 한 작업라인에 117명이 있었어요. 우리는 교류발전기를 5초마다 한 대씩 만들었어요. 117명이 있는 라인이 네 개였죠. 직장생활 후반에 그쪽의 작업권이 생겼죠. 회사는 로봇으로 자동화하기 시작했어요. 내가 작업라인에서 하는 일이란 13대의 로봇을 돌보는 일이었죠. 나 말고는 사람이 아무도 없었어요. 그런데 로봇이 자동차를 사는 것은 아니잖아요."

우리는 차 안으로 다시 돌아왔다. 마그네퀜치Magnequench라는 또 다른 공장을 지나쳤다. 그 공장은 소결자석을 생산하는 GM의 자회사였다.

제프리 세인트 클레어Jeffrey St. Clair는 《절도범 펜타곤Grand Theft Pentagon》[18]에서 이 공장을 언급했다.

소결자석은 희토류 광물질을 미세한 가루로 분쇄해서 만든다. 이 자석은 전자제품, 특히 항공산업의 기초성분이다. 회사의 가장 큰 고객이 펜타곤이었다. 펜타곤은 크루즈 미사일과 합동 정밀 직격 폭탄Joint Direct Attack Munition(JDAM)에 달린 유도장치에 이 자석을 이용한다. 마그네퀜치는 펜타곤이 사들이는 자석의 85퍼센트를 생산했다. 2004년 중국에 기계류를 수송하던 중국인들이 이 공장을 인수했다.

중국인들이 그 회사를 인수한 이유는 소결자석을 확보하는 데 있었다. 소결자석은 장거리 미사일을 만들고, 핵탄두에 필요한 응축 우라늄을 촉진시키는 그 회사의 컴퓨터들을 만드는 데 필수적이었다. 그리고 나자 450명의 노동자가 일자리를 잃었다. 세계에서 유일한 희토류 광산이 중국 바오터우에 있다. 중국은 소결자석 생산에 필요한 기술과 희토류 광물질을 모두 가지고 있다. 세인트 클레어가 언급한 대로, 마그네퀜치 매도를 미국의 첨단 기술과 방위 산업을 외국에 파는 것을 통제하는 외국 투자 위원회가 막았어야 했다.[19]

체이서와 나는 차를 몰고 가면서 혼다Honda 대리점과 주유소를 지나쳤다. 이곳은 예전에 홀리데이인Holiday Inn과 쉐라톤 호텔Sheraton이 있던 자리다. 우리는 케이마트Kmart도 지나갔다. 케이마트는 앤더슨에 세 곳 있었지만 문을 닫은 지 20년이다. 한때 거대한 주차장이었던 아스팔트 공터에 잡초가 무성했고, 차가 한 대 있었다. 우리는 폐업한 주유소와 총과 탄약을 파는 가게를 지나갔다.

체이서가 비꼬는 투로 말했다. "총과 탄약이 꼭 필요합니다. 이곳에서 직장이 없어지기 시작할 때, 제일 먼저 없어진 것 가운데 하나가 학교였어요. 학교는 재산세로 운영하는데, 실직 때문에 재산세를 낼 사람들이 많지 않으니까요."

버려진 집 몇 채를 지나쳤다. 잡초가 무성했고 창문은 합판으로 못질해놓았다. 벽은 낙서투성이고, 페인트는 벗겨지거나 조각

조각 떨어져나갔다.

"식료품점도 문을 닫았죠. 흑인들이 사는 웨스트사이드 지역에 한 개가 있어요. 이 지역에서 한두 곳이 문을 닫았어요. 흑인들이 모여 사는 다른 큰 지역들이 몇 군데 있는데, 거기에는 식료품점이 없어요. 물론 가게가 전혀 없는 것은 아니고 편의점이 다섯 개 있어요. 그런데 1주일 치 먹을거리를 한번에 살 식료품점이 없어요.

우리는 버려진 연립주택이 늘어선 거리에 차를 멈췄다.

그는 버려진 집을 보고 말했다. "사람들이 이런 집들을 드럭 하우스drug house로 만들고 있어요. 마약과 진통제 같은 걸 만들면서요."

그는 합판으로 쳐놓은 집을 가리키면서 말했다. "여기 이 모퉁이 위쪽으로 티브이 가게가 있었어요. 이제 티브이 수리공은 필요 없잖아요. 티브이가 망가지면 고치지 않고 새것으로 바꾸니까요."

그는 거리 모퉁이에 의지할 데 없는 늙은 사람들을 가리키면서 "노숙자들이에요"라고 말했다.

우리는 폐업한 세탁소를 지나갔다.

"이 도시도 한때는 잘 나갔어요. 주민들도 많았고, 학군도 좋았고, 병원도 있고, 노조도 있었죠."

우리는 마시Marsh 슈퍼마켓 체인점을 지나갔다. 창문에 열흘 후에 문을 닫는다는 빨간 표지가 보였다. 모퉁이에 있는 교회 잔디밭에는 '판매 중'이라는 표시판이 있었다. 그곳에서 멀지 않은 곳에 공립학교가 있었는데 역시 판자로 문을 막아놓았다.

그는 낡은 공장 건물을 가리키면서 말했다. "이곳에 가이드 램프Guide Lamp 공장의 노조회관이 있었어요. 1930년대 연좌농성을 시작했던 지역 중의 하나였어요."

앤더슨의 GM 가이드 램프 공장에서 일하던 노동자들 1만 1500명이 1936년에 미시간주 플린트에서 열린 GM 연좌농성에 참여했다. 이들은 너무 힘든 노동조건, 평균 이하의 임금, 직원이 나가면 새로 충원하지 않고 다른 노동자들이 일을 대신하는 작업 시간표, 40세가 되면 해고하는 회사 정책에 저항했다.[20] 대부분의 GM 노동자들은 난방이나 수도 시설이 부족한 오두막이나 판잣집에서 살았다.[21]

미국 자동차노동조합UAW은 1936년 5~6월에 일어난 프랑스의 연좌 파업에 고무되어 GM 측에 노조를 인정하고, 최저임금제에 동의하고, 노동자들의 불만을 해소하는 제도를 만들고, 생산 설비에서 일어나는 사고를 줄이기 위한 안전장치와 제도를 개선할 것을 요구했다.[22] 파업은 44일 동안 지속되었다.[23]

GM은 공장에서 노동자들을 퇴거시킬 수 있는 법원 명령장을 발부받았다.[24] 1937년 1월 11일에 플린트 지역은 온도가 영하 9도로 떨어졌다. 이유 없이 난방 시스템이 멈췄다.[25] 100여 명의 노동자들이 얼어붙은 공장 안에서 몸을 웅크린 채 한데 있었다. 22명의 경찰관이 곤봉으로 무장한 채 공장에 도착했다. 그들은 파업 중인 노동자에게 들어가는 식량 공급을 끊었다.[26] 몸싸움이 일어나서 16명의 노동자와 11명의 경찰관이 다쳤다. 경찰은 최루탄을 노동자를 향해 던졌다. 한 경감은 이중 문 위에 있는 유리창을 깨고 공장 안으로 최루탄을 두 번 쏘았다.[27]

이런 경찰의 습격에 UAW는 2월에 연좌파업을 플린트 쉐보레 제4엔진공장까지 확대했다. 그곳은 쉐보레 자동차 엔진을 생산하는 유일한 곳이었다.[28] 노동자들이 쉐보레 제4엔진공장을 인수하자 GM의 월간 차 생산량이 5만 대에서 125대로 줄어들었다.[29]

GM은 1937년 2월 11일 처음으로 노조 협정에 서명했다. GM은 노조의 단체교섭권을 인정하고 파업 참가자도 고용인으로 인정했다. 회사는 보복하지 않기로 약속하고 노동자들의 임금을 5퍼센트 인상했다. 점심시간에 서로 대화 나누는 것을 허용했다.[30]

플린트에서의 파업이 성공하자 미국 전역에 연좌 파업이 퍼져나갔다. 디트로이트에서만 87건의 연좌파업이 일어났다.[31] 뉴잉글랜드에는 9000명의 신발 제조업 노동자들이 작업을 중단했다.[32] 식당 웨이터들, 의류공장 노동자들, 부두 노동자들, 노조 활동을 전혀 경험해보지 않은 노동자들이 뭉치기 시작했다.[33] 세계에서 제일 큰 제철소인 US스틸United States Steel은 파업 없이, 산업별조합회의Committee for Industrial Organization(CIO)가 지원하는 철강노동자조직위원회Steel Workers' Organizing Committee와의 협정에 사인했다.[34]

1936~1937년에 걸쳐 일어난 GM 연좌파업은 20세기 미국의 가장 중요한 노동쟁의였다. UAW는 미국에서 가장 강력한 회사 중 하나인 GM과 싸워 승리했다. UAW 회원은 1년 사이에 3만 명에서 50만 명으로 증가했다.[35] 자동차공장 노동자들의 임금이 300퍼센트 올랐다. UAW는 4000개의 자동차회사와 자동차 부품사들과 협정을 맺었다.[36] 패커드Packard 자동차, 굿이어Goodyear 타이어, 굿리치Goodrich가 즉각적으로 임금 인상을 발표했다.[37]

노조의 강한 영향력은 지금은 먼 옛날의 추억거리일 뿐이다.

데니는 기독교 학교 주차장에 주차했다. "이곳은 제662 지역 노조가 있던 곳이에요. 넓이가 22에이커였어요. 노조원이 1만 4700명이었을 때 여기는 우리 소유였죠. 조경에 쓰인 철도 침목들을 보세요. 난 저것을 노조에 팔았어요. 나는 한때 건물 바깥쪽 조경을 했어요. 노동절 때 이곳으로 소풍을 왔죠. 내가 기획하고 이끌었죠.

한번에 1만 개가 넘는 핫도그를 구입했는데 양이 모자라 오후 4시에 다시 1000개를 사야 했어요."

GM은 GM 소유의 건물을 대부분 부쉈다.

데니는 파괴 현장을 기억하면서 말했다. "속이 뒤틀리는 아픔이었어요. 우리가 만들어낸 것을 전 세계인들이 사용했잖아요. 당신이 생각할 수 있는 그 이상이었어요. 만일 당신이 30년 이상을 한곳에서 일했다면 그곳에 진심 어린 애정을 갖지 않을 수 없을 겁니다."

나는 그다지 사람이 많지 않은 취업설명회에 갔다. 그곳은 앤더슨에 있는 흑인교회인 매디슨 파크 하나님의교회Madison Park Church of God였다. 아마존, 민영 교도소 하청업자, 운송회사를 포함한 몇 개의 회사들이 테이블을 펼쳐놓았다.

한 젊은이가 광고 쪽지 몇 장을 쥔 채 테이블을 멍하니 보고 있었다. 청년의 이름은 마이클 힐Michael Hill, 나이는 34세, 실직 중이었다. 그는 소매가 없는 하얀 티셔츠를 입었다. 턱에는 성긴 염소수염이 있었다. 팔의 문신은 아버지의 문신과 똑같았다. 그의 아버지는 배관공이었고 마이클이 열네 살 때 심장마비로 돌아가셨다. 마이클은 인디애나주 먼시에서 장애가 있는 아내, 여섯 명의 아이와 함께 살았다. 그가 마지막으로 다녔던 직장은 유리섬유로 풀장을 만드는 서스데이 풀스Thursday Pools였다. 그는 두 달 반 전에 해고당했다. 그곳의 근무 기간이 실업수당을 받기에는 부족했다. 그는 서스데이 풀스에 근무하기 전에 혼자서 주택 리모델링 일을 했고, 풀장 회사와 리모델링 일에서 시간당 10달러를 벌었다. 그는 열여섯에 고등학교를 중퇴했고, 2016년 대통령 선거에서는 투표할 가치가 전혀 없다고 생각해서 투표하지 않았다.

그는 피곤하다는 듯이 이야기했다. "청구서 쌓여가는 속도가 지불하는 속도보다 빨랐어요. 금융위기로 경제가 무너지고 사람들은 푼돈이라도 벌려고 열심히 일해요. 정말 고된 인생이죠. 애들을 굶길 수는 없어요. 스트레스 쌓이고 때로는 울적해요. 나와 함께 자랐던 많은 사람이 다른 길을 택하고 있어요. 많은 사람이 감옥을 택했어요. 많은 사람이 마약에 깊이 빠지고 각성제 메타돈과 코카인을 해요."

마이클은 해고당한 후에 고정적 일자리가 없어서 직장을 계속 옮겨 다니고 있다.

그는 말했다. "자영업을 오래 해서 맥도날드에서 일하기에 자격 조건이 안 된다고 하네요. 지난달에는 세 개의 일을 했어요. 한 집의 아래층에 건식 벽돌 미장을 했고, 마루를 깔아주었고, 또 다른 집에서는 목욕통 배관을 바꿨어요."

그는 지난달에 450달러를 벌었다.

그는 아이들을 이야기했다. "애들이 아버크롬비Abercrombie 옷을 입고 싶어해요. 애들은 이것저것 원하는 게 많죠. 당장은 그런 걸 사줄 수 없어서 마음이 안타까워요."

주디 스트리터Judy Streeter는 앤더슨에서 자랐는데, 지금은 인디애나 흑인 엑스포Indiana Black Expo 앤더슨 지부 회장이다. 그녀는 이 취업설명회를 조직하는 데 도움을 주었다. 앤더슨 인구의 약 15퍼센트가 아프리카계 미국인이다. 대부분이 앤더슨 서쪽 지역에 살고 있다.

그녀는 안타까운 마음으로 이야기했다. "하나뿐이었던 슈퍼마켓이 문을 닫았어요. 염가판매점dollar store이 들어올 것 같아요. 웨스

트사이드에는 제대로 된 사업체랄 게 없어요. 식당이 타코벨Taco Bell
과 웬디스Wendy's, 두 개밖에 없어요."

주디는 자신이 소녀 시절에 알던 앤더슨을 이야기했다. "그랜
츠Grants 잡화점이 있었어요. 그때는 일하고 싶으면 오라는 데가 많
았어요. 자동차 관련 가게들이 많았어요. GM이 문을 닫자 모든 사
업이 무너지기 시작했어요. 이제 젊은이들이 갈 곳이 없어요. 희망
도 없고요. 뭘 해보겠다는 의욕도 없어요."

경기침체는 특히 아프리카계 미국인들에게 가혹했다.

그녀는 말했다. "젊은 흑인은 백인이 하는 일을 하려면 배로
열심히 일해야 합니다."

"마약 때문에 아들을 잃었어요. 다른 소년에게 살해당했어요.
다른 아들은 투옥되었고요. 우리 가족은 화목했어요. 가정교육에
신경을 썼고요. 마약은 생각할 수도 없는 분위기에서 자랐어요. 아
이가 바깥에서 지내며 몇 번 선택을 잘못한 거예요. 지금 우리의
자녀들이 잘못된 선택을 하고 있어요. 그리고 동시에 희망이 전혀
없어요. 아이들은 반드시 해야 하는 일을 왜 해야 하는지 몰라요.
동기가 없어요. 동기 부여가 왜 그렇게 안 될까요? 나는 거기에 답
할 자신이 없어요. 출소한 아들은 전문대학에 다니며 2년을 보냈
는데도 여전히 사회생활을 하기 어렵죠."

그녀의 아들은 출소 후에 안정적인 직장을 찾을 수 없었다.

"우리가 아이들을 감옥에 가둘 때 그 아이들이 갱생할 수 있도
록 도와야 해요. 그 아이들이 어떻게 자기 직업을 가질 수 있고, 다
른 일들은 어떻게 하는가를 배울 수 있도록 도와야 합니다. ……대
법원 판사인 아저씨가 한 분 계세요. 그분은 청소년이 출소해서 취
업지원서를 쓸 때, 투옥 경력을 써야 한다고 말씀하셨어요. 그러면

아이들이 취업을 못 하죠. 우리가 그런 장애물을 치우지 않는 한 아이들이 그것을 넘어설 수 없습니다. 우리는 실상 그 아이들을 전혀 돕고 있지 않은 거예요. 오히려 그 아이들에게 해를 입히고 있죠."

체격이 큰 교도관 부관인 래리 테일러Larry Taylor가 동료 경사 윌리엄스Williams와 취업설명회 탁자에 앉아 있었다. 그들은 푸른 제복을 입었다. 테일러는 교도관으로 28년을 근무했다.

그는 말했다. "오늘 우리는 일자리를 제안하려고 나와 있습니다. 지원서 양식을 가지고 왔습니다. 현장 면접도 볼 수 있습니다."

테일러는 감옥에 취업할 수 있는 자리가 100개라고 했지만 구직자들은 거의 관심이 없었다. 그는 그 이유가 지원자들이 반드시 "범죄경력 증명서, 소변 검사서, 약물 검사서를 내야 하고, 제출한 추천서를 확인하는 절차, 체납을 확인하는 절차가 지원자들에게 간단치 않은 과정이기 때문이다"라고 말했다.

테일러가 처음 일을 시작할 때 시급 14달러 16센트를 받았다. 경력자는 시간당 50센트를 더 받았다.

그는 말했다. "수당은 첫날부터 계산합니다. '월요일 6시까지 나오세요'라는 전화를 받는 순간부터 수당은 계산됩니다. 건강보험, 안과 및 치과보험이 되죠. 휴가도 그 첫날부터 계산합니다. 휴가를 받더라도 급료는 계속 나오는 군대 휴가 제도죠. 교도관 중에 주 방위군과 예비군도 많이 있어요."

나는 물었다. "왜 이런 일자리에 구직자를 채우는 게 쉽지 않죠?"

"제 개인적 생각인데요. 직업의식이 예전과 같지 않아요. 직장이라는 게 전에는 정말로 뭔가를 의미했어요. 직업에 의무감을 느꼈죠. 고용주가 제안한 일자리를 받아들이는 순간 고용주를 위해서 일했어요. 아프지도 않은데 결근하려고 아프다고 하지 않았어요. 동료들에게도 의무감을 느꼈어요. 직업에 따르는 의무가 뭔지 알고 있었어요. 만일 그 일을 내가 하지 않는다면 누군가 그 일을 해야 한다는 것을 알고 있어요. 지금은 그런 생각을 하는 사람을 찾기가 어려워요."

그는 그 직업의 부정적인 면을 인정했다.

"수감자들은 전통적인 괴롭힘 같은 것들, 그러니까 계속 노려보거나, 나쁜 말을 하죠. 여성 교도관에게는 몸에 관한 정말 무례한 말을 합니다. 남성 교도관에게는 그가 계집애 같다고 놀리고요. 수감자들 정신 상태가 고등학생 수준이니까요."

"직업적으로 겪는 가장 힘든 일 중 하나는 아버지 나이뻘의 사람들에게 '안 돼요!'라고 말해야 할 때가 있다는 겁니다. 하지만 그게 직업상 해야 할 일 중 하나죠."

테일러가 처음 교도관 일을 시작했을 때에는 노조가 있었다. 그러나 인디애나 주지사 미치 대니얼스Mitch Daniels가 2005년 행정명령에 서명하고 상황이 달라졌다. 행정명령은 주 정부 공무원들의 단체 협상권을 빼앗았고, 본질적으로 노조를 불법화하고 노조의 권리를 박탈하고 노조와의 협약을 무효화했다.[38] 행정명령은 교도관, 고속도로 경찰관, 병원 노동자, 기타 공무원들을 위한 노조를 말살시켰다. 대니얼스는 주 정부에서 수행하던 여러 일들, 예를 들어 28개의 감옥에 식량을 공급하는 일을 민영화했다. 주 정부는 민영화를 통해서 수백 개의 일자리를 없애고 2005~2011년에 1억 달러 이상을 절약했다고 주장했다.[39] 대니얼스는 2012년에는 주 노동법에 '일할 권리right to work'라는 단서 조항에 서명했다. 단서 조항에 따르면, 노조협약은 비非노조원에게 대표권을 위한 회비를 요구할 수 없다. 이 조항 때문에 노동조합이 있는 회사들은 비조합원 노동자들을 마음 놓고 고용할 수 있었다.

테일러는 말했다. "우리는 적어도 일곱 개의 노조가 있었고 선택할 수 있었죠. 지금은 모두 없어졌어요. 지금은 근무 중 불만이 생긴다거나 공정한 대우를 받지 못하다고 느낄 때, 주 공무원 소청심사위원회State Employee's Appeals Commission에 신고하는 제도가 있죠. 서류로 제소하는 것은 각자 알아서 해야 합니다. 제소한다 해도 이들은 언제나 모든 것을 상부에 보고하지 않고 현장에서 무마하려고 애쓰죠."

그는 이어서 말했다. "전에는 시설 안에서 돌아가는 모든 것을 주 정부가 운영했어요. 주 정부가 주방을 포함한 모든 것을 책임졌어요. 지금은 급식을 민간 하청업체인 아라마크Aramark가 관리하고 있어요. 펜 프로덕츠PEN Products가 세탁을 책임지고 그레이스 칼리지Grace College가 교육을 담당하고 있어요. 의료는 항상 하청을 주죠. 전에는 주 정부가 직접 의료 부서를 운영했어요. 교도소 구내매점만 정부가 운영해요."

테일러는 급식을 민영화하자 음식의 질이 형편없이 떨어졌다고 말했다. 그는 도시락을 싸 가지고 다닌다.

"제가 처음 고용되었을 때 직원 식당이 있었어요. 아직도 직원 식당이 있긴 해요. 거기에 주 정부가 파견해서 근무하는 사람은 없어요. 주 정부가 운영하는 게 아니죠. 예전에는 식권을 사서 먹었죠. 음식값이 50센트였어요. 음식 질도 정말로 좋았고요. 수감자들이 그 음식을 직원 식당에서 준비했고 그들을 감독하는 공무원이 있었습니다."

수감자들은 여러 교도소 산업체에서 시간 당 25센트를 받고 일하고 있다.

"감옥에는 여러 업체가 들어와요. 우리가 가진 시설, 즉 교도소 산업 시설에는 예를 들어 메리터Meritor 브레이크 서비스센터가 있고, 가구점을 운영하는 펜 프로덕츠도 있어요. 둘 다 다른 성격의 회사죠. 펜 프로덕츠는 주 정부와 연결되어 있고, 메리터는 민간업체죠."

그는 이어서 말했다. "주 정부가 수감자에게 주는 급여는 4종류의 체계로 되어 있어요. A, B, C, D로 나누죠. 예를 들어 A는 시간당 35센트라면 B는 A보다 10센트 적고, C는 B보다 10센트 적어요. 민영회사인 메리터에 가서 일하는 수감자는 아마도 A 수준의 급료로 시작할 겁니다. 일을 시작한 지 90일이 될 때마다 10센트씩 인상해주죠. 그런 식으로 1년 동안 일을 합니다. 그러면 1달러 이상을 받죠."

메리터 브레이크 서비스센터는 중고 브레이크를 가져다가 손봐서 다시 판다. "제품이 다시 바깥으로 나갈 때는 거의 신제품처럼 보이죠."

그는 잠시 후 말했다. "교도소에서 줄어드는 인원은 직원뿐입니다. 우리는 취업설명회에서 이 직업은 평생 직업이라고 설명합니다. 바라건대 잠시 지나치는 직장이 아니라 평생직장으로 다닐 사람을 찾고 있어요. 이상적으로는 어느 정도 직장생활을 해봤고 사리 분별이 있는 젊은이면 좋겠어요. 사람들은 '평생직장이 필요해요. 장래가 보장된 직장이 필요해요. 어느 날 사라지는 직장이 아니라 늘 거기에 있는 직장이 필요해요'라고 말합니다. 슬픈 이야기지만 감옥이야말로 문을 닫지 않고 항상 거기에 있죠."

백인인 테일러는 이 나라의 도덕적 퇴보를 염려했다. 그와 버스 기사인 그의 아내는 아이들을 공립학교에 보내지 않고 집에서 교육하고 있다. 홈스쿨을 하는 결정적인 이유는 '진화론 대 창조론' 논쟁 때문이다.

"우리는 성경을 믿어요. 성경에서 말하는 그대로 하나님께서 세상을 창조했다고 믿어요." 그는 이어서 말했다. "학교에서는 금욕을 가르치지 않아요. 아이들에게 콘돔이나 다른 것을 쓰라고 가르치죠. 여러 질병에 걸릴 수 있다면서요. 그러나 이 모든 건 절제하기만 하면 막을 수 있는 거잖아요."

"애들을 학교에 보내지 않는 이유 중 하나가 학교에 가면 약자를 괴롭히는 일이 흔하기 때문이에요. 어느 학교에 가든 이런 일이 있어요. 괴롭힘을 당한 아이들이 자살하는 경우도 있어요. 홈스쿨로 아이들을 아주 안전하게 키울 수 있어요."

"처음 이 부서에서 일하기 시작했을 때는 수감자들을 보면서 생각했어요. '정말 운이 없어서 이곳에 온 친구들이 얼마나 많을까?' 근무하고 보니, 그들이 어떤 사람이라는 것을 알았고 생각이 바뀌었어요. '판사들이 봐주고 또 봐주다가, 걸려들어온 양반들이 얼마나 많을까?' 판사들도 결국 이런 인간들 보는 게 지겨웠겠지."

그는 이웃과 같이 트럼프를 찍었다고 말했다.

"분명하게 '이제 여기서 그만해야 해!'라고 말할 수 있는 사람을 기다렸어요. 우리는 오래전에 하나의 국가로 단단한 방어태세를 취해야 했어요. 두고 보세요. 내년이면 우리나라 일에만 관심을 두는 것을 볼 거예요. 아무것도 나라 바깥으로 나가지 않을 거예요. 우리는 수출, 수입을 할 필요 없어요. 다른 나라들이 우리 없이 어떻게 하나 한번 보자고요. 1년만 있으면 모두 볼 거예요. 이제 세상 사람들이 정신 차리고 이렇게 말할 거예요. '미국 없이 우리가 제대로 할 수 없지.' 남의 나라 일에 신경 쓰는 일은 이제 염증이 나요. 우리 일에 집중해야 해요."

앤더슨에서 차로 한 시간 거리에 있는 인디애나폴리스의 냉난방 기계 회사 캐리어Carrier 공장은 한창 규모를 줄이는 중이었다. 이 회사도 일련의 제조업 공장 해외 이전으로 인디애나주 노동자들에게 심한 타격을 주었다. 캐리어는 2016년 2월에 공장 시설 폐쇄를 발표했다. 1000명의 노동자들이 직장을 잃었고, 공장은 멕시코로 이전했다. 멕시코 노동자들에게는 시급 3달러 외에 어떤 수당도 없다. 미국의 노동자들은 시급 20달러와 연금, 의료보험, 유급휴가를 받는다.

나는 미국 철강노조United Steelworkers 1999 지부의 전 지부장 척 존스Chuck Jones를 만나러 갔다.

존스가 말했다. "우리는 공장을 여기 인디애나폴리스에 두기 위해 무엇을 할 수 있는지 논의해보려고 사측을 만났어요. 우리는 전체 연봉을 연 2200만 달러까지 줄이겠다고 제안했습니다. 사측은 계산해보더니 돌아와서 이렇게 말하더군요. '흠, 멕시코로 공장을 이전하면 매년 6500만 달러를 절약할 수 있어요.'"

그는 이어서 말했다. "그들은 이렇게 말했어요. '회사가 멕시코로 가지 않고, 여기서 이 금액을 달성하려면 시급 5달러를 받아야 하는데 현실적으로 불가능하잖아요. 법정 최저임금이 안 될 뿐 아니라 어떤 복지 혜택도 받을 수 없어요. 이것이 여러분이 취할 수 있는 현실적 대안이에요. 이렇게 할 수 있겠어요?'"

트럼프는 2016년 4월 20일 선거운동 당시 말했다. "만일 내가 지금 대통령 자리에 있다면 캐리어는 인디애나를 못 떠납니다."[40]

트럼프와 당시 인디애나 주지사였던 마이크 펜스는 2016년 12월 1일에 다시 돌아와서 캐리어와 협상을 통해 일자리 1100개를 보전했다고 했다. 캐리어는 거대복합기업 유나이티드 테크놀로지 코퍼레이션United Technologies Corp(UTC)의 부속회사인 UTC 클라이밋 컨트롤스 앤드 시큐리티UTC Climate, Controls & Security(UTC CCS)의 자회사이다.

존스는 말했다. "새빨간 거짓말이었어요."

그는 이어서 말했다. "인디애나주는 캐리어의 일자리를 지키려고 UTC에 700만 달러의 감세 혜택을 줄 예정이었어요. 우리는 그 자리에 있었어요. 우리 중 몇 명이 그 두 시간 전에 멕시코 몬테레이로 일자리 550개가 이전하게 될 거라는 걸 들었어요. 트럼프와 펜스, UTC 측 누구도 550개의 일자리가 날아갔다는 것을 전혀 언급하지 않았어요."

"그때 사람들은 자기 일자리가 안전한 줄 알았죠. 우리는 그들 중 일부만이 괜찮을 거라는 것을 알았지만요. 사람들은 전체 공장 시설이 그대로 있는 줄 알았어요."

그는 이어서 말했다. "우리는 기록적인 이익을 내는 UTC 같은 거대 기업, 캐리어 같은 큰 회사를 가지고 있어요. 대기업은 탐욕에 불타 있어요. 그들은 자신들이 무슨 일을 하든 직원, 노조원, 직원들의 가족, 지역 공동체, 학교, 지역 경제에는 아무 관심이 없어요. 연 6500만 달러를 절약하는 것만이 관심사입니다."

계속해서 그는 말했다. "인디애나주는 캐리어와 UTC에 10년 동안 납세자들의 돈으로 그들이 내야 할 700만 달러의 세금을 메꿔줬는데도, 550개의 일자리를 이전했습니다. 인디애나주 헌팅턴에 있는 UTC 공장도 700개의 일자리를 없앴죠. 이뿐 아니라 연방 정부는 UTC와 군사무기 도급 계약을 맺는 방식으로 보상을 해줬죠. 헬리콥터와 관련된 거의 60억 달러에 이르는 도급 계약입니다. 이 나라에는 나라 바깥으로 일자리를 빼가는 회사가 있을 뿐 아니라 그런 작자들에게 군사적 도급을 주는 정치인들이 있어요. 심각한 문제인 거죠."

"우리는 동료들에게 힐러리를 선전할 수는 없었어요. 힐러리를 추천하지도 않았고요. 제가 요구할 수 있는 것은 '만일 여러분들이 트럼프를 찍는다면'(그가 인디애나주에서 이길 것은 분명했다) '주지사는 민주당 후보자에게 투표합시다'라고 말하는 것뿐이었습니다. 물론 그렇게 되지 않았죠."

"민주당은 분발하지 않았어요. 노동자계급은 투표하러 나오지 않고 집에서 쉬었어요. 노동자들은 누가 자신들에게 가장 큰 경제적 이익을 가져다줄 것인가보다는 총 따위에 관심이 있어요."

그는 말했다. "민주당은 우리의 기대를 저버렸어요. 그들은 노동자계급을 잊었습니다."

나는 테러호트로 차를 달렸다. 현재 인디애나주립대학 캠퍼스의 박물관이 된 유진 빅터 데브스Eugene Victor Debs의 집을 방문하기 위해서였다.

데브스는 1894년 전국적 규모의 철도파업을 일으켰다. 풀먼 컴퍼니Pullman Company가 임금은 3분의 1로 삭감했지만, 사택 임대료도 낮추지 않고 주주들의 배당금도 삭감하지 않았기 때문이다.[41] 10만 명 이상의 노동자들은 풀먼의 차량을 운송하는 기차에서 미국 역사상 가장 큰 규모의 파업을 벌였다.[42]

파업의 반격은 신속하고도 매우 잔인했다.

바버라 터크먼Barbara W. Tuchman은 《자랑스러운 탑: 제1차 세계대전 이전의 세계상황, 1890~1914년The Proud Tower; A portrait of the World Before the War, 1890-1914》에서 말했다. "총 8억 1800만 달러에 이르는 자본금을 가진 24개 철도회사 소유주들은 그들이 가진 모든 자본을 총동원하고 법정과 연방정부의 무장 세력의 지원을 받으며 반격에 나섰다."[43] "시카고 지역의 3000명의 경찰이 파업을 진압하기 위해서 동원되었으며, 5000명의 전문 파업파괴자들을 일시에 보안관보로 취임시키고 그들에게 화력장비를 주었다. 재산과 인명을 보호하기 위해서가 아니라 파업과 노조를 파괴하기 위해 연방정부와 주 정부를 합해 6000명의 병력을 동원했다."[44]

법무부 장관 리처드 올니Richard Olney는 터크먼이 쓴 대로 "내각에 입성하기 전 철도회사를 위한 변호사였고 법무부 장관으로 임명될 때에도 여전히 파업과 관련된 일의 책임자였다."[45]. 올니는 파업을 불법화하는 법원의 금지명령을 내렸다. 이 파업은 데브스가 쓴 대로, 이 나라의 "생산계급 대 돈을 가진 권력자들"[46]의 전투였다.

데브스와 노조 지도자들은 금지명령에 반발했다. 그들은 체포되었고 보석도 거부당하고 6개월 동안 감옥에서 지내야 했다. 30명의 노동자가 살해당했고 60명이 다쳤으며 700명 이상이 체포되었다. 풀먼 컴퍼니는 노조에 가입하지 않겠다는 조건의 고용계약, 즉 황견계약yellow dog contracts하에 새로운 노동자들을 고용했다.[47]

데브스는 감옥에서 마르크스의 《자본론》뿐 아니라, 사회주의 작가 에드워드 벨러미Edward Bellamy와 카를 카우츠키Karl Kautsky의 작품을 읽었다. 특히 《자본론》이 "나에게 깊은 영감을 준 책이다"라고 말했다.[48]

그는 다음과 같이 썼다. "나는 회사와 한창 투쟁하는 중에 사회주의 세례를 받았다. ……총검이 번뜩일 때마다, 총구에서 불꽃이 튈 때마다 나는 계급투쟁을 보았다. 이것이 나의 첫번째 사회주의 현장 수업이었다."[49]

데브스는 어떤 파업과 노동운동도 정부가 자본가들의 지배하에 있는 한 궁극적으로 성공할 수 없다는 결론에 이르렀다. 조직화된 노동운동이 어느 정도 성공을 거두었더라도 (종종 노동조건이나 법을 개선해서 노동자들을 일시적으로 달래) 자본가들이 다시 절대권력을 확보하면 다시 원위치로 돌아간다. 당시 영국 노동당의 목표처럼 노동자들이 정치 권력을 성취해야만 한다. 그렇지 않으면 그들의 운명은 영원히 그들을 지배하는 자본가의 손에 달리게 된다.[50]

데브스는 거대한 획일적 기업 국가의 등장을 경계했다. 그는 기업이 국가나 사회의 통제를 받지 않으면 "사회 구석구석을 통제하고, 국가의 자원과 생산, 분배 수단을 통째로 집어삼킨다"[51]라고 예견했고, 만일 그렇게 되면 긴 "자본주의의 밤이 칠흑 같은 어둠으로 뒤덮일 것이다"[52]라고 경고했다.

미국 역사에서 이때 많은 미국 기독교인이 사회주의자였다. 당시 신학자이자 침례교 목사, 사회복음 운동의 지도자인 월터 라우션부시Walter Rauschenbusch는 자본주의를 강력하게 비난했다.

데브스는 "카인은 경쟁 이론의 창시자"이며, "예수의 십자가는 그것의 영원한 부정이다"[53]라고 주장하면서, 마르크스만큼이나 성서에 근거해 자신의 주장을 펼쳤다. 데브스의 불같은 연설은 '죄', '구원'이라는 용어로 가득 차 있는데 이것은 설교에 가까웠다. 그는 노예 폐지론자 존 브라운John Brown과 그리스도를 동일시했다.[54] 그는 예수가 "계급 지배를 무너뜨리고 민중을 지상의 유일하고도 의로운 상속자로 세우기 위해서"[55] 왔다고 주장했다. 그는 자문자답했다. "사회주의란 무엇인가? 다름 아닌 행동하는 기독교이다."[56]

그는 시인 제임스 러셀 로웰James Russell Lowell의 시를 즐겨 인용했다.[57]

> 모든 것을 내려다보는 태양 아래에서,
> 가장 누추하고 가장 약한 자들에게
> 부당함이 행해질 때마다,
> 인간에게 진실한 자가 하나님께 진실하다.
> 그 부당함이 우리에게 가해질 때,
> 삶의 밑바닥에 있는 힘없는 노예들에게,
> 올바른 사랑이란 바로 우리 자신을 향한 사랑이지,
> 모든 인종을 향한 보편적 사랑이 아니다.[58]

당시는 대중이 무정부주의자의 폭탄공격과 암살 같은 폭력에
시달리던 시기이기도 했다. 한 무정부주의자가 1901년에 대통령
윌리엄 매킨리William McKinley를 암살했다. 이 사건을 계기로 국가가 나
서서 사회주의와 급진주의 운동을 억압했다. 파업에 참여한 노동
자들은 회사의 사병, 주 방위군 부대, 석탄과 철 방위경찰Coal and Iron
Police*과 같은 준군사 조직들, 미국 육군과 정기적인 총격전(특히 남
부 웨스트버지니아의 탄광지대에서)을 벌였다. 이때 수백 명의 노동자
가 죽었다. 데브스는 폭력과 사보타주를 강력하게 반대했다. 이런
행동은 국가가 사회주의 운동을 악한 것으로 만들고 국가 폭력을
합법화하기 때문이다. 데브스는 자본가와의 투쟁은 단순한 힘의 경
쟁이 아니라 도덕적 가치의 우위를 확보하는 투쟁이라고 주장했다.

---

*   펜실베이니아주에 1865~1931년에 있었던 청원경찰로 여러 석탄회사가 고용한 경
    찰조직이다.

데브스는 1895년에 출소하고 정치에 뛰어들었다. 그는 미국 사회당 창당인 중 한 명이었고, 마더 존스와 윌리엄 '빅빌' 헤이우드William 'Big Bill' Haywood와 함께 워블리스를 창립했다.[59] 그는 1900~1920년에 다섯 번 사회당 대통령 후보로 출마했고, 그중 한 번은 감옥에 있을 때였다. 1916년에는 의회에도 출마했다.[60]

사회당은 1912년에 12만 6000명의 당원이 있었고, 340개의 지자체에 1200명의 임원을 두었고, 3개의 영자 일간지와 6개의 외국어 일간지와 함께 29개의 영어 주간지와 22개의 외국어 주간지를 발행했다. 사회당에는 소작농, 의류공장 노동자, 철도 노동자, 탄광 노동자, 호텔과 음식점 노동자, 부두 노동자, 벌채 노동자들이 있었다. 데브스는 1912년 대통령 선거에 '빨간 특별차Red Special'라는 기차를 타고 다니면서 선거운동을 했다. 그는 수만 명에게 연설했다.[61] 그는 밀워키를 포함한 70여 개 도시에서 사회당 출신 시장이 선출되는 데 도움을 주었다.[62] 그의 추진력으로 두 명의 사회당원이 국회의원이 되었다.[63] 1912년 대통령 선거에서 거의 6퍼센트에 해당하는 100만 명의 선거인단 표를 모았다.[64] 필라델피아에서 1만 8000명의 사람이 그를 보러 모여들었고, 뉴욕시에서 1만 5000명이 15센트~1달러를 지급하면서 그의 연설을 들으려고 매디슨 스퀘어 가든에 모였다.[65]

사회주의 급진 정당들, 노조들은 지배 엘리트층을 위협했다. 지배 엘리트들은 이들에 대한 지지를 막아보려고 미미한 개혁 방안을 내놓았다. 주 정부는 이 운동을 분쇄하려고 과격한 조처를 했다. 법무부 기관원들은 1912년에 전국 48군데 세계산업노동자동맹IWW 회의실을 습격해서 165명의 노조 지도자들을 체포했다. 헤이우드를 포함한 101명이 재판에 넘겨져 3일에 걸쳐 재판에서 증언했다. IWW 지도자 중 한 명은 법정에서 다음과 같이 증언했다.

당신은 내게 왜 IWW가 애국적인 자세를 취하지 않냐고 물었죠.
만일 당신이 덮을 담요 한 장 없는 부랑자라면, 만일 당신이 아
내와 자식을 남겨두고 혼자서 일자리를 찾으러 서부로 갔는데
그 후로 가족이 어디 있는지를 모른다면, 만일 당신이 주소를 옮
겨 다니지 않아도 될 안정된 일자리를 갖지 못해서 결국 투표할
권리조차 갖지 못한다면, 만일 당신이 남루하고 사람 잘 곳이 아
닌 노동자 기숙사에서 자야 하고 썩어 빠진 음식을 그래도 살겠
다고 먹어야 한다면, 만일 보안관 대리가 총을 쏴 통조림 깡통
에 구멍을 내 그나마 있는 음식이 다 새어버린다면, 만일 사장이
당신을 사람 취급하지 않으면서 쥐꼬리만한 임금마저 깎는다면,
만일 포드Ford, 써Suhr, 무니Mooney[IWW 지도자들 이름]를 위한 법이
따로 있고, 해리 타우Harry Thaw[살인죄 감옥형을 피하기 위해 부를 이용
하고도 수백만 달러에 이르는 광산과 철도회사를 상속받은 자]를 위한
법이 따로 있다면, 만일 법과 질서와 나라를 대표하는 자들이 당
신을 두들겨 패고 누명을 씌워 투옥했는데도 기독교인들이 그들
을 잘했다고 격려하고 부추긴다면, 당신은 그런 사람이 애국자
가 될 거라고 기대합니까?
이 전쟁[제1차 세계대전]은 사업가의 전쟁입니다. 여러분이 현재
편하게 누리고 있는 즐거운 상황을 유지하기 위해서 우리가 전
쟁에 나가서 총알받이가 되어야 할 이유를 모르겠습니다.[66]

데브스는 미성년 노동 폐지를 요구했고,[67] 흑인 차별정책과 린
치를 비난했다.[68] 그는 여성참정권, 누진소득세, 실업수당, 상원의

원 직접선거, 사용자 책임에 대한 법, 연방정부에 교육부와 보건부 설치할 것, 노인 연금법, 은행과 교통 시설 국유화를 요구했고, 임금노예제를 협동조합으로 바꿀 것을 요구했다.[69]

데브스는 1918년 6월 18일, 오하이오주 캔턴에서 그가 그래왔 듯이 자본주의와 전쟁 사이에 맺은 부정한 동맹과 자본가들이 노동자를 제1차 세계대전의 총알받이로 사용하는 일을 공공연히 비난했고, 윌슨 행정부가 반전주의자, 노조 활동가, 무정부주의자, 사회주의자, 공산주의자들을 박해하는 것을 공격했다.[70] 데브스에게 깊은 적개심을 품었던 윌슨 대통령은 그를 선동금지법으로 체포했다. 법은 "의도적으로 미국 정부에 대해서 불충하고 모독적이고 무례하고, 매도하는 말을 하거나, 글을 쓰거나 인쇄물을 만드는 것"[71] 혹은 "(미국이 독일과 독일 동맹군과의 전쟁을 위해) 필수 군수품 생산을 저해하는 것을 의도적으로 조장하거나 선동하거나 지지하는 행위"[72]를 유죄로 인정했다.

데브스는 이 혐의에 이의를 제기하지 않았다. 그는 재판에서 다음과 같이 선언했다. "워싱턴, 페인, 애덤스, 이들은 자신들이 살던 시대에는 반란자들이었습니다. 처음에는 일반인들이, 다음에는 언론이 이들을 반대했습니다. ……만일 그들이 일으켰던 미국독립 혁명이 실패했다면 혁명의 아버지들은 중죄인으로 처형당했을 것입니다. 그러나 혁명은 실패하지 않았습니다. 혁명이란 때가 무르익으면 성공합니다."[73] 1918년 9월 18일, 10년 형을 선고받고 미국 시민권을 박탈당하기 전에 데브스는 법정에서 일어나서 다음과 같이 최후 진술을 했다.

존경하는 재판장 귀하, 저는 수년 전에 모든 살아 숨 쉬는 생명체와 유대감을 느꼈습니다. 저는 이 땅 위의 어떤 미천한 존재보다 조금이라도 더 편하게 살지 않겠다고 작정했습니다. 그때 마음속으로 이렇게 이야기했습니다. 그리고 지금 다시 이야기합니다. 제가 속한 계급보다 더 낮은 계급이 있다면 거기서 살 것이고, 제가 저지른 일 중에 범죄 혐의가 조금이라도 있는 한 모두 인정하겠습니다. 감옥에 한 영혼이라도 투옥되어 있는 한, 저는 자유롭지 않습니다.

이 법정에서 지금까지 이 기소를 입증하고 정당화하는 것을 들었습니다. 그러나 제 마음은 변한 바가 없습니다. 저는 방첩법Espionage Law을 민주주의 원칙과 자유주의 정신과 크게 상충하는 전제적 법이라고 봅니다. ……존경하는 재판장 귀하, 이 법정에서 현재 우리가 가진 이 사회제도에 반대한다고 진술했습니다. 저는 이 사회제도에 근본적인 변화가 있어야 한다(가능하다면 평화적이고 질서 있는 방법으로)고 진술했습니다.

……이 아침에 공장에서 일하는 사람들, 광산과 철도회사에서 일하는 사람들을 생각합니다. 쥐꼬리만한 임금으로 척박한 삶을 해결하지 않으면 안 될 여성들을 생각합니다. 나는 이 제도 하에서 한창 뛰어놀아도 부족한 어린 시절을 공장에 빼앗긴 어린이들을 생각합니다. 그들은 순진한 미성년기에 탐욕의 신 '맘몬Mammon'의 냉혹한 수중에 사로잡혀서 지하감옥과 같은 산업 현장에 끌려가지 않을 수 없습니다. 괴물 같은 기계에 매달려 굶주리고 몸과 영혼이 성장을 멈춰버렸습니다. 그들의 성장이 멈추고 병드는 것을 보며, 기독교 문명의 절정기에 돈이 어린이의 살과 피보다 훨씬 중요하기 때문에 이 아이들의 삶이 깨어지고 부서지는 것을 봅니다. 오늘날의 신은 돈이며, 돈이 인간사 전체를

뒤흔들며 지배하고 있습니다.

이 나라(공평하지 않은 하늘 아래에서 가장 혜택을 많이 받은 나라)에는 풍요롭고 기름진 지역이 널려 있고, 다 써버릴 수 없을 정도로 풍부한 물적 자원이 있고, 지구상에서 가장 경이로운 생산 기계가 있으며, 수백만 노동자들이 기꺼이 자신의 노동을 그 기계에 쏟아부어 모든 남자, 여자, 아이들을 위해서 엄청난 생산품을 만들어내고 있습니다. 만일 아직도 엄청난 숫자의 사람들이 가난에 허덕이며, 이 가난의 고통이 일생 떠나지 않아서 결국은 죽음만이 그들을 구원하는 길이고, 죽음만이 이 불행한 희생자들을 꿈 없는 잠으로 인도하는 자장가라면, 그것은 전능한 신의 잘못은 아닐 겁니다. 그것은 자연의 탓일 리도 없습니다. 원인은 전적으로 주체할 수 없을 정도로 비대해진 이 사회 체제에 있습니다. 사회 체제는 고통받는 대중뿐 아니라 모든 인간을 위해서 철폐해야만 합니다.

……존경하는 재판장 귀하, 저는 모든 사회주의자와 마찬가지로, 이 나라는 이 나라의 산업을 소유하고 통제해야 한다고 믿습니다. 또한 사람들이 공동으로 필요로 하고, 공동으로 사용해야 하는 모든 것들은 공동으로 소유해야 한다고 믿습니다. 사회의 기초산업이 몇 명의 사유재산이거나 그들의 부를 위해서 작동하는 대신에 모든 사람의 공동 재산이 되어서 모든 사람의 이익을 위해 민주적으로 관리되어야 한다고 믿습니다.

……남에게 이로운 일을 조금도 하지 않는 사람이 수억 달러의 재산을 축적할 수 있고, 수백만의 남녀노소가 그저 입에 풀칠할 정도의 비참한 생활을 유지하기 위해서 일생을 하루도 쉬지 않고 일해야 하는 사회 질서를 저는 받아들일 수 없습니다.

이런 세상의 질서는 언제까지 지속할 수 없습니다. 저는 이런 질서에 저항했습니다. 노력이 미미하다는 것을 압니다. 다행히 저는 혼자가 아닙니다. 저와 같이 깨달아가는 사람들이 수천 명씩 늘어나고 있습니다. 그들은 압니다. 우리가 문명화된 삶의 축복을 진정으로 즐기기 전에 먼저 상호 협력의 기반에 선 사회를 다시 만들어야 한다는 사실을 압니다. 이를 위해, 우리는 온 세상으로 뻗어나갈 위대한 경제적, 정치적 운동을 조직해왔습니다. 존경하는 재판장 귀하, 저는 어떤 자비도 원치 않으며 어떤 면제도 간청하지 않습니다. 결국 의로움이 널리 퍼져나갈 것을 압니다. 탐욕과 착취의 권력자들과 산업 현장에서 인간의 자유와 사회정의를 부르짖는 이들 간의 이 위대한 투쟁을 저는 지금처럼 명백하게 인식한 적이 없습니다.[74]

그는 3년 후 워런 하딩Warren Harding 대통령의 감형 조치로 1921년 12월에 건강이 좋지 않은 상태로 출소했다.[75] 데브스의 시민권은 그의 사후(1926년에 사망했다) 50년 동안 회복되지 않았다.[76] 노동운동과 사회당은 그가 사망할 즈음에 모두 와해되었다.

1930년대에 자본주의가 붕괴했을 때 노동자 조직이 공산당의 주도로 잠깐 부활하는 것을 볼 수 있었다. 이 재기는 자본가계급이 오랜 시간 노동운동을 탄압하는 계기가 되었다. 1960년대의 사회적 소요 이후 탄압은 가속되었다.

노동자들이 오랫동안 피 흘려 싸운 투쟁으로 획득한 사회적, 정치적, 시민의 권리는 다시 하나씩 박탈당했다. 정부의 법규는 기업이 노동자를 혹사하고 사기 행위를 벌이는 것을 허용하는 방향으로 선회했다. 노조는 빈사 상태에 있다.

우리는 전면적으로 다시 시작해야 한다. 우리는 이 투쟁이 오로지 힘에 대한 힘의 대결일 수밖에 없다는 사실을 인지하면서 다시 시작해야 한다. 우리의 힘은 오직 조직되었을 때 나온다.

나는 테러호트의 데브스 박물관 관장, 앨리슨 듀어크Allison Duerk와 박물관을 둘러보았다. 매년 약 700명이 이곳을 방문하지만 학교 단체 방문은 좀처럼 보기 힘들다고 한다. 급진적 사회주의자들과 노동자들의 용감한 투쟁이 의식적으로 역사에서 지워지고 공허한 유명인의 가십거리와 자아 예찬이 그 자리를 채우고 있다.

1890년에 데브스와 그의 아내가 직접 지은 이층집의 벽은 사진과 포스터로 덮여 있었다. 현관에서 거행된 장례식과 앞마당에 모인 조문객 5000명의 사진도 있었다. 그가 처음으로 투옥된 감옥의 열쇠도 있었다. '죄수 9653-데브스'라는 사진도 있는데 애틀랜타 연방 교도소의 입구에서 그가 꽃다발을 들고 있다. 사회당 지도자들의 1920년 대통령 후보 지명을 수락하던 장면이다. 데브스가 받았던 여러 선물을 전시했는데 이 중에는 다채롭게 무늬를 넣은 나무 테이블과 화려하게 조각한 지팡이가 있었다. 지팡이는 지칠 줄 모르며 죄수들의 인권을 지지했던 데브스를 향한 죄수들의 감사 표시였다.

나는 벚나무 목재로 만든 책장 유리문을 열고 데브스의 책 한 권을 뽑아서 커버 안쪽에 있는 그의 서명을 손가락으로 가볍게 만져보았다. 그가 1905년 시카고에서 한 연설의 구절을 읽어보았다.

아무런 유용한 일도 하지 않는 자본가가 1000명 혹은 1만 명의 노동자들이 생산하는 모든 것, 즉 회사를 운영하는 데 필요한 것을 넘어서 노동자들이 생산하는 모든 것을 착취할 수 있는 경제

적 힘을 가지고 있습니다. 그 힘으로 그는 백만장자를 넘어 억
만장자가 됩니다. 그는 음악과 온 나라의 사치품이 모인 궁중에
서 노래하며 춤춘다. 그는 개인용 요트를 타고 높은 파도를 즐깁
니다. 그는 사회에 공익을 주는 기업을 사유 평판이 자자한 '대
실업가'이고, 거대한 경제 권력을 쥐고 있으며, 정치 권력자들에
게 자신의 경제적 이익을 보호하도록 명령할 힘을 가지고 있습
니다. 그는 '정치 보스'와 그의 용병들에게 나라의 정치를 부패
하고 타락하게 만드는 정치자금을 제공하는 신사이기도 합니다.
그는 경제의 대가이자 정치적 지도자이며, 여러분 노동자들은
그가 마음대로 처분할 수 있는 합법적 사유물로 여겨집니다.

데브스가 편집했던 사회당 신문 《이성에 고함Appeal to Reason》을
넘겨 보았다. 신문은 한때 80만 명의 독자를 보유했고, 구독률은
전국에서 상위 네번째였다. 신문은 1922년에 폐간했는데 이는 반
공이라는 이름으로 대중운동에 가해진 또 하나의 희생이었다.
　　데브스는 당시의 많은 이가 그랬듯이, 문학적 소양이 있었다.
그는 자신의 아버지에게 성경이나 다름없던 빅토르 위고Victor Hugo의
《레미제라블Les Misérables》을 프랑스어 원문으로 읽고 또 읽어서 마침
내 자신의 성경으로 만들었다. 프랑스 알자스에서 미국으로 이민
온 그의 부모는 그의 이름을 프랑스 소설가 외젠 쉬Eugène Sue와 빅토
르 위고를 따라서 지었다. 그의 아버지는 밤이면 여섯 명의 아이에
게 외젠 쉬, 위고, 볼테르, 루소Rousseau, 뒤마Dumas, 다른 프랑스 작가
들의 책을 읽어주었다.
　　데브스는 위고의 소설에서 지구에서 비참하게 살아가는 자들
이 존엄과 자유를 얻기 위해 투쟁하는 것과 그 투쟁에 담긴 비애감

을 보았다. 그는 위고와 같이, 선한 사람들이 혹독한 박해를 받는 일은 범상하며, 그들이 쌓은 덕에 보상받는 일이란 좀처럼 없고, 어떤 어려움에도 진리와 정의를 계속 고수하는 사람들은 종종 십자가의 길을 간다는 사실을 알았다. 데브스에게는 다른 선택의 길이 없었다. 악의 왕국에서 투쟁 말고는 다른 방법이 없었다. 그것은 도덕적 명령이었다. 인간의 가치를 박탈하고 인간의 존엄함과 자존감을 상실하는 것은 인간의 삶에서 소중하고 신성한 모든 것을 부정하는 것이다.

위고는 《레미제라블》 부록에 다음과 같이 썼다. "지적, 도덕적 성장은 물질적 향상 못지않게 인간에게 필수적이다. 지식은 노자 성체viaticum(임종 때 주는 성체)이다. 사색은 가장 중요한 필수품이다. 진리는 마치 밀과 같은 영양분이다. 지식과 지혜가 없으면 이성의 힘은 깡말라버린다. 우리는 못 먹는 사람에게 연민의 정을 느끼듯 굶주린 정신에도 똑같이 연민의 정을 느껴야 한다. 먹을 빵이 없어서 죽어가는 육체보다 더 불쌍한 것이 있다면 그것은 지식과 지혜의 빛을 못 받아서 죽어가는 정신이다."[77]

4장

사디즘

SADISM

파시즘은 성적 도착에서 생기는 종교적 독실함을 옹호하며,
가부장적인 고통의 종교가 지닌 마조히즘적 성격을
사디즘적인 종교로 변형시킨다. 파시즘은 고통의 철학이 지닌
'내재적 성향'을 사디즘적 살인의 '현세적 성향'으로 바꾸어놓는다.

—빌헬름 라이히Wilhelm Reich, 《파시즘의 대중심리The Mass Psychology of Fascism》[1]

미션 디스트릭트 지역의 마켓 스트리트에 있는 옛날 샌프란시스코 병기고 바깥에서, 검은 옷을 입고 클립보드를 손에 쥔 건장한 경비원이 내게 인사했다. 우리가 서 있는 위쪽으로 '레더 프라이드 깃발leather pride flag'*이 무어 양식Moorish으로 재현한 작은 탑 꼭대기에서 휘날리고 있었다.

"'마음 뒤흔들기Mindfuckery' 수업에 오셨습니까?"

그렇다고 답했더니, 이름을 대고 신분증을 보여달라고 했다. 나는 뉴저지 운전면허증을 주었다. 그는 면허증을 받아들고 클립보드의 명단과 대조했다.

"잠시 기다리시죠. 여러분을 안내하러 관계자가 내려올 겁니다."

---

* 1989년에 토니 디블레이스Tony DeBlase가 고안한 깃발로 가죽을 즐기는 하위문화를 상징하며, BDSM 하위문화에서도 널리 사용한다.

병기고 바깥 인도에는 수십 명의 남녀 노숙자들이 있었다. 이들은 매일 밤 샌프란시스코 거리에서 잠자는 3000명에 이르는 노숙자 중의 일부였다.[2] 노숙자 중 많은 이가 담요를 깔고 앉아 있었는데, 담요 위에 너덜너덜한 책, 낡은 옷가지, 찌그러진 토스터, 램프, 중고 시계를 팔기 위해 펼쳐놓았다.

영국의 사업가 피터 액워스Peter Acworth는 병기고와 주 방위군 훈련 시설을 2006년에 1450만 달러에 사들였다.[3] 이곳은 1976년에 문을 닫은 후 30년 동안 비어 있었다.[4] 액워스는 이곳을 킹크닷컴Kink.com의 본부로 만들었다. 킹크닷컴은 BDSM 영화와 실시간 방송을 위한 세계에서 가장 큰 웹사이트 중의 하나이다. BDSM은 약자의 합성어로 B/D는 '속박Bondage과 징계Discipline'를 의미하고, D/S는 지배Dominance와 굴종Submission을 의미하며, S/M은 사디즘Sadism과 마조히즘Masochism을 말한다. 킹크닷컴은 한 달에 무려 100편의 영화를 제작했으나 다른 무료 온라인 포르노와 경쟁할 수 없어 2017년 초기에 영화 제작을 접었다.[5]

일행이 건물 밖 계단에 모이자 짧은 치마를 입은 쾌활한 여성이 건물 바깥으로 나와서 1층으로 안내하더니, 창문이 없는 지하방으로 우리를 인도했다. 벽이 조각조각 벗겨지고 금이 가서 베이지색의 보호막 밑에 검푸른 페인트가 드러났다. 낡은 네온전구가 희미한 빛으로 바닥을 비추어서 모퉁이에 그늘이 졌다. 네 줄로 놓인 접는 의자가 시멘트 플랫폼을 향해 있었다.

침침한 지하실에 대략 25명이 모였는데, 대부분 검은 옷을 입고 있었다. 우리는 '창조적 마음 뒤흔들기Creative Mindfuckery와 집약적 BDSM을 위한 정통 심문Authentic Interrogation for BDSM Intensive'이라는 긴 제목의 여섯 시간 코스에 참가하려고 모였다. 강사는 자기 이름을

'다나라마Danarama'로 불러달라고 했다.

우리가 그날 시간을 보냈던 그 방은 안내인에 의하면 한때 주 방위군들의 역도장이었다. 나는 이틀 전에 그 방에서 '멋있고 건강한 모욕감 주기Hot, Healthy Humiliation'라는 다른 세미나에 참가했다. 그 코스에서 참가자들은 섹스 파트너의 자존심을 깎아내리고 파트너에게 모욕감을 주는 기술을 배운다. 심리학자이자 강사인 리즈 파월Liz Powell은 악담은 파트너의 기분을 북돋아준다고 말했다.

파월은 말했다. "나는 여러 파트너와 연애를 하며 '메디섹스를 하는medisexual' 잡년입니다. '메디섹슈얼'이란 말은 나와 내 친구가 고안한 말로 '데미섹슈얼demisexual'의 반대말입니다. 데미섹슈얼은 성적 매력과 욕구를 느끼기 위해서 먼저 로맨틱한 관계를 가져야만 합니다. 그러나 메디섹슈얼은 '재미 위주fun first'의 사람을 말하죠. 우리는 로맨틱한 감정을 가지려고 먼저 성관계를 맺습니다. 방금 나 자신을 잡년이라고 밝혔잖아요. 나는 여러 사람과 여러 방법으로 섹스하기를 원합니다. 나는 다양성을 갖춘 사람입니다."

그녀는 '모욕주기 놀이humiliation play'를 10년 이상 해왔다.

"BDSM의 심리적 측면은 내게 가장 흥미 있고, 매력적인 것 중 일부입니다. 뭔가 무거운 것으로 사람을 때리는 것처럼 재미있습니다. 도망가지 못하도록 사람을 꽁꽁 묶어두는 것은 재미있는 일이죠. 다른 사람의 머릿속으로 깊숙이 들어가서 어두운 구석에 깊이 숨은 조그만 검은 비밀을 보는 것, 그건 내게 가장 중요하고 매력적인 부분입니다. 여러분의 이야기를 들어봅시다."

그녀는 우리 중에 질문이 있는 사람이 있냐고 물었다.

한 남자가 말했다. "나는 B. J.라고 합니다. 건전한 모욕 놀이의 심리학적 근거는 뭔가요? 모욕이 어떻게 건전할 수가 있습니까?"

한 여자가 말했다. "나는 줄리아라고 합니다. 왜 사람들이 모욕감을 느끼며 성적 매력을 느끼는지 알고 싶습니다."

한 남자가 독일 억양으로 말했다. "내 이름은 마르쿠스입니다. 나는 페티시가 있고 섹스와 냄새 맡는 것을 좋아합니다. 또한 로맨틱한 사랑을 추구하는 사람입니다. 사랑은 파트너와의 관계와 좋은 결합을 의미합니다."

나는 아무 말도 하지 않았다.

파월은 '난처하게 만들기embarrassement'는 '모욕감 주기humiliation', '수모감 주기degradation' 다음으로 가장 낮은 단계의 놀이라고 말했다. 그녀는 우리가 가지고 있는 '터부'를 완전히 부숴버리고, 파트너가 가장 두려워하는 심리적 부분으로 파트너를 유도하는 방법을 가르쳐주고 싶다고 말했다. 파트너에게 모욕감과 수모감을 주는 것이야말로 파트너의 힘을 북돋고 파트너를 치료해주는 것이라고 힘주어 말했다.

그녀는 이어서 말했다. "흑인들 가운데 인종차별 놀이, 즉 남북전쟁 시대의 노예 놀이를 즐기는 사람들이 많아요. 성폭행당하면서 강간의 환상을 즐기는 여자들이 있어요. 뚱뚱하다고 놀림을 당한 사람들 가운데 BDSM 놀이에서 파트너와 섹스를 하면서 그런 놀림을 받고 싶어하는 사람도 있어요."

"파트너가 내게 뚱뚱하고 못생기고 쓸모없는 암컷이라고 말하면서 섹스를 즐긴 후 '세상에, 자기, 그 순간 너무 멋있어 보였어, 자기 뺨에 눈물이 흐르는 모습이 너무 사랑스러웠어, 자기가 돌아누울 때 엉덩이 곡선이 끝내주더라고, 너무 아름다웠어'라고 말하면 기분이 확 달라져요. 여태까지 들었던 말이 상처로 남는 게 아니라 그 상처가 확 열리면서 치유되는 느낌을 받아요."

"여러분이 이런 여자들에게 '얼굴이 온통 눈물과 침으로 엉망진창이라 더럽기 짝이 없다'라고 말하고 그들이 얼마나 별 볼 일 없는 잡년이라는 것을 보여주어야겠다고 생각하는 그 순간만큼 더 성적 쾌감을 느낄 수 있는 게 없어요. 맞지 않아요?"

그녀는 우리가 '모욕주기 놀이'에서 사용할 수 있는 말들을 이야기해보라고 했다. 그녀가 예를 들었다. "잡년, 창녀, 쌍년, 빙충이, 개새끼, 몹쓸 애, 노리개."

참석자들의 입에서 단어가 터져 나왔다. "싸구려, 더러운, 쓸모없는, 닳고 닳은, 창녀, 정액받이, 멍청한, 얼간이, 돼지 같은, 못된."

파월은 말했다. "어떤 사람을 멍청하고 얼간이 같고 맛이 간 쓰레기라고 욕하면 성적으로 흥분한다는 것을 발견했어요."

어떤 말은 파트너가 쓰지 못하게 해야 한다. 예를 들어, 그녀는 체격이 큰 편이었는데 파트너가 자기를 뚱뚱하다고 말하는 것은 허용하지 않았다.

그녀는 미소를 지으면서 말했다. "그렇지만 나를 돼지 같은 년이라고 욕하는 것은 아주 좋아하죠."

그녀는 각자 들어서 좋을 욕을 생각해보라고 했다.

그녀는 말했다. "어떤 사람은 잡년, 매춘부, 쓸모없는 년, 이런 욕을 좋아하는가 하면, 뱅충이, 성기 빠는 년, 이런 욕은 싫어하죠. 정액받이 같은 년이라는 욕은 무척 좋아하는데, 동물과 연관된 욕은 아주 싫어해요."

어떤 여자들은 '쓸모없는 년'이라는 욕을 듣는 걸 허용하는데, 이런 여자들도 여전히 페미니스트라고 말할 수 있다고 했다.

"나는 지배자dom인 파트너와 끝내주는 모욕주기 놀이를 했어요. 그 당시 나는 가치가 없고 형편없는 여자라고 느꼈기 때문에 그가 내게 갖가지 성행위를 했는데도 그를 사정하게 할 수가 없었어요. 그는 계속해서 내가 사정을 못 시키는 형편없는 여자라고 온갖 욕을 해댔어요. 일이 끝나자마자, 그가 나를 안아주면서 '사정을 안 하는게 얼마나 힘든지 넌 모를 거야. 네가 내게서 빠져나가는 순간 끝까지 참아내느라 정말 저릿했어. 넌 정말 섹시해, 너무 매혹적이야'라고 말했어요."

그녀는 충고했다. "만일 남자들이 계속해서 당신을 핀잔하면, 예를 들어 '너는 성기도 빨아줄 줄 모르는 바보야'라고 하면, '난 그런 것을 잘 못해서 걱정이야'라고 말해주세요. 남자들에게 '당신 참 잘했어'라고 말할 수 있잖아요. '내 것을 빨아줄 때 당신 멋있었어.' 당신이 가해자top의 처지에 있으니, 이렇게 말하는 것은 여러분의 몫이죠."

그녀는 BDSM을 좋아하는 퇴역군인 이야기를 했다. 파월은 군에서 5년 근무했다.

"모욕주기와 성적 취미의 측면에서 보면, 군인들은 정말 변태입니다. 군대에서 작전 배치는 아드레날린을 가장 많이 분비시키는 스트레스를 유발합니다. 군인들이 집으로 돌아오면 그 아드레날린을 다시 분비시킬 방법을 찾습니다. 많은 군인이 킹크나 BDSM을 찾습니다. 이때 과음을 하거나, 마약을 하든지, 오토바이를 엄청 빨리 모는 것을 볼 수 있습니다. 그것은 최선의 방법을 모르기 때문입니다. 여러분들처럼 킹크와 BDSM을 제대로 소개받고 교육을 받을 필요가 있습니다."

그녀는 개인 상담도 받는다는 광고 전단을 나누어주었다.

그녀는 "다음 수업은 '다루기 힘든 음담패설 협상Nasty Naughty Negotiation'입니다"라고 말했다.

알고 보니 파월의 강의는 '창조적인 마음 뒤흔들기와 집약적 BDSM을 위한 정통 심문'의 점잖은 준비 단계 과정이었다. 방 안의 남자들은 지배자doms를 상징하는 검은 복장을 하고 있었다. 서너 명의 여성들은 그들의 파트너가 강제로 끌고 온 것처럼 침울해 보였다. 한 여성은 그룹에서 떨어져 앉아 강의를 들었다. 그녀가 열심히 받아쓰는 것을 보면 BDSM 기술에 임상적인 차원의 관심이 있는 것 같았다. 레즈비언 부부도 한 쌍 있었다.

얼굴이 아주 희고 비쩍 마른 다나라마 강사는 그 수업은 모욕감 주기와 수모감 주기를 '고문torture'과 결합하는 방법을 가르쳐주는 시간이라고 말했다. '고문'이라는 말에 나는 깜짝 놀랐다.

그는 몰래 상대방의 개인 정보를 가능하면 많이 수집하고 성적 파트너를 심문할 때 써먹으라고 강조했다. 만일 파트너가 봉코Bonko라는 이름의 동물 인형을 좋아한다면, "여러분은 이렇게 말할 수 있습니다. '너를 다치게 하지는 않을 거야.' 그렇지만 봉코를 작살내버리세요. 뭔가를 떨어뜨리면서 '예쁜 노란 색이네. 당신 침실과 똑같은 색'이라고 말하세요. 당신이 이런 식으로 말하면, 두 가지 일이 일어날 겁니다. 우선 상대방은 배신감을 느낄 겁니다. '어떻게 그걸 알았지?' 그리고 '누가 이야기했어?'라고 이야기할 겁니다."

"상대방이 당신에게 전혀 이야기하지 않았던 파트너의 과거 직업을 이야기해보세요. 상대방이 움찔할 겁니다. 나는 사람을 겁먹게 하는 것을 아주 좋아합니다. 어떤 특정한 것에 겁을 먹으면 그것을 기록해두세요. 아마 다른 사람들도 그것에 겁먹을 겁니다. 이 정보를 이용해서 여러분 행동 계획안을 세우세요."

다나라마는 킹크의 모델인 젊은 여성을 소개했다. 그녀는 시범을 보이기 위해서 나왔다.

그는 모델에게 부드럽게 말했다. "당신이 여기서 하는 것은 모두 역할놀이예요. 나는 여전히 당신을 존중하고, 이 방에 있는 모든 사람 또한 당신을 존중해요."

그녀는 앞뒤를 힐끗 바라보더니 힘없이 미소를 지었다.

"여러분이 상대방의 동의를 받았을 때 그 현장에서 즉시 행동에 옮겨야 하는 것을 명심하세요. 전에 동의했다고 그것이 언제나 동의를 보장하는 것은 아닙니다. 동의는 매우 일시적입니다. 지난 주에는 항문 성교를 원했을지 모르나 오늘은 아닐 수 있습니다. 언제나 장소와 시간이 바뀌면 동의를 새로 받아야 한다는 사실을 잊지 마십시오. 또 여러분이 해야 할 일은 반복적이고 계속적 사후 돌봄aftecare입니다. 사후 돌봄은 BDSM 워크숍에서 가장 중요한 부분 중 하나입니다. 파트너가 마음을 편하게 가질 수 있도록 해야 합니다. 당신이 파트너에게 가한 행동으로 충격을 받지 않도록 해야 합니다. 이렇게 말하십시오. '연락처 가지고 있죠. 무슨 일이 있으면 연락주세요. 우리는 언제든 무엇이든 이야기할 수 있어요.' 현장에서 정상적으로 BDSM 행위를 한 다음에 파트너에게 전화하지 마시고, 현장에서 행위하기 전에 파트너에게 미리 치료사와 접촉하라고 말하세요. 파트너가 기대하면서 이렇게 말할 겁니다. '아니, 당신 나에게 뭘 하려고 하는데요?'"

포르노와 매춘의 경우와 마찬가지로, BDSM을 지지하는 사람들이 내세우는 정당화의 근거는 '동의'이다. 피해자가 모두 동의한 행위를 가해자가 하므로 그것이 해를 가하는 것이라도 용인된다는 말이다.

하지만 동의라는 말은 페미니스트를 분노하게 한다. 사람들은 가정 폭력이 용인되는 것은 여성들이 폭력적인 파트너와 같은 집에 살기로 동의했기 때문이라고 한다. 강간이나 성폭행이 용인되는 것은 여성들이 남자를 자기 집에 들어와도 좋다고 동의했거나 남자를 성적으로 흥분시키는 자극적인 옷을 입었기 때문이다. 매춘을 업으로 삼거나 포르노 영화에 출연하는 것은 그들이 돈이 필요해서 몸을 팔겠다고 동의한 것이기 때문에 이는 육체적 가해가 용인될 수 있는 근거이다.

다나라마는 파트너에게서 '불안anxiety'의 감정을 유발해야 한다고 말했다. 우리는 "파트너를 압박해야 한다"라고 말했다. 그는 BDSM 행위를 하기 전에 파트너에게 기대감을 주어야 한다고 말했다. 그는 피해자가 될 사람에게 우편배달을 취소하라거나 안전핀이나 고무 밴드를 반드시 가져오라고 쓴 쪽지를 남기도록 제안했다.

"파트너에게 일회용 밴드를 보내는 것도 해볼 수 있죠. 그리고는 당황스럽게 만드는 거죠. '우편으로 그거 받지 않았어요?' '그걸로 뭘 했어요?'"

다나라마는 피해자인 파트너가 붙들고 있을 '자동차단 스위치dead man switch'를 설치할 것을 권유했다. 만일 파트너가 기절하거나 꼼짝 못 하거나 계속해서 버튼을 누를 수 없으면 자동차단 스위치가 경보를 울린다. 그는 "만일 파트너가 기절하면 불이 들어오거나 경보가 울리면서 위험을 알려주죠"라고 웃으면서 이야기했다.

그는 조그만 창이 있는 금속 상자를 여자의 머리 위에 씌웠다. 그는 자기와 피해자가 실제 대화를 하는 것처럼 흉내를 냈다. 먼저 피해자의 역할을 흉내 내면서 "당신 뭐 하는 거예요?"라고 높은 톤으로 소리 질렀다. 가해자인 양 그는 대답했다. "자동차단 스위치를 설치하고 있는 중이에요."

마치 자기가 피해자인 것처럼 놀란 목소리로 소리 높여서 말했다. "그게 뭔데요?" 그는 가해자를 흉내 내면서 낮은 목소리로 "잘 모르면 나중에 당신이 구글이라도 쳐서 알아봐요"라고 대답했다.

그는 가성으로 소리 질렀다. "제발 이러시면 안 돼요. 왜 이러시는 거예요?"

그는 다시 가해자를 흉내 내면서 "내가 가해자 역할을 하는 동안 당신을 제대로 볼 수 없고 당신의 소리를 제대로 들을 수도 없으므로 안전장치가 필요해요. 이것은 당신의 안전을 위해서 하는 거예요. 당신이 기절하거나 혹은 죽음의 위험에 처했을 때를 알려줄 경보장치가 필요해요."

수강생들은 그가 흉내 내는 걸 보면서 웃음을 터뜨렸다.

그는 피해자의 불안을 유발하는 좋은 방법은 "당신이 성적으로 무능력한 체하는 것"이라고 말했다. 그것은 "재미로 하는 게임이니까요"라고 말했다.

그는 수사관들이 범죄자에게 심문하듯이 위협적인 고문 도구를 테이블 위에 놓고 비밀결사대 입단식처럼, 사람을 납치해서 심문을 해보라고 제안했다.

그가 "가톨릭 교인이 몇 명 있습니까?" 하고 물으니 두 명의 남자가 손을 들었다.

그는 마치 기도문을 읽듯이 말했다. "가톨릭이여, BDSM에 기여해주어 감사하나이다. 징계를 받음으로써 용서받을 수 있게 한 가톨릭의 전 교리에 감사하나이다. 가톨릭은 BDSM을 위하여 크게 공헌하였나이다. 모욕감을 통하여. 가톨릭 학교 교복 치마를 입은 여학생들에게 내린 엄한 징벌을 통하여!"

그는 피해자 파트너에게 병원 가운을 입히거나 "더럽게 느껴지거나 냄새나는 다른 사람의 옷"을 입혀보라고 했다. 그는 심문실에서 모든 가구를 치우고 창문을 신문지로 덮을 것을 제안했다.

그는 말했다. "파트너가 불편하다고 느끼면 느낄수록 좋습니다. 여러분은 마대를 사용해도 좋습니다. 그것은 보기도 안 좋고 몸에 닿으면 가렵죠. 그러면 파트너에게 계속 스트레스를 줍니다."

그는 컴퓨터 화면에 관타나모에 있는 죄수들이 주황색 점프슈트를 입고 무릎을 꿇고 앉아 있는 영상을 띄웠다.

"여러분은 폴리에스테르 점프슈트를 입고 있는 것이 얼마나 불편한지 상상할 수 있을 거예요. 모자까지 달려 있어요. 이건 진짜 고문이죠. 상대방은 이런 옷의 불편한 촉감을 견디며 몇 시간 동안 꼼짝 못 하거든요. 덥죠. 땀은 나죠. 정말 불편한 상황에 있는 겁니다. 그런데 상대방이 불편할수록 당신이 원하는 것을 그 사람에게 시킬 수 있습니다."

그는 "멋진 생활을 위해서 하루 한 번, 노예의 엉덩이를 갈겨야 합니다"라고 농담했다.

그는 계속해서 말했다. "신세를 조질 기회를 이 사람에게 주세요. 당신은 그들을 가지고 놀 기회가 훨씬 늘어날 겁니다."

그는 피해자를 괴롭히면서 즐기는 기술을 설명했다. 그중 한 가지가 '커피 갈기coffee grind'인데 이것은 가해자가 피해자를 벽에 밀어 넣고 피해자 머리 옆의 벽을 쿵쿵 치면서 낮은 목소리로 "그 사람의 귀에 뭔가 매우 성적인 것"을 속삭이는 것이다. 그는 파트너가 눈가리개를 했을 때, 파트너를 밀어서 등을 벽에 대고 파트너가 바닥에 쓰러지려고 할 때, 다른 사람을 시켜서 붙잡도록 하라고 이야기해주었다.

"파트너에게 후드를 씌우십시오. 방독면을 씌우십시오. 당신은 그 사람의 호흡을 조절할 수 있고, 그를 당신에게서 분리할 수 있을 뿐 아니라, 방독면의 렌즈를 가려 밖을 볼 수 없게 할 수 있습니다. 킹크 상점에서 특별 방독면을 파는데, 특별 거울이 달려서 당신은 안을 들여다볼 수 있지만, 파트너는 밖을 볼 수 없습니다. 이름이 '일방 시야 신비 눈가리개One Lane Magic blindfold'입니다. 킹크닷컴에서 살 수 있습니다. 끝내주는 제품입니다. 적극적으로 추천합니다. 나도 정말 쓰고 싶은 물건입니다."

그는 눈가리개를 하고 관에 누워 있는 여성 피해자의 비디오를 보여주었다. 관은 진흙으로 가득 차 있었다. 다나라마가 진흙에 물을 부어 넣으니 여자는 진흙에 둘러싸였다. 그는 관뚜껑을 덮더니, 관 위에 있는 널빤지에 못을 두드려 박았다. 그녀를 관 속에 가두려 한다는 위협감을 주기 위한 것처럼 보였다. 놀란 그녀의 목소리가 관뚜껑에 막혀서 둔탁하게 들려왔다.

그는 미소를 지으면서 말했다. "우리는 그녀를 약 15분간 내버려두었습니다. 그녀는 한 시간쯤 되었다고 생각했죠. 관에 갇혀서 꼼짝할 수 없다고 생각했죠."

그는 돌아서 의자에 앉아 있는 모델로 향했다. 그녀는 알몸에 비닐 쓰레기봉투를 뒤집어쓰고 구멍을 뚫어 머리는 바깥으로 내밀고 있었다. 이것은 모욕주기의 일부분이다. 그는 셀로판 포장지 한 박스를 집어 들었다.

그는 말했다. "이것은 실제로 하기에 매우 위험합니다. 비닐봉지가 그녀를 질식시키지 않도록 확인해야 합니다. 만일 그녀가 숨 쉴 때 비닐이 조금이라도 빨려 들어가면 아주 위험하기 때문입니다."

그는 모델에게 물었다. "계속해도 될까요?"

그녀는 고개를 끄덕이고 불편한 듯 자세를 바꾸었다.

다나라마는 말했다. "숨을 들이켜세요. 내쉬세요. 들이켜세요. 길게 천천히 숨을 내쉬세요."

그는 재빨리 셀로판 포장지로 그녀의 머리를 세 번 둘렀다. 그녀의 얼굴이 찌그러지고 비틀어졌다. 입을 크게 벌리고 있었다. 그는 1분쯤 지난 후 셀로판에 구멍을 뚫었다. 모델은 헐떡거리며 숨을 들이켰다. 그는 이런 짓을 몇 번 반복했다. 한번은 그녀에게 숨을 내쉬라고 하고 모델의 얼굴을 셀로판으로 둘러싸 숨을 들이쉬지 못하게 했다.

수강생들이 웃음을 터뜨렸다.

그는 "계속해서 파트너를 비난해야 합니다"라고 읊조렸다.

그는 피해자에게 받아쓰게 해야 한다고 말했다.

"'대니얼의 성기는 엄청나다'라고 쓰세요. 어디 봅시다. 제대로 못 썼군요. 다시 해보세요. 아니 개판으로 써놓았어요. 잘못 썼어요. 뭘 잘못했는지 알겠어요? 다시 해보세요. 생각 좀 해보세요. 읽을 수조차 없네요. 안 되겠어요, 그만해요. 이거 용서할 수 없는 일이에요."

방 안에 있는 사람들이 다시 웃음을 터뜨렸다.

그는 '말 방해speech-jamming' 앱을 사라고 권유했다. 이 앱은 사용자의 목소리를 약간 늦은 속도로 다시 들려주기 때문에, 피해자가 정확히 문장을 말할 수 없게 방해한다. 그는 시범을 보이기 위해서 모델에게 헤드폰을 쓰게 했다.

그는 말했다. "국기에 대한 맹세를 해보세요." 그녀는 우물거렸다. "나는…… 맹세한다." 그는 화난 목소리로 물었다. "우리 모두 외워서 많이 했던 거 아니에요? 당신 미국을 싫어하는 거예요?"

수강생들이 모두 웃었다.

"이것은 자존심이 세고 잘난 체하는 사람과 하기 좋은 정말 재미있는 놀이입니다."

그는 파트너의 질에 소독용 알코올을 문지르고 불을 붙이려는 척을 하라고 했다.

"그녀는 내게 소독용 알코올이 있다는 걸 알고 있었습니다. 나는 분무기도 갖고 있었죠. 나는 그녀의 성기에 물을 뿌렸어요. 그리고 아이스팩도 갖고 있었죠. 나는 그녀를 심문하면서, 내 질문에 대답하지 않고 있다고, 성기에 불을 붙일 거라고 계속 말했어요."

그녀의 성기에 아이스팩을 확 갖다 대자 그녀는 그가 알코올에 불을 붙인 줄 알았다.

"그녀는 내가 그녀의 성기에 불을 붙였다고 확신했습니다. 나는 또 그렇게 할 거라고 했어요. '당신의 비밀을 말해요. 당신의 비밀을 말해요.' 결국 그녀는 내게 비밀을 말했어요."

그는 우리에게 그녀의 유방을 믹서기 쪽으로 밀고 믹서기를 켜라고 이야기했다. 그는 "유방이 조그만지를 꼭 확인해야만 합니다"라고 말했다.

수강생 중 한 명이 다나라마에게 어떻게 BDSM을 시작했냐고 물었다.

그는 대답했다. "나는 어릴 때 매우 수줍은 성격이었습니다. 학교에서 많이 놀림을 받았죠. 다른 사람과 관계를 맺는 것이 자신이 없었습니다. 우리 집은 이사를 많이 다녔어요. 군인 가족이었어요. 학교 다니는 동안에 사람들과 별로 사귀지 못했습니다. 스스로 매력이 없는 사람이라고 생각했어요. 나는 다른 사람에게 줄 게 아무엇도 없다고 느꼈어요. 나는 조금 독창적이었고, 괜찮은 연기자였어요. 내가 사람을 꽁꽁 묶기 시작한 한 가지 이유는 내가 반짝이는 옷, 반짝이는 치마를 입은 여자에게 페티시가 있기 때문이에요. 묶는 걸 가르쳐 준 강사가 있었습니다. 집에 밧줄이 좀 있었어요. 그녀가 그냥 섹스를 할 때와는 달리 묶여서 섹스를 하는 데 전율하는 걸 보고 정말 놀랐습니다. 그 일로 '와, 내가 뭔가 할 수 있구나. 나는 특별한 사람이야' 하는 느낌이 들었어요."

우리가 이 지하방에서 본 사디즘은 이미 대중문화의 한 부분이 됐다. 〈그레이의 50가지 그림자Fifty Shades of Gray〉는 영화 〈아메리칸 스나이퍼American Sniper〉와 마찬가지로 약자가 착취의 대상이 되는 약탈 세계의 사조를 표현하고 있다. 이 세계에서 강자는 자기도취적이고 폭력적인 신적 영웅이다. 우리의 쾌락은 타자의 희생에서 온다. 다수의 오락물과 스펙터클, 예를 들어 리얼리티 쇼, 거대한 스포츠 행사, 소셜미디어, 포르노, 매혹적인 사치품, 마약, 알코올, 마술사 예수 등은 실재 세계를 벗어날 수 있는 매혹적인 출구를 제공한다. 우리는 모두 부자와 강자를 갈망한다. 우리는 유명해지고 싶다. 우리가 굴욕감을 주고 짓밟아 뭉개도 괜찮은 사람은 그에 마땅한 대가를 받는 것일 뿐이라고 생각한다.

보스턴의 조그만 카페에서 게일 다인스Gail Dines를 만났다. 그녀는 《포르노 국가: 어떻게 포르노는 우리의 성을 약탈했나Pornland: How Porn Has Hijacked Our Sexuality》의 저자이고 휘록대학에서 사회학과 여성학을 가르치는 교수이다.

그녀는 경고했다. "포르노 산업은 전체 문화에서 여성성을 강탈했습니다. 소년 세대 전체를 황폐하게 만들고 있습니다. 소년을 황폐하게 만드는 것은 동시에 소녀를 황폐하게 만드는 것입니다."

"우리가 포르노와 싸우는 것은 세계 자본주의와 싸우는 것입니다. 벤처 자본가, 은행가, 신용카드사는 모두 먹이사슬로 연결되어 있습니다. 이것이 우리가 결코 반₤포르노 이야기를 보지 못하는 이유입니다. 이 먹이사슬에는 미디어가 연루되어 있습니다. 미디어는 이 회사들과 긴밀한 관계를 맺고 서로 도움을 주고 있습니다. 포르노는 먹이사슬의 한 부분입니다. 포르노는 우리에게 인간 존재는 인간의 고유 영역, 고결함, 욕구, 창조성, 진정성을 하나도 갖고 있지 않다고 이야기합니다. 포르노에서 여성은 세 개의 구멍과 두 개의 손으로 전락합니다. 포르노는 친밀성과 상호연관성(지구와의 상호연관성을 포함해)을 통째로 파괴하도록 구성되어 있습니다. 만일 우리 사회가 진정한 공동체이고, 전체적으로 연결된 인간 사회라면 우리는 결코 포르노를 볼 수 없습니다. 우리가 어떻게 옆에 있는 사람이 고문당하는 것을 볼 수 있습니까?"

그녀는 이어서 말했다. "만일 소수의 사람에게 대다수의 좋은 것이 돌아간다면 우리는 혜택받지 못하는 나머지 사람들에게 다수가 경제적으로 고통받는 것은 합법적이라는 이유를 설명할 그럴듯한 이데올로기 시스템을 제시해야 합니다. 포르노가 이런 논리를 전개합니다. 다만 포르노는 남자와 여자 사이의 물질적 불평등은 경제적 시스템의 결과가 아니라 근원적으로 생물학적 근거에 기인한다고 이야기합니다. 포르노에서 여자는 음탕하고 암내 나고 단지 성적으로만 필요한 대상이기 때문에 완전한 평등을 누릴 수 없는 존재입니다. 포르노는 우리의 불평등한 물질적 시스템을 합법화해주는 이데올로기적 대변인입니다."

쉽게 싫증 내는 포르노 시청자들을 자극하기 위해서 포르노업자들은 점점 더 폭력적인 저질 비디오를 제작한다. 킹크닷컴은 포르노의 최첨단을 달리고 있다. 그 회사는 익스트림 어소시에이츠Extreme Associates와 마찬가지로 생생한 강간 장면을 전문으로 했고, JM 프로덕션JM Productions과 함께 여성에게 가해지는 사실적 고통을 조장했다. JM 프로덕션은 '개그 팩터Gag Factor' 시리즈와 같은 소위 '공격적 목구멍 섹스', 즉 '얼굴 섹스' 비디오 제작의 선구자이다. 비디오는 여성이 속이 메스꺼워 토하는 장면을 보여준다. 소위 '소용돌이'라는 것을 도입했는데 남자 연기자가 섹스한 후에 변기에 소변을 보고 물을 내린 후에 여성의 머리를 소용돌이치는 변기에 처박는 것을 말한다. 그 회사는 "비디오에는 모두 '소용돌이' 장면이 있습니다. 그녀와 섹스하고, 그녀를 변기 물에 말끔히 내려 보내십시오"라고 선전했다.

다인스는 말했다. "포르노는 여성이 사회에서 선택할 수 있는 것은 둘 중 하나라고 이야기합니다. 남자들의 성적 대상이 되거나 비가시화되거나. 성적 대상이 된다는 말은 포르노 문화에 순응하고, 섹시해 보이고, 남자에게 굴종적이고, 남자가 원하는 것은 무엇이든 한다는 것을 말합니다. 그것이 여자가 자신을 드러낼 수 있는 유일한 방법입니다. 남의 눈을 끄는 데 목숨을 거는 사춘기 소녀에게, 비가시화되는 걸 선택하라고 말할 수는 없습니다."

다인스는 이런 일이 우연히 일어난 일이 아니라고 지적했다. 포르노는 상품 문화, 생산품을 팔아야 하는 기업 자본가의 욕구에서 자라난다.

"제2차 세계대전 후 미국에서 중산층이 나타나기 시작하는데 이들의 소득은 의식주를 해결하고도 남았습니다. 문제는 이들의 부모세대가 공황과 전쟁을 겪은 세대라는 것입니다. 그들의 부모는 돈을 벌 줄만 알았지 어떻게 써야 하는지 모릅니다. 이때 〔자본가들이〕 돈을 벌려면 경기에 활기를 불어넣어야 했고 그들은 필요하지 않은 물건을 만들어 돈을 쓰도록 만들었습니다. 자본가들은 여성들에게 티브이 연속극을 제공했습니다. 랜치 하우스가 생긴 이유는 (한 집에) 티브이가 한 대뿐이었기 때문입니다. 티브이는 거실에 한 대뿐이고, 여자들이 많은 시간을 보내는 곳은 부엌이니까, 부엌 쪽에서 티브이를 볼 수 있는 공간을 마련한 것이 바로 랜치 하우스입니다. 여성은 그렇게 교육됩니다."

그녀는 이어서 이야기했다. "누가 남자들에게 돈을 쓰는 방법을 가르치고 있었을까요? 《플레이보이Playboy》였습니다. 휴 헤프너Hugh Hefner의 기가 막힌 발상이었습니다. 그는 성을 상품화할 수 없다면 상품을 성적인 것으로 만들면 된다고 생각했습니다. 《플레이보이》가 내민 약속은 소녀나 여자 자체가 아니었습니다. 《플레이보이》가 제시하는 수준으로 소비를 하면, 상을 받게 된다는 것인데, 그 상이 여자라는 것이죠. 헤프너는 여성의 몸을 매력적인 성적 대상으로 만들고 상품화한 포르노를 중상류층이 사는 상품으로 포장했습니다. 그는 잡지를 품위 있게 보이도록 잘 꾸몄고요."

그 후 VCR, DVD, 인터넷이 나오면서 포르노가 가정으로 직접 연결이 되었다. 《플레이보이》, 《펜트하우스Penthouse》, 《허슬러Hustler》는 재미없는 것이 되었고, 심지어 구식이 되었다. 미국과 전 세계의 많은 곳이 포르노 시장이 되었다. 전 세계 포르노 산업의 규모는 약 960억 달러로, 그중 미국 시장은 약 130억 달러로 추정된다.[6] 다인스에 의하면 "포르노 인터넷 페이지 수가 4억 2000만 개에 이르고, 420만 개의 포르노 웹사이트가 있으며, 검색엔진에서는 매일 6800만 번 정도 포르노가 검색된다."[7].

포르노의 증가와 함께 가정 폭력, 강간, 윤간을 포함한 성폭력이 폭발적으로 늘어났다. 리베카 솔닛Rebecca Solnit은 《남자들은 자꾸 나를 가르치려 한다Men Explain Things to Me》에서, 미국에서 강간은 6.2분마다 발생한다고 보고되나 보고되지 않는 것까지 포함한다면 총 추정치는 이 숫자의 다섯 배일 거라고 지적했다.[8]

솔닛은 다음과 같이 썼다. "남자들이 전 파트너와 현 파트너를 죽인 숫자가 너무 많아서 1년에 발생하는 이런 살인이 1000건이 넘는다. 아무도 이런 특별한 테러에 전쟁을 선포하지 않지만 이는 9·11 희생자를 상회하는 숫자이다."[9]

우리는 과거 어느 때보다 포르노에 접근하기 쉬워졌다.

다인스는 말했다. "휴대전화만 있으면 포르노를 인구가 고도로 밀집한 브라질이나 인도에 있는 남자들에게 전송할 수 있습니다. 노트북 한 대를 가족들이 같이 쓸 경우에는 남자들이 방 안에 앉아서 마음 놓고 포르노에 접속할 수가 없습니다. 하지만 이제 각자의 휴대폰으로 포르노를 휴대할 수 있게 되었습니다. 보통의 아이들이 휴대폰으로 포르노를 받습니다."

영화로 돈을 벌어들인 과거 포르노 산업은 이제 끝났다. 제작으로는 더 이상 이윤을 내기 힘들다. 지금은 포르노 배급업자가 돈을 번다. 세계적 IT회사 마인드긱MindGeek이 포르노 배급업을 휩쓸고 있다. 대부분의 사용자는 청소년이다. 다인스에 의하면 그것은 "마치 중학교 바깥에서 담배를 나누어주는 것과 다른 바가 없다. 한 번 보면 중독된다".

다인스는 말했다. "대략 12~15세에 나름의 성 인식을 형성합니다. 이때 소년은 성적 정체성을 형성하기 시작합니다. 이게 일생을 지배하죠. 잔인하고 노골적이고 폭력적인 포르노에 접근하기 시작하면 이성과 친밀한 관계를 갖는 것을 원치 않게 됩니다. 연구에 의하면 이런 소년은 실제 여성과 섹스하는 것에 흥미를 잃어 간다고 합니다. 그들은 진짜 여성 앞에서 발기 상태를 계속 유지하지 못합니다. 포르노에 섹스는 없습니다. 증오를 만드는 것만 있죠. 그들은 여성을 경멸합니다. 여성에게 혐오와 역겨움을 느낍니다. 사랑이 사라지면 그 자리를 메꿀 재미있는 뭔가가 필요합니다. 그들은 폭력, 비하, 잔인함, 증오로 그것을 메꿉니다. 그것도 이내 싫증이 나기에 강도가 점점 세집니다. 포르노에서는 여자들이 고분고분 말을 들어야 끝이 나죠. 어린이보다 유순한 이들이 어디 있습니까? 모든 포르노는 필연적으로 아동 포르노로 가게 되어 있어요. 이것이 아동 포르노와 싸우면서 성인 포르노와는 싸우지 않는 단체들이 범하는 큰 실수입니다."

다인스는 이어서 말했다. "한 세대의 남성들이 성적 고문인 포르노를 시청하면서 사회화됐습니다. 능력은 타고나는 것이 아닙니다. 훈련되는 것이죠. 마치 군인이 살상을 훈련하는 것처럼요. 어떤 집단에 폭력을 가하려면 먼저 그들을 비인간화하는 과정을 거쳐야 합니다. 오래된 방식이죠. 유대인은 '카이크kike'가, 흑인은 '깜둥이niggers'가 됩니다. 여성은 그저 성기가 됩니다. 포르노만큼 여성을 인간이 아닌 성기로 전락시키는 건 없습니다."

나는 샌프란시스코에서 마음 뒤흔들기 워크숍을 끝낸 후, 차로 한 시간을 달려서 샌 라몬에 있는 스타벅스에 도착했다. 커피숍 바깥 테이블에서 로빈 리베라Robin Rivera를 만났다. 그녀는 포르노에서 흔히 볼 수 있는 커다란 인공 가슴을 하지 않았고, 몸집은 작은 편이었다. 나이는 32세였고 포르노 영화를 약 40편 찍었다. 기꺼이 자신의 실명을 말했으나 포르노에서 쓰는 예명은 밝히지 말아달라고 부탁했다. 그녀의 예명을 구글에 치면 자그마치 126만 개의 검색 결과가 나온다.

매춘업이나 포르노에 종사하는 여성들 대부분이 그렇듯 그녀는 불우한 어린 시절을 보냈다. 15세 때 윤간을 당한 일도 있었다.

"내가 열다섯이었을 때, 애들이 나를 숨겼어요. 나를 성적으로 이용하려고 어떤 집에 나를 가둬놨어요. 섹스랑 마약을 교환한 거죠. 걔들은 내 가족과 경찰에게서 나를 숨기고, 나를 자기들 멋대로 갖고 놀았어요. 우리는 마약을 거래했거든요."

부모는 그녀를 학교에 다시 보내려고 멀리 멕시코 엔세나다 카사에 있는 '행동 교정'을 위한 특별 기숙학교로 보냈다. 특별 프로그램과 세계학교협회World Wide Association of Specialty Programs and Schools, WWASPS 가 운영하는 학교로 체벌을 하는 곳이었다.

그녀는 학교에서 손발을 묶는 체벌을 겪었는데, 훗날 킹크의 세트장에서 반복했던 것과 똑같은 것이었다. 학생이 규칙을 위반하면 학교 관리인들은 3일 동안 벽을 바라보도록 강요하거나 운동장을 맨발로 뛰게 했다. 가장 심한 체벌은 길에서 몇 마일 떨어진 '고강도 인내 훈련High Impact'이라고 불리는 곳으로 보내는 것이었다.

"거기에 갔다 오면 얼굴이 더러워지고 핼쑥해졌어요."

학생들은 부모에게 불평을 하지 못하게 되어 있었다.

"우리가 전화하다 울면 선생님이 전화를 끊어버렸어요."

그녀는 부모님께 열한 장의 긴 편지를 썼다.

"편지를 검사하는 사람들이 멕시코 사람들이기 때문에 영어로 열한 장을 읽지는 못할 거라고 생각했어요. 편지 중간에 내가 정말로 하고 싶은 말을 써놓았어요. 여기서 어떤 일이 있는지, 제발 집으로 데려가달라고 썼어요. 나를 집으로 데려가면 부모님과 규칙을 세워서 그 규칙대로 살겠다고 약속했어요. 부모님이 오셔서 집으로 데려갔어요. 그렇지 않았다면 아마 나는 거기서 열여덟 살까지 살았을 겁니다."

그녀는 섭식장애에 걸려 집에 돌아왔다. 심하게 술을 마시고 마약을 했다. 스트립 클럽에서 일자리를 얻었다.

"일하다보니 로스앤젤레스까지 왔어요. 미용사 일을 했는데 이것저것 따져보면 그 일 가지고는 생활이 안 되겠더라고요. 포르노가 뭔지 찾아봤죠. 지금 생각해보면, 포르노 에이전트가 나를 꾄 것 같아요. 에이전트 이름이 리사 앤Lisa Ann이었어요."

앤은 2008년 포르노 영화 〈누가 페이린과 섹스를 하는가: 하키 아줌마의 모험Who's Nailin's Paylin: Adventures of a Hockey MILF〉에서 세라 페이린Serra Paylin 역할을 한 포르노 배우이다. 페이린은 이 영화에서 러시아 군인과 성교할 때 "뚫어, 자기 뚫어!" 하고 비명을 지른다. 이 영화는 허슬러Hustler의 포르노 비디오보다 네 배 더 팔렸다. 이 포르노는 〈오바마는 페이린과 섹스를 했다Obama Is Nalin' Paylin〉를 포함해서 다섯 편으로 제작되었다. 니나 할리Nina Harley는 2015년 한 포르노 영화에서 힐러리 클린턴 역할을 하는데, 표를 얻기 위해서 흑인 남자와 성관계를 맺고 제이다 파이어Jada Fire는 콘돌리자 라이스Condoleezza Rice 역할을 한다. 그 영화는 '세라', '힐러리', '콘돌리자'가 동거하는 레즈비언 이야기로 끝난다.

그녀는 리사 앤의 알선을 설명했다. "그 사람들은 우리가 번 돈에서 200~300달러를 떼어가는 것 같아요. 인신매매업자죠."

리베라는 계속해서 말했다. "리사는 내게 미용사 일도 계속할 수 있다고 했어요. '그저 간단하게 여자와 상대하는 역할을 해봐.

네가 다른 일을 하는 동안에는 일정을 안 잡을게. 그저 네게 이 일이 맞나 해봐. 넌 아주 예뻐, 넌 스타가 될 수 있을 거야. 네 페이스대로 천천히 하면 돼.' 모두 헛소리였죠."

리베라는 미용실 조수로 최저임금을 받았기 때문에 12시간 교대제 근무가 끝나면 70달러를 벌었다. 그녀는 말했다. "그때 중간 갱생센터에서 살았어요. 정말 힘들었어요. 스트레스가 엄청났고요. 그렇게 열심히 일해본 적이 없었어요. 온갖 정서 문제가 생겼어요. 남이 나를 비판하는 것을 받아들일 수 없었어요. 인간관계를 어떻게 풀어나가야 하는지 감을 잡을 수 없었어요. 울면서 헤어지는 일이 부지기수였어요. 스트립 클럽으로 다시 돌아가고픈 마음이 하루에도 몇 번씩 들었어요. 그때까지 스트립쇼는 꾸준히 해왔거든요. 입에 풀칠이라도 해야 했어요. 그렇지만 알코올중독 때문에 그 일을 제대로 할 수 없었죠. 정서문제 때문에 정상적인 직업을 가질 수도 없었어요."

"첫번째 포르노 촬영을 낮으로 잡았더라고요. 어떻게 해야 할까 망설였어요."

포르노 스튜디오는 그녀에게 40분에서 1시간을 일하면 1000달러를 주겠다고 제안했다.

그녀는 당시를 회상하면서 말했다. "하루 12시간 일해서 70달러를 버는 직장으로 가면 이 기회를 놓칠 텐데. 이런 기회가 일생에 다시 없지 않을까? 내 주제에 어디 가서 1000달러를 받겠어. 이렇게 마음이 쏠렸어요. 스물한 살 때였죠."

"머리와 메이크업을 하고 나니 영화배우가 된 느낌이었죠. 그런데 촬영장으로 들어가는 순간에 그들이 이렇게 말했죠. '아시아인이 아니잖아. 사진에서는 아시아인처럼 보였는데.' 겁이 덜컥 났습니다. 자존감이 송두리째 무너지면서 섬뜩 공포감이 들었어요. 생존해야 한다는 공포감요. '이 일을 하려고 전에 하던 일을 포기 했는데 이 일마저 못 하면 어쩌지? 아시아인이 아니라고 나를 싫어하다니.' 그들은 말했어요, '네가 할 수 있는 일이 뭘까?' 내가 무슨 일을 할 수 있는지 알 턱이 없죠. 매춘을 해본 적도 없고, 정말 몰랐어요. 그들은 이런저런 역할이 담긴 리스트를 보여줬어요. 가장 덜 역겨워 보이는 걸 골랐어요. 삼키는 일이었어요. 그 일이 제일 겁이 덜 나고 쉽게 할 수 있을 것 같았어요. 삼키는 것 중 하나가 남자들이 내게 사정할 때 크림 파이를 삼키는 일이었어요. 뱅브로스Bang Bros라는 포르노 스튜디오 작품이었어요."

"다행스럽게도 나와 촬영했던 남자는 정말로 친절했고 나를 편하게 해주었어요. 그는 내가 처음 이런 일을 한다는 것을 알고 있었어요. 매춘부 같은 여자들이 있으니 그들과 어울리지 말라고 이야기했죠. 그는 나를 인간적으로 대했어요. 촬영 내내 너무 겁이 나서 다리가 후들후들 떨렸어요. 어쨌든 무사히 해냈어요. 아주 힘든 것은 아니었어요. 마음이 그렇게 상하지는 않았어요. 촬영하는 동안 정신이 나갔던 것 같아요. 그나마 나았던 것은 그 남자가 정말로 친절해서 그가 사람처럼 보였다는 거예요. 촬영이 끝나고 수표 한 장을 받고 나왔죠. 돈 때문에 촬영의 충격을 잊을 수 있었죠. '됐어. 이제 안전해.' 몇 주를 이럭저럭 견딜 수 있었죠."

그녀는 더 많은 일을 받았다. 제작자의 압력으로 그녀가 지키려던 경계선은 무너지기 시작했다.

"강간이나 오만 가지 끔찍한 일을 겪으면 경계선이 어디인지 모르게 돼요. 점점 더 멀리멀리 나아가죠. 인지 부조화예요. 생존하기 위해서 나 자신에게 '나는 이 일을 좋아해, 이 일은 일종의 성

탐구야'라는 식으로 설득하는 거예요. 성적 자율과 타락의 경계선이 매우 불확실했어요. '내가 호기심 때문에 이 일을 하는 건가? 하지만 이걸로 돈을 벌고 사람들은 내가 하는 일을 보잖아?' 정말 혼란스러워요. 촬영장에 있는 사람들도, 전 세계에서 이걸 보는 사람들도요."

"특별 촬영이 있었어요. 남자면서 여자인 양성 역할이었어요. 두 남자와 같이 찍는 촬영이었죠. 이 일을 알선해준 여자는 이 일은 천천히 진행될 거라고 말했어요. 천천히는 무슨, 당장 삼키는 장면부터 찍었어요. 그 후 두 남자와 같이 촬영을 했고요. 그런 일은 평생 처음이었어요. 세트장에 올라서자 포르노 감독은 항문 성교를 하라고 했어요. 개인적으로 그런 일은 하지도 않는데 말입니다. 돈을 배로 주겠다고 제안했어요. 나중에 안 일인데 포르노업계 여자들도 그런 성교 연기는 경력 말년에 하는 일이래요. 거기까지 가면 영화사가 배우에게 원하는 것은 다한 거랍니다. 그 직업 인생은 끝난 거죠. 감독은 두번째 일을 시작한 날 내게 그 일을 제안한 거예요. 나는 '언제 다시 고용될 수 있을지 모르는데, 정말 난 돈이 필요한데……' 하는 생각으로 가득 차 있었어요. 경계선이 무너지기 시작하면 계속 무너지는 건 문제가 아니잖아요. 그때 술을 좀 마셔도 되냐고 이야기한 것 같아요. 음주는 허용하지 않는다고 하다가 술을 조금 가져다주더라고요. 그 순간 감독의 꼬임에 말려든 겁니다."

"감독은 나를 계속 쓰려고 그렇게 했던 겁니다. 그날 일이 끝날 즈음에 나는 세 남자와 항문 성교를 했어요. 원치 않은 일이었어요. 지금은 기억도 잘 나지 않아요. 그때 취하지 않았어요. 조그만 잔으로 딱 한 잔을 마셨거든요. 하지만 완전히 정신이 나가 있었어요. 나중에 남자친구가 이 필름을 가지고 나를 비난했어요. 그들이 영화를 나에게 보라고 하면 늘 그때 감정이 살아났어요…….”

그녀는 말을 멈추고 눈물을 참느라 애썼다.

그녀는 작은 소리로 이야기했다. “거기 가지 말았어야 했어요.”

그녀는 전 남자친구들 이야기를 시작했다. “그들은 내가 찍은 영화를 내가 보게 했어요. 때때로 포르노 영화는 새로운 개봉날짜로 다시 나와요……. 막 찍은 것처럼 보이죠.”

과거를 생각하면서 못 견딜 때마다 그녀는 식음을 전폐하고 “머리를 감싸 안고 여러 시간 소리를 질러야”만 했다.

그녀는 2007년 킹크에서 처음 일할 때 로스앤젤레스에서 살았다. 킹크는 샌프란시스코행 비행기 표를 사주었다. 밴이 비행장에 마중나와 있었다. 그녀는 그곳이 킹크가 처음으로 페티시 영화를 찍은 곳이라고 말했다.

“한 만큼 돈을 줬어요. 만일 남자면서 여자 역할〔여자 성기에 남자 성기가 있는 사람〕을 하면 900~1000달러를 받고, 진짜 여자 역할을 하면 좀 덜 받았어요. 킹크 웹사이트에 가서 배우 지원서를 보면 금액이 나와 있어요.”

“킹크는 좋은 회사인 편이에요. 다른 회사들보다 전문성을 띤 회사죠. 화장을 해주고 서류 작업을 해주는 여직원들이 다른 회사보다 많아요. 다른 회사보다 대우가 좋죠. 점심도 제공하고요. 촬영이 끝나면 옥상에 있는 온수 욕조에 올라가서 목욕하면서 쉴 수 있어요. 그들은 여자들에게 필요한 물품을 제공해요. 포르노업계 여자들에게는 위생 물품이 정말 중요해요. 킹크에는 그런 물건들이 널려 있었어요. 타이레놀, 탐폰, 물티슈, 로션, 관장제, 수건, 샴푸 등이요. 항문 성교하기 전에 관장제를 쓰죠. 그런 면에서는 항문 성교를 촬영하기 전에 마음을 편안하게 할 수가 있었죠. 그렇지만 촬영을 하기 전에는 해보지 않았던 일이라 정말 겁이 났어요."

그녀는 〈손발 꽁꽁 묶기Hog Tied〉라는 킹크 영화 시리즈에 참여했다.

"다섯 시간 촬영이었어요. 실은 다섯 시간 동안 고문당하는 거죠. 나는 그것을 일종의 실험이라고 생각했어요. 감독도 그런 분위기로 몰고 가고요. 그는 이렇게 말해요. '힘들다 싶으면 아니라고 말해주세요. 천천히 하면 돼요. 여러분이 어떻게 느끼는지 내가 지켜보니까 염려 마세요. 여러분을 막 밀어붙이지 않아요.' 그들은 우리가 스스로 알아서 하는 것처럼 분위기를 몰아가요. 다시 써줬으면 하는 마음이 들도록요. 정말로 친절하게 대해주죠…… 촬영에 빠져들도록 해서 끝날 때쯤 '세상에 무슨 일이 있었던 거지? 내가 무슨 일을 했지? 다섯 시간 동안 이 엄청난 일을 어떻게 해냈지?' 이런 생각이 들게 해요."

"이 장면에는 섹스 행위가 없는데 남자가 나에게 가해 행위를 하는 거예요. 내가 정말로 싫어했던 것은 질을 확대하려고 플라스틱 컵을 집어넣는 거예요. 질을 고문하는 행위가 정말 싫었어요."

그녀는 전기 소몰이 막대로 전기 고문을 당했다.

"그들은 나를 묶어서 천장에 매달았어요. 천장의 판자가 떨어지면 바로 바닥으로 떨어지는 거예요."

그녀는 이어서 말했다. "엉덩이 부분에 갈고리를 붙여놓고, 머리를 포니테일로 묶고, 팔다리는 술통처럼 생긴 통에 묶어요. 그리고 진동기를 내게 달아요. 그게 내가 기억하는 전부예요. 다섯 시간은 긴 시간이죠. 고작 900달러를 받고 할 가치가 있는 일이었는지 모르겠어요."

한바탕 촬영을 하고 나면 온몸이 멍투성이고 쇼크 상태에 빠졌다. 그녀는 목욕을 하며, 다른 여자들이 촬영을 끝내고 피를 흘리며 들어오는 것을 보았다.

나는 나중에 그녀가 출연한 영화를 직접 보았다. 영화는 가명을 쓴 리베라와 관객들 눈에는 보이지 않는 한 남자의 인터뷰로 시작한다. 리베라는 화면 가운데 나무 상자에 앉아 있다. 그녀는 은색 힐을 신고 몸에 꼭 맞는 짙은 회색 티셔츠와 짧은 분홍색 치마를 입었다. 머리에 분홍색 꽃무늬 모양의 핀을 꼽았고, 짙은 화장을 했다. 화면에 보이지 않는 맷이라는 이 남자는 그녀의 직업과 나이를 묻는다. 그녀는 22세라고 대답한다. 그 남자는 그녀에게 얼마나 이 '업계'에 있었는지 묻는다. 그녀는 일을 한 지 6개월 됐고, 포르노 영화를 30번 촬영했다고 말한다. 그녀가 어떤 포르노 남자 배우를 가장 좋아하는지 알고 싶다고 한다. 데릭 피어스Derrick Pierce를 가장 좋아하는데 "촬영하지 않는 동안에, 숨 쉬지 못할 정도로 팔로 내 목을 조이기 때문이에요"라고 대답하면서 그녀는 웃는다.

맷이 말한다. "아하! 스크린 뒤에서 하는 일을 좋아한다? 언제나 더러운 음탕한 년이네. 촬영하기 위해서만이 아니라 말이야……?"

그녀는 다시 웃고 그렇다고 대답한다.

맷은 그녀의 섹스 스토리를 묻고 '구강성교'를 좋아하냐고 묻는다.

맷은 드디어 화면에 들어와서 자신의 정체를 밝힌다. 그는 키와 체구가 크고, 허연 색깔의 짧은 머리를 하고, 검은 옷을 입고 있다. 그는 리베라 뒤에 서서 팔로 그녀를 붙잡고 있다. 개에게 씌우는 입마개를 머리에 씌우고 그녀가 움찔할 때마다 더욱 꽉 조인다.

맷은 말한다. "이것은 내가 새로 발견한 거야. 네가 좋아할 거라고 생각해."

그가 그녀의 치마를 걷어 올려서 검은색 팬티가 보이게 하고 그의 손가락을 그녀의 질에 쑤셔 넣자 리베라는 신음한다. 그는 그녀를 옆으로 밀어제치고 화면 바깥으로 나간다.

맷은 명령한다. "신발 벗어!"

바닥에 앉은 리베라가 신발을 벗는다.

그가 소리친다. "어서! 넌 언제나 남자들을 기다리게 한단 말이야! 언제나 준비시간이 길어……. 일어서!"

그녀는 일어선다. 맷은 천장에 매달린 밧줄에 붙은 갈고리를 당긴다. 그것을 리베라 얼굴에 씌운 입마개 앞부분 갈고리에 걸고 그녀의 얼굴을 들게 하여 천장으로 향하게 한다. 그녀의 손을 등 뒤로 묶는다.

그는 말한다. "아주 좋아!"

그는 그녀의 치마를 들어 올리고 그녀의 뒤쪽을 카메라로 비춘다.

그는 그녀를 때리면서 말한다. "와, 이 큰 엉덩이 좀 봐! 정말 맘에 들어. 너무 멋진데!"

그녀는 다리를 벌린다. 그는 계속해서 그녀의 엉덩이를 때린다. 그는 치마와 브래지어를 가슴 위로 거둬 올려붙인다. 그는 그녀의 얼굴이 카메라를 향하도록 돌려놓는다. 그녀가 고통으로 몸을 움찔거리면 그녀의 유두를 꼬집는다. 그녀가 비명을 지르지만, 입마개를 해서 제대로 소리가 들리지 않는다.

그는 말한다. "난 뭐든지 할 수 있어!"

그는 그녀의 왼쪽 유두를 힘주어 잡는다. 그녀는 고통에 신음한다.

맷은 그녀의 팬티를 벗겨 내린다.

그가 말한다. "있잖아, 내 눈에 보이는 이 털 말이야. 좀 깎지 그래. 안 그러면 내가 주먹으로 후려칠 거야."

그는 화면에서 잠시 사라졌다가 검은 가죽 채찍을 가지고 돌아온다. 그는 그녀의 알몸을 후려친다. 리베라는 비명을 지른다. 영화는 대부분 이런 장면들로 채워져 있다. 맷은 얼굴에 씌운 입마개에 달린 밧줄을 홱 잡아당기고 그녀의 질에 쑤셔 넣은 막대기에 바이브레이터를 달아 밀어 넣는다. 다른 손의 손가락을 바이브레이터와 함께 그녀의 질에 쑤셔 넣는다.

그는 말한다. "이봐, 아가씨, 아무리 엄살을 떨어도 네 할 일은 해야지. ……이런 게 바로 꼼짝없이 무력감을 느끼는 순간이야. ……네가 좋든 싫든 네 몸에서 애액이 흘러나올 거야."

리베라는 신음하다가 오르가슴을 느끼거나 적어도 오르가슴을 느낀 척한다.

그는 묻는다. "어때?"

"고마워요"라는 그녀의 목소리는 입마개에 파묻혀 희미하게 들린다.

다른 장면에서는 그녀가 방 가운데에 얼굴을 바닥에 댄 채로 엎드려 있다. 그녀의 손목과 발목을 등 뒤쪽으로 묶어놓았다. 밧줄이 그녀의 몸 위쪽으로 몇 인치 떨어진 판자에 매달려 있고, 그 판자는 다시 천장에 매달린 밧줄에 매달려 있다.

맷은 "이제 다른 작업을 해볼 시간이네"라고 말하면서 그녀의 입에 공 모양 재갈을 쑤셔 넣고 그것을 단단하게 매어놓는다. 그는 두 개의 채찍 중 하나를 고르라고 하고 그것으로 그녀를 때린 뒤 지팡이로 그녀의 발을 때린다. 그는 은색의 작지만 무거운 공을 금속 클럽에 끼워서 그녀의 젖꼭지에 매단다. 그녀의 젖꼭지가 아래로 축 처진다. 그는 이번에는 그녀의 질 쪽으로 회초리를 후려치기 시작한다.

그는 실험실 튜브 같은 흡입기를 그녀의 음핵 위에 놓는다. 그녀는 고통으로 몸을 뒤틀며 몸부림친다.

그녀는 소리친다. "아파요……. 아아, 아파요……. 그만, 아파요. 싫어요!"

맷은 그녀의 가슴을 채찍으로 후려친다. 그는 계속해서 고문 방식을 바꾼다. 그는 어느 시점에 가서 자위를 한다.

그는 말한다. "참 귀여운 창녀야. 맘에 들었어."

리베라는 때때로 말하려고 하지만 알아들을 수가 없다. 맷은 그녀가 숨 쉬지 못하도록 손으로 입과 코를 막았다.

그녀가 숨을 쉬려고 할 때 그는 "죽을 때까지 숨을 못 쉬게 할 거야"라고 말한다.

그는 그녀의 가슴, 질, 엉덩이를 돌아가면서 회초리질 한다. 그녀는 참다못해 "개새끼!"라고 소리친다.

그는 갈고리를 질에 집어넣었다가 다시 빼서 그녀의 항문에 집어넣는다. 그는 그녀의 머리 뒤에 매달린 밧줄을 잡고서 그녀 항문에 있는 갈고리에 묶는다. 그렇게 하면 그녀의 머리가 뒤로 당겨져서 활 모양이 된다. 그는 계속해서 채찍질한다. 그녀는 맞을 때마다 고통으로 운다. 그는 딜도를 그녀의 입에다 밀어 넣는다.

그녀는 간청한다 "정말, 정말 그만해요……."

그는 소몰이용 막대기를 끄집어내서 그녀의 가슴과 질에 전기 충격을 준다. 다시 회초리질을 한다.

리베라는 말했다. "나는 포르노를 보면서 자랐어요. 우리 모두 포르노에 자극을 받고 세뇌당했어요." 다인스 교수의 말을 다시 듣는 것 같았다. "포르노가 성교육이었어요. 티브이에 나왔고요. 내가 상대한 남자들은 티브이에서 본 그대로를 기대했어요. 음악을 통해서도요. 포르노에서 나타나는 여성을 최고의 잠재력을 가진 여성의 모습으로 찬양해요. 만일 내가 자존감이 없다면 이런 방식으로 자존감을 가질 수 있고, 그게 자의식을 가질 수 있는 유일한 방법일 거예요. 또한 이것이 내가 정신적, 신체적, 영적으로 존재할 수 있는 유일한 길이겠죠. 우리가 성적 자율성을 갖지 못한다는 것을 생각하면 정말 화가 나요. 나는 이제 어떤 특정한 것에 끌릴 수밖에 없게 됐어요. 나는 내 몸을 내가 원하는 대로 조절할 힘을 가지고 있지 않아요. 몸과 마음이 따로 노는 것 같아요. 나도 한 인격체로 살고 싶어요. 그런데 포르노를 경험하면서 내 마음에 여러 가지 이미지가 생겨서 이제 즐기려면 그 이미지들로 가야만 해요. 어디에서 이것이 왔죠? 사춘기 시절에 우리는 전인적이며 건강하고 비억압적인 방식으로 성교육을 받는 대신에 몰래 포르노 채널에 들어가서 여성을 숨도 못 쉬게 학대하는 모습과 퇴폐적인 장면을 보는 거예요."

그녀는 계속해서 말했다. "한때 스트립 걸이었어요. 매일 남자들이 무엇을 찬양하는지 보았어요. 나는 이제 남자들이 찬양하는 것에 끌립니다. 되돌릴 수 없어요. 다른 것에는 끌리지가 않아요. 그렇게 길들여졌어요. 친밀한 관계에서조차 즐기려면 이런 식으로 생각해야 해요. 정말 안전한 섹스를 몇 번 했고, 즐길 수 있었어요. ……머릿속에서는 쓰리썸을 생각해요. 뭔가 느끼려면 내 파트너인 남자가 다른 여자와 함께 있는 걸 봐야 해요. 왜 그런지 나도 모르겠어요."

그녀는 이런 판타지들이 "아마도 포르노를 찍고 포르노화된 문화에서 자란" 결과인 것 같다고 말했다. "여자들은 전반적으로 오르가슴을 느끼는 데 어려움을 느껴요. 오르가슴을 느낄 수 있는 비결을 찾죠. 그 비결들이라는 게 우리가 보는 것, 우리가 접하는 것들을 통해서 알게 되는 것들이고요."

그녀는 계속해서 말했다. "스스로 내 몸을 느낄 수가 없어요. 남자가 다른 누군가와 섹스하는 것을 보아야만 해요. 실제로 내 몸이 편안하다고 느끼지 못하면서도요. 뭔가 모멸감을 느끼곤 해요. 스스로 별 볼 일 없는 사람이란 느낌과 상실감이 밀려와요. 이상할 정도로 그런 느낌이 심해요. 가끔은 판타지 속에서 비하하는 걸 봐야 해요. 남자가 여자를, 때로는 나를 비하하는 거죠."

나는 물었다. "말로 비하하는 건가요?"

그녀는 대답했다. "아뇨, 몸으로, 힘으로, 목이 졸린 모습으로, 때로는 강간의 모습으로요. 그것 때문에 치료받는 중이에요."

그녀는 말했다. "나는 포르노에 세뇌당했어요. 나만이 아니에요. 그걸 보는 모든 어린 소년들이 그래요. 내가 상대했던 파트너들도요. 그들은 아주 힘들게 섹스하거나 강제하지 않으면 사정을 못해요. 여자들은 그들을 행복하게 하려고 섹스를 좋아하는 척해야 한다고 느껴요. 사람들이 행복감을 느끼지 못하는 악순환의 연속이죠."

그녀는 킹크 웹사이트에서도 일했다. 킹크는 영화 제작과 19개의 웹사이트를 운영하는데 1주일에 약 40명의 모델을 고용한다. 웹사이트 촬영은 1주일에 한 번, 업로드는 매주 된다.

"웹캠을 통해서 고객들과 만나죠. 정말 구역질 나는 인간 중에서도 최악의 인간과 만나는 겁니다. 우리는 그들을 볼 수 없어요.

고객은 우리가 고통받는 일을 해주기를 요구합니다. 구역질을 할 때까지 재갈을 물리는 일, 예수에게 독설 퍼붓기, 무거운 물건을 젖꼭지에 다는데, 점점 더 무거운 걸 매달죠. 그들은 내 오줌을 내가 마시는 걸 보면서 좋아해요."

나는 물었다. "실제로 그렇게 합니까?"

그녀는 말했다. "그렇게 하는 척하는 거죠. 카메라로 속임수를 씁니다. 고객들이 볼 수 있는 버킷이 있고 그 옆에 고객이 보지 못하는 버킷에다가 사과 주스를 담아놓죠."

"나는 딜도를 입에 뭅니다. 뭔가 번잡하고 더러워야 고객들은 좋아합니다. 침을 흘린다든지 화장을 짙게 해서 얼굴에 흘러내린다든지. 끔찍하게 보일수록 그들은 좋아해요."

리베라에 의하면, 한 고객은 그녀와 같이 일했던 한 여자에게 "수천 달러를 더 주면서, 타코벨 여러 개를 먹고 자위하면서 그걸 토하라고 했어요. 그 사람들은 여자들이 알몸으로 자위를 하면서 토하는 모습을 봐야 오르가슴을 느껴요. 그게 그 사람이 오르가슴을 느낄 수 있는 유일한 방법이에요. 이런 사람들은 카메라 앞에서 우리가 스스로를 고문하면 엄청난 돈을 내요. 정말로 역겨운 일이죠. 그들이 가장 많은 돈을 내요."

"강간당하는 연기를 많이 했어요. 고객들은 내가 내 몸을 묶고 강간당하는 모습을 연기하기를 원해요. 테이프로 몸을 감고 웹캠 앞에서 몸부림치는 거예요. 그렇지만 사실은 누구랑 하는 것이 아니라 혼자잖아요. 정말로 이상해요. 이런 식의 연기를 잘하면 잘할수록 그들은 더 좋아해요."

"자신에게 힘이 있다고 느낀다는 내 주변의 여자애들도 있지만, 그들이 점점 우울해지는 걸 보았어요. 그들은 그 일을 좋아한다고 말하면서 자신을 속이고 있어요. 내 눈에는 그것이 진실로 보이지 않았죠. 나도 한때 그런 일을 내가 하고 싶어서 한다고 생각했어요. 하지만 그건 선택 사항이 아니었어요. 여자들은 사회에서 자기 자신을 스스로 추방하고 있어요. 그들은 말합니다. '이게 우리의 정체야. 우리는 하드코어 포르노를 좋아하는 나쁜 영계들이야.' 그들이 일하지 않는 날을 보면 행복해 보이지 않았죠. 한 여자가 내게 와서 자기는 이런 일이 너무 지겹고 이런 일을 하기에는 나이가 많다고 했어요. 그녀에게는 아무런 에너지가 없어요. 저 역시 자살하고 싶은 마음이 떠나지 않아서 괴롭습니다. 트라우마가 한둘이 아니에요. 1주일에 세 시간 치료받고 있어요. 주변에서 자살한 사람이 두 명이에요."

그녀는 말했다. "킹크 영화를 세 편 찍었는데, 한 영화에서 굉장히 고문을 당했어요. 기억이 나지를 않아서 어떤 고문을 당했는지 말할 수가 없어요. 대나무 때문에 정말로 아팠다는 정도만 기억해요. 2014년에 킹크 웹캠에서 3개월 동안 일했어요. 포르노보다 안심할 수 있는 일이라고 생각했어요."

그녀는 웹캠 앞에서의 일을 다음과 같이 말했다. "여기서 부지런히 벌어야 해요. 1주일에 15시간은 일해야 해요. 포르노만큼 못벌거든요. 한 번에 2~5시간은 일해야 해요. 나는 말을 할 수 있고, 고객들은 타자만 칠 수 있어요. 그래서 우리는 컴퓨터 스크린을 읽기만 하죠. 그들은 우리가 고통스러워하는 것을 보고 싶어해요. 어떻게 고통받느냐가 매우 중요하죠. 그들은 매우 까다로운 사람들이에요. 대부분의 경우 그들은 우리가 고통받고 있는 것을 보기 원하죠. 우리가 고통받는 것을 보고 싶어하지 않는 사람들도 있어요. 그들은 우리가 자기들을 비하하는 말을 해주는 것을 좋아해요. 우리가 그들이 계집애 같은 놈이라고 불러주기를 원해요. 아니면 밥통, 벌레, 그런 말 아무거나요. 고추가 얼마나 작은지도 이야기해주길 원해요. 이렇게 해주면 돈을 꽤 받아요. 일대일이면 분당 9달러 99센트예요."

"비비드 앨트Vivid Alt사의 포르노 영화를 찍었었어요. 예술 장르였어요. 대안적 포르노로 전형적 포르노보다는 창조적이고 예술적이라고 볼 수 있죠. 실제로 그 영화에 나름의 자부심이 있어요. 내가 창조적인 일에 참여했다는 것이 자랑스러워요. 진짜 연기를 했어요. 그 영화에서 여러 연기를 했어요. 역겨운 것이 아니었어요. 같이 작업했던 사람들이 좋았어요. 우리는 직장 밖에서도 관계를 맺었는데, 그런 경우는 그 영화 하나뿐이에요. 〈재수 없는 베티들The Bad Luck Betties〉이라는 영화예요. 소녀 갱단 이야기인데 주인공은 할리우드와 로스앤젤레스를 왔다 갔다 하는 중개인이었어요. 우리는 마약 밀매를 감시하면서 돈거래만을 하는 역할을 했어요. 여자들을 이용하는 성도착자 주지사도 등장하는데 우리가 그 주지사를 혼내주죠. 그 포르노는 주제가 있는 영화였어요. 그 영화에서는 여자들이 힘을 가진 사람들로 나와요. 섹스 장면도 있었어요. 내 파트너는 타미 피스톨Tommy Pistol이었는데, 우리는 실제로도 친구예요."

그녀는 이어서 말했다. "남자들이 안됐다는 생각이 들어요. 많은 남자가 비아그라를 복용하는데 결국에 가서는 이 약이 말을 안 들어요. 비아그라는 심장에 위험해요. 비아그라를 복용했는데도 발기가 안 되면 창피스러운 일이죠. 그런 사람들이 포르노의 주인공으로 연기한다는 것은 정말 큰 압력이죠. 남자들의 발기는 심리적으로 영향을 받잖아요. 여자들은 겉으로 속일 수 있는데, 남자들은 속일 수가 없고요. 그런 남자들을 비하하고 압박하는 포르노 감독들이 있어요. 그런 남자들은 돈도 적게 받아요. 그들 모두가 측은하지는 않아요. 어떤 남자들은 야비하고 역겨워요."

그녀에게 포르노를 즐겨보는 남자와 실제로 사귀기도 하냐고 물었다.

"그건 내게 중요한 문제예요. 어떤 남자가 나와 사귀려면 그걸 포기해야 해요. 내 생각에 일반적으로 포르노는 우리의 병든 부분을 더 병들게 만들어요. 그 둔감해진 부분을요. 그냥 내버려두면 건강하고 더 생동력 있게 성적으로 흥분할 수 있을 텐데요. 나를 괴롭게 하는 것은 그 남자가 포르노를 통해서 여자는 열등한 존재라고 믿게 되는 거예요. 나는 그렇게 생각하는 사람과 같이 있고 싶지 않거든요."

그녀는 지난 경험을 기억하면서 이야기했다. "킹크의 크리스마스 파티에 초청받은 적이 있어요. 회사 소유주 피터의 친구들은 지하방에서 코카인을 흡입했어요. 피터는 내 뒤에서 춤을 추면서 내 몸을 만졌어요. 전에 그와 이야기해본 적이 없었어요. 나처럼 트라우마를 가진 사람은(나는 성매매를 강요당한 적이 있습니다) 몸이 먼저 경계심을 느껴요. 이런 경계심을 없앨 수 있는 것은 돈뿐이에요. 나는 그를 밀쳐냈어요."

그녀는 이어서 말했다. "포르노 영화에서 스타로 부상하면 대개 1년, 1년 반 정도 인기가 있죠. 10년간 인기를 끈 사람도 있는 것을 알지만 언젠가는 밀려나죠. 일단 포르노 배우로 할 수 있는 걸 다 했다 싶으면, 스스로 추종자와 유명세를 만들지 않는 한 그 포르노 배우는 쓰레기로 전락합니다."

나는 물었다. "그러면 에이전트가 곧바로 연락을 끊습니까?"

그녀는 말했다. "네, 그렇죠. 어느 날 전에 없이, 최고급의 에

스코트를 해주면 그날이 마지막 날이죠. 매춘, 인신매매, 포르노는 서로 이어져 있어요. 왜 인신매매법의 대상이 포르노 에이전트가 아닌지 모르겠어요. 그들이 하는 일이 모두 의심할 여지 없이 사람을 매매하고 매춘을 강요하는 일인데 말이에요."

그녀는 영화를 찍기 전에 섹스하자고 했던 제작자를 언급했다. "이 포르노 제작자를 고소하고 싶어요. 나는 매춘을 해본 적이 결코 없었어요. 누군가의 방에서 혼자 있다고 생각해보세요. 아무도 지켜보는 사람도 없고요. 언제 죽을 수 있을지 모르잖아요. 누구도 관심을 가질 수 없고 알 수도 없죠. 로스앤젤레스의 포르노 제작자가 나를 고용하더니 안쪽 방으로 데리고 갔어요. 섹스하면 500달러를 주겠다고 제안하고 이렇게 말했어요. '이건 어느 여자나 하는 일이야. 우리는 이런 일을 사적인 일이라고 해. 이렇게 일을 갖는 거지.' 나는 그가 무슨 이야기를 하는지를 몰랐어요. 방에 들어갔어요. 방에는 침대도 있고 티브이도 있었어요. 우리가 촬영할 조그만 방이었어요. 그는 내게 압력을 행사하고 이곳이 돈이 되는 곳이라고 설득했죠. 포르노는 허울뿐이에요. 나는 정신을 잃었고, 결국 당했어요."

'성노동 Sex Work'이라는 거짓말에 도전하는 것은 '군인의 덕목 Military Virtues'이라는 거짓말에 도전하는 것만큼 어렵다. 이 두 가지 주류 담론에 반기를 드는 것은 아무리 그것이 오랫동안의 개인적 경험에서 나온 이야기라도 묵살되거나 공격을 받는다. 전쟁과 관련한 진실을 이야기한다든지 매춘과 관련한 진실을 이야기하는 것은 외로운 작업이고, 종종 쓸데없는 일이 되어버린다.

아일랜드에서 7년 동안 매춘을 했던 레이첼 모런 Rachel Moran은

《보상받아야 할 것: 나의 매춘 여행Paid For: My Journey Through Prostitution》을 통해서, 졸저《전쟁은 우리에게 의미를 부여하는 힘이다War Is a Force That Gives Us Meaning》로 내가 하고 싶었던 일을 똑같이 해냈다. 그녀와 나는 매춘과 전쟁의 실상을 폭로했다. 그녀는 나와 매우 비슷한 반응을 견뎌야 했다. 매춘업에 종사하는 여자들과 소녀들은 종종 모런의 말을 무시했다. 내 경우에도 종군 기자들, 참전에 중독된 육군과 해군, 전쟁에 수반하는 남성성 과잉을 보이는 사람들, 아드레날린 과다증을 보이는 사람들은 내 책을 무가치하게 여겼다. 이들은 안타깝게도 자신의 삶이 지닌 어두움과 비극을 점검할 수가 없었다. 대중문화가 전쟁의 진실을 이야기하는 사람들에게 등을 돌리듯 모런에게도 등을 돌렸다. 약자의 대상화를 즐기는 문화에서는 영웅과 매력적인 콜걸을 조작하는 환상이 그 영향력을 충분히 발휘한다. 매춘이나 전쟁의 마수에서 벗어나 트라우마를 극복하려고 애쓰는 사람들은 나머진 생애 동안에 그들을 따라다닐 악몽을 다시 드러내기를 꺼리기 때문에, 대중의 환상을 감히 깨려는 폭로의 목소리를 찾아보기가 극히 어렵다. 모런은 그녀의 책에서 다음과 같이 썼다.[10]

매춘을 성적으로 매력적인 것으로 묘사하는 사람들은 보통 비싼 호텔 로비를 배경으로 서 있는 매춘부를 상상한다. 그들은 매춘부들이 전문 디자이너가 만든 멋진 옷을 입고, 높은 힐을 신고, 눈에 띄는 빨간 립스틱을 바른 얼굴로 오성 호텔을 드나드는 모습을 상상한다. 나 역시 멋진 옷을 입고, 하이힐을 신고 여러 색조의 립스틱을 바르고, 셀 수 없을 정도로 여러 번 많은 호텔에 들어갔다. 그러나 어떤 경우에도 내 가슴에 혹은 내 마음에서 일어나는 일은 늘 같았고, 거기서 겪는 몸의 경험은 한결같았다. 그 어떤 경우에도 내 입에, 내 유방에, 내 질에 실제로 이로운 것은 전혀 없었다. 거기서 일어난 일은 내가 뒷골목에서 치마를 들어 올렸을 때 벌어진 일과 다른 바가 없었다. 매춘의 성격은 환경이 바뀐다고 해도 변함이 없다. 엉덩이를 거친 콘크리트가 아니라 보드라운 하얀 리넨에 비벼댄다고 달라지는 것이 없다.

그녀를 만나서 인터뷰를 했다. 그녀는 매춘도 어쨌든 섹스의 한 형태라는 관념을 맹공격했다. 그녀는 말했다. "섹스의 본질은 상호의존적 관계예요. 상호의존감이 없는 곳에서의 섹스는 성을 학대하는 거예요."

매춘업과 마찬가지로 전쟁 산업은 많은 젊은이, 특히 유색인종의 젊은 남녀의 삶을 괴롭히는 자포자기, 가난, 절망을 먹고 산다. 폐쇄적이고 기회가 거의 없는 세상에서는 매춘과 마찬가지로 군대가 팍팍한 삶의 유일한 출구처럼 보인다. 신병 모집자들은 제복을 입은 인신매매꾼과 다름없다. 이들은 취약자를 목표로 하고 대개 지키지 못할 약속을 하면서 절망에 빠진 자들에게 현금을 지급하기 때문이다.[11] 신병들이 덫에 걸려들면 이들은 포주나 인신매매꾼처럼 덫에 걸려든 희생자들에게 이들이 선전했던 환상과는 전혀 다른 삶으로 몰아넣는다.

모런도 매춘업에 걸려든 다른 소녀와 여자들처럼 인생을 자포자기한 상태였고, 노숙자였다. 극도로 가난한 가운데 정신적으로 불안한 부모 밑에서 자매들과 같이 자란 그녀의 유년시절은 말할 수 없이 비참했다. 엄청난 긴축과 예산 삭감으로 고통받는 나라 역시 그녀를 버렸다. 그녀는 15세에 거리에서 몸을 팔았다. 그녀는 손님들에게 나이를 알리는 것이 유용하다는 것을 알았다. 손님들이 빨리 내려오고 그녀가 차에서 빨리 빠져나올 수 있었기 때문이다.

"여러 해 동안 집 안에서 매춘 일을 했어요. 10번 전화벨이 울리면 8~9번은 손님들이 '오늘 가장 나이 어린애가 몇 살이죠' 하고 묻는 거예요. 언제나 그랬어요. 가장 어린 소녀, 최연소 여자아이, 끊임없는 주문이었어요. 그 질문을 들으면 얼굴이 근질근질했어요. 내가 보통 가장 어린 소녀였거든요."

"매춘업계에 있는 사람 중 환경이 불우하지 않은 사람을 본 적이 없어요."

그녀는 매춘이 소녀들과 여자들에게 '선택권'을 준다는 생각에 코웃음을 친다. 그녀가 쓴 대로 "타인이 결정하는 대로 매춘 여성의 몸은 이용된다. 그것이 매춘의 의도이고 목적이고 기능이기"[12] 때문이다. 매춘 여성들은 진정한 선택의 자유가 없다. 해병대 신병들이 패리스섬에서 훈련받을 때보다도 자기 몸을 통제하기 어렵다. 일단 전쟁이나 매춘에 종사하겠다고 서명하는 순간 다른 사람의 소유물이 되는 것이다. 이때 공포가 가장 지배적인 감정이다. 모런은 매춘을 이렇게 설명했다. "매춘업의 문제는 폭력 자체보다는 매춘 여성들 심리에 폭력에 대한 두려움이 깔려 있다는 것이다."[13]

전쟁이나 매춘을 견디려면 생각이나 느낌을 포기해야 한다. 전쟁이나 매춘에 오래 종사하다보면, 심한 공포와 깊은 불신감 때문에 사람이 무감각해진다. 위협이 된다고 느끼면 그것이 사물이든 사람이든 대항하고, 물리적으로 공격하기도 한다. 포획된 동물과 같은 처지에 있기 때문이다. 이들은 세상을 포식자와 먹잇감으로 분리한다.

모런이 내게 말했다. "매춘부들은 세상에서 자신을 분리해야 해요. 현재 눈앞에 벌어지고 있는 일에서 자신을 분리해야 해요. 내 몸을 타인이 사용하게 했다면(내가 거리에서 이 일을 했을 때는 하루에 열 명의 남자를 상대했어요) 나는 이 사실에서 느낌, 생각을 모두 차단할 수 있어야 해요. 내 앞에서 어떤 일도 벌어지고 있지 않은 척할 능력이 없으면 그런 일을 계속할 수 없어요. 그게 내가 언제나 했던 일이에요. 현실에서 나를 차단하는 것이죠."

모런은 다음과 같이 썼다. "열 명의 다른 남자에게 성적으로 이용을 당하면 그 공허감은 이루 표현할 수 없다. 물론 서로 동의를 한 뒤 성기에 자극을 주거나 구강성교를 해도 이런 느낌은 변함이 없다. 심지어 어떤 남자는 성기를 삽입하지 않겠다고 하고 손가락이나 다른 물건을 삽입해서 상처를 내고, 물어뜯고, 혀를 목이나 그 밖에 다른 곳에 집어넣고도 양심의 가책을 전혀 느끼지 않는다. 한번은 광견병에 걸린 개처럼 구는 남자를 만났는데, 그 사람이 하고 싶은 대로 내버려두었다면 나를 물어뜯고 내 유두를 피가 날 때까지 빨았을 것이다."[14]

모런의 말에 의하면 그녀의 고객 중에 30퍼센트는 "내 몸을 다치게 하고 괴롭히며 내가 괴로워하면 크게 성적 흥분을 느낀다"고 한다.

"매춘은 그 자체가 폭력입니다. 상대방이 원치 않는 것을 알면서 상대방의 몸에 손을 대거나 상대방이 원치 않는데 상대방의 몸에 성기를 삽입한다면, 그것은 병적인 행동입니다. 돈으로 그런 행동을 합리화할 수 없습니다. 돈에 행위의 본질을 없애주거나, 두 사람의 인격을 교환하는 마법 같은 힘이 있는 것도 아닙니다."

모런은 "만일 섹스가 노동이라면, 어떤 자질이 있어야 할까요?"라고 묻고서는 스스로 이렇게 답했다. "토하고, 울고 싶은 충동을 참아야 하는 능력, 눈앞에서 지금 벌어지고 있는 일이 마치 일어나지 않는 것처럼 가장할 수 있는 능력이에요".

전쟁터의 무장 전투원들은(이들은 인격을 포기하고 도덕적 선택을 포기했다) 비인간화된 살인자의 무리로 변한다. 섹스는 전시에 가장 잔인한 생물학적 기능으로 변모한다. 행진하는 군인들에게, 음담패설에서, 섹스는 마치 배설물과 같다. 포르노, 매춘, 강간은 전쟁터 어디서나 볼 수 있다. 전쟁에는 감정의 이입, 자비, 사랑이 없다. 전시에 사람은, 특히 여자는 착취와 살인의 대상이다.

우리는 폭력과 이익을 위한 인간 상품화에서 세계 자본주의의 전형적 모습을 본다. 기업 자본가들은 포주다. 우리는 상품으로 격하하고 인간의 존엄은 땅으로 떨어진다. 우리는 가난에 시달리고 무력한 존재로, 기업 엘리트들의 잔인하고 도발적 요구에 봉사하는 존재로 바뀐다. 우리에게 싫증이 날 때, 그들에게 우리가 더는 소용이 없을 때, 그들은 우리를 버린다. 만일 미국이 독일이 그랬던 것처럼 매춘을 문명사회에 법적으로 용인할 수 있는 것으로 받아들인다면, 과거의 노예 농장처럼 강자가 세운 세계적 대농장을 향해 집단적 행보를 내딛는 것과 다름없다. 매춘과의 싸움은 가난한 소녀들과 여성들을 종속시키고 비인간화를 조장하는 기업 자본주의와의 싸움이다.

가난은 최음제가 아니다. 자신의 몸을 파는 이들은 절망감 때문에 그렇게 한다. 그들은 종종 몸이 망가지고 만다. 여러 질병에 걸리고 심각한 정신적 트라우마를 겪는다. 섹스를 위해서 몸을 파는 것은 선택이 아니다. 그것은 자유와 관련지어 설명할 성질의 것이 아니다. 그것은 경제적 노예 행위이다.

킹크의 소유주, 액워스는 BDSM 영상에 출연하기도 했고 '퍽킹 머신Fucking Machines'과 '호그타이드Hogtied' 사이트를 운영했다. 퍽킹 머신 중의 하나가 내가 방문했던 킹크 본사 건물 입구 유리 케이스 안에 있었는데 그것은 기계적으로 삽입하는 금속 딜도였다. 킹크 선물 가게는 '퍽킹 머신'을 2827달러 99센트에 판매했다. 쥠쇠가 달린 목걸이, 노예 발찌, 노예 팔찌, 노예 목걸이, 성기 자극기, 끝을 빨간 고무로 만든 유방 집게, 켄지 테일러 공 재갈, 터드스팅어 채찍, 젖꼭지 쥠쇠, 가죽으로 된 재갈, 머리 씌우개, 전자 성기 쥠쇠, '윤간'과 '복종'이라는 글자가 박힌 검은 색깔의 셔츠, 모자, 후드티셔츠도 살 수 있다.

나는 샌프란시스코의 첫날 밤에 과거 병기고였던 킹크의 본사 건물을 안내인을 따라서 단체여행객들과 둘러보았다. 우리가 위층에 있을 때(벽에는 여자들이 묶여 있는 그림 장식이 있다) 사장 액워스가 한 여자를 대동하고 옆으로 지나갔다.

우리를 안내하던 여자가 "이 모든 일을 가능하게 만든 분이세요"라고 말했다. 그는 힐끔 돌아보더니 우리에게 가벼운 미소를 지었다. 여행객들은 그에게 박수로 답했다.

안내인이 말했다. "포르노 제작사로서 우리는 정말 독특한 우리만의 구성품을 갖고 있어요. 거대한 규모의 교육용 구성품입니다. 온라인 교육, 현장 교육이 있어요. 킹크유니버시티닷컴 KinkUniversity.com에 들어가면 어떤 BDSM 활동도 할 수 있는 튜토리얼들이 있습니다. 여러분이 밖에서 스트랩온strap-on*을 샀는데 어떻게 쓸지 모르겠으면 이 사이트에 들어가 스트랩온 튜토리얼을 찾아보

★   딜도 등을 끼워서 쓰는 하네스의 일종.

세요. ……여러 주제로 1주일에 두세 번 워크숍을 진행해요. 저도 일본식 밧줄 묶기 교사입니다. 여기서 거의 4년 동안 가르쳤어요. 완전 초보자반에서 고급반까지 있어요."

그녀는 이어서 말했다. "다나라마가 가르치는 정말 멋진 수업이 있는데, 난폭한 섹스의 정수를 보여주죠. 이 수업을 정기적으로 제공하고 있습니다. 최근에는 여자 성기 놀이 수업을 진행했고요. 포르노 스타처럼 섹스하는 방법을 알려주는 수업도 있고, 역할극과 환상극 수업도 있어요. 만일 여러분 중에 내일도 시내에 있다면, 대니얼의 창조적인 마음 뒤흔들기 수업에 참여하세요. 상대방의 정신을 뒤흔들어서 꼼짝 못 하게 하는 정통 심문법을 강의할 겁니다. 몇 자리가 남아서 지금 신청할 수 있어요. 최근에 스쿼싱 squashing 수업이 있었어요. 그것은 음식을 알몸에 올려놓고 짓눌러 뭉개는 놀이입니다. 끝나면 호스로 물을 뿌려 온몸을 씻어주죠."

그녀는 캘리포니아주 정부법안 60California's Prop 60을 비판했다. 그 법안은 2016년 11월 8일에 투표에 부칠 예정이었다. 그 법안에 의하면, 포르노 배우들은 반드시 콘돔을 사용해야 한다.

"법안이 통과하면 포르노 업체들을 캘리포니아주 바깥으로 밀어낼 것이고, 주 정부의 세금 수입이 많이 줄어들 거예요. 성인영화 배우들과 제작자들이 고소를 당할 수 있고요. 이건 사생활 침해예요. 포르노 산업을 완전히 망가뜨리는 수작을 시작하는 거예요. 꼭 반대표를 던지세요." 법안은 결국 통과하지 못했다.

건물 위층의 방은 모두 빅토리아 시대풍으로 꾸며져 있다. 킹크 스튜디오의 창립자이자 CEO, 때로 직접 연기자 역할도 하는 액워스는 포르노 연기자들을 배우 혹은 '모델'이라고 불렀다. 빅토리아 시대 의상을 입고 빅토리아 시대에 쓰던 고문 기구를 가지고 영화를 찍기 때문에 고통을 흉내 내는 것이 아니라 진짜로 고통을 받았다. 배우들은 하녀부터 주인까지 다양한 계층의 역할을 맡았다. 갈고리와 체인이 천장에 매달려 있었다. 벽이 빨간 벨벳으로 덮여 있는 방에는 낡은 오크 재목으로 만든 우체국 책상이 있었고, 그 위에 여러 색깔의 집게, 체인, 밧줄, 고무공 재갈이 있었다. 액워스는 2008년에 《샌프란시스코베이 가디언San Francisco Bay Guardian》과의 인터뷰에서 모델들은 "지배와 복종의 규칙에 따라서" 반드시 카메라를 위해서 연기해야 한다고 말했다.[15] 영화는 이곳과 아래층에서 찍는다. 다른 층에 있는 세트에는 모조 침실, 심문실, 벽면에 패드를 댄 방, 빗장, 의사 사무실이 있다.

킹크사의 영화 중에 〈위층의 신선한 고기Fresh Meat on the Upper Floor〉가 있는데, 액워스의 주연작 중 하나이다. 이 영화에서 액워스는 멜러니 먼로Mellanie Monroe와 체리 톤Cherry Torn과 함께 출연한다. 함께 이 영화에서 마스터 액워스는 가슴이 큰 멜러니 먼로가 집에 두고 즐길만한 섹스 파트너 감인지를 검토한다. 미스터 모굴이라는 인물은 좀처럼 화면에 나타나지 않는데 어느 여자를 집에 두고 내보낼지를 결정하는 집주인이다.

이 영화에서 액워스는 헛기침을 하면서 말한다. "미스터 모굴께서 그 여자아이는 BDSM 경험이 충분하지 않고 BDSM을 제대로 생각해본 적이 없는 아이라고 생각하신다. 개성 있는 애인가 본데, 우리가 직접 검토해보고 괜찮으면 미스터 모굴을 설득해서 그 아이를 훈련하도록 하자. 나는 애들을 시험하고 나서 노예로 쓰지."

액워스가 먼로에게 말한다. "일어 서!"

먼로는 일어선다. 그녀는 머리가 금발이고 알몸으로 눈가리개를 하고 있다. 그녀 뒤에는 체리 톤이 있는데, 노예 대표다. 그녀는 짧고 검은 머리를 가지고 있으며, 검은 멜빵바지를 입고, 검은 힐을 신고 검은색 개 목걸이를 하고 있다. 검은색 바지와 하얀 셔츠를 입고 자주색 넥타이를 맨 액워스가 먼로의 유두에 금색의 집게를 건다. 그는 손에 서류를 몇 장 들고 있다. 그는 먼로의 눈가리개를 벗기고 나서 "주인님과 마님의 눈을 쳐다보면 안 된다"라고 경고한다.

그녀는 액워스를 얼핏 올려본다. 그러자 그는 그녀의 뺨을 찰싹 때린다. 그리고서 손을 그녀의 얼굴에 갖다 댄다. 그는 힘주어 말한다. "보지 말라고 했지! 내 눈을 쳐다보지 말라고 말이야."

액워스는 그녀에게 앞을 바라보라고 명령한다. 다시 엉덩이를 네 번 찰싹 때리더니 나무 회초리를 들고 온다. 체리 톤이 명령한다. "쪼그린 자세로 앉아. 더 앉아, 발가락은 든 채로. 좋았어!"

체리 톤은 먼로에게 네발로 기는 자세로 바꾸라고 명령한다. 먼로의 가슴이 바닥에 닿도록 위에서 내리누르고서 그녀의 팔을 등 뒤에 놓으라고 말한다. 화면에 빅토리아풍의 서재가 나타난다. 고문 도구들이 소파에 널려 있다. 액워스가 먼로의 엉덩이를 붙잡고 있을 때, 카메라는 먼로의 엉덩이와 질 쪽에 초점을 맞춘다.

그는 "엉덩이 괜찮은데, 이만하면 됐어"라고 말한다. 그가 체육관에서 운동으로 몸매를 잘 관리했냐고 물어보자, 그녀는 "네, 주인님"이라고 대답한다.

액워스는 손가락을 핥더니 그녀의 질에 밀어 넣는다. 다시 그녀의 엉덩이를 아홉 번 때린다.

다음 장면에서 액워스는 먼로의 가슴을 빨고 그녀의 머리카락을 잡더니 뒤로 잡아당긴다. 그는 그녀의 손목을 등 뒤로 묶고 금색의 집게를 가지고 질을 양쪽으로 벌려 놓는다. 체리 톤은 액워스가 밧줄로 먼로의 유방 둘레를 꽁꽁 묶는 사이에 먼로의 질에다가 손가락을 댄다.

체리 톤이 말한다. "축축한 건 확실한데, 뚝뚝 떨어질 정도는 아닌데."

체리 톤은 먼로의 질 안의 음핵이 보일 때까지 집게를 벌린다.

그녀는 먼로에게 말한다. "몇 놈들하고 관계를 맺은 흔적이 보이는데. 여러 사람 앞에 무슨 망신이야."

체리 톤은 그녀가 질액을 분비했거나 누군가가 자극을 주었는지를 묻는다.

"아니에요, 톤 아주머니."

액워스는 먼로의 사지를 칭칭 감는다. 그는 먼로의 다리를 뒤로 당겨서 꽁꽁 묶는다. 집게로 쫙 벌린 질의 정면을 카메라가 쭉 당겨서 보여준다. 얕은 숨을 짧게 몰아쉬는 그녀가 고통스러워 보인다. 액워스는 딜도를 그녀의 질에 삽입한다. 체리 톤은 먼로에게 말한다. "다른 사람에게 이래라저래라 지시받는 걸 좋아하지 않지?"

먼로는 그렇지 않다고 대답한다. "나는 노예가 되는 것을 좋아해요."

체리 톤은 묻는다. "다른 사람에게 욕먹을 때 어떤 기분이 들어?"

먼로가 대답한다. "좋습니다. 톤 아주머니."

체리 톤이 묻는다. "네가 특별히 듣고 싶지 않은 욕이 있어?"

먼로가 대답한다. "없습니다. 제가 애액을 사정해도 될까요?"

액워스가 카메라를 향해서 온라인 관객들에게 묻는다. "저 여자가 사정할 수 있을까요? 오늘 오후에 저 여자가 사정할 권리를 조금이라도 가지고 있습니까? 회원 여러분에게 답을 듣고 싶습니다."

체리 톤은 노트북 스크린을 바라본다. 거기서 온라인 회원들의 투표수를 볼 수 있기 때문이다. 액워스는 딜도를 빼고서 그녀의 질을 철썩 갈기면서 "오늘 표를 못 얻었어"라고 말한다.

집게가 먼로의 젖꼭지에 붙어 있다. 체리 톤은 자그마한 웨이트볼을 집게 사이에 있는 체인 위에 놓고, 젖꼭지를 밑으로 내려뜨린다. 액워스는 밧줄을 가지고 그녀의 팔을 어깨와 머리 뒤로 올려본다. 먼로를 매우 낮은 의자에 앉힌다.

액워스가 말한다. "아주 짧은 시간이지만 괴로울 거야. 인내력을 시험해보는 거지."

체리 톤은 자신의 질을 먼로의 얼굴 가까이에 갖다 대고서 벌린 다음에 먼로가 음핵을 볼 수 있게 한다. 돌아서서 그녀의 엉덩이를 먼로의 얼굴에 디민다.

액워스가 말한다. "한번 하고 싶어?"

먼로는 체리 톤의 항문 안으로 혀를 밀어 넣는다.

액워스가 말한다. "잘하네. 좋았어!"

먼로가 신음한다. 액워스는 먼로 뒤로 바짝 다가가서 아직 금색 집게가 매달려 있는 그녀의 유방을 움켜잡는다. 먼로는 계속해서 체리 톤의 항문으로 혀를 집어넣은 채로 빨고 있다. 액워스는 먼로의 팔을 뒤로 묶은 밧줄을 풀고 젖꼭지에 달린 집게도 떼어낸다. 그녀는 아파서 날카로운 비명을 지른다. 액워스는 공격적으로 그녀의 유방을 움켜잡는다. 먼로는 막 울 것처럼 보인다. 액워스는 먼로의 유방을 움켜잡은 채로 얼굴에 키스하기 시작한다. 먼로는 운다. 먼로는 액워스가 소파에 앉아 있는 동안 구강성교를 한다.

액워스가 말한다. "잠깐 너랑 섹스해야겠다." 액워스는 그녀

뒤에서 바지의 지퍼만 내리고서 섹스한다.

그녀는 말한다. "감사합니다, 주인님."

그는 "네 음핵을 만져"라고 지시한다. 그녀는 시키는 대로 순순히 따른다. 뒤쪽에서 노트북의 화면을 바라보고 있는 체리 톤의 모습이 보인다. 액워스는 먼로의 등에 사정한다.

먼로는 대답한다. "아, 정말 고마워요."

액워스가 "이게 내 인증 도장이야!" 하면서 먼로의 등을 손바닥으로 찰싹 치니까 묻었던 정액이 사방으로 튄다.

액워스가 자신의 '모델'들은 성병 예방 도구를 쓰면 안 된다고 고집을 부려 결국 두 남자와 한 여자가 촬영을 하고 HIV에 걸린 후 2004년에 그를 고소했다. 한 '모델'인 존 도John Doe는 액워스가 눈가리개를 하고 '성병 검사도 받지 않고 신분도 밝히지 않은' 열두 명의 사람들과 구강성교 연기를 하라고 지시했다고 말했다. 이 '모델들'은 콘돔을 쓰면 일자리를 잃을 것이라는 경고를 받았다.[16]

포르노는 과거 시대로 후퇴하는 것을 보여준다. 남성 우월적이고 제국주의적 지배, 인종주의, 노예제도, 귀족적 영광, 도전받지 않는 백인 남성 우월성의 시대로 되돌아가는 것이다. 포르노는 백인 남성들이 갖는 가장 어두운 환상이다. 과거를 불러낸다는 것은 모든 여성이 지구상에서 약자로 남자들에게 종속되고 약탈당하고 저항하다가 학살당하던 때를 불러내는 것이다. 이런 과거를 찬양하고 기리는 것은 결코 우연이 아니다. 에드워드 사이드Edward Said는 《오리엔탈리즘Orientalism》에서 백인 남성 엘리트들이 가지고 있는 전형적 성 인식을 설명했다.

사이드는 백인 식민지 정복자들을 다음과 같이 설명한다. "식민지의 여자들은 보통 남성이 가진 힘의 환상이 만들어낸 창조물이다. 식민지의 여자들은 끝없는 육욕을 드러내면서 어리석고, 기꺼이 성을 원하는 사람들로 묘사된다." 그리고 "이 여자들의 성을 정복할 때, 그들의 나라도 거의 정복한다"[17]라고 썼다. 사이드는 원주민 여자들을 성적으로 정복하는 것은 그들의 땅을 정복하는 것과 상관관계가 있다고 지적했다. 그것은 주인과 노예 사이의 힘의 역학을 성적으로 표현한 것이다.

"포르노와 매춘에는 인종차별주의에서처럼 인종적 계급이 있다"라고 앨리스 리Alice Lee는 말했다. 그녀는 밴쿠버에서 시작한 '매춘 근절을 위한 아시아 여성연합Asian Women Coalition Ending Prostitution' 창립자 중 한 명이다. 우리가 만났을 때 그녀는 말했다. "대부분 아시아 여성을 고문의 대상으로 묘사합니다. 흑인 여성을 폭력의 대상으로 묘사하고요. 각각의 인종을 묘사하는 방식이 다릅니다. 남성들이 그렇게 선택한 거죠. 마치 피자 메뉴처럼요. 남성은 인종과, 인종에 따른 스테레오타입을 선택할 수 있습니다. ……좌파를 포함해, 제1세계 국가에서 인종주의는 허용되지 않습니다. 그러나 성애화된 인종주의는 우리가 보지 못하기 쉽고, 우리와 상관이 없는 것이라고 생각하기 쉽습니다. 성애화된 인종주의가 있는 한 우리 자신을 인간이라고 생각하기 어렵습니다."

"전 세계적 무역, 특히 아시아 여성의 인신매매는 제1세계의 신자유주의적 정책에 의해서 점진적으로 악화해왔습니다. 신자유주의 정책은 인종, 계급, 성의 사회적 차이를 전제로 시작합니다. 이 정책은 가난한 여성들이 이주할 수밖에 없도록 만듭니다. 매춘의 합법화를 주장하는 사람들은 종종 인신매매가 나쁜 것이지만 용인할 수 있는 것이라고 합니다. 인신매매와 매춘은 떼려야 뗄 수 없는 관계에 있습니다."

"아시아 여성들이 매춘 때문에 밀매되는 것은, 그들의 가족을 부양하기 위해서입니다. 우리는 매춘에 팔리고 버려져서 착취당하는 개발도상국의 여성 세대입니다. 캄보디아에 있을 때, 한 마을에 갔는데, 20세면 팔려 갈 나이가 넘습니다. 그곳의 여성들의 90퍼센트가 매춘 여성입니다. 중국의 공산주의는 매춘을 근절했습니다. 적어도 겉으로는 그렇습니다. 그러나 중국 자본주의와 함께 매춘을 어디서든 볼 수 있습니다."

"중국의 여성들은 공장에서 하루 일하면 1달러를 벌어요. 인신매매업자들은 이들에게 더 좋은 직장과 근무조건을 약속하면서 절망적 삶에서 벗어나게 해주겠다는 속임수로 이들을 매춘업으로 유도합니다. 광산 지역 도시와 자원 채굴 지역에 있는 남자들을 위해 여성을 모집하고 매춘부로 팝니다. 그들은 군기지 지역으로, 관광지로 팔려갑니다. 경제적 착취, 군국주의, 생태 파괴가 있는 곳마다 여성 매춘과 착취가 벌어집니다."

비 오는 어느 날 오후, 나는 밴쿠버 다운타운 이스트사이드 슬럼가를 걸어갔다. 황량한 거리 구석에 있는 매춘부들을 지나쳤는데, 이들 대부분이 원주민이다. 이들의 삶이 보여주는 무자비함과 절망은 기업 자본주의가 그 세력을 계속 유지한다면 남의 이야기가 아니라 머지않아 우리의 이야기가 될 것이다. 다운타운 이스트사이드는 북아메리카에서 HIV 감염률이 가장 높은 곳이다. 이곳은 마약, 술 중독자, 파산자, 노숙자, 노인, 정신질환자, 무정하게 거리로 버려진 모든 이들로 가득 차 있다.

다운타운 이스트사이드 거리에서 매춘부들은 종종 구타와 고문을 당하고 혹은 살해당한다. 많은 매춘부가 사라졌다. 왕립 캐나다 기마경찰대Royal Canadian Mounted Police의 보고에 의하면, 1980~2012년에 캐나다에 있는 1017명의 원주민 여성들과 소녀들이 살해당했다.[18] 이 숫자는 원주민 여성 단체들에 의하면, 너무 낮은 숫자다. 매춘과 포르노가 일상적인 것이 되어감에 따라 남성은 일상적으로 여성에게 폭력을 행사한다.

캐나다의 가장 유명한 페미니스트 중의 한 사람인 리 레이크 먼Lee Lakeman은 '밴쿠버 강간 구제와 여성 쉼터Vancouver Rape Relief & Women's Shelter' 사무실에서 나와 몇몇 회원을 함께 만났다.

레이크먼은 1970년대에 학대당한 여성들과 아이들을 위해서 그녀의 집을 개방했다. 그녀는 1973년에 설립한 캐나다에서 가장 오래된 강간위기센터인 '밴쿠버 강간 구제와 여성보호소'와 함께 1977년부터 일했다. 그녀는 캐나다에서 가장 앞서서 여성 학대와 투쟁해왔고 '원주민 여성 행동네트워크Aboriginal Women's Action Network'와 '매춘 근절을 위한 아시아 여성연합' 단체와 연합활동을 벌여왔다.

레이크먼과 여성보호소는 여성 피해자들의 익명성을 보호하기 위해서 주 정부가 희생자들의 파일을 달라고 해도 주지 않고 있다. 그들은 이들의 정보를 법원에 제출하기를 거부한다. 레이크먼에 의하면 "여성을 대상으로 한 남성 폭력 형사사건의 경우, 피고 측 변호사들이 여성 원고들의 진술 내용을 믿지 않거나 위협한다". 여성 단체의 거부 때문에 정부는 이 단체에 지원금을 제공하지 않았다. 레이크먼은 이런 이유로 "강간위기센터나 보호 단체가 효과적으로 일하는 것이 불가능하고 정상적 상황에서는 캐나다 법을 위반하지 않고 일할 수가 없다"라고 이야기했다.

레이크먼과 여성보호소와 연합해서 일하는 급진적 페미니스트들은 국가뿐 아니라 대다수 자유주의자가 몹시 싫어하는 사람들이다. 자유주의자들은 국가가 공장에서 일어나는 노동력 착취에 반대하면서 포르노 스튜디오, 호텔 방, 골목, 매춘업소, 안마시술소, 자동차에서 벌어지는 여성 학대를 용인하는 사람들이기 때문이다. 레이크먼은 악행과 비행에 무감각해진 세상과 투쟁하며, 감정이입은 제거하는 세상, 억압받는 자들과 연합하는 것은 먼 나라 사람들의 이야기로 치부하는 세상과 투쟁하고 있다. 그녀는 기후변화로 인해서 닥쳐올 대격변과 세계 자본주의의 붕괴와 더불어 합법적 메커니즘이 가난한 소녀들과 여성들을 보호해야 할 역할을 제대로 하지 못하면, 착취와 학대는 더욱 증가할 것이라고 염려한다.

"우리는 사회운동가 사이에 퍼져 있는 여성 혐오 문제를 해결하기 위해 일을 멈추지 않았습니다. 그것은 중요한 문제예요. 사회운동의 차원에서 대화는 매우 중요한 일입니다. 우리는 여러 운동의 연합과 제휴를 두고 논의하기 원합니다. 우리는 여성의 리더십을 진지하게 고려하는 새로운 진용을 원합니다. 우리가 지난 40~50년간 배워온 것을 활용하기 위해서요. 우리는 여성 중 가장 많이 박탈당한 이들의 문제를 다루고 있습니다. 우리가 경험을 통해서 분명히 안 것은 감정에 치우치고 엉성한 형태의 반발, 계획적이지 못하고 혼란스러운 저항운동은 결국 가난한 여성들을 더욱 황폐하게 한다는 것입니다. 우리의 반란을 제대로 성취하기 위해서 깊은 고려가 필요합니다. 우리는 전통적인 우파식 법과 질서를 원치 않습니다. 우리는 그것에 반대합니다. 우리는 남성의 권리 축소를 요구하는 것이 아닙니다. 그러나 조직화된 공동체나 국가의 책임을 무시하면 여성 각자가 단독으로 더 많은 힘을 가진 남자들과 싸워야 합니다."

"우리는 지금 전 세대들이 결코 보지 못했던 일련의 여성폭력을 보고 있습니다. 예를 들어, 근친상간, 아내 학대, 매춘, 인신매매, 레즈비언을 향한 폭력입니다. 우리는 이런 폭력을 정상적인 것으로 받아들입니다. 혼란한 시기에는 이런 폭력이 악화합니다. 우리는 여태까지 해온 방식대로 사람들을 돌볼 것이고, 민주적이고 비폭력적인 방법으로 계속 싸울 것입니다. 국가에 예속되지는 않을 겁니다. 그러나 여성의 권리를 남자들과 일대일로 투쟁해서 확보하려고 하면 안 됩니다. 이 권리는 법을 통해서 확보해야 합니다."

"세계화와 신자유주의는 여자들을 대규모로 인신매매하는 과정을 가속했습니다. 아시아의 여성들을 매춘업에 종사하게 하는 것은 가난한 가족에게 돈을 보내도록 일자리를 주는 것이니 괜찮다는 명분과 더불어 말입니다. 이것이 신자유주의가 우리에게 제시하는 하나의 모델입니다. 이 모델이 보여주는 것은 매춘이 이루어지는 공장 소유를 허용하고, 소유주들은 (매춘을 위한) 분배 시스템도 소유한다는 것입니다. 그들은 매춘을 촉진하기 위해서 홍보를 할 수 있습니다. 그들은 이윤을 창출합니다. 매춘에 돈을 지불하는 남자들은 이런 구조를 지원합니다. 매춘 허용 국가는 이런 구조를 뒷받침합니다. 여성을 보호하고 자본주의와 인종주의와 싸우는 유일한 방법은 남자들이 성매매를 하지 못하도록 하는 것입니다. 그러나 매춘이 일어나는 곳에서 우리는 힘을 동원해서 매춘업과 국가와 싸울 수 있어야 합니다. 그것은 반인종주의적 반자본주의적 투쟁에도 기여합니다. 남자들은 페미니스트 리더십을 받아들여야만 합니다. 남자들은 우리들의 이야기를 들어야 하고, 매춘을 통한 방종을 포기해야만 합니다."

"1970년대에 좌파운동은 인종주의, 제국주의, 여성의 자유를 위해서 투쟁하는 가운데 노선 차이로 갈라섰습니다. 아직도 서로를 가르는 단층선이 있습니다. 우리는 이 틈을 넘어 연합해야 합니다. 여성을 살 수 없습니다. 때려서도 안 됩니다. 남자들이 이 문제를 받아들이지 않으면 '더 큰' 이슈들을 위해서 우리와 연합할 수 없습니다. 좌파 진영의 문제점은 그들이 '도덕'과 같은 말을 하기를 두려워한다는 것입니다. 좌파 진영은 옳음과 그름을 구별할 줄 모릅니다. 그들은 어떤 것이 비윤리적 행위인지 이해하지 못합니다."

많은 여성 페미니스트들은 기업 국가corporate state 정책에 적대적이지만 여성들을 보호할 법 제정을 요구하고, 여성들의 착취를 멈추도록 경찰이 개입할 것을 요구한다.

레이크먼은 말했다. "진보적 좌파에게는 반국가 운동이 인기 있는 메뉴입니다. 그들에게 어떤 특별한 정책을 두고 현 국가가 그 일을 수행하도록 압력을 넣어야 한다고 말하는 것은 반응을 얻기 어렵습니다. 모든 저항운동은 치밀해야 합니다. 사회를 한 단계씩 재구성해야 합니다. 우리는 민중을 포기할 수 없습니다. 좌파 진영은 이것을 받아들이기 어려워합니다. 우리에게는 약자와 억압받는 자를 위한 투쟁이라는 말이 피상적인 수사가 아닙니다. 그것은 매일의 위기 상황에 대한 우리의 구체적 대답에서 나오는 것입니다. 좌파 진영은 매춘당하는 사람들을 위해 구체적인 무엇인가를 행하지 않으면서 값싸고 얄팍한 자비만을 이야기합니다."

독일과 네덜란드에서 성매매를 합법화함으로써 인신매매가 늘어났으며 아동 성매매가 폭발적으로 증가했다.[19] 아시아, 동부 유럽, 아프리카의 가난한 소녀들과 여자들이 배에 실려 합법적인 매춘업소로 팔려온다. 세계화된 자본주의로 지구 곳곳에서 불우한 사람들이 산업국가 국민의 욕망, 사디즘, 남자들의 성적 쾌감을 위해서 수입되고 있다.

국제노동기구International Labor Organization(ILO)의 보고서에 의하면, 세계 민간 경제에 이용되는 강제노동은 1500억 달러의 불법 이익을 창출한다.[20] ILO는 이익금의 3분의 2에 해당하는 990억 달러가 상업적 성 착취에서 나온다고 추정한다. 또한 ILO는 강제노동과 현대 노예제에 끌려온 2100만 명 중에 절반 이상이 섹스 산업을 위해서 인신매매로 팔려온 소녀들과 여자들이라고 추정한다.[21] 그들은 가난한 나라에서 부자 나라로 가축처럼 실려왔다. 이 보고서는 이들이 시골에서 도시로 혹은 마을에서 마을로 이송되는 인신매매 과정은 다루지 않았다. 인신매매업자들은 가난한 여성들에게 합법적이고 수입이 좋은 직장을 알선해주겠다고 약속하지만, 희생자들이 나타나면 인신매매업자와 포주는 그들에게서 서류를 빼앗고, 조작한 비용을 청구하고 마약중독에서 빠져나오지 못하도록 돈을 빌려주고 회복하지 못할 빚의 노예로 만든다. 여성 매춘업계에 들어가는 평균 연령이 12~16세 사이다.[22] 한 보고서에 의하면, 매춘업에 종사하는 여성의 평균 사망 연령이 34세다.[23] ILO 보고서 추정에 의하면, 성노예로 끌려온 여성 한 명이 그들을 감금 상태로 잡아두는 사람들을 위해서 벌어들이는 수입이 연 3만 4800달러다.[24]

레이크먼은 독일과 네덜란드에서 벌어지는 일들을 '매춘 산업화'라고 부른다.

1999년에 스웨덴은 성을 구매하는 행위를 형법으로 금지했다. 노르웨이, 아이슬란드, 최근에 아일랜드가 그렇게 했다. 매춘 대책의 두 가지 모델, 즉 독일 모델과 소위 노르딕 모델은 극적으로 다른 결과를 이끌었다. 독일과 네덜란드식 접근은 인신매매와 매춘을 일반화하고 확장했다. 노르딕식 접근은 그것을 억제했다. 스웨덴은 거리 매춘을 반으로 줄였고, 많은 여성을 성노예제에서 해방했다. 레이크먼은 노르딕 모델을 인용하면서 성을 제공하는 것보다 구매하는 것을 범죄화할 것을 요구한다. 몸이 팔려나가는 사람들을 처벌해서는 안 된다.

레이크먼은 말했다. "제3세계 여성들은 선진국에서 가사노동이나 노인 돌보는 일을 하거나 남자들의 통제할 수 없는 성적 쾌감의 대상으로 이용되고 있습니다. 여성의 자유는 이런 대우에 안주할 수 없습니다."

밴쿠버 여성보호소에서 10년 동안 일해온 힐라 케르너Hilla Kerner라는 이스라엘 여성이 이렇게 말했다. "어떤 여성을 구매하고 판매하고 있다면, 모든 여성을 구매하고 판매할 수 있습니다."

5 장

증오

HATE

전체주의적 통치의 이상적 대상은 투철한 나치주의 신봉자도 아니고 헌신적인 공산주의자도 아니고 사실과 허구의 차이(즉 경험의 실재성), 진실과 거짓의 차이(즉 사고의 기준)가 더 이상 존재하지 않는 사람들이다.

—한나 아렌트,《전체주의의 기원》[1]

**

리외는 마을에서 환성이 울려 퍼지는 소리를 들으며 그런 환희는 항상 위태롭다는 기억이 떠올랐다. 그는 환호하는 군중이 모르는 사실, 책을 읽었더라면 알 수 있는 사실을 알고 있었다. 페스트균은 결코 죽지 않고 영원히 사라지지 않는다는 사실, 그 균은 여러 해가 지날수록 가구와 궤 속에 잠복할 수 있다는 사실, 그것은 침대, 지하실, 트렁크, 책장에서 때를 기다리고 있다는 사실, 아마도 그 균이 다시 쥐들을 일깨워 내보내서 행복한 도시에 죽음을 몰고 올 것이라는 사실을 그는 알고 있었다.

—알베르 카뮈,《페스트The Plague》[2]

딜런 루프Dylann Roof는 2015년 6월 17일에 사우스캐롤라이나 찰스턴의 임마누엘 A.M.E. 흑인교회에서 성서 공부를 하던 교구민들에게 45구경 글록 권총을 77발[3] 발사했다. 그 총격으로 아홉 명이 죽었다. 당시 21세였던 루프는 소외되고, 가난하고, 정규교육을 제대로 받지 못한 백인이었다. 그는 9학년 때 학교를 중퇴했다.[4] 그는 인터넷, 소셜미디어, 백인 우월주의자들의 채팅방, 그리고 남부연합군의 유적지들에서 인종주의적 음모론으로 훈련을 받고 살인자가 되었다.[5]

그는 조지 짐머만George Zimmerman이 플로리다에서 무장하지 않은 17세 흑인 소년을 저격한 사건을 두고 그의 웹사이트TheLastRhodesian.com에 게시한 2500자 성명서에서 "나를 정말로 일깨운 사건은 트레이본 마틴Trayvon Martin 사건이다"라고 썼다.[6] 이 사이트에는 60장의 사진이 있었는데, 그가 'No.88' 티셔츠[7]를 입고 있는 사진도 있었다. H

는 여덟번째 알파벳이고 8이 두 개인 것은 두 개의 H를 말한다. 두 개의 H는 신나치주의자 사이에서 '만세 히틀러Heil Hitler'로 통한다.[8]

"나는 계속 짐머만의 이름을 듣고 그의 얼굴을 보았다. 마침내 그를 존경하기로 마음먹었다. 위키피디아Wikipedia 기사를 읽었는데 당시에는 그게 왜 큰 문제인지를 이해할 수가 없었다. 분명한 것은 짐머만이 옳았다는 사실이다. 더 중요한 사실은 이 기사를 본 것이 계기가 되어 구글에 '흑인이 백인에 가한 범죄black on White crime'라고 검색어를 입력하고 발견한 엄청난 글이다. 그 글을 읽고 나는 전과 다른 사람이 되었다. 내가 본 첫 웹사이트는 '보수시민위원회Counsil of Conservative Citizens'였다. 흑인이 백인에게 저지른 잔인한 살인이 웹페이지에 실려 있었다. 처음에는 믿을 수가 없었다. 그 순간 뭔가 매우 잘못되었다는 것을 깨달았다. 어떻게 뉴스에서 수백 명의 흑인이 백인을 살해한 사건은 무시하고 트레이본 마틴의 사건은 과장할 수 있단 말인가?"[9]

그는 문법, 구문, 철자를 때때로 틀렸지만 자기가 "깊이 조사했고", "유럽에서 무슨 일이 일어나고 있는지 알고 있다"라고 주장했다. 그는 유럽을 "백인들의 고향"이라고 불렀다. 그는 다음과 같이 썼다.

실제 생활에서 경험한 그룹을 먼저 이야기하는 것이 적절하다고 생각한다. 그 그룹은 미국인들의 가장 큰 문젯거리다.

검둥이들은 어리석고 난폭하다. 동시에 그들은 교활하다. 흑인들은 모든 것을 인종주의 안경을 끼고 바라본다. 그게 인종주의적 의식이라는 것이다. 그것은 일어나는 사건을 모두 인종주의라는 렌즈를 끼고 보는 것이다. 그들은 언제나 자신들이 검다는 사실을 생각한다. 이게 그들을 쉽게 공격적으로 만드는 이유 중 하나이고 어떤 일이 벌어지면 그것이 인종주의자들이 자신들을 향해서 벌인 일이라고 생각한다. 심지어 백인들은 전혀 인종 생각하지 않는데도 말이다. 다른 이유로는 유대인들이 흑인종을 부추기는 것을 들 수 있다.

루프는 학교 교과서를 포함해서 남부 지역에 널리 퍼져 있는 '신남부주의자들neo-Confederate'이 다시 쓴 역사를 나름대로 자세히 설명했다.

나는 정말로 검둥이들이 역사를 통해서 백인들에 의해서 비참하게 취급되었더라면 하는 마음이 든다. 그리고 모든 백인이 정말로 노예를 가졌다면 좋았을 거라 생각한다. 그랬다면 인종차별 정책 등은 악한 억압적 제도라고 생각했을 것이다. 그것이 모두 진짜였다면 내가 현재 상황을 훨씬 더 쉽게 이해했을 것이다. 그러나 그것은 모두 사실이 아니었다. 어느 것 하나 사실인 게 없다. 우리는 조상이 잘못했기 때문에 현재 이런 일이 벌어지는 것이니 그 사실을 받아들이라고 배운다. 그러나 그것은 모두 역사적 거짓과 과장, 신화에 기초한 것들이다. 나는 끊임없이 백인이 이런 취급을 받을 이유를 곰곰이 생각했지만, 결국 이유를 찾을 수 없었다. 그래서 나는 화가 난다.

남부 지역에 살았던 사람 중 4분의 1이나 3분의 1만이 한 명의 노예를 소유했다. 하지만 모든 백인이 마치 노예를 소유했던 것처럼 취급받는다. 이런 오해는 노예제도가 전혀 없던 주에도, 노예제 철폐 후 미국으로 이민을 온 사람에게도 적용된다. 내가 사는 주의 수백 명의 노예 이야기를 읽었는데 그들 대부분은 백인 을 긍정했다. 특히 과거 노예였던 노인의 이야기가 인상적이었 다. 그는 주인마님이 죽은 날이 그의 인생에서 가장 슬펐던 날 이라고 했다. 이야기 대부분을 보면, 주인이 농장에서 노예에게 매질하는 것을 허용하지 않았다고 한다.

그는 또 다음과 같이 썼다. "현대사 수업에서는 역사상 백인이 한 일 중 나쁜 일만을 이야기하고 나쁜 일을 한 것은 모두 백인이 라고 강조한다. 그러나 백인이 했던 셀 수 없을 정도로 놀라운 일 을 배울 때는 그 일을 백인이 했다는 사실을 강조하지 않는다. 어 쩌다 흑인이 한 중요한 일을 배울 때는 그 일의 주체가 흑인이라고 반복해서 언급한다. [일명 땅콩 박사이기도 한 농학자] 조지 워싱턴 카 버George Washington Carver가 흑인 중에서 최초로 땅콩 껍데기를 깔 정도 로 똑똑했다는 이야기이다."

그는 용감하게 인종의 우열등급을 밝힌 '정직한' 과학자들과 사회과학자들이 검열받았다며 이를 맹비난했다. 그는 "얼굴, 피부, 머리카락, 몸의 형태가 모두 다른데 어떻게 뇌가 같을 수 있는가" 라고 묻고 "그것은 순전히 말도 안 되는 이야기인데도 우리는 그렇 게 믿도록 배웠다"라고 자문자답했다.

"검둥이들은 지능이 낮고, 충동 조절 능력이 낮고, 대체로 남 성 호르몬, 테스토스테론의 양이 많다. 이 세 가지만으로도 난폭한 행동의 원인은 충분하다. 만일 어떤 과학자가 서부 유럽의 인종과 미국의 인종 간의 차이에 관한 논문을 출판한다면, 그는 자기 직업 을 잃을 각오를 해야 할 것이다."

그의 글에는 '유대인', '라틴 아메리카인', '동아시아인'이라는 제목을 붙인 장이 있다. "대다수의 미국계와 유럽계 유대인들은 백인이다"라고 썼다. "우루과이, 아르헨티나, 칠레, 심지어 브라질에는 건질만할 가치가 있는 좋은 백인의 피가 섞여 있다." 그러나 다음과 같은 단서를 붙였다. "그들은 여전히 우리의 적이다." 그는 "동아시아 인종들을 매우 존경한다"라고 썼다. "그들은 본래 매우 인종주의적이고 백인의 훌륭한 동맹이 될 수 있기" 때문이다.

"미국 국기를 보기 싫다. 현대 미국인의 애국심이란 완전히 장난 수준이다. 백인들이 매일 거리에서 살해당하고 있는데도 사람들은 뭔가 자랑할 것이 있는 척한다. 많은 퇴역군인은 자신들이 '우리의 삶의 방식을 보호하는' 일을 했거나 '우리의 자유를 보호'했기 때문에 우리가 자기들에게 신세를 지고 있다고 생각한다. 그들이 말하는 삶의 방식이 뭔지 난 잘 모르겠다. 우리는 백인종을 보호하고 있는가? 유대인을 위한 싸움은 왜 멈추지 못하는가?"

그는 글 끝에 그가 '가장 좋아하는 영화' 〈두더지Himizu〉에서 한 문장을 인용한다. "비록 내 생명이 터럭만 못해도 사회의 선을 위해서 그것을 쓰고 싶다."

〈두더지〉는 2011년 작으로, 불안하고 혼란한스러운 미래를 암울하게 그린 디스토피아 영화이다. 이 영화는 지진과 쓰나미로 황폐해지고 무정부 상태와 혼란으로 쇠잔해진 나라에서 10대 소년 두 명이 생존하려고 몸부림치는 것을 그렸다. 스미다라는 소년은 그의 아버지를 살해하고 칼로 한바탕 살인을 저지른다. 스미다가 살인을 저지르면서 하는 말이 루프가 인용한 구절 뒤에 연이어 나온다. "나는 시민을 괴롭히는 바보들을 죽일 거야."[10]

루프는 결론을 내렸다. "선택의 여지가 없어. 혼자서 슬럼가에 들어가 싸울 입장은 아니니까, 찰스턴을 선택하자. 찰스턴은 내가 사는 주에서 가장 역사적인 도시이기도 하고, 한때 전국에서 흑인의 비율이 가장 높았던 곳이니까. 여기는 스킨헤드도 KKK단도 없어서 뭔가를 행동으로 보여주는 사람이 없어. 우리에게는 말과 생각을 현실 세계로 옮겨놓을 누군가가 필요해. 아무래도 그 일을 내가 해야 할 것 같아."[11]

그가 오후 8시 15분에 교회의 지하 친교실로 갔을 때, 그의 손에는 월마트에서 산 88발의 할로우 포인트 탄알이 있었다.[12]

할로우 포인트 탄알은 사람 몸에 맞는 순간, 회전 지름이 커지면서 세포조직의 손상, 출혈, 쇼크를 최대화한다.[13] 그는 자기가 일으킬 거사가 인종 전쟁의 신호탄이기를 바랐고, 남부군 유적지를 순례하는 일을 시작으로 거사를 준비했다. 먼저 그린빌에 있는 남부군 역사박물관과 도서관으로 갔다. 남북전쟁 시에 사용했던 무기, 남부군 제복, 사우스캐롤라이나 출신의 48명의 남부군 장군들 초상화가 진열된 곳이다. 다음으로 분 홀Boone Hall 대농장에 갔다. 입구부터 농장주의 저택까지 800여 미터에 이르는 길 양쪽에 참나무가 일렬로 있고, 아홉 개의 노예 숙소가 있다. 그리고 미국에서 노예를 실어 내린 항구 중에서 규모가 가장 컸던 설리번즈 아일랜드로 갔다.[14] 아프리카의 성인남녀, 어린이가 찰스턴에서 팔려나가기전에 이 섬의 검역소에 격리되었다. 아프리카계 미국인의 조상 중거의 절반이 설리번즈 아일랜드를 거쳐간 것으로 추산된다.[15]

루프가 감옥에서 쓴 일기장을 보면 그가 희생자들에게 총을 쏘면서 이렇게 외쳤다는 것을 알 수 있다. "흑인놈들이 매일 거리에서 백인들을 죽이고 백인 여자들을 강간하지!"[16]

그는 현재 인디애나주 테러호트의 미연방 중죄 교도소에 있다. 이곳은 연방 사형수들을 수감해 사형을 집행하는 곳이다.

나치의 갈고리 십자가와 KKK단이 상징으로 쓰는 룬 문자로 장식한 그의 일기장(재판부는 이 일기장을 몰수해 재판에서 증거물로 사용했다)에는 이렇게 쓰여 있다. "백인들은 흉내만 내고 있다. 어른들은 가식적으로 굴며 관망만 하고 있다. 우리가 모두 똑같고 평등한 척, 어떤 나쁜 일도 일어나지 않는 척, 마치 우리에게 미래가 있는 척 군다. 우리가 정말로 어떤 행동을, 아마도 폭력을 동원해 행동을 하지 않는다면, 우리에게는 문자 그대로 미래가 없다. 나는 스물한 살이고, 나는 가식적으로 굴지 않을 것이다."[17]

그는 다음과 같이 썼다. "한가로이 앉아서 빈둥대는 고문관 생활을 하기보다는 차라리 나의 인종을 위해서 행동을 취했다는 후련한 마음으로 감옥에서 사는 것이 낫다. 이 문제는 내 손을 떠났다. 나는 할 수 있는 일을 했다. 내가 할 수 있는 일을 다 했다. 큰 반향을 일으킬 수 있다고 생각했던 일을 해냈다. 이제 우리 인종의 운명은 계속해서 자유롭게 살 나의 형제들의 손에 달려 있다."

그는 이어서 썼다. "나는 내가 한 일을 후회하지 않는다. 미안한 마음도 없다. 내가 죽인 무고한 사람들을 향해 눈물 흘리지 않았다. 나는 이 병든 나라에서 살아야만 하는 순진한 백인 아이들이 측은하다. 순진무구한 백인 아이들이 저 열등한 종족의 손에서 매일 죽어가는 것을 생각하면 가슴이 아프다. 나는 나 자신에 대한 연민으로 눈물을 흘렸다. 무엇보다도 내가 이런 일을 하지 않을 수 없다는 것이 가슴 아프다. 백인들이 당하는 이런 상황은 벌어지지 말았어야 했다. 바로 이런 상황 때문에 내가 목숨까지 포기해야 했다는 사실에 가슴이 아프다."

그는 재판에서 변호인 데이비드 아이작 브루크David Isaac Bruck가 유대인이라고 거부하고 자신이 스스로 변호하려고 했다.[18] 그는 그의 항소를 담당할 두 국선 변호사를 또 바꾸었다. 한 명은 인도인 계통이고, 다른 한 명은 유대인이기 때문이다.[19] 그는 법정에 값싼 폴리에스테르 바지를 입고, 신나치 상징과 KKK가 쓰는 룬 문자로 장식한 낡은 신발을 신고 나왔다.[20] 그는 친구가 거의 없었고, 여자친구도 전혀 없었다. 정기적으로 마약과 술을 남용했다. 그는 단 하나의 직업을 가져보았는데, 사우스캐롤라이나의 아이모 타운에서 몇 개월 동안 클락스 병충해 방제회사Clark's Termite & Pest Control에 다녔다. 그 일마저 계속하지 못했다. 그는 어머니와 살기도 하고 정처 없이 이곳저곳을 방랑하기도 했다.[21]

그는 살인 사건을 일으키기 전 4개월 동안 구인, 구직 광고 웹사이트 크레이그스리스트Craigslist에 익명으로 들어갔다. 찰스턴행 역사 여행 동반자(유대인, 동성애자, 흑인 제외)를 찾기 위해서였다.[22] 그는 장래에 어느 고마운 대통령이 자신을 사면해줄 것이라고 상상했다.[23]

우리는 루프를 통해서 '알트라이트alt-right'*와 소위 '알트-라이트alt-lite'**가 공생관계이면서 이들이 만들어내는 결과가 치명적임을 알 수 있다. 밀로 야노풀로스Milo Yiannopoulos가 대표하는 알트-라이트alt-lite의 주요 주장은 '전통적' 가치를 파괴하는 세계화로 공격받는 '서양 문명'과 '서양 문화'의 보존을 중심으로 이루어진다. 많

---

*　'alternative right'의 약칭으로, 미국의 주류 보수주의의 대안이라는 뜻이다. 극보수주의 이념이나 정치 성향을 지닌 집단 혹은 우익의 한 부류이다. 이들은 인종차별주의, 반유대주의, 신나치즘, 신파시즘, 신남부군주의, 음모론 등을 신봉한다.

**　'alt-light' 혹은 'new right'로도 알려져 있다. 이 집단 구성원들은 자신들을 주류 보수주의나 극보수주의와 다르다고 생각한다. 여러 면에서 서로 협조하지만 알트라이트alt-right에 속하는 사람들은 이들을 비정통적이라고 생각한다. 이들은 주로 인터넷을 통해 활동한다. 이 조직은 미국에서 2017년에 등장했다.

은 알트-라이트alt-lite들은 맹렬한 이슬람 혐오증과 이민자들을 악마로 몰아붙이는 것은 받아들이지만 알트라이트alt-right의 노골적인 인종주의나 반유대주의는 거부한다. 알트-라이트alt-lite의 견해는 수백만의 독자를 거느린 '브라이트바트Breitbart'나 '프리즌 플래닛Prison Planet' 사이트를 장악하고 있다. 알트-라이트alt-lite의 온건한 논조는, 특히 트럼프의 당선과 함께, 인종주의와 편협주의가 주류에 진입하는 데 발판을 제공했다. 이것은 딜런 루프처럼 경제적, 사회적, 성적 좌절 속에 있는 불만에 찬 백인들에게 매력적이다. 그들은 자신들이 탈산업화 과정에서 '잊힌 희생자'라고 생각한다. 그들은 동지애와 의미를 추구한다. 아마도 무엇보다 그들이 명분을 갈망한다는 것이 가장 중요한 사실일 것이다. 즉, 처음에는 인터넷상에서, 나중에는 물리적으로 인종주의적 폭력을 휘두르는 것을 통해 분노를 표출하고, 숭고한 십자군 운동에서 자칭 성스러운 투사가 될 명분을 찾는다. 알트-라이트alt-lite의 거물들은 불만에 찬 추종자들을 맹렬한 극보수주의인 알트라이트alt-right로 안내한다. 증오 범죄가 늘어나는 것을 보면 이 논리가 맞는 것 같다. 증오와 극단주의 연구센터the Center for the Study of Hate an Extremism에서 발간한 보고서 〈증오 범죄 분석과 예상〉에 의하면 2016년에 증오 범죄는 시카고에서 20퍼센트, 뉴욕시에서 24퍼센트, 필라델피아에서 50퍼센트, 워싱턴 D.C.에서 62퍼센트가 각각 증가했다.[24]

제시 신걸Jesse Singal은 뉴욕타임스 기사에서 패트릭 허맨슨Patrick Hermansson에 관한 글을 썼다. 허맨슨은 스웨덴 출신의 25세의 대학원생이었는데, 영국 반인종주의 단체 '증오가 아니라 희망Hope Not Hate'을 위해 알트라이트alt-right에 스파이로 잠입해서 활동했다.

신규 회원은 직접 참여할 기회가 많았다. 교외 지하에 사는 10대 청년 한 명이 프랑스 극우파 정치지도자 마린 르 펜Marine Le Pen을 돕기 위해서 프랑스의 중도파 대통령 에마뉘엘 마크롱Emmanuel Macron에 관한 오보를 퍼뜨리는 활동에 참여할 수 있었다. 무슬림들의 '범죄 급증crime wave'(극우파들은 이것 때문에 지금 유럽이 황폐해지고 있다고 주장한다)을 주류 언론이 검열할 것이라는 가짜 정보를 퍼뜨리는 일을 원한다면, 직접 나설 수 있다.

클릭, 리트윗, 유튜브 댓글과 같은 방법은 이들의 획기적 투쟁 방법에서 중요한 부분이라는 생각이 들었다. 이 극우파는 인터넷에 접속할 수 있는 사람들이 파벌주의에 빠지면 누구든지 참여할 수 있는 세계적인 온라인 전쟁터를 만들었다.

당신이 매일같이 일어나는 '밈 전쟁meme wars'에서 즐겁게 보병 역할을 하는 사람이라면 아마도 당신의 새로운 트위터 친구들이 말을 걸어올 것이다. "밀로도 좋죠. 그런데 그레그 존슨Greg Johnson이라는 친구를 알아봤나요?" 그들은 아마 무슬림 이민자들로부터 어떻게 유럽을 지킬 수 있는지 더욱더 솔직하고 진지하게 논의하는 폐쇄된 온라인 포럼으로 당신을 초대할 것이다. 당신이 정말로 운이 좋다면, 당신이 참여할 수 있는 전혀 새로운 정치운동을 발견할 것이다.

이 모든 것들로, 강경파인 알트라이트alt-right에서 왜 이런 온건한 세력들의 폭발적 성공을 보며, 마치 자신들의 행운을 믿을 수 없다는 듯 기뻐하는지 그 이유를 알 수 있다. '역류Counter-Currents'(알트라이트alt-right의 출판부)의 편집장인 존슨Johnson은 허맨슨에게 "일단 우리의 견해를 들으면 우리를 반대하는 사람들이 줄어드는 것을 볼 수 있어요"라고 말했다. 그가 가진 낙관론은, 불행하게

도, 충분히 근거가 있는 것처럼 보였다.[25]

젊은이들을 괴롭히는 경기침체, 기회 부족, 절망감은 증오 단체에 기름진 토양을 제공한다.

루프는 일기에 썼다. "어떻게 사람들은 아무것도 받은 게 없고, 아무것도 기대할 것이 없고, 아무것도 가진 게 없는 백인 젊은이들을 보고 야망이 없다고 비난할 수 있는가? 심지어 머리가 먹통인 백인, 당신조차도 우리 앞에 좋은 날이 오리란 기대를 할 수 없다는 것을 잘 알고 있지 않은가?"[26]

무더운 7월 오후였다. 50명의 시위자가 뉴욕주, 디포짓 타운에 자갈이 깔린 한 주차장에 모였다. 이들 중 많은 사람이 작업복을 입고 있었고 자신들이 속한 그룹을 알리는 셔츠를 입고 있었다. 그들은 '자랑스러운 소년들Proud Boys', '맹세를 지키는 자Oath Keepers', '트럼프를 위한 오토바이족Bikers for Trump', '앨트 기사단the Alt Knights', '미국의 애국자 3퍼센트American Patriot the III%'의 멤버들이었다. 그들은 '조국 안보를 위한 제2차 연례 차 몰기 대회Second Annual Ride for Homeland Security'를 위해서 모였다. 그들은 픽업트럭과 자동차를 성조기로 장식했다. 뉴욕주 북쪽에 위치한 디포짓 타운은 경기가 죽은 시골 지역사회로 인구가 1577명이다. 이곳은 오구아가 크릭Oguaga Creek과 펜실베이니아 접경에 있는 델라웨어강의 서쪽 지류가 만나는 곳에 있다.[27]

시위자 중 몇 명은 밤새 차를 타고 달려왔는데, 이들은 이슬람버그Islamberg라고 불리는 작은 공동체를 지나갈 계획이다. 이 마을은 하노버 근처에 있고 흑인 무슬림 200여 명이 모여 사는 곳이다. 이곳에는 700에이커의 농장과 숲이 있다.[28] 비포장도로를 따라 나무와 콘크리트 블록과 나무로 지은 누추한 집이 즐비한 이 공동체는 우익 음모론의 샌드백이다.

시위자는 근처의 주 경찰이 지켜보는 가운데 주차장에서 떼를 지어 마구 돌아다녔다. 세 명의 반시위자들이 한 대의 차량 근처에 서서 그들을 촬영했다. 그 행사는 짧은 기도와 함께 시작했다. 땅딸막한 사람이 "이슬람: 평화의 종교?"라고 쓴 전단지를 내게 주었다. 그 전단에는 다음과 같이 쓰여 있었다.

코란 2:191 "어디에서나 불신자를 보면 그들을 살해하라."

코란 3:28 "무슬림은 반드시 이교도를 친구로 여기지 말라."

코란 3:85 "이슬람교가 아닌 어떤 종교도 받아들이지 말라."

코란 5:33 "이교도가 이슬람교를 비판하면 사지를 자르거나 십자 가형에 처하라."

코란 8:12 "코란이 아닌 경전을 믿는 사람들을 탄압하고 목을 쳐라."

코란 8:60 "무슬림은 이교도를 탄압하기 위해서 모든 무기를 모아야 한다."

코란 8:65 "불신자들은 어리석다. 무슬림은 그들과 싸우도록 강조하라."

코란 9:5 "어디서든 이교도들을 만나면 그들을 죽여야 한다."

코란 9:30 "유대교인과 기독교인은 모두 배교자이니 그들과 싸워라."

코란 9:123 "이웃에 이교도가 있다면 그들과 전쟁하라."

코란 22:19 "불신자를 불의 옷과 갈고리 달린 철창으로 벌하고, 끓는 물로 그들의 피부와 배를 녹여라."

코란 47:4 "이교도와 함께 평화를 구현하려고 애쓰지 마라. 그들을 잡거든 목을 베어라."

구약성서와 기독교의 요한계시록에는 성전, 대학살, 야만적 인종 청소에 관한 하나님의 명령이 코란보다 훨씬 많다. 성서에는 이집트에서 처음으로 태어난 모든 사람과 동물을 살해하라는 것부터 가나안 사람을 무차별적으로 절멸하라는 명령까지 매우 끔찍한 명령이 많다. 구약성서의 민수기, 신명기, 여호수아, 요한계시록을 보면 하나님이 반복해서 이스라엘 사람들에게 불신자 절멸 전쟁을 명령한다. 불신자들의 가축과 함께 여자, 어린이, 노인을 모두 죽여야 한다. 모세는 약속된 땅의 모든 도시를 '완전히 파괴'할 것을 명령했으며, 모든 주민을 대량학살하고 '자비를 베풀지 말 것'을 명령했다. 여호수아의 도시 아이(Ai)의 점령부터 사울 왕의 아말렉족의 대량학살(사울은 아말렉족 왕의 사지를 자른다)까지 하나님은 끊임없는 피의 숙청을 신성시한다. 하나님은 여호수아를 보면 "숨 쉬는 어떤 것도 살게 내버려두면 안 된다"라고 호통친다. "여호수아가 그 온 땅 곧 산지와 네겝과 평지와 경사지와 그 모든 왕을 쳐서 하나도 남기지 아니하고 호흡이 있는 모든 자는 다 진멸하여 바쳤으니 이스라엘의 하나님 여호와께서 명령하신 것과 같았더라."(여호수아 10:40, 11:15) 한편 코란에서는 무슬림들에게 싸우라고 명령하면서 동시에 적을 죽이지 않고 포획하는 자비를 베풀 것을 강조한다. 성서는 거의 언제나 자비를 무시한다. 시편 137편을 보면 바빌로니아의 아이들을 잡아다 그 머리를 바위에 메어치는 자에게는 복이 있을 것이라고 했다. 유대교와 기독교의 성서 전체가 신이 재가한 대학살을 찬양한다. 이 점에 있어서 코란은 성서 근처에도 못

간다.

자칭 기독교 전사라고 하는 이들이 그들 자신의 신성한 책에 대해 고의적인 문맹 행태를 보이는 것은 놀랄만한 사실이다.

이슬람버그는 1980년에 파키스탄의 이슬람 수피파Sufi 성직자 무바릭 알리 샤 길라니Mubarik Ali Shah Gilani를 따르는 아프리카계 미국인 신도들에 의해서 설립되었다.[29] 파키스탄에 사는 길라니는 그의 신도들이 도시를 벗어나서 시골 지역에 종교적 공동체를 만들 것을 강력하게 추진했다.[30] 미국 전역에는 길라니의 가르침을 따르는 12개가량의 공동체가 있다.[31] 지역 경찰에 의하면, 이슬람버그에서는 어떤 범죄 행위의 증거도 나온 적이 없다.[32]

그런데도 폭스뉴스Fox News와 우익 방송들은 계속해서 이슬람버그를 미국에서 자생한 지하디즘 본부라고 말한다.[33] 이들은 상투적으로 길라니를 월스트리저널Wall Street Journal의 기자 대니얼 펄Daniel Pearl의 살인자와 연루시킨다. 펄은 파키스탄에서 '신발 폭탄 테러범shoe bomber'으로 알려진 영국인 리처드 리드Richard Reid, 그리고 리처드 리드가 알카에다와 연루되었을 가능성을 취재하고 있었다. 펄은 그가 납치됐던 2002년 1월 23일 저녁, 카라치 시내의 한 식당에서 길라니를 만나 인터뷰를 하게 될 것이라고 믿었다. 9일 후 한 과격 이슬람 단체는 펄을 참수하는 섬뜩한 영상을 공개했다. 그 후 길라니는 펄의 죽음과 관련된 모든 혐의를 벗었다.[34]

클라리온 프로젝트Clarion Project는 2014년에 '미국 무슬림의 본부인 뉴욕주 핸콕시 이슬람버그에서 여성 게릴라 훈련Guerilla Training of Women at Islamberg, Hancock, N.Y., Headquarters of Muslims of the Americas'이라는 영상을 유튜브에 올렸다. 이 영상을 보면 여자들이 작업복을 입고 스카프를 쓰고 행진 연습을 하고 돌격용 자동 소총을 메고 덤불을 기어서 통과하는 흐릿한 장면이 나온다.[35] 크리스천 액션 네트워크Christian Action Network는 이슬람버그를 '미국의 최초 이슬람 정부'라고 부른다.[36] 이 조직은 이슬람버그 공동체에서 자라는 어린아이가 테러리스트로 훈련받고, 여자아이는 교육을 받지 못하며, 공동체의 규율을 깨는 사람들은 '불복종을 이유로 종종 나무에 묶이거나 매를 맞는다'라고 비난한다.[37]

이렇게 시골의 이슬람 공동체를 악마로 만들면서, 그들은 인종주의자들의 행동을 부추겼다. 이것은 알트-라이트alt-lite와 알트라이트alt-right가 공존하면 얼마나 끔찍한 결과를 만들어내는가를 잘 보여준다. 미국 연방수사국FBI은 2015년에 테네시 국회의원 후보였던 로버트 도가트Robert Doggart가 화염 폭탄을 터뜨리면서 이 마을을 무장 습격하겠다는 계획을 무산시켰다. 그는 20년 징역형을 받았다.[38] 존슨 시티 경찰은 이슬람버그에서 40마일 떨어진 곳에서 2017년 6월 2일에 라마단 압둘라Ramadan Abdullah를 체포하고 다수의 권총, 공격용 무기, 38구경에서 방어물 관통 소이탄 총알에 이르기까지 수만 개의 탄약을 압수했다.[39] 경찰은 압둘라와 이슬람버그를 관련시키지 않았다. 그러나 클라리온 프로젝트는 압둘라가 이슬람버그의 창립 회원 중 한 명이고 그가 소지했던 무기는 '게릴라 훈련소'에서 쓸 무기였다고 주장했다.[40]

프라우드 보이즈Proud Boys(이 단체는 남부빈곤법률센터Southern Poverty Law Center(SPLC)에 의하면 알트라이트alt-right 지도자들의 언론 자유권을 옹호하는 일과, 거리에서 싸우는 일에 참여하는 트럼프를 지지하는 젊은 백인 남자들의 투쟁 단체이다.[41])는 다음과 같이 클라리온 프로젝트 보고서를 공표했다."

"지난달 뉴욕주 존슨 시티에서 경찰이 무기 소지자를 습격했다. 나중에 확인한 사실인데, 그는 이슬람버그로 가던 중이었고 그가 소지한 무기는 오토바이족 집회biker rally(이들이 바로 우리다)에 대비한 방어 무기였다."[42]

뉴욕 동부 롱아일랜드의 퀸스 지역에서 이 시위에 참여하려고 온 프라우드 보이즈의 회원인 32세의 콘스탄틴 디Konstantine Dee는 과격파 무슬림들과 총격전이 있을 것 같아서 지지자들이 별로 참가하지 않은 것 같다고 했다.

여전히 '조국 안보를 위한 제2차 연례 차 몰기 대회'에 나온 사람 중 30여 명이 남아 있었는데, 지난해에 비하면 늘어난 숫자이다. 그때는 '지하드 반대 미국 오토바이족 연합'에서 다섯 명이 참석했다.[43]

이러한 집회와 행사는 백인 인종주의자를 그들의 문화에 동화시키고 폭력 행위를 실행하도록 훈련하는 효과가 있다.

대니얼 피터스Danial Peters는 차로 이슬람버그를 통과하는 이 대회에 참가하려고 거의 네 시간 차를 몰고 왔다. 그는 전산망 매니저로, 뉴욕시에 있는 집에서 1주일에 6일을 일한다. 아침 7시에 일을 시작해서 때때로 밤 11시에 일을 마친다.

피터스가 작년에 '국기에 대한 선서를 지키는 자들Oath Keepers' 집회에 참여했을 때 "혼자가 아니라고 느껴서" 마음이 놓였다. 그는 이슬람을 "악마 예찬 무리evil cult"라고 부르며 예언자 무하마드를 "매우 피에 굶주린 사디즘적 살인자"라고 비난했다.

그는 "역사적으로 볼 때, 그들이 당신을 죽이든지 당신이 그들을 죽이든지 둘 중의 하나"라고 말했다.

그는 미국 내 무슬림의 인구가 소수라는 것을 인정하지만 유럽인이 미국에 왔을 때 그들 역시 소수였다는 사실에 주목했다.

그는 이슬람버그로 가는 길을 측면에서 지키는 뉴욕주 경찰들을 바라보면서 말했다. "보세요. 저 사람들은 우리를 위한 교통을 고려하지 않잖아요. 빌 클린턴 호송대 때문에 우리가 갇혀 있는 것 같아요."

"역사는 문명의 붕괴로 가득 차 있어요. 미국에서 곧 식량 가격이 폭등할 거예요. 장기간에 걸친 재앙이 닥칠 거예요. 재앙 후 살아남으려면 안보를 위한 공동체가 필요해요."

그가 '국기에 대한 선서를 지키는 자들' 모임에 합류한 이유가 바로 임박한 문명의 붕괴 때문이라고 말했다.

알트라이트alt-right와 민병대 단체는 사회적 붕괴에 대비하고 있다. 그들은 전기망이 고장 나면 인종 전쟁이 일어날 것이라고 경고한다. 그들은 양식, 물, 보급품, 무기와 탄약을 저장한다. 도시 지역의 혼란을 피해 야생동물 무리처럼 지방을 배회할 유색인종들과 싸워야 하기 때문이다.

나는 이곳에 오기 몇 달 전 유타주의 로건에 갔다. 그곳에서는 지구의 종말을 준비하는 사람들의 총회가 열렸다. 그들은 박람회fairground에 모여서 이야기를 나누고 비상용 도구와 보급품들을 사고팔고 했다.

풍채 좋은 할머니 수잔 프리먼Suzanne Freeman이 로건 박람회의 가축우리 앞에 서 있었다. 그녀는 조그만 접이식 테이블 위에 놓인 휴대용 마이크를 잡고 있었다. 나는 25명쯤의 백인 중년 남녀와 관람석에 앉았다. 그녀는 자신이 세 명의 손주까지 합해 열 명의 자녀를 둔 어머니라고 말했다. 그녀는 자궁외임신으로 고통을 겪은 후 1999년에 임사체험한 이야기를 했다.

그녀는 수술하는 동안에 그녀의 영혼이 몸을 빠져나와 병실 왼쪽 모퉁이에서 맴돌고 있는 것을 느꼈다고 말했다. 그녀는 자신의 몸과 수술하는 외과 의사를 내려다볼 수 있었다.

"돌아가야겠다고 생각했어요. 애들이 일곱 명에 손주까지 세 명이 있는데 돌아가야죠. 나는 생각했어요. '내 몸을 떠나면 안 돼. 아직 때가 이르지.' 막내 손주는 한 살이었어요. 아니, 두 살이었던 같네요. 나는 몸 안으로 돌아가려고 했어요. 그런데 누가 내 팔을 잡는 거예요. 번지 점프용 밧줄에 매달린 것 같았어요. 나를 갑자기 멈추게 했어요."

그녀는 "전부터 '과연 내가 예수님을 알아볼 수 있을까?' 하는 궁금증이 있었어요"라고 말했다. 그녀는 미소를 지으며 말했다. "그분이 누구인지, 어떤 분인지 정확히 알고 있지만 그분을 직접 볼 거라고는 전혀 예상하지 않았어요."

"예수님을 보는 순간 공포에 휩싸였어요. 그분과 같이 가고 싶지 않았어요. '애가 일곱 명이 있어서 갈 수가 없어요'라고 말씀드렸어요. 예수님께서 '나와 같이 가자' 하시는 거예요. '안 돼요, 돌아가야 해요'라고 이야기한 것 같아요."

그녀는 이어 말했다. "그분의 느낌을 느낄 수 있었고 그분의 생각을 들을 수 있었어요. 나는 그분이 나를 사랑한다는 것을 느꼈어요. 그때는 그게 중요한 게 아니었어요. 나는 말씀드렸어요. '당신과 함께 가지 않을래요'. 예수님께서 '그렇지만 너를 만나고 싶어하는 사람들이 있다'라고 말씀하셨어요."

관람석에 앉은 사람들의 반응이 어떤지 얼굴을 둘러보았다. 그들은 꼼짝 않고 아무 말도 하지 않았다. 천년왕국설(그리스도가 지상에 다시 와서 1000년 동안 통치한다는 교리)은 유타주에 사는 많은 사람이 가진 확고한 신념이다.

그녀는 설명했다. "예수님께서 갑자기 웃음을 터뜨렸어요. 그 웃음이 내가 가지고 있던 짜증을 확 달아나게 했어요. 너무 놀라왔어요. 우리는 주님이 완전하시다는 이야기를 늘 듣잖아요. 정말로 그분은 완전한 웃음을 가지고 계셨어요. 너무 아름다워서 내가 하던 행동을 멈췄어요. 나는 경외감에 사로잡혔어요. 예수님께서 잠시 크게 소리 내서 웃으셨어요."

예수는 그녀가 다시 이 땅으로 돌아올 수 있다고 약속했다. 그는 그녀와 함께 천국으로 갔다. 그녀는 예수와 함께 예수의 얼굴을 카메오cameo로 장식한 문으로 들어갔다. 그녀는 죽은 가족과 조상을 보았다.

그녀는 청중에게 말했다. "1800년대풍의 옷을 입은 한 분을 보았어요." 그녀는 두 팔을 뻗으면서 "그분은 팔은 이렇게 생겼고 빨리 걸어 내게 다가오셨어요. 그분이 누구신지 정확하게 알아보았어요. 그분은 요셉 스미스Joseph Smith(모르몬교 창시자)였어요. 그분은 정말로 흥분해서 나와 악수하며 이렇게 말씀하셨어요. '그리스도에게 안 된다고 말한 숙녀와 꼭 악수해야겠네.' 그분은 점프하더니 공중제비를 넘었어요. 살아생전에도 그렇게 하셨어요. 그분이 매우 활동적인 어린이였던 것을 알아요. 그분이 농장에서 자라서 다행이었어요. 농장에서 자라지 않았으면 몸이 근질거려서 못 참았을 거예요. 그분의 바지가 상의와 어울리지 않는다고 생각했던 것이 분명히 기억이 나요. 나중에 2~3년 후에 데이비드 린지(모르몬교 화가)가 요셉 스미스의 그림을 그렸는데, 푸른 상의와 갈색 바지를 입었더라고요. 내가 보고 색을 잘못 칠했다고 했어요. 그분은 갈색 상의를 입었거든요."

그녀는 브리검 영Brigham Young이 요셉 스미스 뒤에서 중산모를 쓰고 있는 것을 보았다. 그녀의 말에 의하면, 브리검이 스미스에게 "지금은 공중제비를 넘을 때가 아닌데요"라고 말했다.

청중이 한바탕 웃었다. 대부분 사람이 말일성도 예수 그리스도 교회, 즉 모르몬교의 창시자, 요셉 스미스와 그 교회의 두 번째 대표 브리검 영 이야기를 잘 알고 있는 듯이 보였다.

천국에 있는 사람들은 줄을 서서 그녀와 악수하기 위해 기다렸다. 예수는 그녀에게 지상으로 돌아가면 그녀의 임사체험과 천국을 방문했던 이야기를 쓰라고 명령했다. 그녀는 천사도 보았고 예수의 출생부터 십자가에 돌아가실 때까지, 예수의 생애가 눈앞에서 전개되는 것을 보았다.

"예수님께서 어깨를 감싸주셨어요. 그분은 나를 너무 사랑해주셨어요. 그분의 순수한 사랑이 나를 향해 있음을 느낄 수 있었어요. 하지만 나는 그 큰 사랑을 받을만한 자격이 없다고 생각했어요."

"말세의 징후를 보여주셨어요. 처음에 해를 입은 지역은 보이지 않고, 홍수가 일어난 것만 보였어요. 어린 아기들이 강물에 떠내려가는 것을 보았어요. 우리는 시체를 집어 올렸는데, 어떤 아이는 살아 있었어요. 다시는 차가운 강물에서 시체를 건져 올리는 그런 일이 제게 없었으면 좋겠어요. 그 장면은 다가올 재앙을 보여주는 것이지만, 천국에 계신 아버지께서는 사람들을 고향으로 인도하시기를 바라요. 기적은 항상 있어요. 끝까지 살아남도록 예정된 사람에게는 아름답고 놀라운 기적이 있을 거예요. 우리가 어디에 사는지는 문제가 안 돼요. 하나님은 예정된 자들이 어디에 있든지 보호하실 거예요. 우리는 우리의 영혼을 인도하는 소리를 들을 거예요. 우리는 모두 인간이에요. 모두 이 사실을 배울 필요가 있어요. 우리 삶에서 결정적인 일이에요. 나는 단지 이것을 이야기할 뿐이에요. 말세에는 엄청난 기적이 일어날 거예요. 그분은 계획을 세우고 계세요. 누구도 그 계획이 뭔지 모르지만 하늘에 계신 아버지는 알고 계세요. 우리는 그저 한 단계씩 쫓아갈 뿐이에요."

그녀는 이어서 이야기했다. "건국의 아버지들도 만났어요. 토머스 제퍼슨은 정말로 훌륭한 분이라는 인상을 받았어요. ……그분은 백악관에 처음으로 교회를 세운 분이에요. 사람들은 그가 성경을 조각조각 잘랐다고 하는데, 실제로 그분은 주님이 말씀하신 것을 스크랩북으로 만드셨어요. 성경에서 주님이 말씀하신 것만을 골라 다른 종이 위에 붙였던 거예요. 그분이 독립선언서를 쓴 것을 보았어요. 모세가 옆에 서서 그의 귀에 뭔가 속삭이는 걸 보았고요."

그녀는 이야기를 끝내면서 물었다. "질문 없어요?"

한 여자가 손을 들었다. "예수님이 어떻게 생겼던가요?"

"황갈색이 나는 금발이었어요. 유대인 매부리코였고, 짙은 푸른색의 눈이었어요. 요셉 스미스도 푸른 눈이었어요. 매력적으로 보였어요."

다른 사람이 물었다. "당신은 예수님의 재림을 보았습니까?"

"그게 분명하게 보이지는 않았어요. 내게는 죽은 자를 볼 수 있는 은사가 있어요. 장례식에 갔는데……, 죽은 사람이 내게 다가오다가 관의 꽃 위에 앉더니 나를 쳐다봤어요. 그러더니 '얼씨구!' 하는 거예요. 내가 '좀 점잖게 구세요. 지금 당신 장례식이에요'라고 말했죠."

그녀는 혼자 웃었다. 한 남자를 가리키면서 말했다. "맥은 질문 없으세요? 분명히 당신이 손드는 것을 보았는데요. 그게 당신의 영혼이었나 보죠? 농담이에요."

"나는 성모 마리아와 이야기를 나누었어요. 사랑스러운 여인이었어요. 몸집이 작았어요. 유대인의 자태가 아니었어요. 푸른 눈이었어요. 그녀는 예수님께 허락을 받아야 갈 수 있는 곳이 있다면서, 우리를 데려갔어요. 다시 몸을 다시 얻는 곳이라고 불리는 장소였어요. 낙태된 태아들이 가는 곳이에요. 임신한 사람이 아기를 낳지 않기로 마음을 먹으면 그 태아들이 이곳에 돌아와서 몸을 가질 수가 있어요."

프리먼의 이야기는 여기서 끝났다. 청중은 정중하게 줄을 맞춰서 나갔다. 몇 명은 남아서 담소를 나누면서 질문했다.

로건의 축제에서는 다가올 말세에 이의를 다는 사람이 없었다. 이들은 앞으로 다가올 것, 즉 '우리가 아는 세상의 끝The End Of The World As We Know It'을 줄여서 'TEOTWAWKI'라고 한다.

《아메리칸 서바이벌 가이드American Survival Guide》 더미가 박람회 이곳저곳에 널려 있었다. 잡지 표지는 카고바지에 권총을 밀어 넣은 한 남자가 커다란 군대식 트럭 앞에서 나침판을 든 사진이었다. 그리고 이런 제목의 기사들이 실려 있었다. 〈전진: 알코올 스토브 만드는 법〉 〈윤리적으로 사냥하는 법〉 〈당신이 사는 도시의 물자를 정말로 믿어도 될까요?〉 〈현대 문명에서 벗어나는 법〉 〈치통: 치과의사가 없을 때 치통을 처리하는 방법〉. 정수기, 다목적용 잭나이프, 델톤Del-ton의 AR-15 소총 같은 무기 광고도 실려 있었다. 비아그라, 레비트라Levitra, 시알리스Cialis 같은 발기부전 치료제는, '남성을 위한 라이프스타일 의약품Men's Lifestyle Medications'이라는 이름으로 광고하고 있었다. 이 광고에는 세 개의 플라스틱 알약통 상단에 흰머리독수리와 미국 국기가 박혀 있다.

〈디스커버리 채널 '네이키드 앤 어프레이드Naked and Afraid'의 스타, 스나이더E.J. Snyder가 이야기하는 비상시 생존을 위한 열 가지 요령〉이라는 긴 표제의 기사가 있었다. 스나이더는 '삼두박근 사나이Skullcrusher'라는 별명을 썼는데, 사진 속의 그는 나체였고 어깨에 느슨하게 멘 마대로 성기를 가리고 있었다. 목에는 밧줄을 걸쳤는데 한쪽 끝에는 군대용 카바KA-BAR 나이프가 있었다. 그는 희끗희끗한 턱수염이 있었고, 오른손에 다 타버린 횃불같이 보이는 것을 잡고 있었다. 군 출신인 그는 '물 발견하는 법', '무기 만드는 법', '무쇠 같은 의지를 지키기' 요령을 알려준다. 기사 끝의 박스에는 비상시 생존법 강의를 원하는 사람들을 위한 연락처가 있었다.

'플랜B EMP 방어 1986년형 확장 가능한 6륜 구동 센터Plan B EMP-Proof 1986 Expandable 6x6 Command Center'라는 긴 이름이 붙은 서바이벌 트럭이 건물 안쪽에 전시되어 있었다. 램프를 밟고 트럭 안쪽으로 올라갔다. 옛날식 군용트럭을 개조한 것이었다. 서바이벌 트럭은 무엇을 부가로 설치했느냐에 따라 값이 무려 50만 달러까지 나가는데, 대개 태양열 판넬과 배터리에 연결해서 쓸 수 있는 난로와 냉장고가 딸려 있다. 트럭은 '피난용' 자동차라고 불리는데 비상시 가족들이 이것을 타고 사막까지 도망가서 생존할 수 있기 때문이다.

이 박람회에 나온 많은 사람이 북한, 중국, 러시아, 이란이 미국 상공에서 핵폭탄을 폭파하는 데 사용할 인공위성을 만들어서 소위 EMP, 전자기장 펄스를 일으켜 미국인 수백만이 죽고 전국의 전력망 대부분이 망가질 것이라고 염려한다. 그들에 의하면, 전력 망은 10년 동안 고칠 수 없다. 곧 혼란과 무정부 상태가 온 나라를 휩쓸 것이다. 식량을 필사적으로 구하려고 거리를 배회하는 약탈자 패거리들이 시골의 백인들을 테러할 것이다. 이들은 양식, 물, 무기, 탄약 더미를 준비해서 벙커로 피난하지 못한 사람들을 공격해 죽일 것이다.

박람회 노점의 인기 품목은 '패러데이 가방Faraday bag'이었다. 이 가방은 휴대폰과 같은 전자제품을 전자기파의 타격으로부터 보호한다.

그런 무기가 존재한다는 증거는 없다. 그러나 패러데이 가방의 효능을 믿는 사람들은 정교한 다이어그램과 차트를 그려가면서 그 효능을 증명한다. 동시에 그들은 요한계시록, 모르몬경, 어지러운 일련의 숫자 계산, 점성술 차트를 근거로 해서 음울한 미래를 예언하고 있다. 그들은 '블러드문 예언Blood Moon Prophecy'이라는 것을 유포한다. 2014년 4월의 월식에서 시작해서 2015년 9월의 월식 사이에 끝나는 네 번의 연속적인 월식과 여섯 번의 보름달이 바로 말세의 대재앙이 오고 있다는 신의 증거라는 믿음이다. 모르몬교 지도자들은 '블러드문 예언'을 공식적으로 비난했지만, 말세에 살아남기 위해 대비하는 생존주의자들은 그 예언을 받아들이고 있다.

나는 30세의 브랜던 미스리윅Brandon Mysliwiec과 27세인 그의 여동생 텔리 미스리윅Telly Mysliwiec이 박람회장 건물 모퉁이에서 캠프 의자에 앉아 있는 것을 보았다. 미스리윅은 로건 박람회장의 주말 행사 책임자였다. 그는 와이오밍주 에번스턴에서 왔는데 생존주의자들을 대상으로 하는 케이터링 가게를 운영했다. 그는 아이가 여섯이다. 그는 36명의 대가족이 7년 동안 견딜 수 있는 밀 3만 파운드와 담요 수백 장을 포함해서 충분한 보급품을 마련했다.

"가족들 모두를 위해서 태양열 패널과 발전기를 구비했어요. 각자 쓸 워키토키도요. 화장지 대체품, 응급약 등 비상시를 위한 것은 뭐든지 가지고 있어요."

그는 나이 든 자식들을 포함해서 친척들 모두 무기를 소유하고 있으며 사격 연습을 한다고 이야기했다.

그는 이어서 말했다. "아버지의 AR-15 소총은 내가 가진 30-30 윈체스터 소총보다 나은 게 없어요. 별로 차이가 없어요. AR-15는 223구경이어서 총알이 훨씬 작고 덜 치명적인데 정확성은 더 낮지요."

미스리윅은 박람회에서 내가 만나 이야기했던 사람들과 마찬가지로 하나님이 자기에게 직접 말씀하셨다고 했다.

"하나님 말씀이 말 그대로 머리에 꽂혀요. 몇 년 전이었어요. 아마 스물여덟 살 때였을 거예요. 저는 모르몬교도입니다. 어느 날 꿈을 꾸었어요. 자세히는 말씀 안 드릴게요. 꿈에서 깨어나 가만히 앉아 몇 가지를 곰곰이 생각했어요. 글자 그대로 머리에 하나님 말씀이 떠오르는 거예요. 말씀 하나하나 정확하게 말할 수는 없지만, 기본적으로 내가 사람들이 종말을 준비하도록 도울 방법을 찾을 필요가 있다는 말씀이었어요."

모르몬교는 신도들에게 예수의 재림을 위해서 양식과 보급품을 비축하도록 가르친다.

그는 생존주의자들에게 300파운드의 밀을 사라고 말했다. 그렇게 하면 하루에 1파운드의 밀만 먹는다는 가정하에, 100달러 미만으로 1년을 버틸 수 있다고 말했다.

"그렇게 사는 것을 좋아하지는 않겠지만, 그게 가장 돈을 안 들이고 버티는 방법이에요."

"물을 해결하는 가장 좋은 방법은 2주일 치의 물만 보관하는 거예요. 1인당 하루에 1갤런을 마시니까요. 좋은 필터를 하나 사고요."

그는 의료용 에센셜 오일과 무불소 치약을 포함해서, 그가 제조한 물건들과 함께 접이식 책상에 테크 프로덕트Tech Product에서 만든 패러데이 가방을 진열했다.

"씨앗도 반드시 준비해야 해요. 만일 경제 기반이 완전히 무너지면 다시 세워질 때까지 살아남을 방법이 필요하지 않겠어요? 준비했던 1년 치 양식이 떨어지면 어떻게 하겠어요? 준비했던 양식을 먹는 동안에 밭에 씨를 뿌리는 거예요."

그는 스스로를 보호하고 살아남으려면 약 100명 정도로 구성된 그룹을 만들 필요가 있다고 말했다.

"세상이 붕괴할 날이 온다는데 어떤 면에서는 기뻐요. 세상이 돌아가는 꼴을 보세요. 세상이 무너지고 다시 시작하는 게 차라리 낫다고 생각해요. 고난은 우리의 죄를 씻는 시간이라는 것을 정말로 믿어요. 이 지구를 정화하기 위해 죽어야 할 사람들이 많아요."

두 딸이 있는 텔리는 종말을 준비하는 가정에서 자라느라 소녀 시절이 늘 불안했다.

그녀는 말했다. "아빠가 늘 종말에 관해 이야기하는 것을 들으면서 자랐어요. 인생 내내 위기 가운데서 살고 있다고 느꼈어요. 불안증이 생겼어요. ……늘 겁먹은 상태였고 공포증이 있었어요. 자주 화를 냈고요."

나는 박람회장 건물 바깥으로 걸어 나왔다. 댄 위트부룩Dan Weatbrook이라는 남자가 나무로 불을 때는 '로켓 스토브'에 팬케이크를 구웠다. 그는 모르몬교도로 유타주 갈랜드에서 온 트럭 기사다. 그는 매일 새벽 4시 30분이면 일을 시작한다. 700파운드가 나가는 로켓 스토브에는 4피트짜리 번철과 3피트짜리 화덕이 있었다. 그 가격이 5850달러였다. 그는 흰색 종이 접시에 조그만 팬케이크를 담아 나눠주었다.

"예언자들의 말을 믿어요. 물론 성경이 말하는 것을 믿고요. 앞으로 고난의 시대가 올 거예요. 요한계시록은 그것을 매우 자세히 이야기해주고 있어요."

그는 스토브를 바라보았다. 스토브가 마치 뒤에 두 개의 수직 파이프가 달린 블랙박스같이 보였다.

"스토브에 로켓이라는 이름이 붙은 건 불을 뗄 때 나는 굉장한 소리 때문이에요. 많은 공기를 흡입하고 연료는 적게 들지요. 인터넷에서 팔아요."

그는 종이 접시에 따뜻한 팬케이크를 담아서 건네주었다. 처음에 그 스토브를 만드는 데 수백 달러가 들었다.

"아이가 여덟이에요. 쌍둥이 아들 둘은 잃었어요. 남은 여섯 명은 결혼을 했고, 이제 손주가 열여덟 명이에요. 우리는 이런 스토브를 열 개 가지고 있습니다. 나는 '이제 됐다' 하고 만족했어요. 성령이 내게 다시 오셔서 '아니다, 더 만들어서 이 일을 새로운 사업으로 만들어!'라고 하셨어요."

"마지막 때가 오면 전국적으로 전기가 끊어져 인구의 99퍼센트가 죽을 거예요. 뉴욕시에 사람들이 몇 명 살지요? 그곳에 전기가 나갔을 때 먹을거리도 없고 요리도 할 수 없었잖아요. 우리는 가능하면 인구가 많은 곳에서 벗어나야 해요. 계시록을 조금이라도 읽으면 왜 그런지 알 거예요. 뉴올리언스 카트리나에서도 그런 일이 있었어요. 3일 동안요. 사람들이 습격할까 봐 월마트에 경찰들이 거주했잖아요."

그는 직접 먹을거리도 심고, 닭도 키운다고 했다.

그는 모르몬경 46장을 인용하면서 말했다. "우리가 언제 도망가야 하고 언제 전쟁을 위해서 무장해야 하는지를 알 수 있어요."

그는 계속해서 말했다. "48장에 보면 땅과 재산과 사람들을 보호해야 한다는 말씀이 있어요. 지난 2년 반 동안 수천 달러를 들여서 전쟁 준비를 위해 무장했어요. 총과 탄약을 많이 사놓았어요. AR-15 소총, 권총들이요. 이웃은 사냥을 매우 즐기는 사람인데, 총을 아주 많이 가지고 있어요."

건물 안 또 다른 가축우리에 있던 제임스 비에라James Vierra는 EMP 공격의 여파에 관해 이야기했다. 전국적인 정전 사태 후 12개월 안에 "기아, 질병, 사회 붕괴로 미국 인구의 90퍼센트까지 죽을 수 있다"라고 말했다. 그는 도시 지역은 법과 질서의 붕괴, 식수, 냉장 시설, 난방, 에어컨 부족과 통신 두절로 원시 상태가 될 거라 예측했다. 식료품점은 수일 내 약탈당하고 텅텅 빌 것이고, 주유소, 소방서, 병원은 기능을 멈출 것이고, 전화 서비스, 라디오, 티브이 방송도 없어질 것이라고 했다. 신용카드는 소용이 없고, 대부분 외국회사가 만든 망가진 변전기들이 교체되는 데는 몇 년이 걸릴 것이라고도 했다.

그는 사람들에게 EMP 공격이 어떤 모습일지 슬라이드를 보여주면서 말했다. "EMP가 쏟아지면 일종의 광자와 전자의 탄성 산란이라는 컴프턴 효과Compton effect를 일으킵니다. 광자 감마선이 핵 장치에서 분출되어 자유전자와 부딪쳐 느슨해지고, 느슨해진 자유전자는 동시에 전하를 띠고, 자기화합니다. 그게 치명적입니다. 그것은 지상에 있는 자연 자기장에 달라붙어서 스핀 현상을 일으키기 시작합니다."

그는 이어서 말했다. "만일 날씨가 맑은 밤에 폭풍이 일어나면, 우리는 그 폭풍을 볼 겁니다. 우리가 그 빛을 볼 때쯤이면 일은 이미 끝난 겁니다. 전등이 더 이상 작동을 못 할 겁니다."

한 남자가 EMP 무기를 미군이 사용해본 적이 있냐고 물었다. 비에라는 한마디로 잘라 말했다. "공개적으로 발표한 적이 없습니다. 이 정보를 얻어보려고 했으나 접근 자체가 불가능했습니다."

그는 충고했다. "당신의 앞날은 하늘에 계신 아버지께 맡기세요. 물리적 힘으로 내 가족을 보호할 필요가 있는 상황이 벌어질 때, 주님은 내 뒤에 계십니다."

그는 도시의 갱단이 '군사용에 가까운 무기'를 가지고 시골 지역을 배회할 것이라고 경고했다.

"나는 1200야드까지 나가는 소총이 있어요. 지붕에 올라가서 여러 시간을 보내면 그놈들이 드론을 갖고 있지 않은 한, 내가 거기에 있는 것을 모르는 한, 난 그들을 공격할 수 있지요."

한 남자가 물었다. "우리가 겪을 위협이 중국이나 북한 같은 외부에서 오는 겁니까?"

"아니에요. 내가 믿기로는 우리 내부에서 옵니다. 우리는 지금 혁명을 향한 전환점에 와 있거든요."

그는 미국의 대중들이 혁명을 일으키면 워싱턴에서 군대가 EMP 무기를 쓰도록 명령해서 전국의 전력망을 끊어버릴 거라고 말했다.

생존주의자들은 백인중심주의자White nativist에 국한된 것이 아니라 《뉴욕커》가 보도한 대로, 미국 동부해안과 서부해안에 사는 부자들도 포함한다. 이들은 캔자스주에 있는 해체한 핵미사일 격납고에 지은 세계 종말 이후를 대비한 호화 아파트를 300만 달러 이상을 주고 샀다. 실리콘밸리의 억만장자들은 수천 에이커에 이르는 미국 중서부의 땅을 사들이거나 뉴질랜드 지역의 땅을 사들였고, 이 땅속에 숨어서 세상의 종말이 올 때까지 기다릴 계획이다.[44]

생존주의자와 알트라이트alt-right의 융합의 공통분모는 국수주의, 외국인 혐오증, 인종주의이다.

자동차, 트럭, 오토바이 호송대가 디포짓의 주차장을 떠나 고속도로로 들어서더니 이슬람버그 지역을 지나가는 비포장도로로 방향을 바꾸었다. 주 경찰대는 이슬람버그 입구에 서서 대기하고 있었다. 이슬람버그 마을 사람 중 몇 명이 나와서 지나가는 차량을 비디오로 찍었다. 자동차, 오토바이 행렬이 이슬람버그에서 몇 마일 떨어진 주차장에 차를 댔다. 많은 사람이 빙햄턴 외부 지역에 있는 한 집으로 차를 몰았는데, 그곳에는 맥주, 음식, 모닥불이 있었다.

나는 썰렁한 식탁에 주인 캣kat과 같이 앉았다. 그녀는 집을 내놓았고 최근에 직장을 잃었다. 민병대 조직 '미국의 애국자 3퍼센트 (AP3)'를 창립한 스콧 세돈Scott Seddon도 자리를 같이했다. AP3라는 이름은 미국 독립혁명 때 인구의 3퍼센트만이 적극적으로 싸웠다는 신념에서 힌트를 얻어 지었다.

세돈은 오바마가 2009년 취임할 때 즈음 AP3를 조직했다. 그가 이 조직을 만들었던 초기에는 앞으로 닥칠 파멸에 대비해 생존주의자들을 연결하는 데 중점을 두었다. 그러나 이 민병대는 곧 정치적 색을 띠었다. 세돈에 의하면, 이 조직은 전국적으로 여러 개 지부를 두게 되었고, 각 지부는 시위를 조직하거나 민병대를 훈련하고, 자연적 재앙 혹은 인위적 재앙에 대비하는 생존 기술을 가르쳤다. 현재 회원 수는 3만~5만 명일 것이라고 추산한다. 그들은 또한 우익 진영의 시위나 집회가 있을 때 호위를 하기도 한다.

"솔직히 나는 겁이 나서 이 단체를 시작했습니다. 정말로 위협감을 느끼지 않을 수 없는 변화가 이 나라에서 일어나는 것을 보았습니다. 오바마와 함께 시작됐죠"

그는 시카고에서 오바마가 다녔던 교회의 전 목사인 예레미야 라이트Jeremiah Wright를 공격했다. 라이트 목사는 미 제국의 악행과 백인 지상주의를 격렬히 비판하는 설교를 했다. 그는 라이트 목사를 '반미주의자'라고 불렀다.

그는 2016년 7월에 백악관에서 오바마를 만난 일에 관해 이야기하면서, "'흑인의 생명도 중요하다Black Lives Matter 운동'이 빌어먹을 백악관에 입성한 겁니다. 오늘날 미국의 모든 사람이 희생물이 된 겁니다."

그는 재산 파괴와 폭력을 지지하는 반反파시스트를 언급하면서, 이어서 말했다. "대다수 안티파antifa*가 피해의식이 있어요. 그들은 2주마다 모여 시위하면서 사람들을 모욕하죠. 안티파의 90퍼센트가 직업이 없습니다."

해병대 출신이자 AP3에서 한 개 주의 안전을 책임지고 있는 마이클 모셔Michael Mosher가 우리와 동석하고 있었다. 그는 몸에 문신을 네 개 했는데, 총 두 개를 십자로 걸친 문신, '나의 투쟁'이라고 쓴 문신, AP3를 상징하는 문신, 수사슴 머리 문신을 하고 있었다.

모셔는 안티파 이야기를 했다. "미성숙한 집단이에요. 아주 무례해요. 자신들에게 동조하지 않으면 사람들에게 침을 뱉고 오줌을 던져요."

세돈이 맞장구쳤다. "사람들에게 병도 던져요."

★   'anti-fascism'의 약어로, 성차별, 인종주의, 종교 근본주의 등 극우적 혐오 단체와 사상에 반대하는 운동이자 세력이다. 물리적 위협과 폭력을 동원하는 과격한 방식을 사용한다.

나는 물었다. "어떻게 오줌을 던질 수 있죠?"

모셔가 말했다. "조그만 풍선에 넣어서요."

그는 이어서 말했다. "내가 가본 집회마다 안티파가 있었는데, 소수민족 계통 출신으로 몸이 건장한 녀석 한 명이 늘 있었어요. 그놈은 아무것도 안 하고 집회 내내 소리만 질렀어요."

캣이 대화에 끼어들면서 말했다. "그 사람들 돈 받고 그 일하는 거예요. 구인 광고에서 이런 아이들을 불러모아 데리고 오면 돈을 받아요. 거기에 나가면 시급 15달러를 받아요."

모셔가 말했다. "오늘 아침에 대회 집결지에 갔더니, 빨간 캐딜락 한 대가 길 건너편에 있는데 늙은 여자분이 운전석에 있었어요. 건장한 숙녀는 차 바깥에서 비디오를 찍었고요. 집회 내내 찍더라고요."

세돈이 말했다. "그들은 사회주의자들, 공산주의자들이에요. 그들은 게으르고 골치 아픈 젊은이들이에요. 상위 1퍼센트들이 자기들에게 모든 것을 내놓아야 한다고 생각하고 있어요."

그는 이어서 말했다. "안티파는 사람들의 지지를 얻으려고 이슬람 교인에게 손을 뻗어요. 아무 의미 없는 일인데 말이에요. 이슬람은 동성애를 반대하잖아요."

캣이 말했다. "많은 안티파들이 애매한 동성애자예요. 걔들은 분명한 남자도 아니고 분명한 여자도 아니에요."

모셔가 말했다. "환경에 잘 적응하지 못하는 애들이잖아요."

세돈이 말했다. "그들은 뭔가 잘못 이해하고 있어요. AP3에는 다행스럽게도 동성애자가 늘고 있어요. 난 110퍼센트 이성애자 남성이지만요. 미국에서 가장 훌륭한 애국자 중 일부는 게이예요. 우리는 게이를 차별하지 않아요. 그렇지만 안티파는 무슬림들을 지지하는데, 아시다시피 그 친구들은 게이를 아주 혐오하잖아요."

"하지만 우리는 게이를 혐오하지 않죠." 캣이 이어서 말했다. "무슬림 난민을 받아들일 때, 그들을 단순히 이민자로만 알 뿐 그들이 이 나라에 무엇을 가져오는지 모르는 사람들을 우리가 보호하려는 거예요. 그들은 이슬람법을 들여오고, 동성애를 혐오스럽다고 믿는 사람들이에요. 그들은 결국 우리 모두를 죽이려고 할 거예요."

세돈이 말했다. "그게 그 사람들이 중동에서 한 짓이잖아요. 유럽과 영국에서 테러가 일어났잖아요. 우리는 그런 일이 여기서 일어나는 것을 원치 않아요. 만일 그런 일을 시작하면 그냥 내버려 두지 않을 겁니다. 그래서 우리가 오늘 여기에 나온 겁니다. 우리가 여기 있다는 것을 그들에게 알려주기 위해서요. 우리는 늘 깨어 있습니다. 우리는 진짜 미국인입니다. 우리는 우리나라를 정말 사랑해요."

모셔가 말했다. "우리는 영국과 런던시가 했던 식으로 우리나라를 포기하지 않을 겁니다."

캣이 말했다. "분명히 확신하는데 앞으로 20~30년 안에 유럽은 하나의 거대한 이슬람 국가로 바뀔 겁니다."

세돈이 말했다. "네, 맞아요. 동부 유럽은 빼고요. 동부 유럽은 자신의 정신적 유산을 확고하게 지키고 있어요."

캣이 말했다. "프랑스, 영국, 독일, 핀란드는 모두 문제가 있었잖아요. 앞으로 스웨덴을 포함해서 계속 이민자와 관련된 문제가 생길 겁니다. 폴란드는 이슬람에 반대할 겁니다. 세계에서 강간이 발생하는 수도들이 어디인지 한번 찾아보세요. 모두 많은 이민자들이 몰려 있는 곳이에요. 사람이 행방불명이 되는 곳도 찾아보세요. 모두 난민들이 우글대는 곳이에요. 그들은 노예 무역, 성노예

무역의 일인자들이에요. 나는 내 가족을 보호하고 싶어요. 그런 일이 이곳에서 벌어지는 것을 원치 않아요."

모셔는 말했다. "해병대에 6년 있었어요. 이라크, 아프가니스탄에서 파병 생활을 했어요. 그들과 싸웠어요. 난 그들이 여기에 있는 것을 원치 않아요. 소위 온건한 무슬림들도 만나봤습니다. 그들은 정상적인 사람들이에요. 그들과는 아무런 문제가 없었어요. 내가 그 나라에 갔을 때, 상황은 전혀 달랐어요. 그들은 우리를 정말로 증오합니다."

내가 물었다. "왜죠?"

"솔직히 말하자면, 부분적으로는 미국이 해외의 너무 많은 분쟁에 개입하기 때문이라고 생각합니다. 하지만 코란 자체에도 그 원인이 있어요. 그들을 따르지 않는 사람은 누구나 참수형 같은 것들을 당하게 되어 있다고요. 나는 그들의 책을 본 적이 있습니다. 우리가 이슬람교로 개종하지 않으면 우리를 죽이는 것이 그들의 일이에요."

세돈이 말했다. "그 사람들은 이미 연방정부에 들어와 있어요. 국토안보부에는 그들에게 깊이 물든 사람들이 있어요. 빌 드블라시오 Bill de Blasio [뉴욕시] 시장이 좋아하는 그 [팔레스타인계 미국인] 여성 대변인 이름이 뭐더라. 린다 사서 Linda Sarsur. 드블리시오가 행사에 참여해서 연설할 때마다 그녀가 늘 옆에 있어요. 그 여자가 더 중요한 사람처럼 보이지 않아요? 보세요. 이 나라에서 이슬람법이 판치는 것을 우리는 못 봐요. 그것은 헌법 전체를 파괴해요. 우리는 자유국가입니다. '당신은 이것을 해야 해! 이것을 지켜야 해!'라고 지시하는 법을 시행하는 순간 우리는 미국 헌법에 반대하는 꼴이 됩니다."

나는 "왜 당신의 민병대에는 아프리카계 흑인이 거의 없습니까?"라고 물었다.

세돈은 대답했다. "그건 좌파들이 우리가 인종주의 고집통이라고 이야기를 꾸며대기 때문이에요. 우리는 누구든 환영이에요. 말씀드렸듯이 우리 중에는 동성애자도 있어요. 믿으실지 모르겠지만 멕시코인도 많아요. 퇴역군인도 있고요. 미디어가 우리를 인종주의자 KKK 단원들이라고 조작하고 있어요. 들어보세요. '미국 순찰대American Patrol(AP)'는 누구든지 받아들여요. 무슬림이 신청하면 약간 더 엄격하게 심사하겠죠. 물론 중범죄자는 안 됩니다."

나는 "지금 무슬림이 한 명이라도 있습니까?"라고 물었다.

세돈이 대답했다. "그들은 우리 단체에 전혀 관심이 없어요."

모셔가 말했다. "우리나라는 완전히 둘로 갈라졌어요. 앞으로 시민 전쟁이 일어나거나 혁명 전쟁이 일어날 거라고 이야기하는 사람도 있어요. 그런 일이 일어난다면 내 자식 때 말고, 내 시대에 일어났으면 좋겠어요."

모셔는 민병대 회원 중 약 85퍼센트가 퇴역군인이라고 말했다. 모셔와 세돈은 뒷마당 모닥불 주변에 둘러서 있는 다른 민병대 회원과 합류하려고 바깥으로 나갔다. 모닥불 불빛은 희미해지고 있었다.

드조반니DeGiovanni는 최근에 이혼했고, 2017년 2월에 이타카대학의 응원팀 코치직을 잃었다. 그녀는 거기에서 고작 1년 근무했다. 22세, 21세, 14세의 아들과 12세의 딸을 두고 있었다.

"내가 직장을 잃은 건, 내 생각으로는 내가 기독교인인 트럼프 지지자이기 때문이에요. 다른 이유가 없어요. 그게 전부예요."

그녀는 이어서 말했다. "기말고사를 보고 12월, 1월에 수업이 없어서 선거 후 겨울방학에 들어갔어요. 대통령 취임식 후 곧 개학이었죠. 응원단에 있던 두 명의 여자아이가 내내 화가 난 듯이 보였어요. 한 명은 아프가니스탄에서 온 무슬림 난민이었어요. 나머지 한 명은 아시아계였고요. 그 애는 분명 레즈비언일 거예요. "

그녀의 말에 의하면, 퇴역한 여성군인 출신들이 워싱턴에서 행진하고 난 뒤에 그녀가 '우리를 대신해서 행진한 진정한 여인들'이라고 표제를 붙인 사진과 트럼프를 지지한다는 견해를 페이스북에 올린 것에 몇몇 응원단 여자아이들이 반발했다고 한다.

그녀는 설명했다. "아이들은 열을 올리면서 나를 인종주의자라고 욕하기 시작했어요. 나는 좀 들어보라고 했어요. '너희들이 선거 결과에 화가 난 걸 이해한다. 그렇지만 이게 현실이잖니? 민주주의는 이렇게 작동하는 거 아니니? 이분이 이제 우리 대통령이 되었잖니? 계속 연습에 빠지고, 들고일어나고, 나를 험담하면 되겠니?'"

"아이들은 내 이야기를 받아들이려고 하지 않았어요. 이렇게 한 시간이 흘렀어요. 더 이상 매우 피곤했죠. 더 이상 말조차 할 수 없었어요." 언쟁은 두 아이가 응원 연습 시간을 뛰쳐나가면서 끝났다. 그녀는 한 아이가 말한 것을 기억했다. "선생님이 여기에 있는 한 우리는 돌아오지 않을 거예요."

그녀가 다음날 해고당했을 때(계약 종결이라는 간결한 이메일을 받았다) 그녀의 세계는 완전히 허물어졌다. 그녀는 최근에 깨진 결혼생활의 후유증을 극복하느라 애를 쓰고 있었다.

"그건 내 삶이었어요. 내가 아는 전부였다고요. 14년을 응원팀에서 일했고, 6년 동안 코치 생활을 했어요, 너무 상심했어요. 이제 내 삶은 달라지겠죠. ……정말 어떻게 해야 할지 모르겠더라고요. ……이제 이 문제를 해결해야 해요."

그녀는 전남편과 공동소유했던 집을 판 후에 이타카로 이사할 생각이다. 갈 데가 없는 그녀는 인터넷에서 더 많은 시간을 보냈다.

"아이들이 왜 그렇게 나를 미워했는지 이해가 안 가요. ……학교에서 일어난 일 때문에 그 주 내내 울었어요. 페이스북에 들어가는 시간이 늘어나기 시작했어요. 모든 사람에게 이 일을 이야기했어요. 나는 이타카대학에서 일어났던 일을 길게 공개적으로 털어놓았어요. 당황했던 사실, 직장을 잃은 이야기. 평생 직업이, 내 인생이 이제 끝났다는 이야기! 모두 다 쏟아놓았어요. 그런데 답글들이 막 올라오는 거예요. '당신에게 일어난 일을 정말 안타깝게 생각합니다.' 페이스북을 통해 유럽의 난민 위기를 들었어요. 사람들이 이슬람교에 대해 말해주기 시작했어요."

바로 이 이야기가 그녀에게 꽂혔다. 그녀와 언쟁했던 응원단장 중 한 명이 무슬림이라는 사실이 떠오른 것이다.

"그때 이슬람교가 뭔지 잘 몰랐어요. 그것이 진짜 종교인 줄 알았어요. 왜 무슬림 소녀가 나를 싫어했는지를 몰랐어요. ……뉴스를 통해서는 정확한 정보를 얻을 수 없고 일방적인 편견만을 얻잖아요. 우리는 페이스북에서 진짜 정보를 나눌 수 있어요."

"오바마 정부 시절에, 우리 중 많은 사람이 인종주의자로 몰릴까 봐 뭘 말하기가 두려웠어요. 트럼프가 입성했을 때 편안하게 느꼈어요. 모든 사람이 깨어나서 목소리를 높이고, 더 많이 배우고, 정보를 나누기 시작했어요."

그녀는 페이스북 포스트를 읽기 시작한 후에 이슬람교는 '근본적으로 아라비아의 한 종족 출신인 사탄 경배자가 아이들의 희생으로 시작한 죽음의 사이비 종교'라고 믿기 시작했다. 그녀는 분한 생각이 들었다. 새로 느끼는 공포와 이들을 격퇴할 필요가 있다는 생각이 인생에 사명감을 심어주었다. 그녀는 이제 무슬림으로부터 미국을, 인류를 구해야 했다.

"이제 인류는 큰 위협에 처했어요. ……나는 이슬람교를 아주 많이 조사했어요. 그게 직업이 됐죠. ……애국운동에 대한 내 열정은 예전에 응원 일이 내 인생이었던 때의 열정과 다름없어요. 지금 막후에서 사람들을 공직에 앉히는 무슬림 조직이 많아요. 유럽에서 그랬던 것처럼 말예요. 런던에는 무슬림 시장이 있잖아요."

그녀는 "오바마는 꼭두각시였어요. 동의하지 않으세요?"라고 물었다. "그는 식물인간이었어요. 그는 무슬림형제단Muslim Brotherhood* 의 앞잡이였잖아요. 그들이 의도를 가지고 오바마를 그 자리에 앉힌 거예요. 그들은 우리 모두를 죽이려 하고 있어요."

그녀는 이어서 말했다. "페이스북에서 목소리를 높이고, 다른 사람들과 정보를 공유했어요. 팔로워가 1200명에서 5000명으로 늘었고, 그들은 나의 페이스북 친구예요. 사람들이 내 얘기를 듣기 시작했어요. 그들은 깨어나고 있어요. 이 사실에 정말 흥분하지 않을 수 없어요. 우리는 모두 나와서 강력히 맞설 거예요. 우리는 저항군입니다."

"나는 사람들을 안전하게 지켜주고 싶어요. 나는 여성들을 위해 싸우고 싶습니다. 여성들의 성기가 잘려나가게 두지 않을 겁니다. 여성이 돌에 맞아 죽게 두지 않을 겁니다. 치욕을 당하거나, 명예살인을 당하게 두지도 않을 겁니다."

---

* 정통 이슬람으로의 회귀를 주장하는 세계에서 가장 오래되고 규모가 큰 이슬람 운동 단체.

이런 정서가 우파 증오 단체의 이데올로기에 깔려 있는데, 이것은 미국의 국가 정체성이 무슬림, 아프리카계 미국인, 라틴계 사람, 페미니스트, 게이, 자유주의자, 지식인들에 의해서 공격받고 있다는 인식에서 비롯된다.

　　스테판 메이어Stefan Meyer는 4년간 해병대에서 근무한 24세의 퇴역군인이다. 그는 메릴랜드주 파크빌의 한 바에 앉아 있었다. 그는 극우 단체 프라우드 보이즈 메릴랜드 지부의 회원이었다. 볼티모어의 흑인 프레디 그레이가 경찰에게 체포당한 후 의문사했고, 이에 반발해 폭동이 일어났다. 메이어는 폭동 후에 조직에 합류했다. 그는 '흑인의 생명도 중요하다' 운동과 안티파와 싸우기를 원했다.

　　"프레디 그레이는 경찰 밴의 차벽에 자기 머리를 박았고, 그래서 이게 경찰의 만행처럼 보인 거예요. 스스로 경찰 밴 빗장에 부딪혔어요. 결국 경찰에 누명을 씌우려다가 자기를 죽게 만든 거죠. 그것을 모르고 사람들은 폭동을 일으켜서 도시를 부수기 시작했어요. 정말 화가 났어요."

　　메이어는 운전 기사였고 이혼소송 중이었다. 그는 새벽 4시 30분에 일하러 가서 오후 4시 30분에 귀가했다.

　　"시급 20달러에 등골이 부서질 정도로 일합니다. 1주일에 벌어들인 800달러 중 500달러 정도를 손에 줍니다. 그 정도면 그리 나쁜 편은 아니죠. 문제는 그 돈 대부분이 월세로 나간다는 거예요. 월세가 싸지 않아요. 방 하나, 목욕실 하나에 월세가 1040달러입니다. 요즘은 집에 앉아서 잠만 자고 있습니다. 내 생활은 대충 그 정도입니다. 프라우드 보이즈에 가입하고 바깥에 많이 나왔어요. 실제로 한 번도 보지 못한 백악관도 보러 나왔고요."

　　메이어는 학창 시절에 왕따를 당했다.

"나는 몸집이 작았어요. 고등학교 때 겨우 45킬로그램이었으니까요."

그가 고등학교에서 한 소녀와 데이트를 시작할 때, 서로의 관계를 비밀에 부치기로 약속했다. 다른 애들이 그 여자아이가 메이어와 사귄다고 놀림받을 것이 두려웠기 때문이다. 어느 날 그는 친구들 앞에서 그녀에게 팔찌를 주려고 했다.

메이어는 그때 일을 기억하며 말했다. "그 애 얼굴에 겁에 질린 표정이 역력했어요. '이런, 이걸 돌려주려고 했는데 잊어버리고 있었네. 미안해'라고 말했습니다. 그녀를 당황하게 하고 싶지 않아서요."

메이어는 고등학교를 졸업하고 해병대에 입대했다.

"아프가니스탄 전쟁이 진행 중일 때 가고 싶었습니다. 거기에는 나보다 훨씬 더 멋진 남자들이 많았습니다. 많은 사람이 나 대신 총을 맞고 죽었다는 것을 생각하면 마음이 좋지 않아요."

그는 해병대 훈련소 시절을 회고하면서 이야기했다. "첫날부터 우리는 무조건 '죽여!'라고 소리를 질러야 합니다. 죽여야 할 대상이 없어요. '이놈을 죽여'도 아니고 '저놈을 죽여'도 아닙니다. 그저 '죽여'일 뿐입니다. 그렇게 우리는 실전에 효과적인 전투부대가 됩니다. 그것이 우리의 일입니다. 적진으로 들어가서 전투에서 이기고, 전쟁에 이기는 겁니다. 적어도 군에 있을 때는 그랬습니다. 그런 식으로 전쟁에서 이겼습니다. 지금은 뉴스에서 전투가 일어나고 있습니다. 어느 전투가 더 힘든지는 확실히 모르겠습니다."

메이어는 그와 다른 군 출신 민병대원들이 2017년 6월 워싱턴 D.C.에서 열린 언론자유 집회 같은 데서 모였을 때, 사람을 죽이는 걸 얼마나 무심하게 말하는지를 묘사했다.

"모두가 그냥 이렇게 말해요. 그냥 아무나 죽여버리고 싶다고요. 이건 증오나 분노에서 나오는 말이 아닙니다. 오랜 기간, 아주 여러 해에 걸친 군 생활에서 그렇게 굳어진 거예요."

민주당은 2016년 미국 대선에서 패배한 이유를 다음과 같은 것들에 돌렸다. 러시아의 선거 개입, 힐러리의 선대본부장 존 포데스타John Podesta의 이메일이 누출된 일, FBI 국장 제임스 코미James Comey가 투표 바로 직전에 힐러리의 개인 이메일 서버와 관련된 서한을 국회에 보내기로 한 결정. 민주당은 패배의 근본적 원인을 인정하지 않는다. 노동자들을 버린 것, 탈산업화, 중동에서의 전쟁, 엄청난 사회 불평등 말이다. 민주당이 노동자계급과 중산층을 대변한다는 레토릭이 지난 30년 간 작동했다. 그러나 민주당에 배신당한 그들은 더 이상 민주당을 믿지 않는다. 수만 혹은 수십만의 클린턴 지지자들이 포데스타의 이메일을 읽고 트럼프 지지로 돌아섰다거나, 코미가 클린턴을 버린다고 발표했기 때문에 선거에서 패배했다고 생각하는 건 어리석은 일이다. 그들이 현실을 직면하지 못하는 것은 민주당뿐만 아니라, 미국의 민주주의에도 참으로 불길한 일이다.

미국인들이 감염된 이 불안감은 전 세계적인 현상이다. 수억의 사람들이 근대성으로 인해 그들이 뿌리내렸던 공동체뿐 아니라, 전통, 신념, 의식ritual에서 단절되고 있다. 그들은 세계 자본주의에 의해 잉여로 취급받으며 냉정하게 버려진다. 이것은 그들을 폐기처분한 테크노크라시의 세계에 대한 원초적 분노를 유발한다. 이 분노는 여러 형태로 드러난다. 예를 들어 토착주의nativism, 신파시즘, 지하디즘, 기독교 우파, 알트라이트alt-right 민병대, 안티파의 무정부적 폭력의 형태로 드러난다. 이러한 분노와 적의는 똑같은 절망의 우물에서 솟아난다. 이 절망은 인종주의, 심한 편견, 외국인 혐오를 악화시킨다. 그것은 사회적 담론에 독이 된다. 그것은 초남성성, 폭력, 쇼비니즘을 찬양한다. 그것은 신화적 과거의 회귀를 약속한다.

기업 엘리트들은 세계적 무정부 상태에 대한 그들의 책임을 인정하기보다는 이것을 서양 문명과 인종주의적 폭력배와 중세기적 야만인들의 충돌로 치부한다. 그들은 극단적 민족주의자, 무정부주의자, 종교 근본주의자, 지하디스트에게서 힘으로만 진압할 수밖에 없는 까닭모를 불합리가 있다고 본다. 하지만 박탈당한 사람들이 그들의 가치 때문에 기업 엘리트를 증오하는 게 아니라는 사실을 그들은 아직도 이해하지 못하고 있다. 박탈당한 사람들은 기업 엘리트의 이중성, 탐욕, 무차별적인 노동자에 대한 폭력industrial violence, 위선 때문에 그들을 증오하는 것이다.

지배 엘리트들은 공격당하면 당할수록 이상화된 과거, 자기예찬, 고의적인 무지로 후퇴한다. 판카지 미슈라Pankaj Mishra는 《분노의 시대: 현재의 역사Age of Anger: A History of the Present》에서 다음과 같이 썼다.

따라서 〔서양에서〕 세속적 근대화가 추진되면서, 당시 보편적으로 확립된 개념들, 즉 개인주의(사회적 관계의 중요성에 반대되는), 효율과 효용의 예찬(명예의 윤리에 반대되는), 사익 추구의 정당화를 받아들였다. 그리고 바로 그 자리에, 신화적인 민족 개념이 실제의 적과 가공의 적을 상대하기 위한 연대와 행동의 자극제로 다시 등장했다.

그러나 민족주의는 위험한 속임수까지는 아닐지라도 조국을 '다시 위대하게great again'(트럼프가 즐겨 쓰는 말이다)라는 약속과 '타자_{other}'를 악마로 만드는 성격을 지님으로써 전보다 훨씬 더 신화화되었다. 즉 이 민족주의는 황폐한 지상의 지평 안에서 초월적인 이상이 풍기는 위로의 향기를 재현하려고 하면서 동시에 인간 존재의 실제 상황과 고통의 진정한 원인을 감추고 있다. 정치적 민족주의의 재등장은, 루소가 처음으로 그것을 정의를 내렸던 분노(이 경우에는 세계 경제에 뒤쳐져 있다고 느끼는 사람들의 분노나 정치, 경제, 미디어에서 매력적으로 보이는 지배자와 그들의 지지자들에 의해서 모멸적으로 무시당했다고 느끼는 사람들이 갖는 분노다)가 여전히 근대 세계의 기본적 형이상학으로 여전히 남아 있다는 것을 보여준다. 개인주의의 시대에 상속받을 것이 아무것도 없는 사람들과 잉여로 존재하는 사람들이 지지하는 폭력적인 무정부주의는 민족주의의 가장 위협적인 모습이다.[45]

세계화 지지자들은 전 세계에 걸쳐서 노동자들을 중산층으로 끌어올리고, 민주적 가치와 과학적 합리주의를 고취하겠다고 약속했다. 그들은 종교적인 긴장과 인종적 긴장을 완화하고 해결했다고 주장했다. 세계 시장은 평화와 번영의 국가 공동체를 만들 것이라고 했다. 우리가 해야 할 일은 정부가 나아가는 길을 받아들이고, 시장의 요구 앞에 무릎을 꿇고, 진보와 합리성의 궁극적 형태로서 이를 견디는 것이다.

우리는 결코 이 게임이 조작된 것이라고 들어본 적이 없다. 우리는 늘 패자였다. 우리가 사는 도시의 공장이 문을 닫고 도시도 쇠망해갔다. 임금은 내려갔다. 노동자계급은 가난해졌다. 미슈라는 자본가들과 제국주의자들의 탐욕은 결코 "제한된 지리적 공간, 퇴화하는 천연자원, 취약한 생태계와 같은 제한적인 요인들"[46]을 결코 고려 대상에 넣지 않는다고 썼다.

이러한 탐욕의 세계적 확장이라는 프로젝트를 수행하는 데, 어떤 형태의 억압이나 폭력도 문제가 되지 않는다. 미슈라는 이집트, 리비아, 말리, 시리아, 그 외 다른 지역에서 일어나는 분쟁은 "극단적인 기후 관련 문제, 강과 바다에서 물고기의 씨를 말리는 일, 지구 전 지역의 사막화"[47]에 의해서 가속화된다고 말한다.

자신의 조국에서 일어나는 혼란 때문에 유럽으로 온 난민의 존재는 정치적 불안정을 조장하고 우익 민족주의자들의 발언권을 강화하고 있다. 미슈라는 경고한다. "인간이 자신을 스스로 파괴할 수 있는 두 가지 방식(전 세계적으로 일어나는 내전 혹은 자연환경의 파괴)이 빠르게 합류하고 있다."[48]

세계화로 전통적 존재 양식을 박탈당한 후, 우리는 "상업과 기술"[49]이라는 두 가지 세력에 의해서 굳게 결합해 있다. 바로 한나 아렌트가 "부정적 연대"[50]라고 부른 것이다.

반동 현상은 19세기 말과 20세기 초에 일어났던 무정부주의자, 파시스트, 공산주의자들의 폭력과 테러리즘을 닮았다. 우리는 이것을 성전jihad을 주장하는 이슬람 과격주의자들에게서 명백히 볼 수 있다. 이들 대부분은 종교적 훈련을 받은 적이 없고, 암흑가 범죄자 출신인 자들도 꽤 있다. 지하디스트jihadist 아부 무사브 알자르카위Abu Musab al-Zarqawi의 별명은 '학살자 교주'인데, 그는 미슈라가 썼듯이, 이라크에서 "오랫동안 포주 노릇을 하면서 마약을 거래했고, 폭음을 일삼던 자였다."[51]. 보도에 따르면, 오마르 마틴Omar Mateen은 플로리다주 올랜도에 있는 나이트클럽에 자주 들락거리며 술을 마셨고 거기에서 49명을 살해했다.[52] 안와르 아울라키Anwar al-Awlaki는 성전을 설교했으며 미국에 의해서 암살당했는데, 그는 늘 성매매를 즐겼다.[53] 아부 무하마드 알아드나니Abu Muhammad al-Adnani는 살해당하기 전에 IS 선임 지도자였는데, 서양의 무슬림들에게 무슬림이 아닌 사람을 만나면 무조건 죽일 것을 요구했다. 알아드나니는 그의 추종자들에게 이렇게 말했다. "돌로 머리를 쳐 죽이든지, 칼로 찔러 죽이든지, 차로 쳐서 깔아 죽이든지, 높은 곳에서 떨어뜨려 죽이든지, 목 졸라 죽이든지 독약을 먹여 죽여라."[54]

미슈라는 150여 년 전의 러시아 혁명주의 무정부주의자 미하일 바쿠닌Mikhail Bakunin이 주장한 "'행동으로 보여주는 선전'처럼, 이제는 어디서나 대량학살을 비디오에서 실시간으로, 페이스북과 같은 SNS로 볼 수 있다"라고 썼다.[55] "이런 행위는 극단적인 폭력적 행위만이 자신들이 처한 절망적인 사회상황을 세상에 폭로할 수 있다는 느낌과 자신의 폭력 행위가 그런 상황을 변화시키기 위한 도덕적 결단이라는 착각에서 비롯된다."[56] 이런 외부에서 들어온 생각과 행동이 토착적인 믿음, 전통, 의식ritual을 파괴하고 그 빈자리를 채웠다. 미슈라가 말했듯이, 지하디스트들은 "전통적 이슬람의 부활을 보여주는 것이 아니라 그것의 죽음을 보여준다".[57]

미슈라는 이렇게 썼다. "밝혀진 대로 독재적인 근대화주의자들은 그들이 보호한다는 다수의 사람을 현대 세계로 진입시키는 데 실패했고, 그들의 위에서 실패한 혁명은 더 과격한 아래에서의 혁명을 위한 길을 닦아놓았다. 우리가 최근에 보았듯이 무정부 상태가 따라왔다."[58]

파리와 런던에서 발생한 테러, 티머시 맥베이Timothy McVeigh가 주도한 테러는 똑같은 분노에서 비롯된 것이다. 그는 1995년에 오클라호마시에 있는 앨프리드 뮤러 연방정부청사를 폭파했는데, 어린이 19명을 포함해서 168명이 죽었고 684명이 다쳤다.[59] 그가 콜로라도주 플로렌스에 있는 감옥에 투옥되었을 때, 옆 감방에 있던 죄수가 람지 아메드 유세프Ramzi Ahmed Yousef였다. 1993년에 첫번째 세계무역센터 공격의 주모자였다. 맥베이가 처형된 후 유세프는 말했다. "평생 나와 그렇게 비슷한 성격의 소유자를 본 적이 없다."[60]

"10년 동안의 정치적, 경제적 혼란 후 악의로 가득 찬 광신자들이 민주주의의 보루인 서양 중심부에서 나타났다. 이슬람의 테러리즘 대 근대성이라는 확고한 도식이 9·11테러 이후 깨져버렸다."[61] 미국은 학교, 쇼핑몰, 영화관에서 정기적으로 일어나는 총기 난사 살인 사건으로 몸살을 앓는 것은 차치하고 국내에서 자생한 테러리스트들이 보스턴 마라톤, 사우스캐롤라이나 교회, 테네시 군사 시설, 텍사스 군기지 등을 공격하는 일을 보았다.

미슈라는 "현대 서양은 자신의 명백한 적들과 구별이 안 된다"[62]라는 사실에 주목한다. 클린트 이스트우드Clint Eastwood는 미국인 해군 저격병 크리스 카일Chris Kyle을 이상화한 전기 《아메리칸 스나이퍼》를 영화로 만들었다. 이 전기는 자살 폭탄 테러범을 신성시하는 지하디스트가 채택한 이원론적 세계관을 찬양했다.

《아메리칸 스나이퍼》는 미국 사회에서 볼 수 있는 가장 경멸스러운 일면을 치켜세운다. 즉 총기 문화, 맹목적인 군대 찬양, 기독교 국가로서 지구상에서 '열등한 종'을 절멸할 수 있는 천부적 권리를 가지고 있다는 믿음, 자비심과 동정심을 가지면 안 된다는 괴기한 남성 우월주의, 불편한 사실과 역사적 진실을 부인하는 것, 비판적 사고와 예술적 표현을 경멸하는 것을 찬양하는 것 말이다.

카일은 건물 옥상과 창문에서 저격해 죽인 사람들을 향해 다음과 같이 썼다.[63] "그 사람들은 미개하고 야비한 악마들이다. 우리가 이라크에서 싸운 자들이 바로 그들이다. 나를 포함한 많은 사람이 적을 '야만인'이라고 불렀다. ……더 많이 죽이지 못한 게 아쉬울 뿐이다."[64] 또한 이렇게 썼다. "나는 나쁜 놈들 죽이는 것을 좋아한다. 나는 내가 하는 일을 좋아한다. 여전히 그렇다.[65] ……그건 재미있는 일이다. 나는 해군의 육해공 전투 특수대원으로 복역했던 때가 인생에서 가장 즐거운 시간이었다."[66] 그는 이라크인들을 "광신자"라고 부르고 "그들은 우리가 무슬림이 아니라는 이유로 증오했다"[67]라고 썼다. 그는 "우리가 싸웠던 광신자들은 그들의 왜곡된 종교관 이외에 어느 것도 가치 있게 여기지 않았다"[68]라고 주장했다.

그는 미국에 협조한 이라크인들을 두고 이야기했다. "이라크인들을 위해서 싸워본 적은 한번도 없어요. 그들을 전혀 신경 쓰지 않아요."[69]

그와 그의 소대원들은 차량, 방탄복, 무기, 헬멧에 마블코믹스marvel Comics의 캐릭터 중 하나인 퍼니셔Puniser의 상징 같은 하얀 해골을 스프레이로 그려냈다. 하얀 해골 둘레에는 스프레이로 "네 엄마가 뭐라고 했든……진짜로 문제를 해결해주는 건 폭력이야"라는 모토를 써냈다.

카일은 그의 회고록에서 다음과 같이 썼다. "우리는 이 모토를 모든 빌딩과 벽에 스프레이 페인트로 썼다. 우리는 사람들이 이걸 알아주길 바랐다. '우리가 왔고, 이제 너희들은 끝났어. ……우리가 보여? 우리는 너희를 박살내러 온 사람들이야. 우리는 반드시 너를 죽일 거야. 그러니까 두려워 해, 이 씨발놈들아.'"[70]

카일에게는 '전설Legend'이라는 별명이 붙었다. 그는 팔에 십자군 문신을 했다. 그는 이렇게 썼다. "나는 모든 사람이 내가 기독교인이라는 사실을 알기 바랐다. 나는 붉은색으로 문신을 했다. 피를 의미하기 위해서 그렇게 했다. 나는 내가 싸워온 그 빌어먹을 야만인들을 미워했다. 나는 언제나 그럴 것이다."[71]

그는 여섯 명을 저격 사살하고 나서 막사로 돌아가서 쿠바 담배, 로미오와 줄리엣 3번 시가를 피우고, 비디오 게임을 하고, 포르노를 보고, 운동을 한다.[72] 그에 관한 영화 〈아메리칸 스나이퍼〉에서 빠진 것이 있는데, 그가 휴가 때 종종 바에서 술에 취해 싸우다가 체포당했다는 사실이다.[73] 그는 정치인들은 고려할 가치가 없는 사람들이라고 생각했다. 언론을 싫어했고, 상급 장교들을 경멸했고, 단지 전투원들의 전우애만을 높이 찬양했다. 그의 회고록은 백인, 기독교의 우월성, 전쟁을 찬양한다.[74] 그의 회고록은 군대 엘리트, 프로 킬러에게 의문을 품는 사람들 모두를 향한 분노의 장광설이다. 그가 증오했던 지하디스트들의 비뚤어진 거울이다.

카일은 2013년 2월 2일에 댈러스 근처에서 친구 채드 리틀필드Chad Littlefield와 함께 사격장에서 총에 맞아 죽었다.[75] 심리적 외상후 스트레스 장애PTSD와 중증 정신병 증세를 보였던 해병대 출신 에디 레이 라우스Eddie Ray Routh가 이 둘을 죽이고, 카일의 픽업트럭을 훔쳐 달아났다. 라우스는 무기징역 선고를 받았다.[76]

미슈라는 다음과 같이 썼다.[77] "카일의 책을 이스트우드가 영화화하면서 촉발된 광적인 외국인 혐오증에서 드러난 사실은 성전을 가장 열렬하게 지지하는 열성분자는 서남아시아에만 퍼져 있는 것이 아니라는 것이다. 그런 광신자들은 십자군과 지하디스트뿐 아니라 무신론자들 가운데서도 볼 수 있으며, 미국에서 가장 훌륭하고 뛰어난 머리를 가졌다고 하는 사람들 사이에도 잠복해 있다. 이들은 돈과 무기, 테러 전문가들과 문명충돌론자들이 제공하는 사상을 끝없이 지원받으면서 더 과감해지고 있다."[78]

미슈라는 조국 인도에서도 비슷한 상황을 본다. "공동선에 무관심하고, 단지 개인의 행복 추구에만 관심이 있고, 무자비한 독재자와 마음 내키는 대로 떠드는 허풍선이와 자신을 일치시키는 〔인도 수상 나렌드라Narendra〕 모디Modi를 지지하는 성난 유권자들은 세계에 널려 있는 많은 유권자의 모습을 그대로 반영하고 있다. 이들은 모욕적인 말과 오랜 전통의 말살을 두려워하는 것이 아니라 오히려 그것을 만족해하는 사람들이다."[79] "신자유주의적 세계 경제에 의해서 열린 개인적 욕망과 두려움의 새로운 지평은 민주주의나 인권을 좋아하지 않는다."[80]

미슈라는 계속해서 이야기한다.

이라크가 내전으로 붕괴하는 동안에 출현한 ISIS는 이슬람 신학에서 생겨난 것이 아니라 '미국의 무한한 정의와 지속적인 자유 작전Operation Infinite Justice and Enduring Freedom'에 기인한 것이다. ISIS는 세계화의 급진적 과정에서 생긴 전형적 산물이다. 세계화의 급진적 과정에서 자국의 시민을 외국의 침략, 잔인한 경찰, 경제적 침체에서 보호할 능력을 잃은 정부는 도덕적, 이념적 정당성을 잃었으며, 무장 갱단, 마피아, 자경단, 군벌 등 개인적 복수심에 불타는 비국가 조직이 활동할 공간을 만들었다.

ISIS는 칼리프 왕국을 세우려 하지만, 미국에서 정치 체제를 바꾸려는 사람들의 경우와 마찬가지로 정치 공간을 조직할 수 없다. 왜냐하면 정치 공간을 조직하는 것은 폭력을 사유화하는 것과는 전혀 성격이 다르기 때문이다. ISIS를 열렬히 지지하는 자들의 행동 동기가 이른바 셀카 개인주의에 있으므로, 이들은 발할라Valhalla를 파괴할 수 있지만 그것을 건설하는 일은 제대로 할 수 없다. ISIS의 철저한 파괴 행위에서 분명히 드러나는 웅대한 정치 열망이란 기껏해야 가브리엘 단눈치오Gabriele D'Annunzio의 유토피아〔단눈치오가 이끈 단명한 '이탈리아 카르나로 섭정'〕 열망 정도이다. 실존적 경험으로서의 권력의지와 폭력에 대한 갈망은 (철학자이자 이론가) 조르주 소렐Georges Sorel이 예언했듯이 지지자들의 다양한 종교적, 이데올로기적 신념을 조정할 수 있어야 정치 실체가 될 수 있다. ISIS가 자기들의 정통성을 확보하려고 오랜 이슬람 전통과 연결하려는 노력은 자신들이 저지른 살인과 강간을 인스타그램에 올리는 과격분자들의 현실적 성향과 모순되는 일이다. 이것은 개인주의적 자율과 평등의 근대적 사상이 과열할 때 궁극적으로 나타나는 현상(한계를 인정하지 않고 결국 도덕적 나락에 떨어지는 것으로 끝나는 열렬한 자기과시)을 보여준다.[81]

우파가 병리 현상을 보여주듯이 좌파도 그 병리 현상을 보여준다.

어느 날 늦은 오후, 약 25명의 검은 옷을 입은 안티파 회원들이 뉴욕시 콜럼버스 서클에 있는 타임 워너 센터에 모여서 콜럼버스Christopher Columbus 조각상에 이의를 제기하는 시위를 벌였다. 시위자 중 많은 회원이 얼굴을 가리고 있었고 대부분 20대나 30대로 보였다. 그 행사의 명칭은 "뉴욕시는 말한다: 더럼에서처럼 하라!NYC Says: Do It Like Durham!"였다. 이 시위는 '정의를 위한 후드Hoods4Justice', '세계노동자당Workers World Party', '인민권력회의People's Power Assemblies', 'NYC 셧잇다운NYC Shut It Down'가 주동했다. 안티파들은 폭력 사용 문제로 갈라져 있다.* 폭력을 옹호하는 안티파들은 블랙 블록Black bloc과 공동 전선을 편다.

한 여성이 소리쳤다. "노 트럼프! 노 KKK! 노 파시스트 USA!"
그룹의 구성원은 그녀의 말을 따라 외쳤다.

약 한 시간 후에 그들은 남쪽을 향해 행진했다. 경찰은 시위자
들에게 차도로 행진하지 말라고 했다. 한 젊은 남자가 보도로 이동
하기를 거부했다. 한 경찰관이 그의 팔을 붙잡았다. 몇 명의 시위
자들이 그의 다른 팔을 붙잡았다. 양쪽의 승강이가 30초 정도 이
어졌다. 시위자들이 소리칠 때 남자는 눈을 감았다. 경찰은 태클을
걸더니 그 남자에게 수갑을 채웠다. 시위자들은 계속 행진하면서
"노 트럼프! 노 KKK! 노 파시스트 USA!" 구호를 외쳤다.

블랙 블록(블랙 블록이란 이름은 그들이 검은 옷을 입기 때문에 붙은
이름으로, 얼굴을 가리고 뭉쳐서 움직이며, 경찰이나 반대파 시위자들과 물리
적 충돌을 하며, 재산을 파괴한다)과 같은 안티파들은 미국 서부 해안
지역에 점점 더 많이 자리를 잡아가는 것 같다. 미국 서부 해안에
서 이들의 시위는 증가하고 있고, 앞으로 포틀랜드, 시애틀, 버클
리 같은 도시에서 수백 건의 시위가 있을 것이다.

인터뷰하는 것은 알트라이트alt-right와 인터뷰하기보다 어렵다.
알트라이트alt-right 회원들은 대개 본명을 말하고 한 시간 이상 질문
을 받고, 언론과 가짜 뉴스를 통렬히 비난하면서도 미디어의 관심
을 즐긴다. 알트라이트alt-right 조직들은 지휘권이 분명한 군대처럼
위계적이다. 단체들은 각자의 웹사이트가 따로 있으며, 대변인을
임명하고 공개적 모임을 개최한다. 이런 모습을 안티파에서는 전

★　세계노동자당은 자본주의에 반대하고 사회주의를 지지하는 정당이다. 인민권
력회의는 직업, 교육, 의료서비스 등을 요구하고 인종주의, 경찰의 테러, 성차별,
LGBTQ 억압에 반대하는 사회 단체이다. NYC 셧잇다운은 경찰의 폭력에 반대하
는 사회 단체이다.

혀 볼 수 없다. 안티파는 외부인들을 매우 경계한다. 그들 대부분은 경찰에게 신원이 밝혀질까 봐 얼굴을 가리고 익명을 요구한다.

제프Jeff(물론 실명이 아니다)는 31세의 라틴계다. 그는 검은 옷을 입고, 빨간 스카프로 얼굴의 반을 가렸다. 그는 페이스대학에서 연극학과 석사 학위를 받았지만, 갚아야 할 학자금이 10만 달러이다. 그는 타임스퀘어에서 쿠폰을 배포하고, 건축 현장에서 막노동하면서 잡일을 하고 있다. 그가 시간당 받는 돈은 보통 10달러다.

"안티파는 단체가 아닙니다. 그것은 뭔가에 저항하는 하나의 전술입니다. 우리는 국가로부터 우리 자신을 보호하기 위해서 익명으로 이 활동을 합니다. 실제로 단체라고 볼 말한 안티파가 없습니다. 물론 우리는 이론적으로 반파시스트적입니다. 동시에 우리는 이 운동에 직접 뛰어듭니다. 때때로 사회에서, 소외된 사람들과 취약한 자들을 위해서 그렇게 할 필요가 있으니까요."

"착취를 몸으로 체험했어요. 노동의 대가를 제대로 못 받았고, 일정한 직장을 가져본 적이 없고, 밥을 자주 걸렀어요. 밥을 얻기 위해서 '폭탄이 아니라 음식을Food Not Bombs'*에 가야 했어요. 가난은 장난이 아니에요. 그것은 투쟁의 핵심이에요. 나는 경찰에게 두들겨 맞고 체포당하기도 했어요. 경찰은 길 가는 나를 붙잡고 몸을 더듬어 소지품 검사를 했어요. 나는 국가라는 권력기관이 가진 능력과 힘을 몸으로 느껴요. 난 그것을 좋아하지 않아요. 나는 라틴계 사람으로 미국 정부가 라틴계 사람들과 전쟁하고, 흑인들을 대학살하려 하고, 근본적으로 미국의 토착 원주민을 완전히 학살하려 한다고 보기 때문에, 유색인종들이 백인 우월주의자들과 동성

★ 누구에게나 무료 음식을 제공하는 자율적인 지부를 둔 네트워크.

애를 허용하지 않는 가부장적이고 제국주의적인 자본주의 권력과 맞서 싸우는 것이 매우 중요한 일이라고 생각합니다. 만일 우리라도 이 일을 하지 않으면 아무도 할 사람이 없어요."

그는 이어서 말했다. "백인 우월주의를 해체하는 것은 백인들의 책임이에요. 일부 백인들이 해본다고 했지만, 비참한 실패로 끝났잖아요. 우리가 할 수 있는 가장 좋은 방법은 스스로 살아남아서 저들이 만든 시스템을 필요한 어떤 수단을 통해서라도 무너뜨리는 거예요. 만일 백인 중에 뜻을 같이하는 사람이 우리 활동에 참여하고 싶다면 환영이에요. 그렇지만 우리가 앉아서 마냥 기다릴 수만은 없잖아요."

옆에 있던 마이클Michael(그는 필리핀계이고 역시 검은 옷을 입고 있었다)이 이야기했다. "현재 시스템은 암에 비유할 수 있어요. 암이라는 병이 있고, 그것을 치료하는 화학요법이 있어요. 둘 다 몸에 공격적이에요. 그러나 하나는 사람을 죽이고, 하나는 살려요. 이게 내가 안티파를 보는 방식입니다. 시스템에 저항해서 싸우는 것은 일종의 화학요법입니다. 우리의 시스템은 폭력에 뿌리박고 있어요. 비폭력의 정당화는 괴상한 엄격한 도덕성에서 온 거예요. 이 시스템이 본래 가지고 있는 폭력성을 이해하지 못하기 때문에 그런 주장을 하는 거죠. 자기방어는 필연적이에요. 가정 폭력과 같아요. 만일 누군가가 당신을 두들겨 팬다면 당신은 몸을 보호할 권리가 당연히 있는 것 아니에요? 우리는 시스템과 관계를 맺고 있는데 불행하게도 이 관계가 폭력적 관계이죠. 사람들이 이럴 수 있겠죠. '아니, 왜 이 사람들이 창문을 깨고 있는 거지?' 그건 폭력의 성격을 어떻게 말할 것인지와 관련된 문제예요. 우리는 이 시스템의 폭력을 멈추려는 겁니다."

그는 말했다. "어머니는 간병 일을 하며 어떤 부잣집에서 시간당 5달러를 받고 일했어요. 싱글맘이어서 아이를 필리핀에 두고 와야 했어요. 그것은 아메리칸 드림을 이루기 위한 큰 희생이었어요. 여기에 오기 위해서 그렇게 많은 고생을 한 사람을 보고 무슨 자격으로 백인들이 갑자기 '그나저나 당신은 이민자이기 때문에 여기 있을 자격이 없어'라고 말할 수 있나요?"

안티파와 블랙 블록은 조직화된 운동을 반대한다. 그래서 이 모임은 힘이 없다. 그들은 선제적 폭력(안티파 지지자들은 집단적 자기 방어라고 부른다)을 요구하고 그들이 '파시스트'라고 규정하는 사람들을 공격하고, 입을 열지 못하게 하는 것은 마땅한 일이라고 주장한다. 공격에서 자신을 방어하는 일과 방망이, 벽돌, 돌멩이, 곤봉, 오줌을 담은 풍선으로 무장한 채 미워하는 사람을 사냥하러 가는 것은 전혀 다른 일이다. 목적은 항상 수단을 정당화한다고 주장하는 절대주의는 알트라이트alt-right에게 퍼져 있는 병폐와 똑같은 것이다. 좌파들이 도덕적 자산을 포기할 때, 기업 국가에 반대하는 어떤 저항도 정당성을 잃는다. 절대주의자들은 자신들을 비판하는 사람이면 누구라도, 심지어 기업 국가와 제국주의를 반대하는 사람조차도 파시스트 변론자라고 낙인찍고, 이들이 물리적으로 공격당하고 침묵을 강요받는 것은 마땅한 일이라고 생각한다. 내가 안티파와 블랙 블록을 비판하자, 그들은 내가 강연하는 동안 강당 바깥에서 시위를 벌였다. 시위자들은 얼굴을 가리고 "엿이나 먹어! 크리스 헤지스"라는 간판을 들고 있었다. 그들은 나의 연설과 전화번호를 그들의 웹사이트에 올리고, 팔로워들에게 나를 훼방하라고 지시했다. 한번은 연설 일정으로 로스앤젤레스에 도착했는데 주최 측에서 안전의 위협 때문에 세 명의 경호원을 붙여준 적이 있다.

이 이원론적 세계관(내 편, 아니면 적)은 모든 형태의 근본주의의 특징이다.

이탈리아 작가 엔니오 플라이아노Ennio Flaiano는 말했다. "두 종류의 파시스트가 있다. 하나는 파시스트이고 다른 하나는 안티파이다."[82]

안티파는 이 나라에서 퇴폐적, 군사적 문화의 산물인 폭력을 숭배하는 광신 집단들이 늘고 있다는 하나의 본보기이다. 정치적 작가 다이애나 존스톤Diana Johnstone은 "가면으로 자신을 숨기려는 호전적 반파시스트들은 마르크스나 혹은 바쿠닌의 영향보다 배트맨에게 더 큰 영향을 받은 것 같다"[83]라고 썼다.

존스톤은 계속해서 썼다. "상대방의 입을 다물게 하는 좋은 방법이 그 사람의 턱을 주먹으로 갈기는 것이라는 생각은 할리우드 영화만큼이나 미국적 사고방식이다. 그런 짓은 로스앤젤레스의 일부 지역에 퍼진 갱단 전쟁에서 흔히 볼 수 있다. 어떤 구역을 차지하려고 다른 편의 갱단과 싸우기 위해서 자신과 비슷한 사람들과 무리를 짓는 것은 불확실한 상황의 젊은이들에게서 볼 수 있는 현상이다. 이들은 대의명분을 찾기 위해서 그와 같은 행동에 정치적 목적을 부여한다. 이런 면에서는 파시스트나 반파시스트나 마찬가지이다. 방향감각을 잃은 젊은이들이 이들 단체에 가입하는 것은 미국 해병대 입대를 희망하는 젊은이들에게 좋은 대안이다."

"그것은 미국 제국주의의 논리이기도 하다. 미국 제국주의는 자신이 선택한 적을 두고 습관적으로 '그들이 이해하고 있는 것은 힘뿐이다'라고 선언한다. 비록 안티파가 스스로 급진적 혁명분자라고 주장하지만 그들의 사고방식에는 군국주의화된 미국에 널리 퍼진 폭력적 분위기가 완벽하게 스며 있다. 또 다른 맥락에서 본다면 안티파는 정체성 정치Identity Politics로 과도하게 기울어진 현재의 정치적 경향을 따른다. 이러한 경향은 이제 말할 자유의 최후의 보루여야 할 학계의 자유마저 억압한다. 정체성 정치는 말이란 아주 위험한 것이기 때문에, 말로부터 사람들을 보호하기 위해 '안전한 공간'이 반드시 마련되어야 한다고 한다. 그런데 아이러니하게도 말로 인한 상처에 대한 이 극단적인 예민함은 실제 물리적 폭력에 대한 관용과 연결된다."[84]

안티파는 유럽에서 파시즘이 초기에 형성될 때 만일 반파시스트 그룹들이 파시즘 그룹을 공격했더라면, 1920년대와 1930년대에 파시즘의 등장은 막을 수 있었을 것이라고 주장하며 자신의 폭력을 정당화하려고 애쓴다. 이것은 거대한 역사 왜곡이다.

내가 뉴욕에서 《안티파: 반파시스트 핸드북Antifa: The Anti-Fascist Handbook》의 저자인 마크 브레이Mark Bray를 만났을 때 그는 이렇게 말했다. "호전적인 안티파들이 내세우는 주장은, 1920년대와 1930년대의 파시즘을 역사적으로 보면, 작은 파시스트 집단이 크게 성장하는 경우가 많다는 것입니다. 그들의 주장은 이렇습니다. '의회정치와 토론이 파시즘의 성장을 계속해서 막을 것이라고 기대할 수 없다. 그래서 좋은 방법은 중소 규모 정도의 파시스트 집단들을 미래 파시스트 운동과 기관의 싹이나 씨앗으로 보고 이에 대한 대항을 조직화하는 것이다. 그렇게 해서 본질적으로 그들의 정치가 집합적으로 표현되거나, 사회의 주류에 편입될 수 없게 만드는 것이다.'"

'나르기스Nargis'라는 익명을 사용하는 21세의 여성 안티파 회원이 말했다. "사람들은 우리 때문에 가게 창문이 깨졌다고 이야기합니다. 대개 비싼 차가 우리의 목표입니다. 그것은 사유재산이죠.

그러나 억압을 통해서 얻은 사유재산입니다. 리무진 같은 대형 승용차를 가진 사람들을 보세요. 그 사람의 공장에서 일하는 노동자들은 그들이 필요한 돈을 받지 못합니다. 이 두 가지 사실을 생각해보면 우리의 행동을 이해할 거예요. 안티파가 사용하는 폭력의 목표는 본질적으로 착취를 상징하는 것들과 관련이 있습니다. 차를 불태우는 그 순간의 폭력은 차를 불태우는 사람이 일상적으로 당했던 폭력과 비교할 수 없습니다."

"나는 인도에서 왔는데, 인도의 많은 사람은 '간디라면 이런 폭력을 쓰는 것을 원치 않았을 것이다'라고 말할 거예요. 그 역시 반식민지 운동을 위해서는 별로 한 것이 없어요. 당시 현장에서는 수백만의 시민들이 경찰서를 불태우고, 영국 행정부 건물에 폭탄을 던졌어요. 그런데 누구도 그런 것을 이야기하지 않아요."

1920년대와 1930년대에 독일의 나치와 공산주의자는 서로 공격적으로 거리에서 폭력 대결을 벌일 기회를 노렸다. 폭력 대결을 통해서 자기편을 동원하고, 그들에게 활력을 줄 수 있었다. 이들중 많은 사람이 실업급여로 연명 중이었고, 집단적 모욕감과 분노로 가득 차 있었다. 나치는 공산당을 강력하게 지지하는 노동자들이 사는 마을에 분란을 도발하기 위해 그 마을로 행진했고, 공산당원은 나치 모임과 집회에 침투해 싸움을 부추겼다.

이언 커쇼Ian Kershaw는 그의 히틀러 전기에서, 리처드 에번스 Richard Evans는 《제3제국의 출현The Coming of the Third Reich》에서 대부분의 다른 역사가들과 마찬가지로 당시 널리 퍼져 있던 폭력이 사회를 양극화했다고 보았다. 브레이가 주장한 대로, 좌파 측의 폭력이 없었다는 것은 사실이 아니다. 실제로는 폭력이 난무했다. 바이마르 독일 말기에는 격렬한 대치가 일상사였다. 이런 혼란은 공산주의자가 집권할 것이라는 지배 엘리트와 중산층들 사이에 있었던 두려움을 부추겼다. 나치는 사람들에게 혐오감을 주고 심지어 우스꽝스럽게 보였을 것이다. 그러나 그들은 오늘날의 알트라이트alt-right처럼 전통적 가치와 법과 질서를 지지한다고 약속했다. 독일에서 나치가 집권하기 1년 전인 1932년은 러시아혁명이 일어난 지 겨우 15년밖에 지나지 않았을 때였다. 하지만 이런 폭력이 난무하는 사회 분위기는 1919년 1월 베를린에서 벌어진 급진 사회주의자들인 스파르타쿠스단의 무장 봉기와 1923년 함부르크에서 벌어진 폭력적인 공산주의자들의 봉기에 영향을 미쳤다.

독일의 좌파들은 자신들의 실패한 봉기에서 파시스트의 폭력에 폭력으로 대응한 것은 정치적 자살 행위라는 것을 배워야 했다. 1919년과 1923년에 반란이 일어날 때 정권을 잡은 독일 사회민주당은 반란을 진압하기 위해서 제대 군인들로 구성한 의용군, 프라이코프스Freikorps를 창설했다. 이는 나치당의 전신을 만들어준 셈이었다. 사회주의자들은 좌파에게 위협을 느끼자 우파 민병대와 군대에 의지했다. 스파르타쿠스단 봉기가 실패한 후에 벌어진 로자 룩셈부르크의 살해 사건은 자본주의 사회에서 자유주의자 엘리트층들이 어디에 궁극적으로 충성할 것인가를 보여준다. 그들이 좌파에게 위협받을 때, 혹은 사회주의가 거리에서 폭력의 모습으로 드러날 때, 자유주의 엘리트층들은 파시스트를 포함해서 그 사회에서 가장 역행하는 무리와 손잡을 것이며, 따라서 노동자계급의 열망을 산산이 부수어버릴 것이다.

자유주의, 환언하면 룩셈부르크가 명명한 '기회주의'는 자본주의의 필수 요소이다. 시민들이 반항적으로 바뀔 때, 자유주의는 지나친 자본주의를 완화해야 한다고 주장하거나 자본주의를 비난한다. 룩셈부르크가 주장했듯이 자본주의는 전혀 완화할 수 없는 적이다. 자유주의적 개혁이란 단지 시민의 저항을 좌절시키기 위한 것이기 때문에, 사태가 잠잠해지면 개혁 이전의 상태로 돌아간다. 지난 세기의 미국의 노동 투쟁은 룩셈부르크가 자유주의의 기회주의적 모습을 잘 관찰했음을 증명하는 좋은 사례이다.

룩셈부르크는 "자본주의 내에서 사회주의적 개혁이라는 것은 자본가들의 착취를 근본적으로 막는 것이 아니라, 자본주의 사회 자체의 이익을 위해서 착취를 규제하거나 조정하는 정도일 뿐이다"[85]라고 썼다.

파시스트들은 좌파의 폭력과 공산당의 일시적 집권이 일으킨 폐해를 이용해서 자신들이 가장 잘 준비된 정당이라는 인식을 심어주었다. 그들은 파시스트야말로 1920년대와 1930년대의 독일을 공산당의 폭력에서 막을 수 있는 막강한 힘을 가지고 있다는 것을 보여주었다. 그러나 파시스트들은 정치 무대에서 공산당과 사회주의자들 나름의 역할이 필요했고, 실제로 그렇게 했다.

나치당의 군가, 즉 〈호르스트 베셀Horst Wessel의 노래〉(베셀은 당시 공산당 '붉은전선투사연맹Red Front-Fighters' League'의 어떤 단원에 의해서 살해당한 나치 돌격대원brownshirt의 이름이고 그는 나치에 의해서 숭배의 대상으로 승격되었다)는 나치를 신비로운 존재로 느끼게끔 하는 연주와 더불어 야만적인 힘의 중요성을 기념하는 노래다. 영국의 역사가 에번스에 따르면, 그 노래는 "권력을 획득하는 데 폭력의 중심적 역할을 말하지 않으면서 많은 것을 시사해준다".[86]

에번스는 거리의 폭력에 관해 말한다. "요제프 괴벨스Joseph Goebbels처럼 조작을 잘하는 선전가들이 홍보 목적을 위해 냉소적으로 이용한 거리의 폭력은 베셀과 같은 보통의 젊은 나치 돌격대원들에게는 하나의 생활방식이었다. 이것은 붉은전선투사연맹의 실직한 노동자들이 그랬던 것과 다름이 없다."[87]

이런 종류의 공격은 거리에서 벌어진 경쟁자와의 끊임없는 준군사적 충돌에서 그 분출구를 찾았다. 공화국 시기 중간인 1924년 초기에 이르러 모든 정파가, 이전의 정치적 폭력사태, 즉 1919년 1월 봉기, 1920년의 루르 지방 내전, 1923년의 여러 분쟁과 같은 규모의 폭력을 일으키지 않았다. 폭력 자체가 없어진 것이 아니라, 과거에는 기관총을 가지고 싸웠다면 이제는 고무 곤봉과 브라스 너클brass knuckle을 가지고 싸웠다. 심지어 1924~1929년, 비교적 안정적인 시절조차도 공산당원이 29명의 나치 활동 대원을 죽였고 공산당 자체 보고에 의하면, 1924~1930년에 92명의 노동자가 파시스트와의 충돌에서 살해당했다. 한 자료에 의하면, 1924~1928년의 정치적 폭력사태에서 26명의 스틸헬멧Steel Helmets 〔보수 독일 국가인민당 소속의 무장 부대〕 대원이 공산주의와 18명의 라이히스바너Reichsbanner〔사회민주당, 독일 중앙당, 자유독일민주당이 나치와 공산주의자들과 싸우기 위해서 조직한 의회 조직〕와 싸웠다. 이러한 충돌은 준군사적 집단 간의 끊이지 않는 폭력 투쟁 중에서 가장 심각한 사례다. 같은 자료에 따르면, 부상자 숫자가 수천 명이 넘었는데, 그들이 입은 많은 부상이 단순한 타박상이나 뼈가 부러지는 정도가 아니라 심각한 중상이었다.

나치의 주장에 따르면, 1930년에 17명이 죽고, 1931년에는 42명이, 1932년에는 84명이 죽었다. 1932년 나치의 보도에 따르면, 적과의 충돌에서 1만 명의 평당원들이 부상을 입었다. 공산당의 보도에 따르면, 1930년 나치와의 싸움에서 44명이 죽고, 1931년에는 52명이, 1932년 전반 6개월 동안 75명이 죽었다. 라이히스바너 대원 50명 이상이 1929~1933년 나치와의 거리 전투에서 죽었다.[88]

에번스는 공산당원이면서 선원이었던 리처드 크레브스Richard Krebs의 진술을 인용하는데, 그는 헤르만 괴링Hermann Göring이 브레멘에서 나치 집회하는 것을 망치려고 붉은전선투사연맹 100명을 파견대로 이끌고 갔다. 파견대는 강당으로 들어갔고 "모두 각자, 가죽 곤봉이나 브라스 너클로 무장했다". 크레브스가 일어서서 말하기 시작하자 괴링은 나치 돌격대원들에게 그를 내쫓으라고 명령했다. 크레브스는 다음과 같이 썼다.

끔찍한 난투가 벌어졌다. 가죽 곤봉, 브라스 너클, 몽둥이, 무거운 버클이 달린 혁대, 유리잔, 병을 무기로 사용했다. 유리 조각과 의자를 청중의 머리 위로 내던졌다. 양측 남자들이 의자 다리를 부러뜨려 곤봉 대신으로 썼다. 여자들은 충돌과 비명에 정신을 잃고 쓰러졌다. 수십 명의 머리와 얼굴에서는 피가 철철 흐르고, 전투원들은 놀라서 꼼짝 못 하는 관중 사이를 빠져나가면서 옷이 갈기갈기 찢겼다. 기병들은 화난 사자처럼 싸웠다. 그들은 체계적 진용을 갖추어 우리를 출구로 밀어냈다. 밴드가 군가를 연주하기 시작했다. 괴링은 주먹을 허리에 대고 조용히 무대에서 일어섰다.[89]

에번스가 쓴 대로 "이 장면은 1930년대 초기 독일에서 전국에 걸쳐 일어났던 일이다".[90] 그의 기록에 의하면 "경찰은 붉은전선투사연맹을 범죄자 집단으로 여겼기 때문에 말없이 파시스트 편을 들었다. 이 사건 이후 경찰에는 범죄와 혁명을 하나로 보는 오랜 전통이 생겼다. 이후 조직화된 범죄가 주로 발생하는 가난한 슬럼 지역이 공산당의 거점이 되는 경향이 생겼다".[91] 히틀러가 1933년에 권력을 잡았을 때, 독일은 힘이 소진된 상태였다. 독일은 나치당이 약속했던 안정과 '법과 질서'를 간절히 바랐다. 폭력과 혼란 (주로 나치가 선동한 것이지만)은 파시스트를 매력적이지는 않지만 적어도 필요한 존재로 만들었다.

안티파의 폭력적 당파와 블랙 블록은 시어도어 로작Theodore Roszak이 《반문화의 형성The Making of a Counter Culture》에서 말한 미국 좌파가 "사춘기 수준에 머무른 진보progressive adolescentization"[92]임을 보여주는 좋은 본보기이다. 지도자도 없고 다만 폭력을 행사하는 집단적 힘에 매료된 이 그룹은 오합지졸이다. 그들은 알트라이트alt-right뿐 아니라 기자, 자유주의자, 자신들의 폭행을 비판하는 반자본주의자, 경찰을 폭행한다. 그들을 반대하는 사람들의 비폭력적인 집회와 거리 행진에서도 먼저 폭력을 가한다.

데릭 젠슨Derrick Jensen은 "그들은 전략이 없을 뿐 아니라, 전략 자체를 강력하게 반대한다"라고 말했다. 그는 《가장의 문화The Culture of Make Believe》를 포함해서 몇 권의 책을 썼는데 내게 이런 전술을 쓰는 그룹에 관해 말해주었다. "그들은 자신의 행동이 적절한 행동인가를 비판적으로 생각하지 않습니다. 누군가 폭력의 경계선을 넘을 때 그 폭력이 현명한 판단이고, 적절한 행동이라면 문제가 아닙니다. 하지만 폭력의 경계선 자체를 무너뜨리기 위해서 그렇게 하는 것은 아주 큰 문제입니다. 만일 당신이 돌멩이를 던져야만 하는 상황이라면 그냥 돌멩이를 집어 들고 가장 가까이에 있는 창문으로 던져서 창문을 깨부수는 것은 어느 창문으로 던져야 할지 체계적으로 계획하거나 적어도 이것저것 계산해보고 던지는 것보다 훨씬 쉬운 일입니다."

폭력적인 좌파는 알트라이트alt-right를 매혹한 초남성성을 즐긴다. 초남성성은 우리 안에 잠재한 파괴의 어두운 욕망을 활용한다. 이러한 파괴는 사물만 파괴하는 것이 아니라 사람도 파괴하며, 파괴적 본능은 특히 집단적 모욕을 당하고 있을 때 두드러지게 나타난다. 나는 이러한 어두운 욕망을 전쟁터에서 외신기자로 활동할 때 전투원 대부분에게서 보았다. 무장한 군중은 그 무리 안에 있는 각자에게 신과 같은 힘을 부여한다. 자신의 익명성을 담보할 수 있는 군중의 행진(검은 옷을 입고 얼굴을 가린 채)은 소외감, 무능함, 무력함, 외로움을 극복하게 한다. 동료의식을 주고, 어떤 대상을 향해서도 격렬한 분노를 터뜨릴 수 있도록 격려한다. 폭력에 도취하면 연민, 자비, 친절 따위는 사라진다. 그것은 경찰관 무리가 평화로운 시위대에 고춧가루 물을 뿌리고 구타하는 것과 똑같다. 그것은 남부군 깃발을 들고 거리 행진하는 백인 인종주의자 무리에 활기를 띠게 하는 도취감이다. 그것은 인간을 야수로 변화시킨다.

월가를 점령하라Occupy Wall Street 운동(2011년에 전국에서 몰려온 시위자들은 공공장소에 모여서 사회적 불평등을 공개적으로 비난했다)이 폭발적으로 일어난 발단은 경찰의 오렌지색 그물망에 꼼짝없이 갇힌 몇 명의 여자들에게 뉴욕시 경찰청 경감 대리 앤서니 볼로냐Anthony Bologna가 페퍼 스프레이를 뿌린 데 있다.[93] 이 사건으로 국가의 잔인성이 폭로되었다. 경찰이 계속 시위대의 폭력을 유발해도 시위대가 반응을 보이지 않고 비폭력 시위를 한 것에 힘입어, 이 운동은 전국적으로 퍼져나갔다. 만일 저항운동이 도덕적 권위(비폭력 시위를 통해서 사회 엘리트 지배층의 타락을 폭로할 수 있는 능력)를 상실하면 저항운동은 큰 타격을 입는다. 그러면 우리는 압제자의 도덕 수준 으로 떨어지고 만다. 그것이 바로 압제자들이 원하는 것이다.

이런 절대주의적 분파는 완고하고 독단적이며 그들만이 진리 를 소유하고, 그들만이 이해할 능력을 갖추고 있다고 생각한다. 그 들은 깨달은 사람들이고 우리는 깨닫지 못했기 때문에 그들만이 여러 다른 관점들을 폐지할 권리를 독점할 수 있다는 것이다. 그들 은 자신들의 목소리만 듣고, 자신들의 생각에만 관심이 있으며, 자 신들의 상투적인 말만을 믿는다. 이러한 이유로 그들은 관용적이 지 못할 뿐 아니라 위험하다.

젠슨은 말했다. "일단 조직이나 전략적 사고를 기피하면 소소 한 생활방식을 정화하는 일만 남습니다. '생활방식주의Lifestylism'는 환경을 지키기 위한 여러 주류 사상을 구체적으로 조직하지 않고 개인적 일상의 생활방식에만 관심을 둡니다. 생활방식주의는 기업 국가를 반대하는 대신에 화장지를 덜 써야 한다든지, 음식물 쓰레 기로 퇴비를 만드는 일에 관심이 있습니다. 이러한 태도는 비효율 적입니다. 우리가 우리의 생각을 조직화하는 일을 포기하거나 그 런 일을 혐오한다면 우리에게 남는 것은 완고한 독단을 낳는 과도 한 정결주의뿐입니다. 예를 들면 전화를 쓰는 사람을 비난하거나 공격합니다. 이것은 철저한 채식주의자들이 식습관에 문제를 제기 할 때도 적용됩니다. 자동차 사용을 반대하는 자들은 차를 몰고 다 니는 사람들을 공격합니다. 무정부주의자들도 마찬가지입니다. 그 들에게 나를 죽이겠다는 위협을 받은 후에 내가 경찰에게 전화하 면, 그들이 볼 때 나는 '짭새 편pig lover'인 거죠."

젠슨은 이어서 이야기했다. "만일 당신이 오고니랜드에 살면

서 켄 사로-위와Ken Saro-Wiwa(나이지리아의 작가이자 환경운동주의자인 그
는 1995년 사니 아바차Sani Abacha의 군 독재 정부에 의해서 교수형에 처해졌다)
가 비폭력 저항운동으로 살해당한 것을 보았고, 그 땅이 여전히 쓰
레기로 가득 차 있는 것을 본다면, 강력히 저항하고 폭력이라도 써
야 문제가 해결되지 않을까 생각할 수도 있습니다. 물론 그런 생각
이 잘못이라고 말할 수는 없습니다. 그러나 우리는 조직적으로 정
부 기구를 상대하면서 저항운동을 해야 하며 이런 과정에서 겪는
실패와 속임수와 고통을 감내하면서 앞으로 나아가야 합니다. 우리
일에 회의가 생길 때야말로 그것을 넘어서서 전진할 때입니다. 우
리는 이 과정을 건너뛸 수 없습니다. 개인으로서, 하나의 운동으로
서 우리가 거쳐야 할 성숙의 과정이 있습니다. 우리는 '재미있을 것
같으니 저 경찰관에게 화분을 던져야겠어'라고 말할 수 없습니다."

안티파와 알트라이트alt-right 시위자들이 2017년 8월 12일에 버
지니아주 샬러츠빌에 모였다. 남부군 장군 로버트 리Robert E. Lee의 동
상을 제거한다는 제안이 두 집단의 충돌에 불을 댕겼다. 동상 제거
에 반대하며 '우파는 뭉치자Unite the Right'라는 구호로 뭉친 집회는 전
KKK의 위대한 마법사grand wizard 데이비드 듀크David Duke와 신나치 출
판물인 《데일리 스토머Daily Stormer》의 필자들과 같은 영향력 있는 백
인 우월주의자를 매료시켰다.

이 집회의 백인 우월주의자 연사 중의 한 명인 크리스토퍼 캔
트웰Christopher Cantwell은 바이스 뉴스VICE News에 이렇게 이야기했다. "트
레이본 마틴 살해 사건, 마이클 브라운, 타미르 라이스Tamir Rice 살인
사건. 저는 이 모든 사건이 꼴도 보기 싫은 어린 검둥이 녀석들이
야만인처럼 행동하다가 문제가 생긴 것이고, 그들 잘못으로 죽은

것이라고 생각합니다. 동료 백인에게 설령 문제가 있다 해도, 그들은 일반적으로 그런 행동의 경향을 보이는 사람들이 아닙니다. 우리는 사회를 어떻게 구성할 것인가를 생각할 때, 이 점을 충분히 고려해야 합니다. ……백인은 단일민족국가를 원합니다. 흑인들은 전국에 걸쳐서 엄청나게 서로를 살해합니다. 우리는 그런 일에 더 이상 끼어들고 싶지 않습니다. 우리가 하나의 조국을 원한다고 말할 때, 그들이 우리에게 저항하는 것은 놀라운 사실이 아닙니다. 그 사람들은 폭력을 원합니다. 우파는 시장의 요구에 응할 뿐입니다."[94]

샬러츠빌에서 듀크는 "국민에게 전환점이 온 것이 보입니다. 우리는 나라를 되찾을 결심을 했습니다. 우리는 트럼프의 약속을 성취할 겁니다"[95]라고 말했다.

폭력은 집회가 시작하기 전에 일어났다. 버지니아 주지사 테리 매콜리프Terry McAuliffe는 오전 11시 30분경에 주 비상사태를 선포했다.

집회를 시작한 정오에, 백인 민족주의자 행진 참가자들은 안티파 무리의 저항을 받자 마켓 스트리트 주차장으로 후퇴했다. 안티파들은 그들을 계속 추격했다. 신나치 그룹이 시위 반대 측에 있던 '흑인의 생명도 소중하다'의 회원인 20세의 디안드레 해리스DeAndre Harris가 무리에서 따로 떨어지자, 도망가는 그를 쫓아서 주차장으로 몰아넣었다.

그들은 주차장의 나무 바리케이드를 허물고 해리스를 공격했다. 몇몇은 철봉으로 그를 때려 의식을 잃게 했다. 시위 반대자들이 해리스를 구하려고 몰려들었다. 신나치들은 숫자에서 밀리자 그를 풀어주었다.

경찰은 해리스가 주차장에서 나온 후 도착했다. 커다란 버지니아주 무장 경찰차가 사람들이 주차장으로 접근하는 것을 막았다. 군용 헬멧을 쓰고, 방탄조끼를 입고, 투명한 방패를 든 주 방위군이 해리스를 구출한 후에 주차장으로 진입했다. 그들은 곧 다시 나와서 안티파들이 주차장 시설로 다시 들어가지 못하게 막았다.

해리스의 머리와 입에서 피가 흘렀다.

나중에 해리스는 그의 '고펀드미GoFundMe' 페이지에 "내가 일어서려고 할 때마다 그들은 나를 몽둥이로 때려 다시 주저앉혔다. 만일 함께 간 친구가 없었다면 죽도록 얻어맞았을 것이다"[96]라고 썼다.

그는 뇌진탕, 척골 골절을 입었고, 머리에 여덟 바늘을 꿰맸다.[97]

20세의 대럴 본Darrell Vaughn은 주차장 옆 모퉁이가 있는 곳에서 남부군 깃발을 들고 혼자 서 있었다. 그는 초조한 듯 보였다. 그는 시위 반대 측에게 공격을 당하면서 혼자 떨어졌고 이마 왼쪽에 깊은 상처를 입었다. 얼굴, 목, 양손이 피범벅이었다.

본은 키가 크고 체격이 좋았다. 그는 동상 제거 반대 시위에 참여하려고 버지니아주의 조그만 마을 뉴캐슬에서 친구 세 명과 같이 두 시간 동안 차를 몰고 왔다. 그들은 샬러츠빌에 도착한 지 10분 만에 공격을 당했다.

"곤봉으로 네다섯 차례 맞았어요. 세 명이 나를 때렸어요. 그러고는 친구를 덮쳤어요. 친구에게 다가가려고 했지만, 그 사람들에게 계속 맞았어요. 어지럼증을 느꼈어요."

본은 그가 태어난 후 12년을 볼티모어에서 살았다. 그의 말에 의하면, 그곳에서는 밤마다 총성이 들렸다.

그는 이렇게 회상했다. "우리 집도 총격을 당해서 집 옆쪽에 총알 자국이 열 개 나 있어요."

그의 가장 친한 친구의 아버지는 감방에 갔다.

"길모퉁이, 골목길에서 늘 마약 거래가 이루어졌어요. 사람들은 마약에 취한 채로 길거리를 걸어 다녔어요. ……차를 훔쳐 태워버리는 일이 늘 생겼어요. 크지 않은 숲이 있었어요. 제 기억으로는 이름이 헤링런 파크였는데 그 지역의 유일한 숲이었어요. 그곳에 가보면 늘 10~15대의 차가 불타 있었어요. 지금도 그런 일이 계속 일어나고 있을 거예요. 누군가의 화풀이 방법이었어요."

본의 아버지는 가구공이었는데 마약중독으로 고생했다. 그의 부모는 자주 싸웠다.

"아버지는 밤에 마약을 했어요. 밤에 부엌에 마실 거리를 가지러 아래층으로 내려가면 아버지가 식탁에서 의식을 잃고 쓰러진 것을 여러 번 보았어요. 난로를 켠 채 의식을 잃고 쓰러졌기 때문에 하마터면 집이 타버릴 뻔한 밤도 있었어요."

본은 백인이지만 그의 어린 시절 친구들은 아프리카계 미국인이었다. 그는 만일 그의 어머니가 아버지와 이혼하지 않고 버지니아로 이사 오지 않았다면(그는 12세였다) 그도 '흑인의 생명도 소중하다'를 지지했을 거라고 했다.

본과 세 동생은 120명의 주민이 사는 뉴캐슬의 시골 마을로 이사했다.[98]

"이사를 하고 학교에 다니던 첫해, 많은 시간을 혼자서 보냈어요. 모든 사람이 나와 다르다고 생각했기 때문에 아무에게도 말을 걸지 않았어요. 그때 랩 음악을 듣고 있었거든요. 모든 사람이 '왜 너는 그런 음악을 듣냐?'라고 묻는 것 같았어요."

"이사 간 지 1~2년이 지나자 그곳에 적응했고, 몇 명의 친구를 사귀었어요. 그 애들은 사냥, 낚시, 비포장도로에서 자전거를 탈 때 나를 불렀어요. 나는 그곳을 사랑했어요."

그는 컨트리 음악을 듣기 시작했다. 그가 처음으로 트럭을 샀을 때, 차에 남부군 깃발을 달고 다녔다. 물론 다른 마을 사람들도 모두 그렇게 했다.

"나는 왜 어머니가 나를 그곳으로 데리고 왔는지를 이해했어요. 만일 내가 계속 볼티모어에 있었다면 마약을 하고 감옥에 갔을 거예요."

그의 조그만 마을 사람들은 '흑인의 생명도 소중하다' 운동을 미디어 조작이라고 생각했고, 그 역시 그랬다. 그는 경찰들이 과잉 행위를 했다는 보도가 흑인들에게 도가 지나칠 정도로 영향을 준다고 말했다.

"만일 경찰관이 흑인을 쏘면 모든 언론에 그 뉴스만 나와요. 흑인이 백인을 쏜 뉴스는 듣지 못합니다. 그 사람들은 인종주의로 모든 것을 몰아가려고 애씁니다. 이제 넌더리가 납니다. 많은 경찰관이 자기방어를 해야 합니다. 가짜 총을 흔들면서 서성거리는 녀석이 주변에 있을 때, 경찰관이 그것이 가짜 총인지 아닌지 알 수가 없으면 어떻게 할 거라고 예상하세요? 자기방어를 위해서 당연히 쏘지 않겠어요?"

12세의 타미르 라이스가 장난감 공기총을 가지고 있을 때 경찰이 그것을 진짜 총으로 오해했던 것을 말하는 것이냐고 그에게 묻자, "그 경우일 수도 있죠. 그와 비슷한 경우가 여러 번 있었으니까요. 왜 사람들이 화를 내는지 이해할 수 있어요. 그렇지만 경찰들도 자기방어를 해야 하잖아요. 그들이 그러는 것은 당연하다고 봐요."라고 대답했다.

대학에 갈 형편이 되지 않던 본은 송전선 수리공으로 일한다. 나무에 올라 일하는 그의 직업은 어렵고 위험하다.

"원하는 만큼 돈을 벌지 못합니다. 시급 13달러 86센트를 받고 있습니다."

시위대와 시위 반대 측이 서로 고함치는 소리가 버지니아주 경찰 헬리콥터의 굉음 때문에 들리지 않았다. 본은 그와 같은 송전선 수리공인 33세의 친구 보비 브라이언트Bobby Bryant를 찾았다.

브라이언트는 "역사를 옹호하기 위해서" 샬러츠빌에 왔다고 말했다. "나는 KKK가 아니에요. 히틀러도 아니에요. 그러니까, 나는 KKK가 주장하는 것 중 일부는 믿어요. 그렇지만 그렇다고 생각하지 않아요. KKK가 맨 처음 활동을 시작할 때, 어떤 녀석이 여자를 강간하면 그들은 그놈을 두들겨 패고, 집을 태우고 십자가 위에서 화형에 처했다고 알고 있어요. 아직도 그런 일이 벌어지고 있다고 생각해요. ……어떤 것들은 싫어요. 흑인이 살아 있는 걸 증오하는 일 같은 거요. 흑인들의 생명은 중요해요. 그렇지만 모든 사람의 생명도 중요하죠."

브라이언트와 본은 잠시 말을 멈췄다. 한 여자가 몸을 떨면서 절뚝거리며 그들 앞을 지나갔다. 다른 여자 한 명이 그녀를 부축했다. 몸을 다친 여자가 멈춰 서서 남부군 깃발을 들고 있는 두 사람을 빤히 쳐다보았다. 그녀의 눈이 휘둥그레졌다. 본과 브라이언트는 여자의 눈길을 피했다. 피투성이의 사람들이 비틀거리며 거리로 나왔다. 많은 사람들이 떨고 있었다.

24세의 신나치 회원이 시위 반대 측 가운데로 차를 몰고 들어와 19명이 다치고 1명이 죽었다. 끔찍한 사고현장에 접근하지 못하도록 노란 폴리스라인이 쳐졌다. 헤더 헤이어Heather Heyer로 신원이 밝혀진 갈색 머리의 창백한 얼굴의 젊은 여자는 등을 건물에 대고 앉아 있었고 전혀 몸을 움직이지 않았다. 몇 명이 그녀를 둘러쌓았다. 그녀의 눈은 감겨 있었고 얼굴에는 표정이 없었다. 그녀는 죽었다.

본은 반대 시위자가 한 명 죽었다는 이야기를 듣자 아무 말도 하지 않았다.

누군가 "잘했어" 하고 중얼거리는 소리가 들렸다.

'우파여 뭉쳐라'를 조직한 제이슨 케슬러Jason Kessler는 트위터에 글을 올렸다. "헤더 헤이어는 뚱뚱하고 혐오스러운 공산당원이었다. 공산당은 9400만 명을 죽였다. 이제 그것을 갚을 때가 왔다."[99]

약 25명의 '레드넥 리볼트Redneck Revolt'(목에 빨간 천을 둘렀다) 회원들이 반자동 무기를 들고 거리에 나왔다. 그들 중 몇 명은 검은 방탄조끼를 입었다. 그들은 자신들을 반인종주의자이며 반자본주의자라고 설명했다.[100] 약 32명의 '펜실베이니아 보병 시민군Pennsylvania Light Foot Militia(PLFM)' 회원들도 나와 있었다.[101] 그들은 초록색 방탄조끼를 입고 반자동 소총을 들고 있었다. 그들은 양측을 모두 보호하기 위해서 거기에 나왔다고 했으나 그들에게 먼저 접촉한 조직은 백인 민족주의 조직을 만든 사람들이었다.[102] PLFM이 가진 공격용 무기는 30발의 탄창을 장전한 무기였다.[103] '3퍼센트 보안대III% Security Force' 회원들도 거기에 있었다. 나중에 이 조직의 전국협의회는 신나치를 보호하려고 나왔던 회원들을 비난하면서 전국회원들이 앞으로 백인 우월주의자들이 주최하는 행사에 참여하지 못하도록 결정했다.[104]

잔인한 기업 자본주의에 의해서 추방당한 사람들로 구성된 극좌파와 극우파는 성전holy war을 기꺼이 받아들인다. 비참한 경제생활로 심한 타격을 받아 사회 주변으로 밀려난 사람들은 모든 일에 의미를 부여한다. 그들은 자신들을 피억압자의 선봉에 선 사람들이라고 주장한다. 그들은 자신들이 적으로 규정한 사람들의 발언을 막기 위해 힘을 사용할 권리가 있다고 주장한다. 그들은 분노를 신성시한다. 그들은 아드레날린의 충동 본능으로 가득하다. 이들은, 프로이트가 형제자매를 살해한 사람에 관해 썼듯이 모두 "자아도취증 환자들이지만 그들 사이의 작은 차이"[105] 때문에 갈라진 것뿐이다.

우리가 이 사태에 이른 것은 사필귀정이다. 시민의 기본적 요구를 해결할 능력이 없고, 해결할 의지가 없는 정부는 극단주의자들에게 명분과 힘을 제공한다. 나는 전 유고슬라비아에서 두 눈으로 이것을 목격했다. 우리는 이것을 바이마르공화국과 제정 러시아에서도 볼 수 있다. 사회비평가 크리스토퍼 라쉬Christopher Lasch가 썼듯이 극단주의는 "내적 삶의 공포"[106]에서 벗어날 수 있는 피난처이다.

독일의 나치 돌격대의 반대편에 공산당 붉은전선투사연맹이 있었다. 아르헨티나가 '더러운 전쟁Dirty War'을 수행하는 동안 극우 반공산당 암살단 아르헨티나 동맹Alliance of Argentina의 반대편에는 게릴라 그룹 인민혁명부대People's Revolutionalry Army가 있었다. 내가 취재하던 엘살바도르 내전 동안에 파라분도 마르티 민족해방전선Farabundo Marti National Liberation Front(FMLN) 반란군 반대편에는 우파 암살단이 있었다. 그런데 이 암살단이 소멸하자 FMLN 역시 단원 소집 능력을 거의 잃었다. 유고슬라비아의 세르비아 민족주의자들, 즉 체트니크Chetniks의 반대편에는 크로아티안 민족주의자, 즉 우스타샤Ustaše가 있었다. 둘 중 어느 한 편이 죽임을 당하면 피해자가 가해자를 죽이는 것이 정당화된다. 모든 살인은 언제나 순교자의 이름으로 신성시된다. 샬러츠빌에서 안티파가 보여준 폭력으로 인해 그들의 운동은, 특히 헤이어가 살해당하자, 급격한 관심과 지지를 받았다.

안티파는 2017년 8월 19일 보스턴의 알트라이트alt-right 집회에서 시위 반대 측 일부의 박수갈채를 받았다. 샬러츠빌에서 있었던 백인 민족주의 행사에 저항한 철학자이자 활동가인 코넬 웨스트Cornel West와 성직자들을 위협했던 신나치 폭력배를 경찰이 소극적으로 저지하며 생긴 공간을 안티파들이 가득 채웠다. 폭력 사용을 합법적인 자기방어라고 주장하고 싶은 안티파들에게 그것은 아주 좋은 선전 기회였다. 웨스트와 성직자들을 물리적 공격에서 보호한 것은 칭찬할 만한 일이었다. 그러나 한 번의 행동으로 안티파의 폭력이 정당화되는 것은 아니다. 감비노 패밀리Gambino Family의 두목 존 고티Jonh Gotti가 이웃들에게 크리스마스에 칠면조, 크리스마스 선물을 주고, 독립기념일의 불꽃놀이를 선사한다고 해서 감비노 패밀리의 폭력이 정당화될 수 없는 것 아닌가. 알트라이트alt-right와 마찬가지로 안티파는 병든 사회의 산물이다.

백인 인종주의자와 신나치는 불미스러운 존재일지 모르지만 그들 역시 희생자들이다. 그들 또한 일자리를 잃었고 탈산업화된 황야에서 가난하게 살아간다. 그들 또한 빚, 차압, 은행의 압류, 상환하지 못한 학자금 대출로 자주 괴로워한다. 그들 또한 퇴거, 약물 중독, 가정 폭력, 절망으로 고통받는다. 그들 또한 의료비 때문에 파산에 직면한다. 그들 또한 사회복지가 파괴되는 것, 공교육의 질이 저하되고 사유화되는 것, 그리고 그들 주변의 인프라가 쇠락하는 것을 보아왔다. 그들 또한 경찰의 직권 남용과 수감의 증가로 고통받는다. 그들 또한 체념과 절망에 빠져 있다.

거리의 충돌은 지배 엘리트층을 괴롭히지 않는다. 이런 충돌은 최하층 계급을 갈라놓는다. 이런 충돌은 활동가들의 관심을 권력의 구조에서 다른 방향으로 돌리게 만든다. 이런 충돌은 기업 국가에 더 강력한 제재 조치를 취할 명분과 경찰의 권한을 확대할 명분을 쥐어준다. 안티파가 발언의 자유를 박탈할 수 있는 권리를 갖게 되면, 그것은 모든 사람, 특히 반자본주의자들의 말할 자유를 빼앗을 수 있는 적들의 무기가 될 것이다.

사회운동이 거리의 폭력에 주력하게 되면서, 훨씬 덜 화려하지만 그것만으로도 효과적 저항을 가능케 만드는 작업들로부터 활동가들을 멀어지게 만들었다. 관계를 형성하고, 대안적 제도를 만들고, 공동체를 조직하는 작업들 말이다.

정치 평론가 소피아 번스Sophia Burns는 〈카타르시스는 반혁명적이다Catharsis Is Counter-Revolutionary〉에서 이렇게 썼다. "정치는 개인들로 구성되지 않는다. 계급으로 구성된다. 정치적 변화는 개인적으로 타당하다고 느끼는 것에서 오는 것이 아니다. 노동자계급의 집합적 행동과 조직에서 온다. 이 말은 우리의 필요를 충족시키고 우리를 억압에서 보호할 새로운 제도를 만드는 것을 의미한다."[107]

저항 행위가 개인적이고 폭력적인 카타르시스에 머물면 기업 국가에 전혀 영향을 주지 못한다. 기업 국가는 그런 폭력을 환영한다. 폭력은 기업 국가가 어떤 개인이나 집단보다도 능숙하게, 무자비하게 말할 수 있는 언어이기 때문이다.

역사학 교수인 아비바 촘스키Aviva Chomsky가 지적했듯이, 급진적 좌파의 저항운동은 도덕적 순수성과 정치를 혼동하고 있다. 촘스키는 〈인종주의 폭력에 도전하는 방법How (Not) to Challenge Racist Violence〉에서 "개인들은 변화를 위한 조직을 만드는 것보다 그들 자신의 의로움을 표명하는 것에 만족하는 경향이 있다"라고 했다.

개인은 어떤 제품을 보이콧할 수도 있고, 어떤 음식을 먹는 것을 거부할 수도 있고, 행진이나 집회에 참여할 수도 있다. 이런 저항 행위의 유일한 목적은 참가자의 도덕적 우월성을 보여주는 것뿐이다. 여기에 참여한 백인은 억압받는 사람들의 특권을 인정한다고 큰소리로 주장할 수도 있고, 자신들이 유색인종과 주변 그룹으로 전락한 사람들과 동지라고 선언할 수도 있다. 사람들은 자신들의 공동체를 '증오 없는 공간'이라고 선언할 수도 있다. 혹은 그들은 백인 국가주의자나 신나치들에게 '저항하기' 위해 반대 행진 집회에 나타날 수도 있다. 이런 모든 형태의 '행동주의'는 사회, 정책의 구체적인 변화를 추구하기보다는 자기계발과 자기표현을 강조한다. 이들이 권력, 자원, 의사 결정, 변화를 가져오는 방법과 관련한 문제들을 해결하려 하지 않는다는 관점에서 보면, 이들은 철저하게 의도적으로 비정치적이다.[108]

기업 국가는 반자본주의 좌파의 평판을 나쁘게 만들고 그들의 활동을 봉쇄한다. 그들이 자연스럽게 동맹을 맺는 집단은 신나치와 기독교 파시스트이다. 알트라이트alt-right는 미국 자본주의에서 가장 타락한 세력에게 자금 지원을 받는다. 그들은 거대한 미디어 플랫폼을 가지고 있다. 알트라이트alt-right는 그들의 이데올로기와 동조자들을 법률기관, 군부, 백악관을 포함해서 권력의 요지에 심어놓았다. 그들은 좌파가 수행하는 어떤 일도 좌절시키는 일종의 자국 내 테러를 수행한다. 백인 우월주의자들은 2006~2016년 미국에서 벌어진 26번의 폭력적 공격 행위 중에 49건의 살인 사건을 저질렀다. 2017년 5월에 FBI와 미국 국토안보부에서 발표한 보고서에 따르면, 이 숫자는 다른 극단주의 단체들이 저지른 살해 행위의 수를 훨씬 넘어선다.[109]

안티파와 알트라이트alt-right 사이에는 그들 각각이 지향하는 가치의 차원에서 볼 때 전혀 같은 요소가 없다. 그러나 안티파들이 거리에서 싸움에 휘말릴 때, 대중의 반자본주의적 봉기를 두려워하는 기업 국가가 모든 반정부주의자의 활동을 범죄화할 수 있는 도덕적 빌미를 제공한다.

남부빈곤법률센터가 《증오와 싸우는 열 가지 방법Ten Ways to Fight Hate》에서 단호하게 지적했듯이 "증오 집회에는 아예 참여하지 말아야"[110]한다.

그들은 다음의 행동을 추천한다. "분노와 좌절, 뭔가를 해야겠다는 사람들의 욕구를 위한 다른 출구를 찾으십시오. 미디어의 관심을 증오에서 다른 곳으로 돌리려면 화합하는 집회와 퍼레이드를 주최하십시오. 증오는 수정헌법 제1조에 나와 있는 권리입니다. 법원은 KKK단과 다른 증오 단체들이 집회를 열고 자신들이 원하는 대로 말할 헌법적 권리를 늘 옹호해왔습니다. 여러 공동체들이 다른 시민들과 갈등을 피하고자 단체 운동을 제한할 수 있지만 증오 집회는 계속될 것입니다. 당신은 사람들이 증오 집회에 참여하지 않도록 유도하는 일에 힘쓰십시오."[111]

2017년 2월, 캘리포니아대학 버클리 캠퍼스에서 은둔형 파시스트crypto-fascist인 밀로 야노풀로스를 초청하려던 시도를 안티파와 블랙 블록 시위자들이 저지했을 때 일어난 일과 마찬가지로, 샬러츠빌에서 일어난 일은 하나의 정치극이었다.[112] 극단주의자들에게 무대가 제공되었다. 그들의 자아상이 고취되었다. 영웅이 출현했다. 개인적 소외감이 동지애로 바뀌었다. 가장 중요한 건, 공포를 투사하는 능력을 보여줬다는 것이다. 새로 발견한 힘은 그들의 흥분과 도취를 고양했다. 샬러츠빌에 나온 사람 대부분은 좌우파 가릴 것 없이 모두 무기를 들고 있었다. 한 신나치 회원이 시위 반대 측 방향으로 권총 한 발을 쏘았다.[113] 신나치는 AR-15 소총을 소지했고 유사 군복을 입고 헬멧을 썼다. 그들은 경찰과 주 소속 안전 요원과 구별이 안 될 정도였다. 금방이라도 유혈 사태가 벌어질 수 있는 상황이었다. 트럼프 지지 집회를 공격하는 것에 대항해 시위를 벌이기 위해 신나치 전통주의자 노동당neo-Nazi Traditionalist Worker Party이 캘리포니아주 새크라멘토에서 주최한 2016년 6월 행진은 많은 사람이 칼에 찔려서 다치는 사건으로 끝났다.[114] 경찰은 시위 반대 측에서 폭력을 시작했다고 비난했다.[115] 몽둥이와 도끼가 칼이나 총으로 바뀌는 것은 시간문제다.

이런 갈등은 알트라이트alt-right와 반자본주의적 좌파를 따르는 자들에게 생활임금을 보장하고 우리가 정부의 형태에 관해 발언할 기회를 가질 때까지 이어질 것이다. 인간의 존엄과 능력과 자존감을 빼앗아갈 때, 이런 갈등과 폭력은 당연히 발생한다. 정치 권력이 더 노골적인 형태의 기업 전체주의로 이양되면 실업과 불완전 고용이 확장되고, 극단주의 단체들도 확장될 것이다. 점점 더 많은 미국인들의 삶이 악화되고, 점점 더 많은 미국인들이 그들의 삶과 관련된 정책 결정에 그들이 영향을 줄 수 있는 능력이 박탈당하고 있다는 것을 깨달을 때, 이런 극단주의적 단체들은 더 많은 공감과 지지자들을 얻을 것이다.

기업이 정부를 속박하는 데 공조하고, 극단적인 정체성 정치를 수용하는 몇몇 자유주의들은 안티파 같은 집단들이 저지른 폭력을 옹호함으로써 신임을 회복하려고 할 것이다. 예를 들어 너태샤 레나드Natasha Lennard는 진보 주간지 《네이션The Nation》의 기고문에서 "신나치 리처드 스펜서Richard Spencer가 얼굴을 한방 얻어맞는 비디오"를 보면서 그것은 "운동의 미kinnetic beauty"를 보여주는 행위라고 했다.[116] 그녀는 이렇게 썼다. "만일 우리가 트럼프의 등장에서 파시즘을 본다면 우리의 반응은 본성상 안티파적임이 틀림없다. 안티파 행동의 역사는 예의 바른 저항polite protest의 역사도, 인종주의자들과의 합리적 논쟁을 하려다 실패한 역사도 아니다. 직접적이고 공격적인 전투의 역사일 뿐이다."[117]

폭력을 미학적 수사로 언급하는 데서 이런 운동의 핵심을 들여다볼 수 있다. 이러한 미사여구는 트럼프, 안티파, 블랙 블록을 포함해서 우익 기업 과두집권층의 어휘로 가득 차 있다. 이러한 미사여구는 우리의 담론을 망가뜨리는 독약이다. 그것은 모든 계층의 구성원을 비인간화한다. 그것은 미묘한 차이와 연민을 말하는 이들의 입을 봉쇄한다. 특히 반대편의 사람들이 겪는 고통과 인간성을 이해하고 인정하려고 할 때 그것을 표현하지 못하게 한다. 그것은 우리의 사회를 적군이냐, 우군이냐로 나누어 발광하는 세계로 몰아넣는다. 그것은 폭력을 최고선으로 찬미한다. 그것은 자기비판과 자기반성을 하지 않는다. 그것은 소외현상의 극치이고 벤야민이 썼듯이 "자신의 파괴를 미적 쾌락"[118]으로 찬양하는 것이다.

6장

도박

GAMBLING

나는 친구들과 골프를 쳤다.
그 후 노름꾼들과 어울리기 시작했고 많은 것을 배웠다.
나는 골프를 배웠고 도박을 배웠다. 나는 모든 것을 배웠다.

—도널드 트럼프[1]

아메드Ahmed의 장인은 아메드가 미국에 온 첫날 밤, 애틀랜틱시티의 카지노 타지마할Taj Mahal에 그를 데리고 갔다. 1993년이었다. 타지마할은 1990년에 개장했다. 아메드(그의 본명이 아니다)는 그곳의 현란한 모습과 번쩍이는 크리스털 샹들리에와 금박 기둥을 보고 감탄했다. 그는 카지노의 주인이 유명한 미국 억만장자라는 이야기를 들었다. 그의 눈에 타지마할 카지노는 미국이 그에게 약속해줄 수 있는 모든 것의 상징이었다.

아메드는 시리아에서 온 대졸 출신 전기기사였다. 그는 어린 시절부터 알고 지낸 약혼녀와 결혼하기 위해 미국으로 건너온 신중하고 책임감 있는 젊은이였다. 그들은 결혼식을 기념하기 위해 타지마할 카지노에 왔다.

그날 그는 난생처음 카지노에 갔다. 그의 감각은 완전히 압도되었다. 얼마든지 무료로 마실 수 있는 술, 뷔페에 넘치는 스테이크와 해산물, 잔잔한 음악, 이 모두가 황홀하고 매혹적이었다.

그는 그날 밤 슬롯머신에서 100달러를 땄다. "기분이 아주 좋았죠. '미국이 좋다'라고 생각했어요."

그는 다시 카지노에 가고 싶어서 좀이 쑤셨지만, 장인 집에 살고 있어서 눈총을 피하기가 어려웠다. 2주 후에 핑곗거리를 하나 찾았다. 그는 7월 4일 독립기념일을 축하한다며 아내를 타지마할에 데리고 갔다.

그들은 신혼생활을 하려고 크리스마스 즈음 이사했다. 아메드는 장인으로부터 해방되었다. 그는 격주로 타지마할에 다니기 시작했고 서서히 돈을 잃었지만, 다시 딸 수 있다고 확신했다.

"본전을 찾으려고 계속 쫓아갔습니다. 많이 잃을수록 더 했습니다. 따야만 했습니다. 처음에는 1000달러를 잃었어요. 5000달러를 또 잃고, 그것을 다시 따기 위해서 계속 도박을 해야만 했습니다."

돈을 잃었지만 돈을 따고 있다고 아내를 속이려고 집에 가기 전 현금인출기에서 돈을 뽑곤 했다. 그의 아내는 가계가 어떻게 돌아가고 있는지를 자세히 들여다보지 않았다. 온라인 뱅킹이 아직 시행되지 않던 1990년대였다. 아메드는 아내가 저축한 돈이 새어나간다고 눈치채지 못하도록 은행 계좌를 여러 개 두고 번갈아 입출금했다.

마침내 그는 잃은 돈이 얼마인지 아예 신경을 끊었다. 그는 이제 고도의 흥분을 경험하기 위해 계속 도박을 했다. 이 상태를 전문 도박꾼들은 '존zone'이라고 부른다. 그는 마음을 달래주는 슬롯머신의 소리를 하루라도 안 듣고는 미칠 것 같았고 현실에서 도피하고 싶었다. 그는 타지마할에 갈 핑곗거리를 만들려고 그의 아내에게 일부러 싸움을 걸었다.

"내가 집에 돌아오면 아내는 행복했습니다. 아내는 점심이나 저녁을 해줬어요. 하지만 나는 뭔가 그녀와 다툴 거리를 찾았죠. '이 사람이 나를 화나게 하네. 그러니 집을 나가야겠어.' 이런 식으로 명분을 찾는 거죠. 명분을 찾으면 차에 올라 곧장 카지노로 달려갔습니다."

아메드의 아내는 1998년에 사라진 돈과 장시간 집에 들어오지 않는 것을 그에게 따져 물었다. 그녀는 그가 바람을 피우는 줄 알았다. 그는 그의 도박중독에 대해 털어놨다.

"아내는 이렇게 빚을 지느니 차라리 바람피우는 게 나았을 거라고 말했어요. 머지않아 집이 날아갈 지경이었거든요."

아메드의 아내는 그를 1998년 7월에 처음으로 단도박 모임 Gamblers Anonymous(GA)에 데려갔다. 그는 계속해서 아내 몰래 카지노에 출입했다. 그녀는 6주 후에 그와 이혼하고 어린 아들을 데리고 떠났다. 아메드는 매일 타지마할에 가기 시작했다.

"일이 엉망이었어요. 새벽 5시까지 카지노에 있다가 출근을 했고, 퇴근 후에는 곧장 카지노로 차를 몰고 갔으니까요."

그는 주유소를 다섯 개 운영했다. 그는 그 주유소 중 한 군데에서 들어오는 돈으로만 도박을 하는 식으로 자신의 도박을 제한하려고 했었다.

"세 시간 이내에 그 돈을 다 썼죠. 하루에 5000달러를 썼어요." 그때 주유소 한 군데에서 하루 5000달러의 수입을 올렸다. "다시 다른 주유소로 차를 몰고 갔어요. 두번째 주유소에서 올린 수입을 들고 다시 카지노로 돌아갔습니다. 돈을 다 잃고 속으로 생각했어요. '겨우 새벽 2~3시네. 아직 시간이 있어!' 그리고 세번째 주유소로 달려가죠. 하룻밤에 두세 번 카지노와 주유소를 오갔어요. 매번 50마일을 달렸어요."

그는 밤마다 애틀랜틱시티와 그의 주유소를 오갔다.

"잠을 안 자거나 차에서 두 시간 잘 때도 있었어요. 카지노 호텔에서 잠깐 눈을 붙이기도 했고요."

그는 시간 감각을 잃었다. 그는 종종 무슨 요일인지를 잊었다.

그는 주유소의 전 종업원을 절도죄로 고소하고, 법정 출두 날짜를 잊고 가지 않았다. 그는 하루에 10~12시간 동안 슬롯머신을 했다. 잠을 자지 않고 도박하는 시간은 점점 더 길어졌다. 난폭 운전을 하다가 경찰에 잡힌 것이 60일에 세 번 이상인 경우도 있었다. 어느 날 밤, 팔기로 한 차를 몰고 가다가 사고를 냈다. 차는 등록하지 않고, 보험도 들지 않은 상태였다. 경찰은 차를 몰수했다.

경찰은 그를 갤러웨이 다이너라는 식당에 내려주었다. 그곳은 타지마할에서 12마일 떨어진 곳이었다. 아메드는 현찰로 1만 달러를 가지고 있었다. 타지마할로 가는 데 택시를 부르는 대신 네 시간을 걸었다.

"택시비 20달러는 내가 도박에서 이길 수 있는 밑천이잖아요."

그는 도박에 쓰려고 1센트까지 아꼈다. 그는 전화카드로 돈이 나가는 것이 아까워 6년 동안 어머니에게 전화 한 통 하지 않았다.

그는 말했다. "어머니에게 전화하려고 20달러도 써본 적이 없어요. 카지노에서 하룻밤에 5000달러는 아낌없이 썼죠. 말도 안되는 미친 짓이었죠."

법원은 그의 운전면허를 5년 정지시켰다.

"법원에서 나왔어요. 내 차는 다섯 블럭 떨어진 곳에 주차가 되어 있었죠. 나는 차를 몰아 카지노에 갔어요. 정말 미쳤죠. 어떤 것도 내 도박을 멈출 수 없었어요."

그가 애틀랜틱시티로 차를 몰고 갈 때마다 카지노로 가는 길에 마지막으로 있는 화이트호스 파이크 도로의 왼쪽 주유소에 들렀다. 기름을 넣고 담배 한 보루를 사기 위해서였다. 그는 카지노를 떠날 때쯤 기름 한 방울 넣을 돈도, 담배 한 갑 살 돈도 없을 것을 알고 있었기 때문에 미리 대비했다. 마침내 그는 담보 대출금조차 갚을 돈이 없었다.

집값이 그때 거의 50만 달러는 나갔는데, 그 집을 32만 5000달러인가, 33만 달러에 팔았어요. 더 이상 집을 가지고 있을 수가 없어서요. 처음 제안받은 가격에 그냥 팔았어요. 그 집에서 6만 8000달러 정도를 남겼어요."

그는 그 6만 8000달러를 손에 쥐자마자 애틀랜틱시티로 차를 몰았다.

"갑자기 그 돈을 가지고 카지노로 달려가는 건 정말 미친 짓이라는 생각이 들었어요. '왜 6만 8000달러를 가지고 카지노로 가고 있지? 돈이 떨어지고 나면 어떻게 하지?'"

그는 아파트 월세 계약을 하러 갔다. 집주인에게 13개월 치 월세 1만 2000달러를 한꺼번에 지불했다. 그는 나머지 돈을 도박으로 날릴 것을 알았다.

"도박장 자리에 앉을 때마다, 속으로는 다 아는 거예요. '집이 날아갈 거야. 나는 거리에 나앉을 거야. 곧 자살할 거야.' 마음이 놓이지 않았어요. 그래도 멈출 수가 없었죠."

그가 그 아파트에서 잠을 잔 건 세 들었던 13개월 중 단 나흘뿐이었다. 집 안으로는 거의 들어가지 않았지만, 우편물을 꺼내려고 자주 들른 편이다. 우체부가 실종 신고를 할까 봐 걱정됐기 때문이다. 만일 경찰이 그를 찾으면 도박을 하는 데 방해가 될지 몰랐다. 그는 꺼내온 청구서들을 열어보지도 않은 채 차 뒷좌석에 던져놓고 다시 애틀랙틱시티로 달렸다.

그러던 어느 날, 타지마할 직원들과 문제가 생겼다. 이른 아침이었고, 슬롯머신 종업원들이 근무를 교대하는 중이었다. 그들은 슬롯머신에서 딴 돈을 받으려면 좀 기다리라고 했다. 그걸 기다리다 그는 출근 시간을 놓쳤다. 그는 분노를 터뜨렸다. 그러고 나서 타지마할과 연결된 카지노 쇼보트Showboat로 옮겨 도박을 시작했다. 타지마할에 쌓인 우대권 점수가 4만 포인트였다. 그는 타지마할로 돌아가서 포인트로 게, 생선, 스테이크를 먹었다. 나머지 포인트로 당구대, 42인치와 72인치의 티브이 두 대를 받았다.

"집에서 티브이를 켜본 적도 없었어요. 모든 시간을 카지노에서 보냈으니까요."

한 친구가 그에게 그가 받은 티브이가 얼마인지 아느냐고 묻자, 그는 농담으로 100만 달러라고 말했다. 아메드는 도박중독에 빠져 있던 10년 동안 100만 달러 이상을 잃었다.

"2001년 급여 신고서에는 내가 11만 달러를 벌었다고 쓰여 있었는데, 그해에 내가 잃은 돈이 25만 달러였어요. 회계사가 머리를 쥐어뜯더라고요. 그가 이렇게 말하더군요. '당신이 번 돈보다 잃은 돈이 어떻게 그렇게 더 많을 수 있죠?' 그 돈이 전부 카지노에서 번 돈이기 때문이죠."

13개월 후 월세 계약이 끝나자 그는 노숙자로 전락했다. 다음 8일 동안은 차 안에서 잤다. 은행은 그의 차를 압류했다. 그는 1주일 동안 길바닥에서 잤다. 그리고 자살을 결심했다.

"그때 인생을 끝내려고 했지만 차마 그렇게 하지 못했어요."

그는 자문자답했다. "카지노에서 여태까지 자살한 사람이 몇 명이 되느냐고요? 많은 사람이 카지노 지붕에서 뛰어내려요."

그는 마지막으로 한 번만 도박을 하기로 마음먹었다. 그는 가장 가까운 필라델피아 팍스 카지노Parx Casino로 가려고 버스에 올라탔다. 정신이 혼란한 상태로 버스를 네 번 타고 기차를 두 번 타고 카지노에서 10분 떨어진 곳에서 내렸다. 그는 출발한 지 다섯 시간이 지나서 팍스 카지노에 도착했다.

그날 밤 그는 14만 달러를 땄다.

"그날 밤을 잊을 수 없어요. 나는 돈을 들고 나와서 집을 살 수도, 새 차를 살 수도 있었어요. 그러나 돈이 문제가 아니었어요. 우리는 황홀한 기분에 빠지려고 도박을 하는 거예요. 마약과 같아요."

그는 딴 돈을 가지고 밤새도록 도박을 했다. 새벽 5시경에 그는 무일푼이 되었다. 그는 좀비처럼 서서 6시가 되기를 기다렸다. 6시가 되면 무료 우대권으로 슬롯머신을 할 수 있기 때문이다. 하룻밤에 일정 금액의 점수를 따면 6시에 시작하는 슬롯머신 게임을 무료로 한 번 할 수 있다.

"그 돈을 땄을 때, 나 자신과 계속 타협을 했죠. '14만 달러까지 필요 없어. 10만 달러면 충분해.' 조금 이따가 '아니, 10만 달러까지 필요 없어. 8만 달러면 돼. 아니, 6만 달러면 돼. 2만 달러면 돼. 아냐, 내가 필요한 것은 2000달러야. 차를 다시 찾으려면 1200달러면 돼. 그러고도 800달러는 남으니까, 이 돈으로 다음 월급 때까지 호텔 방에 있으면 되겠어.' 잠시 후 '사실 차는 별로 필요 없잖아. 호텔 방에 있으려면 500달러면 되잖아.' 얼마 후 '100달러면 충분하잖아. 누군가에게 빌리면 되니까.' 다음은 '어쨌든 자살할 건데, 뭐, 돈이 필요한가?' 생각합니다. 이렇게 자신과 타협하다 보면 마지막으로 생각한 100달러도 필요가 없습니다. 이런 식으로 머리가 돌아가는 거예요. 완전히 미친 거죠."

그는 무료 슬롯머신이 돌아가기를 기다리면서 어떻게 자살할지를 생각했다. 그는 지난 10년 동안 끊임없이 자살을 생각해왔다. 그는 타지마할 주차장 꼭대기에 주차를 할 때, 차를 확 밟은 다음 브레이크를 확 밟아 차가 전복되는 걸 상상했다.

"죽는 것을 두려워한 것이 아니라 혹시 목숨이 붙어서, 남은 생을 자살도 못 하는 장애인으로 살게 될까 두려웠어요."

그는 팍스에 있는 단도박 모임에서 한 사람을 우연히 만난 것이 계기로 도박중독에서 벗어날 수 있었다. 그들은 서로를 보면서 위안을 얻었다. 그들은 함께 카지노를 떠났고 서로 회복을 돕기로 약속했다.

아메드는 세 달 동안 그 친구의 집 카펫 바닥에서 잤다. 그러고 나서 단도박 모임 후원자 집으로 이사해서 3년을 살았다. 한 번 재발해서 1개월을 타지마할에서 보냈다. 그러나 그는 점점 중독에서 벗어날 수 있었다. 49세인 아메드는 지금 새 아내와 4세 아이가 있다. 최근에 집과 개 한 마리를 샀다. 첫번째 결혼에서 얻은 아들은 22세이다. 아메드는 그 아들을 생각하면 자주 분노와 죄책감을 느낀다. 이런 감정들이 일어나면 도박을 하고 싶어진다. 그는 매주 세 번 단도박 모임에 나간다.

"가끔 죄책감이 나를 덮쳐와요. 내 아들, 전 아내, 어머니에게 느끼는 죄책감이죠. 우리는 자기 자신을 벌하려고 도박을 해요. 나는 벌을 받아야 마땅해요. 나는 배고프고, 화가 나 있고, 늘 피곤함에 지쳐 있어야 마땅해요. 나는 어떤 식의 벌을 받아도 마땅해요. 내가 가족에게 그렇게 했으니까요."

그는 이어서 말했다. "우리는 권태감, 외로움, 비애감, 상실감을 느낄 때 아니면 행운을 축하하고 싶을 때 도박을 하고 싶어져요. 우리는 다시 돌아가 도박을 하려고 어떤 핑계라도 만들어요. 우리에게 이 모임이 정말 중요한 이유입니다. 무슨 일이 일어날 때마다, 만약 우리가 단도박 모임에 가서 그 이야기를 하지 않는다면, 우리는 도박장에서 또다시 도박을 하고 있을 거예요."

아메드는 토요일 밤에 뉴저지에 있는 주일학교 교실에서 열리는 단도박 모임에 참가하는 두 사람 중 한 명이다. 같이 참가하던 다른 여섯 명은 더 이상 나오지 않았다.

"카지노에서는 우리에게 명세서를 줘요. 명세서에는 내가 얼마를 벌었고 얼마를 잃었는지 적혀 있어요. 만일 1만 2000달러 이상을 따면 세금을 내야 해요. 나는 국세청에 수천 달러를 빚졌는데 얼마 전 다 갚았어요. 2000년부터 시작해 2014년까지 갚았어요. 월급에서 2주마다 떼어갔어요. 2015년에 소득 신고서를 제출하고 처음으로 돈을 되돌려 받았어요."

그는 말했다. "완전한 치료는 없어요. 우리는 결코 나아지지 않을 거예요."

구름이 잔뜩 낀 2016년 10월의 어느 오후였다. 트럼프 타지마할 카지노는 다음 날 오전 5시 59분에 문을 닫는다. 나는 막 퍼시픽 애비뉴 도로를 통과했다. 거대한 흰색 문 사이로 차를 몰고 들어갔다. 문 옆에는 2톤짜리 캐스트 스톤 코끼리상이 있었다. 타지마할 입구에는 70개의 청록색 이슬람식 첨탑과 머리 위가 금색으로 뾰족한 돔 10여 개가 줄지어 올라가 있었다. 네온사인에는 빨간색과 금색 글자로 '트럼프 타지마할 카지노와 리조트'가 쓰여 있었다. 카지노의 유리문 앞에 있는 빛으로 번쩍이는 분수 양 옆으로 금색과 흰색으로 꾸며진 항아리가 여섯 개씩 줄지어 있었다. 타지마할을 짓는 데 12억 달러가 들었다. 트럼프는 그것을 '여덟번째 기적'이라고 불렀다. 카지노 직원들은 전화를 받을 때, 이렇게 대답해야 했다. "기적이 절대로 멈추지 않는 트럼프 타지마할에 전화해주셔서 감사합니다." 웨이트리스들은 하렘 스타일의 옷을 입었다. 타지마할은 다섯 번의 파산을 겪었다.

타지마할이 처음 지어졌을 때, 이 카지노는 뉴저지주에서 가장 높은 빌딩이었고 세계에서 가장 큰 카지노였다. 호텔의 호화로운 스위트룸의 이름은 개장했을 때 역사적으로 유명한 사람들의 이름(알렉산더 대왕, 미켈란젤로, 나폴레옹, 클레오파트라)을 따서 붙였다. 1박을 하는 데 1만 달러였다. 고대 이집트의 스위트룸이든 코발트 블루의 프랑스 황제의 스위트룸이든, 그 펜트하우스에 숙박하는 사람들은 옥상으로 헬기를 타고 도착했다. 옥상에서 저 밑을 내려다보니 뉴욕, 메릴랜드, 뉴저지, 멀리 피츠버그와 클리블랜드에서 온 도박꾼들이 전세버스에서 내리고 있었다. 카지노 주인이 꼭대기에서 내려다보면 하늘로 올라가는 운을 한바탕 잡아보려는 불쌍한 농노들을 내려다보는 기분이 들었을 것이다. 대부분의 트럼프 빌딩이 그렇듯이 본래 층의 번호보다 더 높은 번호가 붙어 있었다. 물론 거짓이다. 타지마할 호텔의 2층은 엘리베이터 패널에 14층이라고 쓰여 있다. 꼭대기 층으로 엘리베이터를 타고 올라가면 '51층'이라고 쓰여 있는데, 사실은 42층이다.

판초와 빨간 셔츠를 입어서 눈에 띄는 수십 명의 카지노 노동자들이 내리는 비를 맞으면서 '이곳에서 뭉치자! Unite Here!'라고 쓴 피켓을 들고 인도에 서 있었다. 나는 길옆의 빨간색과 주황색의 불빛을 지나쳤다. 24시간 안에, 3000명의 카지노 노동자들이 직장을 잃는다.

카지노 바깥에 5300대의 차를 주차할 수 있는 2층 실내 주차장이 있었다. 남아시아에서 온 것으로 보이는 중년 여인이 피곤한 얼굴로 주차 안내실에 있었다. 나는 10달러를 내주었다. '팁을 주면 감사합니다'라고 손으로 쓴 쪽지가 안내실 창문에 테이프로 붙어 있었다. 10여 대의 차가 희미하게 불빛이 비치는 1층 주차장에 있었다. 주차장 덱deck에서 연결된 터널과 복도를 따라가면 곧장 카지노가 나왔다. 24대의 관광버스가 주차할 수 있는 주차장은 텅 비어 있었다. 12개의 레스토랑 대부분이 문을 닫았다. 5500개의 카지노 기계가 놓인 카지노 게임장은 문을 닫았다. 트럼프 타지마할은 이제 그 생명을 마치고 있었다.

1990년대에 미국 원주민 보호 지역을 시작으로 미국 동북부 전 지역에 카지노와 도박장이 퍼져나가자 애틀랜틱시티 도박장 수입이 반으로 줄었다.[2] 애틀랜틱시티의 도박장 수입 최고치는 2006년 52억 달러였다.[3] 40개 주가 이런저런 형태의 도박을 합법화했다.[4] 뉴욕주 퀸스에서 카지노가 문을 열었고, 펜실베이니아주에서 11개, 메릴랜드주와 오하이오주에 나머지 카지노가 새로 문을 열었다. 몇몇 개발업자들이 제안한 대로 뉴저지주 북부에 카지노를 개장했다면, 애틀랜틱시티 도박업계는 파산하거나 완전히 망한 카지노가 늘어났을 것이다. 그것은 모래 위에 올린 경제 모델이다.

엘렌 무타리Ellen Mutari와 데버라 피가르트Deborah M. Figart는《딱 한 판만 더: 카지노 경제에서의 삶Just One More Hand: Life in the Casino Economy》에서 다음과 같이 썼다. "탈공업화 시대의 미국에서 카지노는 롤러코스터 경제의 메타포이고, 경험과 꿈을 파는 주요 서비스 산업이다.

여러 경제버블이 터지자 새천년을 시작한 이후의 미국 경제는 공장이 있는 굴뚝 산업과 관련이 있기보다는 판돈을 걸고 행운을 비는 카지노 경제처럼 보였다. 집을 사고, 은퇴 후를 대비해 저축하고, 학자금 대출을 받고, 새로 사업을 시작하고, 심지어 직장을 가지는 것이 확실한 내기에 돈을 거는 것보다 더 위험한 것처럼 보였다. 그처럼 격동이 심한 시기에는 우리가 그렇게 보이지 않으려고 해도 도박꾼처럼 보였다."[5]

미국게임협회American Gaming Association에 의하면, 2017년에 미국 전역에 900개의 카지노가 있었다.[6] 카지노는 연 370억 달러를 벌어들인다.[7] 이 이익금은 음악 산업(68억 달러)과 영화 산업(107억 달러)에서 벌어들이는 수익을 합한 것보다 많다.[8] 그것은 네 개의 주요 스포츠 리그에서 벌어들인 178억 달러보다 많다.[9] 2013년 미국게임협회 보고서에 따르면, 슬롯머신과 비디오 포커가 카지노 수입의 최소 62퍼센트를 차지한다.[10] 아이오와주와 사우스다코타주에서 카지노는 수입의 90퍼센트 이상을 슬롯머신에서 벌어들인다.[11]

타지마할 안쪽으로 걸어가니 1400만 달러의 오스트리아 수정 샹들리에가[12] 부드러운 빛이 비치는 가운데 번쩍이면서 매달려 있었다. 구슬 줄이 떨어져 나간 등이 많이 보였다. 벽은 거울로 덮여 있었다. 여러 줄로 늘어선 게임 테이블, 블랙잭 테이블, 룰렛 휠, 여러 색깔이 반짝이는 3000개의 슬롯머신이 보였다.[13] 슬롯머신은 여러 음조로 삑, 윙윙, 땡땡 소리를 냈다. 그것들이 널려진 장소의 넓이는 미식축구장 세 개를 합친 것만 했다. 도박장은 거의 비어 있었다. 딜러들은 아무것도 놓여 있지 않은 카드 테이블 앞에 서 있었다. 슬롯머신 앞 쿠션 의자에 앉아 있는 도박꾼 대부분은 초췌한 노인들이었다. 그들은 힘차게 레버를 당기거나 네모난 버튼을 눌렀다. 그들은 휙휙 돌아가는 스크린을 멍하니 바라보았다. 카지노에서 슬롯머신 한 대가 하루에 벌어들이는 돈은 200~300달러다. 단골 도박꾼들에게는 무료 음료권을 제공한다. 관리인들이 게임방으로 들어가면, 몇 시간이고 주체할 수 없을 정도로 술을 마시다가 죽은 노인의 시체를 발견하기도 한다. 슬롯머신을 하다가 앉은 자리에서 대소변을 보는 경우도 드물지 않다.

입구 근처 17개의 체크인 컴퓨터 데스크에 아무도 없었다. 차례로 줄을 세우는 로프에 한 사람도 없었다. 그 앞에 있는 계산대 뒤에 한 점원이 외로이 서 있었다. 카레라 대리석으로 장식한 화장실 변기는 비닐 백으로 덮여 있었고 '고장'이라고 쓰여 있었다.

나는 인적이 없고 불빛이 희미한 채 길게 뻗은 2층 복도 위에 낡아서 해진 흙 묻은 카펫을 밟으며 걸었다. 베이지색 반원 촛대가 홀의 벽 양쪽으로 2~3피트마다 있었다. 촛대 중 일부는 끊어진 전구를 에워싸고 있었다.

촛대는 더러웠고 금이 가 있었다. 천장에는 물이 샜는지 갈색의 물 자국이 있었다. 복도에서 곰팡내가 났다. 1250개의 방 중에서 4분의 3은 방충제가 깔려 있었다. 카지노는 흡사 귀신이 튀어나올 것 같은 유기된 배 같았다. 그곳을 보니 전쟁 중인 전 유고슬라비아에서 본 거대하고 처참한 카지노가 생각났다. 1980년대가 끝나갈 무렵에 유고슬라비아 경기가 붕괴했을 때 거대한 국가 기업들이 문을 닫았다. 실업률은 하늘을 치솟았고, 경제는 폭락했다. 외화가 절실히 필요했던 유고슬라비아는 유럽 관광객을 끌어들이기 위해서 카지노 허가를 내주었다. 그러나 도박으로 경제를 살려보려는 노력은 헛된 꿈으로 끝났고, 조직범죄를 더 강력하게 키우기만 했다.

도박은 망상을 만들어 내는 것이다. 예를 들어 슬롯머신에서 빙빙 도는 릴은 가짜다. 그것은 막 돌다가 서서히 멈추는 것이 아니다. 그렇게 보이도록 프로그램화되었을 뿐이다. 버튼을 누르는 순간, 혹은 레버를 당기는 순간 컴퓨터 칩이 그 결과를 이미 결정한다.

　존 로즌그렌John Rosengren은 《애틀랜틱》에서 다음과 같이 썼다. "게임 고안자들은 1만 648번 당겨서 1번 잭팟이 터지는 것을 1억 3700만 번 해야 1번 터지는 확률로 줄일 수 있다. 더욱이, 슬롯머신을 하는 사람이 큰 금액이든 적은 금액이든 잭팟을 딸 가능성을 안다는 건 불가능한 일이다. 또한 가상의 릴이 돌아가면서 보여주는 확률도 일부러 숫자를 오도하게 만들어 마치 잭팟 '일보 직전near miss'에 온 것처럼 만든다. 그때 잭팟 심벌이 페이라인 위나 아래에 나타난다. 도박꾼에게 이제 거의 딸 때가 되었다는 인상을 주기 위해서이다. 사실은 잭팟 심벌이 릴에 전혀 나타나지 않은 때와 마찬가지로 잭팟을 터트릴 가능성은 없다. 우연히 잭팟을 딸 수 있는 확률보다 훨씬 더 높은 확률로 잭팟 '일보 직전' 심벌을 보여주도록 프로그램화한 슬롯머신도 있다. 이런 프로그램의 심리적 영향은 매우 강력해서 도박꾼들은 '이제 가까이 왔다. 아마 다음번일 거야'라고 생각하게 한다."[14]

　슬롯머신 앞에서 20초마다 갖는 기대감에서 분비되는 아드레날린은 여러 시간, 날, 주, 달, 해에 걸쳐서 사람의 뇌를 변형시킨다. 그렇게 도박업계에서 '지속적인 게임 생산성continuous gaming productivity'이라고 하는 심한 중독 상태에 빠진다. 베팅할 때마다 심장 박동수와 혈압이 올라간다. 시간, 공간, 돈의 가치, 인간관계, 이 모두가 사라진다. 도박은 사람을 사회에서 완전히 도피하게 만들고 극단적으로 고립시킨다. 많은 도박꾼은 모든 것을 잃는다. 결혼, 가족, 직업, 정신건강, 심지어 생명까지 잃는다. 다섯 명의 도박 중독자 중 한 명은 자살을 시도한다. 이것은 전미도박문제위원회 National Council on Problem Gambling에 따르면, 모든 중독 중에서 가장 높은 비율이다.[15]

이것은 새로운 미국식 자본주의이다. 그것은 물건을 생산하는 것이 아니라 도피주의자의 환상을 만들어낸다. 월스트리트든 카지노든 돈 놓고 돈 먹기 식이란 점에서 똑같다. 그것은 겉만 화려한 소음의 세계이다. 거기에서는 기꺼이 소비하는 돈의 양에 따라서 사회적 지위가 결정된다. 여러 번 게임을 한 사람일수록 공짜 객실과 선물을 받고, 뷔페가 나오는 특별 '클럽'에 들어갈 수 있는 입장권을 받게 된다. 그 클럽에서는 거의 옷을 걸치지 않은 호스티스들이 있고 무료 술과 음료가 나온다. 그들이 돈을 충분히 쓰면 슈퍼모델과 명예의 전당에 오른 운동선수들이 오는 파티에 초대받는다. 슬롯머신을 하려면 현금을 다채로운 색깔의 큰 칩으로 바꿔야 하는데, 이 칩은 마치 모노폴리 게임에서 쓰는 돈의 느낌을 준다. 도박이 아니라 게임을 하는 것처럼 착각을 일으킨다.

카지노는 단골 도박꾼의 상세 프로필을 만든다. 그것을 보고 그들에게 돈이나 티켓을 대신할 수 있는 카드를 발행해준다. 단골 도박꾼들의 카드는 직불카드 역할을 한다. 그 카드로 카지노는 그들의 베팅과 그들이 얼마나 땄고 얼마를 잃었는가를 추적할 수 있다. 슬롯머신 버튼을 얼마나 자주 눌렀는지, 얼마나 빨리 도박을 하는지, 베팅 금액, 슬롯머신에서 얼마나 시간을 보내는지 모두 기록한다. 그렇게 수집한 정보를 통해, 개인의 도박률에 비례해 슬롯머신의 베팅 속도를 조절한다. 그 카드는 도박꾼들이 선호하는 음식, 술, 호텔 방을 기록한다. 카지노업계는 이렇게 기록한 도박꾼의 특성과 습관에 인구 통계 데이터의 삼각 측량법을 적용해서 도박꾼의 프로필을 완성한다. 이 프로필을 보면 도박꾼이 언제 돈을 많이 잃는지, 언제 큰 고통을 느끼는지, 언제 슬롯머신을 떠나는지를 알 수 있다. 고통의 한계점에 도달하기 몇 분 전에 호스티스가 무료로 식사와 술을 마실 수 있는 우대권이나 쇼 입장권을 들고 마술처럼 나타난다. 도박꾼들은 위에서도 추적을 당한다. 천장에는 수백 개의 '하늘의 눈'[16]이 달려 있다. 폐쇄회로 카메라로 카지노 안전요원은 고객이나 종업원들이 부당한 행위를 하는지 감시한다. 일반 사람들과 같은 옷을 입은 안전요원들은 복도를 순찰하는데 종종 신분을 숨기기 위해서 직접 적은 금액을 베팅한다.

너태샤 다우 쉴Natasha Dow Schüll은 《계획된 중독: 라스베이거스의 슬롯머신 도박Addiction by Design: Machine Gambling in Las Vegas》에서 다음과 같이 썼다. "카지노에서 제일 먼저 사용한 감시체계와 마케팅 혁신안을 나중에 다른 분야에서 채택한다. 즉 공항, 금융거래장, 소비자 쇼핑몰, 보험회사, 은행, 국토안보부 정부 프로그램에서 채택해서 사용한다."[17]

뉴욕에서 만난 그녀는 이렇게 이야기했다. "슬롯머신은 당신이 고통을 느끼는 점수, 당신의 스위트 스폿sweet spots을 인식하는 알고리듬을 가지고 있습니다. '존Zone'이라는 용어를 단도박 모임에 갈 때마다, 도박중독자들과 이야기 할 때마다 반복해서 듣습니다. 본래 존이란 시간, 공간, 금전적 가치가 의식에서 모두 사라진 정신 상태를 말합니다. 정신이 뭔가에 집중한 상태, 즉 정신의 '몰입 상태state of flow'를 말합니다. 도박이 주는 자극적인 스릴과 긴장과는 매우 다른 말처럼 들립니다. 그러나 카지노업자들은 이 '몰입의 공

간'을 슬롯머신에 적용하면 도박꾼들이 도박에 몰입해서 업자들이
돈을 더 많이 벌 수 있다는 생각을 했습니다. 사람들은 자기가 돈
을 잃고 있다는 것조차도 모릅니다. 그들은 거기에 그저 앉아 있습
니다. 자신을 슬롯머신에 맡기게 되는 것입니다."

카지노업계는 단골 도박꾼의 '예상 가능한 평생 유효가치
predicted lifetime value'를 계산할 수 있는 공식을 고안했다.[18] 그렇게 도박
꾼의 고객 가치가 서열화된다. 가장 크게 잃는 사람들은 '고래whales'
라고 불린다.[19]

카지노는 도박꾼에게 발급한 카드를 통해서 여러 층의 도박장
에서 이루어지는 행동을 1초당 2만 개의 모델로 나누어 관리할 수
있다.[20] 카지노는 고객 '집단 등고선crowd contouring'을 만들어 특정 고
객 그룹의 습관, 스케줄, 도박 성향을 알아내고 그것을 활용해서
카지노로 끌어들인다. 쉴은 다음과 같이 썼다.

데이터 처리 소프트웨어 회사 시파워seePOWER의 대표가 말했다.
"가령 우리가 55세 이상 여자들에게서 어느 정도의 수익을 올릴
수 있지를 알고 싶다고 합시다. '누가 이런 여자들에 속하는가?'
'이런 여자들은 어디에 사는가?' '어떻게 이들을 목표로 해서 더
많은 이익을 얻을 수 있을까?'" 이런 말을 하고 그 대표는 '1층,
중년 여성들, 카드를 사용해서 노름 1시간'이란 제목이 붙은 익
명의 도시의 애니메이션 맵을 보여주었다. 화면 왼편 위쪽 구석
에서 시계가 돌면서 시간을 나타내고, 화면의 지도 위에 색을 띤
어떤 지점들이 번쩍이면서 그들의 주소를 나타냈다. 이렇게 그
들이 카지노의 1층에서 슬롯머신을 하루 동안 시작한 시간과 끝
낸 시간을 나타냈다. 새벽, 색을 띤 조그만 동그라미들이 도시

화면에 나타났고 동그라미 중앙이 빨간색을 띠는 것은 그 시간대에 그 지역에 사는 여러 사람이 도박을 하고 있다는 것을 나타냈다. 아침 8시, 지도 중앙의 점들이 사방으로 커지는 것이 선홍색 꽃이 피어나는 것처럼 보였다. 오전 11시, 그 꽃이 최대의 크기로 커졌고, 저녁 시간에 다시 줄어들었다. 밤에 드문드문 보이는 점들은 그곳에 사는 '중년 여성들'이 계속 도박하고 있다는 것을 보여주는 것이다. 이런 정보를 획득한 카지노는 주어진 정보를 가지고 특정한 도박꾼에게 맞는 특정한 게임 시간표를 제공할 수 있는 유리한 위치에 선다.[21]

타지마할 카지노에는 로비가 없다. 입구에서 곧장 도박장 층으로 빨려 들어가듯이 복도가 이어져 있다. 폐소공포를 느끼게 하는 분위기이다. 출구, 시계, 창문을 볼 수가 없다. 이 모두는 계획적으로 고안된 것이다. 카지노는 하루 24시간 운영된다. 카지노 주인은 고객이 일단 안으로 들어오면 고객이 바깥세상을 생각하는 것을 원치 않는다. 이곳은 시간이 갈수록 세상보다 카지노를 더 좋아하도록 고안되어 있다. 도박은 하면 할수록 그만큼 돈을 잃을 수밖에 없다.

쉘은 내게 말했다. "로비 공간이 있더라도 당신의 관심을 다른 이익을 내는 공간으로 돌리게 만듭니다. 카지노의 카펫은 직각 문양을 한 것이 없습니다. 직각 문양을 보면 고객들은 발걸음을 멈춰서 게임장으로 들어갈까 말까를 생각하기 때문입니다. 그러나 커브 모양을 따라가면 멈추지 않고 자기도 모르게 게임장 안으로 빨려 들어갑니다. 슬롯머신 앞에 앉으면 마치 나를 보호해주는 보호막 속으로 들어온 느낌이 들고 나라는 존재의식은 어느 순간 사라집니다. 그것은 소용돌이와 혼돈의 논리입니다. 이 두 단어는 실제로 그들이 쓰는 용어입니다. 그것을 '공간 제거하기^{space elimination}'라고 부릅니다. 그것은 바깥이 잘 보이게 설계한 현대 건축과는 정반대입니다. 현대식 건축은 넓고 긴 전망을 제공합니다. 그러나 카지노는 고객의 시야를 자신들이 원하는 방향으로 돌려놓습니다. 이런 논리가 카펫에 적용되어 있고, 천장 높이, 슬롯머신 캐비닛, 스크린 디자인 모두에 적용되어 있습니다. 방향감각을 상실하게 하는 것이 디자인 전략입니다. 카지노들은 고객들을 존 안에 계속 가두기 원합니다. 카지노 디자인 매뉴얼에 나와 있는 말을 그대로 인용하면, 고객들은 '감정 촉발기〔슬롯머신〕 앞에서 언제라도 게임에 빠져들 수 있는 상태'에 갇힙니다. 시계도 없습니다. 카펫의 직각 모양이 없는 것과 같은 이유죠. 그것은 사람을 시간과 공간 속으로 데리고 갑니다. 그것은 당신에게 위치 감각을 줍니다. 카지노 주인은 당신이 위치 감각을 갖는 것을 원치 않습니다. 그들은 당신이 방향감각을 상실해서 갈피를 못 잡기를 원합니다."

적어도 타지마할에서는 도널드 트럼프와 같은 사람이 되는 것이 목표다. 타지마할에는 그의 이름과 이미지가 곳곳에 있다. 그는 카지노 거물로 대통령이 된 최초의 인물이다. 카지노는 무자비할 만큼 유혹적인 곳이다. 당신 주머니에서 돈이 떨어지는 순간 당신의 존재는 가치를 잃는다. 미소, 선물, 관심, 술과 여자들, 공짜로 잘 수 있는 방, 이 모두가 사라져버린다. 당신의 존재가 혼란과 혼돈 속에서 사라지고 나면, 또 다른 풋내기가 당신을 대신해서 저 문으로 걸어 들어온다.

2016년에 미국인들은 1169억 달러를 도박에서 잃었다.[22] 육지에 있는 카지노가 404개, 인디언 카지노tribal casino*가 500개 있으며, 카드게임 도박장이 327개, 경마장이 54개, 편의점, 주유소, 바, 공항, 슈퍼마켓에 있는 게임기들이 1만 6089개이다.[23] 미국인들이 1년에 스포츠에 불법 베팅하는 돈은 무려 4000억 달러로 추산된다.[24] 미국인들은 복권에 700억 달러(혹은 성년 1인당 300달러)를 쓴다. 도박에서 거둬들이는 세금(2015년에 주 정부와 지방 정부는 277억 달러를 벌었다)은 줄어드는 세수입 때문에 빠듯한 예산에 결정적인 힘을 준다.[25] 데릭 톰프슨Derek Thompson은 《애틀랜틱》에서 다음과 같이 썼다. "델라웨어, 로드아일랜드, 사우스다코타를 포함해서 복권을 합법화한 43개 주 가운데서 11개 주가 복권에서 얻는 소득이 주 법인소득세를 능가했다. 11개 주에 사는 가장 가난한 사람 중 3분의 1이 전체 복권의 절반을 샀다."[26] 이 보이지 않는 세금stealth tax 은 부자와 기업이 더 이상 내지 않는 세금을 보충하기 위해서 사용된다.

슬롯머신은 컴퓨터나 폰으로 하는 게임과 마찬가지로, 밑바닥 일을 해야 하고, 주체할 수 없는 빚에 시달리며, 사회적 침체와 고장난 정치 체제에서 허덕이며 도피하고자 하는 사람들의 구미에 맞게 고안되었다. 그것들은 끊임없는 자극으로 우리의 행동을 조종한다. 우리는 스키너의 상자 안에 있는 쥐가 된다. 우리는 중독될 때까지 미친 듯이 레버를 누르고, 마침내 현실을 벗어나고 싶은 욕구와 간헐적으로 나오는 보상물을 받고자 하는 강박 충동이 아드레날린 분비로 더욱 강화되어 완전한 도취 상태에 이른다. 행동

★   미국 연방정부가 인디언 자치구역에 세입 방편으로 장려하고 있는 카지노 산업을 지칭한다.

주의 심리학자 버러스 프레더릭 스키너Burrhus Frederick Skinner는 비둘기와 쥐가 언제 얼마만큼의 보상을 받을지 알지 못할 때 강박적으로 계속해서 레버와 페달을 누른다는 사실을 발견했다. 스키너는 미래의 슬롯머신을 가지고 실험한 것이다.[27]

미국의 도박업계의 엔지니어들은 미국의 상위 다섯 개 오피오이드 제약회사(퍼듀 파머, 존슨앤드존슨, 인시스 세러퓨틱스Insys Therapeutics, 밀란, 디포메드Depomed)못지않은 중독을 만들어내는 기술자들이다. 도박업계 수입의 85퍼센트를 차지하는 슬롯머신[28]은 이 제약회사들이 만들어내는 오피오이드의 효과를 그대로 복사한 것이다.

프랑스 사회학자 로제 카유아Roger Caillois는 문화의 병리는 그 문화의 대중이 좋아하는 게임에 있다고 말했다.[29] 구식 도박(블랙잭이나 포커)에서는 도박꾼이 스스로 위험을 감수하거나 결정할 수 있고, 적어도 도박장에서 일종의 개인주의나 영웅주의를 성취할 수도 있었다. 그것은 단조로운 삶을 초월하거나 대안적 자기 정체성을 주장하는 방식이기도 했다.

그러나 기계 도박은 자아를 말살하는 도구이다. 사회학자 헨리 레시에우르Henry Lesieur가 썼듯이, 슬롯머신은 '중독 배급 장치addiction delivery device'이다.[30] 그것은 전자 모르핀,[31] 즉 '크랙 코카인과 같은 효과를 지닌 도박'[32]이다. 그것은 몽유병에 걸린 듯한 상태를 만들어 도박하는 사람을 여러 시간 동안 혼수상태에 빠지게 한다. 쉴이 지적하듯이, 슬롯머신은 걸어 다니는 좀비가 되기 위한 통로이다. 그것은 '죽음의 본능'을 부추긴다. 죽음의 본능이란 우울증과 정신적 외상으로 힘들어하는 사람들이 자기 생명을 파괴하는 활동에서 쾌락을 느끼는 압도적인 충동이다.

쉴은 《계획된 중독》에서 "도박에 중독되는 것은 딸 수 있다는 가능성 때문이 아니다. 슬롯머신에 중독되는 이유는 슬롯머신을 하며 세상을 잊고 주관적인 긴장과 정서적 평온 상태로 몰입할 수 있기 때문이다"[33]라고 썼다.

사람들이 슬롯머신 앞에 머물도록 과학(도박업계에서는 그것을 '장치의 시간time of device'이라고 부른다)은 인간공학적 계기판, 매력적이고 온화한 스크린 픽셀, 유혹적인 그래픽, 서라운드 음향을 만들어 냈다.[34] 과장과 현란함으로 가득 찬 카지노는 거대한 파리지옥풀 Venus flytrap과 같다. 번쩍이는 슬롯머신이 널려 있는 도박장에서 400개의 다른 소리가 나는데, 이 소리는 모두 C음조다. C음조가 다른 음조보다 피로감을 덜 주기 때문이다.[35] 도박꾼들은 명령에 순종하도록 머리가 마비되기 때문에 기계적으로 돈을 내놓는다. 슬롯머신의 이미지들은 〈보난자Bonanza〉, 〈루시를 사랑해I Love Lucy〉, 〈그 가격이 맞아The Price Is right〉와 같은 친숙한 티브이쇼, 〈알라딘Aladdin〉, 〈오즈의 마법사The Wizard of Oz〉와 같은 친숙한 영화, 모노폴리 보드게임에서 도용한 것인데, 이는 도박꾼들이 기계에 친숙함을 느끼게 하려는 것이다. 빨간 불빛과 빠른 음악은 도박의 속도를 높여준다. 상쾌한 향기와 산소는 도박꾼들의 정신을 깨워주는데, 이것은 바닥 환기통에서 나온다. 부드러운 불빛은 방이 마치 태내에 들어온 느낌을 준다.

쉴은 말했다. "도박꾼들은 흔히 '이상하게도 거금의 잭팟이 터졌는데도 화가 나고 좌절감을 느낀다'라고 말합니다. 그들이 도박에서 목표로 삼는 것은 돈을 따는 것이 아니라 계속 '존'에 머무는 것입니다. 도박에서 이기는 것은 존에 머무는 걸 방해하죠. 기계가 꼼짝 않고 멈춰버리니까요. 그것은 당신이 계속 게임을 진행하는 것을 방해합니다. 그 돈을 따봐야 그것으로 뭘 하겠습니까? 그 돈은 슬롯머신에 먹힐 게 뻔한 사실 아닙니까? 슬롯머신은 기분 조절, 즉 감정 조절과 깊이 관련이 있습니다. 기술을 사용하면 걱정이 사라지고 세상을 벗어납니다. 우리는 이런 현상을 라스베이거스에서만 보는 것이 아닙니다. 매일 아침 지하철에서도 봅니다. 우리는 모두 조그만 스마트폰이라는 문명 기술을 통해서 보이는 화면과 게임에 푹 빠져 있습니다. 도박꾼들이 분명하게 보여주는 것은 자아감을 상실하고 싶은 욕구입니다. 그들은 시간, 공간, 돈의 가치, 세상 안에서의 존재감을 모두 상실합니다."

"이런 현상은 경쟁과 창조를 강조하는 이 사회에서 자기를 관리하고, 끊임없이 선택하고, 효과를 최대화하는 것이 점점 더 큰 부담과 압박으로 여겨지는 사람들의 이면입니다."

그녀는 이어서 말했다. "사람들은 그것을 루도 자본주의ludo-capitalims〔게임을 하면서 동시에 이익을 얻는 것〕의 한 형태라고 불렀습니다. 어떤 면에서 우리는 그것을 우리가 보고 있는 루도 정치학과 연결할 수 있습니다. 쾌락입니다. 원하는 것을 얻는 것입니다. 우리가 원하는 것은 몰입 상태flow로 회피하는 것입니다. 우리는 이것을 정치 영역에서, 즉 사람들이 모인 집회에서, 감정의 격동에서, 오락에서 많이 봅니다. 카지노의 설계 방식을 보면, 그리고 트럼프가 카지노 외의 부동산과 수많은 카지노의 설계자라는 점을 기억한다면, 그것들이 한결같이 사람들의 방향감각을 잃게 하는 전략으로 설계되었다는 것을 알 수 있습니다. 사람들을 정신없이 만들고 그들에게 합리성을 빼앗아가고 분명한 시야를 갖고 스스로 결정할 수 있는 주체의 입장을 무너뜨립니다. 우리는 그것을 카지노와 도박장에서 볼 수 있고, 오늘날 정치적 수사에서 볼 수 있습니다."

애틀랜틱시티에 카지노가 들어서자 200개의 식당이 문을 닫았다.

브라이언트 시몬Bryant Simon은 《꿈의 산책로: 애틀랜틱시티와 도시 미국의 운명Boardwalk of Dreams: Atlantic City and the Fate of Urban America》에서 "카지노가 들어오기 전에 쿠르트 쿠겔즈 루이지Curt Kugel's Luigi's 식당은 미스 아메리카 대회나 미국노동총연맹–산업별조합회의AFL-CIO 대회가 열리는 날 밤에 1000건의 만찬을 준비했다"라고 썼다.[36] 네바다주 바깥에 최초로 세워진 합법적 카지노인 리조트 카지노Resorts casino 가 1978년에 문을 연후, 쿠겔즈 식당은 수입이 급격하게 반으로 줄었다.

저널리스트 빌 모이어스Bill Moyers가 1986년에 CBS 특집으로 〈애틀랜틱시티의 거대한 도박Big Gamble in Atlantic City〉을 방영할 무렵, 쿠겔즈 식당은 이미 주차장으로 변했다. 톨렌티노의 성 니콜라스 성당의 신부 단테 기로라미Dante Girolami는 모이어스에게 성당 신도가 700가구였는데, 2가구로 줄어들었다고 말했다. 그가 집전하는 미사는 참가자가 거의 없고 어쩌다 운이 없는 도박꾼들이 '희망의 미덕'을 기도하려고 방문했다.[37]

마약과 매춘부들이 애틀랜틱시티에 차고 넘쳤다. 트럼프는 헬리콥터 고객들을 관리하기 위해서 요셉 바이크셀바움Joseph Weichselbaum을 고용했는데, 그는 마리화나와 코카인 거래로 세 번 중범죄를 선고받은 인물이다.[38]

트럼프 카지노는 부자들에게 헬리콥터 서비스를 제공했다. 애틀랜틱시티에서 큰손 도박꾼들은 섹스부터 코카인까지 그들이 원하는 것은 무엇이든지 구할 수 있었다. 아마도 바이크셀바움이 쉽게 마약을 살 수 있다는 점이 큰 자산이었을 것이다. 바이크셀바움이 선고를 기다리고 있을 때, 트럼프는 그가 "지역사회에 크게 도움이 되는 사람"이라고 판사에게 편지를 썼다.[39] 그는 3년을 선고 받았지만 겨우 18개월 투옥되었다. 바이크셀바움에게 마약을 배달해주었던 심부름꾼들은 최고 20년 형을 받았다. 그는 출소하자 그의 여자친구와 함께 트럼프 타워로 이사했다.

애틀랜틱시티의 높은 범죄율과 가난 때문에 배로 늘어난 카지노 카메라와 보안 시스템은 무의식적으로 도박꾼들에게 카지노 구역에서만 안전하다는 메시지를 보냈다. 아마도 사실이었을 것이다. 내가 애틀랜틱시티에서 2016년 10월과 11월에 자료를 조사하는 동안에도 편의점에서 24건의 강도 미수와 무장강도 사건, 두 건의 택시강도 사건이 있었다.

마이크 데이비스Mike Davis와 할 로스먼Hal Rothman이 썼듯이, 카지노의 건축 양식은 모든 포스트모던 도시의 건축 양식이 그러하듯이, 공포와 불안에 근거하고, 안전과 배제의 희구에 근거한다.[40] 공공 공간은 안전하지 못하며 억압적인 곳이다.

시먼은 1990년대에 착수한 프로젝트를 《꿈의 산책로》에서 다음과 같이 썼다. "카지노 달러 재투자를 감독하는 정부기관인 카지노재투자개발청Casino Reinvestment Development Authority(CRDA)이 8800만 달러를 썼는데, 그 돈은 주차비와 도박 소득에서 재개발 세금을 거둬들인 것이다. 재개발 비용은 도로를 확장하고, 버스 정거장을 만들고, 우중충한 술집과 북부 지역의 10여 개의 주택과 아파트 건물들을 허무는 데 든 비용을 말한다."[41]

이 프로젝트를 완성했을 때, 도박꾼들은 2만 그루의 관목, 8000개의 꽃, 1000그루의 나무가 길 양쪽으로 똑바로 줄을 맞추어 심어진 근사한 일방통행 도로를 따라서 카지노로 들어갔다.[42] 시먼은 그의 책에서 그 프로젝트는 "흑인을 내쫓기 위한 프로젝트Negro remover"라는 그 지역 활동가의 말을 인용했다.[43]

트럼프는 그의 사치스러운 카지노(1990년에 마이클 잭슨Michael Jackson의 공연과 함께 개장했다)를 8억 2000만 달러(6억 7500만 달러에 이르는 14퍼센트 이율의 불량채권이 포함되어 있다)의 감당할 수 없는 채무로 짓는 미친 짓을 했다.[44] 필라델피아의 투자회사인 재니 몽고메리 스콧Janney Montgomery Scott의 카지노 분석가 마빈 로프먼Marvin Roffman은 월스트리트저널과의 회견에서 타지마할 카지노는 이자를 지급하려면 하루에 130만 달러를 벌어야 한다고 말했다.[45] 어떤 카지노도 그렇게 많은 돈을 벌어들일 수 없다. 타지마할은 애초에 실패를 예정하고 있었다. 트럼프는 연 9500만 달러의 이자를 치러야 했다.[46] 그는 새로 대출을 받을 수 있었지만 곧 파산했다. 그것은 사치로 현란하게 치장한 광란이었다. 그것으로 트럼프의 형편없는 사업 감각을 입증했지만, 그의 과장된 브랜드에는 도움을 주었다. 트럼프는 고리로 돈을 대출했고 규제기관들에게는 이율을 속였다. 트럼프는 주식과 채권 소유자들에게 손실을 주었다.[47] 그들은 1억 5000만 달러 이상의 돈을 잃었다. 수많은 지역 도급자들과 물품 공급자들은 트럼프에게 돈 한 푼 못 받고 파산했다.

루스 뷰트너Ruth Buettner와 찰스 배글리Charles Bagli는 〈도널드 트럼프가 애틀랜틱시티 카지노 사업에서 망했으면서도 어떻게 여전히 수백만 달러를 벌었는가?〉라는 뉴욕타임스 기고문에서 다음과 같이 썼다. "트럼프의 회사 운영은 형편없지만, 그 자신은 잘나갔다. 그는 자신의 돈을 거의 내놓지 않았고, 개인 빚을 카지노로 이전시키고, 수백만 달러를 급여, 보너스, 다른 형태의 보수로 긁어모았다. 사업 실패로 생긴 빚은 투자자와 그의 사업 능력에 베팅을 건

사람들에게 고스란히 돌아갔다."⁴⁸

트럼프의 광란으로 피해를 본 사람들은 심한 고통을 겪었다.

풍채가 좋고 명랑한 성격을 가진 60세의 피터 바타글리니Peter Battaglini는 타지마할에서 벨맨으로 26년을 근무했다. 그는 카지노가 1990년 개장하던 날, 현장에 있었다. 그는 그 전에 쇼보트에서 벨맨으로 근무했다. 그는 1987년에 노조에 가입했다. 그의 임금은 팁을 포함해서 시급 3달러 40센트였다. 그는 하루에 보통 80~100달러를 벌었다. 바쁜 주말에는 하루에 150달러를 벌 수 있었다. 팁은 5달러 정도였다. 손님이 그룹일 경우 자동으로 팁이 부가되었다. 그는 기혼자였고, 딸이 둘 있었는데 22세와 19세였다.

"경기가 좋으면 연 3만 5000~4만 달러를 벌었어요. 의료보험료는 호텔이 내주었고, 그런대로 가족을 부양할 수 있었어요."

"가장 힘들었던 건 너무 바쁘다는 것이었죠. 우리는 끊임없이 움직여야 합니다. 객실로 짐을 갖고 올라갑니다. 트롤리를 밀고 객실까지 가서 손님들에게 인사하고 호텔을 설명합니다. 그리고 다시 내려옵니다. 그것은 끝이 없는 일이죠. 관광버스를 탄 관광객들이 자주 왔습니다. 하루에 두세 대의 관광단이 들어오면 우리는 다섯 개의 큰 카트에 짐을 싣고 객실로 날라야 하죠. 순전히 육체노동입니다. 그러고 나면 무릎이 시리고 허리가 아프고 어깨에 문제가 생깁니다. 수년 동안을 그렇게 살았습니다."

힘든 업무 가운데서도 직원들이 열심히 일할 수 있었던 것은 흔히 볼 수 없는 화려한 유명 인사들을 매일 볼 수 있었기 때문이었다. 이탈리아 가수 에로스 라마초티Eros Ramazzotti와 세계 3대 테너 같은 유럽의 스타들이 매달 카지노 무대에서 공연했다.

"흥미진진한 일이었습니다. 우리는 엘튼 존Elton John, 마이클 잭슨까지 모든 유명인을 접대했으니까요. 스포츠 스타들도 다 왔어요. 굉장한 일이었습니다. 우리는 웬만한 사람은 모두 보았으니까요. 정말 기분 좋은 순간들이었습니다. 농구 토너먼트도 열렸으니까요. 닥터 제이Dr. J, 카림 압둘 자바Kareem Abdul-Jabbar, 미키 맨틀Mickey Mantle 같은 선수들도 왔어요. 당신이 생각할 수 있는 어떤 스타도 볼 수 있었어요. 브리트니 스피어스Britney Spears, 마이클 조던Michael Jordan은 데스크에 들러서 매일 우리와 인사를 나누었어요. 토니 베넷Tony Bennett도요."

40년 후, 애틀랜틱시티에 있는 12개의 카지노 중 5개가 문을 닫았을 때 약 8000명이 직장을 잃었다. 폐쇄한 레블Revel 카지노와 쇼보트 카지노는 애틀랜틱시티 산책로에 버려진 속이 텅 빈 거대한 선체 같았다. 트럼프는 한때 애틀랜틱시티에 3개, 인디애나주에 1개의 카지노를 소유했다. 트럼프 플라자Trump Plaza와 트럼프 타지마할 카지노는 문을 닫았다. 그의 세번째 카지노인 트럼프 마리나Trump Marina는 텍사스 억만장자 틸만 퍼티타Tilman Fertitta에게 팔렸다. 퍼티타는 카지노의 이름을 골든 너깃Golden Nugget으로 바꿨다. 인디애나주 개리에 있는 카지노는 이름이 트럼프 프린세스Trump Princess였는데 길이 340피트의 거대한 선체 모양이었다. 1500개의 슬롯머신이 있었는데 2004년에 파산선고를 했다. 트럼프 소유의 카지노들이 망한 것은 모두 잘못된 운영 때문이었다.

타지마할의 고객 숫자가 줄어들고 기간 시설들이 노후화했다. 트럼프가 카지노에서 손을 뗀 후 새로운 소유주들은 카지노 건물과 시설 유지에 거의 손을 대지 않았다. 그들은 60명의 마케팅 팀원들을 해고했다. 매니저들은 노동자들을 적대적으로 대하기 시작했다. 그들은 노동자들을 해고하기 위해서 고과 평가에서 불만이 섞인 형편없는 점수를 주거나, 회사를 그만두지 않고 못 배길 정도로 심하게 애를 먹였다. 노조에 가입한 노동자들의 숫자를 줄이는 것이 목표였다.

바타글리니가 트럼프에 대해 말했다. "그가 떠나자 회사가 급격하게 하향길로 접어들었습니다. 천장에서 물이 새면 고칠 생각은 않고, 며칠 동안 양동이를 가져다 놓았습니다. 카펫은 낡고 해져 테이프로 붙였습니다. 화장실에 종이 수건이 없었고, 고장 난 수도꼭지는 고치지 않고 방치했습니다. 이게 시작이었습니다. ……그때가 2011년쯤이었을 겁니다."

그는 이어서 말했다. "사람들은 전년도보다 훨씬 높은 비율로 해고당하기 시작했습니다. 많은 사람이 회사의 대우에 불만을 품고 떠났습니다. 정말 스트레스가 대단했습니다. 오늘은 무슨 일이 일어날까 염려하며 하루하루를 보냈습니다. 나는 어쩌다 노조 대표가 되었습니다. 내가 근무하는 부서 사람들은 문제가 생기면 누구든지 내게 가지고 왔습니다. 그때마다 문제를 해결하려고 관리부서로 갔습니다. 상부 지시는 어떤 방법을 써서라도 사람들을 자르라는 것이었습니다. 그들은 우리가 회사에 더 있기를 원하지 않았습니다. 우리는 회사의 일이 어떻게 돌아가는지 잘 알고 있었습니다. 그들은 우리를 제거하려고 했습니다. 그들은 모든 문제가 로컬54Local 54*에 있다고 비난했습니다. 그들은 노동자들이 수당과 연금을 받지 않고 입사하기를 원했습니다. 노조가 있더라도 새로 사

★   사우스저지South Jersey에 있는 가장 큰 민간 부문 노조로 회원이 1만 명이다. 노조원들은 주로 호텔이나 카지노의 객실 청소, 정비 책임 노동자, 바텐더, 칵테일 서버, 요리사, 벨맨, 안내인이다.

람을 고용했을 때, 역시 낮은 시급으로 시작합니다. 이 업계에서 전혀 일해본 경력이 없는 사람은 시급 3달러 40센트, 몇 년 경력이 있는 사람은 시급 9달러에서부터 시작합니다."

"비가 새는 천장 밑을 걸어 다녀야 했고, 페인트는 벗겨졌고, 객실은 난장판이었습니다. 수도꼭지나 화장실이 고장이 나도, 고치지 않고 그대로 내버려둡니다. 고용인 숫자도 줄입니다. 손님들도 이런 것을 알게 됩니다. ……24시간 열던 커피숍도 8시간만 영업합니다. ……객실에도 문제가 생기고 손님들은 카운터로 전화하지만 전혀 손을 봐주지 않습니다. 손님들은 수건을 추가로 받을 수도 없습니다. 손님들이 마땅히 받아야 할 서비스를 전혀 제공하지 않습니다. 모든 오락 시설도 없애버립니다. 지난 몇 년 동안 오락 시설 없이 영업했습니다. 지난 5년 동안 그냥 빈 채로 내버려 둔 곳도 있습니다."

수천 개의 일자리가 없어지고 수백만 달러의 세금 수입이 줄어들면서 애틀랜틱시티는 파산했다. 2016년 12월에 뉴저지주는 회사 구제법에 따라서 애틀랜틱시티 관리권을 인수했다. 뉴저지주는 노조협약을 파기할 수 있는 권리를 가졌고, 노동자들을 고용하거나 해고할 권리, 공적 자산을 처분할 권리를 소유했다.

헤지펀드 투자자들은 죽은 애틀랜틱시티 위에서 먹이를 찾는 독수리처럼 빙빙 돌기 시작했다. 약 188억 달러의 재산을 소유한 칼 아이컨Carl Icahn[49]은 부실기업을 사서 자산가치를 올려 '수확'을 올리는 기업 매수자의 원형이다. 그와 투자자들은 회사를 인수한 다음 '주주행동주의shareholder activism'의 명분으로 회사 외부의 투자자들의 이익을 얻기 위해서 회사의 임금을 삭감하고 수당을 줄이거나 없애고 자산을 처분한다. 이런 일을 마칠 때쯤이면 회사는 파산에 이른다. 아이컨이 개척한 전술은 1980년대에 주식시장 붐을 조성했다. 헤지펀드사들은 아이컨을 따라했고 그가 썼던 주주행동주의를 순화하는 의미에서 '행동하는 투자자activist investors'라고 그 말을 바꾸었다. 사람들은 아이칸이 12만 6000가구 이상이 받는 연금과 건강보험을 없앴을 뿐 아니라, 3만 5000개 이상의 일자리를 없앤 장본인이라고 말한다.[50]

아이컨은 결국 트럼프 엔터테인먼트Trump Entertaiment에 돈을 빌려주는 유일한 대금업자가 된다.[51] 그는 트럼프 플라자의 문을 닫았고, 그로 인해 1000명의 노동자가 일자리를 잃었다.[52] 그는 트럼프 타지마할에서 일하는 노동자들의 임금을 35퍼센트 삭감하고 건강보험, 300만 달러의 연금 분담금과 유급 점심 휴식을 없앴다.[53] 그는 운영비에 더 이상 돈을 투자하지 않았다. 이러한 조치로 호텔·식당노동자 국제노조Hotel Employees and Restaurant Employees International Union(HEREIU) 산하의 로컬54가 파업을 일으켰다.

알 카레Al Kare는 타지마할에 있는 12개의 식당 중 하나인 플레이트 식당에서 웨이터로 일했다.

"호텔 곳곳에 곰팡이가 많았어요. 곰팡이 때문에 타지 타워를 폐쇄해야 했어요. 그들은 지난 5년 동안 부분부분 폐쇄하더니 마침내 모든 층을 폐쇄했어요."

이제 호텔의 모든 층을 사용할 수 없었다. 바퀴벌레, 빈대, 쥐가 번식하기 시작했는데도 주말에 하루 객실료를 300달러를 받았다.

바타글리니는 그때를 기억하면서 말했다. "미친 짓이었죠. 우리는 그런 상황에서 손님들을 치러야 했어요. 손님들은 카운터로 내려와 화가 나서 소리를 질렀어요. 손님들이 직접 대면하는 건 바로 우리니까요. 우리의 잘못도 아닌데 말입니다. 그러나 화내는 이유를 아는 우리가 이해할 수밖에 없었죠."

그는 슬픈 듯이 말했다. "타지마할은 이 도시에서 제일 인기 있는 곳이었어요. 그곳이 망해가는 것을 보니 우리가 무너지는 것 같았어요. 막판에는 일하러 가고 싶지도 않았으니까요."

카레는 말했다. "체어맨 클럽에도 쥐가 들끓었어요. 훌륭한 바가 있는 뷔페였어요. 큰손 도박꾼들의 식당이었죠. ……건물 전체에 쥐가 창궐했어요. 쥐를 잡는 개가 한 마리 있었어요. 사람들은 개를 보고 놀라 소리를 질렀고, 그 소리에 개가 놀라 바닥에 똥을 싸고, 손님은 똥을 못 보고 밟았다가 미끄러지고 난리가 났죠. 우리는 돈을 내고 이런 일을 당하는 손님을 감당해야 했어요."

트럼프가 그의 관리업무 규정 특별 고문관이라 부른 아이컨은 2014년에 델라웨어 파산 법정에 섰다.[54] 그는 카지노 안전요원까지 감축했다. 2008~2011년에 타지마할에서 네 번의 살인 사건이 있었다.[55] 같은 기간 애틀랜틱시티에 있는 다른 카지노에서는 살인 사건이 없었다.[56] 2010년에 한 남자가 실내 주차장에서 납치당한 후 살해되었다.[57] 16개월 후에 한 부부가 카지노 건물 주차장에서 차량탈취범에게 총을 맞고 살해당했다.[58]

54세의 마크 시티나Marc Scittina는 타지마할의 리미티드 액세스 플레이어스 클럽에서 웨이터로 26년간 일했다. 트럼프 원 카드Trump One card를 소지한 자들은 타지마할 라운지에서 음식, 우대 예약과 음료를 받았다. 이들은 커피포트, 진공청소기, 아마존 킨들을 선물받았다. 직원들은 종종 도박꾼들과 친한 관계를 유지했다.

무타리와 피가르트는 공저 《딱 한 판만 더》에서 다음과 같이 썼다. "물건을 조립하는 전형적인 프롤레타리아와 달리 서비스 노동자들의 생산품은 고객의 경험이다. 그들은 일을 통해서 고객의 좋은 감정을 불러일으키려고 노력하는데, 이를 위해서 자신들의 감정을 조절해야만 한다. 서비스 창조를 위해 아주 작은 일까지 신경을 쓰면서 자신의 감정과 고객의 감정을 모두 고려해야 하는 이 기술은 눈에 보이지 않고 측정하기 어렵고 그 보상도 형편없다."[59]

노동자들은 배신감을 느꼈다. 시티나는 말했다. "2000년 이후로 회사 측은 연금을 안 주겠다고 위협했습니다. 그동안 받던 특별 수당과 협약을 모두 취소시켰습니다. 급료와 복리후생비를 합한 전체 보수에서 약 33퍼센트를 삭감하는 것을 감수해야 했습니다. 우리는 질병 유급 휴가를 반납하고 생일, 공휴일 휴가를 포함해 유급 휴가의 약 65퍼센트를 반납해야 했습니다. 그동안 급료 자체에 인상이 없었습니다. 지난 12년 동안 80센트의 급료 인상밖에 없었다는 게 말이 됩니까? 우리가 회사를 위해 일해서 번 돈이 모두 회사 주머니로 들어갔습니다. 우리는 2011년에 마지막 협약을 할 때, 특별 수당을 요구했습니다."

52세의 로즈 홀Rose Hall은 타지마할에서 27년째 객실 환경미화원으로 일했다.

"호텔 측은 4~5년 전쯤에 매트리스를 무거운 것으로 바꾸었어요. 매우 두꺼웠어요. 매트리스 위에 또 하나를 덧댄 매트리스였거든요. 가끔 매트리스를 뒤집어 놓아야 하는데, 무거워서 그렇게 못하고, 아래위를 방향만 바꾸어 놓았어요. 객실에서 생쥐, 빈대, 시궁쥐, 바퀴벌레를 모두 볼 수 있었어요. 한 여자 손님은 컵에 빈대를 담아서 매니저를 불렀어요. 우리가 매니저에게 보고했더니 그 여자에게 음식 쿠폰을 주면서 그 방의 벌레를 모두 박멸하겠다고 말했어요. 다음날 방에 들어가보니 새로운 손님이 투숙한 거예요. 정말 문제라고 생각했어요. 그 방은 청소도 하지 않았거든요.

객실 문에 바퀴벌레가 기어 다니고, 쥐가 뛰어다녔어요. 물론 쥐를 잡기는 했어요. 큰 쥐덫이 여기저기 있었으니까요. 어떤 사람들은 바로 체크아웃하고 어떤 사람은 할인 가격으로 투숙했어요."

시티나는 쥐와 얽힌 이야기를 했다. "쥐가 식당에서도 뛰어다니고 내가 일한 클럽에도 있었어요. 내가 손님과 이야기하다가 팔짝 뛰면 손님들이 '마르크, 뭘 봤는데요?'라고 했죠. 나는 별일이 아닌 것처럼 보이려고 했어요. 그때 손님 다리 아래로 쥐가 건너 뛰어다녔죠. 손님들은 화가 머리끝까지 났어요."

요리사인 57세의 척 베이커Chuck Baker가 말했다. "주방 안쪽에서 일하는데 버스보이가 와서 '척, 척, 저것 좀 봐요'라고 하더군요. '뭔데?' 대꾸하니 '쥐요. 그놈들이 식당 여기저기를 뛰어다니고 있어요'라고 했어요. 사람들이 사진을 찍으려고 핸드폰을 꺼냈어요."

그 회사는 2014년 9월 16일에 결국 파산했다.[60] 레블, 트럼프 플라자, 쇼보트 카지노가 파산하자 2주 만에 7000명의 카지노 노동자들이 해고당했다.[61] 아이컨의 협상꾼들이 노조와 회담했다. 그들은 노동자들에게 의료보험과 연금을 포기할 것을 요구했다. 시 당국에는 1억 5000만 달러의 면세 혜택을 요구했다.[62] 그즈음 애틀랜틱시티에 있는 카지노의 3분의 1이 문을 닫았다.

카지노가 독점권을 가지고 있을 때, 건강수당을 보장했다. 그러나 다른 주에서도 도박을 법제화하고, 카지노 수입이 줄어들고 직원들을 감축하자 그 수당은 사라졌다. 회사가 노동자들에게 기대하는 것이 점점 늘어났다. 나이 든 사람들이 먼저 해고당했다. 이들의 자리를 시간제 노동자나 임시 노동자들이 대신하면서 임금은 줄어들고 수당이 사라졌다. 미국에서 카지노 관련 직업이란 임금이 형편없고 일한 만큼의 보상이 없는 밑바닥 직업과 다름없이 보였다.

2004~2014년에 건강수당을 계속 받기 위해서 임금 상승을 포기했던 노동자들이 드디어 길바닥에 나앉았다. 억만장자 아이컨은 직원들의 연금과 퇴직금에 들어가는 건강보험 분담금을 포함해서 노조 수당으로 1년에 약 1400만 달러 내야 했으나 지불할 의사가 전혀 없었다.

카지노 실력자들과 월스트리트 투기꾼들은 마피아의 화신이다. 그들은 마피아에게서 살인청부 경호원, 구린내 나는 사업 관행, 노출이 심한 코러스 걸, 모델, 미인 선발대회 여왕을 물려받았다. 카지노는 서로 유명해지려고 경쟁한다. 더 많은 객실을 만들고 더 비싼 비품과 물건으로 장식하고 더 쾌적한 시설을 갖추며 더 부유하고 비싼 스위트룸을 만든다. 그것은 크고 현란하고 매혹적인 것을 향한 끝없는 전투이다. 그리고 옛것이 불필요해지거나 빛이 바래면, 다이너마이트로 폭파해서 산산조각을 내고, 그 자리에는 새로운 기적이 세워진다.

데이비드 케이 존스턴David Cay Johnston은 《도널드 트럼프 만들기The Making of Donald Trump》에서 트럼프를 '현대판 바넘P. T. Barnum'이라고 묘사한다. "바넘은 피지 인어Feejée Mermaid를 현대식으로 개작해서 관중을 모았다. 피지 인어는 바넘이 화려하게 꾸민 유명한 조작된 전시물 중 하나인데, 사람들은 돈을 내고 볼만하다고 생각했다."[63]

존스턴은 어떻게 1990년 무렵에 '트럼프가 빚을 갚을 수 없게 되고 자신의 카지노를 잃을 위험에 이르렀는가'에 관해서 썼다.[64] 뉴저지 카지노통제위원회New Jersey Casino Control Commission의 규정에 따르면 카지노 소유주는 부채를 갚을 충분한 유동성을 갖고 있어야 하는데, 그렇지 않으면 카지노 소유 면허를 취소한다. 트럼프는 정부 구제를 받거나 파산선고를 해야 했다. 존스턴에 의하면, 카지노 감독관들은 트럼프에게 남은 돈이 160만 달러라고 문서로 보고했다.[65] 그는 애틀랜틱시티에 있는 세 개의 카지노 채권을 90일마다 1000만 달러씩 상환해야 할 의무가 있었다. 존스턴은 다음과 같이 썼다.

그 당시 트럼프는 카지노통제법이 요구하는 재정적 안정을 지킬 수 없었기 때문에 한 가지 의문을 제기할 수 있다. 과연 감독관들은 트럼프가 1982년에 카지노 면허를 획득한 후에 그의 재정 상태를 제대로 감독해왔는가? 물론 그렇지 않았다. 감독관들은 그들에게 더 중요하다고 생각한 일을 처리하느라 바빴다. 예를 들어 다이앤 퍼셀Diane Pussehl이라는 칵테일 웨이트리스를 사전 체포한 일이 있었다. 그녀는 하라Harrah's 카지노에서 500달러 칩을 훔친 중범죄로 동도 트기 전에 체포당했다. 판사는 그 사건을 기각했다. 그러자 카지노 감독관들은 그것을 경범죄로 바꾸어서 고발했다. 그것 또한 기각당했다. 그들은 다시 퍼셀의 면허증을 추적해서 도덕적 관점에서 볼 때, 그녀는 카지노에서 일할 자격이 안 되는데도 면허증을 가지고 있다고 주장했다.[66]

존스턴이 썼듯이 "만일 도박 법률집행과Division of Gaming Enforcement가 다이앤 퍼셀에게 했듯이 트럼프에게도 엄격하게 중범죄 기소를 했다면 그는 역사의 쓰레기통으로 버려졌을 것이다."[67] 트럼프는 132억 달러의 빚을 내지 않으려고 1000명 이상의 변호사를 써서 은행과 합의안을 끌어냈다.[68] 그는 은행 빚을 갚지 않을 방법을 만들었다. 정부의 감독관들은 그를 구제했다. 그의 카지노 면허는 취소되지 않았다. 그의 소규모 하청업자 중 많은 이가 돈을 받지 못했다. 1년 후 1991년에 트럼프 타지마할은 미국 연방법전 11장에 의거 파산선고를 신청했다.[69] 존스턴은 썼다. "그는 나중에 카지노 주식을 팔았다. 결국 투자자들은 무일푼이 되었다(반면에 트럼프는 급여, 보너스, 그의 악성 부채를 갚기 위한 돈 수백만 달러를 계속 받았다)."[70]

경제학자 애덤 스미스Adam Smith는 경제 붕괴 직전에 종종 수익이 최대화된다고 썼다. 그는 자본가가 이런 수익을 경제에 엄청난 빚을 떠넘기면서 획득한다고 경고했다.[71] 불로소득자, 즉 헤지펀드 매니저, 은행, 금융회사, 카지노 운영업자, 유통업자들은 제품을 생산하며 돈을 버는 것이 아니라 경제지대economic rent를 조정하는 것으로 돈을 번다. 이익을 늘리기 위해서 대출기관, 신용카드사 등은 이자율을 높인다. 아니면 그들의 독점권을 이용해서 대중에게 터무니없는 금액으로 바가지를 씌운다.

이렇게 생긴 이익금이 경제적 성장으로 계산된다. 이것은 실업 통계나 소비자 물가지수처럼 거대한 협잡을 숨기기 위해서 사용하는 허구이자 교묘한 속임수이다.

경제학자 마이클 허드슨Michael Hudson은 내게 말했다. "골드만삭스 대표가 골드만삭스의 노동자들은 세계에서 가장 생산적인 일을 하는 사람들이라고 공개적으로 말한 적이 있습니다. 그래서 현재의 급료를 받고 있다고 이야기합니다. 미국에서 생산성 개념은 소득 나누기 노동입니다. 만일 당신이 골드만삭스에서 일하면서 연봉과 보너스로 2000만 달러를 받으면 당신은 GDP에 2000만 달러를 보탠 것으로 봅니다. 엄청나게 생산적인 활동을 한 것입니다."

그는 이어서 말했다. "우리는 동어반복을 하고 있습니다. 우리는 순환논법으로 이야기합니다. 실제 따져야 할 문제는 골드만삭스, 월스트리트, 욕심 많은 제약회사가 실제로 생산을 부가했느냐, 아니면 다른 사람들을 착취했느냐입니다. 저는 《숙주 죽이기: 어떻게 금융기생충과 채무노예가 세계 경제를 망치고 있는가Killing the Host: How Financial Parasites and Debt Bondage Destroy the Global Economy》에서 '기생충'이라는 표현을 썼습니다. 사람들은 기생충이 단순히 숙주의 피를 빨아먹는다고, 단순히 경제로부터 돈을 탈취한다고만 생각하고 있습니다. 그러나 자연에서 보면 그것은 훨씬 더 복잡한 과정을 거칩니다. 기생충은 단순히 숙주 안으로 들어와서 어떤 것을 빼앗는 것이 아닙니다. 먼저 기생충은 숙주를 마비시켜야 합니다. 숙주가 기생충이 들어왔다는 것을 인식하지 못하게 하는 효소를 사용합니다. 다음으로 기생충은 숙주의 두뇌를 탈취할 효소를 사용합니다. 숙주는 기생충이 자신 몸의 일부인 것으로 착각합니다. 실제로 자기 자신의 일부인 줄 알고 그것을 보호합니다. 월스트리트가 바로 이런 작업을 해온 것입니다. 월스트리트는 자신을 경제의 한 부분이라고 묘사합니다. 경제라는 몸을 둘러싸는 것, 즉 경제 바깥에 있는 것으로 생각하는 것이 아니라 실제로 몸을 성장하게끔 도와주는 부분, 즉 대부분의 경제 성장을 책임지는 것으로 생각합니다. 사실은 성장을 탈취하는 기생충인데 말입니다."

"그 결과는 고전 경제학의 전도입니다. 애덤 스미스를 거꾸로 뒤엎어놓은 거죠. 고전 경제학자들이 비생산적인 기생충과 같다고 한 걸 실물경제라고 말한다는 겁니다. 그리고 이 기생충은 자기자신을 재생산하고자 하는 것을 방해하는 노동과 산업을 기생충이라고 한다는 거죠."

허드슨은 고대 로마의 사유재산을 다음과 같이 설명했다. "로마의 위대한 역사학자 리비우스Livy와 플루타르크Plutarch는 로마 제국의 몰락 원인을 채권자층의 약탈과 대규모 농장이라고 했습니다. 채권자들은 돈이라면 모두 빼앗아 점점 더 많은 토지를 구매해서, 거기에 사는 사람들을 쫓아냈습니다. 그 결과 로마는 오랫동안 암흑시대를 맞이했습니다. 암흑시대는 불로소득자들이 판을 치던 시대를 말합니다."

"1930년대에 레온 트로츠키Leon Trotsky는 파시즘이란 사회주의 정당들이 대책을 제시하지 못할 때 나타나는 것이라고 말했습니다. 만일 사회주의 정당들이나 미디어가 이런 신봉건주의의 대안을 제시하지 못하면 우리는 봉건주의로 되돌아갈 겁니다. 노르만 정복 때에 일어났던 것처럼 군부가 토지를 인수하는 대신에 지금은 금융이 토지를 점령할 것입니다. 금융이 새로운 형태의 전쟁이 되었습니다."

"기업 매수를 통해서 땅을 점령할 수 있고 회사를 점령할 수 있습니다. 월스트리트에서 사용하는 언어는 정복과 싹 쓸어버리기 언어입니다. 봉건주의에서의 군사 전쟁이 지금은 금융 전쟁으로 바뀐 것입니다."

트럼프를 포함해서 모든 카지노 거물들의 퇴폐적 윤리가 어둡고 성급한 미국의 심장을 보여주고 있다. 학교와 도서관은 기금이 부족하고, 인프라는 망가지고, 마약중독과 자살이 유행병처럼 퍼져가고 우리는 현실에서 도피하여 마술과 억제되지 않는 쾌락주의와 영원한 자극의 약속으로 도망치고 있다. 미국에는 황량함과 우울에서 벗어나려는 병리학적 요구가 있다.

문화비평가 닐 포스트먼Neil Postman은 이렇게 썼다. "사람들이 사소한 일에 미혹될 때, 문화적 생활을 영속적인 오락으로 재규정할 때, 진지한 대중의 담론이 유치한 아이의 말로 바뀔 때, 한마디로 대중이 관중으로 바뀌고 공공의 일이 유흥으로 바뀔 때, 그때가 바로 한 나라가 위험에 처한 때이다. 문화의 죽음이란 분명히 일어날 수 있는 일이다."[72]

협잡꾼들과 사기꾼들은 배신당한 민중의 좌절과 분노를 백분 이용한다. 그들은 결코 지킬 수 없는 황당한 약속을 내놓는다. 그들은 취약한 자들을 먹이로 삼는다. 그들은 자신들을 신처럼 경배할 것을 요구한다. 그들은 망상과 환상의 세계를 불러내고 자기 안에서 스스로 파멸한다. 트럼프의 타지마할에서 일했던 사람들과 고객들은 첫번째 희생자였다. 이제 우리 차례다.

7장

자유

FREEDOM

완벽한 정적의 그녀는 마치 키루스Cyrus 강물이 없는 곳으로 흐르면서 힘찬 강물이 되지 못하고 둑에 막혀서 세상에 이름 없는 여러 작은 수로로 바뀌었듯이, 그녀는 이름 없는 평범한 여자로 살다 죽었다. 그러나 그녀의 존재가 주변에 끼치는 영향은 말할 수 없이 널리 퍼져나갔다(마치 여러 갈래로 퍼져나간 수많은 좁은 수로처럼). 왜냐하면 세상에 선이 쌓여가는 것은 역사적으로 중요해 보이지 않는 행동들이 축적되었기 때문이고, 우리가 겪은 고통이 그렇게 힘들지 않았던 이유의 절반은 아마도 눈에 보이지 않지만 충직하게 살다가 사람들이 방문하지 않는 무덤에 이름 없이 묻힌 사람들 덕분이다.

—조지 엘리엇George Eliot,《미들마치Middlemarch》[1]

✳✳

감옥이란 다수가 소수에 의해서 통제당해야만 하는 사회학적 공동체라고 묘사한 적이 있다(이때 다수는 그들의 숫자만큼의 힘을 잠재적으로 가지고 있다). 만일 이들이 힘을 합한다면 소수의 권위를 위협할 수 있다. 그러나 안전을 위하여 그들을 계속 분열시켜야 한다는 것은 상식이다. 그 목적을 위해서 다음과 같은 것은 필수적으로 이루어져야 한다. 즉 공동체 의식을 억제해야 하고, 죄수들 사이의 의사소통은 어려워야 하며, 자연스럽게 지도자가 될 수 있는 잠재적 지도자를 따로 떼어놓아야 하며, 수동적 자세를 고무해야 하며, 공격성에 가까운 확신에 찬 주장은 적극적인 목적을 띠어도 제한해야 하며, 자기 의심을 불러일으켜야 하며, 공동체를 분열시키는 선입견과 편견을 격려하거나 적어도 눈감아주어야 하며, 자존심은 잠재적 힘이기 때문에 자존심을 느끼게 하는 원천의 싹을 자르고, 제한해야 하며, 무기력을 보상해주며, 개성은 말살해야 하며, 복종을 위해서 사람의 정기를 약화시켜야 한다.

만일 그 목적이 다수의 사람을 소수가 통제하기 위해서라면 이 모든 말은 의미 있고, 심리학적으로 타당하다. 이 대부분의 이야기가 (수감의 목표라고 알려진) 인격을 강화하거나 죄수를 갱생시킨다는 개념과는 정반대의 이야기이다. 수감의 목표라고 내세운 목표는 진짜 목표가 아니다. 교도관의 일은 죄수들의 갱생이 아니라 질서 유지일 뿐이다.

—윌러드 게일린Willard Gaylin,《그들의 나라를 위하여: 수감 중인 반전주의자들 In the Service of Their Country: War Resisters in Prison》[2]

자정이 가까운 시간이었다. 나는 인디애나주 앤더슨의 한 가난한 지역에 있는 오래된 창고 뒤에서 시빌라 메들린Sybilla Medlin과 조시 메들린Josh Medlin과 함께 모닥불 옆에 앉아 있었다. 메들린 부부는 2만 달러에 창고를 매입했다. 창고와 함께 세 개의 부지도 딸려왔는데, 그들은 이것을 텃밭으로 사용했다. 메들린 부부는 여기에서 키운 작물을 이웃과 지역 노숙자 숙소와 나눈다. 메들린 부부가 이 창고를 거처할 숙소로 바꾸어놓았기 때문에 세 명이 그곳에 살고 있었다. 거기에 열 명까지 산 적도 있다. 그들은 그 창고를 버닥하우스Burdock House라고 불렀다. 33세 조시가 말했다. "사람들은 우엉을 가치 없고 해로운 잡초라고 봅니다만, 그것은 식용과 의학적 가치가 높습니다. 우리가 알게 된 많은 사람도 잡초처럼 사회적으로 가치가 없다고 하는 사람들이었습니다. 우엉은 우리가 포기했던 땅에서 퍼져나갑니다. 이 집에서 우리는 우엉과 같은 일을 하고 있습니다."

조시와 그의 아내는 가톨릭 일꾼 운동Catholic Worker Movement* 출신
이다. 조시는 말했다. "그 집은 집 없는 사람들이 머무를 수 있는
집house of hospitality이었습니다. 우리는 머물 곳이 필요한 사람들을 환
영했습니다. 그들이 스스로 걸어서 돌아나갈 수 있도록 도왔습니
다. 다른 이보다 더 오래 머무른 사람도 있습니다. 우리가 희망한
대로 일이 잘 돌아간 건 아니었죠. 사람들이 필요로 하는 걸 모두
처리할 준비가 되어 있지는 않았어요. 때로는 필요한 기술도 없었
고, 이용당하기도 했고요. 우리는 실제적 의미로 볼 때 제대로 그
들을 돕지 못했죠. 그들을 도울 자원을 갖지 못했던 겁니다."

27세의 시빌라는 말했다. "가톨릭 일꾼 공동체에 있을 때 회원
들과 그들이 돕는 사람들의 비율은 지금 여기서의 비율과 매우 달
랐습니다. 거기서는 한 명이 세 명을 담당했는데, 여기서는 때로
네다섯 명의 노숙자를 맞이했습니다. 혼란스러운 상태였죠. 대부
분 오는 사람이 정신질환자였고요. 마약중독자나 알코올중독자도
많았어요. 우리는 중독성이 강한 마약을 어떻게 다루어야 할지를
몰랐어요. 정말 미칠 것 같았어요."

한 달에 두세 번, 사람들은 버닥하우스 뒷마당에 모닥불을 피
워놓고 둘러앉는다. 그들은 각자 5달러 내로 과자나 저녁 식사를
준비해온다. 동네 밴드가 연주하고, 시인은 시를 읊고, 자연스럽게
누구나 오를 수 있는 무대가 형성된다. 그들은 스스로 긍정적으로
확인해야 할 것을 마주한다. 즉 자신을 온전한 인간으로 만드는 재

---

* 1933년에 도로시 데이Dorothy Day와 피터 모린Peter Maurin이 미국에서 설립했다. 사
회 주변부의 몰락한 사람들에게 공동체주의와 인격주의에 근거해서 숙식을 제공
한다.

능, 열정, 감정, 생각, 창조력을 확인한다. 여기서 사람들은 그들의 직업이나 사회적 지위 때문에 환영받는 것이 아니라 그들이 다른 사람들에게 뭔가 기여를 하기 때문에 환영받는다. 의외로 이런 집단에 눈에 보이지 않는 희망이 있다.

조시가 말했다. "우리는 계획공동체intentional community입니다. 우리는 옛 건물에 다른 목적을 부여하고 이웃과 소도시가 가진 창조적 재능을 마음껏 표현할 수 있는 장소를 제공하기 위해서 함께 살기로 스스로 선택한 집단입니다. 이 공동체는 가능하면 더 많은 돈을 모으려고 혈안이 된, 경쟁과 자신의 이익을 위해 남을 이용하는 사고를 기반으로 하는 경제 구조를 공고히 하려는 문화에 대한 대안적 모델입니다. 우리는 육체노동을 귀중하게 여깁니다. 우리는 저항을 위한 전술로써 비폭력을 가치 있게 여깁니다. 우리는 단순함을 귀중하게 생각합니다. 우리는 사람들은 상품이 아니라는 신념을 가지고 있습니다. 우리는 우리가 가지고 있는 것을 나눕니다. 우리는 우리 자신들을 위해서 축적하는 일에 관심이 없습니다. 우리는 이런 귀중한 가치 때문에 하나의 공동체가 될 수 있습니다."

소비 사회에서 평면 스크린 티브이와 컴퓨터, 스마트폰이 사회의 밑바닥에 있는 사람들에게 쏟아내는 메시지는 강렬하고 무자비하다(한마디로 '당신은 실패자'라는 메시지이다). 대중문화는 권력과 부와 자기 강박증에 탐닉하는 자들을 찬양하고, 당신이 열심히 일하고 똑똑하기만 하면 성공할 수 있으며, 〈아메리칸 아이돌American Idol〉이나 〈샤크 탱크Shark Tank〉에 나갈 수도 있다는 거짓말을 끝없이 늘어놓고 있다. 당신은 페이스북을 창안할 수 있다. 당신은 르브론 제임스LeBron James, 빌 게이츠Bill Gates, 마크 저커버그Mark Zuckerberg, 켈리 클라크슨Kelly Clarkson 혹은 제니퍼 로렌스Jennifer Lawrence가 될 수 있다.

당신은 사업의 거장으로 출세할 수 있다. 사람들이 미디어를 통해서 바라보는 번지르르한 세상과 그들이 실제로 사는 황량한 세상의 차이는 집단적 조현병을 낳는다. 그것은 절망의 질병, 즉 자살, 중독, 총기 난사, 증오범죄, 우울증으로 나타난다. 우리의 불행은 우리 자신의 탓이다.

희망이란 대중이 과찬하는 것에 목매지 않을 때 온다. 희망은 소셜미디어에 나타나는 자신의 겉모습을 만드는 데 온 신경을 쏟는 일로부터 벗어나는 데서 시작한다. 희망이란 뭔가 다른 것을 추구하는 것을 의미한다. 즉 삶의 의미와 목적, 궁극적으로 자존감을 찾는 삶이다.

감성적이고 사소한 칭찬에 빠져들면, 자율적이고 자유로운 인간이 될 수 없다. 우리 자신과 타인의 존엄함을 긍정하는 자기희생과 겸손을 통해야 가능하다. 대중문화가 지닌 악의와 싸우는 일(그것이 오래된 창고에 쭈그리고 앉아 있는 일이 되었든, 주코티 파크Zuccotti Park*를 점령하는 일이든, 스탠딩록Standing Rock**에서 저항운동에 참여하든지, 혹은 우리의 감옥 시스템에 의해서 사람이 망가지는 일을 거부하는 일이든)을 벌이는 사람들은 생명이란 그것이 지극히 작고 인정받지 못하지만 사람들이 연대할 때, 친절한 행위를 베풀 때 나타나는 것이라는 것을 안다. 친절한 행위는 거의 눈에 보이지 않는 거미줄처럼 바깥으로 뻗어나가서 우리의 소외된 영혼을 다른 사람들의 영혼과 연결한다. 신부 대니얼 베리건Daniel Berrigan이 내게 말했듯이 선은 선을 끌

---

* 2011년 월가 점령 시위의 캠프지.
** 노스다코타와 사우스다코타에 걸쳐 있는 아메리칸 인디언 거주 지역을 말한다. 2016년부터 원주민들과 환경 보호론자들은 이곳에 석유 송유관을 설치하는 것에 반대하는 시위를 벌였다.

어당긴다. 이런 신념(우리가 경험적 증거를 보지 못한 채로 이런 믿음을 가지고 있다고 해도)에는 근원적으로 세상을 변화시키는 힘이 있다. 그러나 억압받고 억울하게 악마로 내몰린 사람들을 위해서 우리가 이런 행위를 베풀 때, 혹은 삶의 핵심에 자비로움이 자리 잡을 때, 정의는 사랑의 표현이라는 것을 이해할 때, 동시에 우리는 반사회적인 엘리트층들에 의해 하찮은 존재로 몰리고 비난받을 것이라는 사실을 알아야 한다.

놈 촘스키Noam Chomsky는 다음과 같이 시사한다. "만일 당신이 다른 사람들의 권익에 관심을 가진다면 위험이 따를 것이다. 만일 당신이 타인의 권익에 관심을 가진다면, 권력과 권위를 조직하거나 기존의 권력과 권위의 토대를 무너뜨리려고 할 것이다. 만일 당신이 오로지 자신에게만 관심 있다면, 그런 일은 하지 않을 것이다. 당신은 부자가 될 수도 있다. 아마도 당신은 다른 사람들의 아이들이 학교에 가는지, 그들이 먹고살 수 있는 음식이 충분히 있는지 전혀 관심을 두지 않고 살 수도 있다. 미국에서는 그들을 어떤 이유에선지 모르겠지만 리버테리언libertarian이라고 부른다. 그들은 실제로는 매우 권위주의적인 태도를 지니며, 그들의 신념은 미국의 권력 시스템이 대중을 원자화하고 대중의 토대를 붕괴시키는 데 극히 중요한 역할을 하고 있다."[3]

효과적으로 저항운동을 하는 사람들도 하강길에 들어선 미국 경제, 점점 더해가는 정치적 역기능, 제국의 몰락, 생태학적 재앙을 막을 수 없을 것 같다. 그러나 그들은 자신들과 다른 사람의 친절한 행동에서 인내할 힘과 용기를 얻을 것이다. 급진적 조직이 저항하기 위해 잿더미에서 일어나는 건, 이런 관계들로부터 시작될 것이다. 모든 진정한 관계를 형성하는 방식, 그러니까 전자기기보다는 얼굴을 맞대하면서 형성하는 관계들로부터.

아버지가 전기기사였고 여섯 명의 자식 가운데 장녀였던 시빌라는 대학에 가지 않았다. 조시는 2005년 인디애나 리치먼드에 있는 얼름대학 재학 중에 캠퍼스에서 연설하던 우파적 정치평론가 윌리엄 크리스톨William Kristol에게 파이를 던졌다는 이유로 정학을 당했다. 그 후에 다시 학교로 돌아가지 않았다. 그는 대부분의 대학처럼 얼름대학이 "주지주의가 진리보다 우선하는 곳입니다"라고 말했다.

"고등학교 다닐 때 펑크록 커뮤니티에 깊이 빠져 있었습니다. 그것을 통해서 무정부주의를 알게 됐습니다"라고 시빌라가 말했다.

나는 물었다. "에마 골드먼Emma Goldman 말입니까?"

그녀는 대답했다. "네, 주로 그녀가 주장하는 무정부주의입니다. 재미로 남의 자동차 문을 부수는 무정부주의 말고요."

그녀는 무정부주의가 지닌 공동체적 삶의 강조와 권력은 누가 쥐든지 악마의 속성을 지니고 있다는 주장에 마음이 끌렸다. 그녀의 부모가 가진 가치관과 일치하는 것이었다. "두 분은 매우 반권위주의적이었어요. 항상 스스로 생각하라고 가르치셨어요." 그녀는 2년 동안 자본주의 체제 바깥에서 살았던 무명의 작가가 쓴 책을 한 권 읽었다. "저자는 내 생각보다 훨씬 더 극단적이었지만(그는 음식물 쓰레기를 골라 먹었고, 기차에 몰래 뛰어올라 숨어 타기도 했다) 그 책은 내가 실제로 그런 방향으로 살게끔 영향을 주었습니다. 10대에 '이거다! 내가 해볼 모험이 바로 이런 것이다. 남에게 해를 주지 않으면서 지루하지 않은 대안적 삶을 살 수 있는 모든 가능한 방법을 해보는 것이다'라고 생각했어요."

그녀는 18세가 되던 때 앤더슨을 떠나 가톨릭 일꾼 운동에 합류하기 위해 로스앤젤레스로 갔다.

조시는 작가 데릭 젠슨을 통해서 무정부주의를 접했다. 그는 말했다. "무정부주의 판에 깊이 빠져들었습니다. 저는 기독교인이 었고요. 가톨릭 일꾼 운동은 그런 생각을 어떻게 실천하는가를 보여주는 가장 잘 알려진 본보기입니다. 정말로 돈과 관련한 어떤 일도 하고 싶지 않았습니다."

시빌라는 말했다. "고등학교 시절의 많은 친구가 펑크록 커뮤니티의 일원이었는데도 군대에 가더군요. 아니면 여전히 고등학교 때 하던 짓을 똑같이 하고 있거나요."

부부는 앤더슨에서 가장 암울한 마을에 살고 있다. 버려진 건물에 무단거주자들이 살고, 마약하는 것은 보통이고, 황폐한 집들이 널려 있다. 버려진 공터와 마당에 잡초가 무성하다. 사람들이 911에 신고해도 경찰이 오지 않는다. 오더라도 사람들에게 종종 적대적인 자세를 취한다.

조시는 말했다. "거리를 걷다보면 경찰차를 볼 수 있는데도 여전히 안전한 느낌을 받지 못해요."

시빌라가 말했다. "많은 사람이 경찰은 부자들에게만 봉사한다고 생각하는데, 실제로 우리를 위해서 봉사하는 일이 없다고 생각해요."

그녀는 이어서 말했다. "가난한 사람들은 조금의 마약에 손만 대도 정부가 벌금을 매겨서 돈을 벌 수 있습니다. 많은 친구가 마약 때문에 수감 중이고 감옥에 다녀온 사람이 많아요. 모두 우울증에 빠졌어요. 직업을 가질 기회가 없어요. 어쩌다 직장이 생겨도 아주 지겨운 일이에요. 아무리 열심히 일해도 생활이 빠듯해요. 여기에 꽤 오래 산 이웃은 1주일에 70시간 일하는 직장에 다녀요. 늘

초과근무를 합니다. 그는 여전히 너무 좁은 원룸에서 살아요. 앤더슨에 사는 사람들은 자존감이 낮아요. 내가 알기로는 내 나이의 많은 젊은이들이 시급 9~10달러를 받고 일해요. 6개월마다 직장을 옮겨요. 술, 담배, 월세를 낼 정도만 되는 돈이죠."

"어머니 세대는 견실한 직장을 구할 거라고 기대하면서 자랐어요. 직장생활을 시작하면 괜찮은 생활을 꾸려나갈 것이라고 믿고 살았죠. 그런데 지금은 그렇지 않아요. 열심히 일하고 싶어도 반드시 그렇게 되는 게 아니에요."

그녀는 앤더슨대학을 언급하면서 말했다. "나는 지금 동네 기독교 학교의 식당 계산대에서 일하고 있어요. 재학생이 2000명인 조그만 대학이에요. 그런데 계약이 바뀌었어요. 학교가 식당을 운영하다가 몇 년 전에 그만두고 민간업체가 들어와서 운영하고 있어요. 그곳에서 일한 지 1년이 지나자 업체가 바뀌었어요. 새로 들어온 업체는 아라마크^{Aramark}인데 아주 큰 업체예요. ……가장 큰 식품 서비스 회사 같아요. 그들은 대부분의 병원, 학교, 감옥의 식당들을 운영해요. 제가 일하는 직장의 조건이 크게 달라졌어요. 새로 들어온 회사의 오리엔테이션에 인사과 직원이 왔는데 이렇게 말하는 거예요. '당신은 세계에서 가장 큰 회사에서 일합니다. 회사의 한 팀이라는 것에 마음이 설렐 거예요. 우리는 여러분을 위대하게 만들 겁니다. 앤더슨은 한때 산업체로 가득 찬 힘찬 도시였습니다. 그런데 노동자들이 회사에 너무 많은 것을 요구했어요. 그래서 회사들이 모두 떠났죠.'"

"우리는 그저 멍하니 쳐다보기만 했어요. 그게 우리랑 무슨 상관이 있습니까? 그들이 말한 진짜 메시지는 '당신들은 달리 선택할 길이 없잖아요. 여러분 스스로가 선택한 것이 아니지만, 이제 우리와 일할 수밖에 없잖아요. 당신들에게 우리가 요구하는 것을 시킬 겁니다.' 이거잖아요. 시간당 7달러 50센트를 받았어요. 그들은 지난 회사로부터 나를 7달러 50센트를 주고 인수한 거죠. 그런데 나와 같이 일하던 사람들을 8달러를 주고 고용했어요. 기분이 안 좋았습니다. 오래 근무한 노동자들은 몇 년 동안 꾸준하게 임금을 올려주었기 때문에 더 많은 돈을 받았습니다. 회사는 그들에게 무거운 음식 재료 상자를 계단으로 나르게 했어요. 힘든 일을 하다가 그만둘 거라고 예상하고 그렇게 했을 겁니다. 그들은 더는 임금을 주고 싶지 않았을 테니까요. 근로 학생들도 만족하지 못했습니다. 결국 노동력이 반으로 줄었습니다. 그 회사가 들어왔을 때 100명이 근무를 했는데, 나중에 50명으로 줄었습니다. 남은 노동자들이 두 배로 힘들게 일하게 했죠. 제 임금은 여전히 7달러 50센트입니다. 임금 인상은 없을 거고요."

"회사 사람들을 만나러 갔습니다. 그들에게 이야기했죠. '적어도 다른 사람들만큼 받아야 합니다. 1년을 여기서 일해왔습니다. 저는 7달러 50센트 이상을 받을 자격이 충분히 있습니다.' 회사 측 대답은 '당신이 싫으면 그만두면 돼요. 버거킹에 가서 일할 수 있잖아요'라는 식이었습니다. 매우 화가 났습니다. 일부 동료들에게 회사를 그만두는 것보다 노동조건을 더 낮게 만드는 데 관심이 있는지 물었습니다. 많은 이들이 그렇다고 했습니다. 특히 여러 해 동안 일했고, GM과 미국 자동차노동조합UAW에 익숙한 사람들이 동조했습니다. 이들은 그런 일을 두려워하지 않았습니다. 우리는 모임을 시작했습니다. 그 캠페인을 하는 데 2년이 걸린 것 같아요. 성공적으로 노조를 조직했습니다. 큰 진전이었죠. 여전히 낮은 임금을 받지만 모든 걸 갖추었습니다. 회사 측은 임금 인상 시기와 고용률을 마음대로 바꿀 수 없었습니다. 현금출납계에 있는 나이 먹은 사람들을 데려다가 무거운 상자를 나르게 할 수 없죠. 특별한 이유 없이 마음대로 사람들을 해고할 수 없습니다. 그런 일은 이제 일어나지 않습니다. ……직원들이 자신의 목소리를 낼 수 있습니다. 계약이 만료되어서 재계약에 들어갈 때 우리가 원치 않는 것이 있으면 우리는 그것을 바꿀 수 있습니다."

그녀는 덧붙여서 말했다. "우리가 하는 일은 지루한 일이에요. 내 일도 매우 지루하죠. 그러나 노조를 만드는 도전적인 일을 생활의 출구로 여기고 일하니까 쓸모없는 시간을 보내고 있다고 생각하지 않아요."

시빌라는 《지하의 심장 지대The Heartland Underground》라는 잡지를 출간하고 있다. 그 잡지는 2달러이고 4~5개월에 한 번씩 발행되는데 지역의 밴드 논평을 싣고, 시인들과 작가들의 글을 싣고, 쓰레기통에서 좋은 물건을 찾는 최고의 방법 같은 특종기사를 싣는다.

'방자한 땅돼지Arbitrary Aardvark'라는 필명의 저자가 〈나는 큰 제약회사의 기니피그였다I Was a Guinea Pig for Big Pharma〉라는 글을 썼다. 의학 실험에 참여해서 돈을 버는 일에 관한 것이었다. 그는 2주 동안 실험실에 있으면서 "알약을 복용했다. 그 후 많은 피를 뽑아갔다. 통에 오줌을 받아서 주고, 심전도 기계로 검사를 받거나 실험 연구 계획서에 쓰인 대로 하고, 혈압이나 체온을 여러 번 잰다". 얼마 동안 실험실에 있느냐에 따라서 2000~5000달러를 받았다. 그와 같이 '실험실 쥐'가 된 동료 실험자들은 '막 감옥에서 출소했거나 갱생치료센터에서' 나온 사람들이었다. 한 연구에서 총알 모양의 플라스틱 튜브를 코를 통해 내장으로 쑤셔 넣은 적이 있다. "그것은 내가 겪은 가장 고통스러운 경험이었다." 그와 다른 실험 대상자들은 실험 중 생기는 부작용을 회사에 보고하기를 꺼렸다. 그것을 보고할 경우 "보수 전체를 받지 못한 채로 집으로 돌아가거나 앞으로 있을 실험 연구에서 배제되기" 때문이라고 그는 썼다. 그는 약의 부작용을 보고하지 않으면 연구의 신빙성에 영향을 줄 수 있을 것이라는 사실을 인정했다. 그는 실험 도중에 병이 생겼다. 제약회사는 그 병은 기존 병력에 해당하기에 돈을 줄 수 없다고 했다.

나는 5000달러를 받기로 하고 계약서에 서명했다. 그런데 실험에 들어가고 1주일이 지나자 간 효소에 이상이 생겼다. 그들은 나를 실험에서는 뺐지만, 그 현장에는 있게 했다. 내가 많이 아팠기 때문이다. 검사 결과, 실험실에 들어가기 바로 전에 선열〔림프샘이 붓는 감염 질환〕에 걸렸다는 것이 밝혀졌다. 그러고 나서 대상포진에 걸렸다. 정말 아팠다.
……나는 변호사가 되려고 3년이란 시간을 보냈으나 실패했다. 나는 달라이 라마Dalai lama 조카의 급사장으로 일했고, 급사로, 임시직원으로 일했다. 초단기 주식매매로, 부동산으로 돈을 잃었다. 다시 의학 실험 대상자에 지원했다. 제약회사 일라이릴리Eli Lilly에 들어가려고 세 번 시도했으나 실패했다. 일라이릴리는 한 소녀가 항우울제 시험 중 자살하고 나서 더 이상 회사 자체의 임상 시험을 하지 않았다.

재러드 린치Jared Lynch는 그 잡지에 〈때때로 당신의 머릿속에서 나는 소리는 화난 귀신들입니다Sometimes the Voices in Your Head Are Angry Ghosts〉라는 에세이를 썼다.

죽음이 고등학교 후반기의 모든 시간과 공간을 에워싸고 끔찍한 우울증이 나를 덮쳤다. 우리가 집에 있던 첫날 밤 나는 거실에서 작문 노트에 귀신 이야기를 쓰면서 앉아 있었다. ……책상 서랍 안쪽에 한쪽에만 날이 있는 칼 한 묶음을 두었다. 때때로 그 어둠의 칼날을 휘둘러보고 싶은 생각이 간절했다. 학교에서도 그 칼날을 아주 많이 생각했다. 낮에도 수없이 자살하려는 생각에 몸과 마음이 지쳤다. 집에 돌아왔을 때마다 수없이 과거의 내가 욕조에서 팔뚝을 칼로 베어서 피를 흘리며, 속살을 드러내고 죽음의 신이 부르는 것을 보았다.

그것은 이상하지만 아름다운 시간이었다. 내가 한번도 경험한 적이 없는 강력한 노스탤지어의 황금빛 광채가 우울한 감정을 둘러싸고 있었다. 예상했지만 믿을 수 없을 정도로 깊은 우울증에 빠졌고 미래의 자아 중의 하나가 우아하게 꼭대기 서랍에 남긴 그 칼날을 발견했다. 나는 사랑스럽고 외로운 귀신들과 같이 있고 싶었기 때문에 칼로 살을 베어 피를 냈다. 어느 때보다 더 많은 피를 흘렸다. 그러나 우울증의 소용돌이에 솟아난 가시 속에 나를 잡아 넣을 정도로 충분히 피를 흘리지는 않았다.

세계 자본주의의 고아가 된 이 잃어버린 세대의 진심 어린 호소는 미국 전역에 걸쳐 산업이 쇠퇴한 도시에서 일어나는 호소이다. 이 세대를 별 볼 일 없는 존재로 보거나 돈 몇 푼에 단조롭고 고된 일이나 할 노예처럼 보는 이 사회는 이들을 저버린 것이다.

로우즈Low's에서 일하는 24세의 파커 피켓Parker Pickett은 시인이자 음악가이다. 그는 자주 버닥하우스에서 자신의 작품을 읽는다. 그는 내게 〈이것은 말 없는 시다This Is a Poem with No Words〉를 포함해서 몇 개의 시를 읽어주었다.

날마다 노숙자의 눈에서 어둡고 희미하게 꺼져가는 빛을 본다
때로는 종이 판지가 그들이 가진 전부라는 것을 인식하면서
때로는 멍하니 판지가 들려주는 그들의 이야기를 들으며
그러나 무슨 일이 있어도 그들은
마치 예수가 앞으로 나아갔듯이
부다가 앞으로 나아갔듯이 또 내가 앞으로 나아갔듯이
그렇게 계속 나아갈 것이라는 사실을
잠시 잊고 있었다

나는 버닥하우스의 이동용 탁자에 앉았다. 옆에 저스틴 벤저민Justin Benjamin이 앉아 있었다. 그는 기타를 살며시 안고 있었다. 기타 줄을 감는 막대 못을 로킹 플라이어로 고정시켰다. 모닥불은 꺼져가고 있었다. 저스틴은 22세인데 자신을 'WD 벤저민'이라고 불렀다. 'WD'는 '옷을 잘 입은well dressed'의 약자였다. 그는 와이셔츠와 조끼를 입고 넥타이를 헐겁게 맸다. 긴 머리카락은 곱슬했고 가운데 가마를 탔다. 그의 아버지는 철강 노동자였다. 그의 어머니는 탁아소를 운영하다 보험 설계사로 일했다.

"요즘 애들은 지금보다 더 좋은 것을 원하면서 안 되면 금방 포기합니다. 그들은 그것을 얻기 위해 노력하지 않습니다. 당신이 보면 알겠지만, 이 지역 아이들은 이곳이 싫지만 어쩔 수 없이 이곳에서 일생을 보낼 겁니다. 그들은 그저 말만 합니다. 뭔가를 할 생각은 없습니다. 모두 말뿐입니다."

그는 잠시 말을 멈췄다.

"마약으로 많은 사람이 인생을 망쳤습니다."

그는 앤더슨에서는 아이 대부분이 14세에 자신들이 갇힌 삶을 산다는 것을 깨닫는다고 말했다.

"우리는 부모, 친척, 지인이 다른 곳으로 가지 않는 것을 보았습니다. 이곳의 사업체는 망했습니다. 피자 가게, 페인트 가게 등 모든 가게가 망해갑니다. 멋진 차와 높은 빌딩을 보면서 감탄하지만 동시에 이런 생각을 했어요. 우리가 행복하지 않다면, 부모님이 항상 뭔가를 걱정한다면, 이게 다 무슨 소용이냐고요. 어떤 발전도 보이지 않아 뭔가 더 있어야 한다고 생각했어요."

"나는 친구들이 죽어가는 것을 보았어요. 조시Josh라는 친구가 있었어요. 우리는 그가 '가수 휘트니 휴스턴Whitney Houston이 죽기 전에 휘트니 휴스턴처럼 죽었다'라고 말했어요. 그는 마약을 복용했고 욕조에서 죽었어요. 한 달 후에 휘트니 휴스턴이 똑같은 방식으로 죽었어요. 기분 좋은 일이 아니었어요. 모든 사람이 휘트니 휴스턴은 기억하겠지만, 조시는 기억하지 못할 거예요. 조시는 열여섯이었어요."

"최저임금을 받는 친구들을 보는데 그 애들은 그 이상을 결코 생각하지 못해요. 그 자리에 영원히 있을 거라고 생각해요. 그들을 무시하거나 비난하는 게 아니에요. 충분히 이해해요. 그러나 성공하려면 새로운 삶을 자꾸 시도해봐야 하지 않겠어요. ……저는 육체노동도 해보고, 의료 관련 일도 해보고, 임시직도 해보고, 식당 일도 해보고, 외판도 해봤어요. 지금은 조그만 음반사에서 일하고 있어요. 돈을 받고 연주하는 일도 해요. 이것저것 잡동사니를 내다 파는 일도 해요. 수년 동안 이렇게 살아왔어요. 저는 물건들을 모아서 다른 사람들에게 쓸모 있게 만들어주는 기술이 있어요. 제 방

식대로 돈을 벌어서 사람들에게 음식과 오락도 제공합니다. 도서
관 바로 맞은편에 살고 있어요. 11번가입니다. 그런데 주소가 기억
나지 않네요. 몇몇 사람들과 같이 지내고 있습니다. 나는 그들에게
뭔가 좋은 것을 주거나 음식을 만들어주거나 노래를 들려주려고
노력합니다. 전기세와 수도세를 낼 정도의 돈은 충분히 법니다. 그
렇지 않으면 마음이 편치 않죠."

그의 말에 의하면 그는 블루스(선 하우스Son House, 로버트 존슨Robert
Johnson과 같은 거장의 블루스) 덕택에 살아났다.

그는 선 하우스를 언급했다. "하우스가 치는 슬라이드 기타 연
주법을 흉내 낸답시고 네번째 손가락을 콜라병 목에 끼고 연습하
다가 손가락이 빠지지 않아서 혼났어요. 아버지가 간신히 빼주셨
어요. 병목이 손가락에 끼이는 것처럼 전 생애를 옥죄이는 것들이
있어요. 전에는 흑인 공동체의 고통을 이해하지 못했어요. '왜 저
들은 열심히 일하지 않나?'라고 의심했어요. 저는 자본주의를 철저
히 신봉하는 아버지 밑에서 자랐어요. 형수님이 어느 날 이렇게 말
하더라고요. '저스틴은 가난의 대물림이란 것을 이해하지 못하는
데, 이해하려고 노력해봐요.' 사람들은 어릴 때부터 자유롭다는 말
을 듣지만 모두 이런저런 문제와 걱정거리를 가지고 살아요. ……
그게 인간이면 누구나 자연스럽게 내는 목소리죠. 리드 벨리Lead Belly
의 〈부르주아 블루스Bourgeois Blues〉를 들으면, 그것은 그들의 문화를
표현하는 한 방법이란 것을 알 수 있어요. 그들의 문화에는 슬픔이
배어 있어요. '죽음은 자비롭지 않다Death Don't Have No Mercy'는 죽음은 가
장 공평하다는 것을 이야기합니다. 당신이 흑인이든 백인이든 상
관없이 죽음은 당신에게 찾아옵니다."

그는 기타를 들고 로버트 존슨의 〈나와 악마의 블루스Me and the

_{Devil Blues})를 연주했다.

그는 GM 공장이 앤더슨에서 문을 닫았을 때 직장을 잃은 수천 명의 사람에 관해 이야기했다. "GM 노동자들이 이 노래의 가사처럼 절망에 빠져 사는 것을 보았어요. 그들은 여전히 두려움 속에 살아요. 그들이 두려워하고 있는 것이 뭔지 정확히 모르겠어요. 그들은 우리 앞 세대 사람들이에요. 나이 먹은 GM 노동자들과 같이 일했는데, 돈을 벌기 위해 어쩔 수 없이 일하는 사람들이었어요. 그들은 '당신은 GM에서 계속 일할 수 있어'라는 약속을 철석같이 믿었어요."

"태어날 때 1.4킬로그램이 채 안 되었어요. 이 세상에 올 사람이 아니었죠. 어쨌든 이 세상에 나왔습니다. 할 수 있는 한 최선을 다하면서 살았어요. 그게 내가 한 전부예요. 뭐든지 잘한다고 말할 수 없지만 적어도 생각하고, 말하고, 행동할 능력은 있잖아요. 비록 1.4킬로그램의 아이로 태어났지만 여태까지 살아왔고, 뭐든지 도전할 만한 사람이라고 생각해요. 우리는 언젠가 지금 하는 일을 그만둘 거라는 생각을 하면서 살아야 해요. 공장 문을 닫으면 어떻게 될까? 동료 노동자를 도와주어야 할까? '아냐, 다시 기회가 올 거야'라고 생각해야 하나, 아니면 모든 것을 다 던져버릴까? 직장이 없어진 것이 외국인 노동자들 때문이라고 이야기할 건가?"

그는 자본주의에 관해 말했다. "자본주의의 최상층에 속하는 사람들을 본 적이 없어요. 그러나 그 바닥은 보았어요. 이곳에서 벌거벗은 아이들이 뛰노는 것을 보았어요. 부모님이 싸우는 걸 보았고 아이들이 고통을 겪는 걸 보았어요. 이웃들까지 힘들죠. 싸우는 소리 때문에 잠을 제대로 못 잔 날이 많아요. 모두 돈 문제 때문이죠. 고통은 언제나 아이들의 몫입니다. 나는 항상 그들의 관점에서 생각하려고 노력합니다. 아이들은 패배감을 느끼고 삽니다. 폭력과 말싸움 속에서 지푸라기라도 잡아야 살 수 있는 가정에서 자란 아이는 커서 똑같이 같은 길을 갈 거예요. 계속해서 최저임금을 받는 일을 할 것이고, 자신과 투쟁해야 하고, 이길 수 없는 체제와 싸울 겁니다."

워커 퍼시Walker Percy는 1971년에 출간한 디스토피아 소설 《폐허 속의 사랑Love in the Ruins》에서 도덕적으로 타락한 미국을 그렸다. 쾌락주의와 무지에 빠져 있고, 도둑 정치가와 바보들이 선두에 있으며, 전쟁 때문에 나라가 갈라지고, 폭력적인 문화 극단주의에 빠지고, 핵전쟁의 문턱에 와 있다. 미국은 대량학살과 노예제로 저지른 원죄를 치유하고 보상하지 않았기 때문에 저주받은 나라이다. 끝없는 자본주의적 확장, 백인 우월주의와 제국주의적 해외 전쟁에서 보이는 영속적인 미국 예외주의 풍조는 결국 미국 자체의 힘을 소진한다. 한때 이런 악에서 이익을 본 동조자들은 이제 희생자로 바뀌었다. 퍼시는 약탈적 사회에서 의미 있는 인생을 살 수 있겠냐고 묻는다. 조금의 가능성이라도 있는가? 문화가 타락할 때 다시 그 평형을 회복할 수 있을까?

소설의 주인공은 톰 모어Tom More라는 의사이다. 그는 자살 충동을 가진 알코올중독자이고 오입쟁이다. 그는 인간의 영혼을 측정하기 위해서 '존재론적 이탈 측정기Ontological Lapsometer'라는 기계를 발명한다. 그는 "유명한 철학자 르네 데카르트René Descartes가 몸과 마음을 가르고, 그 갈라진 영혼이 그의 몸을 뻔질나게 드나드는 귀신이 된 이후로, 서구인의 영혼을 찢어놓은 그 공포의 분열은 더욱 악화했다"[4]라고 이야기한다.

퍼시는 러시아 작가 안톤 체호프Anton Chekhov처럼 의대 졸업생이고 고전, 신학, 철학, 문학과 역사를 탐닉했다. 그는 무너져가는 사회의 공통분모를 알았다. 사회가 무너지는 말기에 도덕적으로 부패한 사람이 생기는 것은 결코 우연이 아니다. 트럼프가 그렇듯이, 타락한 엘리트들은 그 사회의 정신적 공허를 반영한다. 유럽 군주 시대 말기 때의 군주들, 예를 들어 러시아의 무책임한 로마노프 왕조의 왕들, 독일의 과대망상증 환자인 카이저 윌리엄 2세Kaiser Wilhelm II, 오스트리아-헝가리 제국의 프란츠 요제프 1세Franz Joseph I에게서 우리는 말기 미 제국에서 볼 수 있는 우둔함, 자기기만, 자기파괴를 똑같이 볼 수 있다. 몰락의 마지막 순간에는 언제나 이런 현상이 두드러진다. 사람들이 실재를 인정하지 않고, 상상 속의 황금기를 회복하겠다며 종종 전쟁을 벌이는 것 같은 가공할 불운한 책략이 등장한다.

신학자 라인홀트 니부어Reinhold Niebuhr는 이렇게 썼다. "모든 문명에서 그것이 종말을 고하기 직전, 아주 잠깐 가장 인상적인 기간이 있다. 가을 숲에서 보듯이 찬란한 색채의 장관 가운데서 생명은 죽음에 반항한다. 이 찬란한 색채의 반란은 이미 죽음이 생명에 손을 댄 자연의 연금술에 의해서 힘을 잃어간다. 마찬가지로 인간은 죽을 수밖에 없을 운명이 분명할 때, 정신적 업적의 불멸성을 주장한다. 문명의 죽음과 몰락의 운명은 이상하게도 위장된 불멸성을 주장하면서 그 운명을 다하기 직전에 가장 강력한 힘을 발휘한다."[5]

우리 시대의 자본주의 엘리트들은 프로파간다와 돈을 사용해서 그들을 비판하는 자들을 몰아낸다. 그렇게 철학자 존 로크John Locke가 이야기한 완전한 국가의 요소 중 세 가지, 즉 자연 상태의 자유liberty, 평등, 법적 자유freedom를 제거한다. 그 후 자본주의 엘리트들은 네번째 요소, 즉 재산에 배타적인 힘을 부여한다. 즉 기업 국가에서의 자유란 기업과 부자들이 정부의 간섭이나 통제적 감독 없이 착취하고 약탈할 수 있는 권리를 의미한다. 정부의 가장 중요한 특징은 유산계급의 이익을 보호하기 위해서 국내와 국외에서 폭력을 마음대로 사용할 수 있는 권한을 갖는 것이다. 국가가 부자에게 비참하게 굴복했다는 사실은 트럼프 정부의 2017년 세법과 환경규제법 해체에서 드러난다. 기본적 민주주의의 이상이 무너진 것(이는 대법원이 정부가 시민을 전면적으로 감시할 수 있는 법을 막지 못한 것이나 검은돈을 선거운동에 퍼붓는 것에 제한을 두지 않는 것이 언론의 자유이며, 정부에 청원할 수 있는 권리라고 규정한 사실에서 증명되고 있다)은 사회가 죽은 덕목을 가지고 자신의 정체성을 규정하는 것을 의미한다. 이런 망상이 영속화하면 분노에 찬 대중은 새로운 유토피아를 약속하는 선동가를 향해간다. 그들이 권력을 잡으면 더욱더 공세를 갖춘다.

모든 공공기관과 제도는 부패했다. 언론, 대학, 예술, 법원, 교회를 포함한 모든 종교기관은 미국 예외주의, 미국의 덕목에 대한 신화, 자유와 융합한 고삐 풀린 자본주의를 섞어 만든 독이 든 술을 마셨다. 파산한 자유주의 계급처럼, 자유주의적 교회는 다문화주의와 정체성 정치학을 윤리적 명령이라고 지지하면서 경제적, 사회적 정의의 우선성을 무시하고 있다. 자유주의적 교회는 불관용한 자들에게 관용을 베풀고 '하나님은 선택된 기독교인들에게 부와 권력의 은혜를 베푼다'라는 신조, 즉 이단적 '번영 복음prosperity gospel' 신조를 장사하는 사람들을 신뢰한다. 이러한 사고는 트럼프를 하나님의 은총을 받은 사람으로 만든다. 그러나 이것은 기독교 복음의 핵심 메시지를 완전히 뒤집어놓은 생각이다.

퍼시의 소설에서 로마 가톨릭교회는 일리노이주 키케로에 본부를 두고, 미국 가톨릭교회의 이름을 바꾼다. 그 교회는 '재산권 일요일Property Rights Sunday'을 축하한다. 사제는 라틴어 미사에서 '미국의 국가'에 맞추어서 성체를 치켜든다. 사제의 강론은 성경에 나타난 부자들(아리마데의 요셉과 라자로)이 어떻게 특별히 하나님의 축복을 받았는가에 초점을 맞춘다. 복음주의적 기독교인들은 전에 없이 정교한 구경거리와 오락을 즐긴다. 여기에는 '챔피언들의 달빛 투어'라는 이름의 밤의 골프도 있는데, 이것을 '예수 그리스도, 가장 위대한 프로'라는 슬로건으로 광고하고 있다.[6]

오늘날의 세속주의자들은 그들 자신 나름의 쾌락주의, 자기 숭배, 우상 숭배를 하고 있다.

그들의 영성은 미숙한 질문으로 이루어진다. 나 어때? 나는 나 자신을 얼마나 알고 있나? 나는 행복과 내적 평화를 이루었는가? 나는 인생 상담 코치와 함께 완전한 인생의 성공 잠재력을 성취했는가? 나는 아직도 젊어 보이는가? 내 상담사는 뭐라고 했지? 그것은 자기몰두와 늙음을 숨기려는 의료 시술, 자기도취증에 기초한 문화이다. 자기희생에 언제나 따르는 어떠한 형태의 고통도 피해야만 한다. 이웃의 곤경은 나와 하등의 상관이 없다. 성적 변태(자기도취증에 빠진 자들은 사랑할 능력이 없다)가 일시적 만남과 포르노에 도취된 사회에 차고 넘친다. 퍼시의 소설에 나오는 '러브 클리닉Love Clinic'에서 "지원자들은 혼자서, 둘이서, 그룹으로 섹스하는데 타인의 성적 반응을 알아보려고 후사경을 보면서 섹스를 한다"[7].

퍼시의 소설에서 의사 모어는 말한다. "나는 하나님을 믿고 내가 하는 일 전체가 가치 있는 일이라고 믿는다. 그렇지만 여자가 제일 먼저이고, 다음이 음악과 과학, 다음은 위스키, 네번째는 하나님이다. 나는 다른 인간에게는 거의 관심이 없다. 일반적으로 나

는 내가 원하는 대로 한다."⁸

쾌락주의, 부, 권력을 행복이라고 생각하면서 오로지 행복만을 추구하면 사람들은 불안과 자기혐오에 빠진다. 상상에서나 가능한 성공의 절정에 도달하는 사람은 거의 없다. 실제로 그런 성공을 한 사람이 있다 해도, 그 사람은 반사회적 또는 폭력적 경향을 지닌 정신질환자인 경우가 많다. 그것을 목표로 하는 사회는 피학적 사회이다. 그런 사회에서는, 우리의 실제의 삶은 유쾌하지 않기 때문에, 자아의 존재와 가치를 인식하고자 하는 어떤 욕구도 차단한다. 우리는 정신적 공백을 끝없는 활동, 오락, 그칠 줄 모르는 전자 환각으로 채운다. 우리는 침묵과 사색을 하지 않는다. 우리는 확고부동한 마음으로 우리의 현재의 모습에 직면하기를 거부한다.

퍼시의 소설에 나오는 반역자들은 늪지대에 무장 게릴라 부대를 만든다. '버려진 자들'과 '불만에 가득 찬' 반란군 가운데 "명문대학이라고 하는 툴레인, 밴더빌트, M.I.T. 로욜라의 중퇴자들, 징병 기피자들, 스위스 군대에서 도망 나온 자들, 정신질환자들, 멤피스와 뉴올리언스 출신의 남색꾼들, 반反교황주의자들, 불만을 품은 감리교도들, 초능력을 믿는 사람들, UFO를 믿는 사람들, 물병자리 태생의 사람들, 조상의 사냥터로 귀환한 아메리카 인디언 촉토족Choctaw 시온주의자들, 반백의 수염이 난 늙은 케루악Kerouac 방랑객들 등"⁹이 있다.

퍼시의 책에서 미국은 에콰도르와 15년간 전쟁을 벌인다. 노인, 가난한 자, 장애인, 취약자들은 사회에서 버림받는다. 노인들은 배로 실려 '행복의 섬 이별센터Happy Isles Separation Center'이라는 안락사 시설로 보내지고 '안락사 스위치'를 누르며 일생을 마친다.¹⁰ 기업국가에 의해서 떠밀려난 사람들은 비참하고 가난한 삶을 살며 범죄자 계층으로 취급받는다.

모어(《유토피아》를 쓴 성 토머스 모어Thomas More가 그의 조상이다)와 세 명의 정부는 폐허가 된 하워드 존슨 호텔로 도망간다. 빛바랜 로터리 배너로 여전히 호텔 연회장이 장식되어 있다. 거기에 이렇게 쓰여 있다. "그게 진실인가? 모든 사람에게 공정한가? 선의와 더 나은 우정을 형성할 것인가?"[11] 모어와 그의 정부 중의 하나인 모이라Moira는 썩은 침대에 앉아 있다. 벽에는 "공짜로 성기를 빨고 싶으면 208호로 전화하세요"[12]라고 휘갈겨 쓰여 있다.

신부 리날도 스미스Rinaldo Smith(미국 가톨릭에 합류하기를 거부하는 소수의 가톨릭 사목)는 말한다. "나는 죽은 영혼에게 둘러싸여 있습니다. 우리는 죽은 자의 도시에 살고 있습니다."[13]

퍼시는 다음과 같이 썼다. "좌파주州가 있고 노트헤드Knothead주〔노트헤드는 공화당의 새로운 이름이다〕가 있다. 좌파 도시와 노트헤드 도시는 있지만, 중도파 도시는 없다. ……좌파 네트워크, 우파 네트워크, 좌파 영화, 우파 영화만이 있을 뿐이다. 좌파들에게 가장 인기 있는 영화는 스웨덴의 외설적인 영화들이다〔이 중에 한 영화를 야외에 설치한 200피트 스크린에 쏘는데, 두 명의 스카이다이버가 공중에서 자유낙하를 하면서 구강성교를 벌인다〕. 한편, 우파들이 언제나 좋아하는 것은 영화는 〈사운드 오브 뮤직The Sound of Music〉 〈플러버Flubber〉나 아이스 쇼 〈아이스 카파데스 1981 Ice Capades 1981〉, 외설적이지 않은 영화들이다."[14]

민주당은 소설에서 이름이 좌파당Left Party이다. 좌파당의 정치적 어젠다는 약어인 LEFTPAPASANE에 잘 나타난다. "L은 자유Liberty, E는 평등Equality, F는 우애Fraternity, T는 피임약The Pill, A는 무신론Atheism, P는 마리화나Pot, A는 공해 방지Anti-Pollutions, S는 섹스Sex, A는 낙태Abortion Now, E는 안락사Euthanasia의 이니셜이다."[15]

엘리트들은 잘 보호되는 외부인 출입 제한 마을gated communities에 살고 있다. 이들은 좌파당이든 우파당이든 서로 어울려 산다. 마치 클린턴과 트럼프가 그런 것처럼, 그들 역시 같은 고급 클럽의 회원들이다.

퍼시는 소설 속 이 동네를 다음과 같이 묘사한다. "자유주의자, 믿음이 없는 과학자, 보수주의적 기독교인 사업가가 별장과 정원이 있는 '파라다이스 단지Paradise Estates'에서 나란히 살고 있다. 두 부류의 사람들 사이에는 많은 차이가 있다고 하지만(한쪽은 '낡아빠진 도그마와 신조'를 이야기하고 나머지 한쪽은 '무신론과 외설' 등을 이야기한다) 솔직히 둘 사이의 차이를 알 수가 없다."[16]

의사 모어는 이야기한다. "이 파라다이스 단지야말로 문제투성이인 이 나라에서 유일한 화합의 오아시스입니다. 사랑하는 미국은 지금 어려운 고비에 있습니다. 미국인들은 서로 등을 돌리고 있습니다. 인종과 인종, 우파와 좌파, 기독교인과 이교도, 샌프란시스코와 로스앤젤레스, 시카고와 키케로가 서로 다투고 있습니다. 검둥이조차 살 수 없는 뉴욕 여러 지역에서는 잡초와 덩굴이 자라고 있습니다. 클리블랜드 시내에는 흑사병이 돌던 때의 로마처럼 늑대가 나타나고 있습니다. 몇몇 남부의 주는 로디지아와 외교적 관계를 맺고 있습니다. 미네소타주와 오리건주는 스웨덴에 공사를 파견하고 있습니다. 많은 사람이 도망가서 그곳에 살고 있기 때문입니다."[17]

퍼시는 이렇게 썼다. "사람들은 서로 말하고 웃고 흡족해 보이지만, 그들이 서 있는 곳 저 밑에는 깊은 구렁이 입을 벌리고 있다. 흡족해 보인다는 것은 사실 무서운 것이다."[18]

소설에서 나타나는 격렬한 문화 전쟁에서, 좌파가 정치적으로 승리하면 1센트 동전에 있는 '우리는 하나님을 믿는다In God We Trust'라는 문구를 지운다. 우파는 흑인들의 공립학교에서 "강제적으로 기도할 것을 요구하고 아프리카와 아시아, 앨라배마에서 산아제한 기금을 만들 것을 요구하는 법령"[19]을 만들었다. 고급 사립학교인 밸리 포지 아카데미Valley Forge Academy(트럼프 정부의 교육부 장관 벳시 디보스가 시행하고자 하는 민영화 교육기관과 같은)는 "종교적이고 애국적인 원칙 위에 세워졌고 검둥이를 배제한다."[20]

퍼시는 이렇게 썼다. 대학생들과 급진적인 다문화주의자와 도덕적 순결주의자들은 "불안정한 독단주의적 무리이다. 그들이 '자유로우면' 자유로울수록, 더 독단적으로 변한다. 그들은 속으로는 전체주의자이다. 그들은 전적인 독단적 자유 아니면 전적인 독단적 부자유를 원한다. 그들을 불행하게 하는 것은 이것도 저것도 아닌 중간이다"[21].

퍼시는 다음과 같이 썼다. "지금도 많은 사람은 미국이 제대로 굴러온 나라가 아니라는 사실을 믿지 않는다."

옛날의 미국은 제대로 돌아가지 않았다! 처음부터 미국이 결코 제대로 돌아갈 수 없었다는 것이 사실인가? 그렇다. 미국은 늘 결점이 있었다. 처음부터 문제가 있었다. 여태까지 우리의 모습과 에콰도르나 보스니아 헤르체고비나와 비교할 때, 우리가 더 부자라는 사실 외에는 실제로 다른 바가 없다. 문 멀린스Moon Mullins*는 그것이 검둥이 탓이라고 한다. 글쎄, 그게 처음부터 검둥이들의 일이었던가? 전혀 말도 안 되는 소리지. 하나님 왈, 새로운 에덴이 여기 있다. 이것은 너희 것이다. 왜냐하면 너희는 내가 가장 사랑하는 자들이고, 숭고한 서유럽인, 즉 맹렬한 이방인 백인 서고트족인 너희들이 나를 믿었기 때문이고, 생소한 유대인 의식(너희는 유대 근처에 산 것도 아니며, 복음을 전혀 낯선 자에게서 들어야 했음에도)을 따랐기 때문이다. 너희가 믿음을 가졌기 때문에 모든 것을 주겠다. 너희에게 이스라엘과 그리스, 과학, 예술, 지상의 주권을 주고, 마지막으로 내가 너를 위해서 축복했던 신세계까지 주겠다. 그저 작은 테스트를 통과하면 된다. 그것은 너희에게 어린애 장난에 불과했다. 왜냐하면 너희는 큰 테스트를 이미 통과했기 때문이다. 작은 테스트란 이것이었다. 여기 아프리카에 힘없는 사람이 있다. 너희는 그를 해치지 말아야 한다. 그것이 전부였다.

정말로 작은 테스트지. 그런데 넌 실패했다!

하나님! 그렇지만 실패는 항상 검둥이의 문제였지 우리의 문제가 아니었잖습니까? 처음의 '선택받은 민족'(하나님을 믿고 그리스도에 매달렸던 교활하고 난폭하고 탐욕스러운 서고트-서유럽-이방인)이 최초의 흑인과 함께 미국에 처음으로 정착한 이래로 1883년, 1783년, 1683년에 그랬던 것처럼 지금까지 그 문제는 항상 똑같은 문제 아니었습니까?

모든 것을 감수하려는 서고트족은 모든 것을 빼앗느냐 아니면 모든 것을 잃느냐였지만, 흑인들은 끝까지 기다리다가 살아남았다. 그들이 폭행을 당하자 그들이 할 수 있는 일이라곤 기다리는 일밖에 없었기 때문이다. 얼마 후 서고트족은 깨어나서 자신

들이 테스트를 통과하지 못했다는 것을 알았고, 거짓말쟁이라는 것이 밝혀졌고, 아무도 그런 식으로 살 수 없다는 것을 알았다. 조만간에 숭고한 이방인 서고트족과 기독교인 미국인은 용기를 잃을 것이고, 다투다가 병 속의 전갈들처럼 서로에게 등을 돌릴 것이다.[22]

우리는 기업이 가진 힘의 헤게모니에 도전할 수 있는 새로운 기관들을 만들어야 한다. 그것은 쉽지 않을 것이며, 시간이 걸릴 것이다. 우리는 그런 기관을 만들기 위한 기초 자금이나 보조금을 기존의 기관에서 지급받을 수 없다. 그 기관이 사회를 재구성하기 위한 급진적 절차를 없애려고 하기 때문이다. 개혁을 수행하고 우리의 민주주의를 되찾기 위해서 시스템, 특히 민주당을 믿고 일하는 것은 우리가 그들의 노예가 되는 것이나 마찬가지이다. 앞에서 본 버닥하우스와 같은 공동체가 중추 역할을 해야 한다.

공동체 조직의 권위자 마이클 게칸Michael Gecan은 내게 말했다. "힘은 조직화된 사람들과 돈에서 나옵니다. 대부분 활동가는 조직화된 사람을 강조하면서 조직화된 돈은 생각하지 못하는데, 조직책인 우리는 이 둘을 모두 강조해야 합니다."

공동체에 기반을 둔 조직체 가운데서 미국에서 가장 큰 네트워크를 가진 '산업지역재단Industrial Areas Foundation'의 공동 이사이자《공개: 시민 행동을 위한 조직가 안내서Going Public: An Organizer's Guide to Citizen Action》의 저자인 게칸은 말했다. "우리는 어떤 의미에서 문제를 쉽게 찾을 수 있습니다. 우리가 이스트 브루클린이나 사우스브롱크스 아니면 시카고의 웨스트사이드에 가서 차를 타고 지역을 돌아보면 무엇이 문제인지 눈으로 확인할 수 있습니다. 그러나 우리가 볼 수 없는 것이 있는데, 이 지역의 제도와 기관이 지도자의 관계 조직망 안에 있냐는 것이죠. 우리는 1년, 2년, 혹은 3년 동안 그런 조직을 구축하는 데 시간을 보낼 겁니다. 확실한 지도자를 세우고 확실한 제도와 기구를 만들어서 그 공동체에 실제로 뿌리내리게 할 겁니다. 우리는 지도자들과 함께 훈련합니다. 시작부터 조직에 돈이 떨어지지 않게 모금 활동을 하고 있습니다."

"우리는 정부 돈을 받지 않습니다. 독립을 원합니다. 우리는 주인이 되기를 원합니다. 우리는 사람들이 적극적인 관심을 가지고 활동하기를 원합니다. 우리는 사람들이 원한다면 어떤 상황에서든 자유롭게 빠져나올 수 있고, 예산이 삭감되거나 잘리더라도 두려워하지 않고 대결할 수 있기를 원합니다. 우리는 두 가지를 강조합니다. 조직화된 사람들과 조직화된 돈은 본질적으로 조직의 기초입니다. 그 조직이 확고하면 가구별 모임, 개인별 모임과 같은 실제적이고 신중한 모임을 통해서 문제가 무엇인가를 밝히고, 문제 해결을 위해 사람들에게 적극적으로 부탁할 수 있습니다. 우리는 공허한 여론조사를 하지 않습니다. 우리는 사람들이 어떤 관심을 두고 있으며, 무엇을 걱정하고 있는지를 알아냅니다. 사람들에게 걱정거리가 무엇인지, 걱정거리를 해결하기 위해 무엇을 할 수 있는지 직접 묻습니다."

이처럼 제도와 조직을 구성하는 과정에서 조직책들과 활동가들은 기존 조직과 힘과 힘의 대결을 할 수 있다. 정치는 두려움의 게임이다. 권력의 엘리트들을 두렵게 할 능력을 갖추지 못한다면 운동의 성공을 기약할 수 없다. 미국에 민주주의적 공간을 만든 모든 운동(노예제 폐지론자, 참정권론자, 노동운동, 공산주의자, 사회주의자, 무정부주의자, 인권운동)은 권력의 중심부가 반응하지 않을 수 없는 비판적 대중과 투쟁력을 가지고 있었다. 정의, 평등, 민주주의라는 추상적 언어나 상투적 설득은 그것으로 끝날 뿐이다. 지배 엘리트들은 그들의 생존을 위협받을 때만 반응한다. 권력자들의 선한 본성에 호소하는 것은 소용없는 일이다. 그들에게는 선한 본성이 없다.

우리는 한때 자본주의적 민주주의 내 시민운동에서 오는 외부 압력에 반응할 수 있는 자유주의적 제도와 공공기관(언론, 노조, 제3정당, 시민과 교회의 그룹, 공영방송, 재원이 충분한 주립대학, 민주당의 자유주의 진영)을 소유했다. 이 기관과 기구들은 불완전했지만 그 역할을 했다. 그들은 광범위한 사회불안 또는 1930년대 자본주의의 붕괴와 함께 일어날 수 있는 혁명으로부터 자본주의 체제를 구제할 만큼만의 개혁을 제공했다. 그것들은 백인 우월주의와 제도적 인종주의 혹은 자본주의에 고유하게 내재한 잔인성을 충분히 해결하지 못했다. 그러나 남녀 노동자들을 괴롭혔던 고통의 일부를 해소하는 역할은 했다. 충분한 사회이동을 구현하지 못했지만, 어느 정도는 실현했다. 뉴욕의 시립대학을 포함해서 공공교육이 사립 고등학교와 아이비리그 대학(부자들이 금권정치에 적응하도록 훈련하기 위해서 아들, 딸을 보낸다)과 같은 사립 교육과 경쟁할 수 있었다.

이러한 자유주의적 제도들은 지난 40년 동안의 기업 권력의 끊임없는 공격에 무너졌다(나는 《진보의 몰락Death of the Liberal Class》에서 어떻게 이런 일이 일어나는지를 설명했다). 그것들은 지금은 단지 이름만 남아 있을 뿐이고, 민주주의의 허울을 떠받치고 있는 버팀목일 뿐이다. 무브온MoveOn.org, 시에라 클럽Sierra Club 등 자유주의적 비영리 단체들도 나을 게 없는 상태이다. 그것들은 기업화된 민주당의 연약한 부속물일 뿐이다. 정치철학자 셸던 월린Sheldon Wolin이 상기시켜주듯이, 미국에는 민주주의적이라고 부를만한 제도가 하나도 남지 않았다.

훨씬 더 불길한 조짐은 민주주의적 변화를 만드는 진정한 엔진인 투쟁적 운동들이 탈산업화, 다수의 반노동법과 정부의 시장 규제 완화, 기업의 공공기관과 사립기관의 장악, 공산주의자 마녀사냥과 매카시즘의 다면적인 공격으로 말살되었다는 것이다. 우리는 거의 무방비 상태이고 전면적으로 다시 시작하지 않을 수 없다.

게칸은 말했다. "이런 상황에서 우리가 결정해야 할 것은 도덕적 덕목에 관한 것이 아니고, 당신이 얼마나 훌륭한 사람이냐도 아니고, 그 덕목이 얼마나 필요하냐도 아닙니다. 그것은 '당신은 국가 혹은 기업의 반응을 끌어낼만한 충분한 힘을 가지고 있느냐?'입니다. 사람들이 내게 '너는 무엇을 구축하려고 하느냐?'라고 물으면 나는 '우리는 권력을 구축하고 있습니다'라고 말합니다. 권력이 무엇인지 이해하면, 사람들은 그 기초를 구축할 수 있는 인내심을 갖고, 훈련하고, 돈을 모읍니다. 그들이 행동할 때 사람들을 놀라게 합니다."

나는 게칸이 지도자를 발굴할 때 사람의 어떤 특성을 중요하게 여기냐고 물었다.

그는 쏘아붙이듯이 말했다. "분노입니다. 그 분노는 불같은 화가 아닙니다. 수사학적 분노도 아닙니다. 연설을 할 수 있는 능력도 아닙니다. 그것은 비탄에서 솟아나는 깊은 분노입니다. 공동체 안에서 그들의 자식들을 보고, 학교를 보고, 그들의 동네를 보고 깊이 슬퍼하는 사람들입니다. 그들은 그들의 공동체가 죽어가는 것을 느끼는 사람들입니다. 종종 나타나는 이 사람들은 최고의 연설가도 아니고 공동체 안에서 유명한 사람도 아닙니다. 그러나 그들은 매우 깊이 있는 사람들입니다. 그들은 다른 사람들과 훌륭한 관계를 맺고 있습니다. 그들은 자기 자랑거리나 늘어놓는 사람들이 아니므로 다른 사람들에게 신뢰를 받습니다. 그들의 관심은 공동체의 문제가 무엇인가에 쏠려 있습니다. 그래서 우리는 분노를 찾습니다. 우리는 불씨가 될 리더십을 찾습니다. 그것은 항상 그 자리에 있습니다. 그것은 언제나 불타고 있습니다. 훌륭한 리더들은 그 불길을 상황에 따라 언제 일으키고 잠재울지를 압니다."

우리가 이 운동에 성공하려면 사람들이 내세우는 정치적 입장이 우리와 다르고, 우리 입맛에 맞지 않더라도 그런 사람들이나 조직과 동맹해야 한다. 우리는 이데올로기적 순수성을 버려야 한다. 전설적인 조직가인 사울 알린스키Saul Alinsky의 계승자이고, 게칸의 멘토인 에드 챔버스Ed Chambers는 좌파의 이데올로기적 경직성('정체성 정치identity politics'와 '정치적 올바름political correctness'에서 집약적으로 잘 드러난다)은 남녀 노동자의 삶에서 좌파를 실제로 분리하는 역할을 했다고 주장한다. 베트남전쟁 기간에도 이는 마찬가지였다. 베트남전쟁이 일어났을 때 대학생들은 반전 운동을 이끌었고, 노동자계급의 아들들은 베트남에서 싸우고 죽어갔다. 좌파는 트럼프 지지자들을 구제할 수 없는 인종주의자이고 고집통이라고 멀리하면서, 동시에 트럼프 지지자들이 자유주의자에게 등을 돌린 이유를 생각하지 않고 그들의 고통을 무시한다. 트럼프 지지자들을 모두 비난하는 것은 정치적 자살이다. 알린스키는 영국의 총리 파머스턴Palmerston 경의 말을 인용했다. "영원한 적도 영원한 동지도 없고 다만 영원한 이익이 있을 뿐이다."[23]

게칸은 "우리와 다른 사람들의 이야기에 귀를 기울여야 한다"라고 말하면서, 그것은 인터넷을 통해서가 아니라 얼굴과 얼굴을 맞대고 보는 관계를 통해서 이루어진다고 주장했다. "우리가 관계를 구축하면 우리는 그들의 마음을 움직일 수 있고, 우리 또한 그들에 의해서 마음이 움직일 수 있다"라고 덧붙였다.

시민 조직이나 교회 조직과 함께 지역 언론이 사라지는 것이 우리가 힘을 잃은 큰 원인이라고 게칸은 주장한다. 우리는 주변 사람들과의 관계를 잃어가고 있다. 우리는 자꾸 우리 내부로 후퇴하기 때문에 삶을 파괴하는 기업의 권력 구조를 이해하지 못하고 있다. 이렇게 그들의 설계대로 놀아나는 것이다.

게칸은 알린스키가 1939년에 시카고에서 첫번째로 조직한 공동체 '뒷마당 이웃 회의Back of the Yards Neighborhood Council'에 관해서 다음과 같이 썼다. "지난 75년 동안 뒷마당에서 일어났던 공동체 해체 과정이 고스란히 미국에 있는 수천 개의 공동체에 그대로 나타났다. 10여 개의 블록이 모여서 긴밀하게 짜여 있던 세계(직장, 교회, 이웃, 오락, 선술집, 정치적 단체들은 모두 서로 깊이 얽혀 있었다)가 모두 준교외의 고립 지역으로 바뀌고, 장시간의 통근으로, 눈살 찌푸리고 사는 군중으로, 중매 웹사이트로, 서로를 모르는 고객들로 가득 찬 헬스클럽으로 바뀌었다. 지역 뉴스가 결정적으로 중요했고 빠짐없이 그것을 읽었던 세계(때로는 지역 출판업자와 기자에 의해서, 사람들의 입에서 입으로 전달하면서)가 이제는 소셜미디어에서 끊임없이 진짜 뉴스와 가짜 뉴스가 쏟아지는 세상으로 바뀌고 있다. 당당한 힘을 가지고 늘 우리 곁에 있던 실제의 제도와 기구가 있던 세상이 글로벌한 경제적 역동의 문화와 카리스마적 인물들을 중심으로 한 단속적인 국가동원 체체로 바뀌고 있다."[24]

게칸은 민주적 제도의 붕괴와 기후 변화 가운데에서 트럼프가 정권을 잡은 미국의 장래가 암울하다는 사실을 인정했다. 그러나 절망과 무관심에 빠지는 것을 경고했다.

"1980년 뉴욕에서 모든 자유주의적 기득권층을 포함한 전 기득권층은 뉴욕은 앞으로 전처럼 강한 도시가 결코 되지 못할 것이라고 말했습니다. 그것은 자신들의 무관심을 점잖이 표현한 것입니다. 그들은 그들의 마음에서 뉴욕을 영원히 지웠습니다."

그러나 브루클린회합Brooklyn Congregations(게칸의 도움으로 저소득층을 위한 집을 5000채 지었다)을 포함한 공동체 그룹은 그들의 이웃을 구하기 위해서 조직적으로 단결했다.

게칸은 말했다. "우리의 조직과 지도자는 엘리트층의 판단을 받아들이지 않았습니다. 우리가 하는 일은 힘들고 인내심을 요구하지만, 우리는 계속 조직들을 만들어나갈 겁니다. 우리는 고칠 수 있는 일을 찾아내 고칠 겁니다. 우리가 정부의 도움을 받을 수 있으면 좋고, 정부의 도움이 없어도 계속해나갈 겁니다. 우리는 돈을 모을 것이고, 주택 전략을 짜고, 우리의 개발업자와 총괄책임자를 고용할 겁니다. 그래야 문제 해결을 하는 데 유연성을 가질 수 있습니다. 문제 해결은 국가나 시장의 말에 의존하는 데 있지 않아요. 우리는 우리 자신의 선택지를 창조할 겁니다."

그는 기업 국가는 시위를 조작하고 그것을 무력하게 하는 방법을 알고 있다고 말했다. 시위자들이 경찰과 함께 시위를 조정하고, 경찰과 미리 시위의 그림을 짜는 겉만 화려한 행동주의를 두고 의미 없는 정치적 무대라고 일소했다. 활동가들은 하룻밤을 유치장에서 보내고 나면 '인증받은' 반체제 인사가 된다. 게칸은 이런 것을 '가짜 구류fake arrests'라고 부르며 "그들이 뭔가 행동을 취한 것처럼 보이지만 실제로 그렇지 않습니다"라고 말했다.

그는 1960년대의 시위를 재현하는 것으로는 지금 아무런 결과를 얻지 못한다고 말했다. 진정한 시위는 법적 규범에 저항해야만 한다고 말했다. 그 결과를 우리는 예측할 수 없다. 그것은 권력을 분쇄해야 한다. 그것은 권위를 가진 자들을 놀라게 해야 한다. 이런 시위에 정부는 화를 내면서 반응한다.

"훌륭한 조직에서는 반드시 세 가지 일이 일어나야 합니다. 사람들이 인간관계를 유지하고, 계속 배우고, 계속 행동해야 합니다. 많은 종교 집단을 보면 그 안에서 무엇인가를 배우고, 약간의 관계를 형성하지만 행동이 일어나지 않습니다. 외적인 행동이 없습니다. 그러면 많은 조직은 고사하게 됩니다. 많은 행동주의적 운동을 보면, 행동은 많은데 서로 간의 관계나 교육이 없습니다. 사람들은 똑같은 실수를 반복하고 있습니다."

그는 노조원들과 그들의 지지자들이 주최한 2011년 시위를 이야기했다. "[주지사인] 스콧 워커Scott Walker 사태와 그 사태에 저항이 있던 때 위스콘신에 있었습니다. 23번의 큰 시위가 벌어졌어요. 5000명, 7000명, 1만 명이 참가했습니다. 나는 두번째와 세번째 시위 후에 사람들에게 말했습니다. '왜 이런 일을 하고 있습니까? 이렇게 묻는 이유는, 이런 시위를 하는 동안에 당신들은 지역 공동체에서 일반인과 관계를 만들어갈 수 없기 때문입니다. 당신들은 이 사태를 다른 시위자들이 어떻게 생각하는지 모르고 있습니다.' 불행하게도 그 시위는 이런 염려가 사실로 밝혀지면서 실패하고 말았습니다."

게칸은 물었다. "우리가 노조를 다시 결성할 수 있을까요? 네, 우리는 할 수 있습니다. 다만 시간이 걸립니다. 우리는 이 나라 몇몇 지역에서 그 일을 하고 있습니다. 우리는 도시에서 시민 생활을 다시 만들어갈 수 있을까요? 네, 우리는 지금까지 해왔고, 앞으로 더 많이 해낼 겁니다. 우리는 우리의 이웃을 권력에 도전할 수 있는 사람들로 만들 수 있을까요? 나는 할 수 있다는 걸 압니다. 그러나 다른 전술이 필요합니다. 사람들을 놀라게 할, 이전과는 매우 다른 동맹들이 필요할 것입니다."

2016년 11월에 나는 비행기로 노스다코타의 비스마르크로 갔다. 차를 몰고 스탠딩록Standing Rock 인디언 자치정부 야영지로 달렸다. 야영지로 곧장 갈 수 있는 길을 검문소가 막고 있었다. 다른 길로 가려고 했지만 가는 길마다 검문소가 있었다. 검문소 앞의 사람들이 입은 유니폼으로는 그들의 정체를 알 수 없었다. 그들은 무장했는데, 정부의 공식적 군인이나 경찰처럼 보이지 않았다. 나는 그들에게 신분증을 보자고 요구했지만 그들은 거절했다. 그들은 내가 야영지로 들어가는 것을 막고 기자 신분증을 보여달라고 했다. 수많은 비포장도로를 돌고 돌아 마침내 야영지에 들어갈 수 있었다.

그곳은 투박한 나무 오두막, 이동식 원형 텐트, 일반 텐트, 원뿔형 천막이 모인 거대한 야영지였다. 자칭 '물 수호자water protectors'라는 사람들이 수천 명 있었다. 이들은 텍사스에 본부를 둔 에너지 트랜스퍼 파트너스Energe Transfer Partners(ETP)가 소유한 37억 달러에 이르는 송유관 건설을 저지하는 중이었다.[25] 체감온도가 영하 17도 이하로 떨어졌고 살을 에는 듯한 대초원의 바람이 넓은 대평원을 가로질렀다. 나는 얼굴을 스카프로 감았다. 나무 타는 냄새가 대기를 채웠다. 임시변통으로 만든 깃대에서 거꾸로 게양한 미국 성조기와 200여 종족을 대표하는 깃발이 휘날렸다. 성조기를 거꾸로 게양하는 것은 전통적으로 고통을 표시한다. 초록색 이동식 화장실이 캠프 전역에 줄지어 늘어섰다. 남자들은 도끼로 통나무를 쪼개서 커다란 장작더미를 만들었다. 비행기 한 대가 야영지 위를 빙빙 돌았다. 야영지에서 벌어지는 활동을 찍어서 시위자들을 포위하고 있는 소규모 부대의 경찰관들에게 보내고 있음이 틀림없었다.

트럼프는 '다코타 액세스 파이프라인Dakota Access Pipeline(DAPL)'과 '키스톤 엑스엘 파이프라인Keystone XL pipeline' 건설을 승인하는 행정 조치에 서명했다. 그것은 2015년에 국무성과 백악관에서 취소했던 조치다.[26] 2017년 2월 말에 주 방위군과 경찰은 '물 수호자'들을 퇴거시키고 야영지를 폐쇄했다.[27] 2017년 6월 1일에 노스다코타의 석유를 사우스다코타, 일리노이의 분배지로 송유관을 통해 운반하기 시작했다.[28] 스탠딩록족과 다른 세 파의 수Sioux족은 연방법원에 제소했다.[29]

2016년 4월에 캐넌볼강과 미주리강이 만나는 지점에 자리 잡은 야영지에서 몇몇 토착 원주민들이 자발적으로 1172마일에 이르는 송유관 건설을 몸으로 막기 위해 임시 전진기지를 세웠다.[30] 송유관은 스탠딩록-수 자치정부 지역에서 약 1마일 북쪽으로 지나가도록 설계되었다. ETP의 기사들은 지름 30인치의 철강 파이프를 미주리강 아래 90~100피트 깊이로 지나가게 할 계획이었다.[31] 이 땅은 1868년 포트 래러미 조약Treaty of Fort Laramie(미국 정부는 북미 원주민 공동체와 서명한 다른 약 400개의 조약과 마찬가지로 이 조약을 즉시 위반했다)에 의해서 미국이 수족에게 양도한 곳이다.[32] 미주리강은 이 종족들에게 식수를 공급한다. 이 지역은 농토와 고대의 매장지와 공예품이 풍부한 곳이다. 물 수호자 그룹은 규모가 점점 커지면서 수십, 수백 명의 지지자를 확보했고 마침내 1만여 명의 지지자를 확보했다. 그들은 세 개의 위성 진지를 만들었다.[33] 미주리강 강둑을 따라 범람원에 세워진 스탠딩록 진지는 하나의 통치구조를 가졌다. 물 수호자 그룹은 그곳에 공동식당, 의료센터, 학교, 우편 제도,

자체 안보, 프레스센터, 공동 회의 장소와 오락 장소를 설치했다.

스탠딩록 종족회의Standing Rock Tribal Council 의장인 데이브 아르샹보 2세Dave Archambault II는 얼음같이 찬 바람에 몸을 떨면서 말했다. "바켄 셰일Bakken Shale 때문에 많은 회사가 노스다코타로 들어오는 것을 보았습니다." 바켄 셰일은 지난 40년 동안 미국에서 가장 거대한 석유 개발 프로젝트 중의 하나이다. 그 지역은 윌리스턴 분지에 있는 서스캐처원Saskatchewan의 일부 지역뿐 아니라, 몬타나주 동부와 노스다코타주 서쪽에 퍼져 있다.

데이브는 말했다. "2003년에 석유회사들은 임대차 계약을 받아서 2006년부터 수압파쇄법으로 셰일가스를 추출하기 시작했습니다. 우리는 거금이 우리 주로 유입되는 것을 보았습니다. 지금의 풍경은 2000년도 이전의 풍경과는 사뭇 다릅니다. 거기에 사는 사람들은 내 말을 이해합니다. 가스를 추출하며 유출된 폐액 때문에 땅이 아직도 오염 상태에 있습니다. 노스다코타의 서북 지역에 가면 수압파쇄 오일fracking fluid을 모아 거르는 망이 초록색 쓰레기통에 가득차 있습니다."

"그들이 오일샌드Oil Sand를 모으는 방식이 인류의 어머니 대지를 완전히 망쳐버렸습니다. 석유회사들이 정유를 위해서 그 더러운 것을 미국으로 가지고 옵니다. 석유를 정유하는데 쓰이는 에너지가 석유의 가치보다 비쌉니다. 그것은 정부의 결정 때문에 벌어지는 일이에요. 그들은 화석연료를 추출하기 위해서 무슨 짓이든 합니다. 우리는 수압파쇄법도 반대합니다. 우리의 결의는 확고합니다. 일시정지안이 통과했습니다. 스탠딩록에서는 어떤 수압파쇄법도 쓰면 안 됩니다. 우리는 땅을 파괴하는 것에 반대합니다. 여태까지 에너지 독립Energy Independence, 국가안보, 경제 개발, 그 어느 것에도 반대하지 않았습니다. 지나고 보니 이 세 가지가 DAPL 프로젝트를 정당화하기 위한 것이었습니다."

그는 ETP를 거론했다. "그들은 시위자들과 경찰들 사이에 싸움을 붙이고, 정부와 우리의 자치 정부를 이간질합니다. 물 수호자들의 공격이 있을 때마다, 경찰의 공격이 있을 때마다 반격이 있습니다. 그러나 나는 폭력을 용납할 수 없습니다."

노스다코타에 있는 만단Mandan, 히다차Hidatsa, 아리카라Arikara 종족 출신인 칸디 모셋Kandi Mossett과 함께 진지를 걸었다. 그녀는 8월 15일부터 그곳에 있었다. 그녀는 기후 변화와 화석연료 산업이 미국 원주민 공동체에 가져다주는 영향을 밝히기 위한 투쟁에서 주도적인 목소리를 내는 리더 중 한 명이다. 우리는 두 명의 원주민 장로들이 살피는 조그만 모닥불 옆에 섰다.

그녀는 설명했다. "이 불은 신성한 불 중 하나예요. 캠프에 시위를 시작하면서 불을 두 개 피웠어요. 이 불은 물과 균형을 이루기 때문에 누구도 끄면 안 됩니다. 남자들은 불을 지키고 여자들은 물을 지킵니다. 그렇게 언제나 균형을 잡아요. 4월에 불을 피웠어요. 하루도 빠지지 않고 계속 불이 꺼지지 않은 상태를 유지합니다."

비행기가 우리 위를 지나갔다. 그녀는 망원경을 소유한 시위 진압군들이 있는 언덕을 자세히 살펴보았다. 적극적인 시위자들은 경찰들의 거친 진압으로 위성 진영에서 밀려났다. 10월 27일에도 '교섭 캠프 지역treaty camp'에서 쫓겨났다. 경찰은 주요 도로를 봉쇄했다. 여섯 개 주에서 파견한 경찰과 작은 규모의 민간 안전요원들, 주 방위군들이 시위자들과 대치 중이었다. 무장한 이들은 시위대를 밀어내기 위해서 병력 수송 장갑차, 고무 탄알, 스턴 총, 테이저 총, 최루탄, 화학물질을 가미한 물을 쏠 수 있는 대포, 영원히 귀를 먹게 할 수 있는 소음 대포 등을 사용했다. 드론이 머리 위에서 빙빙 돌았다. 전투견들이 시위자 수백 명을 물었다. 체포된 141명은 습기 찬 감방에 갇혔다.[34] 많은 사람이 중범죄로 기소되었다. 정직하게 보도하려는 언론은 방해받고 검열을 당했다. 기자들은 구류되거나 체포당했다. 몇몇 잠입자, 스파이, 정부 공작원들이 물 수호자들 사이에 잠입해서 파괴 행위를 하고, 돌을 던지고 리더들을 체포했다.

모셋은 소음 대포를 이야기했다. "귀가 아주 아파요. 밤늦게까지 귀에서 소리가 울려요."

경찰이 10월 27일 퇴거 작전 시에 군중 속을 헤치고 들어와서 모셋을 체포하려고 할 때, 한 침입자가 모셋을 가리키는 모습이 비디오에 잡혔다.

그녀는 잠입자를 설명했다. "그가 걸어가서 돌을 줍는 모습도 비디오에 보였어요. 그는 돌을 경찰에게 던지기 시작했습니다. 그가 돌을 던질 때 다른 사람은 물병을 던졌어요. 어떤 여자가 말했어요. '제발 던지지 말아요!' 그들은 멈췄습니다. 무리 중에는 선동자들과 잠입자들이 있어요. 옷 스타일 때문에 오토바이족이라고 불리는 두 여자가 있었어요. 그들이 손을 들 때 마이크 줄이 보였어요. 안전요원이 다가가자 그들은 '당신들은 독 안에 든 쥐야' 하고 소리치면서 줄행랑을 쳤습니다. 그들이 담을 넘자 어떤 차가 쏜살같이 달려와서 그들을 태우고 달아났습니다. 그들을 못 들어오게 하는 일은 쉽지 않습니다. 그들은 담 밑으로 들어올 수 있고, 경비소 문 밑으로 들어올 수도 있습니다. 우리는 첩자들이 내부에 있다는 것을 압니다."

"우리 가운데에 현재 체포된 사람들이 약 500명입니다. 수백 명이 얼굴에 물대포를 맞았고, 고무 총알을 맞고, DAPL 사설 경비견에게 공격을 당했습니다. 맞은편 경비대원들 중에 체포된 사람은 한 명도 없을 겁니다. 이번 주에 저 사람 중 한 명이 우리에게 6~7발 공포탄을 쏘았습니다."

그녀가 큰 텐트의 덮개를 올렸다. 나는 그녀와 함께 텐트 안으로 들어갔다. 통조림, 담요, 화장지, 탈취제, 치약, 비누를 포함해서 전국에서 기증한 물건들이 텐트를 가득 채웠다. 다시 나와 약 20명의 아이들이 학교로 쓰고 있는 이동식 텐트를 지나갔다. 거대한 냉동 트럭에서 엔진 돌아가는 소리가 들렸다. 트럭 엔진은 발전기와 태양 패널에 연결되어 있었다.

수압파쇄기 때문에 노스다코타에 있는 모셋의 자치정부는 황폐해졌다.

그녀는 감정이 북받쳐 갈라진 목소리로 말했다. "내가 살아온 조그만 공동체가 완전히 변해버렸어요. 전에는 이웃들을 잘 알았고 설탕 한 컵도 빌려 썼어요. 어렸을 때는 걸어 다니는 것이 겁나지 않았어요. 더 이상 그렇게 할 수가 없어요. 학교 가는 아이들을 유괴하는 일이 벌어지고 있어요. 우리 공동체 주변 여기저기에 남자들이 사는 캠프들이 생겨나요. 폭력 사건과 강간 사건이 일어나요. 계속해서 사건들이 생겨요. 여자들만이 범죄 대상이 아니에요. 어린이들도 그 대상이에요. 아기들도 납치당하고 있어요. 정말 역겨운 일들이죠."

그녀는 곰곰이 생각하면서 말했다. "송유관을 보호하는 경찰이 정말로 수백 명이에요. 우리 공동체에서 당신들을 필요로 할 때 그들은 어디에 있었나요? 우리가 저 약탈자의 폭력에서 보호가 필요할 때 그들은 어디에 있었어요?"

"수압파쇄할 때 저들은 500~2000개의 화학품을 사용해요. 땅 밑으로 약 1만 피트를 파요. 지표에서 그렇게 깊이 파고 들어가면 자연스럽게 방사능 발생 물질에 이르러요. ……저들은 수평으로 수마일에 걸쳐서 구멍을 뚫을 수 있는 기술이 있어요. 저들은 문자 그대로 작은 지진을 일으킵니다. 셰일을 폭파하고 나서 석유를 뽑아내는 데 쓰고 남은 물이 올라옵니다. 그 물은 물론 동물이나 사람이 다시는 쓸 수 없는 물입니다. 그 물은 다시 땅속 깊은 곳에 펌프로 집어넣어 영원히 사용하지 못하도록 규정되어 있습니다. 석유회사는 그곳으로 물을 운반하는 데 일정한 금액, 예를 들면 3만 달러를 지급해야 합니다. 하지만 그냥 버려버리면 1만 달러의 벌금을 내고 끝이에요. 그들은 석유를 끌어 올리려고 계속 인디언 보호 구역을 침범합니다."

"노스다코타에는 엄청난 양의 화석연료가 있습니다. 일곱 개의 석탄 화력발전소가 있습니다. 그 결과 1만 1000마일의 강물이 오염되고 있습니다."

"지난여름 낚시대회에서 물고기 입이 변형된 것을 보았습니다. 물고기 몸에 종기가 나고 고름이 나는 것을 보았습니다. 어류 및 야생동물국은 현재 수압파쇄와 화학물질의 결과로 생기는 용해성 물질이 물고기 속에 있는지 확인하고 있습니다."

그녀는 계속해서 말했다. "노스다코타의 천연가스는 석유산업에서 부가적으로 얻는 것입니다. 유전에서 불길이 치솟습니다. 우리는 땅에서 거대한 불길이 치솟는 것을 봅니다. 한 바퀴 빙 둘러보세요. 사방에서 불길이 치솟는 것을 볼 수 있잖아요. 어디를 가나 볼 수 있습니다. 마치 전쟁터 같아요."

인디언 보호구역에 있는 아이들이 병을 앓기 시작했다.

"내 어린 조카는 일곱 살에 숨을 쉴 수가 없어서 병원으로 갔어요. 의사들이 놀랐는데, 그 아이는 바늘구멍만한 크기의 숨통으로 호흡하고 있었어요. 조카의 허파는 아주 작게 줄어들었어요. '그녀가 천식이 있나요?' '아뇨.' 그렇지만 그녀는 몇 주 동안 천식약을 복용했어요. 우리는 그 병이 도대체 뭔지를 알 수 없었습니다. 우리가 사는 지역에 수압파쇄가 시작되고 나서 이 모든 일이 벌어졌습니다."

"노스다코타의 인디언 보호구역에서 자라면서 주변 사람들이 늘 아픈 걸 봤어요. 나는 대학 2학년 때, 육종 4기 진단을 받았어요. 어머니는 눈물을 터뜨렸어요. 만일 내가 그때 그게 뭔지 알았다면 훨씬 겁이 났을 거예요. 육종 4기에 접어든 대부분 사람은 살아남지 못해요. 보통 종양은 근육이나 뼈에 있는데 제 경우는 그게 아니라서 의사들이 진단을 내리는 데 3주 걸렸어요. 피하조직, 쉽게 말해서 지방에 종양이 생긴 거죠. 처음 발견했을 때는 피부에 콩알만한 덩어리가 튀어나왔어요. 색깔이 보라색이었어요. 그러더니 색깔이 변하더라고요. 나쁜 징조라는 생각이 들었어요. 보험이 적용되는 곳은 인디언 보건소였기 때문에 거기로 갔어요. 전문병원에 가기 위해서 의사 소견서가 필요하니까요. 인디언 보호구역 바깥 병원에서 진료받을 수 있는 유일한 방식이죠. 처음에는 보건소에서 소견서를 써주지 않았어요. 30일 후에 다시 오라는 거예요. 6일 후에 다시 갔어요. 콩알만했던 게 호두알만해진 거예요. 의사가 그것을 보더니 소견서를 써주더라고요. ……큰 병원에 가서 절개 수술을 했고 흉터가 크게 났어요. 약 10.5인치였어요. 다리 뒤쪽에서 살을 떼어서 피부 이식을 했어요. ……피부 이식이 잘못되어 그것을 떼어내기 위해서 또 수술을 받았어요. 그 수술을 다시 치료하기 위해서 또 수술을 했어요. 제대로 꿰매지 않아서 또 수술했어요. 다섯 번은 수술받은 것 같아요. 뼈 정밀사진, 즉 CAT 촬영을 했어요. 이렇게 10년이 지난 후에 법적으로 치료가 끝났다고 했어요. 나는 방사선 치료와 화학요법을 거부했어요. 그게 어떤 것인지 알고 있었거든요. 나는 아이를 갖기를 원했어요. 이 생각은 어릴 적부터 했어요. 그런 치료를 받으면 나쁜 세포뿐 아니라, 건강한 세포도 죽는 것을 알고 있었죠. 의사들은 선택은 내가 하는 것이니까 좋다고 했어요. 나는 살아남았습니다. 그러나 그렇지 못한 친구들이 있어요."

그녀는 울기 시작했다.

그녀는 솟구치는 눈물을 억누르면서 말했다. "아름다운 두 아이를 남기고 죽은 친구가 있어요. 자궁암이었는데 수술할 수 없었어요. 결국 그녀는 죽었습니다. 정말 힘들었어요. 내 파트너의 할머니는 폐암에 걸렸고, 진단 후 3개월 만에 돌아가셨어요. 한 사람한 사람씩 죽어가고 있어요. 얼마 전에 전립선암으로 돌아가신 삼촌을 묻고 왔어요. 다른 삼촌도 전립선암을 발견했어요. 할아버지도 암이었어요. 난 이런 질문을 해요. '다른 사람들이 모두 전투에서 패배했는데 왜 나는 아직 살아 있지?' 나는 이 질문의 답을 찾아 지금 이 일을 하고 있어요. 환경 인종주의environmental racism가 의미하는 말이 무엇입니까? 기후 정의climate justice가 무엇을 의미합니까? 우리는 화석연료 산업에 의해서 불공정하게, 불균형하게 희생당하고 있는 것을 이해하지 못했어요. 우리는 그것에 대항할 자원이 없었어요."

그녀는 말했다. "신발 상자 두 개에 부고가 가득 차 있어요. 종이 한 장이 얼마나 얇은지 아시잖아요. 내가 그냥 아는 사람과 직접 참석한 장례식까지 모두 써놓았어요. 그들이 무슨 암으로 죽었는지 하나하나 다 써놓았죠. 그 정보로 죽어간 이들의 얼굴과 이름을 기억해요. '이 사람은 무슨 병으로 죽었다'라는 식으로요. 그래야 그 사람들이 그나마 정당하게 사람으로 대우를 받는 것 같아서요. 그 사람들은 그저 무시당해야 할 사람들이 아니잖아요."

그녀는 울먹거리면서 말했다. "정부는 우리의 씨를 말리려고 했어요. 그렇지만 우리는 이렇게 있습니다. 이렇게 존재하는 것은 아름다운 일입니다. 우리는 투쟁하고 있습니다. 우리는 어떤 역경도 이겨내고 승리할 것입니다. 우리는 무장하지 않은 채 저들과 싸웁니다. 나는 세 딸과 많은 시간을 보내며 주 방위군과 일곱 개의 다른 주에서 온 경찰, 보안경비대 GS4와 투쟁하고 있습니다. GS4는 중무장을 한 1급 특수비밀부대인데, 아프가니스탄과 이라크 용병대에 있다가 방금 돌아온 사람들입니다. 폭동 진압을 위해서 완전무장한 자들에게 대항하면서 맞선다는 것은 세상에서 가장 미친 짓인지 모릅니다. 그들은 진짜 총을 가지고 있습니다. 고춧물을 넣은 소화기처럼 보이는 아주 커다란 통과 테이저 총으로 무장하고 있습니다."

그녀는 말했다. "할아버님은 제2차 세계대전 퇴역군인이셨습니다. 할아버지는 전투 중 부상한 군인에게 주는 퍼플 하트 훈장을 두 개 받았습니다. 할아버지는 머리 수술을 받을 때 집어넣은 쇠붙이를 지니고 일생을 사셨습니다. 그는 노르망디 상륙작전에 참여했습니다. 그때 할아버지의 나이가 열여덟이었어요. 할아버지는 나라를 위해서 싸웠고 일생 고통스럽게 머릿속에 쇠붙이를 지니고 사셨는데, 손녀딸이 이 나라의 민간인을 지켜야 하는 경찰의 공격을 받고 있습니다. 할아버님이 이렇게 당하려고 생명을 걸고 싸운 것은 아니잖아요?"

나는 야영 진지가 보이는 언덕으로 올라갔다. 이동식 원형 텐트 덮개를 열고 들어가 북미 원주민 활동가 톰 골드투스Tom B. K. Goldtooth와 이야기를 나누었다. 우리는 나무로 불을 땐 작은 주철 난로 앞에서 몸을 데웠다.

그는 말했다. "레드파워 운동Red Power movement*이 일어날 때 나는 젊은이였습니다. 때때로 그 운동을 떠올리며 농담을 섞어서 이야기합니다. 나는 당시에 미국인디언운동American Indian Movement(AIM)의 지도자들의 강력한 추천으로 AIM에서 활동했습니다."

"레드파워라고 불리는 이 운동은 AIM, 연합인디언운동United Indian Movement, 미국원주민연합United Native Americans, 전미인디언청년위원회National Indian Youth Council, 레드네이션여성회Women of All Red Nations이 모여서 함께한 운동입니다. 우리의 운동은 식민화, 동화주의, 문화변용 문제를 해결하고, 6세대의 예언을 성취하려는 저항이었습니다. 산업화가 우리에게 준 결과는 우리 본래의 모습을 잃어버리게 했습니다. 레드파워 운동은 내가 나의 역할의 확인하는 데 도움을 주었습니다. 나는 언제나 비폭력 운동에 헌신했습니다. 그것은 나의 가르침이기도 합니다. 나는 화, 좌절, 격노를 언급했습니다. 그런데 우리 운동은 운시 마카Unci Maka, 즉 어머니 지구를 향한 사랑과 자비를 이해하기 위한 기초를 놓은 운동입니다. 다시 말해 모든 사람을 포용하는 무지개 색깔들이 이루는 균형을 이해하는 것입니다. 그 균형은 우리가 이해하기 전에 늘 거기에서 우리를 기다리고 있었습

★   1960년대에 미국 원주민들이 자결과 그들의 땅을 되찾기 위해 벌인 투쟁. 그들은 시민권을 되찾기 위해서 과격한 행동을 서슴지 않아야 한다고 주장했다.

니다. 우리의 운동은 인내를 발견하기 위한 길이고, 생각과 마음을 어떻게 이용하는가를 찾는 것입니다. 세상에서 가장 긴 여행은 때때로 머리에서 심장까지의 여행입니다."

"젊은이들은 인내심을 가질 필요가 있습니다. 사려 없이 곧장 그들의 에너지를 행동으로 옮기기보다는 제일 먼저 기도를 해야 합니다. 덥석 행동으로 옮기기를 기다리는 자들은 기업과 정부입니다. 그들은 우리가 그들의 자극에 반응하기를 원합니다. 그들은 우리가 분노하기를 원합니다. 분노가 우리의 감정과 좌절을 고조시킬 때, 분노는 격노로 변합니다. 그것은 집단의 격노로 바뀝니다. 그것은 사람들의 불행을 먹고삽니다.

"6세대의 예언에 의하면 우리는 우리 모두의 생명을 집어삼킬 괴물, 약탈자, 검은 뱀(석유 송유관)과 싸울 것이라고 했습니다. 지금 우리가 하는 일은 일종의 영적 책임을 수행하는 겁니다. 자비의 빛을 드러내야 합니다. 우리가 갈 수 있는 다른 곳은 없습니다. 지구는 나의 집입니다. 변화를 두려워하지 마십시오. 혼돈에서 균형과 조화가 옵니다. 우리는 어머니 지구와 우리가 맺고 있는 관계를 재평가할 필요가 있습니다."

"경제 체제는 계속해서 생명 자체, 심지어 노동자들의 심장을 먹어치우고 있습니다. 그것은 지속 가능하지 않습니다. 어머니 지구는 이런 체제를 혁명하라고 외치고 있습니다. 그 혁명은 단순히 원주민들하고만 하는 것이 아닙니다. 우리는 아마존강에 있는 형제자매들과 같이합니다. 나는 검은 머리카락이 발목까지 내려오는 숲속의 영적 여인과 대화를 나누었습니다. 그녀는 꿈에 나타나서 아마존강의 여성들과 기름에 오염된 북부 지역의 여성들(강가에서 살면서 물 수호자 시위 첫날부터 저항해온 가족 구성원)은 뭉쳐야 한다고 말했습니다. 우리는 작년에 UN 기후협상이 있을 동안에 이 여성들을 프랑스의 파리로 데리고 갔습니다. 거기 가지 않은 여성들은 여기 남아서 목소리를 높였습니다. 여기 있는 여성들은 저항운동의 기초입니다."

골드투스는 계속해서 말했다. "두 달 반 전 활동 중의 하나는 이 여성들이 한 것입니다. 우리는 노스다코타 만단의 남쪽에 있는 경찰 바리케이드 전선에 우리의 목소리와 마음을 가져다줄 필요를 느꼈습니다. 거기에 있는 경찰들은 자연과 분리되어 있습니다. 그들은 그들 자신과 분리되어 있고 우리와 분리되어 있습니다. 그들과 대화를 할 수 없어서 마음이 아픕니다. 우리는 퇴역군인들을 위해 비스마르크와 만단을 분리시키는 기억의 다리에 우리의 목소리를 가지고 갔습니다. 원주민 행동대는 빨간 색깔의 큰 기를 만들었습니다. 그것은 물의 신성함을 보호하는 마지막 경계선을 상징합니다. 우리는 거기서 출발하는 1마일의 기도 행렬대를 동원했습니다. 여성들이 캐년볼강에서 의식을 거행했습니다. 그들은 물을 가지고 갑니다. 그들은 말합니다. '우리는 당신의 할머니로서, 아주머니로서, 형제자매로서 물을 주기 원합니다.' 노스다코타 모턴 카운티 경찰 소속 고속도로 순찰대들이 있는 경찰 라인(내 생각에 주 방위군은 거기에 없었습니다)이 있는 곳에서 여성들이 그들에게 물을 전했습니다."

나는 물었다. "만일 기업이 송유관을 건설하면 당신들은 패배했다고 봅니까?"

그는 재치있게 대답했다. "그 석유는 그들이 생각하는 것보다 훨씬 빨리 바닥이 날 겁니다. 아마 그 회사는 파산할 겁니다."

스탠딩록에서 물 수호자들의 저항은 미래의 저항운동에 좋은 본보기를 제공했다. 그것은 비폭력적이었고 지속적이었고 매우 조직적이었다. 그것은 영적, 역사적, 문화적 전통에 근거했다. 그것은 공동체에서 유기적으로 퍼져나가 국가 양심에 불을 붙였다. 트럼프가 취임하면서 송유관 건설을 승인했기 때문에 저항운동의 궁극적 목표는 실패했다. 그러나 그것은 우리에게 어떻게 저항해야 하는지를 보여주었다.

조지 레이키George Lakey는 유진 랭Eugene M. Lang 기금을 지원받는 방문 교수 자격으로 사회변혁 이슈를 연구하는 스와스몰대학의 명예교수이다. 그는 비폭력적 사회변화에 초점을 맞추며, 1920년대와 1930년대의 스웨덴과 노르웨이가 자국의 파시즘 등장에 보인 반응과 이탈리아와 독일이 보인 반응을 비교하는 사회학자이다. 레이키 교수에 의하면, 우리는 그때와 비슷한 역사적 순간에 살고 있다. 레이키는 1960년대 인권운동 시기에 미시시피 자유 여름Missisippi Freedom Summer 프로그램의 교사였고, 인권운동의 초기 교재 중 하나인 《직접행동을 위한 매뉴얼: 인권운동과 모든 다른 비폭력적 저항운동을 위한 전략과 전술A Manual for Direct Action: Strategy and Tactics for Civil Rights and All Other Nonviolent Protest Movements》을 마틴 오페하이머Martin Oppenheimer와 같이 썼다. 나는 그를 뉴욕에서 만났다.

그는 스웨덴과 노르웨이에 대해서 말했다. "파시즘은 명백한 위협이었습니다. 그들은 불황을 겪고 있었습니다. 노르웨이의 불황 수준은 독일보다 훨씬 심각했습니다. 유럽에서 제일 심했고, 실업률도 유럽 최고였습니다. 사람들은 굶주렸습니다. 세계공황이 가지고 온 가난의 압박감(그것은 파시즘을 추구하기 좋은 환경이다)은 스웨덴이나 노르웨이에 팽배했습니다. 이 두 나라에서 나치들이 한 일이나 독일과 이탈리아에서 나치들이 한 일은 모두 폭력의 도발, 그리고 도발, 끊임없는 도발입니다. 언제나 그들의 구호는 '좌파에게 미끼를 던져 낚아라. 좌파가 올 것이다. 우리는 거리에서 싸울 것이다'였습니다."

그는 거리 폭력은 항상 "국가가 강력한 힘을 발휘하게 만든다"라고 말했다. 마치 미국 원주민 장로들에게 들었던 말을 다시 듣는 것 같았다.

"폭력은 (1퍼센트의 엘리트에 의해 지배받는) 국가에 더욱 강력한 힘으로 국민에게 간섭할 명분을 줍니다. 그리고 폭력에 대한 중산층의 반응은 '질서를 염려한다. 우리는 혼란을 원치 않는다'입니다. 그게 독일에서 일어났습니다. 그것은 국가의 강제력을 강화하는 계기였습니다. 이러한 일은 이탈리아에서도 마찬가지였습니다. 그게 노르웨이와 스웨덴의 파시스트들이 노리는 전략이었습니다. 그러나 전략이 먹혀들지 않았습니다. 좌파가 말려들지 않았기 때문입니다. 그들은 거리 폭력을 도발하려는 파시스트의 미끼에 말려들지 않았습니다."

레이키는 이어서 말했다. "그들은 인권운동가들의 기조, '우리가 성취하려는 목표에서 눈을 떼지 말라'는 운동 기조를 실천했습니다. 그들은 자신들이 추구하는 목표를 잘 알고 있었습니다. 경제 엘리트를 몰아내는 것과 그들의 지배구조를 제거하는 것이 자신들의 목표라는 것을 분명히 했습니다. 그 결과, 그들은 오늘날 북유럽 모델이라는 경제 체제를 만들었습니다. 그들이 한 것은 다수의 사람이 참여하는 파업, 보이콧, 시위였습니다. 우리가 예상하듯이 도시 지역만이 아니라, 지방에서도 집합행동에 참여하는 것입니다. 경제 대공황 시기에 스웨덴과 노르웨이 지방에 있는 많은 농부가 농장의 저당권을 상실했습니다. 농부들은 매년 빚에 시달렸고, 빚을 갚을 방법이 없었습니다. 치안 담당관들이 왔을 때, 농부들은 그들과 몸싸움을 벌이지는 않았지만 집단적으로 협조를 거부했습니다. 폭력을 쓰지는 않았지만, 매우 강력한 집단적 협조 거부 때문에 치안 담당관들은 경매를 수행할 수가 없었습니다."

"내가 관계하고 있는 그룹(지진행동팀Earth Quaker Action Team)은 기업의 뒤를 쫓는 것을 좋아합니다. 우리는 한 은행(PNC은행)을 추적했습니다. 그 은행은 우리나라에서 일곱번째로 큰 은행인데, 애팔래치아 지역에서 산 정상을 제거하면서 석탄을 채굴하는 회사에 융자금을 제공하는 데에는 제일가는 은행이었습니다. 우리는 그 은행이 융자를 주지 못하도록 강제했습니다. 비폭력적으로 그들의 일을 파괴하고 또 파괴하는 것입니다. 우리는 미국 전역에 있는 그 은행의 지점들에서도 활동했습니다. 우리는 두 번의 주주총회를 막아냈습니다. 우리는 그 은행에서 사람들이 돈을 찾도록 보이콧을 벌였고, 찾은 돈은 지방 신용조합에 넣도록 장려했습니다. 이렇게 1퍼센트의 부자를 추적하는 데는 한 가지 이상의 방법이 있습니다."

"근래 매우 기발한 방법을 고안했습니다. 우리가 경험하는 억압구조에 근본적인 책임이 있는 1퍼센트의 부자들이 소유한 경제 실체에 초점을 맞추는 것입니다. 누가 실제로 그 일을 운영하는지 알아내고, 그들을 정치적, 경제적 차원에서 지켜보는 거죠." 그는 저항이란 형식적 정치 시스템 바깥에서 온다는 것을 강조했다. 이런 저항을 기업의 통제를 받는 민주당, 공화당과 대부분의 기관들이 받아들일 리 없다.

"우리는 엄청난 진전을 이루면서 대중운동을 조직했습니다.

그것이 노르웨이나 스웨덴에서 경제 엘리트들을 몰아낸 방법입니다. 그것은 저항운동을 성공적으로 만들 수 있는 좋은 방법을 제시합니다. 안티파들이 제시하는 방법이 아니라 인권운동가들이 보여준 방법입니다. 그것은 효과가 있었습니다. 내가 직접 인권운동가들과 그 현장에 있었습니다. 그때 KKK단은 지금보다 세력이 훨씬 강했습니다. KKK단은 실제로 미국 남부 지역을 움직이고 있었습니다."

그는 저항이란 계속해서 "밀어붙이고, 밀어붙이고, 또 밀어붙이고, 캠페인을 한 후에, 또 캠페인을 하고, 또 캠페인"을 하는 운동을 의미한다고 말했다. 그것은 항상 "공세를 취해야 하며, 그것이 저항운동의 비결"이라고 말했다.

그는 인권운동에 대해서 말했다. "캠페인을 하고 또 하는 것을 선택한 후에, 그런 캠페인에서 승리하는 감각을 잃어버리는 순간, 그들은 운동의 동력을 잃게 됩니다. 노르웨이와 스웨덴의 저항운동에서 중요한 사실은 그들이 운동의 추진력을 지켜나간 것입니다. 캠페인은 계속해서 참가 인원이 늘어나고, 그 추진력이 거세져서 마침내 경제 엘리트가 물러났습니다."

"나는 루터 킹 박사의 수석 전략가인 바야드 러스틴Bayard Rustin에게 큰 영향을 받았습니다. 바야드가 반복해서 '만일 우리가 경제 정의를 이루지 못한다면 50년 후에 우리는 여전히 인종주의가 판치는 걸 볼 것이다'라고 말하는 것을 들었습니다. 그의 말은 옳았습니다. 그러나 그 말을 이해하고 있던 킹 박사와 다른 지도자들은 그것을 성취할 수 있을 정도의 충분한 사람들을 모을 수가 없었습니다. 1963년의 행진은 일자리와 정의를 쟁취하기 위한 행진이었습니다. 그들은 어느 정도 그것을 쟁취할 수 있었습니다. 그들은 계속해서 그 방향으로 나아갔고, 그 과정에서 백인 노조들도 참여했습니다. 그러나 전반적으로 경제가 번영하는 상황에서 우리의 경제 체제에 만족하는 사람들이 많았습니다."

지금 이 나라가 겪고 있는 경기침체, 탈산업화, 긴축경제, 빚을 갚기 위한 노역, 사회복지와 인프라의 쇠퇴와 붕괴, 노동자계급의 가난이 형국을 바꾸었다고 레이크는 말했다. 한마디로 노동자층은 더는 매수당하지 않는다는 것이다.

"우리는 매우 다른 상황에 있습니다. 우리는 여전히 궁핍합니다. 한때 존재한 만족감이 지금은 없습니다. 트럼프는 그 사실을 이용했습니다. 곳곳에 불만족이 깔려 있습니다. 나는 킹, 바야드, 그리고 다른 운동가들이 1960년대에 일어나기를 바랐던 일이 지금 실현될 수 있다고 생각합니다."

그는 덧붙여 말했다. "기후 변화를 무시한 결과 일어나는 충격은 큰 재앙을 몰고 올 겁니다. 우리는 방금 휴스턴에서 파괴적인 허리케인의 습격을 받았습니다. 이런 자연 재해로 점점 더 많은 돈이 새어나갈 겁니다. 1퍼센트의 부자들은 여전히 자신들이 치러야 할 비용을 내지 않으려고 합니다. 이런 상황에서 대중의 불만은 늘어갑니다. 우리는 양극화를 경험할 겁니다. 양극화는 항상 불평등의 확대와 함께 일어나는 현상입니다. 우리는 더 극심한 양극화를 볼 겁니다. 이런 것들이 안티파를 유혹합니다. '점점 더 화가 치밀어!'"

그는 말했다. "산 정상을 제거하려는 탄광업체와 싸울 때, 거실에서 시작한 조직[지진행동팀]이 13개 주로 퍼져나갔습니다. 우리는 흔들림 없이 비폭력을 지켰습니다. 우리는 사람들이 이해할 수 있는 것을 목표로 삼았습니다. '와, 당신은 이런 회사들에 돈을 대

는 은행을 찾아서 운동을 벌이는군요. 나도 같이하고 싶습니다.'
우리가 했던 일은 은행을 버티기 힘들게 해서 그들이 스스로 그런
사업에서 손을 떼게 하는 것이었습니다."

"1퍼센트의 부자들과 싸우는 일에 맞췄던 초점을 극우 편에
있는 노동자들과 싸우는 일로 돌릴 필요가 없습니다. 우리가 반드
시 봐야 할 것은 노동자들이 갖는 실제적 불만이고, 우리는 그것
을 해결해야 합니다. 의료보험 제도에서 혜택을 받지 못하는 노동
자 출신이 우파에 얼마나 많습니까? 극우파에 속한 많은 사람들이
미국 역사상 처음으로 평균수명 이전에 사망합니다. 미국의 의료
보험 제도는 엉망입니다. 오바마케어는 그전보다는 낫습니다. 그
러나 여전히 엉망입니다. 인종주의가 문제의 본질인 줄 알고 인종
주의 강박관념에 빠진 나머지, 함께해야 할 사람들을 배제하는 대
신에, 그들이 가진 진짜 불만을 해결해야 합니다. 파시즘은 경제가
내리막길에 있을 때 자라납니다. 겉으로 드러나는 증상에 집중하
지 말고, 핵심 문제에 초점을 맞추어 해결해야 합니다."

레이키가 말했듯이 비폭력은 수동적인 운동이 아니다. 빈틈없
이 비폭력을 실행하면 "우리를 폭력으로 끌어들이려는 사람들을
무력화시킬 수 있다".

그는 말했다. "1퍼센트의 사람들은 시민운동을 좋아하지 않
았습니다. 그들은 마지못해 인정한 것입니다. 존 에드거 후버^{J. Edgar}
^{Hoover}*는 이런 말을 했습니다. '마틴 루터 킹 목사는 미국에서 가장
위험한 흑인이다.'"

---

*   FBI를 만든 사람이자 최초의 FBI 국장으로 1972년 죽을 때까지 그 자리를 지켰다.
    그의 권력 남용은 정치적으로 이용되어 현직 대통령까지도 위협했다.

퍼거슨의 불만은 아테네, 카이로, 마드리드, 아웃치나파에 똑같이 퍼져 있다. 세계 곳곳의 반란이 여러 색깔로, 여러 언어로, 다른 믿음과 가치를 가지고 퍼져가고 있지만 결국 공동의 적을 중심으로 뭉쳐질 것이다. 전 세계에서 비참한 처지에 내몰린 사람들은 연대와 의식의 유대를 통해서 하나가 되어 세계적인 기업의 소유주들에게 대항할 것이다.

반란의 리더십은 특권층의 기관이나 엘리트 대학에서 나오는 것이 아니라 가난한 사람들, 보통 유색인종이 사는 불결한 주거지에서 나올 것이다. 미국에서 두번째로 위대한 혁명가는 토머스 제퍼슨과 같은 사람이 아닐 것이다. 그녀 혹은 그는 래퍼 루페 피아스코Lupe Fiasco와 같을 것이다.

경제적, 인종적 불평등을 해결하는 데 관심이 없는 기업 국가는 대결을 준비하고 있다. 어떤 개혁도, 훈련도, 강력한 무기도, 다양한 프로그램도, 지역 봉사도, 특수기동대SWAT도, 바디캠과 같은 새로운 장치도 미국의 치명적인 경찰 폭력, 특히 가난한 유색인종을 대상으로 하는 경찰 폭력을 막지 못했다. 2015년 말에 워싱턴포스트는 경찰에 사살당한 사람이 995명이라고 보도했다.[35] 가디언은 1146명이,[36] 웹사이트 '페이틀 인카운터스Fatal Encounters'는 1357명이 경찰로 인해 사망했다고 기록했다.[37] 경찰로 인해 사망한 숫자는 가난한 지역사회에 공포와 테러를 퍼뜨리는 책임감 없는 군대와 같은 괴물이다. 반면, 영국이나 웨일스의 경찰로 인해 사망한 숫자는 1990년에서 2016년까지 27년 동안 1631명이었다.[38]

경찰은 극빈한 사람들이 사는 지역에서 약탈자 노릇을 한다. 그들은 압류법을 명분으로 무차별적으로 돈, 부동산, 자동차, 다른 자산을 압류한다. 교통위반, 주차위반, 그리고 다른 종류의 벌금들은 오로지 지방 정부의 기금을 긁어모으기 위한 것이며, 감옥을 채무자의 수용소로 만든다.

수백만의 젊은이들이 누명을 쓰고 감옥에 끌려간다. 이들 중 많은 이들은 폭력을 사용하지 않았으며, 재판을 받지 않고 감옥에 갇히는 경우도 많다. 특수기동대는 비폭력 범죄에 대한 영장을 받아 집으로 쳐들어와서 집 안에 있는 사람들에게 총을 쏘기도 한다. 걸핏하면 총질하기를 좋아하는 경찰은 무장하지 않은 사람의 등 뒤에서 총을 쏘고도 살인 혐의로 고발당하는 경우가 거의 없다. 가난한 자도 적법한 절차를 거쳐야 한다는 헌법상의 기본적 권리는 실제로 수십 년 전에 폐지된 것과 마찬가지이다.

조너선 시몬Jonathan Simon이 쓴《범죄를 통한 통치Governing Through Crime》와 미셸 알렉산더Michelle Alexander가 쓴《새로운 짐 크로우The New Jim Crow》의 주장에 의하면, 경찰과 법원이 범죄 행위로 규정하는 표적의 기준은 대개 인종적 불평등과 계급에 기반을 두고 있으며, 무엇보다 중요한 사실은 사회적, 정치적인 소요를 일으킬 가능성이 있는 그룹들을 표적화한다는 것이다. 사회학자 앨릭스 비탈레Alex S. Vitale가《치안 유지의 종말The End of Policing》에서 지적하듯 형사 정책이 "사법제도로 위장하여 '위험한 계급들'을 다루기 위한 형벌 중심으로 짜여 있다".[39]

형사 사법제도는 월스트리트의 은행, 기업과 소수의 독재적 지배자들을 잡아들이지 않는다. 이들이 세계 경제, 생태계, 수많은 미국인의 생활에 말할 수 없는 손해를 끼친 범죄를 저질렀지만 이들을 처벌하지 않았다. 2008년 금융붕괴를 초래하며 엄청난 사기 행각을 저지른 은행가 중 누구도 감옥에 가지 않았다.[40] 그들이 저지른 범죄로 실업이 만연했고, 수백만의 사람들이 집을 압류당하고 쫓겨났으며, 노숙자로 전락하고, 파산했다. 그런데도 미국 재무성은 금융 투기꾼들에게 국민이 낸 세금으로 구제금융을 제공했다.

우리는 이중적 법 제도 안에서 살고 있다. 가난한 사람들은 담뱃갑에서 담배를 풀어 개비로 팔았다(2014년 뉴욕시 경찰이 이런 이유로 에릭 가너의 목을 조여 죽였다)는 게 위법 행위라는 이유로 제압당하고 체포되고 투옥된다. 반면에 정치에 영향력이 있는 소수의 부자들과 기업들이 자행하는 끔찍한 범죄 행위들(기름 유출에서 전 세계 부의 40퍼센트를 날린[41] 1000억 달러의 금융 사기까지)에는 미미한 행정 조정을 적용하거나 상징적인 벌금부과로 처벌하거나 형사 소추를 면해주고 민사법을 적용한다.

사법제도를 왜곡시키고 경찰이 가난한 자들에게 벌이는 공격적 전쟁은 트럼프와 제프 세션스 법무장관의 권력하에서 더욱 악화할 것이다. 이들은 오바마 대통령이 2015년에 제출한 1033프로그램* 제한조치를 되돌려놓았고, 경찰의 무기를 군사용으로 전환하여 최루탄 발사대, 병력 수송 장갑차, 50구경 기관총을 연방정부, 지방 경찰을 위해 준비했다. 1997년 이래로 국방부는 군사 장비 마련을 위한 51억 달러를 경찰청에 인계했다.[42] 트럼프 행정부는 연방정부 감옥 시스템에 감옥 민영화를 부활시켰고, 소위 마약과의 전쟁을 가속했으며, 법원을 우파적인 '법과 질서law and order'를 고수하는 판사들로 채우고, 처벌과 보상으로 분열을 조장하는 정치를 선전하고 있다. 경찰 노조들이 열정적으로 이런 조치를 환영하고 있다. 우리는 그들에게서 미국 개척 시대의 황량한 서부 정신이 되살아나는 것을 본다. 그것은 1960년대와 1970년대의 잔인한

★　경찰 당국이 잉여 군용 장비를 저렴하게 또는 무상으로 받을 수 있도록 한 법안.

경찰을 상징하는 정신이다. 이 시절에는 경찰이 아무런 처벌을 받지 않고 급진주의자, 특히 흑인 급진주의자들을 살해했다. 엘리트의 근위대는 모든 전체주의 체제처럼 법의 범위를 넘어서 있다. 비탈레는 "전체 형사 사법제도가 보복을 위한 거대한 공장이 되었다"라고 썼다.[43]

1990년대에 미국 전역에 걸쳐서 10대 범죄자들, 특히 흑인 젊은이들을 '초포식자superpredators'라고 부르면서 일망타진하겠다는 명분에서부터 '마약과의 전쟁'을 선포한 명분에 이르기까지 경찰력의 확대를 정당화하기 위한 어떤 주장도 대중들은 신임하지 않는다. 마약과의 전쟁에서의 처절한 패배와 더불어 지난 40년간의 감옥 시스템과 경찰력은 거대한 문제로 남았다. 가난한 사람들의 삶은 전혀 나아지지 않았다. 문제는 궁극적으로 경찰의 역할이 치안을 유지하는 데 있는 것이 아니라 사회를 통제하기 위한 수단이 되고 있다는 것이다. 경찰은 가난한 노동자들을 현대의 농노로 만들고 사회의 각 계층을 모두 잉여노동으로 계산하는 기업 자본주의 체제를 뒷받침하고 있다. 정부는 인종주의적 불평등과 경제적 불평등을 해결하려고 노력하지 않고, 가난을 범죄시하고 있다. 정부는 가난한 자들을 부자를 위한 환금 작물로 만들고 있다. 도스토옙스키는 한 사회의 문명화 등급은 그 사회의 감옥에 들어가보면 알 수 있다고 말했다.

비탈레는 다음과 같이 썼다. "경찰의 문제가 충분하지 못한 훈련과 전문성이 없는 현실에 있다고 보면, 치안과 법 제도가 본래 인종적 불평등을 유지하고 악화시키는 데 이바지한 역사적 사실을 해결할 수 없다. 그들은 인종을 고려하지 않는 '법과 질서'를 적용하면서 애초부터 유색인종을 구조적으로 불리한 입장으로 몰아넣는 제도를 강화한다. 경찰을 개혁하려는 사람들은 애초에 경찰의 기본적 성격이 불평등을 관리하고 현 상태를 유지하기 위한 도구였다는 사실을 이해하지 못한다. 이러한 역사적 사실을 직접 해결하지 않는 경찰 개혁은 경찰의 본성을 재생산할 뿐이다. ……적절한 절차를 밟아 훈련받은 경찰은 대부분 낮은 등급의 범죄를 저지른 사람들을 체포할 것이고 그 대상은 여전히 유색인종일 것이다. 그렇게 해야 시스템이 돌아가기 때문이다. 그것은 경찰관들 개개인이 가진 편견이나 오해에서 비롯하는 문제가 아니다."[44]

비탈레는 내게 말했다. "지난 40년간 마약과의 전쟁은 결국 사람들을 더 오랫동안 투옥시키는 일로 끝났습니다. 마약은 전보다 더 싸지고 사기 쉬워졌고 중독성이 강해졌습니다. 미국의 고등학생은 그들이 원하는 종류의 마약을 살 수 있습니다. 마약이나 다른 사회적 문제를 해결하는 방식이 체포, 법원, 처벌, 감옥이라는 절차를 통과하는 것이고, 우리는 이 방식을 고집하고 있습니다. 이것이 트럼프의 방식입니다. 트럼프는 국가의 고유한 역할은 강제와 위협이라고 생각합니다. 그것이 외교 정책 영역이든 국내 문제 영역이든 말입니다."

비탈레가 그의 책에서 썼듯이, 경찰이란 본래 유산계급이 그들의 경제적, 정치적 지배를 유지하기 위해, 부자들이 권력을 장악하고 개인의 재산을 축적하는 능력에 도전하는 노예, 가난한 자, 반체제자, 노조를 통제하기 위해서 만든 제도의 일부다. 경찰은 범죄를 해결하지만, 이것이 그들의 본래 기능은 아니다. 자본주의 국가에서 정치적, 문화적, 사법적 체제의 중심은 재산권 보호이다. 애덤 스미스가 지적했듯이, 시민 정부를 "재산의 안전을 위해서 구성할 때, 그것은 부자를 가난한 사람들에게 보호하기 위해 혹은 재산을 전혀 갖고 있지 않은 사람에게 어느 정도의 재산을 가지고 있는 사람들을 보호하기 위해서 조직한 것이다".[45]

널리 퍼져 있는 감시장치를 포함해서 미국의 치안 기술은 미국의 경찰청이 도입하기 전에 필리핀과 같은 미국의 식민지에서 개발하고 완성했다. 미국 정부는 미국 남부 지역에 있는 흑인들을 통제해야 했고, 노조와 급진적 사회주의자들을 파괴해야 했다.

내가 비탈레를 만났을 때, 그는 말했다. "사람들은 종종 로버트 필Robert Peel 경이 1820년대에 만들었던 런던 메트로폴리탄 경찰을 이야기합니다. 우리는 그들을 시민의 지지를 받는 공평무사하고 정치적으로 중립적인 경찰의 본보기로 이야기합니다. 그러나 이것은 역사를 잘못 알고 있는 것입니다. 필은 영국의 점령지 아일랜드를 관리하도록 파견된 후 딜레마에 빠졌습니다. 역사적으로 소작농들의 봉기와 시골에서 일어나는 불법 행위는 지역 시민군이나 영국 군대가 책임졌습니다. 나폴레옹 전쟁 이후에 영국 제국의 다른 지역에서 군인들을 필요로 했기 때문에 그는 담당 지역의 무질서를 다루는 데 어려움을 겪었습니다. 그뿐 아니라 그가 실제로 시민군을 불러서 치안을 맡기면 그들은 군중에게 총격을 가했고, 많은 사람을 죽여 순교자가 생기면 소요는 더욱 불타올랐습니다. 필은 이렇게 말했습니다. '범법자들의 감정에 자극을 주지 않으면서 범죄를 처리할 수 있는 부대가 필요합니다.' 그는 치안유지군Peace Preservation Force을 만들어냈습니다. 그것은 군대와 시민군을 합하는 첫번째 시도였습니다. 그 부대는 부대 자체를 지역사회 안에 둠으로써 지역 사람들을 자기편으로 끌어들였고, 범죄를 통제하는 기능을 가졌습니다. 그러나 그것의 주요 목적은 점령지를 관리하는 것이었습니다. 그는 산업 노동자들이 런던시에 차고 넘칠 때 자신이 만든 모델을 런던에 소개했고, 런던시는 치안유지군을 통해서 가난과 호경기와 불경기의 사이클에서 일어나는 문제를 다루었습니다. 그 후 그것이 그들의 기본적 사명으로 자리했습니다."

비탈레는 계속해서 말했다. "미국에서 최초의 주 경찰대는 1905년의 펜실베이니아의 주 경찰이었습니다. 영국에서 그랬던 것처럼 똑같은 이유로 필리핀에 있던 미국 점령군을 비슷하게 모방했습니다. 경찰 인원 구성과 경찰의 역할을 두고 여러 이야기가 오갔습니다. 당시 지역 경찰이 석탄 파업과 철광 파업을 관리할 수가 없었습니다. ……그들은 자본을 보호할 수 있는 부대가 필요했습니다. ……재미있게도 사람들이 석탄 광산 지역에 있는 소도시 경찰부대를 동정심을 가지고 바라보는 일도 있었습니다. 경찰이 파업 노동자들에게 총을 쏘지 않았기 때문입니다. 주 경찰대가 법을 유지하는 강력한 팔의 역할을 했습니다. 다시 한번 식민주의와 국내 노동자들의 관리 문제가 결합했습니다. ……그것은 쌍방의 교환이었습니다. 우리가 식민지 지배를 통해서 아이디어를 개발했고, 그 아이디어를 국내로 들여왔으며, 그것을 세련되게 만들어 다시 미국과 가까운 경제적 관계를 맺고 있는 파트너 국가(종종 독재정권)에 수출했습니다. 매우 슬픈 이야기이지만 미국이 수출한 경찰 모델이 변형되어 정적을 제거하는 암살단이 되거나 인권을 학대하는 끔찍한 경찰이 되기도 했습니다."

심각한 불평등과 사회문제를 처리하는 데 전적으로 군대화된 경찰에 의존하면 시카고와 같은 도시에 사는 가난한 사람들을 전부 패배자로 만든다. 많은 도시가 채택하는 '깨진 창broken windows' 정책은 '무질서는 범죄를 낳는다'라는 주장에 근거한다. 이 정책을 따르면, 조그만 위반 행위도 곧 범죄가 된다. 지난 수십 년에 걸친 연구 결과에 의하면, 사회적 단절이 범죄를 유도하는 것이지 무질서가 범죄를 유도하는 것이 아니다. '깨진 창' 정책을 따르면, 가난한 사람들이 실제 범죄로 볼 수 없는 행동 때문에 끊임없이 고통당하고 벌금을 물어야 하고 체포당하는 환경을 조성할 수밖에 없다.

비탈레는 다음과 같이 썼다. "가난이 심화하고 주택 가격이 올라가면 적절한 가격의 주택을 지원하는 정부의 보조는 물거품이 되고, 노숙자 숙소와 공격적인 '깨진 창 정책' 중심의 치안만 남게 된다. 정신보건 시설이 문을 닫으면, 경찰이 정신보건 위기를 지원하는 첫번째 기관이 된다. 청소년이 충분한 교육을 받지 못하고, 직장을 못 얻고, 쉴만한 오락 시설이 없으면 그들은 갱단을 만들어 서로를 보호하고, 생존하기 위해서 장물, 마약, 섹스를 파는 암시장에 뛰어들고, 결국 무자비한 범죄자로 변한다."[46]

기업 국가는 이러한 위기를 개선할 수 있는 메커니즘을 해체하고 있다. 즉 적절한 가격의 주택, 수입이 괜찮은 직장, 안전하고 훌륭한 교사와 기금을 충분히 받는 초중등학교와 등록금을 내지 않는 대학, 확대한 정신보건 시설의 확대, 훌륭한 대중교통, 국가의 인프라 재건축, 비군대화한 경찰, 정부가 지원하는 보편적 건강보험, 대형 은행의 약탈적인 대출과 관례의 제거, 미국 흑인들에게 지급하는 보상금, 인종차별 철폐를 해체하고 있다.

알렉산더는 《새로운 짐 크로우》에서 다음과 같이 주장한다. "지역사회의 범죄 예방과 통제를 위한 효과적인 체제가 필요하다. 현재의 체제는 그런 체제가 아니다. 현재의 체제는 오히려 범죄를 저지르기 쉽고, 한번 범죄자로 낙인찍힌 사람이 계속 범죄자로 남도록 고안되어 있다. ……만일 대량의 수감을 사회적 통제 제도로, 특히 특정 인종의 통제를 위한 제도로 이해한다면 이는 아주 성공적인 제도이다. 그러나 형사 사법제도가 예방과 통제를 위한 것이라면 대량의 수감은 정책과 제도의 큰 실패를 보여주는 것이다."[47]

미국에서 경찰들이 흑인 젊은이들을 무차별하게 살해하는 일(이것은 '흑인의 생명도 소중하다'가 시위해도 줄어들지 않고, 엘리트 흑인 정치인들의 공허한 수사로도 줄어들지 않는 위기이다) 때문에 새로운 젊은 흑인 투사가 탄생했다. 투사는 볼티모어, 미주리주의 퍼거슨 거리에서 흑인 젊은이들이 억울하게 흘린 피에 자극받아 일어났다. 그는 이 시대의 야수는 만성적인 가난과 수없이 되풀이되는 인종주의뿐 아니라 기업 자본주의의 파괴적인 폭력이라는 것을 알고 있다. 이 투사는 선거로 뽑는 정치꾼, 법원, 법 개혁의 변화를 포기했고, 기업이 소유한 언론을 싫어하며 오바마, 제시 잭슨Jesse Jackson, 알 샤프턴Al Sharpton, 마이클 에릭 다이슨Michael Eric Dyson과 같은 기성의 흑인 지도자들을 거부한다. 이 투사는 변화를 가능하게 하는 것은 오직 거리에서, 시민 불복종 활동이라고 믿는다.

티-두보T-Dubb-O는 세인트루이스 출신 힙합 예술가이다. 그는 핸즈업 유나이티드Hands Up United의 공동 창립자이다. 이 조직은 2014년 8월 9일에 퍼거슨에서 일어난 마이클 브라운의 살해 사건 후에 만들어졌다. 그것은 라틴아메리카, 유럽, 팔레스타인에 있는 급진적 조직들과 동맹 관계를 맺고 있다.

티-두보는 말했다. "내가 사는 도시에서는 매일 경찰이 지나가는 차를 세워놓고 사람들을 괴롭히고 강탈합니다. 그게 그들의 일이니까요. 그것은 합법적 강탈입니다. 어떤 정부가 연 예산의 30~40퍼센트를 교통위반 딱지를 끊고, 벌금을 물리고, 감옥에 집어넣으며 만들어낸다면 그것은 강탈이죠. 그것은 1920년대에 마피아 갱단이 했던 것과 다를 게 없습니다. 우리는 투쟁합니다. 우리는 정상적인 생활로 돌아갈 수가 없습니다. 우리는 늘 미행당하고, 괴롭힘을 당하고, 죽음의 위협을 받으며, 전화기를 도청당하며, 소셜미디어를 감시당하고, 이메일과 소셜미디어 계정은 해킹당합니다. FBI는 우리의 정보를 모두 갖고 있습니다. 그들은 우리가 지금 여기에 있다는 것도 알고 있습니다. 이것은 게임이 아닙니다. 보통 사람처럼 꿈과 가능성의 기회를 얻고 살 수 없다는 현실을 계속해서 받아들이든지, 일어서서 현실에 저항할 뭔가를 하든지 둘 중 하나를 선택해야 합니다. 우리는 뭔가를 하기로 했습니다."

핸즈업 유나이티드를 공동 창립한 리카 타일러Rika Tyler가 말했다. "캔필드 드라이브〔브라운이 살해당한 곳〕로 갔습니다. 시체와 피를 보았습니다. 가슴이 찢어지는 것 같았습니다. 나는 매일 그곳으로 〔활동가로〕 갑니다."

"그들은 브라운을 따가운 햇볕이 내리쬐는 콘크리트 바다 위에 네 시간 반 동안 버려두었습니다. 전시용으로 말입니다. 현대판 린치가 떠올랐어요. 당신도 알다시피 그들은 흑인 노예들을 린치하고 전시했습니다. 이런 것은 근본적으로 이 체제가 우리를 위해서 만들어진 체제가 아니라는 것을 입증합니다."

"채무자를 가두는 감옥이 시 공무원과 경찰, 법원 판사 사이의 공모로 운영된다는 것을 상상해보십시오. 이들은 지역사회를 현금인출기처럼 다루고 있어요. 그들이 여태까지 한 일이라고는 그런 것뿐이에요. 퍼거슨은 세인트루이스 카운티에 속합니다. 퍼거슨에 2만 1000명, 8100가구가 살고 있습니다. 소도시이죠. 거주자의 67퍼센트는 아프리카계 미국인입니다. 22퍼센트가 빈곤 수준 이하로 살고 있습니다. 2013년에 합계 260만 달러가 시 공무원들, 법원, 경찰에게 벌금으로 들어갔습니다. 퍼거슨 지방 법원은 2만 4532건의 영장과 1만 2018건의 소송을 처리했습니다. 1가구당 약 3건의 영장을 발부했다는 이야기이고, 1가구당 1.5건의 소송이 있었다는 것입니다. 평균 범죄율로 볼 때 1가구당 벌금, 요금, 3건의 영장만으로 321달러를 거둬들일 수 없습니다. 이 금액은 인종주의 정책 때문에 달성 가능했던 금액입니다. 무단횡단, 차량 검문, 법원 출두, 높은 벌금, 벌금을 내지 않으면 감옥에 잡아넣겠다는 위협으로 뜯어낸 돈이 합해진 겁니다. 도로를 횡단했다고 딱지를 끊는 일도 있고, 마당의 잔디를 깎지 않았다고 딱지를 끊는 경우도 있습니다. 우리는 그들이 만든 체제 안에서 꼼짝할 수 없어요. 끊임없이 억압당하고 있습니다."

"임신했을 때 체포당한 적이 있습니다. 임신 37주째였습니다. 네 명의 경찰관이 세인트찰스 카운티에서 나를 체포했습니다. 그들은 내 배가 한창 나왔을 때 나를 구류시켰습니다. 그 전에 주차 금지 구역에 주차했다가 딱지를 끊은 적이 있었습니다. 여러 번 고지서를 받고 벌금을 안 냈더니, 체포 영장이 날아온 거죠. 나는 감옥에 임신한 채로 앉아 있었습니다. 눈이 퉁퉁 붓도록 울 정도로 스트레스를 받아서 아이를 1주일 일찍 낳았습니다."

티-두보는 말했다. "어떤 사람도 이런 식으로 대우받을 수 없습니다. 그곳이 미국이든, 팔레스타인이든, 멕시코든, 브라질이든, 캐나다든 말입니다. 누구도 이런 식으로 취급받으면 안 됩니다. 퍼거슨에서 한 무리의 젊은이들을 볼 수 있습니다. 20~28세 혹은 29세의 젊은이들입니다. 그들은 세계에서 가장 강력한 군대에 저항했습니다. ……지역 구석구석에 탱크가 있습니다. 전화는 도청당했고, 그들은 지금 이 순간에도 우리를 쫓아다니고 있습니다. 우리는 죽을지도 모른다는 생각을 하며 매일 그곳으로 나갔습니다. 어느 시점에 이르자, 그들은 실제로 우리를 죽이겠다고 말했습니다. '우리는 오늘 밤에 고무 총알을 쏘지 않고 실탄을 쏘겠다.' 이런 일은 사람들이 뉴스에서 보지 못하는 것입니다. 우리가 사람 이하로 취급받는 것을 보여줍니다. 우리는 안심하고 걸을 수 있고, 숨 쉬고, 살 기회를 얻기 위해서, 다른 사람 모두가 하는 것을 할 수 있기 위해서 거리로 모입니다."

"세인트루이스에서 만일 체포되어 경범죄나 중죄로 기소를 당하면 펠 그랜트Pell Grant 연방 장학금 수혜 자격을 박탈당합니다. 대학 등록금을 낼 만한 경제 수준이 안되면, 더 이상의 교육을 받지 못합니다. 우리가 집행유예를 받아도 일할 권리는 있으므로 직장에 원서를 낼 수 있습니다. 사업주들은 과거 경력을 보고 고용을 거부할 권리가 있습니다. 그들이 우리에게 일할 기회를 줄 의무가 있는 것은 아니니까요. 그들이 우리를 버릴 때, 우리는 우리가 만들지 않은 사회 시스템 안에서 처음에 실수했던 그 자리에서 한 발자국도 나아가지 못합니다. 사회 체제가 그렇게 짜여 있으니까요."

타일러는 말했다. "최루탄 가스를 여섯 번 마셨어요. 고무 총알, 실탄, 나무 총알, 빈백bean bag 탄알, 소음 대포, 우리가 떠올릴 수 있는 탄알을 다 맞아보았어요. 군대화한 경찰과도 맞서 싸웠어요. 그들은 '5초 규칙five-second rule'으로 나를 공격하더라고요. 내가 5초 이상 가만히 서 있으면 나를 체포하겠다는 규칙이죠. 만일 5초 후에 걷지 않으면 나를 체포하겠다는 엄포죠. 내가 끈질기게 도전하니까, 그들은 이런 식으로 대응했습니다. 그들은 명찰을 달지 않아요. ……그들은 여자들의 손발을 묶고 구타합니다. 내가 인도에 서서 그들이 하는 짓을 녹화하자 체포했어요."

티-두보는 퍼거슨에서 브라운 살인 사건과 소요 이후에 다른 흑인 운동가들과 함께 백악관으로 초대받아 오바마를 접견했다. 그는 대통령이 틀에 박힌 이야기, 즉 흑인끼리의 범행, 학교에 꼭 다녀야 할 필요성, 열심히 일하는 것, 투표의 중요성에 관해서 이야기했다고 말했다.

그는 이어서 말했다. "오바마 대통령이 내게 묻더라고요. '내가 그를 찍었는지'. 나는 아니라고 대답했어요. 나는 두 번 다 그를 찍지 않았어요. 나는 그가 흑인이라고 무조건 찍고 싶지 않았거든요. 그렇게 하는 것은 천박한 일이라고 느꼈어요. 그는 결코 정직하게 말하지 않았거든요. 내가 사는 지역사회나 우리가 매일 부딪치는 문제를 위해서 무엇이든지 할 것이라고 말했어요. 그런데 내가 어떻게 그 사람에게 표를 줄 수 있습니까? 그가 백인이든 흑인이든 남성이든 여성이든, 어떤 사람이더라도 표를 줄 수 없죠."

티-두보는 말했다. "한부모 가정의 열한 살 소년이 있다고 합시다. 그의 어머니나 아버지는 그저 두 식구 입에 풀칠을 하려고 두세 개의 직업을 가져야 합니다. 이 아이는 학교에 가기 위해서 5시 30분에 일어나 버스를 타야 합니다. 아이 주변에 있는 것은 전부 유해합니다. 우리는 이런 환경에 놓인 열한 살 아이에게 어른과 같은 정신적 성숙을 기대할 수 없습니다. 그 아이가 '성숙한 결정을 해서 시시콜콜한 골칫거리에 빠지지 않을 거야'라고 말할 수 있기를 기대할 수 없습니다. 나는 흑인이 흑인에게 저지르는 범행에 대해서 신경 쓰지 않아요. 일을 열심히 하라는 틀에 박힌 이야기도 관심 없어요. '너는 뭐든지 할 수 있어, 너는 꿈을 성취할 수 있어'라는 말은 모두 개떡 같은 소리죠. 내가 이렇게 막말을 해도 이해해주세요. 작년에 100건 이상의 살인 사건이 발생한 마을에 사는 어린아이에게 무슨 이야기를 할 수 있겠어요. 어떻게 '너희가 원하면 천문학자가 될 수 있다'고 말할 수 있겠어요. 애초에 불가능한 이야기인 줄 알면서 말이에요."

"워싱턴 D.C.가 미국의 현재 모습을 보여주는 완벽한 본보기라고 생각합니다. 거기에는 노예들이 지은, 정부를 대표하는 큰 백악관 건물이 있습니다. 건물은 아름답고, 잔디밭은 훌륭하게 손질되어 있습니다. 백악관 정문 바깥 오른쪽 공원에서는 50명의 노숙자가 잠을 자고 있습니다. 백악관 바로 정문 밖 오른쪽에 말입니다. 미국의 모습을 적나라하게 보여주죠."

그는 오바마, 샤프턴, 잭슨, 다이슨, 다른 기성 흑인 지도자들에 대해서 이야기했다. "우리가 그 지도자들과 다른 점은, 우리는 명성을 위해서 이 일을 하지 않고, 정치적 이득을 얻기 위해서도, 돈을 위해서 이 일을 하는 것도 아니라는 겁니다. 우리는 살아가고 있는 매일 매일, 평범한 인간의 권리를 거부당하기 때문에, 그리고 우리의 생명을 잃을 수도 있기 때문에 이 일을 하는 것입니다. 우리는 지도자들이 공동체를 대표하고 있다고 믿지 않습니다. 그들은 더 이상 우리 공동체의 일부가 아니기 때문입니다. 그들은 더 이상 우리 공동체를 대변해서 이야기하지 않습니다. 솔직히 그들은 별로 도움이 안 됩니다."

잭슨과 샤프턴은 퍼거슨에서 군중에게 야유를 당했고, CNN의 직원들과 함께 그곳을 떠나라는 이야기를 들었다. 리카 타일러는 CNN과 다른 주요 뉴스 언론(이들은 종종 정부의 이야기를 앵무새처럼 반복한다)이 "정치가들보다 더 나쁜 짓을 하며, 경찰보다도 더 나쁜 짓을 한다"라고 이야기했다.

타일러는 말했다. "퍼거슨 사람들은 '꺼져 알 샤프턴, 꺼져 제시 잭슨, 진짜로 꺼져'라고 말합니다. 이 정도면 가장 점잖게 표현한 겁니다. 그들은 퍼거슨 사람들을 자기네 선전 도구로 생각합니다. 그들은 자기 방식의 운동을 따로 해왔습니다. 그들의 운동은 이제 무너져가고 있습니다. 그들은 새로운 리더들에게 접근하고 싶어합니다. 우리 운동에 끼어들어 충고를 하고 싶은 거죠. 우리는 완전히 다른 세대입니다. 그들은 양복을 입고 넥타이를 매고 행진하면서 〈쿰바야Kumbaya〉를 불렀습니다. 지금 거리에 나와 싸우는 사람들은 여기 이 사람처럼 보여요." 그녀는 티-두보를 가리키며 말했다. "셔츠는 벗었고, 문신도 있고, 흑인 갱단 블러즈Bloods나 크립스Crips든 뭐든, 그냥 미친 거예요. 완전 열 받았고, 열정적으로 싸우거든요."

타일러는 말했다. "제시 잭슨은 우리가 마이클 브라운의 어머니를 위해서 기도회를 하는 도중에 왔습니다. 우리는 브라운이 살해당하고 네 시간 반 동안 버려졌던 길거리에 있는 캔필드 아파트에 마련한 추모지에 있었습니다. 모든 사람이 숙연한 마음으로 머리를 숙이고 기도했습니다. 갑자기 잭슨은 우리에게 다가와서 '정의가 없으면 평화도 없다'라고 외쳤습니다. 거기 모였던 사람들은 정말 화가 났습니다. 모두 '도대체 어떤 놈이야?'라는 생각이 들었습니다. 마침내 나는 그의 얼굴을 알아보았습니다. 그에게 가까이 다가갔습니다. 거기 있는 남자들이 그와 싸울 태세를 취했기 때문입니다. 나는 그에게 이렇게 이야기했어요. '가까이 오지 마세요. 브라운의 어머님이 몹시 슬픔에 빠져 있어요. 지금 우리 마음이 편치 않아요. 그런데 당신이 기도회 분위기를 깨고 있어요.' 그는 여전히 '정의가 없으면 평화도 없다'라고 외쳤어요. 그는 휴대용 마이크를 들고 있었고, 그의 몸짓 모두가 미리 준비한 사진 촬영을 위한 것이었어요. 다시 가까이 다가가서 말했어요. '어서 자리를 떠요. 여기 있는 사람들 정말 화가 잔뜩 나 있어요. 그렇지 않으면 당신을 여기서 끄집어낼 겁니다.' 그는 계속해서 '정의가 없으면 평화도 없다!'라고 외쳐댔어요. 결국 내가 자리를 비키자 젊은 남자들이 그에게 말했습니다. '이봐요, 아저씨. 저리로 꺼지지 않으면 밀어낼 거예요.' 그러자 그는 외쳤습니다. '우리는 이러면 안 됩니다. 이렇게 하면 세대 간 분열이 생깁니다!' 거기 모인 사람들이 그를 받아들일 리가 없죠. 결국 그와 그의 동행자들은 잔뜩 겁을 먹었습니다. 옷을 차려입은 그들은 그 자리에 기도하러 온 사람들과는 아주 대조적이었습니다. 우리는 와이셔츠를 입지 않았고, 러닝 셔츠 바람이거나 평상시 옷차림이었습니다. 그는 자신의 모습을 촬영하려고 촬영기사와 모든 것을 준비했습니다. 자기 과시를 위한 미친 짓 아니면 영화 한 편을 찍는 모습이었습니다. 사람들은 정말 열 받았죠. 그는 떠났고, 그 후 다시는 그 자리에 나타나지 못했습니다."

티-두보는 이야기했다. "모든 전국 단위의 기구들이 여기 미주리주 세인트루이스에 모여 있습니다. 예를 들어 도시연맹 Urban Leage, 전미흑인지위향상협회 National Association for the Advancement of Colored People(NAACP) 등 모든 조직이 여기 있습니다. 지난 20년 동안 이곳은 자살률과 범죄율이 가장 높은 세 도시 중 하나였습니다. 빈곤률과 실업률은 정말 최악입니다. 이 모든 기구의 홈페이지에 나와 있는 강령을 보면 이런저런 좋은 일을 한다고 써놓았습니다. 그렇지만 그런 프로그램들을 우리 시에서는 찾아볼 수도 없고 있어도 소용이 없습니다. 사무실은 널려 있는데 말입니다. 다들 기부금들은 받아 처먹으면서 하는 일이 하나도 없습니다. 그런 행태를 지역사회가 지켜보고 있습니다."

티-두보는 말했다. "정치에 관한 한 둘 중 하나의 길로 갈 겁니다. 현재 시스템을 개편해서 모든 사람에게 평등한 시스템으로 만들든지(이 기회는 곧 사라질 것입니다), 아니면 그들이 시스템을 다시 만들어 우리가 퍼거슨에서 그들에게 저항했던 일을 다시는 할 수 없게 만들고, 반격을 불가능하게 만들 것입니다."

그는 다가올 사회적 불안을 언급했다. "솔직히 앞으로 어떻게 될지 모르겠습니다. 여태까지 이 나라에서 흑인 살해는 합법적이었습니다. 마이크 브라운의 죽음 이후로 세인트루이스에서만 경찰이 11명의 흑인을 죽였습니다. 한 사람은 강간당한 여자였는데 감옥에서 목매달아 죽었습니다. 이 외의 살인 사건들은 전국 신문에 실리지 않았습니다. 어제 경찰과 두 번 팽팽한 맞대결이 있었습니다. 우리는 최선을 다하고 있습니다. 우리는 계속해서 투쟁할 겁니다. 변화를 이루기 위해서는 성숙한 혁명이 필요합니다. 최악의 경우 시민 전쟁이 불가피합니다. 그렇게 될까 봐 우려하고 있습니다."

그는 미주리주와 주 치안부대에 대해서 말했다. "그들은 물러날 것 같지 않습니다. 그들은 사람들을 죽여도 아무 문제가 생기지 않죠. 아기와 임신부와 노인에게 가스총을 쏴도 아무 문제가 없습니다. 그들은 거리낌 없이 이런 짓을 합니다. 정치가들은 팔짱을 낀 채 관망하고 있습니다."

"우리가 권력자들을 통제할 힘이 있는 한, 우리가 받는 억압이 엉뚱한 방향으로 흘러가지 않고 미국에서만이 아니라, 세인트루이스에서만이 아니라, 특정 도시나 국가에서만이 아니라, 전 세계에서 사람들을 묶을 수 있는 계기가 될 것입니다. 사람들은 투쟁을 통해서 전 세계적으로, 국제적으로 일체감을 느끼고, 언젠가는 이제 그만할 때라고 말할 것입니다. 그것이 억압이 사라질 수 있는 유일한 방법입니다."

가난한 유색인종들에게 감옥은 통과의례가 되었다. 감옥의 현 상태는 기업 국가의 모델을 보여주고 있다.

재소자들은 이상적인 고용인이다. 그들은 수당도 연금도 받지 않는다. 그들은 시간당 1달러 이하를 번다. 어떤 이들은 무임금으로 일하지 않을 수 없다. 그들은 초과근무 수당을 받지 못한다. 그들은 어떤 조직체도 만들 수 없으며 파업도 할 수 없다. 그들은 정시에 일터에 나가야 한다. 그들은 유급 휴일도 유급 휴가도 없다. 그들은 근무조건을 바꿀 수도 없고 안전상의 위험에 불평할 수도 없다. 만일 그들이 규정을 준수하지 않거나 형편없는 임금과 근무조건에 반발하면, 그들은 감옥 안의 일자리마저도 잃고 독방으로 분리된다.

미국의 감옥 시스템 안에서 기업이나 정부 산업을 위해서 일하는 재소자들이 약 100만 명인데, 이들 재소자의 현 상태가 기업 국가가 국민 모두에게 기대하는 청사진이라고 말할 수 있다. 기업은 감옥 시스템을 개혁해서 노예노동의 규모를 줄일 생각이 없다. 그들은 이런 조건을 전 사회에 걸쳐서 그대로 적용하려고 한다.

230만 명의 재소자가 있는(이 숫자는 세계 재소자 인구의 22퍼센트이다) '교도소 산업공단'은 감옥을 채워서 돈을 벌어들인다.[48] 공단은 피부색, 성, 민족에 상관없이 사람의 몸이 필요하다. 공단은 흑인 남자들의 몸을 더 이상 구하기 어렵자 다른 몸을 투옥하기 시작했다. 여자들(현재 감옥 인구에서 가장 빠르게 늘어나는 추세다)은 가난한 백인, 히스패닉, 이민자들이 늘어나는 것처럼 감옥 인구를 늘리고 있다.

여러 주에서 긴축재정을 명분으로 재소자들에게 주는 신발, 추가 담요, 화장지를 포함한 필수품 제공을 멈췄다. 한편 전기, 숙식 요금을 부과하기 시작했다. 재소자 대부분과 그들을 힘들게 지원하는 가족들은 늘 돈이 부족하다. 그들이 알거지가 되면(실제로 감옥 안에서 종종 무일푼이 된다) 재소자들은 그들의 약값, 법적 부과금, 의료비와 비누와 탈취제와 같은 매점에서 기본적으로 살 수 있는 품목의 금액을 지급하기 위해서 감옥 대출을 받아야 한다. 감옥 안에서 빚을 갚기 위한 노역은 감옥 바깥만큼이나 널리 퍼져 있다.

재소자들은 부속 진료소와 치과에 가면 돈을 내야 한다. 그들은 직계 가족들의 임종을 보기 위해서 15분간의 임종 방문을 할 때, 장례식장에 갈 때 역시 15분 방문비를 국가에 지급해야만 한다. 다른 대부분 주와 마찬가지로 뉴저지주에서는 이렇게 감옥 바깥으로 방문을 간 재소자와 함께한 경비요원 두 명의 초과근무 수당, 기준 거리 이상을 넘어선 경우에 발생하는 초과 비용을 재소자가 내야 한다. 뉴저지에서는 이 비용이 945달러 4센트까지 불어날 수 있다. 만일 재소자가 한 달에 30달러 이하를 번다면 부모의 임종을 보기 위해서 방문하는 데 드는 비용을 갚기 위해 몇 년이 걸린다.

많은 죄수가 죄를 선고받을 때, 수천 달러에 이르는 벌금을 구형받는다. 뉴저지주에서 부과할 수 있는 벌금은 22가지다. 그중 폭력범죄 보상금Violent Crime Compensation Assessment(VCCA), 경찰관 훈련 및 장비 기금Law Enforcement Officers Training & Equipment Fund(LEOT), 본국송환비Extradition Costs(EXTRA)가 있다. 주 정부는 수감자들의 벌금을 받기 위해서 매달 수감자의 임금에서 1퍼센트를 떼어간다. 벌금을 지불하는 데 수십 년이 걸릴 수도 있다. 브레넌센터Brennan Center의 2015년 보고서에 따르면, 약 1000만 명의 미국인들을 체포하거나 수감하면 요금과 벌금으로 물어야 할 금액이 500억 달러에 이른다.

만일 1만 달러의 벌금형을 받은 수감자가 오로지 감옥에서 받는 급여로 벌금을 갚을 수밖에 없다면, 그는 20년 동안 매달 벌금을 갚아도 여전히 4000달러의 빚이 남는다. 일부 수감자들은 주정부에 빚진 채로 출소한다. 이 경우에 매달 지급금을 내지 못하면 (중범 전과자들은 거의 직장을 얻기 어려우므로 사실 지급금을 낸다는 것은 어려운 일이다) 그들은 다시 감옥으로 가야 한다. 재범률이 높은 것은 투옥 시스템의 구조적 설계 때문이다.

한때 정부가 운영했던 감옥 시설이 지금은 민영화되었다. 기업이 감옥 매점을 운영한다. 이들은 수감자들이 다른 데서 물건을 살 수 없는 것을 이용해서 시중가보다 두 배의 값을 물린다. 기업은 전화 시스템을 인수해서 수감자와 가족에게 엄청난 금액을 부과한다. 그들은 가족이 수감자에게 돈을 전송할 때 터무니없는 수수료를 청구한다. 기업들은 감옥 안에 있는 작업장과 바깥에 있는 작업장에서 수감자 노동에 일급 1달러를 지급한다. 음식과 상품 판매회사, 건축회사, 세탁업소, 제복회사, 감옥 장비 판매회사, 식당업체, 호신용 스프레이와 방탄복 등 수감자의 신체를 통제하기 위해 사용하는 중세시대를 생각나게 하는 일련의 도구를 제조하는 업체들과 다른 청부업자들은 자칼처럼 감옥을 뜯어먹으며 돈을 번다. 미국의 교도소는 거대한 비즈니스이다.

미국 수정헌법 제14조에 의하면, 교도소에서 노예제는 합법적이다. "미국 내에서 정당한 절차를 밟아서 선고받은 범죄에 대한 처벌을 제외하고 노예제와 강제노동은 있을 수 없다."[49] 수감자들에게는 노동자들에게 최저임금을 지급하라는 공정노동기준법Fair

Labor Standards Act을 적용할 수 없다. 교도소에서 최고 시급이 2달러를 넘어가는 경우는 거의 없고 대부분의 수감자는 시급 1달러 이하를 받는다. 앨라배마, 아칸소, 플로리다, 조지아, 텍사스의 수감자는 노동에 대한 임금을 받지 못한다. 일단 교도소에 들어가면, 본질적으로 국가의 노예가 된다.

대량 수감 사업에 수십만 달러를 투자한 기업 투자자들은 장기간의 수익을 기대한다. 실제로 그렇게 될 것이다. 터무니없는 장기 선고, 가석방 거부, 강제최소선고법mandatory minimum sentences,, 최소형벌법*, 세 번의 중범 선고를 받으면 종신형을 명령하는 삼진법 같은 가혹한 법을 만드는 사람들이 바로 그들의 로비스트들이다.

미국에서 영리 교도소와 이민자 구금 시설의 가장 큰 소유자인 미국교도주식회사Corrections Corporation of America(CCA)는 2013년 총수입이 17억 달러, 순수익이 3억 달러였다.[50] CCA에 속한 평균 수감 인원은 하루에 8만 1384명이다.[51] 아라마크 홀딩스Aramark Holdings(아라마크 교도 서비스를 통해서 계약을 맺는, 필라델피아에 본부를 둔 회사이다)는 미국 전역에 걸쳐서 600개의 교도기관에 음식을 제공한다.[52] 골드만 삭스와 다른 투자회사들이 그 회사를 2007년에 83억 달러를 주고 취득했다.[53]

세 개의 최상위 영리 교도소업체들은 교도소 사업을 번성시키기 위해 지난 10년간 로비 비용으로 4500만 달러를 쓴 것으로 추정한다.[54] '공익을 위하여In the Public Interest'는 〈범죄자: 어떻게 고정된 할당량과 '범죄율을 낮추기 위한 세금Low-Crime Taxes'이 민영 교도소업체에 이익을 주는가Criminal:How Lockup Quotas and 'Low-Crime Taxes' Guarantee Profits for

---

★ 범죄 종류에 따라서 최소의 형을 정해두는 법.

Private Prison Corporations)라는 보고서에서 민간 교도소업체들은 종종 교도소에 수감률 90퍼센트를 보장하는 주 정부 계약에 서명한다고 자세히 보도했다.[55] 만일 주 정부가 계약한 수감자 숫자를 채우지 못하면 이 회사들에게 교도소의 빈자리에 상응하는 벌금을 내야 한다.

2011년에 CCA가 연방정부와 주 정부 입후보자와 정당, 소위 527그룹(팩스PACs*와 슈퍼 팩스super PACs**)에 71만 300달러를 정치기금을 보냈다고 미국시민자유연맹American Civil Liberties Union(ACLU)이 보고했다.[56] 이 업체는 연방정부 관리들에게 로비하느라 107만 달러를 썼고, 주 정부 관리들에게 쓴 금액은 밝혀지지 않았다.[57] 전국에서 가장 큰 영리 교도소 운영업체 중 하나인 GEO 그룹은 2017년에 트럼프에게 25만 달러를 기부했다.[58]

1970~2005년에 수감자 숫자가 약 700퍼센트 증가했다고 미국시민자유연맹이 보도했다.[59] 새로 지은 교도소는 거의 민영 교도소이다.[60] 구류 감독 네트워크Detention Watch Network에 의하면, 구류된 이민자들의 절반 이상을 민영 교도소로 이송했다.[61]

기업의 수익은 교도소를 건축하거나 관리하는 데 머물지 않는다. 많은 기업의 수익은 교도소 노동에 의존하고 있다. 연방정부 교도소의 재소자들(미국의 전 교도소 중에서 가장 높은 임금을 받는다)은 군용 헬멧, 제복, 바지, 셔츠, 무기 벨트, 신분증 태그, 텐트를 생산

★　팩스Political Action Commitees, 즉 정치행동위원회는 자신들의 정치적, 사회적 목표 달성에 부합하는 후보와 정책을 지지하기 위해 정치 자금을 모금하는 단체다.

★★　팩스와 같은 성격인데, 특별한 후보를 따로 지정해서 모금하고 광고 활동을 한다. 개인의 기부 액수에 제한이 없어 헤지펀드와 미디어, 재계 거부들이 거액을 기부한다.

한다. 수감자들은 하청업자를 통해서 다음과 같은 기업을 위해 일한다. 셰브런Chevron, 뱅크오브아메리카, IBM, 모토로라Motorola, 마이크로소프트Microsoft, 맥도날드McDonald's(감옥에서 맥도날드의 유니폼을 만든다), AT&T, 스타벅스(공휴일 기념품을 만든다), 닌텐도Nintendo, 빅토리아시크릿Victoria's Secret, JC페니JC Penney, 시어스Sears, 월마트, K마트, 에디바우어Eddie Bauer, 웬디스, 프록터앤드갬블Procter&Gamble, 존슨앤드존슨, 프룻오브더룸Fruit of the Loom, 캐터필러Caterpillar, 사라리Sara Lee, 퀘이커오츠Quaker Oats, 메리케이Mary Kay, 텍사스인스트루먼츠Texas Instruments, 델Dell, 허니웰Honeywell, 휴렛팩커드Hewlett-Packard, 노텔Nortel, 노드스트롬Nordstrom's, 레브론Revlon, 메이시스Macy's, 피에르가르뎅Pierre Cardin, 타깃Target. 어떤 주의 재소자들은 낙농 농장에서 일한다. 혹은 콜센터 직원으로 파견되고, 호텔 예약을 받으며, 도살장에서 일한다. 그들은 오하이오주에서 고속도로 쓰레기를 수거하는 공익 봉사도 한다.

2017년 10월 한 루이지애나 보안관은 기자회견을 열어서 재소자 석방 프로그램을 비난했다. 공짜로 쓰던 노동력에 돈이 나가기 때문이다. 그는 "재소자에게서 얻는 이익들, 예컨대 매일 세차하는 일, 엔진오일 가는 일, 요리하는 일에 돈이 든다"[62]라고 불평했다. 동시에 2017년 가을에 캘리포니아를 휩쓴 재앙 같았던 산불과 싸웠던 소방수의 40퍼센트[63]가 시간당 2달러를 받는 재소자들이라는 사실[64]이 밝혀졌다.

'교도산업correctional industries'은 주 공무원들이 사용하는 물건들을 만들고 그들에게 서비스를 제공하기 위해서 교도부가 운영한다. 전 뉴저지 주지사 크리스 크리스티Chris Christie는 다른 주 공무원들과 마찬가지로 그의 사무실 가구를 바꾸는 데 동부 뉴저지주 교도소 재소자의 노동력을 이용했다. 교도산업을 통해서 나온 생산품들은 정부 부처와 비영리 단체에 팔린다.

예산이 줄어든 주 정부는 기업의 재소자 노동력 착취에 동참한다. 그들은 재소자의 노동력을 빨아먹는 업체에서 무려 40퍼센트의 리베이트를 받는다. 리베이트로 받은 돈은 간혹 '재소자 복지기금'으로 들어간다. 재소자들의 말에 의하면, 교도소 생활 개선을 위해 그 기금으로 물건을 산 것을 본 적이 없다고 한다. 교도소 재소자의 임금은 여전히 담보 상태이며, 실질적으로는 지난 30년 동안 줄어들었다. 뉴저지주에서는 1980년에 재소자 1명이 8시간 노동으로 1달러 20센트를 받았고(정말 글자 그대로 8시간 노동에 1달러 20센트를 받았다) 지금은 하루 노동에 1달러 30센트를 받는다. 재소자들은 평균 한 달에 28달러를 번다. 민영 교도소에 수용된 자들은 시간당 17센트를 받는다.

교도소 매점에서 판매하는 품목은 지난 20년 동안 가격이 두 배로 뛰었다. 한때 탄광 노동자들은 임금을 회사 매점에서만 사용할 수 있는 대용 지폐로 받았다. 현재 재소자들이 비슷한 환경에서 살고 있다. 뉴저지주 교도소를 포함해서 교도소들의 새로운 규칙에 따르면, 가족들이 재소자에게 패키지로 물건을 들여보낼 수 없어 교도소 매점에서만 물건을 사야 한다. 이것은 금전적인 타격뿐 아니라 심리적 타격을 준다. 사랑하는 이를 도울 수 없다는 무력감을 가족에게 주기 때문이다.

1996년 도브Dove 비누 하나가 뉴저지주 교도소에서 97센트였다. 지금은 1달러 95센트이다. 가격이 101퍼센트 오른 것이다. 크레스트Crest 치약은 1996년에 2달러 35센트였고 지금은 3달러 49센트다. 48퍼센트가 올랐다. AA 배터리는 184퍼센트 올랐다. 방취제한 개 가격은 95퍼센트 올랐다. 1996년 이후 여전히 가격이 똑같은 품목 두 개를 발견했다. 그것은 프로스티드 플레이크Frosted Flakes 시리얼과 컵 오누들Cup O'Noodles이었다. 하지만 이 품목은 상표가 있는 상품에서 상표가 없는 상품으로 바뀌었다. 재소자들 대부분이 신는 백색 리복 운동화는 대개 6개월 정도 신는데, 한 켤레에 45달러이다. 이 브랜드를 살만한 여유가 안 되는 재소자들은 쉽게 닳아 떨어지는 판지를 발바닥에 붙인 조악한 신발을 20달러에 사야 한다. 키프 서플라이Keefe Supply는 플로리다주와 메릴랜드주를 포함한 여러 주에서 약 50만의 재소자가 사용하는 매점을 운영하고 있다. 이 업체는 바가지 씌우기로 악명이 높다. 흰색 봉투 하나에 15센트를 받고, 100개에 15달러를 받는다. 교도소 바깥에서는 봉투 100장이 들어 있는 한 상자의 소매가가 7달러다. 이 업체는 3온스 국수 수프(이것은 교도소 매점에서 가장 인기 있는 품목이다)에 45센트 가격표를 붙였다. 시중에서는 26센트이다. 뉴저지주 정부는 우표를 포함해서 매점에서 구매하는 모든 상품마다 10퍼센트의 요금을 부과한다.

뉴저지주에 있는 민간 통신사인 글로벌 텔 링크Global Tel Link는 뉴욕주와 다른 주에서는 1분당 4센트로 요금을 줄이며 가족의 경제적 부담을 덜어주는 판에, 15센트로 요금을 대폭 인상했다. 연방통신위원회는 재소자들이 있는 주와 다른 주 사이의 15분 통화의 공정요금을 자동이체일 경우에는 21센트, 수신자 부담 통화에는 25센트로 결정했다.[65] 하지만 연방법원은 2017년 6월에 연방통신위원회가 교도소 전화 요금을 한정할 권한이 없다고 판결을 내렸다.[66] 재소자들은 통신사를 선택할 수 없고, 수신자 부담 요금이 아니면 자신이나 가족들이 미리 금액을 채워 넣고 자동이체하는 방식으로 전화를 해야 한다. 이런 방식의 요금제는 특히 부모 중 한 사람이 재소자인 200만 명의 자식들에게 피해를 주고 있다.

《교도소법 소식Prison Legal News》에 따르면, 어떤 업체가 전화 계약을 독점하면 그 업체는 주 정부에 재소자 전화 사용으로 벌어들이는 총수입의 평균 42퍼센트를 리베이트로 내놓아야 한다고 한다.[67] 독점 전화 계약을 맺은 업체는 높은 전화 요금을 부과할 뿐 아니라 전화 요금에 주의 정부기관들이 '커미션'이라고 부르는 사례비를 덧붙인다.[68] 주 교도소의 전화 시장은 주 정부에 매년 약 3억 6200만 달러의 총수입을 올려주고, 전화 계좌에 돈을 집어넣는 재소자 가족에게 매년 약 1억 4300만 달러의 비용을 지운다.[69]

가족과 강한 유대감을 가진 재소자들은 재범률이 낮고 가석방 때 법을 위반하는 경우가 훨씬 적다. 그것은 기업의 교도소 시스템 건설가들이 원하는 것이 아니다. 현재 60퍼센트가 넘는 높은 재범률은 감옥을 꽉 채웠다.[70] 나는 이런 교도소 시스템이 면회를 온 가족들에게 굴욕감을 주고 면회를 어렵게 만드는 이유 중 하나라고 생각한다. 내가 뉴저지주 교도소에서 가르치는 재소자들(검색, 오랜 대기 시간, 몸수색, 철문 소리 때문에 트라우마가 생긴 어린아이가 있는 재소자들)이 가족들에게 면회하러 오지 말라고 하는 것은 일상적인 일이다. 종신형을 받은 재소자들은 종종 사랑하는 이들에게 자기와의 관계를 끊으라고 간청하고 아예 죽었다고 생각하고 잊으라고 말한다.

《잡힌 자: 교도소 국가와 미국 정치의 감금Cought: The Prison State and the Lockdown of American Politics》의 저자 마리 고트샬크Marie Gottschalk가 말하는 '교도소 국가carceral state'가 등장한 것은 불길한 징조이다.[71] 그것은 선거를 통해서도, 엘리트 정치인들이나 법원에 호소해도 개혁할 수 없을 것이다. 우리는 재소자들에게서 미래 사회의 원형적 모습, 즉 기업들이 모든 노동자에게 가하는 무력화와 착취의 전형을 본다.

멜빈 레이Melvin Ray, 제임스 플레전트James Pleasant, 로버트 얼 카운슬Robert Earl Council은 2014년 1월에 앨라배마 교도소에서 자유 앨라배마 운동Free Alabama Movement의 일환으로 작업 정지 반란을 이끌었다. 반란 후에 그들은 모두 독방으로 옮겨졌다. 그 운동으로 빠져나간 감옥의 상태를 보여주는 영상과 사진뿐 아니라, 앨라배마주의 세 개 교도소를 휩쓴 조직적인 시위에 주 당국은 기겁을 했다.

독방에 갇힌 교도소 파업 지도자들에게는 티브이도 읽을거리도 넣어주지 않는다. 그들은 1주일에 3일, 때로는 그보다 길게 좁은 감방에서 하루를 보내야 한다. 그들은 음식도 철 변기통에 앉아서 먹는다. 샤워는 한여름에도 이틀에 한 번 허용된다.

이들은 미국 교도소 안에서 점증하는 저항운동의 상징이다. 이들의 작업 정지와 앨라배마 당국에 대한 협조 거부 운동은 2010년 12월에 조지아주 감옥 시스템을 뒤흔든 저항을 모델로 했다. 파업 지도자들의 작업 거부는 앨라배마 전역의 재소자들이 감옥에서 저항하는 유일한 메커니즘이다. 작업을 거부하면(교도소 당국이 보장된 임금을 주지 않을 수 없도록 하며 재소자들에게 공정한 임금을 지급함으로써 다시 일자리로 돌아갈 수 있도록 하는 전략) 현재 감옥의 노예제는 무너질 것이다. 재소자들은 이 작업 정지 운동을 애리조나, 캘리포니아, 플로리다, 일리노이, 오하이오, 펜실베이니아, 미시시피, 텍사스, 버지니아, 워싱턴주에서 조직하고 있다.

"우리는 현재의 감옥 시스템을 끝내야 합니다"라고 카운슬(일명 키네틱Kinetik)이라는 재소자가 내게 전화로 이야기했다. 그는 자유 앨라배마 운동 창시자 중의 한 명이고 앨라배마주 에스캄비아 카운티에 있는 홀만 교도소에 수감 중이다. 그는 가석방 없는 종신형을 받고 21년째 수감 중이다.

"이제 무임으로 일하지 않을 겁니다. 청소, 잔디 깎는 일, 부엌일까지 교도소에서의 모든 노동은 재소자가 담당합니다. 앨라배마에 있는 거의 모든 재소자는 임금을 받지 못합니다. 우리 없이는 노예 제국인 교도소는 돌아가지 않습니다. ……주 정부는 우리의 무임금 노동으로 수백만 달러를 벌어들이면서 우리에게 갖가지 요금과 벌금을 부과하고 있습니다. 1년 내내 하루에 12~15시간을 부엌에서 일하고 돈 한 푼 받지 못합니다."

앨라배마의 스프링빌에 있는 세인트 클레어 교도소에서 카운슬과 마찬가지로 가석방 없는 종신형을 사는 레이Ray는 나와 통화하면서 말했다. "우리는 정치 과정을 믿지 않습니다. 우리는 정치인들이 교도소 개혁안을 발의하리라고 기대하지 않습니다. 우리는 변호사들에게 더 많은 돈을 주지 않을 겁니다. 우리는 법원을 믿지 않습니다. 우리는 오로지 교도소 안팎에서의 시위에만 의지하고, 교도소 노동을 착취하고 청소년형사처분제도school-to-prison pipeline(SPP)에 돈을 대는 기업을 목표로 삼고 있습니다. 맥도날드를 첫 목표로 삼고 집중하고 있습니다. 맥도날드는 소고기 패티, 패키지 빵, 우유, 닭고기를 처리하기 위해서 재소자들을 이용합니다. 우리는 맥도날드에 대항해서 전국적인 작업 정지 캠페인을 벌였습니다. 다른 기업도 폭로하기 위해서, 우선 맥도날드의 정체를 밝혔습니다. 교도소 노동을 착취하고 재소자를 한꺼번에 고용하려는 기업들이 너무 많습니다."

"우리는 주의회의사당에서 시위하는 것을 주장하지 않습니다. 기업은 의원들을 꽉 잡고 있습니다. 그런 곳에 상처받은 마음을 안고 올라가는 건 전혀 도움이 되지 않아요. 정치인들은 돈 때문에 거기에 앉아 있습니다. 대량 수감에 대해 투쟁하는 사람은 의회에 앉아 있지 않습니다. 공원에 있지도 않습니다. 그들은 감옥에 있습니다. 만일 당신이 감옥에 있는 사람들을 위해서 투쟁하려고 한다면 감옥에 있는 그들과 합류하십시오. 5000억 달러의 거대한 사업인 교도소 시스템과 싸울 때 작업 파업이야말로 우리의 크립토나이트kryptonite*입니다. 우리에겐 재소자들이 감옥 시스템을 폐쇄하려는 것을 감옥 바깥에 있는 사람들도 지지하고 있다는 걸 알려줄 사람이 필요해요. 우리가 노동의 대가를 제대로 받으면 감옥은 기업의 이익을 낳는 센터가 아니라 진정한 교정과 갱생의 장소가 될 것입니다."

자유 앨라배마 운동을 이끈 이 세 수감자는 교도소 산업공단이 해체되기 전까지는 어떤 교도소 개혁도 없을 거라고 말했다. 그들은 교도소 개혁 운동이 실패하는 것을 보면서 스토클리 카마이클Stokely Carmichael의 《혁명을 위한 준비Ready for Revolution》와 알렉산더의 《새로운 짐 크로우》를 보면서 유일한 희망은 비협조 운동을 조직하는 것이라고 확신했다고 말했다.

레이는 말했다. "정치인들이 현재의 감옥 시스템을 편성했습니다. 그들은 사업가로 직접 관여하거나(이들 중 많은 자가 이미 백만장자 아니면 억만장자다) 아니면 백만장자나 억만장자에 의해서 조종받고 있습니다. 우리는 겉으로 드러난 칭호, 자격, 권리에 속지 않습니다. 우리는 무대 뒤에서 벌어지고 있는 일을 그대로 들여다보고 있습니다. 우리는 코흐 형제Koch brothers, 미국입법의견교환평의회

★ 슈퍼맨의 힘을 잃게 만드는 물질.

American Legislative Exchange Council(ALEC)와 정치행동위원회PACs가 합작해서 교도소 안에서의 사업 기회를 따려고 애쓰는 것을 압니다. 그들의 목표는 수익을 늘리는 것입니다. 일단 이런 것을 알게 되면 대통령이 흑인이냐 백인이냐는 중요한 문제가 아닙니다. 문제는 정책이 바뀌고 있지 않다는 것입니다. 예를 들어 강제최소선고법을 대기업이 교도소에서 값싼 노동력을 얻기 위해서 뒤에서 통제하기 때문에 손을 대지 못하고 그대로 두고 있습니다. 테러방지법은 교도소 수감 기간을 더 오래 끌기 위해서 사법 정의로 가는 문을 닫습니다. 법과 법령을 만드는 건 대기업입니다."

앨라배마 교도소에서는 미국 전역의 다른 교도 시설과 마찬가지로 재소자들이 거의 모든 일을 한다. 예를 들어 요리, 청소, 유지보수, 세탁, 교도소 이발소에 부족한 인원 채워 넣기 등의 일을 한다. 세인트 클레어 교도소에는 화학공장, 가구회사, 주 정부의 차량 수리 센터가 있다. 다른 앨라배마 교도소들은 인쇄회사, 재활용 공장을 운영하고, 차량 번호판을 찍어내고, 침대 금속 프레임을 만들고, 모래채취장을 운영하고, 양어장을 돌보고 있다. 앨라배마의 2만 6200명의 재소자(현 교도소는 본래 1만 3130명만 수감하는 것으로 설계되어 있다) 가운데 오로지 몇백 명만이 임금을 받는데 시간당 17~71센트이다. 나머지는 모두 노예다.

세 사람 모두, 오락과 교육 프로그램의 부족, 기본 위생용품 부족, 감방과 기숙사 온도가 섭씨 37~38도까지 올라가는 형편없는 통풍 시설, 노후화한 인프라, 바퀴벌레와 쥐가 득실대는 환경, 일상적으로 수감자를 구타하고 마약, 핸드폰 등 금지물품을 파는 타락한 교도관들을 한탄했다. 앨라배마주 교도소에 들어오는 수감자 중 80퍼센트가 문맹이다.[72]

40년 선고를 받고 13년째 세인트 클레어 교도소에서 복역 중인 플레전트가 말했다. "최악은 더러운 물입니다. 그것은 신장병, 신장부전증과 암의 원인입니다. 음식은 위장병의 원인입니다. 지난 4개월 동안 네 건의 식중독 사고가 있었습니다."

플레전트는 말했다. "콘크리트 바닥에서 자면서 어떻게 읽고 쓰는 법을 배울 수 있습니까? 어떻게 정신건강 문제가 생기지 않을 수 있습니까? 교도소 시스템은 전혀 변하지 않습니다. 그것은 본래 구상했던 대로 돌아가고 있습니다. 여전히 임금을 주지 않고 부려먹는 시스템으로 사람들을 몰아붙이고 있습니다."

레이는 말했다. "수년 동안 우리는 쓸모도 가치도 없고, 우리에게 어떤 짓이라도 할 수 있다는 것을 나타내기 위해서 '니거nigger'라고 불렸습니다. 그런데 이제 '니거nigger'라는 말은 정치적으로 올바른 말이 아닌 게 됐죠. 그래서 그들은 우리를 범죄자라고 부르기 시작했습니다. 사람을 범죄자라고 부를 때 의미하는 바는 그에게 무슨 일이 일어나도 상관없다는 것입니다. 그 말은 그가 진짜 '니거'라는 것을 의미합니다. 그 의미는 그들이 겪는 어떤 일도 마땅하다는 것입니다."

세 명의 재소자는 교도소가 점점 더 큰 경제적 부담을 가족에게 떠넘긴다고 말했다.

카운슬이 말했다. "가족에게 돈을 받지 않으면 매점에서 물건을 살 수 없고 전화도 할 수 없습니다. 가족들과 소통할 수가 없습니다. 만일 당신에게 돈을 보내주는 사람이 없으면, 집으로 보낼 편지에 붙일 우표조차도 살 수 없습니다. 그들(교정 당국)은 우리에게 일주일에 두 개의 무료 우표를 주기로 했지만, 지난 16년 동안 교도소에 있으면서 그렇게 하는 것을 본 적이 없습니다. 아파서 의사를 만나면 약을 받을 때마다 4달러를 냅니다. 만일 감기약, 몸살약, 코 막힌 데 먹는 약, 이렇게 받으면 16달러를 내야 합니다. 가족에게 20달러를 받으면 주 정부가 우선 16달러를 떼어갑니다. 비싼 매점에서 쓸 수 있는 돈은 나머지 4달러뿐입니다. 이곳에 빚진 채로 살아가는 형제들이 많습니다."

레이는 말했다. "사람을 공짜로 일을 시키려고 그들은 악랄한 폭력을 씁니다. 삶의 조건이 이러한 데도 우리는 어떻게 해볼 도리가 없습니다. 그들이 우리를 노예처럼 부려먹는 유일한 방법은 폭력입니다. 교도소는 노예 제국과 다름없습니다. 노예 제국을 유지하려고 야만적 행위를 합니다. 야만적 행위는 이 시스템이 없어지지 않고서는 절대 없어지지 않을 겁니다."

플레전트는 말했다. "그들은 수갑을 채운 채로 나를 벽을 향해 세웠습니다. 약 열 명의 교도관이 있었습니다. 그들은 나에게 주먹을 휘두르고 막대기로 때리고 엉덩이 밑에서 다리를 잡아뺐습니다. 나는 넘어져서 바닥에 얼굴이 부딪쳤습니다. 그들은 내 얼굴을 짓밟았습니다. 그들이 한 짓을 숨기기 위해서 나를 30일 동안 부속진료소로 보냈습니다. 이렇게 맞은 게 네번째입니다."

불법 핸드폰으로 나와 전화 인터뷰를 하는 세 명에게 이런 교도소의 현실이 미국에 대해 말해주는 게 무엇이냐고 물었다. 그들은 모두 웃었다.

레이가 말했다. "미국은 언제나 똑같은 미국이죠. 미국! 그거죠. 만일 당신이 가난한 흑인이라면 당신은 착취당하고 야만인처럼 대접받다가 살해당할 겁니다. 대부분의 미국 사회, 특히 백인 사회는 이런 것에 무관심합니다. 미국에 노예제가 있었던 이래로 변한 것이 아무것도 없습니다."

시디크 하산Siddique Hasan, 그의 발은 의자에 족쇄로 채워져 있었다. 그는 영스타운에 있는 한 중범죄자 감옥인 오하이오주 감화원Ohion State Penitentiary의 4층 접견실에 앉아 있었다. 두꺼운 유리창으로 둘러싸인 방 중앙에는 교도관 부스가 있고 한쪽 벽에 있는 전자레인지 옆으로 음식 자판기가 있었다. 하산 뒤에 있는 문으로 들어가면 한 줄로 늘어선 조그만 부스가 있다. 그곳에서 플렉시 유리로 된 칸막이를 통해서 가족들이 수감자들과 이야기했다.

키가 180센티미터쯤 되는 하산은 52세이며 턱수염이 있고, 금테 안경을 쓰고 있었다. 머리에는 하얀 쿠피kufi를 쓰고 있었다. 그는 긴 소매가 달린 셔츠 위에 짧은 소매 셔츠를 덧입고, 수감자들이 입는 연푸른색 바지를 입고, 하얀 나이키 운동화를 신고 있었다. 95킬로그램이 나가는 그의 몸집은 탄탄했다. 운동을 해서 그렇다고 했다. 그는 1993년 4월에 루카스빌에 있는 남부 오하이오 교도소에서 네 명의 다른 동료와 봉기를 주도했다는 이유로 사형선고를 받았다. 그들은 '루카스빌의 5인Lucasville Five'으로 알려져 있다.

이 봉기로 재소자들이 11일 동안 교도소를 장악하면서 교도관에게 맞아 죽은 것으로 추정되는 살인 사건과 같은 수많은 불만 때문에 시위를 벌였다. 그것은 미국 역사상 가장 긴 교도소 봉기 중의 하나였다. 그 봉기가 끝날 무렵에 밀고, 즉 '고자질'을 한 아홉 명의 수감자와 한 명의 교도관이 살해당했다.

태어날 때 이름이 카를로스 샌더스Carlos Sanders였던 하산은 사춘기 이후 청소년 구류 시설이나 교도소에서 살았다. 그의 어린 시절은 불안했고 극도로 가난했다. 그의 어머니는 12세에 첫 아이를 낳았고 마지막 넷째 아이를 19세에 낳았다. 하산의 어머니를 육체적으로 학대했던 그의 아버지는 하산이 5세 때 가족을 버리고 집을 나갔다. 남은 가족들은 어머니가 식당 일과 청소 일로 번 돈으로 근근이 살았다. 네 아이 중 셋째인 하산은 잠시 양부모 집에서 살았다. 그의 교육은 초등학교 5학년으로 끝났다. 그는 형들과 거리를 헤매면서 사소한 범죄를 저질렀다. 그가 10대 초반에 조지아(그의 별명은 사바나 슬림Savannah Slim 아니면 사바나 레드Savannah Red였고, 다른 기결수들과 같이 조지아 교도소 고속도로 파견대로 나가 일했다)에서 처음으로 구금된 후, 오늘날까지 교도소 담장 바깥에서 살아본 것이 겨우 17개월이다. 그는 언제나 반항했다. 그가 15세였을 때, 청소년 구금 시설에서 대탈옥을 주도했고, 1년 후에 다시 카운티 교도소에서 대탈옥을 주도했다. 2013년에 그는 사형을 기다리는 다른 재소자들과 함께 단식 파업에 참여했다. 이 파업으로 교도소 당국은 교도소 매점의 품목의 범위를 늘릴 것에 합의했고, 가족과 친지들이 방문할 때 신체적 접촉을 허용했고, 재소자들이 법에 관련 조사를 하기 위해서 컴퓨터를 사용하는 것을 허락했고, 전화 통화 시간을 늘려주었고, 오락 시간을 늘려주었다.

하산은 말했다. "나도 인간입니다. 나는 꼼짝 못 하고 갇혀 있는 것이 싫고, 권리를 박탈당하고, 잘 시간, 먹을 시간, 씻을 시간을 일일이 지시받는 것이 싫습니다. 이런 일들은 신체적, 감정적, 심리적으로 인간에게 해를 가합니다."

그의 말에 의하면, 그는 1981년에 이슬람교로 개종하기 전까지 "마약을 팔고 교도소에서 돈을 받고 사람들을 보호해주는 광적인 물질 만능주의자이고 괴물이었다". 그는 교도소 도박 팀을 조직했고 강탈 행위를 일삼으면서 교도관들을 깔보았다.

"교도소 안에 신발이 30켤레였고, 로션이 30개, 샴푸가 30개, 베이비오일이 30개, 비누가 200개였습니다. 무슬림이 되고 내가 얻은 지식을 실천하자 나는 변했습니다."

그는 교도소에서 전국적인 작업 정지 운동을 조직하는 데 힘쓰는 리더 중의 한 명이다. 그의 요구에는 재소자들이 8시간 노동에 받는 일급 약 1달러를 법정 최저임금으로 향상하는 것이 포함되어 있다. 그는 바가지를 씌우는 매점에 재소자들이 보이콧할 것을 요구한다. 그는 재소자들이 비누와 치약 같은 기본 필수품만 사고 '주주와 왐왐zoozoos and wamwams'(정크 푸드의 교도소 속어)은 삼가야 한다고 말한다. 그는 법원이나 의회에 희망을 품지 않는다. 그는 재소자들은 교도소 바깥에 있는 사람들과 마찬가지로 정의를 위해 다수의 시민 불복종 운동을 시작해야 하고, 그것이 재소자들이 할 수 있는 유일한 메커니즘이라고 말했다.

그는 하얀 묵주를 잡고 말했다. "교도소 당국은 투쟁 없이 우리에게 어떤 것도 주지 않습니다. 투쟁할 수 있는 재소자들은 최저임금을 요구하기 위해서 일터에 가는 것을 거절해야 합니다. 그렇게 하더라도 교도소 당국은 투쟁 지도자들을 다른 교도소로 이송하고 그들을 제거하고 거부 운동을 파괴하려고 하는 것부터 하겠지만 그래도 계속해야 합니다. 만일 시위가 한마음으로 이루어진다면 그들은 우리 중 누구도 따로 잡아두지 못할 겁니다. 교도소 당국이 우리가 무엇을 할 것인가를 알게 해야 합니다. 우리의 요구가 무엇인지를 알아야 합니다. 그들을 놀라게 하면 안 됩니다. 그들에게 우리의 요구를 해결할 기회를 미리 주어야 합니다. 가령 60일 정도 말입니다. 그들을 기습 공격하면 우리가 얻을 수 있는 것은 엄중한 구금입니다. 우리가 미리 통고하면 그들은 나중에 그런 일이 있을 줄 몰랐다고 말할 수 없습니다."

"작업 정지가 주는 뛰어난 이점은 교도소 행정관들이 합리적인 보상 노동을 도입하지 않을 수 없다는 것입니다. 이것이 2010년에 재소자들이 조지아주 교도소에서 6일 동안 작업 정지 운동을 벌였을 때 일어났던 일입니다. 주 정부는 큰 비용을 들여서 우리의 요구를 들어주었습니다. 재소자들도 양보했습니다. 주 정부가 돈을 제대로 지불하는 문제는 신속하게 해결될 문제가 아닙니다. 시간이 걸립니다. 다른 요구와 전술을 가지고 있는 것이 가장 좋습니다. 처음에는 보이콧을 통해서 매점 가격과 전화 요금을 낮출 수 있습니다."

그는 반란을 일으키는 사람들은 반드시 힘이 어떻게 작용하는지 주의 깊게 공부해야 한다고 말했다. 그들은 훈련된 조직을 만들어야 한다. 그들의 리더는 부패하지 않아야 하고, 비폭력적이어야 한다. 동성애자에 대한 편견과 밀고자에 대한 증오감을 포함해서 개인적, 인종적, 종교적 증오심이 서로를 갈라서게 하면 안 된다. 하산은 억압받는 자들의 분열이 억압자에게는 선물이라고 말했다.

그는 성공적인 반란을 위해서 교도소 당국에 시위와 분명한 요구 조항을 알리는 것을 포함해서 투명성을 유지해야 한다고 말했다. 다음의 사항을 반드시 알아야 한다. 교도소에 있는 재소자 전원이 참여해서 시위를 벌일 때 그 안에 밀고자들이 있으므로 어떤 비밀도 지키기 어렵다. 교도소 바깥에 있는 시위자들이 국가 보안 관찰기관에게 비밀을 지키기를 기대할 수 없는 것과 마찬가지다. 또한 요구 사항을 잘 정리해야 하고, 요구하는 바가 분명해야 하며, 교도소 바깥에서 반란자들을 대신해서 기꺼이 사람을 동원하고 그들의 투쟁과 요구 사항을 공개적으로 알려주는 지원 네트워크가 있어야 한다.

마지막으로 그는 반란 지도자들이 기꺼이 자신을 희생하려는 의지가 있어야 한다고 말했다. 하산의 경우는 이 마지막 요소가 그의 이슬람교 신앙 때문에 가능하다고 말했다.

하산은 루카스빌 교도소에서 봉기가 일어났을 때 출소일을 겨우 몇 달 앞두고 있었다. 그는 규율을 잘 지킨 수감자들이 사는 명예동honor wing에 있었다. 그는 교도소 안에서 재소자들의 이슬람 예배를 인도하는 이맘imam으로 일했다. 봉기 동안에 그는 반복해서 폭력을 최소화고 방지했다. 그는 몇몇의 목숨을 살린 것으로 명성을 얻었다. 이 사실은 그가 재판을 받을 때 드러났다. 오하이오주는 항상 그랬듯이 재소자들 가운데 카리스마가 있고 부패할 가능성이 없는 지도자를 보면 그가 과거에 훌륭한 일을 한 것과는 상관없이 그를 제거하는 것에 훨씬 많은 관심을 가졌다.

봉기가 끝난 후, 진술서에 거짓이 없음을 선서한 수감자들은 오하이오주 고속도로 순찰 경관들이 재소자에게 봉기 지도자의 이름을 증언하면 감형해주겠다는 거래하고 다녔다고 말했다. 재소자들이 봉기 지도자로 증언한 사람이 앤서니 라벨Anthony Lavelle이었다. 그는 루카스빌 교도소 안의 조직 '흑인 갱스터 제자들Black Gangster Disciples'의 우두머리였고, 교도관 로버트 밸런디검Robert Vallandingham을 살해한 것으로 알려져 있다. 그 살인 사건과 관련해서, 하산은 조지 스카체스George Skatzes, 나미르 압둘 마틴Namir Abdul Mateen, 제이슨 롭Jason Robb과 함께 사형선고를 받았다. 키스 라마르Keith LaMar는 봉기 중에 동료 재소자를 죽인 그룹을 이끌었다는 혐의로 사형선고를 받았다. 주 정부의 강력한 압력과 사형을 면제해주겠다는 약속에도 이 다섯 명은 서로에게 죄를 씌우는 일을 거부했다. 이 다섯 명이 다른 인종이었다는 사실(당시에 스카체스와 롭은 아리안형제단Aryan

Brotherhood* 구성원이었기 때문에 흑인 피고들과 함께 법정에 서려면 백인 연대를 주장하는 이 조직의 신조를 깨야만 했다)은 세간의 주목을 받았다.

스타우튼 린드Staughton Lynd가 쓴《루카스빌: 한 교도소 봉기의 밝혀지지 않은 이야기Lucasville: The Untold Story of a Prison Uprising》의 서문에서 무미아 아부 자말Mumia Abu Jamal은 다음과 같이 썼다. "그들은 죄수의 신분을 넘어섰다. 그들은 한 세대 전에 아티카 교도소의 반란자들이 요구했던 것, 즉 '남자다움'을 1993년 4월에 실천했다. 그 자체로 그들은 서로를 배반하지 않았고, 서로를 불명예스럽게 하지 않았으며, 공동의 목표에 도달하기 위해서 배타적인 '종족' 관계를 넘어섰다."[73]

루카스빌 반란을 조직했던 사람들은 재소자들 가운데서 가장 규율을 잘 지키고 정치적으로 의식화된 무슬림들이었다. 그 반란은 처음부터 비폭력적으로 계획되었다. 5년 전에 일어났던 시위에서 그랬듯이 교도관들을 붙잡아두었다. 재소자들은 교도소가 언론 인터뷰를 허용할 때까지 그들을 붙잡았다. 언론이 재소자들의 불만을 보도하고, 주 정부가 교도소 내 학대를 해결하기로 동의하면 교도관들은 풀려났다.

하산은 말했다. "우리는 교도소장 아서 테이트 주니어Arthur Tate Jr.를 문제 삼았습니다. 그는 심한 강경론자였습니다. 재소자들은 그를 아서 왕이라고 불렀습니다. 우리는 교도소 당국에 그의 손에서 벗어날 정도의 충분한 압력을 넣고, 콜럼버스의 오하이오 갱생교정부Ohio Department of Rehabilitation and Correction,ODRC의 콜럼버스 지부에 있는 아서 상관의 반응을 얻어내려고 했습니다. 목표는 항상 평화적 해

---

* 백인 교도소 갱단이며, 교도소 안팎에 약 1만 5000~2만 명의 회원이 있다.

결이었습니다.”

하산의 말에 의하면, 루카스빌 재소자들 누구도 뉴욕주 아티카 교도소에서 1971년 9월, 4일간의 반란 때 일어난 끔찍한 유혈극을 반복하기를 원하지 않았다. 그 사건으로 교도소를 습격했던 주 경찰관의 손에 33명의 재소자가 죽고 10명의 교도관과 민간인 직원이 살해당했다.[74] 하산은 반란이 일단 시작되면 통제하기 어렵다는 것을 알아차렸다.

교도소 행정 당국이 무슬림에게 금지된 알코올이 섞인 물질을 수감자들에게 주사해 결핵균을 검사하려고 했던 일이 반란의 기폭제가 되었다. 하산과 다른 무슬림 지도자들은 교도소 당국에 엑스레이나 가래 표본으로 결핵을 검사할 것을 요구했다. 교도소 당국은 거절했다. 하산은 특히 검사일을 라마단 기간으로 잡은 것이 ‘최후의 결정타’였다고 말했다.

그는 “무슬림은 금식하는 동안, 주사를 맞을 수 없었습니다”라고 말했다.

교도소의 상태는 원시 수준이었다. 수감자들이 차고 넘쳤다. 백인과 흑인 수감자들은 종종 물리적으로 충돌했고, 감방 안에서도 충돌이 일어났다. 의료 시설은 충분하지 못했다. 교도관은 면회 온 가족들을 모욕했다. 매점은 너무 비싼 값에 물건을 팔았다. 1년 동안 통화를 5분, 크리스마스 때 단 한 번 할 수 있었다. 교도관들은 상습적으로 수감자들을 때렸고 치명적인 구타 사건도 일어났다. ‘루카스빌의 14인Lucasville 14’로 알려진 일단의 수감자들은 미국 시민권 포기를 시도하기도 했다. 그들 가운데 세 명이 겪는 고통이 얼마나 심한가를 알리기 위해서 자신들의 손가락을 잘라 UN과 미국 법무부에 우편으로 보냈다. 재소자들은 교도소 노동자들도 국가가 정한 최저임금을 받아야 한다는 것을 요구하기 위해서, 세계 산업노동자동맹의 지부를 조직하려고 시도했다. 재소자들이 조직을 만들거나 저항할 때마다 교도소의 감독과 억압은 더욱 가혹해졌다.

하산은 말했다. "한 재소자가 여성 교도관 앞에서 자위하거나 교도관에게 침을 뱉거나 물리적 폭행을 행사하는 사건이 몇 번 있었습니다. 이런 상황이 발생하면 원래 교도관들은 품행 보고서를 제출해야 합니다. 그 대신에 교도관들은 물리적 폭행을 가했고 폭력은 때로 치명적이었습니다. 그들은 재소자를 독방에 가두거나 행정상 분리하고, 감방으로 들어가서 문을 닫고 수갑과 족쇄를 채운 수감자 머리 위로 뛰어넘어 다닙니다."

1993년 반란 때, 무슬림들은 오락 시간이 끝날 무렵인 오후 3시에 12명의 교도관을 붙잡아두고 감방과 교도소 통제에서 벗어나자 야구방망이와 소화기를 손에 쥐었다. 그들은 교도관들을 공격했다. 수감자들은 교도관들의 '고자질꾼'과 '심부름꾼'을 죽이기를 원했으나 하산이 막았다. 하산은 그런 자들을 다 죽이려면 재소자의 반은 죽여야 할 것이라고 말했다. 재소자들은 제빙기와 물품 보관함 박스로 복도 중간에 바리케이드를 쳤다. 그들은 20킬로그램짜리 웨이트 바와 곡괭이로 창문과 문을 부수고 '세이프웰safewell'로 알려진 안전 지역에 피신한 교도관들을 생포했다.

"나와 몇몇 무슬림들은 이발소에 모여 있었는데, 한 형제가 달려와서 재소자들이 L6구역에서 고자질꾼들을 죽이고 있다고 했습니다. L6로 달려갔더니, 시체들이 쌓여 있었는데 자세히 보니까 모두가 죽은 게 아니었습니다. 어떤 사람들은 숨을 마시려고 웩웩거렸습니다. 몇몇은 살아남았습니다."

"대혼란이었습니다. 재소자들이 교도관을 때리고 밀고자를 때렸습니다. 아수라장이었습니다. 복도에 피가 넘쳤습니다. 대학살이 벌어진 것 같았습니다. 나는 무슬림들을 꾸짖고 안전을 지키라고 말했습니다."

하산은 교도관들을 샤워 칸막이로 옮겼다. 그는 그들을 지키기 위해서 무슬림들을 샤워장 바깥에 배치했다. 반란 초기 단계에 강간범들도 자물쇠로 잠긴 감방에 집어넣었다.

그는 안전을 위해서 밀고자들을 포함해서 취약한 수감자들을 독방에 집어넣었다. 무슬림들은 반란이 있기 전에 안전, 법적 문제, 음식 조달, 교육을 담당한 그룹과 조직적인 계획을 세웠다. 그들은 질서를 유지하려고 최선을 다했다.

그가 피하고 싶었던 유혈 사태와 시체를 보면서 어떤 느낌이 들었는지 물었다.

"아무것도 느낄 수가 없었습니다. 아마도 죽음에 대해서 다른 사람들과 다른 생각을 하고 있었기 때문입니다. '찔러라', '죽여라', '목매달아라' 이런 것들은 우리가 봉기를 계획할 때 전혀 의도했던 것이 아니었습니다. 사태는 걷잡을 수 없었습니다. 많은 수감자가 다른 수감자들, 다른 사람들에게 원한, 적의, 증오를 품었습니다. 그들을 밀고했고, 학대했던 사람들에게 원한이 있었던 것입니다. 사람들은 다른 수감자에게, 교도관에게 품었던 오랜 원한을 갚았습니다. 일이 엉뚱하게 풀려갔습니다."

하산은 브루스 해리스Bruce Harris라는 흑인 수감자가 백인 수감자를 강간했다고 말했다. 백인 수감자들이 그 소식을 듣자 해리스를 죽이려고 했다. 하산이 끼어들어서 막았다.

교도소 안의 주요 세 파벌(아리안형제단, 무슬림, 흑인 갱스터 제자들)에서 뽑은 대표들이 해리스를 벌하기로 합의했다. 그들은 해리스를 복도로 데리고 가서 3분 동안 때렸다. 그들은 그를 체육관으로 데리고 가서 또 3분 동안 때렸다. 그 후 그를 독방에 가두었다.

하산은 말했다. "해리스는 그들이 자기를 죽일까 봐 긴장했습니다. 그는 독방을 부수기 시작했습니다. 자기로 된 변기통을 벽에서 떼어 바닥에 던져 산산조각을 내서 기도하고 있는 무슬림들을 방해했습니다. 나는 해리스에게 그만하라고 부탁했습니다. 브루스에게 그는 죽지 않을 거라고 확신시켰습니다. 폭동이 끝날 때 내가 그를 보호해서 교도소 당국에 보낼 것이라고 말했습니다. 그에게 더는 문제를 일으키지 않겠다는 약속을 받아냈습니다."

그러나 동료 수감자가 해리스를 살해했다. 주 정부는 하산을 해리스 살인 혐의로 고발했지만, 하산은 해리스 살인 사건이 일어나고 있을 때, 교도소 당국과 협상 중인 모습이 담긴 비디오를 재판 중에 제출했다.

"무질서와 무법천지에서 사람들은 악을 행하는 경향이 있습니다."

그는 물었다. "어떤 봉기든 그 원인이 무엇일까요? 단순하게 말하면 그것은 사람이 사람에게 저지르는 부정의입니다. 수감자들은 담장 바깥의 자유를 기대할 수 없지만, 억압, 독재, 박해, 교도소 생활에서 진행되는 전반적인 사법 정의의 실패로부터의 자유를 기대할 수는 있습니다. 교도소는 계속 존재할 겁니다. 우리는 사실을 볼 수 있어야 합니다. 교도소 시스템의 문제는 돈, 통제, 권력입니다. 만일 당신이 교도소를 인계하면 악과 타락이란 문제에 직면할 것이고, 그러면서 어느 정도의 변화를 이룰 수 있을 것입니다."

붙잡혀 꼼짝 못 하고 힘을 잃은 교도관들은 하산을 '미스터 샌더스Mr. Sanders'라는 법적 이름으로 부르기 시작했다.

"교도관들은 모두 미안하다면서 그저 자신들의 일을 했을 뿐이라고 말했습니다."

상당수가 아리안형제단에 속해 있는 백인 수감자들은, 반란이 일어난 직후 몇 시간 동안 체육관에 초조한 마음으로 모여 있었다. 그들은 흑인들의 기습 공격이 두려웠다. 고자질꾼으로 의심이 가는 재소자들이 살해당했는데 그들 모두가 백인이었다. 고자질꾼이라고 추측된 몇몇 흑인들은 얻어맞았지만 살아남았다. 하산은 무슬림들을 체육관으로 불러 기도회를 열었다. 그는 비무슬림 재소자들이 기도회 동안에 엄숙한 마음을 갖기를 요청했다. 기도회가 끝났을 때, 그는 예배를 원하는 어떤 다른 종교 그룹도 무슬림들에게 보여준 존중을 똑같이 받을 것이라고 발표했다. 서로 존중하는 태도로 인종적 적의가 사그라들었다. 그로 인해 백인과 흑인 사이의 동맹이 가능했다. 재소자들은 '수감자 인종Convict Race', '수감자 통합Convict Unity', '백인과 흑인이 함께White and Black together'라는 슬로건을 벽에 페인트로 쓰기 시작했다.

하산은 말했다. "할 수 있는 범위 내에서 할 일을 했을 뿐입니다. 나는 뭔가를 해야 했습니다. 나는 혁명가입니다. 혁명가는 변화를 일으키는 사람입니다. 무엇이 변화할 필요가 있는지를 모른다면 변화는 불가능합니다. 혁명이 일어나기 위해서는 반드시 혁명적 의식이 있어야 합니다. 감옥에서 단식투쟁, 작업 정지 운동이 널리 퍼졌더라면 효과적이었을 겁니다. 무슬림에게만 국한하지 말았어야 했어요. 확장해서 전 재소자들이 참여했어야 합니다."

감옥의 제국에 반항한 모든 이들은 사형을 기다리며 동료가 된다.

"무슬림, 비무슬림 중에 ISIS를 칭찬하는 사람들이 있습니다. 그들은 ISIS가 미국 정부와 이스라엘에 저항하는 것을 보고 즐거워합니다. 우리 가운데 많은 이가 그들의 전술에 동의하지 않지만, 벼랑 끝으로 몰리는 것이 어떤 것인지는 모두 압니다. 우리는 알카에다가 9·11 테러 당시 미국 권력의 상징인 국방성, 금융기관을 공격한 것을 압니다. 그들이 미국인을 죽이는 것이 목표였다면, 8~9만 명이 모이는 미식 프로축구 스타디움에 비행기를 떨어뜨렸을 겁니다. 재소자들은 억압받기 때문에 누구라도 못된 늑대에 저항하는 것을 보면 좋아합니다."

주 정부는 루카스빌 폭동을 해결한 후에 반란 지도자들에게 보복하지 않겠다고 약속했다. 하지만 교정 당국이 통제력을 다시 갖자 그 약속은 깨졌다.

하산이 살인하지 않았다는 것을 알면서도 사형선고를 내린 주 정부에 우리는 무엇을 기대할 수 있을까? 주 정부는 하산을 사형시키려고 교도관을 실제 살해한 살인자와 흥정한 것인가? 분명한 사실이 있다. 그것은 주 정부가 보내는 메시지이다. 주 정부는 범죄자를 두려워하지 않는다. 주 정부는 반란자를 두려워한다.

법정에서 그 자신의 사형선고에 대해 투쟁하고 있는 하산은 몇몇 사람이 사형실로 끌려 들어가는 것을 보았다. 사형당한 자들 가운데 압둘-하킴 자키Abdul-Hakim Zakiy와 압둘라 샤리프 카짐 마디Abdullah Sharif Kaazim Mahdi는 가까운 친구였다. 사형 전에 마지막으로 나눈 대화가 그의 뇌리에서 떠나지 않는다.

"마디 형제는 그를 면회하러 오는 사람이 별로 없었습니다. 그는 사형수가 거치는 마지막 절차에 참여하지 않았습니다. 마지막 식사를 원치 않았습니다. 그는 금식하면서 코란을 읽었습니다. 그는 약간의 올리브유와 이슬람식 대추를 요구했습니다. 나는 그가 너무 그리울 거라고 말했습니다. 그가 강한 믿음을 가지고 있는 것을 안다고 말했습니다. 그가 알라신을 믿는다는 것을 안다고 말했습니다. 모든 생명은 무상하다는 진리를 받아들이자고 말했습니다. 알라신이 그의 예배와 그의 신실한 신앙을 받아들일 것이고, 그에게 낙원을 허용할 것이라는 희망을 품자고 말했습니다. 나는 그를 사랑한다고 말했습니다. 나는 한없는 무력감을 느꼈습니다."

"그는 자신의 가족이 그의 시체를 인수하기를 원치 않았습니다. 그는 이슬람 의식에 따라 자신의 시체를 잘 씻어 묻어주기를 원했습니다. 그는 다른 무슬림 수감자들이 묻힌 교도소 장지에 같이 쉬고 싶다고 했습니다. 우리가 사랑하고 칭찬하는 어떤 사람이 그런 고통을 겪는 것을 바라본다는 것은 힘든 일입니다. 나는 저세상에 가서 그를 만날 것을 믿습니다. 신앙 없이 그런 고통을 감내한다는 것은 상상할 수도 없습니다."

미 제국은 곧 종말을 경험할 것이다. 미국은 유럽, 라틴아메리카, 아시아, 아프리카에 있는 동맹이 미국의 요구에 부응하게 할 힘과 그들에게 받았던 존경심을 잃어버렸다. 기후 변화로 자연 파괴가 늘어나고 있고, 디스토피아로 가는 비법을 가진 나라이다. 연방정부나 주 정부의 최고 상층부에는 천치, 사기꾼, 도둑, 기회주의자, 전쟁광인 장군들이 모여 있다. 분명히 이야기하지만, 나는 여기에 민주당을 포함시킨다.

미 제국은 절름거리며 걸을 것이다. 달러가 세계 기축통화로 역할을 하지 못할 때까지 꾸준히 영향력을 잃어갈 것이다. 미국은 큰 타격을 주는 불황을 겪고, 곧 군사 개입을 대폭 줄일 수밖에 없을 것이다.

대중 반란이 널리 퍼지지 않는 한 죽음의 소용돌이는 멈출 것 같지 않다. 내가 보기에 우리가 아는 미국은 10년 혹은 20년 후에는 더는 존재하지 않을 것이다. 우리가 남긴 세계적 공백은 경제적, 군사적 대국 중국이 채우거나 러시아, 중국, 인도, 브라질, 터키, 남아프리카공화국, 몇몇 다른 국가들이 분할해 다극적 세계로 변모할 것이다. 아니면 그 공백은 역사가 앨프리드 맥코이Alfred W. McCoy 가 《대전환: 2030 미국 몰락 시나리오In the Shadows of the American Century: The Rise and Decline of US Global Power》에서 썼듯이 "초국가적 기업의 연합, 나토NATO와 같은 다국적 군사력, 다보스Davos와 빌더버그Bilderberg에서 자체로 뽑은 국제 금융 리더들이 채울 것이고, 이들은 제국을 대신할 초국가적 결합을 형성할 것이다"[75].

어느 면을 비교해도, 즉 재정의 성장과 인프라 투자, 슈퍼컴퓨터, 우주 무기, 사이버 전쟁을 포함한 첨단기술에 이르기까지 중국은 우리를 빠르게 앞지르고 있다. 맥코이는 "2015년 4월에 미국 농무부는 미국 경제가 향후 15년에 걸쳐서 50퍼센트 성장할 것이며, 반면에 중국 경제는 세 배로 뛰어서 2030년에 미국을 거의 추월할 것이라고 암시했다"라는 사실에 주목했다.[76] 2010년 중국의 경제 규모는 세계에서 두번째로 크다. 같은 해 세계의 주도적인 제조업 국가가 되어 1세기 동안 세계의 제조업을 지배해왔던 미국을 밀어젖혔다.[77] 국방성은 〈위험을 각오하고: 미국 주도 세계가 무너진 초기 상태의 세계에서 미국 국방성 위험 평가At Our Own Peril: DoD Risk Assessment in a Post-Primary World〉라는 과장 없는 제목의 보고서를 발표했다. 보고서에 따르면, 미국의 군사력은 "다른 경쟁 대상 국가와 비교해서 더 이상 난공불락의 자리를 즐길 수 없다. 그동안 일관성을 가지고 지속해온 지역 군사 우월성이 이제는 자동적으로 이루어지지 않을 것이다".[78] 맥코이는 이런 붕괴가 2030년까지 일어날 것이라고 예언한다.[79]

쇠퇴하는 제국은 오만으로 눈이 멀고, 그들의 축소된 힘을 인정하지 않고, 불쾌하지만 엄연한 사실과 대면하기를 거절한다. 그들은 외교, 다자주의, 정치를 일방적 위협과 퉁명스러운 전쟁 도구로 대치한다.

미국은 현실을 직면하지 못하는 무능력 때문에 아프가니스탄과 이라크를 침공하면서 미국 역사상 가장 큰 전략적 실수를 저질렀다. 조지 부시 백악관의 전쟁 설계자들과 응원단장 노릇을 한 언론과 학계의 유용한 천치들은 침공할 나라에 대해 아는 바가 거의 없고, 산업 전쟁의 결과에 놀라우리만큼 순진했고, 맹렬한 역습에 허를 찔렸다. 그들은 유효한 증거가 없는데도 사담 후세인이 대량살상무기를 가지고 있다고 말했고, 아마도 실제로 그렇게 믿었을 것이다. 그들은 민주주의를 바그다드에 전파할 것이고 민주주의가 중동 전역에 걸쳐서 퍼져나갈 것이라고 주장했다. 그들은 대중에게 미국 군대는 해방군이며, 이라크와 아프가니스탄 사람들에게 감사한 마음으로 환영을 받을 것이라고 장담했다. 그들은 석유 수익으로 재건 비용을 감당하겠다고 약속했다. 그들은 대담하고 빠른 군사적 타격('충격과 공포Shock and Awe')으로 그 지역에서 미국의 헤게모니와 세계 지배를 회복할 것이라고 주장했다. 지미 카터Jimmy Carter의 국가안보 보좌관이었던 즈비그뉴 브레진스키Zbigniew Brzezinski는 "이라크에 대해서 일방적으로 전쟁을 저지른 것은 그렇지 않아도 불법적인 미국 외교 정책을 더욱 가속화시켰다"[80]라고 말했다.

제국의 역사를 다루는 역사가들은 모든 제국 말기의 특징인 군사적 대실패를 '소小군국주의micro-militarism'[81]라고 부른다. 아테네 제국은 펠로폰네소스 전쟁 중 기원전 413년에 시칠리아를 침공했을 때 소군국주의에 빠졌다. 그들은 200척의 배와 수천 명의 군사를 잃었고, 전쟁의 패배와 더불어 제국 전체에는 반란이 일어났다.[82] 영국이 1956년 수에즈 운하 국유화 논쟁 가운데 이집트를 공격했을 때도 마찬가지였다. 영국은 곧 치욕적인 후퇴를 해야 했고, 이집트의 가말 압델 나세르Gamal Abdel Nasser와 같은 일련의 아랍 민족주의자 지도자들에게 힘을 실어주었고, 식민지 지배가 어려워졌다.[83] 두 제국 모두 그 후 회복하지 못했다.

　　맥코이는 다음과 같이 썼다. "떠오르는 제국들은 정복과 해외 지배력을 통제하기 위해서 합리적으로 그들의 군사력을 사용하는 반면에, 지는 제국들은 잃어버린 위엄과 힘을 되찾으려고 대담한 군사적 대성공을 꿈꾸면서 무분별하게 군사력을 휘두르는 경향이 있다. 제국주의적 관점에서 보더라도 비합리적이기 때문에 소군국주의 작전은 대출혈의 비용과 치욕적인 패배를 몰고 온다. 이미 진행 중인 쇠락의 길을 재촉할 뿐이다."[84]

　　제국은 다른 나라를 지배하기 위해서 폭력 이상의 것이 필요한데 바로 신비로운 매력mystique이다. 제국주의적 약탈, 억압, 착취를 덮기 위한 가면인 신비로운 매력은 일부 식민지 원주민 엘리트들을 유혹한다. 이들은 제국 권력층의 명령을 기꺼이 따르거나 적어도 수동적 자세를 취한다. 신비로운 매력은 식민지국 엘리트에게 정중한 풍모를 제공하고, 귀족적 분위기를 주는 한편, 본국 사람들에게 제국 유지에 필요한 피의 대가와 돈을 정당화시킨다. 영국이 식민국에서 흉내 냈던 정부의 의회제도, 말 위에서 공을 치는 폴로, 크리켓, 경마, 우아하게 제복을 입은 총독, 왕의 화려한 행사가 식민주의자들이 말하는 무적의 해군과 육군에 의해서 더 멋있고 신비하게 보였다. 영국은 식민지에서 어쩔 수 없이 계속 후퇴하기 전, 1815년부터 1914년까지 이런 것들과 함께 제국을 유지했다.[85]

미국은 제2차 세계대전 후 자신의 군사력을 신성시하고, 민주주의, 자유, 평등에 대한 기세등등한 미사여구와 농구, 야구, 할리우드를 통해서 많은 세계 사람들을 매료시키고 위협했다. 이런 무대 뒤에서 CIA는 비겁한 술책을 써서 쿠데타를 획책하고, 선거를 조작하고, 암살, 허위정보전, 뇌물, 공갈, 협박과 고문을 일삼았다. 그러나 이제 이런 짓은 통하지 않는다.

신비로운 매력을 잃고 미국은 큰 타격을 입고 있다. 이라크와 아프가니스탄에서 보았듯이, 제국을 관리할 고분고분한 대리인을 찾기 어렵다. 이라크 아부그라이브 교도소에서 아랍 수감자들에게 가해진 신체적 학대와 성적 모욕을 찍은 사진은 이슬람 세계에 불을 질렀다. 그로 인해 알카에다가 생기고 새로운 지원병을 가진 이슬람국가ISIS가 생겨났다. 미국이 시민권자 안와르 아울라키를 포함해서 오사마 빈 라덴Osama bin Laden과 지하드 리더들을 암살한 것은 공개적으로 법의 통치를 조롱한 것이다. 미국이 중동 지역의 여러 곳을 붕괴시키면서 죽인 수십만의 사람들과 수백만의 피난민, 군사용 공중 드론의 끊임없는 위협은 미국이 테러리스트 국가라는 것을 증명하고 있다. 패배한 베트남 전쟁에서 드러났던 흉악한 행위, 무차별적 폭력, 거짓말, 서투른 오판을 우리는 중동에서 반복했다.

국내에서도 야만적 행위가 해외에서 저지른 것 못지않게 점증하고 있다. 사람들이 환상에서 깨어나고 분노가 폭발하면서 트럼프가 선거에서 이겼다. 이것은 기업 쿠데타와 적어도 이 나라 인구의 반을 괴롭히는 가난에 대한 반발이었다. 이제 미국의 민주주의는 조롱거리다.

맥코이는 "탁월한 세계 강대국인 미국의 붕괴는 우리가 생각하는 것보다 훨씬 빨리 올 수 있다"라고 썼다.

제국이 발산하는 전능의 아우라에도 제국 대부분은 놀라울 정도로 허약해서 보통의 민족국가가 가지고 있는 고유의 힘조차 없다. 역사를 보아도 가장 강력했던 제국 역시 대개 재정적 압박과 더불어 다양한 원인으로 쉽게 붕괴했다. 지난 2세기 동안 안정된 주 정부의 주요 목표는 미국 본토의 안보와 번영이었다. 외국에서의 모험이나 제국주의적 모험은 별로 중요치 않은 선택사항이었다. 할당된 예산도 국내 예산의 5퍼센트에 지나지 않았다. 주권국가 안에서 유기적으로 발생하는 자금 조달이 이루어지지 않으면 제국은 식민지국에서 이익과 약탈을 위해서 무자비한 포식 사냥을 한다. 예컨대 대서양 노예무역, 콩고에서 벨기에가 탐욕스럽게 고무를 약탈한 일, 인도 내 영국의 아편 장사, 유럽을 강탈한 나치 독일, 소련의 동유럽 착취에서 그들의 포식 사냥이 잘 드러난다.[86]

맥코이는 다음과 같이 지적한다. 재원이 줄어들거나 고갈되면 "제국은 쉽게 깨진다".[87]

"권력의 생태계는 매우 민감하므로 진짜로 사태가 잘못되면 제국은 예외 없이 무서운 속도로 무너진다. 예를 들어 포르투갈은 1년 만에, 소련은 2년 만에, 프랑스는 8년 만에, 오토만 제국은 11년 만에, 대영제국은 17년 만에 무너졌고, 아마도 미국은 결정적인 2003년(미국이 이라크를 침공했던 해)을 기점으로 계산하면 꼭 27년

만에 무너질 것이다."[88]

역사상 69개의 제국이 있었다고 추정하는데[89] 많은 제국이 쇠망할 때 능력 있는 지도자가 없었다. 제국은 거대한 흉물에게 정권을 이양했다. 예를 들어 로마의 제왕 칼리굴라Caligula와 네로 혹은 트럼프 같은 저능한 자아도취자들이었다.

맥코이는 "대다수의 미국인에게 2020년대는 물가 상승, 하락한 임금, 사라져가는 국제 경쟁력으로 얼룩진 의기소침한 10년으로 기억될 것이다"라고 썼다.[90] 달러가 세계 기축통화의 자리를 잃고 미국은 재무성의 국채를 팔아도 엄청난 빚을 갚을 수 없을 것이다. 달러 가치가 극적으로 하락할 것이기 때문이다. 수입 물건의 값은 엄청나게 오를 것이다. 실업은 폭발적으로 늘어날 것이다. 맥코이가 말하는 "공허한 이슈들"[91]로 일어나는 국내의 충돌은 미국식 파시즘으로 바뀔 수 있는 위험한 초국가주의에 불을 지를 것이다.

전 세계적 지배를 위해서 만들어진 일련의 도구들, 즉 대규모 감시, 시민의 자유에서 핵심 제거하기, 세련된 고문 기술, 군대화한 경찰, 거대한 교도소 시스템, 수천의 군사용 드론과 위성은 국내 어디서나 볼 수 있을 것이다.

독일 사회주의자 카를 리프크네히트Karl Liebknecht가 제1차 세계대전에 대해 썼듯이 "주적은 집 안에 있다".[92]

엘리트들은 늘 그래왔듯이 전쟁을 계급투쟁을 막기 위한 안전밸브로 사용할 것이다. 듀보이스Du Bois가 말한 대로, 전쟁은 소수의 지배자와 가난한 대중 사이에 인위적인 이익 공동체를 만들어 가난한 대중이 본래 가져야 할 이익에 관한 관심을 다른 곳으로 돌리고, 계급투쟁 의식을 모호하게 만든다. 국민의 좌절감과 감정을 공동의 적에 대항하는 선과 악의 웅장한 투쟁으로 바꾸는 일, 위선적인 애국심, 전쟁을 지속하게 하는 국가주의적 이데올로기의 한 부분인 인종주의, 동료의식과 함께 생기는 거짓 연대감은 소외된 하층 계급을 유혹한다. 그들은 전쟁 속에서 소속감, 존재감을 느낀다. 그들은 영웅이 될 기회를 얻는다. 그리고 도살장으로 끌려가는 양처럼 행진한다. 그들이 현실을 알아차릴 때는 이미 너무 늦었을 것이다.

사회비평가 드와이트 맥도널드Dwight Macdonald는 이렇게 썼다. "현대 전체주의는 대중을 테러와 선전을 통해서 아주 완벽하게 정치적 구조 속으로 통합할 수 있으므로, 대중은 자신을 스스로 노예화한다. 현대 사회에서 노예가 되는 것이 가능할 것 같지 않지만 오히려 그럴 가능성이 크다. 역설적으로 여기서는 빠져나갈 공간도 없다. 자본주의가 아니라 관료적 집단주의가 사회주의의 가장 위험한 미래의 적이다."[93]

전쟁을 통해 국가는 평화 시에는 시민들이 결코 허용하지 않는 힘과 자원을 갖는다. 우리가 사는 전쟁 국가는 우리에게 늘 겁을 준다. 끊임없는 감시, 시민의 자유 상실, 경찰의 통제는 안전을 위해서 필수적이다.

제2차 세계대전이 끝날 무렵, 뉴딜 정책하에서 남녀 노동자들이 만든 수익을 끌어내릴 공모를 한 자들은 군국주의자들과 자본주의자들이었다. 그들은 냉전이라는 말을 만들어 평화 시에도 전면전을 할 수 있는 경제 체제를 공고히 했다. 이렇게 국가는 무기 산업의 수익을 보장하고, 무기를 계속 생산하고, 군 장성들은 계속 거대한 군대를 거느렸다.

무기 생산과 전쟁을 수행하는 것은 현대 국가의 최고 임무이다. 이것은 더 이상 국가의 이익을 증진하는 수단이 아니라 유일한

국가의 이익이다. 이런 기업가들과 군국주의자들은 '생산주의 정치'를 외치는 20세기의 운동에 자금을 대고 홍보했으며, 계급투쟁의 언어를 회피했고, 오로지 경제 성장과 자본가계급과의 파트너십을 이야기했다. 예를 들어 전미흑인지위향상협회NAACP는 미국 흑인들의 공산당에 관한 관심을 다른 곳으로 돌리려고 만든 것이다. 공산당은 20세기 초기에 인종을 차별하지 않는 유일한 급진적 조직이었다. 미국노동총연맹-산업별조합회의AFL-CIO는 나중에 CIA의 돈을 받고 국내외의 급진적 노조를 부수거나 대치하는 데 도움을 주었다. 오늘날 미국노동총연맹-산업별조합회의는 전미흑인지위향상협회와 마찬가지로 자체의 부패와 관료주의적 노쇠의 피해자다. 비대해진 지도부는 엄청난 월급을 챙기고, 동시에 규모가 줄어든 조합원들의 수당과 연금은 많이 없어졌다. 자본가들은 그들이 한때 '책임 있는' 노동조합주의라고 불렀던 것이 더는 필요 없게 되었다. 사실상 말 잘 듣는 노동조합주의였으므로. 자본가들과 군국주의자들은 급진적 운동과 노조를 대대적으로 제거하자 한때 자신들을 도운 앞잡이들과 손을 끊었다. 과잉노동, 일자리에 대한 절박함, 너무 두려워서 사장에게 이의를 제기하지 못하는 것은 기업자본주의를 지켜내는 튼튼한 울타리이다.

공포는 파워엘리트가 이해하고 있는 유일한 언어이다. 이것은 어두운 인간성의 일면을 보여준다. 이것이 리처드 닉슨Richard Nixon이 마지막 자유주의 대통령인 이유이다. 닉슨은 개인적으로 자유주의자가 아니었다. 그는 공감 능력이 없고 양심이 결핍된 사람이다. 그는 시위와 운동을 두려워했다. 우리가 단순히 우리의 적을 배반한다고 해서 적이 두려워하는 것이 아니다. 복종하기를 거부할 때, 우리의 비전을 위해서 투쟁할 때, 우리가 조직을 만들 때, 적은 두려워한다. 권력을 획득하는 것은 우리의 일이 아니다. 권력을 제어하기 위해서 운동을 조직하는 것이 우리의 일이다. 이런 운동이 없이 어떤 것도 가능하지 않다.

맬컴 엑스Malcolm X는 말했다. "당신은 당신의 자유를 확보하기 위해서 어떤 일도 마다하지 않겠다는 것을 적에게 알려주면서 자유를 확보할 수 있습니다,"

당신이 그런 태도를 보일 때, 그들은 당신을 '미친 니그로crazy Negro'라고 혹은 당신을 '미친 깜둥이crazy nigger'라고 부를 겁니다(그들은 그냥 니그로라고 부르지 않습니다). 그들은 당신을 극단주의자, 파괴분자, 선동가, 빨갱이, 급진주의자라고 부를 겁니다. 계속해서 급진적 태도를 보이고, 많은 사람이 당신과 같아지면, 당신은 자유를 획득할 것입니다. ……그러니 당신의 권리를 빼앗으려고 달려드는 자와 친구가 되려고 하지 마십시오. 그들은 당신의 친구가 아닙니다. 당신의 적입니다. 그들과 투쟁하십시오. 그러면 자유를 확보할 것입니다. 당신이 자유를 얻으면 그들은 당신을 존중할 것입니다. 나는 어떤 증오심을 가지고 이 말을 하는 것이 아닙니다. 내 안에는 증오심이 없습니다. 나는 증오하지 않습니다. 다만 나는 이런 의식을 가지고 있습니다. 나를 증오하는 어떤 사람이 내게 그를 사랑한다는 말을 강요하는 것을 허용할 수 없습니다.[94]

프랭클린 델라노 루스벨트Franklin Delano Roosevelt가 말했듯이 뉴딜은 자본주의를 구했다. 뉴딜이 만들어진 건 사회주의자들이 강력하고 심각한 위협이었기 때문이다. 당시의 소수 권력가는 자본주의의 붕괴와 더불어(나는 우리 당대에 이것을 목격하기를 기대한다) 사회주의 혁명의 가능성이 있다는 것을 이해했다. 그들은 부와 권력을 잃고 싶지 않았다. 루스벨트는 친구에게 쓴 편지에서 말했다. "적어도 한 세대 동안은 나라가 상당히 급진적으로 바뀌어야 합니다. 역사는 때때로 이렇게 변하는 곳에서, 국가가 혁명을 면할 수 있다는 것을 보여줍니다."[95]

말하자면 루스벨트는 정치적 영향력을 가진 기업가들에게 가서 "당신들이 가진 돈 일부를 내놓으십시오. 그렇지 않으면 혁명이 일어나서 모두 잃을 것입니다"라고 한 것이다. 그들은 루스벨트의 말을 따랐다. 정부는 1500만 개의 일자리를 만들었고, 사회보장제도, 실업수당, 공공사업 프로젝트를 만들었다. 자본주의자들이 대중의 고통에 연민의 정을 느껴서 그렇게 한 것이 아니다. 두려웠기 때문이다.

우리는 강력한 지도자의 구원을 더 이상 바라지 말아야 한다. 시민운동 지도자 엘라 베이커Ella Baker가 말했듯이, 강력한 힘이 있는 민중은 강력한 지도자를 필요로 하지 않는다. 정치인들, 훌륭한 정치인이라는 사람들도 타협의 게임을 하면서 권력이 주는 특권에 쉽게 유혹당한다.

로자 룩셈부르크의 주장에 따르면, 혁명은 혁명의 주동자 못지않은 대중의 투쟁의 산물이다. 혁명은 "살아 있는" 실체였다. "그것은 위에서 형성된 것이 아니고", "대중의 의식"으로 형성된 것이다. 이러한 의식이 형성되는 데는 수년이 걸린다. 혁명가는 반란을 규정하는 예측불허의 기분과 정서에 반응해야 하고, 반란 중 대중의 예기치 않은 반응에 응해야만 한다. 룩셈부르크는 혁명의 도구로 사용하는 테러를 비난했다. 그녀는 볼셰비키당의 전위대 같은 혁명 엘리트들의 지배를 싫어했다. 그녀는 민주적이지 않은 혁명운동은 곧 독재로 변한다고 경고했다. 그녀는 혁명의 특유한 역학을 이해했다.

"프롤레타리아 운동을 지휘하는 어떤 기관도 어떤 계기나 요인이 폭발적 힘으로 변할지 어떤 계기나 요인이 그렇지 않을지를 예견하고 계산하기 극히 어렵다. 하나의 이데올로기에 완고하게 묶여 있는 사람들이나, 자신들이 폭력을 통해서 사태를 이끌어갈 수 있다고 믿는 사람들은 융통성 없고 기계적이고 관료적인 생각 때문에 능력을 발휘하지 못한다."[96]

블라디미르 레닌Vladimir Lenin은 1917년의 혁명 기간에 권력을 잡기 위해서 로자의 충고를 따르지 않을 수 없었다. 그는 러시아혁명 자체의 생명력을 따르기 위해서 교조적 생각을 포기했다. 시민운동 지도자 로버트 루커Robert Looker는 "레닌은 자신도 모르게 룩셈부르크주의자가 되었다"라고 썼다.[97]

대중은 혁명적 의식 때문에 항의하여 일어나는 것이 아니라 룩셈부르크가 지적한 대로 달리 선택할 방법이 없기 때문에 항의하며 일어난다. 혁명이 일어나는 것은 구체제가 둔감해졌기 때문이지, 혁명가들의 노력 때문이 아니다. 혁명은 대중의 무기력에 갑자기 충격을 주는 어떤 부당한 일에 의해서 불붙는다. 누구도 그 사건을 예측할 수 없고 그것이 어디로 튈지 모른다. 룩셈부르크가 지적했듯이 모든 혁명은 어떤 의미에서는 실패작이다. 그것은 사회변혁의 과정이 절정에 다다른 것이 아니라 시작하는 사건이다.

룩셈부르크는 러시아의 1905년 봉기에 대해 이렇게 썼다. "거기에는 미리 결정한 계획이 없고 조직적 행동도 없다. 왜냐하면 정당이 호소하는 것들은 대중의 자발적인 봉기와는 보조를 맞출 수가 없기 때문이다. 혁명 지도자들은 앞뒤를 헤아리지 않고 내닫는 군중의 슬로건을 공식화할 시간이 없다."[98]

"혁명이란 누가 마음대로 통제할 수 있는 것이 아니다. 이것은 결코 정당의 업무가 아니다. 우리의 의무는 언제나 두려움이나 떨림 없이 분명하게 공개적으로 말하는 것뿐이다. 주어진 역사적 순간에 대중 앞에서 분명하게 그들의 과업을 지지하는 것이고, 정치적 행동의 계획과 상황마다 생기는 슬로건을 공개적으로 선언하는 것이다. 혁명적 대중운동이 정당과 어울릴지, 어울린다면 언제 어울릴지에 관한 관심은 역사 자체에 맡겨야 한다. 사회주의가 광야에서 부르짖는 외로운 소리 같을지라도 스스로 도덕적이고 정치적인 입장을 확고하게 취해야 한다. 그럴 때 그 열매가 혁명의 목표를 성취한 역사적 시간이 되었을 때, 복리가 붙어 거두어질 것이다."[99]

기자인 나는 1980년대 중앙아메리카에서 일어난 폭동, 반란과 혁명, 두 번의 팔레스타인 반란, 1989년 동독, 체코슬로바키아, 루마니아에서의 혁명, 세르비아에서 슬로보단 밀로셰비치Slobodan Milosevic를 끌어내렸던 거리 시위를 보도했다. 룩셈부르크는 혁명의 자율적 성격을 정확하게 파악했다. 레닌의 볼셰비키와 같은 중앙위원회는 무자비하고, 비밀이 많고, 군기가 잡혀 있고, 기꺼이 폭력과 테러를 사용할 의지가 있으므로 민주적 민중의 열망을 파괴할 반혁명을 수행할 수 있다. 이것은 1917년에 러시아에서 실제로 일어났다. 이러한 기관은 혁명의 주된 엔진이 아니다. 민주주의가 마비되거나 망가지고, 권력이 해체되고, 반전을 거듭할 때 혁명은 살아 움직이고 생기를 얻는다. 그것은 대중을 중앙집권화된 권력의 남용에서 보호한다.

룩셈부르크는 썼다. "보통선거가 없으면, 제한받지 않는 언론과 집회의 자유가 없으면, 자유로운 토론이 없으면, 모든 공적 기관의 생명력은 점점 약화되고, 단순히 공적 기관이라는 흉내만 낼 뿐 단 하나 유일하게 남아 활동하는 요소란 관료주의뿐일 것이다."[100]

사회주의자인 나는 편의주의적이고 대중적인 것에 관심이 없다. 나는 올바른 것과 정의로운 것에 관심이 있다. 미래 세대가 이런 이상을 갖기 바라는 마음에서 나는 사회주의의 핵심 이상을 고수할 것이다. 이런 이상은 세상을 나은 방향으로 이끄는 유일한 이상이라고 믿는다. 보스턴대학의 사회학자 찰스 더버Charles Derber는 이렇게 말했다. "[사회주의의] 이상을 성취한다면 역사상 가장 위대한 변혁을 성취할 것이다. 실패한다면 궁극적으로 인간이 할 수 있는 마지막 실험이라는 것을 확인시켜줄 것이다."[101]

기업 국가가 하는 거짓말은 속이 빤히 보인다. 이것은 우리를 안토니오 그람시가 이야기한 인터레그넘interregnum에 빠뜨린다. 인터레그넘이란 지배적 이데올로기의 효능이 떨어졌는데 이를 대체할 새로운 이데올로기가 나타나지 않은 기간을 말한다. 그람시는 이렇게 썼다. "낡은 것이 죽어가는데 새로운 것이 태어날 수 없다는 것은 분명히 위기이다. 이런 공백기에는 매우 다양한 병적 현상이 나타난다."[102] 그렇게 트럼프 같은 정치적 변종이 나타났고, 그람시 당대에는 베니토 무솔리니Benito Mussolini 같은 자들이 나타났다.

그람시는 미국의 흑인들이 백인 우월주의하에 경험한 것처럼 지배 엘리트들은 현상을 유지하기 위해서 끊임없이 이념, 법, 제도, 언어, 통제 시스템을 바꾸어나갈 것이라고 경고했다. 그러므로 비판적인 혁명 이론가의 끊임없는 경계가 필요하다. 엘리트들이 특권과 권력을 정당화하기 위해서 뿜어대는 이념과 이 이념이 억압의 도구라는 것을 폭로하고 대안을 제시할 급진적 이론가들의 이념이 맞서서, 끊임없는 이념전이 펼쳐질 것이다.

우리는 피억압자 가운데 도와주기 편한 사람이 누구인지 꼭 집어 선택할 수가 없다. 우리는 피억압자 모두의 편을 들거나 전혀 들지 않거나, 둘 중 하나를 선택해야 한다. 이것은 기업의 전제 정치에 대항해서 생명을 구하는 전 지구적 투쟁이다. 우리는 그리스, 스페인, 이집트 노동자들의 투쟁을 우리 자신의 투쟁으로 볼 때 승리할 것이다. 이것은 이 세상에 거대한 새로운 질서를 구축하는 것이다. 이윤 중심주의에서 완전 고용과 노조가 있는 일터로, (특히 빈곤 지역에서) 값이 싸고 현대화된 대중교통으로, 보편적 단일 의료보험으로, 영리 보험회사를 막는 것으로 나아가야 한다. 최저임금은 적어도 시간당 15달러로 조정하고, 실업자, 장애인, 집에서 아이를 돌보는 부모, 노인, 일할 수 없는 자들에게 주당 500달러의 수입을 보장해야 한다. 태프트-하틀리법Taft-Hartley Act*, 반反노조법, NAFTA 무역협정은 철폐될 것이다. 모든 미국인은 나이가 들면 연금을 받을 것이다. 임신한 부모는 임금이나 수당을 받으면서 근무 시간이 줄어들 뿐 아니라, 2년간 유급 출산휴가를 받을 것이다. 정부의 시민 감시와 애국법Patriot Act과 국방 수권 법안 1021절(군대를 국내 소요를 분쇄하는 데 사용할 수 있는 법)은 해체될 것이다. 지구 온난화는 국가적, 세계적 비상사태로 선포될 것이다. 우리는 재생 가능 에너지에 공적으로 투자하고, 화석연료 사용을 중지하고 에너지와 자원을 지구를 구하는 방향으로 전환할 것이다. 철도, 에너지회사, 무기 산업과 은행을 포함해서 공익 기업들은 국유화될 것

★　정식 명칭은 노사관계법Labor-Management Relations Act으로 노조의 부당노동 행위 금지, 클로즈드 숍의 금지, 연방공무원과 정부기업 종사자의 파업 금지 등 노동자와 노조의 힘을 축소시킨 내용을 담은 법이다.

이다. 예술, 교육, 공영방송을 위한 정부 기금은 창조성, 자기표현과 반대 목소리를 듣고 볼 수 있는 장소와 기관을 만드는 데 쓰일 것이다. 우리는 핵무기 프로그램을 종결시키고 핵 없는 세상을 만들 것이다. 경찰은 무장 해제할 것이다. 경찰은 거리를 순찰할 때 무기를 소지하지 않을 것이고, 영국처럼 치명적 무력을 사용해야 할 때마다 승인받는 전문 무장 부대만이 무기를 소지할 것이다. 사형제도 철폐와 더불어 가난한 사람들과 재소자들을 위한 직업 훈련과 갱생 프로그램을 운영할 것이다. 우리는 미등록 이주노동자에게 완전한 시민권을 줄 것이다. 저당권 상실과 은행 압류에 대한 지급 유예 기간을 둘 것이다. 교육은 탁아소에서 대학까지 무상으로 제공될 것이다. 학자금 대출은 모두 탕감될 것이다. 정신건강 관리, 특히 교도소에 갇힌 자들을 위한 정신건강 관리는 누구나 받을 수 있게 될 것이다. 우리의 제국은 해체될 것이다. 장병과 해군은 집으로 돌아올 것이다.

약자와 취약계층, 특히 어린이는 더 이상 이익의 제단과 제국의 필요에 희생되지 않을 것이다. 성공한 사회의 잣대는 GDP도 아니고 증권시장의 높은 시세도 아니고 인간의 권리이다. 어린이는 굶주린 배를 움켜쥐고 잠자리에 들지 않을 것이다. 그들은 안전한 사회에서 살 것이고, 양육과 교육을 보장하는 나라에서 성장하면서 자신의 잠재력을 최대로 성취할 것이다.

우리가 투쟁하려는 일련의 세력은 대단히 위협적이다. 그 투쟁은 매우 힘들 것이다. 현재의 권력 구조와 타협하려고 하면 결코 성공하지 못할 것이다. 기업 자본주의는 개혁될 수 있는 대상이 아니다. 우리가 꾸준히 투쟁하며 결속하는 곳에 우리의 힘이 있다. 우리가 우리의 이상을 확고히 지키고, 그 이상을 위해서 기꺼이 희생할 때 우리의 힘은 진가를 발휘한다. 우리는 협력이라는 유혹을 거절해야 한다.

저항은 고통을 수반한다. 그것은 자기희생을 요구한다. 그것은 우리가 파괴될 수 있다는 사실을 받아들일 때 가능하다. 그것은 합리적이지 않다. 행복을 추구하는 담론도 아니다. 그것은 자유의 추구에 관한 것이다. 저항은 우리가 실패하더라도 도전에서 오는 내적 자유가 있고, 아마도 이것이 우리가 경험하게 될 유일한 자유와 진정한 행복이라는 사실을 받아들이는 것이다. 악에 저항하는 것은 인간 삶의 가장 높은 경지를 경험하는 성취이다. 그것은 가장 높은 수준의 사랑이다. 그것은 신학자 제임스 콘James Cone이 우리에게 상기시켜주듯이, 우리가 십자가를 짊어지고 가는 것이고, 우리가 그 위에서 죽을 것이라는 사실을 강렬하게 의식하는 것이다.

저항했던 대부분의 사람, 즉 시팅 불Sitting Bull, 해리엇 터브먼Harriet Tubman, 에마 골드먼, 엘리자베스 캐디 스탠턴Elizabeth Cady Stanton, 맬컴 엑스, 마틴 루터 킹은 권력자들의 냉혹한 계산에 따르면 모두 패배했다. 콘이 《십자가와 린치의 나무The Cross and the Lynching Tree》에서 썼듯이 저항에 담긴 마지막이자 가장 중요한 특성은 그것이 "세상의 가치체계를 뒤집는 데 있다".[103] 희망은 패배에서 피어오른다. 저항하는 자들은 치러야 할 대가에 상관없이 십자가를 진 자와 함께한다. 이것이 그들의 장엄함이고 그들의 힘이다.

순응하라는 매혹적인 유인책들, 즉 돈, 유명세, 상, 지원금, 책 계약, 높은 강사료, 중요한 학문적 위치와 정치적 자리, 연단은 저항하는 자에게는 웃음거리일 뿐이다. 반란자가 생각하는 성공은 엘리트들이 생각하는 성공과 다르다. 저항하는 자는 대중문화의 우상과 파워엘리트 앞에서 무릎 꿇지 않는다. 그들은 부자가 되려고 애쓰지 않는다. 그들은 권력의 핵심층에 끼고 싶은 생각이 전혀 없다. 그들은 피억압자와 같이 취급받는 것을 감수한다. 세속의 가치체계를 뒤집으면 자유롭다. 저항하는 자들은 많은 것을 성취했거나 높은 지위에 올라갔기 때문에 자유로운 것이 아니라 최소한의 필요한 것만을 가지고 있으므로 자유로운 것이다. 그들은 우리를 계속 노예로 만드는 족쇄를 끊은 사람들이다. 엘리트들은 그들을 두려워한다. 엘리트들은 그들의 몸은 부술 수 있을지는 몰라도 그들을 돈으로 살 수는 없다.

파워엘리트들은 저항하는 자의 명예를 추락시키려고 애쓴다. 그들은 저항하는 자가 먹고살기 어렵게 만든다. 그들은 저항하는 사람들을 사회의 주변부로 몰아낸다. 파워엘리트들은 공식적 담론에서 그들의 이름을 제거한다. 이들은 그들의 사회적 지위를 나타내는 상징을 인정하지 않는다. 엘리트들은 그들을 비합리적이고 공상적이라고 오명을 씌우기 위해 말 잘 듣는 자유주의자들을 이용한다. 사회학자 막스 베버Max Weber는 "만일 이 세상에서 사람들이 불가능하다고 하는 것에 도달하려는 노력을 반복하지 않았다면 가능한 것을 성취한 적이 한 번도 없었을 것이다"라고 썼다.[104]

노예제 폐지론자와 사회주의자처럼 예지력을 갖춘 이상적 개혁가들이 실제적 사회변화를 이루었지 '실용적' 정치가들이 그 변화를 이룬 것이 아니다. 노예제 폐지론자들은 역사가 에릭 포너Eric Foner가 말하는 "정당, 교회, 다른 기관들이 공적 토론에서 노예제를 배제하려고 했던 침묵의 음모"를 파괴했다.[105]

포너는 다음과 같이 썼다. "1850년대, 남북전쟁 첫 2년 동안 에이브러햄 링컨Abraham Lincoln(그는 실용적 정치인의 모델로 널리 인정받는다)은 노예제를 없애기 위해 점진적 노예해방, 노예주에게 금전적

보상과 미국 바깥에 해방된 흑인의 식민 지역을 세우는 계획을 지지했다. 이 무모한 계획은 입법화 가능성이 전혀 없었다. 이와 다른 프로그램(즉각적이고 보상을 주지 않는 노예제 폐지와 흑인에게 미국 시민권을 주는 것)을 밀어붙여 법으로 통과시킨(물론 종국에 가서 링컨의 도움을 받았다) 자들은 일부 역사가들이 무책임한 광신자라고 보았던 노예 폐지론자들이었다."[106]

공적 담론을 지배하는 정치적 말싸움은 사유재산, 개인주의, 자본주의, 제국주의는 신성한 것이라며 거의 문제 삼지 않는다. 이것은 미국의 신성불가침의 '덕목'으로 흔들리지 않는다. 미국인들은 과거의 편견과 부정의를 극복해낸 '선한' 국민이다. 민주당원과 휘그당원, 오늘날 공화당원과 민주당원 사이의 어떤 논쟁도 권력의 지배적 구조, 미국의 예외주의 신화와 백인 우월주의를 기본적 신념으로 깔고 시작한다.

포너는 "그들의 논쟁은 진정한 불일치라는 것이 없는 가족끼리의 말싸움뿐이다"라고 내게 말했다. 이러한 구조에 도전하는 사람들, 불가능한 것을 얻으려는 사람들, 진리를 이야기하는 사람들은 미국 역사를 통해서 언제나 '광신자'로 무시당했다. 그러나 포너가 지적한 대로 역사를 만든 사람들은 이런 '광신자'들이다.

저항은 근본적으로 정치적이지 않다. 그것은 문화적인 것이고 영적인 것이다. 그것은 부조리한 인간의 삶을 초월하는 데서 의미를 찾고 자기표현을 하는 몸짓이다. 음악, 시, 연극, 예술은 압도적인 폭력(고대 그리스인들이 궁극적으로 결코 극복할 수 없는 것이란 의미를 지닌 포르투나fortuna라고 불렀던 것)에 저항하는 고귀함을 표현하며 저항을 지속하게 만든다. 예술은 지독한 악에 도전하는 사람들의 자유와 위엄을 찬양한다. 승리는 늘 있는 것은 아니지만, 그 승리는 강자를 의미하지 않는다. 우리는 저항하는 몸짓에서 자유로움을 느낀다. 미국 흑인들을 고통에서 견딜 수 있게 했던 것은 꾸밈없이 저항 정신을 표현한 블루스, 영가, 노동가들이었다.

권력은 독약이다. 누가 그것을 휘두르냐는 중요하지 않다. 이런 이유로 반역자는 영원한 이단자이다. 반역자는 어떤 체제에도 들어맞지 않는다. 반역자는 힘없는 자와 함께한다. 언제나 힘없는 사람은 있을 것이다. 언제나 부정의는 존재할 것이다. 반역자는 언제나 국외자일 것이다. 저항은 늘 경계심을 가지라고 요구한다. 강자가 더 이상 겁먹지 않는 때, 민중의 날카로운 눈초리가 다른 곳을 향할 때, 저항운동이 감시를 늦출 때, 지배 엘리트들이 그들의 목표를 숨기기 위해서 선전과 검열을 할 때, 힘들게 획득한 것들이 이전 상태로 돌아갈 것이다. 저항 정신으로 분연히 일어섰다가 자본주의 엘리트들에 의해서 숙청되고, 악마로 변하고, 죽임을 당한 남녀 노동자들이 노조를 중심으로 하나로 뭉치고, 뉴딜 정책으로 성취한 모든 것을 모두 박탈당했다. 미국 흑인들(살과 피를 희생하면서 위대한 사회The Great Society*를 가능하게 했고 법적으로 흑백 차별정책을 종식한 이들)의 승리 또한 역전되었다.

기업 국가는 사회 불평등 혹은 백인 우월주의를 해결하려고 시늉하지 않는다. 기업 국가는 복수의 전쟁만을 하고 있다. 기업 국가는 이익을 위해서 국내와 전 세계에서 쓸만한 것은 모두 약탈하고, 강요, 공포, 폭력, 경찰 테러, 대량 투옥으로 사회를 통제하고 있다. 저항하는 자를 가두는 미국의 감옥은 처음부터 다시 지어야 한다.

★　 존슨 대통령이 1964년 취임하면서 밝힌 핵심 목표였다.

그러나 기업 국가는 난국에 처해 있다. 기업 국가는 대중의 신용을 잃었다. '자유시장', 세계화, 낙수효과의 경제와 같은 약속이 모두 거짓이고, 탐욕을 채우려는 공허한 이데올로기라는 것이 밝혀졌다. 엘리트들은 반자본주의적이고 반제국주의적 비판에 반론을 펴지 못한다. 지난 2016년 미국 대선에서 미국의 주요 양당사에 없는 선거 반란이 일어난 이유를 (산업화된 세계에서 최악의 사태인) 대대적 사회 불평등이 아니라 러시아의 간섭으로 돌리기 위해 필사적인 책략을 꾸미고 있다. 기업 언론의 아첨꾼들은 실체에서 우리의 눈을 돌리기 위해서 밤낮으로 열을 올리고 있다. 엘리트들이 사회 불평등을 우리의 불만족의 뿌리로 인정하지 않을 수 없을 때가 그들이 이 불평등을 획책했던 것을 인정하지 않을 수 없는 때이다.

기업의 힘에 굴복한 미국 정부는 천박한 버라이어티 쇼의 주인공이다. 법의 통치라는 민주주의의 마지막 흔적이 증발하고 있다. 도둑 정치의 주역들은 공개적으로 약탈과 강탈을 일삼고 있다. 사회의 공동선을 보호하기 위해서 수립한 프로그램들, 즉 공공 교육, 복지, 환경 규제법을 해체하고 있다. 국가의 골수를 빨아먹는 오만한 군대를 건드릴 사람은 아무도 없다. 미국 국민의 반은 가난의 악몽에 시달리고 있다. 경찰관이 가난한 흑인을 거리에서 총을 쏴 죽여도 처벌받지 않는다. 세계에서 가장 큰 감옥 시스템에 극빈자가 가득하다. 마르틴 부버Martin Buber, 조지 오웰, 제임스 볼드윈 등 디스토피아 시대가 매우 빠르게 다가오고 있다고 경고한 예술가, 지식인, 작가가 많다. 그러나 우리를 끝없이 현혹하는 이미지와 자기숭배, 교양 없는 행동으로 가득 찬 디즈니화된 이 세계에서 그들의 경고에 귀 기울이는 사람들을 찾아보기 어렵다. 우리는 우리의 태만에 반드시 값을 치를 것이다.

쇠렌 오뷔에 키르케고르Søren Aabye Kierkegaard는 서양 문명의 운명을 어둡게 하는 이유가 지성이 정서와 감정이입에서 떨어져 있기 때문이라고 주장했다. '영혼'은 테크노크라시의 사회에서 아무 역할을 하지 못한다. 공동체는 산산이 부서졌다. 공동선이라는 개념은 머리에서 지워졌다. 탐욕이 찬양의 대상이 되었다. 개개인이 모두 신이다. 눈에 보이는 갖가지 영상은 가상이 아니라 실재가 되었다. 초월과 공동체를 가능하게 하는 예술의 힘과 지성의 힘은 왜소해지거나 무시당하고 있다. 관능적 욕구가 자신의 정체와 자기표현의 형태로 찬양받는다. 기술적이고 물질적인 진보만이 진정한 진보이다. 우리는 인간적인 모든 것을 망각하고 있다. 이런 사태는 집단적 절망과 불안을 낳는다. 이 절망과 불안은 화려함과 소음과 소비문화의 우상이 하는 거짓 약속으로 더욱 커진다. 절망은 깊어지는데 우리는 결코 실존적 두려움을 인정하지 않는다. 키르케고르가 이해했듯이 "절망의 특유한 성격은 바로 이것이다. 그것이 절망이라는 것을 알지 못하는 것이다".[107]

저항하는 자들은 무자비할 정도로 자신을 비판한다. 그들은 결코 이룰 수 없는 영원한 젊음과 명성과 경제적 성공을 약속하는 대중문화가 묻지 않는 어려운 질문을 한다. 사람이 태어난다는 것이 무슨 의미인가? 산다는 것은 무슨 의미인가? 죽는다는 것은 무엇을 의미하는가? 우리는 어떻게 의미 있는 생활을 할 수 있는가? 정의란 무엇인가? 진리란 무엇인가? 미美란 무엇인가? 우리의 과거는 우리의 현재에 대해 뭐라고 말하는가? 우리는 어떻게 근본적 악에 도전해야 하는가?

우리는 지금 키르케고르가 말하는 '죽음에 이르는 병'에 걸렸다. 그것은 도덕적, 육체적 타락을 가져오는 절망 때문에 영혼이

마비되는 것을 말한다. 키르케고르 주장에 따르면, 순수 이론적 추상 관념과 현실 방관적인 주지주의에 빠진 사람은 쾌락주의, 권력을 향한 탐욕, 폭력, 포학한 성욕에 빠진 사람들 못지않게 타락한 것이다. 우리는 몸과 영혼의 장애와 인간적 한계가 있음을 받아들이면서 선을 행하려고 애쓸 때 구원을 성취할 수 있다. 우리가 항상 절망의 문턱에 있다는 것을 솔직하게 인정할 때, 키르케고르의 말을 빌리자면 "두려움과 떨리는" 마음을 갖는다.[108] 우리는 천사가 될 수 없다는 것을 인정하면서 동시에 짐승처럼 살지 않으려고 노력하는 존재이다. 우리는 실수하며 행동하지만 동시에 용서를 구하는 존재이다. 우리는 압제자의 얼굴에서 반드시 우리 자신의 얼굴을 볼 수 있어야 한다.

신학자 폴 틸리히Paul Tillich는 부도덕한 행위를 강조하기 위해서 '죄'라는 말을 사용하지 않았다. 그는 키르케고르처럼 죄를 소외로 규정했다. 틸리히에게 죄는 우리가 가진 가장 깊은 실존적 딜레마였다. 죄란, 우리가 삶의 궁극적인 의미와 목적을 가져다주는 힘에서 분리된 상태를 말한다. 이런 분리는 대중문화가 먹이로 삼는 소외, 불안, 무의미, 절망을 불러일으킨다. 우리가 안으로 움츠러들고 이기주의와 자아도취에 가까운 극도의 개인주의를 받아들이는 한 우리는 결코 소외를 극복할 수 없다. 그러면 우리는 우리 자신과 다른 사람들과 성스러운 것에서 우리를 단절시킬 것이다.

저항은 어둠의 세력과 싸우는 것일 뿐 아니라 완전한 인간으로 나아가는 것이다. 그것은 소외를 극복하는 것이고, 이웃과의 관계를 회복하는 것이고, 용기를 되찾는 것이다. 그것은 자유로워지는 것이며, 사랑할 수 있는 능력을 키우는 것이다. 우리는 저항을 반드시 우리의 소명으로 삼아야 한다.

감사의 글

나의 아내 유니스는 다시 한번 이 책의 모든 초고를 감독해주었다. 그녀는 많은 시간을 들여 이 책을 편집, 교정, 비평하는 수고를 해주었다. 그녀는 이 책의 전체 흐름과 언어뿐 아니라, 아이디어와 구성을 손봐 준 나의 가장 중요한 비평가이고 편집자이다. 그녀가 없다면 이 책이 세상에 나올 수 없었을 것이다. 나는 또한 이 책을 쓰던 지난 6개월 동안 능숙한 저널리스트이자 연구원인 어밀리아 팽의 도움을 받았다. 그녀는 편집, 사실 확인, 주석, 연구 조사를 하고, 수십 시간을 들여 구술기록의 녹취록을 작성했을 뿐 아니라, 알트라이트alt-right와 안티파, 도박에 대한 장을 쓸 때 나와 함께 취재했다. 내가 인디애나 앤더슨에서 네 시간에 걸쳐 취재할 동안, 그녀는 일리노이 록퍼드에서 인터뷰의 녹취록을 작성해주었다. 또한 샬러츠빌에서 일어났던 사건의 취재와 메릴랜드의 프라우드 보이즈 단원과 인터뷰를 진행했다.

이 책에는 내가 《트루스딕Truthdig》과 《왈러스The Walrus》에 기고했던 칼럼 일부에 썼던 자료도 들어 있다. 토마스 카스웰은 내가 《트루스딕》에 매주 기고하는 칼럼을 편집한다. 로스앤젤레스 타임스Los Angeles Times에서 여러 해 동안 일한 사람으로, 내가 같이 일해봤던 편집자 중에 가장 재능이 있다. 그는 모든 칼럼을 정확하게, 부드럽게 만져준다. 사이먼앤슈스터 출판사의 밥 벤더는 각 장이 끝날 때마다 편집해주었고, 매우 귀중한 조언을 해주었다. 그는 최종 원고가 책의 형태에 어울리도록 아낌없는 안내와 충고를 해주었다. 세세한 사실 확인과 교열을 진행해준 사이먼앤슈스터 출판사의 필립 R. 멧캐프, 요한나 리, 프레드 체이스에게 감사를 보내고 싶다. 나일라 카우저에게도 감사를 보낸다. 그녀는 이 책에 인용된 포르노 장면을 포함해 사디즘 장을 위해 모아둔 녹음을 여러 시간에 걸쳐 녹취록으로 작성해주었다. 나의 아들인 토머스와 나일라는 최종 원고를 편집하는 데 매우 큰 도움을 주었다.

이 책은 노보재단NoVo Foundation의 후한 지원이 없었다면 쓸 수 없었던 책이다. 이 재단은 나의 주간 칼럼을 지원하기 위해《트루스딕》에 보조금을 출연했다. 그뿐만 아니라 월리스체인지메이커스펀드Wallace Change Makers Fund의 지원으로 어밀리아를 고용할 수 있었고, 미국 여러 곳을 취재할 수 있었다.

나는 지난 10여 년간《트루스딕》에 주간 칼럼을 써왔다. 이 잡지의 편집장 로버트 쉬어는 미국에서 가장 훌륭한 기자이자 칼럼니스트 중 하나이다. 그의 성실함과 용기는 우리 모두가 원하는 것이다. 이 웹진의 발행인인 주아데 카우프만은 인터넷상에서 가장 중요한 사이트 중 하나를 만들었다고 생각한다. 이 웹진 덕에 이스라엘의 로비와 민주당 지배층을 포함한 강력하고 견고한 힘있는 이익단체에 겁 없이 도전할 수 있다. 내가 그녀와 로버트를 위해서 글을 쓸 수 있다는 것은 큰 행운이다. 내 칼럼의 삽화를 그려주는 드와인 부스(일명 미스터 피시)에게도 감사를 표한다. 드와인은 이 나라에서 가장 훌륭한 시사만화가이다. 그는 내 글의 삽화를 그리면서 그의 용기와 성실함에 대한 홍역을 톡톡히 치르고 있다. 랠프 네이더에게도 감사를 보낸다. 그와의 우정은 내게 큰 도움이 된다. 그는 이 나라의 어떤 사람보다 더 오랫동안 기업 권력의 학대를 겪으면서도 높은 고결함을 지켜오고 있다. 우리의 가장 중요한 두 지성, 코넬 웨스트와 제임스 콘에게도 감사를 보낸다. 이 두 사람은 우리의 가장 중요한 지적 전통 중 하나인 흑인 예언자 전통Black Prophetic tradition을 지켜오고 있다. 나는 만화가 조 사코에게도 감사를 보낸다. 그는 보도기사를 예술의 경지로 끌어올리고 억압받는 자들의 목소리를 고양시키는 놀라운 힘과 뛰어난 재능을 가지고 그래픽노블을 그려왔다. 그리고 이 책에 등장하는 몇몇은 말로 표현한다고 해서 결코 치유될 수 없는 상실감과 비극의 상처를 공개해 주었다. 크리스틴 파가노는 마약중독자와 매춘 여성으로서의 긴 악몽을 솔직하게 말할 용기를 가졌다. 그녀는 지금 갱생 시설에서 회복 중인 마약중독자를 돕는 일을 하고, 남자 친구와 약혼을 했고, 아주 귀여운 어린 딸을 낳았다. 책을 무척 좋아하는 사회 운동가인 보리스 로러, 수와 밥 밀러, 그들의 딸 메건과 캐머리는 내가 그들의 집을 방문했을 때 섀넌 밀러의 돌이킬 수 없는 죽음에 대한 이야기를 정말로 큰 용기를 가지고 들려주었다. 이것은 그들에게 정말로 가슴 아프고 힘든 일이었다. 나는 그들에게 말로 표현하지 못할 신세를 졌다. 그리고 나는 다음의 모든 사람들에게 감사를 보낸다. 케빈 지제, 마거릿 플라워스, 스티브 킨저, 나르다 자키노, 카지아 앤더슨, 에릭 올티즈, 도널드 카우프만, 벤 놀턴, 막스 블루멘탈, 보니 케르네스, 오조레 루탈로, 앤과 월터 핀쿠스, 제니퍼와 피터 부펫, 마티 브레스트, 로이 싱엄, 조디 에번스, 랜들 월리스, 리처드 월프, 준 볼링거, 마이클 골드스타인, 톰 알틴, 마이클 그란젠 목사, 캐런 헤르난데스 목사, 멜 화이트 목사, 조와 하이디 휴, 용기 있는 페미니스트 리 레이크먼과 앨리스 리, 리처드 월프, 미국의 가장 중요한 종교 지도자 중의 한 명인 셰이크 함자 유주프, 마거릿 마우럴, 대담무쌍한 변호사 브루스 아프란과 칼 메이어, 아자무 바라카, 크샴 사원트, 내가 이끄는 토크 쇼 〈온 콘택트On Contact〉의 재능 있는 제작자 카티 피셔, 안야 파렘필, 프리야 레디, 존 리처드, 질 스타인 박사, 에밀리 알렌-호른블로우어, 단 로덴, 진 로스, 크리스 애건스, 안토니 알노브, 마거릿 앳킨스, 아이린 브라운, 나의 이웃이자 동료 작가 샘 에인즈, 소날리 콜핫카르, 프랜신 프로제, 러셀 뱅크스, 셀리아 차젤레, 토비 샌더스, 그리고 나의 전 제자이자 친구이고 웨이트 친구(그는 역기를 415파운드나 들기 때문에 내가 웨이트 친구라고 부르기는 좀 과한 말이긴 하지만)이자 연극 〈케이지드Caged〉

의 공동 저자(대량 수감에 대한 연극으로 다른 학생들도 같이 썼다)인 보리스 프랭클린, 또 다른 제자이자 친구인 론 피어스에게도 감사를 보낸다. 론은 지금 러트거스대학에서 학위를 끝내가고 있는 중이다. 월터 포트슨, 래리 햄, 피터 헤르쉬버그, 데릭 젠슨, 헬리 크래퍼, 롤라 모제스, 애비 마티나, 개리 프랜시온, 제프 와이즈, 그리고 랠스톤 사울은 나의 제자이자 친구이자 동료인 사람들이다. 미국에서 가장 훌륭한 서점 중 하나를 경영하는 도로시 폰 몰케와 클리프 심스는 내가 가르치는 학생들을 위해 뉴저지에 있는 교도소 도서관에 700권 이상의 책을 기증했다. 이것은 내가 작가로서, 교사로서 역할을 하는 데 큰 도움을 준다. 나는 특별히 이스트 저지주 교도소와 에드나 마한 여성 교정 시설에서 내가 가르치는 대학 과정의 학생들에게 감사를 표한다. 프린스턴대학 학부생들이 이 여성 교도소로 찾아와서 같이 수업을 받았던 2017년 봄 학기는 매주가 아주 인상적이었다.

나의 에이전트 리사 뱅코프는 나의 모든 책을 손봐주었다. 나는 오랫동안 그녀의 기술과 인내심, 그리고 전문적 지식에 신세를 지고 있다. 아이씨엠 파트너스ICM Partners에서 일하는 크리스틴 달에게도 감사를 전한다.

나의 아내 유니스, 나의 네 아이 토머스, 노엘, 콘라드, 마리나와 입양한 두 마리 그레이하운스 말로우와 로우는 나의 삶의 버팀

목이다. 활력이 넘치는 장난꾸러기 두 녀석 콘라드와 마리나에게 글을 쓴답시고 내가 너무 자주 조용히 하라고 하지 않았었기를 바란다. 이 두 아이는 우리의 삶에 환희, 경외, 아름다움과 무엇과도 비할 수 없는 행복을 준다. 그리고 이 암울한 시대에 우리가 어째서 희망을 드높이고 저항을 해야만 하는지 그 이유를 상기시켜준다. 우리는 이 아이들이 물려받을 세상에 대해서 책임을 져야 한다.

번역을 마치며

미국은 우리에게 어떤 나라인가? 한국전쟁 이후에 태어난 사람들이 가진 미국에 대한 인상은 그 스펙트럼이 매우 다양하다. 제2차 세계대전 종전 후 세계 최강국으로 부상한 때부터 근래 10여 년 전후로 미국이 망한다는 예언이 유행처럼 번진 시대를 살아왔기 때문일 것이다. 해방 이후 미국을 빼고 한국을 이야기할 수 없을 것이다. 한국이 세계 경제 대국 11위에 올라선 지금도 미국의 허락을 받아야 남북 대화가 가능하고, 온갖 거짓과 사기와 엽기적 행위에도 전혀 부끄러움을 모르는 멍청이 노인에게 "노벨상은 당신이 타라"라고 아부에 가까운 일을 하지 않을 수 없다. 이는 우리의 지정학적 운명이다.

그러나 우리에게 하늘 같았던 미국도 우리가 변했듯이 엄청나게 변했다. 그리고 세계도 변했다. 세계는 신자유주의적 글로벌리즘으로 인한 온갖 폐해 속에 있다. 기업이 국가를 지배하고, 중산층이 무너지고, 소수의 부자가 전 세계 부의 90퍼센트 이상을 차지하게 되었고, 이 빈부의 격차는 점점 심화되고 있다. 더욱이 기후 변화가 이제는 경고의 수준이 아닌 몸으로 체험하는 시대를 우리는 살고 있다. 이런 가운데 부패한 기성 정치인들에게 버려진 민중을 부추기며 자국 중심적 초국가주의와 우파적 포퓰리즘을 주창하는 정치가들이 세계 정치판을 휩쓸고 있다. 그 대표적 현상이 '자유와 민주의 보루'로 여겨졌던 미국에서 나타나고 있다. 사실 우리가 세계 군사, 정치, 경제 최강대국의 화려한 겉모습에 익숙해져 보지 못했던, 이미 자본주의 혹은 신자유주의에 담겨 있는 자기 파괴적 요소가 드디어 눈에 띄게 드러난 것뿐이다.

이미 시중에 미국의 침몰을 예언하고 분석하는 책이 널려 있는데 왜 구태여 또 하나의 책을 번역했는가? 이런 류의 책은 대부분 상아탑에 갇힌 학자들이 연구실에서 이론과 통계수치, 기사를 참조해서 쓴다. 그러나 이 책은 머리로만 쓴 것이 아니라, 폐쇄된 공장, 포르노 스튜디오와 배우, 파산한 트럼프 대통령의 카지노 등 미국 전역에서 보이는 문명과 문화의 말기 현장을 직접 방문하고, 절망과 증오의 상처를 가진 가난하고 힘없는 민중 한 사람 한 사람과 직접 인터뷰한 여행기이다. 그래서 원서의 부제가 '전국 고별 순회 여행The Farewell Tour'이다. 우리가 흔히 만나서 대화하기 힘든 사회 주변부의 사람들, 예를 들어 매춘부, 포르노 배우, 슬럼가의 실직자, 마약중독자 및 사망한 중독자의 가족, 도박중독자, 종교적 말세론자, 감옥의 사형수를 포함해 좌우의 극단적 운동가를 비롯한 사회운동가, 노동운동가, 학자에 이르기까지 각계각층의 사람들을 일일이 만나 살아 있는 목소리를 들려준다. 인터뷰로 끝나는 것이 아니라, 역사, 정치, 경제, 노동, 기후, 문화에 관한 많은 서적을 참조하면서 각 장에 수십 개의 인용문을 통해 그가 보는 오늘의 미국과 앞으로의 미국을 이야기한다.

지금 미국에서 벌어지는 자본주의의 말기적 현상은 '강 건너 불'이 아니다. 특히 미국이 기침하면 독감에 걸린다는 한국은 큰 경각심을 가지고 우리를 돌아보고, 새로운 패러다임이 형성되는 지구적 전환기를 맞이해야 한다. 우리 사회에서 전면적으로 드러나 있지 않지만, 이 책에서 다루는 실업, 기업 국가, 자살, 포르노 산업, 도박, 마약, 거짓과 증오심의 확대, 종교적 말세론 등은 우리 사회 한가운데 깊숙이 파고들어온 문제다.

특히 이 책을 통해서 어떻게, 왜 기독교 우파가 트럼프를 지지하는가를 알 수 있고, 미국 기독교에 뿌리를 둔 한국의 보수 기독교인들의 정치적 행태의 뿌리 역시 알 수 있다. 저자가 진보적 운동가들에게 들려주는 충고는 우리도 깊이 새겨들어야 할 이야기이다. 기업 국가들이 진보적 사회운동가들에게 부추기는 폭력의 유혹에 절대 빠져서는 안 되고, 진보적 사회운동가의 힘은 높은 윤리 도덕에 그 근거가 있다는 것, 진영 가르기 싸움과 같은 경직성에서 벗어나 어느 쪽에 있든 민중은 모두 같은 배를 탄 희생자임을 알아야 한다는 것이다. 그래야 지속적인 사회변혁의 비전을 실현할 수 있다. 민주주의의 길은 늘 험난하다. 지배 엘리트들의 탐욕과 부패를 제대로 감시하지 않으면 언제나 민중 자신이 희생양이 되었다. 부디 이 책을 통해서 우리보다 앞서간 자들의 실패와 실수를 타산지석 삼기를 희망한다.

주(註)

1   Hannah Arendt, ed., *Walter Benjamin Illuminations: Essays and Reflections* (New York: Schocken Books, 1968), 37-38.
2   Dietrich Bonhoeffer, *Ethics* (Minneapolis: Fortress Press, 2015), 65.

한국어 독자를 위한 서문

1   Rupert Neate, "Bill Gates, Jeff Bezos and Warren Buffett are wealthier than poorest half of US," *The Guardian*, November 8, 2017, https://www.theguardian.com/business/2017/nov/08/bill-gates-jeff-bezos-warren-buffett-wealthier-than-poorest-half-of-us.
2   . Carlos Tejada, "Money, Power, Family: Inside South Korea's Chaebol," *The New York Times*, February 17, 2017, https://www.nytimes.com/2017/02/17/business/south-korea-chaebol-samsung.html.
3   Michael J. Seth (2017). South Korea's Economic Development, 1948–1996. *Asian History, Oxford Research Encyclopedia*, https://oxfordre.com/asianhistory/view/10.1093/acrefore/9780190277727.001.0001/acrefore-9780190277727-e-271.
4   Ibid.
5   Ibid.
6   Ibid.
7   Steven Denney, "The Mixed Legacy of a South Korean Dictator," *The Diplomat*, September 17, 2015, https://thediplomat.com/2015/09/the-mixed-legacy-of-a-south-korean-dictator/.
8   Michael J. Seth (2017). South Korea's Economic Development, 1948–1996. *Asian History, Oxford Research Encyclopedia*.
9   John M. Glionna and Ethan Kim, "South Korean conglomerates act as though they are above the law," *Los Angeles Times*, December 1, 2010, https://www.latimes.com/world/la-xpm-2010-dec-01-la-fg-south-korea-chaebols-20101201-story.html.
10 Heejin Kim, "South Korean Dividends Back on the Menu Amid Push on Chaebols," *Bloomberg*, March 7, 2018, https://www.bloomberg.com/news/articles/2018-03-08/south-korean-dividends-back-on-the-menu-amid-push-

on-chaebols.

11 Peter Pae, "South Korea's Chaebol," *Bloomberg*, October 5, 2018, https://www.bloomberg.com/quicktake/republic-samsung.

12 James Crotty and Kang-Kook Lee (2004). "Was the IMF's Imposition of Economic Regime Change in Korea Justified? A critique of the IMF's economic and political role before and after the crisis," *Political Economy Research Institute*.

13 Peter Pae, "South Korea's Chaebol," *Bloomberg*.

14 Eleanor Albert. "South Korea's Chaebol Challenge," *Council on Foreign Relations*, May 4, 2018, https://www.cfr.org/backgrounder/south-koreas-chaebol-challenge.

15 Michael J. Seth (2017). South Korea's Economic Development, 1948–1996. *Asian History, Oxford Research Encyclopedia*.

16 Assif Shameen and Laxmi Nakarmi, "TRIAL BY DEBT AT DAEWOO," *CNN*, November 30, 2000, http://edition.cnn.com/ASIANOW/asiaweek/99/0618/biz3.html.

17 Andrew Pollack, "CRISIS IN SOUTH KOREA: THE BAILOUT; PACKAGE OF LOANS WORTH $55 BILLION IS SET FOR KOREA," *New York Times*, December 4, 1997, https://www.nytimes.com/1997/12/04/business/crisis-south-korea-bailout-package-loans-worth-55-billion-set-for-korea.html?mtrref=www.google.com.

18 Kim Kihwan, "The 1997-98 Korean Financial Crisis: Causes, Policy Response, and Lessons," The International Monetary Fund and The Government of Singapore, July 10-11, 2006, page 11, https://www.imf.org/external/np/seminars/eng/2006/cpem/pdf/kihwan.pdf.

19 Lee Seong-jae, "GM Korea a Sacrificial Lamb for Dine-and-Dash GM: Our Union's Fight for Another Five Years" *International Strategy Center*, April 17, 2018, https://www.goisc.org/englishblog/2018/04/26/gm-korea-sacrificial-lamb-dine-dash-gm-unions-fight-another-five-years.

20 Uli Schmetzer, "FINANCIAL EXPERTS BLAMING IMF POLICIES IN ASIAN CRISIS," *Chicago Tribune*, January 15, 1998, https://www.chicagotribune.com/news/ct-xpm-1998-01-15-9801150133-story.html.

21 Eleanor Albert. "South Korea's Chaebol Challenge," *Council on Foreign Relations*.

22 Rachel Premack, "Issue: South Korea's Conglomerates," *Sage Business Researcher*, August 21, 2017.

23 "Korea Private Sector Assessment," *The Mekong Club*, 2018, https://themekongclub.org/wp-content/uploads/2018/08/Korea-private-sector-assessment.pdf.

24 Ibid.

25 Ibid.

26 Rachel Premack, "Issue: South Korea's Conglomerates," *Sage Business*

Researcher.

27   Bae Hyunjung, "S. Korea's unemployment rate hits 4.5% in January", Korea Herald, February 13, 2019, http://www.koreaherald.com/view. php?ud=20190213000750.

28   Ibid.

29   Joseph White and Ju-min Park, "GM to shut one South Korea plant, decide on fate of others within weeks," *Reuters*, February 12, 2018, https://www. reuters.com/article/us-gm-southkorea/gm-to-shut-one-south-korea-plant-decide-on-fate-of-others-within-weeks-idUSKBN1FX042

30   Bae Hyunjung, "S. Korea's unemployment rate hits 4.5% in January", *Korea Herald.*

31   Sotaro Suzuki, "'Chaebol fighter' Moon warms to businesses as employment falters," *Nikkei Asian Review*, July 18, 2018, https://asia.nikkei.com/Politics/ Chaebol-fighter-Moon-warms-to-businesses-as-employment-falters; Joseph White and Ju-min Park, "GM to shut one South Korea plant, decide on fate of others within weeks," *Reuters*, February 13, 2018, https://www.reuters. com/article/us-gm-southkorea/gm-to-shut-one-south-korea-plant-decide-on-fate-of-others-within-weeks-idUSKBN1FX042.

32   Cynthia Kim and Joori Roh, "South Korea's 'Jobs President' faces policy roll-back over employment uproar," *Reuters*, August 23, 2018, https:// www.reuters.com/article/us-southkorea-economy-moon-analysis/south-koreas-jobs-president-faces-policy-roll-back-over-employment-uproar-idUSKCN1L906I.

33   "Korea's Top 10 Percent Income Brackets Take Up 50.6 Percent of Nation's Total Income," *Business Korea*, March 19, 2019, http://www.businesskorea. co.kr/news/articleView.html?idxno=30097.

34   "Reinvigorate the economy to create jobs: Korea Herald," *The Stratis Times*, April 12, 2019, https://www.straitstimes.com/asia/east-asia/reinvigorate-the-economy-to-create-jobs-korea-herald.

35   "A framework for growth and social cohesion in Korea," *Organisation for Economic Co-operation and Development*, June, 2011, p.3, https://www. oecd.org/korea/48225033.pdf.

36   Ibid.

37   "Jeju Shinhwa World Casino Thrives Despite Chinese Boycott," *Casino News Daily*, August 16, 2018, https://www.casinonewsdaily.com/2018/08/16/jeju-shinhwa-world-casino-thrives-despite-chinese-boycott/.

38   "Nearly 12% of Jeju Island's High School Students at High Risk of Gambling Addiction," September 11, 2018, *Casino News Daily*, https://www. casinonewsdaily.com/2018/09/11/nearly-12-of-jeju-islands-high-school-students-at-high-risk-of-gambling-addiction/.

39   "THE SHILLA JEJU(ALLIANCE HOTE)," https://www.okura-nikko.com/ korea/jeju/the-shilla-jeju/.

40 Yugyun Kim, Inseo Son, Dainn Wie; et al. (2016). "Don't ask for fair treatment? A gender analysis of ethnic discrimination, response to discrimination, and self-rated health among marriage migrants in South Korea." *International Journal for Equity in Health*, 15 (1): 112, doi:10.1186/s12939-016-0396-7, PMC 4949882, PMID 27430432; "World Values Survey (2010-2014)," World Values Survey Association, April 18, 2015, p. 71, http://dagobah.com.br/wp-content/uploads/2017/01/M6-World-Values-Survey-2010-2014-WVS.pdf.

41 Jon Porter, "Two arrested in South Korea over secretly filming 1,600 hotel guests with spycams," *The Verge*, March 21, 2019, https://www.theverge.com/2019/3/21/18275530/south-korea-spycam-arrests-molka-fines-prison-sentences-filming; "K-pop sex videos tip of iceberg for South Korea's spycam porn problem," South China Morning Post, April 4, 2019, https://www.scmp.com/lifestyle/arts-culture/article/3004630/k-pop-sex-videos-tip-iceberg-south-koreas-spy-cam-porn.

42 "South Korea court orders breakup of 'pro-North' leftwing party," *The Guardian*, December 19, 2014, https://www.theguardian.com/world/2014/dec/19/south-korea-lefwing-unified-progressive-party-pro-north.

43 Choe Sang-hun, "South Korea Disbands Party Sympathetic to North," *New York Times*, December 19, 2014, https://www.nytimes.com/2014/12/20/world/asia/south-korea-disbands-united-progressive-party-sympathetic-to-north-korea.html.

44 Anna Fifield, "South Korean president removed from office over corruption scandal," *Washington Post*, March 10, 2017, https://www.washingtonpost.com/world/asia_pacific/south-korean-president-impeached-from-office-over-corruption-scandal/2017/03/09/23666a46-0488-11e7-a391-651727e77fc0_story.html?utm_term=.2b298270e460.

45 "South Korea court orders breakup of 'pro-North' leftwing party," *The Guardian*.

46 Choe Sang-hun, "South Korea Disbands Party Sympathetic to North," *New York Times*.

47 "South Korea court orders breakup of 'pro-North' leftwing party," *The Guardian*.

1장 | 쇠망

1 Plato, *The Republic* (London: Oxford University Press, 1972), 546a.

2 Jim Lockwood, "Scranton City Council accepts $555K gaming grant for Scranton Lace redevelopment," *The Times Tribune*, October 26, 2012, http://thetimes-tribune.com/news/scranton-city-council-accepts-555k-gaming-grant-for-scranton-lace-redevelopment-1.1394220.

3   Elizabeth Flock, "In 'Scranton Lace,' nostalgia for a time and place that no longer exist," *PBS*, May 15, 2017, http://www.pbs.org/newshour/poetry/scranton-lace-nostalgia-time-place-no-longer-exist/

4   Ibid.

5   Borys Krawczeniuk, "Clinton visits Scranton for fundraiser; visited father's grave earlier," *The Times Tribune*, July 30, 2015, http://thetimes-tribune.com/news/clinton-visits-scranton-for-fundraiser-visited-father-s-grave-earlier-1.1919601.

6   "The sadness of Scranton," *The Economist*, July 21, 2012, http://www.economist.com/node/21559382.

7   Jeff Brady, "Scranton's Public Workers Now Paid Minimum Wage," *NPR*, July 7, 2012, http://www.npr.org/2012/07/07/156416876/scrantons-public-workers-pay-cut-to-minimum-wage.

8   "The sadness of Scranton," *The Economist*, July 21, 2012, http://www.economist.com/node/21559382.

9   Josh Mrozinski and Borys Krawczeniuk, "Doherty's 2012 Scranton budget raises real estate taxes 29 percent, lays off 29 firefighters," *The Times-Tribune*, November 16, 2011, http://thetimes-tribune.com/doherty-s-2012-scranton-budget-raises-real-estate-taxes-29-percent-lays-off-29-firefighters-1.1232738.

10   Jeff Brady, "Scranton's Public Workers Now Paid Minimum Wage."

11   Jim Lockwood, "Scranton eyes its seven largest nonprofits for contributions," *The Times-Tribune*, August 2, 2012, http://thetimes-tribune.com/news/scranton-eyes-its-seven-largest-nonprofits-for-contributions-1.1353318.

12   Jim Lockwood, "As University of Scranton expands, so does tension," *The Times-Tribune*, December 1, 2013, http://thetimes-tribune.com/news/as-university-of-scranton-expands-so-does-tension-1.1590681.

13   Ibid.

14   Stacy Lange, "Scranton School District under State's 'Financial Watch,'" *WNEP*, June 23, 2017, http://wnep.com/2017/06/23/scranton-school-district-under-states-financial-watch/.

15   Jim Lockwood, "North Pocono municipalities hear battle cry against Scranton's commuter tax," *The Citizens' Voice*, September 20, 2012, http://citizensvoice.com/news/north-pocono-municipalities-hear-battle-cry-against-scranton-s-commuter-tax-1.1376215.

16   "Scranton, Pennsylvania Income and Salaries," Sperling's Best Places, http://www.bestplaces.net/economy/city/pennsylvania/scranton.

17   "Department of Defense (DoD) Releases Fiscal Year 2017 President's Budget Proposal," U.S. Department of Defense, https://www.defense.gov/News/News-Releases/News-Release-View/Article/652687/department-of-defense-dod-releases-fiscal-year-2017-presidents-budget-proposal/.

18   William Hartung, "A Guide to Trump's $1 Trillion Defense Bill," *The Nation*,

July 25, 2017, https://www.thenation.com/article/a-guide-to-trumps-1-trillion-defense-bill/.

19   "Scranton (City of) PA," Moody's Investors Service, https://www.moodys.com/credit-ratings/Scranton-City-of-PA-credit-rating-600030181.

20   Andrew Ross Sorkin and Mary William Walsh, "A.I.G. Reports Loss of $617. Billion as U.S. Gives More Aid," *The New York Times*, March 2, 2009. http://www.nytimes.com/2009/03/03/business/03aig.html.

21   Hilary Russ, "Scranton, Pennsylvania to sell sewer utility for $195 million," *Reuters*, March 29, 2016, http://www.reuters.com/article/us-pennsylvania-scranton-pa-amer-water-idUSKCN0WV2BI.

22   Ibid.

23   Jim Lockwood, "Scranton Sewer Authority approves sale of system to water company," *The Times-Tribune*, March 29, 2016, http://thetimes-tribune.com/news/scranton-sewer-authority-approves-sale-of-system-to-water-company-1.2024344.

24   Jim Lockwood, "Attorney fees in sewer sale top $3.1 million," *The Times-Tribune*, February 16, 2017, http://thetimes-tribune.com/news/attorney-fees-in-sewer-sale-top-3-1-million-1.2155594.

25   Hilary Russ, "Scranton, Pennsylvania to sell sewer utility for $195 million," *Reuters*, March 29, 2016, http://www.reuters.com/article/us-pennsylvania-scranton-pa-amer-water-idUSKCN0WV2BI.

26   Ibid.

27   "The National Development Council and Scranton Finalize $32M Parking System Transaction," The National Development Council, https://ndconline.org/2016/09/12/the-national-development-council-and-scranton-finalize-32m-parking-system-transaction/.

28   Jim Lockwood, "Scranton to get $28 million from lease of parking garages to nonprofit," *The Times-Tribune*, June 16, 2016, http://thetimes-tribune.com/news/scranton-to-get-28-million-from-lease-of-parking-garages-to-nonprofit-1.2055690.

29   Karl Marx, *Capital* (New York: Vintage Books, 1977), 14.

30   Karl Marx, *The German Ideology* (New York: International Publishers, 1970), 64.

31   Ibid.

32   Stuart Hall, Charles Critcher, and Tony Jefferson, Policing the Crisis: Mugging, the State and Law and Order (New York: Palgrave Macmillan, 2013), 20.

33   Meghnad Desai, *Marx's Revenge: The Resurgence of Capitalism and the Death of Statist Socialism* (New York: Verso, 2004), 10.

34   Karl Marx, *A Contribution to the Critique of Political Economy*, translated from the Second German Edition by N. I. Stone, (Chicago: Charles H. Kerr & Company, 1911), 12–13.

35   Jake Bernstein, "The Paradise Papers Hacking and the Consequences of Privacy," *New York Times*, November 7, 2017, https://www.nytimes.com/2017/11/07/opinion/paradise-papers-hacking-privacy.html.

36   Karl Marx and Friedrich Engels, *Manifesto of the Communist Party* (Chicago: Charles H. Kerr & Company, 1906), 17.

37   The Editorial Board, "Banks as Felons, or Criminality Lite," *New York Times*, May 22, 2015, https://www.nytimes.com/2015/05/23/opinion/banks-as-felons-or-criminality-lite.html.

38   "Projected Costs of U.S. Nuclear Forces, 2015 to 2024," Congressional Budget Office, https://www.cbo.gov/sites/default/files/114th-congress-2015-2016/reports/49870-nuclearforces.pdf.

39   "Projected Costs of U.S. Nuclear Forces, 2015 to 2024," Congressional Budget Office, https://www.cbo.gov/sites/default/files/114th-congress-2015-2016/reports/49870-nuclearforces.pdf.

40   Thomas Hedges, "The Pentagon has never been audited," *The Guardian*, March 20, 2017, https://www.theguardian.com/commentisfree/2017/mar/20/pentagon-never-audited-astonishing-military-spending.

41   Robert O'Harrow Jr., "The outsourcing of U.S. intelligence raises risks among the benefits," *Washington Post*, June 9, 2013, https://www.washingtonpost.com/world/national-security/the-outsourcing-of-us-intelligence-raises-risks-among-the-benefits/2013/06/09/eba2d314-d14c-11e2-9f1a-1a7cdee20287_story.html?utm_term=.923b38ddd517.

42   Neil Irwin, "Seven facts about Booz Allen Hamilton," *Washington Post*, June 10, 2013, https://www.washingtonpost.com/news/wonk/wp/2013/06/10/seven-facts-about-booz-allen-hamilton/?utm_term=.958958c6986c.

43   "How Large Are Global Energy Subsidies?" International Monetary Fund, http://www.imf.org/external/pubs/ft/wp/2015/wp15105.pdf.

44   Ibid.

45   The Editors, "Why Should Taxpayers Give Big Banks $83 Billion a Year?" *Bloomberg News*, February 20, 2013, https://www.bloomberg.com/view/articles/2013-02-20/why-should-taxpayers-give-big-banks-83-billion-a-year-.

46   "The Damaging Rise in Federal Spending and Debt Statement of Chris Edwards, Director of Tax Policy Studies, Cato Institute, before the Joint Economic Committee September 20, 2011," United States Congress Joint Economic Committee, https://www.jec.senate.gov/public/_cache/files/5c2ebe54-218c-4946-b012-7b62cd1d3f19/jec-testimony—-9.202.011—-statement-of-chris-edwards-director-of-tax-policy-studies-cato-institute.pdf.

47   Drew DeSilver, "For most workers, real wages have barely budged for decades," *Pew Research Center*, http://www.pewresearch.org/facttank/2014/10/09/for-most-workers-real-wages-have-barely-budged-for-decades/.

48   Drew Harwell, "Workers endured long hours, low pay at Chinese factory

used by Ivanka Trump's clothing-maker," *Washington Post*, April 25, 2017, https://www.washingtonpost.com/business/economy/workers-endured-long-hours-low-pay-at-chinese-factory-used-by-ivanka-trumps-clothing-maker/2017/04/25/b6fe6608-2924-11e7-b605-33413c691853_story.html?utm_term=.45d2d9c6c60b.

49 Ashley Westerman, "4 Years After Rana Plaza Tragedy, What's Changed For Bangladeshi Garment Workers?" NPR, April 30, 2017, https://www.npr.org/sections/parallels/2017/04/30/525858799/4-years-after-rana-plaza-tragedy-whats-changed-for-bangladeshi-garment-workers.

50 Karl Marx, *Capital: A Critique of Political Economy, Volume 3* (New York: Vintage Books, 1981), 525.

51 Andrew P. Wilper, Steffie Woolhandler, David U. Himmelstein et al. (2009). Health Insurance and Mortality in US Adults. *American Journal of Public Health*, 99(12): 2289–2295. Doi: 102.105/AJPH.20081.57685.6

52 Philip Rucker and Robert Costa, "Bannon vows a daily fight for 'deconstruction of the administrative state,'" *Washington Post*, February 23, 2017, https://www.washingtonpost.com/politics/top-wh-strategist-vows-a-daily-fight-for-deconstruction-of-the-administrative-state/2017/02/23/03f6b8da-f9ea-11e6-bf01-d47f8cf9b643_story.html?utm_term=.01faf6ef1114.

53 William S. Burroughs, *Naked Lunch: The Restored Text* (New York: Grove Press, 1959), 46.

54 Ibid.

55 A. J. Katz, "Fox News and MSNBC in Top 5 Most-Watched Cable Nets," Adweek, March 21, 2017, http://www.adweek.com/tvnewser/cable-network-ranker-week-of-march-13/324331.

56 Paul Farhi, "One billion dollars profit? Yes, the campaign has been a gusher for CNN," *Washington Post*, October 27, 2016, https://www.washingtonpost.com/lifestyle/style/one-billion-dollars-profit-yes-the-campaign-has-been-a-gusher-for-cnn/2016/10/27/1fc879e6-9c6f-11e6-9980-50913d68eacb_story.html?utm_term=.ea69c5e0d529.

57 Michael Barthel, "Despite subscription surges for largest U.S. newspapers, circulation and revenue fall for industry overall," *Pew Research Center*, June 1, 2017, http://www.pewresearch.org/fact-tank/2017/06/01/circulation-and-revenue-fall-for-newspaper-industry/.

58 Laurel Wamsley, "Big Newspapers Are Booming: 'Washington Post' to Add 60 Newsroom Jobs," *NPR*, December 27, 2016, http://www.npr.org/sections/thetwo-way/2016/12/27/507140760/big-newspapers-are-booming-washington-post-to-add-sixty-newsroom-jobs.

59 Jeffrey A. Trachtenberg, "The New Yorker Tests Readers' Willingness to Pay Up," *Wall Street Journal*, April 4, 2016, https://www.wsj.com/articles/the-new-yorker-tests-readers-willingness-to-pay-up-1459767600.

60   Ken Doctor, "Trump Bump Grows Into Subscription Surge—and Not Just for the New York Times," *The Street*, March 3, 2017, https://www.thestreet.com/story/14024114/1/trump-bump-grows-into-subscription-surge.html.

61   Kim LaCapria, "Kellyanne Conway Explains Microwave Oven Surveillance Remarks," *Snopes*, March 13, 2017, http://www.snopes.com/2017/03/13/kellyanne-conway-microwave-spying/.

62   Alastair Jamieson, "Betsy DeVos Cites Grizzly Bears During Guns-in-Schools Debate," *NBC*, January 18, 2017, https://www.nbcnews.com/news/us-news/betsy-devos-schools-might-need-guns-due-potential-grizzlies-n708261.

63   Matt Taibbi, *Insane Clown President: Dispatches from the 2016 Circus* (New York: Spiegel & Grau, 2017), 154.

64   Jeffrey Frank, "The Gong Show, With Donald Trump," *New Yorker*, March 28, 2017, https://www.newyorker.com/news/daily-comment/the-gong-show-with-donald-trump.

65   Gabriel García Márquez, *The Autumn of the Patriarch* (New York: Penguin Books, 1975), 163.

66   "Presidential Address: Clinton Urges Passage Of Free-Trade Pact," CQ Almanac, https://library.cqpress.com/cqalmanac/document.php?id=cqal93-844-25162-1104274.

67   Hannah Arendt, *The Origins of Totalitarianism* (New York: Harcourt, 1976), xxxiv.

68   Mark Murray, "Trump and his family could save more than $1 billion under House tax bill," *NBC*, November 16, 2017, https://www.nbcnews.com/politics/first-read/trump-his-family-could-save-more-1-billion-under-house-n821491.

69   Paul Krugman, "Republicans' Tax Lies Show the Rot Spreads Wide and Runs Deep," *New York Times*, November 30, 2017, https://www.nytimes.com/2017/11/30/opinion/republican-tax-lies-fed.html.

70   "The Latest: Natural resources chairman lauds Trump decision," *ABC*, December 4, 2017, http://abcnews.go.com/amp/Politics/wireStory/latest-trump-defends-scaling-back-utah-monuments-51562064.

71   Dino Grandoni, "The Energy 202: Legal battle over national monuments is just beginning," *Washington Post*, December 6, 2017, https://www.washingtonpost.com/news/powerpost/paloma/the-energy-202/2017/12/06/the-energy-202-legal-battle-over-national-monuments-is-just-beginning/5a27242530fb0469e883fa3d/?utm_term=.b45f9155b180.

72   Chris Enloe, "FCC chairman Ajit Pai drops truth bomb on Jimmy Kimmel after 'hysteria' over net neutrality repeal," *The Blaze*, December 16, 2017, http://www.theblaze.com/news/2017/12/16/fcc-chairman-ajit-pai-dropstruth-bomb-on-jimmy-kimmel-after-hysteria-over-net-neutrality-repeal.

73   Ledyard King, "'Transgender,' 'fetus,' 'science-based' reportedly on CDC list of banned words," *USA Today*, December 16, 2017, https://www.usatoday.

com/story/news/politics/2017/12/16/transgender-fetus-science-based-cdc-list-banned-words-per-report/957996001/.

74 Joost A. M. Meerloo, *The Rape of the Mind: The Psychology of Thought Control, Menticide, and Brainwashing* (New York: Martino Fine Books, 2015), 80-81.

75 Voltaire, *Miracles and Idolatry* (London: Penguin UK, 2005), 42.

76 Horace B. Davis, ed., *The National Question: Selected Writings by Rosa Luxemburg* (New York: Monthly Review Press, 1976), 294.

77 David Forgacs, ed., *The Gramsci Reader Selected Writings 1916–1935* (New York: New York University Press, 2000), 38.

78 Joseph A. Buttigieg, *Antonio Gramsci Prison Notebooks*, vol. 2 (New York: Columbia University Press, 2010), 45.

79 Antonio Gramsci, *The Gramsci Reader Selected Writings 1916–1935*, 312.

80 Antonio A. Santucci, ed., *Antonio Gramsci* (New York: Monthly Review Press, 2010), 63.

81 Samuel P. Huntington, Michel J. Crozier and Joji Watanuki, "The Crisis of Democracy," Trilateral Commission, http://trilateral.org/download/doc/crisis_of_democracy.pdf.

82 Bill Blum, "The Right-Wing Legacy of Justice Lewis Powell, and What It Means for the Supreme Court Today," *Truthdig*, https://www.truthdig.com/articles/the-right-wing-legacy-of-justice-lewis-powell-and-what-it-means-for-the-supreme-court-today/.

83 Emily Willingham, "Why Did Mylan Hike EpiPen Prices 400%? Because They Could," *Forbes*, August 21, 2016, https://www.forbes.com/sites/emilywillingham/2016/08/21/why-did-mylan-hike-epipen-prices-400-because-they-could/#3abe17d6280c.

84 Irving Howe, "Faulkner: End of a Road," *New Republic*, December 7, 1959, https://newrepublic.com/article/92609/faulkner-end-road.

85 Lewis Carroll, *Lewis Carroll: The Complete Illustrated Works* (New York: Gramercy Books, 1982), 6–7.

86 John Gray, *Heresies: Against Progress And Other Illusions* (London: Granta Publications, 2004), 106–107.

87 Jeff Goodell, T*he Water Will Come: Rising Seas, Sinking Cities, and the Remaking of the Civilized World* (New York: Little, Brown and Company, 2017), 195.

88 "The US Military on the Front Lines of Rising Seas," *Union of Concerned Scientists*, http://www.ucsusa.org/sites/default/files/attach/2016/07/front-lines-of-rising-seas-key-executive-summary.pdf.

89 James Howard Kunstler, *The Long Emergency: Surviving the End of Oil, Climate Change, and Other Converging Catastrophes of the Twenty-First Century* (New York: Grove Press, 2006), 1.

90 Goodell, *The Water Will Come*,149.

91 "An Abrupt Climate Change Scenario and Its Implications for US National Security," Greenpeace International, http://www.greenpeace.org/international/Global/international/planet-2/report/2006/3/an-abrupt-climate-change-scena.pdf.

92 Goodell, *The Water Will Come*, 208.

93 "The Age of Consequences: The Foreign Policy and National Security Implications of Global Climate Change," Center for a New American Security, https://www.scribd.com/document/9854638/The-Age-of-Consequences-The-Foreign-Policy-and-National-Security-Implications-of-Global-Climate-Change.

94 Hannah Arendt, *The Origins of Totalitarianism* (New York: Harcourt, 1976), 426.

95 "Fact Sheet: Extraordinary Rendition," American Civil Liberties Union, https://www.aclu.org/other/fact-sheet-extraordinary-rendition.

96 Spencer Ackerman, "US cited controversial law in decision to kill American citizen by drone," *The Guardian*, June 23, 2014, https://www.theguardian.com/world/2014/jun/23/us-justification-drone-killing-american-citizen-awlaki.

97 다음을 볼 것. "Room Information," Scranton Cultural Center, http://www.scrantonculturalcenter.org/index.php/weddingsevents/room-matrix/.

98 Josh Mrozinski, "Scranton's population decline bottoming out; growth led by minority population," *The Times-Tribune*, March 13, 2011, http://the-times-tribune.com/scranton-s-population-decline-bottoming-out-growth-led-by-minority-population-1.1118232.

99 다음을 볼 것. "Scranton city, Pennsylvania," United States Census Bureau, https://www.census.gov/quickfacts/fact/table/scrantoncitypennsylvania/PST045216.

100 다음을 볼 것. "Scranton Iron Furnaces," Pennsylvania Anthracite Heritage Museum, http://www.anthracitemuseum.org/explore/iron-furnaces/.

101 Nella Van Dyke and Holly J. McCammon, *Strategic Alliances: Coalition Building and Social Movements Vol. 34* (Minneapolis: University of Minnesota Press, 2010), 32.

102 Ibid.

103 Brian Greenberg et al., *Social History of the United States* (Santa Barbara, CA: ABC-CLIO, 2008), 94.

104 Ibid.

105 Ibid.

106 William T. Moye, "The end of the 12-hour day in the steel industry," http://digitalcollections.library.cmu.edu/awweb/awarchive?type=file&item=430142.

107 Albert J. Churella, *The Pennsylvania Railroad, Volume 1: Building an Empire, 1846–1917* (Philadelphia: University of Pennsylvania Press, 2012), 658.

108 Quoctrung Bui, "50 Years Of Shrinking Union Membership, In One Map," *NPR*, February 23, 2015, http://www.npr.org/sections/money/2015/02/23/385843576/50-years-of-shrinking-union-membership-in-one-map.

109 Jason Miller, *That Championship Season* (New York: Atheneum, 1972), 21–22.

110 Ibid., 114–116.

111 Daniel J. Boorstein, *The Image: A Guide to Pseudo-Events in America* (New York: Atheneum, 1961), 37.

112 Ibid., 240

113 다음을 볼 것. "Local Area Unemployment Statistics June 2017," Pennsylvania Center For Workforce Information & Analysis, http://www.workstats.dli.pa.gov/Documents/County%20Profiles/Lackawanna%20County.pdf.

114 C.D.C. Reeve, *Plato: The Republic*, translated by G.M.A. Grube, (Indianapolis: Hackett Publishing Company, Inc., 1992), 2.

115 C.D.C. Reeve, *The Republic*, 7.521.

116 Ibid., 7.520.

117 다음을 볼 것. "Number of Municipal Governments & Population Distribution," National League of Cities, http://www.nlc.org/number-of-municipal-governments-population-distribution.

118 Detlev Clemens and Brendan M. Purcell, *The Collected Works of Eric Voegelin: Volume 31: Hitler and the Germans* (Columbia: University of Missouri Press), 15.

119 Ibid., 89

120 Ibid.

121 Ibid.

122 Ibid., 99

123 Terry Gross, "Megyn Kelly on Trump and the Media: 'We're In A Dangerous Phase Right Now,'" *NPR*, December 7, 2016, http://www.npr.org/templates/transcript/transcript.php?storyId=504622630.

124 Walter Benjamin, *Illuminations* (New York: Schocken Books, 1968), 257–258.

125 Émile Durkheim, *On Suicide* (New York: Penguin Classics, 2006).

126 Katherine Stewart, "Eighty-One Percent of White Evangelicals Voted for Donald Trump. Why?" *The Nation*, November 17, 2016, https://www.thenation.com/article/eighty-one-percent-of-white-evangelicals-voted-for-donald-trump-why/.

127 "Annotated: Trump's Executive Order On Religious Liberty," *NPR*, May 4, 2017, http://www.npr.org/2017/05/04/526840823/annotated-trumps-executive-order-on-religious-liberty.

128 다음을 볼 것. "DONATIONS," EX Ministries, http://www.exministries.com/donations/.

129 Peter Applebome, "Bakker Is Convicted on All Counts; First Felon Among TV Evangelists," *New York Times*, October 6, 1989, http://www.nytimes.com/1989/10/06/us/bakker-is-convicted-on-all-counts-first-felon-among-TV-evangelists.html?mcubz=3.

130 Julie Johnson, "Jessica Hahn: Shifting Views of a Sudden Celebrity," *New York Times*, October 21, 1987, http://www.nytimes.com/1987/10/21/nyregion/jessica-hahn-shifting-views-of-a-sudden-celebrity.html?pagewanted=all&mcubz=3.

131 다음을 볼 것. "The Jim Bakker Show's Store," https://store.jimbakkershow.com/

132 Ed Mazza, "Jim Bakker: Making Fun of Trump Is the 'Spirit of the Antichrist,'" *Huffington Post*, May 15, 2017, http://www.huffingtonpost.com/entry/jim-bakker-antichrist_us_59195cfbe4b0031e737ebff7.

133 Akbar Shahid Ahmed, "Trump Copied Another Family's Coat Of Arms," *Huffington Post*, May 29, 2017, http://www.huffingtonpost.com/entry/trump-mar-a-lago-crest-a-scam-new-york-times-finds_us_592c6f40e4b053f2d2ad7e75.

134 William Lobdell, "Pastor's Empire Built on Acts of Faith, and Cash," *Los Angeles Times*, September 23, 2004, http://www.latimes.com/local/california/la-na-paul-crouch-story-20160531-snap-htmlstory.html.

135 Ibid.

136 Ibid.

137 Ibid.

138 Chris Hedges, *American Fascists: The Christian Right and the War on America* (New York: Free Press, 2006), 170.

139 Ibid., 172-173

140 Ibid., 12–13, 14–15, 136.

141 Gill Troy, "She Was the Steve Bannon of the Great Depression," *Daily Beast*, February 4, 2017, http://www.thedailybeast.com/she-was-the-steve-bannon-of-the-great-depression.

142 "In U.S., 42% Believe Creationist View of Human Origins," *Gallup Polls*, http://www.gallup.com/poll/170822/believe-creationist-view-human-origins.aspx.

143 Brian Vines, "The evangelical vote: will 94 million Americans sit out this year's election?" *The Guardian*, June 21, 2016, https://www.theguardian.com/us-news/2016/jun/21/evangelical-vote-us-elections.

144 Simone Weil, *Gravity and Grace* (London: Routledge & Kegan Paul, 1952), 71.

145 다음을 볼 것. "2018 Budget Blueprint," https://www.whitehouse.gov/sites/whitehouse.gov/files/omb/budget/fy2018/2018_blueprint.pdf.

146 James Strachey, ed., *Civilization and Its Discontents* (New York: W. W. Norton & Company, 1961).

147 Ibid., 81

148 Ernst Jünger, *Storm of Steel*, translated by Michael Hofmann (London: Penguin Classics, 2004).

149 다음에서 인용. Raoul Peck, "I Am Not Your Negro."

150 James Baldwin, *The Fire Next Time* (New York: The Dial Press, 1963), 115–116.

151 James Baldwin, *I Am Not Your Negro: A Companion Edition to the Documentary Film Directed by Raoul Peck* (New York: Vintage International, 2017), 56–58.

152 James Baldwin, *The Price of the Ticket: Collected Nonfiction, 1948–1985* (New York: St. Martin's Press, 1985), 478.

153 다음에서 인용. Raoul Peck, "I Am Not Your Negro."

154 James Baldwin, *The Devil Finds Work* (New York: Vintage Books, 2011), 75.

155 Ibid., 11

156 Ibid.

157 Ibid.

158 Ibid., 16-17

159 다음에서 인용. Raoul Peck, "I Am Not Your Negro."

160 Ibid.

2장 | 헤로인

1 David Foster Wallace, *Infinite Jest* (New York: Back Bay Books, 1996), 347.

2 Ailsa Chang, "Crime-Ridden Camden To Dump City Police Force," *NPR*, December 6, 2012, http://www.npr.org/2012/12/06/166658788/crime-ridden-camden-to-dump-city-police-force.

3 Josh Katz, "Drug Deaths in America Are Rising Faster Than Ever," *New York Times*, June 5, 2017, https://www.nytimes.com/interactive/2017/06/05/upshot/opioid-epidemic-drug-overdose-deaths-are-rising-faster-than-ever.html.

4 Ibid.

5 "America's Pain Points," *Express Scripts*, December 9, 2014, http://lab.express-scripts.com/lab/insights/drug-safety-and-abuse/americas-pin-points.

6 Dina Gusovsky, "Americans Consume Vast Majority of the World's Opioids," *CNBC*, April 27, 2016, http://www.cnbc.com/2016/04/27/americans-consume-almost-all-of-the-global-opioid-supply.html.

7 Sam Quinones, *Dreamland: The True Tale of America's Opiate Epidemic* (New York: Bloomsbury Press, 2015), 190.

8 Dina Gusovsky, "Americans Consume Vast Majority of the World's Opioids."

9 John Tozzi, "More Pot, Less Cocaine: Sizing Up America's Illicit Drug Market," *Bloomberg BusinessWeek*, March 10, 2014, https://www.bloomberg.

com/news/articles/2014-03-10/more-pot-less-cocaine-sizing-up-americas-illicit-drug-market.

10 Molly Triffin, "Hospitalizations Among Teens for Opioid Poisonings Increase, Study Shows," *Teen Vogue*, Feb 13, 2017, www.teenvogue.com/story/teens-opioid-poisonings-painkillers-hospitalizations-teen-story.

11 Sam Quinones, *Dreamland: The True Tale of America's Opiate Epidemic*, 135.

12 Harriet Ryan, Lisa Girion And Scott Glover, "'You Want a Description of Hell?' OxyContin's 12-Hour Problem," *Los Angeles Times*, May 5, 2016, www.latimes.com/projects/oxycontin-part1/.

13 Barry Meier, "In Guilty Plea, OxyContin Maker to Pay $600 Million," *New York Times*, May 10, 2007, http://www.nytimes.com/2007/05/10/business/11drug-web.html.

14 OxyContin Goes Global —"We're Only Just Getting Started," Los Angeles Times (Dec. 18, 2016) (online at: www.latimes.com/projects/la-me-oxycontin-part3/).

15 Online at: http://katherineclark.house.gov/_cache/files/a577bd3c-29ec-4bb9-bdba-1ca71c784113/mundipharma-letter-signatures.pdf.

16 Sam Quinones, *Dreamland: The True Tale of America's Opiate Epidemic*, 39.

17 델레이비치Delray Beach는 헤로인중독에서 회복 중인 청소년의 안식처로 호평받았다. 중간갱생센터 원장들은 이런 환자들이 센터에 있을 때 중독증이 재발하면 돈을 더 벌 수 있다는 사실을 알았다. 오바마케어에 의하면, 26세까지 자녀들을 부모의 보험 아래 둘 수 있고 마약중독 재발 치료비도 보험 혜택을 받을 수 있다. 이를 이용하여 많은 마약갱생센터와 중간갱생센터가 보험 사기에 관여했다. 갱생센터가 환자를 치료하면서 받는 보험금 중 일부를 중독 재발 외래환자를 추천해준 중간갱생센터의 원장에게 보상금으로 주었다. 그러자 중간갱생센터의 관리자들이 회복 중인 환자가 마약에 접근할 수 있게 마약을 센터 안으로 들여오는 상상할 수 없는 비리가 횡행했다. 플로리다주에서는 자격증 없이 중간갱생센터를 운영할 수 있었는데, 이들은 센터에 입원한 중독환자 한 명당 한 달에 수천 달러의 치료비를 받았다. 긴급구조대는 같은 날에 같은 환자를 여러 번 구조하기도 했다. 긴급구조대는 중간갱생센터에서 한번에 대여섯 명의 환자들을 구조하는데, 주로 독한 물질을 섞은 마약 뭉치를 집단으로 사용하다가 사고를 낸 환자들이었다. 팜 비치 카운티는 2016년에 5000건에 이르는 마약 과다복용 사고를 처리했다. 희생자 대부분은 26세 이하의 백인이었고, 플로리다주가 아닌 다른 주에서 온 환자들이었다. 플로리다주는 10억 달러에 이르는 마약중독 치료 산업을 운영하는데, 이 사업에 대한 감독은 지극히 미미하다. 수천 명의 약물 남용자들이 북동부주와 중서부주에서 매년 도움을 받기 위해서 이곳으로 온다. Source: Alvarez, Lizette. "Haven for Recovering Addicts Now Profits From Their Relapses," *The New York Times*. June 20, 2017. Accessed July 4, 2017,https://www.nytimes.com/2017/06/20/us/delray-beach-addiction.html.

18 Richard Branson, "War on drugs a trillion-dollar failure," *CNN*, December 7, 2012, http://www.cnn.com/2012/12/06/opinion/branson-end-war-on-drugs/index.html.

19 "The Annual Cost of The War on Drugs," Elevations Health, https://elevationshealth.com/annual-cost-war-on-drugs/.

20 Marc Lewis, "Why are so many people dying from opiate overdoses? It's our broken society," *The Guardian*, July 10, 2017, https://www.theguardian.com/commentisfree/2017/jul/10/people-dying-opiate-overdoses-society-drugs.

21 Ibid.

22 Nicholas Kristof, "How to Win a War on Drugs: Portugal treats addiction as a disease, not a crime," *New York Times*, September 22, 2017, https://www.nytimes.com/2017/09/22/opinion/sunday/portugal-drug-decriminalization.html?mtrref=www.google.com&assetType=opinion.

23 Ibid.

24 Ibid.

3장 | 노동

1 Émile Durkheim, *On Suicide* (New York: Penguin Classics, 2006), 230.

2 Lindsey Holden, "Sock monkeys and miniature cars relics of Rockford's manufacturing past," *Rockford Register Star*, March 17, 2016, http://www.rrstar.com/special/20160317/sock-monkeys-and-miniature-cars-relics-of-rockfords-manufacturing-past.

3 Conor Dougherty, "Welcome to Rockford, Ill, the Underwater Mortgage Capital of America," *Wall Street Journal*, September 8, 2013, https://www.wsj.com/articles/welcome-to-rockford-ill-theunderwater-mortgage-capital-of-america-1378506072.

4 Data obtained from Winnebago County Coroner's Office.

5 "U.S.A. SUICIDE: 2015 OFFICIAL FINAL DATA," American Association of Suicidology, http://www.suicidology.org/Portals/14/docs/Resources/FactSheets/2015/2015datapgsv1.pdf?ver=2017-01-02-220151-870.

6 Mary Emily O'Hara, "It's Not Just Chris Cornell: Suicide Rates Highest Among Middle-Aged Men," *NBC News*, May 20, 2017, http://www.nbcnews.com/news/us-news/it-s-not-just-chris-cornell-suicide-rates-highest-among-n762221.

7 Ibid.

8 "Suicide: 2016 Facts and Figures," The American Foundation for Suicide Prevention, http://afsp.org/wp-content/uploads/2016/06/2016-National-Facts-Figures.pdf.

9 Anne Case and Angus Deaton, "Mortality and Morbidity in the 21st Century," *Brookings Papers on Economic Activity*, Spring 2017, https://www.

brookings.edu/wp-content/uploads/2017/08/casetextsp17bpea.pdf.

10   Ibid.

11   Émile Durkheim, *On Suicide*, 226.

12   Cheryl Corley, "Skeletons Of The Auto Industry Linger Across U.S." NPR, July 15, 2009, http://www.npr.org/templates/story/story.php?storyId=106655302.

13   Jeremy W. Peters and Micheline Maynard, "Company Town Relies on G.M. Long After Plants Have Closed," *The New York Times*, Feb. 20, 2006, http://www.nytimes.com/2006/02/20/business/company-town-relies-on-gm-long-after-plants-have-closed.html?mcubz=3.

14   Ibid.

15   Ken de la Bastide, "Madison County, Anderson continue to lose population," *The Herald Bulletin*, Jun 22, 2016, http://www.heraldbulletin.com/news/local_news/madison-county-anderson-continue-to-lose-population/article_362969d8-38d9-11e6-a221-4791405b4db5.html.

16   *LABOREM EXERCENS*, The Holy See, http://w2.vatican.va/content/john-paul-ii/en/encyclicals/documents/hf_jp-ii_enc_14091981_laborem-exercens.html.

17   Ibid.

18   Jeffrey St. Clair, *Grand Theft Pentagon: Tales of Corruption and Profiteering in the War on Terror* (Monroe: Common Courage Press, 2005), 171.

19   Ibid.

20   Sidney Fine, *Sit-down: The General Motors strike of 1936–1937* (Ann Arbor: University of Michigan Press, 1969), 317.

21   Ibid., 61.

22   Ibid.

23   Ibid., 156.

24   "1936 Sit-down strike begins in Flint," This Day in History, http://www.history.com/this-day-in-history/sit-down-strike-begins-in-flint.

25   Sidney Fine, *Sit-down: The General Motors strike of 1936–1937*, 1.

26   Ibid.

27   Ibid., 4

28   Sidney Fine, *Sit-down: The General Motors strike of 1936–1937*, 309.

29   Ibid.

30   Ibid.

31   Ibid.

32   Ibid.

33   "The 1936–37 Flint, Michigan Sit-Down Strike," *BBC*, January 28, 2002, http://www.bbc.co.uk/dna/place-london/A672310.

34   Ibid.

35   Ibid.

36   Ibid.

37   Ibid.

38   Steven Greenhouse, "In Indiana, Clues to Future of Wisconsin Labor," *New York Times*, February 26, 2011, http://www.nytimes.com/2011/02/27/business/27collective-bargain.html?mcubz=3.

39   Ibid.

40   Kylee Wierks and Matt Adams, "Donald Trump rails against Carrier during rally at Indiana State Fairgrounds," *Fox News*, April 20, 2016, http://fox59.com/2016/04/20/live-updates-donald-trump-rally-in-indianapolis.

41   Ronald Radosh, ed., *Debs* (Englewood Cliffs, NJ: Prentice-Hall, 1971), 1.

42   Barbara W. Tuchman, *The Proud Tower: A Portrait of the World Before the War, 1890–914* (New York: Random House, 2014),471.

43   Ibid.

44   Ibid.

45   Ibid., 472

46   Ibid.

47   Ibid.

48   Eugene Victor Debs, *Debs: His Life, Writings and Speeches* (Chicago: Press of John F. Higgins, 1908), 84.

49   Ibid., 30

50   Nick Salvatore, *Eugene V. Debs: Citizen and Socialist* (Chicago: University of Illinois Press, 1984), 148.

51   Ibid.

52   Ibid., 151.

53   Ibid., 311.

54   Ibid.

55   Ibid., 165.

56   Ibid., 155.

57   Ibid.

58   Ibid.

59   Ibid., 345.

60   J. Robert Constantine, ed., *Gentle Rebel: Letters of Eugene V. Debs* (Champaign: University of Illinois Press, 1995), xxx-xxi.

61   Ibid., xxix.

62   Ibid.

63   Ibid.

64   Ibid., xxx.

65   Nick Salvatore, *Eugene V. Debs: Citizen and Socialist*, 264.

66   Howard Zinn and Anthony Arnove, *Voices of a People's History of the United States* (New York: Seven Stories Press), 291.

67   Constantine, ed., *Gentle Rebel*, xxviii.

68   Ibid., xxxii.

69   Nick Salvatore, *Eugene V. Debs: Citizen and Socialist*, 161.

70   Constantine, ed., *Gentle Rebel*, xxxiii–xxxiv.

71 "The Sedition Act of 1918 From The United States Statutes at Large, V. 40. (April 1917–arch 1919)," *PBS*, http://www.pbs.org/wnet/supremecourt/capitalism/sources_document1.html.

72 Ibid.

73 Nick Salvatore, *Eugene V. Debs: Citizen and Socialist*, 295.

74 Eugene V. Debs, *Debs*, 82–4.

75 Constantine, ed., *Gentle Rebel*, 200.

76 Bernard J. Brommel, *Eugene V. Debs: Spokesman For Labor And Socialism* (Chicago: Charles H Kerr, 1978), 190–191.

77 Victor Hugo, translated by Norman Denny, *Les Misérables* (New York: Penguin Classics, 1976), 1,230.

4장 | 사디즘

1 Wilhelm Reich, *The Mass Psychology of Fascism* (New York: Farrar, Straus and Giroux,1980), xv.

2 "San Francisco's Ten Year Plan to End Chronic Homelessness: Anniversary Report Covering 2004 to 2014," San Francisco Human Services Agency City and County of San Francisco, http://sfmayor.org/sites/default/files/FileCenter/Documents/404-Ten%20Year%20Plan%20Anniversary%20Report%20-%20Final%20Draft.pdf.

3 Jesse McKinley, "A Neighbor Moves in With Ropes and Shackles, and Some Are Not So Pleased," *New York Times*, February 12, 2007, http://www.nytimes.com/2007/02/12/us/12armory.html.

4 Jack Leibman, San Francisco Armory in the Mission, San Francisco City Guides, http://www.sfcityguides.org/public_guidelines.html?article=506&submitted=TRUE&srch_text=&submitted2=&topic=.

5 Sam Levin, "'End of an era': porn actors lament the loss of legendary San Francisco Armory," *The Guardian*, January 25, 2017, https://www.theguardian.com/culture/2017/jan/25/porn-bdsm-kink-armory-closing-san-francisco.

6 Gail Dines, *Pornland: How Porn Has Hijacked Our Sexuality* (Boston: Beacon Press, 2011), 47.

7 Ibid.

8 Rebecca Solnit, *Men Explain Things to Me* (Chicago: Haymarket Books, 2014), 19.

9 Ibid., 23.

10 Rachel Moran, *Paid For* (New York: W.W. Norton & Company, 2013), 100.

11 Aimee Allison and David Solnit, *Army of None: Strategies to Counter Military Recruitment, End War and Build a Better World* (New York: Seven Stories Press, 2007), 3–7.

12 Rachel Moran, *Paid For*, 175.

13 Ibid., 122.

14 Ibid., 52.

15 Molly Freedenberg, "Kink Dreams," *San Francisco Bay Guardian*, September 24, 2008, http://48hills.org/sfbgarchive/2008/09/23/kink-dreams/.

16 Nicholas Iovino, "Porn Factory Must Defend Itself Against HIV Claims," *Courthouse News*, December 18, 2017, https://www.courthousenews.com/porn-factory-must-defend-itself-against-hiv-claims/.

17 Edward W. Said, *Orientalism* (New York: Vintage Books, 1979), 3.

18 "Canada 2014 Human Rights Report," U.S. Department of State, https://www.state.gov/documents/organization/236884.pdf.

19 Seo-Young Cho, Axel Dreher, and Eric Neumayer (2012). Does Legalized Prostitution Increase Human Trafficking? *World Development*, 41 (1), 2013, pp. 67–82. https://papers.ssrn.com/sol3/papers.cfm?abstract_id=1986065.

20 "ILO says forced labour generates annual profits of US$ 150 billion," International Labour Organization, http://www.ilo.org/global/about-the-ilo/newsroom/news/WCMS_243201/lang—en/index.htm.

21 Ibid.

22 Michael Shively, Kristina Kliorys, Kristin Wheeler, Dana Hunt, "A National Overview of Prostitution and Sex Trafficking Demand Reduction Efforts, Final Report," The National Institute of Justice, https://www.ncjrs.gov/pdffiles1/nij/grants/238796.pdf.

23 John J. Potterat, Devon D. Brewer, Stuart Brody. (2004). Mortality in a Long-term Open Cohort of Prostitute Women. *American Journal of Epidemiology*, 159 (8): 778–785. DOI: https://doi.org/101.093/aje/kwh110.

24 "How profitable is the exploitation of people? Sadly, extraordinarily so," International Labour Organization, http://www.ilo.org/newyork/voices-at-work/WCMS_244965/lang—en/index.htm.

5장 | 증오

1 Hannah Arendt, *The Origins of Totalitarianism* (New York, Harcourt, Inc., 1976), 474.

2 Albert Camus, *The Plague, translated from the French by Stuart Gilbert* (New York: Vintage Books, 1991), 308.

3 German Lopez, "The trial of Dylann Roof for the Charleston church shooting, explained," *Vox*, January 10, 2017, https://www.vox.com/identities/2016/12/7/13868662/dylann-roof-trial-verdict-charleston-church-shooting.

4 Rachel Kaadzi Ghansah, "A Most American Terrorist: The Making of Dylann

Roof," *GQ*, August 21, 2017, https://www.gq.com/story/dylann-roof-making-of-an-american-terrorist.

5   Ibid.

6   "Last Rhodesian Manifesto," Document Cloud, https://www.documentcloud.org/documents/2108059-lastrhodesian-manifesto.html.

7   Frances Robles, "Dylann Roof Photos and a Manifesto Are Posted on Website," *New York Times*, June 20, 2015, https://www.nytimes.com/2015/06/21/us/dylann-storm-roof-photos-website-charleston-church-shooting.html.

8   Rachel Kaadzi Ghansah, "A Most American Terrorist: The Making of Dylann Roof."

9   "Last Rhodesian Manifesto," Document Cloud, https://www.documentcloud.org/documents/2108059-lastrhodesian-manifesto.html.

10 James West, "Decoding the Scene From Dylann Roof's 'Favorite Film,'" *Mother Jones*, June 21, 2015, http://www.motherjones.com/politics/2015/06/dylann-roof-favorite-film-scene-himizu/.

11 "Last Rhodesian Manifesto," Document Cloud, https://www.documentcloud.org/documents/2108059-lastrhodesian-manifesto.html.

12 Rachel Kaadzi Ghansah, *"A Most American Terrorist: The Making of Dylann Roof."*

13 Ibid.

14 Ibid.

15 Felicia Lee, "Bench of Memory at Slavery's Gateway," *New York Times*, July 28, 2008, http://www.nytimes.com/2008/07/28/arts/design/28benc.html.

16 "Contents of Cell Search 8-3-15," United States Courts, http://www.uscourts.gov/courts/scd/cases/2-15-472/exhibits/GX500.pdf.

17 Ibid.

18 Kristine Phillips, "Dylann Roof loses bid to fire Jewish, Indian lawyers — his 'political and biological enemies,'" *Washington Post*, September 19, 2017, https://www.washingtonpost.com/news/post-nation/wp/2017/09/19/dylann-roof-wants-to-fire-jewish-and-indian-lawyers-his-political-and-biological-enemies/?utm_term=.2910aa3f679c.

19 Ibid.

20 Rachel Kaadzi Ghansah, *"A Most American Terrorist: The Making of Dylann Roof."*

21 Ibid.

22 Ibid.

23 "Contents of Cell Search 8-3-15," United States Courts, http://www.uscourts.gov/courts/scd/cases/2-15-472/exhibits/GX500.pdf.

24 "Hate Crime Analysis & Forecast," Center for the Study of Hate and Extremism, https://csbs.csusb.edu/sites/csusb_csbs/files/Final%20Hate%20Crime%2017%20Status%20Report%20pdf.pdf.

25 Jesse Singal, "Undercover With the Alt-Right," *New York Times*, September 19, 2017, https://www.nytimes.com/2017/09/19/opinion/alt-right-white-supremacy-undercover.html.

26 "Contents of Cell Search 8-3-15," United States Courts, http://www.uscourts.gov/courts/scd/cases/2-15-472/exhibits/GX500.pdf.

27 다음을 볼 것. "Deposit village, New York," United States Census Bureau, https://factfinder.census.gov/faces/nav/jsf/pages/community_facts.xhtml?src=bkmk.

28 Laila Kearney, "A tranquil Muslim hamlet in the Catskills—until the attack plot," *Reuters*, June 1, 2015, https://www.reuters.com/article/us-usa-islamberg-insight/a-tranquil-muslim-hamlet-in-the-catskills-until-the-attack-plot-idUSKBN0OH1D920150601.

29 Ibid.

30 Ibid.

31 Ibid.

32 Ibid.

33 "US Islamist group arming up in anticipation of Trump, report claims," *Fox News*, November 29, 2016, http://www.foxnews.com/us/2016/11/29/us-islamist-group-arming-up-in-anticipation-trump-report-claims.html.

34 Peter Finn, "Khalid Sheik Mohammed killed U.S. journalist Daniel Pearl, report finds," *Washington Post*, January 20, 2011, http://www.washingtonpost.com/wp-dyn/content/article/2011/01/20/AR2011012000057.html.

35 "Guerilla training of women at Islamberg, Hancock, N.Y., headquarters of Muslims of the Americas," Clarion Project, https://www.youtube.com/watch?v=bxoykqCSruY.

36 "America's First Islamic Government," Christian Action Network, https://can-test.squarespace.com/blog/2013/12/13/2nd-placeholder-postadminchristianactionorg.

37 Ibid.

38 Tim Ghianni, "Tennessee man sentenced over plot to attack Muslim community," *Reuters*, June 15, 2017, https://www.reuters.com/article/us-tennessee-muslim-crime/tennessee-man-sentenced-over-plot-to-attack-muslim-community-idUSKBN1962R7.

39 Ibid.

40 Ryan Mauro and Martin Mawyer, "Exclusive: Jihadi Cult Associate Arrested in NY With Firearms Stockpile," *Clarion Project*, July 2, 2017, https://clarionproject.org/exclusive-jihadi-cult-associate-arrested-ny-firearms-stockpile/.

41 "New Alt-Right 'Fight Club' Ready for Street Violence," Southern Poverty Law Center, https://www.splcenter.org/hatewatch/2017/04/25/new-altright-fight-club-ready-street-violence.

42   PawL BaZiLe, "Proud Boys visiting Islamic training ground in NY this Saturday," *Proud Boy Magazine*, July 2017, http://officialproudboys.com/columns/proud-boys-visiting-islamic-training-ground-in-ny-this-saturday/.

43   Adam Gabbatt, "Five anti-Muslim protesters and 400 peace supporters meet at New York rally," *The Guardian*, May 16, 2016, https://www.theguardian.com/us-news/2016/may/16/anti-muslim-protest-bikers-new-york-islamberg-peace-rally.

44   Evan Osnos, "Doomsday Prep for the Super-Rich," *New Yorker*, January 30, 2017, https://www.newyorker.com/magazine/2017/01/30/doomsday-prep-for-the-super-rich.

45   Pankaj Mishra, *Age of Anger: A History of the Present* (New York: Farrar, Straus and Giroux, 2017), 274.

46   Ibid., 8.

47   Ibid., 28.

48   Ibid., 27.

49   Ibid., 123.

50   Hannah Arendt, *Men in Dark Times* (New York: Harcourt, Brace & Company, 1970), 83.

51   Pankaj Mishra, A*ge of Anger: A History of The Present*, 77.

52   Gal Tziperman Lotan, Paul Brinkmann and Rene Stutzman, "Witness: Omar Mateen had been at Orlando gay nightclub many times," *Orlando Sentinel*, June 13, 2016, http://www.orlandosentinel.com/news/pulse-orlando-nightclub-shooting/os-orlando-nightclub-omar-mateen-profile-20160613-story.html.

53   Pankaj Mishra, *Age of Anger: A History of the Present*, 77.

54   Robin Wright, "Abu Muhammad al-Adnani, the Voice of ISIS, Is Dead," *New Yorker*, August 30, 2016, http://www.newyorker.com/news/newsdesk/abu-muhammad-al-adnani-the-voice-of-isis-is-dead.

55   Pankaj Mishra, *Age of Anger: A History of the Present*, 230.

56   Ibid.

57   Ibid., 77.

58   Ibid., 135.

59   Ibid., 275-276.

60   Ibid., 288.

61   Ibid., 125.

62   Ibid., 81.

63   Chris Kyle, *American Sniper: The Autobiography of the Most Lethal Sniper in U.S. Military History* (New York: HarperCollins, 2013), 4.

64   Ibid.

65   Ibid., 220.

66   Ibid., 6.

67   Ibid., 86.

68 Ibid.

69 Ibid.

70 Ibid., 231.

71 Ibid., 219.

72 Ibid., 199.

73 Ibid., 53-54.

74 Ibid., 86.

75 Manny Fernandez and Kathryn Jones, "'American Sniper' Jury Finds Chris Kyle's Killer Guilty of Murder," *New York Times*, February 24, 2015, https://www.nytimes.com/2015/02/25/us/american-sniper-trial-jury-finds-ex-marine-guilty-of-murder.html.

76 Ibid.

77 Pankaj Mishra, *Age of Anger: A History of the Present*, 280.

78 Ibid.

79 Ibid., 271.

80 Ibid.

81 Ibid., 295.

82 Oriana Fallaci, "The Rage and the Pride,"*Corriere della Sera*, September 29, 2001 http://users.ecs.soton.ac.uk/harnad/Temp/oriana.html.

83 Diana Johnstone, "Antifa in Theory and Practice," *Counterpunch*, October 9, 2017, https://www.counterpunch.org/2017/10/09/antifa-in-theory-and-in-practice/

84 Ibid.

85 다음에서 인용. Paul Mattick, *Anti-Bolshevik Communism* (Pontypool, UK: Merlin Press, 1978), 21.

86 Richard J. Evans, *The Coming of the Third Reich* (New York: Penguin, 2003), 268–269.

87 Ibid.

88 Ibid., 269-70.

89 Jan Valtin, *Out of the Night: The Memoir of Richard Julius Herman Krebs Alias Jan Valtin* (Oakland, CA: AK Press, 2004), 216.

90 Richard J. Evans, *The Coming of the Third Reich*, 270.

91 Ibid., 272.

92 Theodore Roszak, *The Making of a Counter Culture* (New York: Anchor Books,1969), 40.

93 Joseph Goldstein, "Inspector Who Pepper-Sprayed Protesters Is Ordered to Appear Before Panel," *New York Times*, November 27, 2013, http://www.nytimes.com/2013/11/28/nyregion/inspector-who-pepper-sprayed-protesters-is-ordered-to-appear-before-panel.html.

94 Ibid.

95 Libby Nelson, "Why we voted for Donald Trump": David Duke explains the white supremacist Charlottesville protests," *Vox*, https://www.vox.

com/2017/8/12/16138358/charlottesville-protests-david-duke-kkk.

96 "I Was Beaten By White Supremacists," Go Fund Me, https://www.gofundme.com/i-was-beaten-by-white-supremacists.

97 Ibid.

98 "New Castle town, Virginia," United States Census Bureau, https://factfinder.census.gov/faces/nav/jsf/pages/community_facts.xhtml?src=bkmk.

99 Luke Barnes, "Proud Boys founder disavows violence at Charlottesville but one of its members organized the event," Think Progress, August 24, 2017, https://thinkprogress.org/proud-boys-founder-tries-and-fails-to-distance-itself-from-charlottesville-6862fb8b3ae9/.

100 다음을 볼 것. https://www.redneckrevolt.org/.

101 Joanna Walters, "Militia leaders who descended on Charlottesville condemn 'rightwing lunatics,'" The Guardian, August 14, 2017, https://www.theguardian.com/us-news/2017/aug/15/charlottesville-militia-free-speech-violence.

102 Ibid.

103 Ibid.

104 National Council, "The Three Percenters Official Statement Regarding the Violent Protests in Charlottesville," The Three Percenters, August 12, 2017, http://www.thethreepercenters.org/single-post/2017/08/12/The-Three-Percenters-Official-Statement-Regarding-the-Violent-Protests-in-Charlottesville.

105 Sigmund Freud, Civilization and Its Discontents, translated by Joan Riviere (New York: Dover Publications, 1994), 42.

106 Christopher Lasch, The Culture of Narcissism: American Life in an Age of Diminishing Expectations (New York: W. W. Norton & Company, 1979), 15.

107 Sophia Burns, "Catharsis Is Counter-Revolutionary," Gods & Radicals, August 2017, https://godsandradicals.org/2017/08/09/catharsis-is-counter-revolutionary/.

108 Aviva Chomsky, "How (Not) to Challenge Racist Violence," Common Dreams, August 21, 2017, https://www.commondreams.org/views/2017/08/21/how-not-challenge-racist-violence.

109 Jana Winter, "FBI and DHS Warned of Growing Threat From White Supremacists Months Ago," Foreign Policy, August 14, 2017, http://foreignpolicy.com/2017/08/14/fbi-and-dhs-warned-of-growing-threat-from-white-supremacists-months-ago/.

110 Ten Ways to Fight Hate: A Community Response Guide, Southern Poverty Law Center, https://www.splcenter.org/20170814/ten-ways-fight-hate-community-response-guide.

111 Ibid.

112 Benjamin Oreskes and Paige St. John, "After 'antifa' violence, Berkeley debates whether Milo Yiannopoulos and other conservatives are welcome,"

Los Angeles Times, August 30, 2017, http://www.latimes.com/local/lanow/la-me-berkeley-far-left-protests-milo-20170830-story.html.

113 Frances Robles, "As White Nationalist in Charlottesville Fired, Police 'Never Moved,'" *New York Times*, August 25, 2017, https://www.nytimes.com/2017/08/25/us/charlottesville-protest-police.html.

114 Jazmine Ulloa, John Myers, Emily Alpert Reyes, and Victoria Kim, "7 stabbed at neo-Nazi event outside Capitol in Sacramento," *Los Angeles Times*, June 26, 2016, http://www.latimes.com/local/lanow/la-me-neo-nazi-stabbed-20160626-snap-htmlstory.html.

115 Joseph Serna, "Neo-Nazis didn't start the violence at state Capitol, police say," *Los Angeles Times*, June 27, 2016, http://www.latimes.com/local/lanow/la-me-ln-neo-nazi-event-stabbings-capitol-20160627-snap-story.html.

116 Natasha Lennard, "Neo-Nazi Richard Spencer Got Punched—You Can Thank the Black Bloc," *The Nation*, January 22, 2017, https://www.thenation.com/article/if-you-appreciated-seeing-neo-nazi-richard-spencer-get-punched-thank-the-black-bloc/.

117 Ibid.

118 Walter Benjamin, *The Work of Art in the Age of Its Technological Reproducibility, and Other Writings on Media* (Cambridge: Belknap Press, 2008), 42.

6장 | 도박

1 다음에서 인용. Brad Thomas, *The Trump Factor: Unlocking the Secrets Behind the Trump Empire* (New York: Post Hill Press, 2016), 112.

2 Mark Berman, "Atlantic City's casino revenue was cut in half in less than a decade," *Washington Post*, January 14, 2015, https://www.washingtonpost.com/news/post-nation/wp/2015/01/14/atlantic-citys-casino-revenue-was-cut-in-half-in-less-than-a-decade/?utm_term=.74af58649c78.

3 Ibid.

4 Ed Davis, Tim Murphy and Geoff Freeman, "The federal sports betting ban has failed: Let's legalize and regulate it," *The Hill*, June 12, 2017, http://thehill.com/blogs/congress-blog/politics/337367-the-federal-sports-betting-ban-has-failed-lets-legalize-and.

5 Ellen Mutari and Deborah M. Figart, *Just One More Hand: Life in the Casino Economy* (New York: Rowman & Littlefield, 2015), 3–4

6 "2017 AGA Survey of the Casino Industry," American Gaming Association, https://www.americangaming.org/sites/default/files/research_files/201%20State%20of%20the%20States.pdf.

7 "2013 AGA Survey of Casino Entertainment," American Gaming Association, https://www.americangaming.org/sites/default/files/research_files/aga_

sos2013_rev042014.pdf.

8   John Rosengren, "How Casinos Enable Gambling Addicts," *The Atlantic*, December 2016, https://www.theatlantic.com/magazine/archive/2016/12/losing-it-all/505814/.

9   Ibid.

10 "2013 AGA Survey of Casino Entertainment," American Gaming Association, https://www.americangaming.org/sites/default/files/research_files/aga_sos2013_rev042014.pdf.

11 Ibid.

12 Lorenzo Ferrigno, Brian Vitagliano, and Amanda Wills, "The Atlantic City summer that nearly ruined Donald Trump," *CNN*, July 7, 2016, http://www.cnn.com/2016/07/06/politics/donald-trump-atlantic-city-taj-mahal/index.html.

13 Paul Goldberger, "It's 'Themed,' It's Kitschy, It's Trump's Taj," *New York Times*, April 6, 1990, http://www.nytimes.com/1990/04/06/nyregion/it-s-themed-it-s-kitschy-it-s-trump-s-taj.html.

14 John Rosengren, "How Casinos Enable Gambling Addicts."

15 "Gambling and Suicide," *National Council on Problem Gambling*, http://www.ccpg.org/problem-gambling/more/gambling-and-suicide/.

16 Jon Nordheimer, "In Atlantic City, Suspicion Is a Way of Life; Casino Agents Keep an Eye on Things.... and People, and Machines," *New York Times*, March 22, 1994, http://www.nytimes.com/1994/03/22/nyregion/atlantic-city-suspicion-way-life-casino-agents-keep-eye-things-people-machines.html?pagewanted=all.

17 Natasha Dow Schüll, Addiction by *Design: Machine Gambling in Las Vegas* (Princeton, NJ: Princeton University Press, 2012),164.

18 Ibid., 154.

19 Lisa Fletcher, Jen Wlach, Sarah Netter, Monica Escobedo, "Biggest Loser? Gambler Dropped $127M in a Year," *ABC*, December 8, 2009, http://abcnews.go.com/GMA/gambler-dropped-127-million-vegas-blames-casino-losses/story?id=9272730.

20 Natasha Dow Schüll, *Addiction by Design*, 147.

21 Ibid.

22 Brian Pempus, "Americans Lost $1169.B Gambling In 2016: Report," *Card Player*, February 14, 2017, https://www.cardplayer.com/poker-news/21342-americans-lost-116-9b-gambling-in-2016-report.

23 "2017 AGA Survey of the Casino Industry," American Gaming Association, https://www.americangaming.org/sites/default/files/research_files/2017%20State%20of%20the%20States.pdf.

24 Adam Silver, "Legalize and Regulate Sports Betting," *The New York Times*, November 13, 2014, https://www.nytimes.com/2014/11/14/opinion/nba-commissioner-adam-silver-legalize-sports-betting.html.

25 Lucy Dadayan, "State Revenues from Gambling," *The Blinken Report*, April 2016, http://www.rockinst.org/pdf/government_finance/2016-04-12-Blinken_Report_Three.pdf.

26 Derek Thompson, "Lotteries: America's $70 Billion Shame," *The Atlantic*, May 11, 2015, https://www.theatlantic.com/business/archive/2015/05/lotteries-americas-70-billion-shame/392870/.

27 Natasha Dow Schüll, *Addiction by Design*, 104.

28 Ibid., 5.

29 Roger Caillois, *Man, Play, and Games* (Champaign: University of Illinois Press, 1958), ix.

30 Natasha Dow Schüll, *Addiction by Design*, 18.

31 다음에서 인용. Rick Green, "Gamblers Fight Back to Even the Score," *Hartford Courant*, May 10, 2004, http://articles.courant.com/2004-05-10/news/0405100328_1_video-poker-electronic-slot-machines-gambling-industry.

32 Natasha Dow Schüll has heard Howard Shaffer, A Harvard scientist who studies addictions, and others use the "crack cocaine" metaphor when speaking of gambling machines (Bulkeley 1992; Simurda 1994; Dyer 2001).

33 Natasha Dow Schüll, *Addiction by Design*,19.

34 Ibid., 116.

35 Andrew Thompson, "Engineers of Addiction, Slot Machines Perfected Addictive Gaming. Now, Tech Wants Their Tricks," *The Verge*, May 6, 2015, https://www.theverge.com/2015/5/6/8544303/casino-slot-machine-gambling-addiction-psychology-mobile-games.

36 Bryant Simon, *Boardwalk of Dreams: Atlantic City and the Fate of Urban America* (New York: Oxford University Press, 2004), 194.

37 Bill Moyers, "Big Gamble in Atlantic City," *CBS News Special Report*, July 28, 1986, Heston Room, The Atlantic City Free Public Library.

38 David Cay Johnston, *The Making of Donald Trump* (Brooklyn, NY: Melville House, 2016), 60.

39 Ibid., 64.

40 Hal Rothman and Mike Davis, *The Grit Beneath the Glitter: Tales from the Real Las Vegas* (Berkeley: University of California Press, 2002), 5.

41 Bryant Simon, *Boardwalk of Dreams*, 205.

42 Bill Kent, "ATLANTIC CITY; To the Lighthouse," *New York Times*, November 16, 1997, http://www.nytimes.com/1997/11/16/nyregion/atlantic-city-to-the-lighthouse.html.

43 Bryant Simon, *Boardwalk of Dreams*, 205.

44 Russ Buettner and Charles V. Bagli, "How Donald Trump Bankrupted His Atlantic City Casinos, but Still Earned Millions," *New York Times*, June 11, 2016, https://www.nytimes.com/2016/06/12/nyregion/donald-trump-atlantic-city.html.

45 Ibid.

46 Robert O'Harrow Jr., "Trump's bad bet: How too much debt drove his biggest casino aground," *Washington Post*, January 18, 2016, https://www.washingtonpost.com/investigations/trumps-bad-bet-how-too-much-debt-drove-his-biggest-casino-aground/2016/01/18/f67cedc2-9ac8-11e5-8917-653b65c809eb_story.html?utm_term=.7a2ee17125ba.

47 Russ Buettner and Charles V. Bagli, "How Donald Trump Bankrupted His Atlantic City Casinos, but Still Earned Millions."

48 Ibid.

49 Michelle Celarier, "Why Carl Icahn Is The Donald Trump of Finance," *Fortune Magazine*, March 14, 2016, http://fortune.com/2016/03/14/carl-icahn-donald-trump/.

50 Ibid.

51 Ibid.

52 Ibid.

53 Ibid.

54 anya Agrawal, "Another Atlantic City casino company files for bankruptcy," *Reuters*, September 9, 2014, http://www.reuters.com/article/us-trump-bankruptcy-casinos-idUSKBN0H413E20140909.

55 Noah Shachtman, "Trump Taj Mahal Slashed Security. Then the Murders Started," *Daily Beast*, June 2, 2016, http://www.thedailybeast.com/trump-taj-mahal-slashed-security-then-the-murders-started.

56 Ibid.

57 Ibid.

58 Ibid.

59 Ellen Mutari and Deborah M. Figart, *Just One More Hand: Life in the Casino Economy*, 98.

60 "Trump Entertainment files for bankruptcy; Taj Mahal could close in November," *NJ.com*, September 09, 2014, http://www.nj.com/business/index.ssf/2014/09/trump_entertainment_files_for_bankruptcy_taj_mahal_could_close_in_november.html.

61 Patrick McGeehan, "Uncertainty for Workers Losing Jobs at Atlantic City Casinos," *New York Times*, August 25, 2014, https://www.nytimes.com/2014/08/26/nyregion/uncertainty-for-workers-losing-jobs-at-atlantic-city-casinos.html.

62 Wayne Parry, "Icahn rejects union bid to keep Trump Taj Mahal casino open," *Associated Press*, August 29, 2016, https://apnews.com/36d5370b83fe4d2da8562b9fde6f964a/union-makes-proposal-icahn-it-says-will-save-taj.

63 David Cay Johnston, *The Making of Donald Trump*, x.

64 Ibid., 86.

65 Ibid., 87.

66 Ibid., 87-88.

67 Ibid., 89.

68 Ibid., 90.

69 Ibid., 93.

70 Ibid.

71 "화폐 부족의 고충은 장래를 생각하지 않고 돈 씀씀이가 헤픈 사람만의 문제가 아니다. 그것은 전 상업 소도시, 나라 전체에 일어날 수 있는 현상이다. 화폐 부족 현상은 자금이나 판매 능력 등을 초과하여 거래할 때 흔히 일어나는 일이다. ……거래에서 얻는 수익이 보통 때보다 클 때, 초과 거래는 상인이나 소상인 모두에게서 일어나는 일반적 실책이다. ……그들은 보통 때보다 훨씬 많은 물건을 외상으로 사들인다. ……그들은 돈을 융통하려고 여기저기 뛰어다닌다. ……손에 쥔 것이 하나도 없어서 돈을 얻을 수 없고 견실한 차용증조차 쓸 수 없다. ……마침내 돈을 꾸기 어려울 뿐 아니라 채권자도 돈을 받기 어려운 지경에 이른다. ……창고에 많은 상품을 가지고 있는 상인은 제때 그것을 팔 수 없어서 망한다." 애덤 스미스,《국부론The Wealth of Nations》 (New York: P.F. Collier & Son, 1902), 135–137.

72 Neil Postman, *Amusing Ourselves to Death: Public Discourse in the Age of Show Business* (New York: Penguin Books, 1985),155–156.

7장 | 자유

1   George Eliot, *Middlemarch* (New York: The Modern Library, 1992), 799.

2   Willard Gaylin, *In the Service of Their Country: War Resisters in Prison* (New York: Viking Press, 1970), 330.

3   Rob Kall, "Chomsky Talks about Psychopaths and Sociopaths," *Op Ed News*, February 15, 2014, www.opednews.com/articles/Chomsky-Talks-about-Psych-by-Rob-Kall-Corporations_Health-Mental-Sociopath-Narcissim_Narcissism_Psychopath-140215-378.html.

4   Walker Percy, *Love In the Ruins* (New York: Farrar, Straus and Giroux, 1971), 107.

5   Reinhold Niebuhr, *Beyond Tragedy: Essays on the Christian Interpretation of History* (New York: C. Scribner's Sons, 1937), 41.

6   Ibid., 83.

7   Ibid., 14.

8   Ibid., 6.

9   Ibid., 16.

10 Ibid., 221.

11 Ibid., 132.

12 Ibid., 136.

13 Ibid., 186.

14 Ibid., 18.

15 Ibid.

16 Ibid., 15.

17 Ibid., 17.

18 Ibid., 107.

19 Ibid., 19.

20 Ibid., 12.

21 Ibid., 233.

22 Walker Percy, *Love In the Ruins*, 56-57.

23 Saul Alinsky paraphrasing British Prime Minister Lord Palmerston in David Brown, *Palmerston and the Politics of Foreign Policy, 1846–1855* (Manchester: Manchester University Press, 2002), 82–83.

24 Michael Gecan, "Back of the Yards: Lessons from a Community Organizer on Building Political Power," *Boston Review*, January 4, 2017, http://bostonreview.net/politics/michael-gecan-back-yards.

25 William Yardley, "The $3.7-billion pipeline that became a rallying cry for tribes across America," *Los Angeles Times*, September 13, 2016, http://www.latimes.com/nation/la-na-sej-dakota-access-pipeline-20160912-snap-story.html.

26 Serena Marshall, Evan Simon, and Morgan Winsor, "Trump Moves to Advance Keystone XL, Dakota Access Pipelines," *ABC News*, January 24, 2017, http://abcnews.go.com/Politics/trump-advances-keystone-xl-dakota-access-pipelines/story?id=45008003.

27 Julia Carrie Wong, "Police remove last Standing Rock protesters in military-style takeover," *The Guardian*, February 23, 2017, https://www.theguardian.com/us-news/2017/feb/23/dakota-access-pipeline-camp-cleared-standing-rock.

28 Blake Nicholson, "Tribal head who led Dakota Access pipeline fight voted out," *Associated Press*, September 28, 2017, https://www.apnews.com/8c6c1a5bb28e48beab1bac4c1b2bfc60/Tribal-head-who-led-Dakota-Access-pipeline-fight-voted-out.

29 Gregor Aisch and K. K. Rebecca Lai, "The Conflicts Along 1,172 Miles of the Dakota Access Pipeline," *New York Times*, March 20, 2017, https://www.nytimes.com/interactive/2016/11/23/us/dakota-access-pipeline-protest-map.html.

30 Ibid.

31 Mark Trahant, "Blood and Land: The Story of Native America by JCH King – review," *The Guardian*, December 15, 2016, https://www.theguardian.com/books/2016/dec/15/blood-and-land-the-story-of-native-america-jch-king-review.

32 Ibid.

33 Charlie Northcott, "Standing Rock: What next for protests?" *BBC News*, December 5, 2016, http://www.bbc.com/news/world-us-canada-38214636.

34   Catherine Thorbecke, "141 Arrested at Dakota Access Pipeline Protest as Police Move In," *ABC News*, October 28, 2016, http://abcnews.go.com/US/tensions-mount-protesters-police-controversial-pipeline/story?id=43078902.

35   "995 people shot dead by police in 2015," *Washington Post*, https://www.washingtonpost.com/graphics/national/police-shootings/.

36   "The Counted People killed by police in the US," *The Guardian*, https://www.theguardian.com/us-news/ng-interactive/2015/jun/01/the-counted-police-killings-us-database/

37   Daniel Bier, "How Many Americans Do the Cops Kill Each Year?" *Newsweek*, July 16, 2016, http://www.newsweek.com/how-many-americans-do-cops-kill-each-year-480712.

38   "Deaths in Police Custody," INQUEST, http://inquest.gn.apc.org/statistics/deaths-in-police-custody.

39   Alex S. Vitale, *The End of Policing* (New York: Verso, 2017), 52.

40   William D. Cohan, "How Wall Street's Bankers Stayed Out of Jail," *The Atlantic*, September 2015, https://www.theatlantic.com/magazine/archive/2015/09/how-wall-streets-bankers-stayed-out-of-jail/399368/.

41   NPR Staff, "In Book's Trial Of U.S. Justice System, Wealth Gap Is Exhibit A," *NPR*, April 6, 2014, http://www.npr.org/2014/04/06/297857886/in-books-trial-of-u-s-justice-system-wealth-gap-is-exhibit-a.

42   David Nakamura and Niraj Chokshi, "Obama orders review of military equipment supplied to police," *Washington Post*, August 23, 2014, https://www.washingtonpost.com/politics/obama-orders-review-of-military-equipment-supplied-to-police/2014/08/23/6316b8aa-2b03-11e4-8593-da634b334390_story.html?utm_term=.453e6d9165fc.

43   Alex S. Vitale, *The End of Policing*, 28.

44   Ibid., 14-15.

45   Adam Smith, *An Inquiry Into the Nature and Causes of the Wealth of Nations* (Chicago: University of Chicago Press, 1977), 299.

46   Alex S. Vitale, *The End of Policing*, 53.

47   Michelle Alexander, *The New Jim Crow* (New York: The New Press, 2012), 224–225.

48   Michelle Ye Hee Lee, "Does the United States really have 5 percent of the world's population and one quarter of the world's prisoners?" *Washington Post*, April 30, 2015, https://www.washingtonpost.com/news/fact-checker/wp/2015/04/30/does-the-united-states-really-have-five-percent-of-worlds-population-and-one-quarter-of-the-worlds-prisoners/?utm_term=.2715e6056446.

49   "The Thirteenth Amendment," https://constitutioncenter.org/interactive-constitution/amendments/amendment-xiii.

50   Valerie Strauss, "Update: Columbia University divesting from private prison companies. Why other schools should too," *Washington Post*, September 13,

2015, https://www.washingtonpost.com/news/answer-sheet/wp/2015/07/15/columbia-university-divesting-from-private-prison-companies-why-other-schools-should-too/?utm_term=.157a9d486e2d.

51 "CCA Announces 2012 Third Quarter Financial Results and Provides Update on Potential REIT Conversion," Corrections Corporations of America and Subsidiaries website, http://ir.correctionscorp.com/phoenix.zhtml?c=117983&p=irol-newsArticle&ID=1755801.

52 Al Lewis, "How insiders will feast on Aramark's third IPO," *Market Watch*, September 11, 2013, https://www.marketwatch.com/story/third-time-may-not-be-the-charm-for-aramark-ipo-2013-09-11.

53 "Aramark Completes Merger News Release," U.S. Securities and Exchange Commission website, January 26, 2007, https://www.sec.gov/Archives/edgar/data/1144528/000119312507014322/dex99a10.htm.

54 Sadhbh Walshe, "How lawmakers and lobbyists keep a lock on the private prison business," *The Guardian*, September 27, 2012, https://www.theguardian.com/commentisfree/2012/sep/27/lawmakers-lobbyists-keep-lock-private-prison-business.

55 "Criminal: How Lockup Quotas and 'Low-Crime Taxes' Guarantee Profits for Private Prison Corporations," In the Public Interest, https://www.inthepublicinterest.org/criminal-how-lockup-quotas-and-low-crime-taxes-guarantee-profits-for-private-prison-corporations/.

56 Carl Takei, "Happy Birthday to the Corrections Corporation of America? Thirty Years of Banking on Bondage Leaves Little to Celebrate," *ACLU*, January 29, 2013, https://www.aclu.org/blog/mass-incarceration/happy-birthday-corrections-corporation-america-thirty-years-banking-bondage.

57 Ibid.

58 Fredreka Schouten, "Private prisons back Trump and could see big payoffs with new policies," *USA Today*, February 23, 2017, https://www.usatoday.com/story/news/politics/2017/02/23/private-prisons-back-trump-and-could-see-big-payoffs-new-policies/98300394/.

59 Carl Takei, "Anonymous Exposes U.S.'s Biggest Private Prison Company as a Bad Financial Investment."

60 "Private Prisons in the United States," The Sentencing Project, August 28, 2017, https://www.sentencingproject.org/publications/private-prisons-united-states/.

61 "The Influence of the Private Prison Industry in the Immigration Detention Business," Detention Watch Network, http://www.detentionwatchnetwork.org/pressroom/reports/2011/private-prisons.

62 Sebastian Murdock and Hayley Miller, "Louisiana Sheriff Wants 'Good' Prisoners to Stay Jailed for Their Free Labor," *Huffington Post*, October 12, 2017, https://www.huffingtonpost.com/entry/louisiana-sheriff-steve-prator-prisoners_us_59dfa0bee4b0fdad73b2cded.

63 Celina Fang, "The California Inmates Fighting The Wine Country Wildfires," *The Marshall Project*, October 23, 2017, https://www.themarshallproject. org/2017/10/23/the-california-inmates-fighting-the-wine-country-wildfires.

64 Matt Wotus and Monte Plott, California inmates help battle raging wildfires, *CNN*, October 18, 2017, http://www.cnn.com/2017/10/13/us/california-fires-inmate-firefighters/index.html.

65 "Inmate Telephone Service," Federal Communications Commission, https://www.fcc.gov/consumers/guides/inmate-telephone-service.

66 Cecilia Kang, "Court Strikes Obama-Era Rule Capping Cost of Phone Calls from Prison," *New York Times*, June 13, 2017, https://www.nytimes.com/2017/06/13/technology/fcc-prison-phone-calls-regulations.html.

67 John Dannenberg, "Nationwide PLN Survey Examines Prison Phone Contracts, Kickbacks," *Prison Legal News*, April 15, 2011, https://www.prisonlegalnews.org/news/2011/apr/15/nationwide-pln-survey-examines-prison-phone-contracts-kickbacks/.

68 Ibid.

69 Ibid.

70 "Recidivism," Office of Justice Programs, https://www.nij.gov/topics/corrections/recidivism/Pages/welcome.aspx.

71 Marie Gottschalk, *Caught: The Prison State and the Lockdown of American Politics* (Princeton, NJ: Princeton University Press, 2015), 20.

72 Melvin Ray, "Free Alabama Movement," http://www.freealabamamovement.com/FREE%20ALABAMA%20MOVEMENT.pdf.

73 Staughton Lynd, *Lucasville: The Untold Story of a Prison Uprising* (Oakland, CA: PM Press, 2011),12.

74 Mark Oppenheimer, "'Blood in the Water,' a Gripping Account of the Attica Prison Uprising," *New York Times*, August 18, 2016, https://www.nytimes.com/2016/08/19/books/blood-in-the-water-a-gripping-account-of-the-attica-prison-uprising.html.

75 Alfred McCoy, *In the Shadows of the American Century: The Rise and Decline of US Global Power* (Chicago: Haymarket Books, 2017), 234.

76 Ibid., 235-236.

77 Ibid., 235

78 "At Our Own Peril: DoD Risk Assessment in a Post-Primacy World," Strategic Studies Institute, https://ssi.armywarcollege.edu/pdffiles/PUB1358.pdf.

79 Alfred McCoy, *In the Shadows of the American Century*, 230.

80 Zbigniew Brzezinski, *Strategic Vision: America and the Crisis of Global Power* (New York: Basic Books, 2012), 44–45.

81 Alfred McCoy, *In the Shadows of the American Century*, 241.

82 Ibid.

83 Ibid.

84 Ibid.

85 Arthur Donald Innes, *A History of England and the British Empire. VOL. IV: 1802–1914* (Charleston, SC: Nabu Press, 2010), 55.

86 Alfred McCoy, *In the Shadows of the American Century*, 227.

87 Ibid.

88 Ibid., 227–228.

89 Niall Ferguson, *Colossus: The Rise and Fall of the American Empire* (New York: Penguin Books, 2004), 14.

90 Alfred McCoy, *In the Shadows of the American Century*, 239.

91 Ibid., 240.

92 Karl Liebknecht, *Ausgewählte Reden und Aufsätze* (Selected Speeches and Essays) (Berlin: Dietz Verlag,1952), 296–301.

93 Dwight Macdonald, *The Root is Man: Two Essays in Politics* (New York: Cunningham Press, 1953), 30.

94 George Breitman, ed., *Malcolm X Speaks: Selected Speeches and Statements* (New York: Grove Press, 1965), 145.

95 Elliott Roosevelt, ed., *F.D.R., His Personal Letters 1928–1945* (New York: Kraus Reprint Company, 1970), 118.

96 Peter Hudis and Kevin B. Anderson, ed., *The Rosa Luxemburg Reader* (New York: Monthly Review Press, 2004), 198.

97 Robert Looker, ed., *Rosa Luxemburg: Selected Political Writings* (London: Jonathan Cape, 1972), 45.

98 Peter Hudis and Kevin B. Anderson, ed., *The Rosa Luxemburg Reader*, 180.

99 다음에서 인용. Paul Mattick, *Anti-Bolshevik Communism* (Pontypool, UK: Merlin Press, 1978), 143–44.

100 Paul Frölich, ed., *Rosa Luxemburg*, translated by Johanna Hoornweg (Chicago: Haymarket Books, 2010), 249.

101 Charles Derber, *Welcome to the Revolution: Universalizing Resistance for Social Justice and Democracy in Perilous Times* (New York: Routledge, 2017), 289.

102 Joseph A. Buttigieg, ed., *Antonio Gramsci Prison Notebooks, vol. 2* (New York: Columbia University Press, 1996), 32–33.

103 James H. Cone, *The Cross and the Lynching Tree* (New York: Orbis Books, 2011), 2.

104 Sam Whimster, ed., *The Essential Weber: A Reader* (New York: Routledge, 2004), 269.

105 Eric Foner, *Battles for Freedom: The Use and Abuse of American History* (New York: The Nation Company, 2017), 201.

106 Ibid., 206.

107 Søren Kierkegaard, *The Sickness Unto Death* (New York: Start Publishing LLC, 2012), 19.

108 Ibid., 143

참고문헌

Alexander, Michelle. *The New Jim Crow*. New York: The New Press, 2012.

Allison, Aimee, and David Solnit. *Army of None: Strategies to Counter Military Recruitment, End War and Build a Better World*. New York: Seven Stories Press, 2007.

Arendt, Hannah. *Men in Dark Times*. New York: Harcourt, Brace & Company, 1970.

———. *The Origins of Totalitarianism*. New York: Harcourt, 1976.

Baldwin, James. *The Devil Finds Work*. New York: Vintage Books, 2011.

———. The Fire Next Time. New York: The Dial Press, 1963.

———. *I Am Not Your Negro: A Companion Edition to the Documentary Film Directed by Raoul Peck*. New York: Vintage International, 2017.

———. *Notes of a Native Son*. Boston: Beacon Press, 1955.

———. *The Price of the Ticket: Collected Nonfiction, 1948–985*. New York: St. Martin's Press, 1985.

Becker, Ernest. *The Denial of Death*. New York: Free Press, 1973.

Benjamin, Walter. *Illuminations*. New York: Schocken Books, 1968.

———. *The Work of Art in the Age of Its Technological Reproducibility, and Other Writings on Media*. Cambridge, MA: Belknap Press, 2008.

Boorstin, Daniel J. *The Image: A Guide to Pseudo-Events in America*, New York: Vintage Books, 1987.

Bonhoeffer, Dietrich. *Ethics*. Minneapolis: Fortress Press, 2015.

Bray, Mark. *Antifa: The Anti-Fascist Handbook*. New York: Melville House, 2017.

Breitman, George, ed. *Malcolm X Speaks: Selected Speeches and Statements*. New York: Grove Press, 1965.

Brommel, Bernard J, ed. *Eugene V. Debs: Spokesman for Labor And Socialism*. Chicago: Charles H Kerr, 1978.

Brzezinski, Zbigniew. *Strategic Vision: America and the Crisis of Global Power*. New York: Basic Books, 2012.

Burroughs, William S. *Naked Lunch: The Restored Text*. New York: Grove Press, 1959.

Butler, Paul. *Chokehold: Policing Black Men*. New York: The New Press, 2017.

Buttigieg, Joseph A, ed. *Antonio Gramsci Prison Notebooks, Volume 2*. New York: Columbia University Press, 1996.

Caillois, Roger. *Man, Play, and Games*. Champaign: University of Illinois Press, 1958.

Camus, Albert. *The Plague*. Translated by Stuart Gilbert. New York: Vintage, 1991.

Carmichael, Stokely. *Ready for Revolution*. New York: Scribner, 2005.

Carroll, Lews. *The Complete Illustrated Works*. New York: Gramercy Books, 1982.

Churella, Albert J. *The Pennsylvania Railroad, Volume 1: Building an Empire, 1846–1917*. Philadelphia: University of Pennsylvania Press, 2012.

Cohn, Norman. *The Pursuit of the Millennium: Revolutionary Messianism in Medieval and Reformation Europe and Its Bearing on Modern Totalitarian Movements*. New York: Harper & Row, 1961.

Cone, James H. *The Cross and the Lynching Tree*. New York: Orbis Books, 2011.

Constantine, J. Robert, ed. *Gentle Rebel: Letters of Eugene V. Debs*. Champaign: University of Illinois Press, 1995.

Davis, Horace B, ed. *The National Question: Selected Writings by Rosa Luxemburg*. New York: Monthly Review Press, 1976.

Debs, Eugene V. *His Life, Writings and Speeches*. Chicago: Press of John F. Higgins, 1908.

Derber, Charles. *Welcome to the Revolution: Universalizing Resistance for Social Justice and Democracy in Perilous Times*. New York: Routledge, 2017.

Desai, Meghnad. *Marx's Revenge: The Resurgence of Capitalism and the Death of Statist Socialism*. New York: Verso, 2004.

Detlev Clemens and Brendan M. Purcell, eds. *The Collected Works of Eric Voegelin: Volume 31: Hitler and the Germans*. Columbia: University of Missouri Press, 1999.

Dilling, Elizabeth. *The Red Network: A "Who's Who" and Handbook of Radicalism for Patriots*. CreateSpace Independent Publishing Platform, 2010.

Dines, Gail. *Pornland: How Porn Has Hijacked Our Sexuality*. Boston: Beacon Press, 2011.

Dombrink, John, and William Norman Thompson. *The Last Resort: Success and Failure in Campaigns for Casinos*. Reno: University of Nevada Press, 1990.

Durkheim, Émile. *The Division of Labour in Society*. New York: Free Press, 1984.

———. *On Suicide*. New York: Penguin Classics, 2006.

Dyke, Nella Van, and Holly J. McCammon. *Strategic Alliances: Coalition Building and Social Movements Vol. 34*. Minneapolis: University of Minnesota Press, 2010.

Eliot, George. *Middlemarch*. New York: The Modern Library, 1992.

Evans, Richard J. *The Coming of the Third Reich*. New York: Penguin, 2003.

Foner, Eric. *Battles for Freedom: The Use and Abuse of American History*. New York: The Nation Company, 2017.

Ferguson, Niall. *Colossus: The Rise and Fall of the American Empire*. New York: Penguin Books, 2004.

Fine, Sidney. *Sit-down: The General Motors strike of 1936–1937*. Ann Arbor:

University of Michigan Press, 1969.

Forgacs, David. *Antonio Gramsci The Gramsci Reader Selected Writings 1916–1935*. New York: New York University Press, 2000.

Forman, James. *Locking Up Our Own: Crime and Punishment in Black America*. New York: Farrar, Straus and Giroux, 2017.

Freud, Sigmund. *Beyond the Pleasure Principle*. New York: W. W. Norton & Company, 1990.

Freud, Sigmund. *Civilization and Its Discontents*. Translated by James Strachey. New York: W. W. Norton & Company, 1961.

Frolich, Paul, ed. *Rosa Luxemburg*. Translated by Johanna Hoornweg. Chicago: Haymarket Books, 2010.

Gaylin, Willard. *In the Service of Their Country: War Resisters in Prison*. New York: Viking Press, 1970.

Gecan, Michael. *Going Public: An Organizer's Guide to Citizen Action*. New York: Anchor, 2004.

Goodell, Jeff. *The Water Will Come: Rising Seas, Sinking Cities and the Remaking of the Civilized World*. New York: Little, Brown and Company, 2017.

Gottschalk, Marie. *Caught: The Prison State and the Lockdown of American Politics*. Princeton, NJ: Princeton University Press, 2015.

Gramsci, Antonio. *Selections from the Prison Notebooks of Antonio Gramsci*. London: Lawrence & Wishart, 1971.

Gray, John. *Heresies: Against Progress And Other Illusions*. London: Granta UK Publications, 2004.

Greenberg, Brian, Gordon Reavley, Richard Greenwald, Linda S. Watts, Alice George, Scott Beekman, Cecelia Bucki, Mark Ciabattari, John Charles Stoner, Troy D. Paino, Laurie Mercier, Peter C. Holloran, Andrew Hunt, and Nancy Cohen. *Social History of the United States*. Santa Barbara, CA: ABC-CLIO, 2008.

Hall, Stuart, *Charles Critcher and Tony Jefferson. Policing the Crisis: Mugging, the State and Law and Order*. New York: Palgrave Macmillan, 2013.

Hedges, Chris. *American Fascists: The Christian Right and the War on America*. New York: Free Press, 2006.

Hobbes, Thomas. *The Elements of Law, Natural and Politic: Part I, Human Nature, Part II, De Corpore Politico; With Three Lives*. New York: Oxford University Press, 1999.

Hoyt, Edwin Palmer. *The Palmer Raids, 1919–1920: An Attempt to Suppress Dissent*. New York: Seabury Press, 1969.

Hudis, Peter and Kevin B. Anderson, eds. *The Rosa Luxemburg Reader*. New York: The Monthly Review Press, 2004.

Hugo, Victor. *Les Misérables*. Translated by Norman Denny. New York: Penguin, 1976.

Innes, Arthur Donald. *A History of England and the British Empire. Volume 4:*

1802–1914. Charleston, SC: Nabu Press, 2010.

Jensen, Derrick. *The Culture of Make Believe*. Hartford, VT: Chelsea Green Publishing, 2004.

Johnston, David Cay. *The Making of Donald Trump*. Brooklyn, NY: Melville House, 2016.

Junger, Ernst. *Storm of Steel*. Translated by Michael Hofmann. London: Penguin Classics, 2004.

Kierkegaard, Soren. *Sickness Unto Death*. New York: Start Publishing LLC, 2012.

Kyle, Chris. *American Sniper: The Autobiography of the Most Lethal Sniper in U.S. Military History*. New York: William Morrow, 2012.

Lakey, George and Martin Oppenheimer. *A Manual for Direct Action: Strategy and Tactics for Civil Rights and All Other Nonviolent Protest Movements*. Chicago: Quadrangle Books, 1965.

Lasch, Christopher. *The Culture of Narcissism: American Life in an Age of Diminishing Expectations*. New York: W. W. Norton & Company, 1979.

Lesieur, Henry. *The Chase*. Rochester, VT: Schenkman Books Inc., 1984.

Liebknecht, Karl. *Ausgewählte Reden und Aufsätze*. Berlin: Dietz Verlag, 1952.

Lifton, Robert Jay. *The Broken Connection: On Death and the Continuity of Life*. Arlington, VA: American Psychiatric Publishing, 1996.

Lifton, Robert Jay. *Death in Life: Survivors of Hiroshima*. Chapel Hill: University of North Carolina Press, 1991.

Lifton, Robert Jay, and Richard A. Falk. *Indefensible Weapons: The Political and Psychological Case Against Nuclearism*. New York: Basic Books, 1982.

Looker, Robert, ed. *Rosa Luxemburg: Selected Political Writings*. London: Jonathan Cape, 1972.

Lynd, Staughton. *Lucasville: The Untold Story of a Prison Uprising*. Oakland, CA: PM Press, 2011.

Macdonald, Dwight. *The Root Is Man: Two Essays in Politics*. Cunningham Press, 1953.

Mattick, Paul. *Anti-Bolshevik Communism*. Pontypool, UK: Merlin Press, 1978.

Marquez, Gabriel Garcia. *The Autumn of the Patriarch*. Penguin Books, 1975.

Marx, Karl. *A Contribution to the Critique of Political Economy*. Translated from the Second German Edition by N. I. Stone. Chicago: Charles H. Kerr & Company, 1911.

Marx, Karl. *Capital: A Critique of Political Economy, Volume 3*. Translated by David Fernbach. New York: Vintage Books, 1981.

Marx, Karl. *Capital*. Translated by Ben Fowkes. New York: Vintage Books, 1977.

Marx, Karl. *The German Ideology*. Edited by C. J. Arthur. New York: International Publishers, 1970.

Marx, Karl, and Friedrich Engel. *Manifesto of the Communist Party*. Chicago: Charles H. Kerr & Company, 1906.

Mattick, Paul. *Anti-Bolshevik Communism*. Pontypool, UK: Merlin Press, 1978.

McCoy, Alfred W. *In the Shadows of the American Century: The Rise and Decline of US Global Power*. Chicago: Haymarket Books, 2017.

Meerloo, Joost A. M. *The Rape of the Mind: The Psychology of Thought Control, Menticide, and Brainwashing*. New York: Martino Fine Books, 2015.

Miller, Jason. *That Championship Season*. New York: Atheneum, 1972.

Mishra, Pankaj. *Age of Anger: A History of The Present*. New York: Farrar, Straus and Giroux, 2017.

Moran, Rachel. *Paid For*. New York: W. W. Norton & Company, 2013.

Morris, Brian. *Religion and Anthropology: A Critical Introduction*. Cambridge, UK: Cambridge University Press, 2006.

Mutari, Ellen, and Deborah M. Figart. *Just One More Hand: Life in the Casino Economy*. New York: Rowman & Littlefield, 2015.

Niebuhr, Reinhold. *Beyond Tragedy: Essays on the Christian Interpretation of History*. New York: C. Scribner's Sons, 1937.

Niebuhr, Reinhold. *The Structure of Nations and Empires*. New York: Scribner, 1959.

Parker, Carleton Hubbell. *The Casual Laborer: And Other Essays*. New York: Harcourt, Brace and Howe, 1920.

Pascal, Blaise. *Pascal's Pensées*. New York: E. P. Dutton & Co., 1958.

Percy, Walker. *Love In the Ruins*. Farrar, Straus and Giroux: New York, 1971.

Plato. *The Republic. London: Oxford University Press*, 1972.

———. *The Republic. Translated* by G.M.A. Grube, revised by C.D.C. Reeve. Indianapolis:
Hackett Publishing Company, Inc., 1992.

Postman, Neil. *Amusing Ourselves to Death: Public Discourse in the Age of Show Business*. New York: Penguin Books, 1985.

Quinones, Sam. *Dreamland: The True Tale of America's Opiate Epidemic*. New York: Bloomsbury Press, 2015.

Radosh, Ronald, ed. *Debs*. Englewood Cliffs, NJ: Prentice-Hall, 1971.

Rauschenbusch, Walter. *A Theology for the Social Gospel*. New York: The Macmillan Company, 1917.

Reich, Wilhelm. *The Mass Psychology of Fascism*. New York: Farrar, Straus and Giroux, 1980.

Rondinone, Troy. *The Great Industrial War: Framing Class Conflict in the Media, 1865–1950*. New Brunswick: Rutgers University Press, 1973.

Roosevelt, Elliot, ed. (assisted by Joseph P. Lash), *F.D.R. His Personal Letters, 1928–945*. New York: Duell, Sloan and Pearce, 1950.

Roszak, Theodore. *The Making of a Counter Culture*. New York: Anchor Books, 1969.

Rothman, Hal, and Mike Davis. *The Grit Beneath the Glitter: Tales from the Real Las Vegas*. Berkeley: University of California Press, 2002.

Said, Edward W. *Orientalism*. New York: Vintage Books, 1979.

Salvatore, Nick. Eugene V. *Debs: Citizen and Socialist*. Chicago: University of Illinois Press, 1984.

Santucci, Antonio A., ed. *Antonio Gramsci*. New York: Monthly Review Press, 2010.

Schmidt, Regin. *Red Scare: FBI and the Origins of Anticommunism in the United States, 1919–1943*. Copenhagen: Museum Tusculanum Press, 2000.

Schorske, Carl. *Fin-de-Siècle Vienna: Politics and Culture*. New York: Alfred A. Knopf, 1980.

Schumpeter, Joseph. *Capitalism, Socialism, and Democracy*. Crows Nest, Australia: Allen & Unwin, 1976.

Schull, Natasha Dow. *Addiction by Design: Machine Gambling in Las Vegas*. Princeton, NJ: Princeton University Press, 2012.

Shaw, George Bernard. *Pygmalion and Major Barbara*. New York: Random House, 2008.

Simon, Bryant. *Boardwalk of Dreams: Atlantic City and the Fate of Urban America*. New York: Oxford University Press, 2006.

Simon, Jonathan. *Governing Through Crime: How the War on Crime Transformed American Democracy and Created a Culture of Fear*. Oxford, UK: Oxford University Press, 2009.

Smith, Adam. *An Inquiry Into the Nature and Causes of the Wealth of Nations*. Chicago: University of Chicago Press, 1977.

Smith, Adam. *The Wealth of Nations, Part Two*. New York: P.F. Collier & Son, 1902.

Solnit, Rebecca. *Men Explain Things to Me*. Chicago: Haymarket Books, 2014.

St. Clair, Jeffrey. *Grand Theft Pentagon: Tales of Corruption and Profiteering in the War on Terror*. Monroe: Common Courage Press, 2005.

Stewart, H. F., ed. *Pascal's Apology for Religion: Extracted from the Pensees*. Cambridge, UK: Cambridge University Press, 1942.

Taibbi, Matt. *Insane Clown President: Dispatches from the 2016 Circus*. New York: Spiegel & Grau, 2017.

Tainter, Joseph. *The Collapse of Complex Societies*. Cambridge: Cambridge University Press, 1990.

Theweleit, Klaus. *Male Fantasies, Vol. 2: Male Bodies—Psychoanalyzing the White Terror*. Minneapolis: University Of Minnesota Press, 1989.

Thomas, Brad. *The Trump Factor: Unlocking the Secrets Behind the Trump Empire*. New York: Post Hill Press, 2016.

Tuchman, Barbara W. *The Proud Tower: A Portrait of the World Before the War, 1890–1914*. New York: Random House, 2014.

Valtin, Jan. *Out of the Night: The Memoir of Richard Julius Herman Krebs Alias Jan Valtin*. Oakland, CA: AK Press, 2004.

Van Dyke, Nella, and Holly J. McCammon. *Strategic Alliances: Coalition Building and Social Movements Vol. 34*. Minneapolis: University of Minnesota Press,

2010.

Vitale, Alex S. *The End of Policing*. New York: Verso, 2017.

Voltaire. *Miracles and Idolatry*. London: Penguin UK, 2005.

Wallace, David Foster. *Infinite Jest*. New York: Back Bay Books, 1996.

Weil, Simone. *Gravity and Grace*. London: Routledge & Kegan Paul, 1952.

Whimster, Sam, ed. *The Essential Weber: A Reader*. New York: Routledge, 2004.

Wolin, Sheldon S. *Democracy Incorporated: Managed Democracy and the Specter of Inverted Totalitarianism*. Princeton, NJ: Princeton University Press, 2008.

Wolin, Sheldon S. *Politics and Vision: Continuity and Innovation in Western Political Thought*. Princeton, NJ: Princeton University Press, 2004.

Wright, Ronald. *A Short History of Progress*. New York: Carroll & Graf, 2005.

Zinn, Howard. *A People's History of the United States*. New York: Harper Perennial Modern Classics, 2015.

Zinn, Howard, and Anthony Arnove. *Voices of a People's History of the United States*. New York: Seven Stories Press, 2009.

미국의 미래

초판 1쇄 펴낸날   2019년 10월 30일
2판 1쇄 펴낸날   2019년 11월 21일

지은이   크리스 헤지스
옮긴이   최유신
펴낸이   박재영
편집   이정신 임세현
마케팅   김민수
디자인   당나귀점프
교정교열   박은영
제작   제이오

펴낸곳   도서출판 오월의봄
주소   경기도 파주시 회동길 363-15 201호
등록   제406-2010-000111호
전화   070-7704-2131
팩스   0505-300-0518

이메일   maybook05@naver.com
트위터   @oohbom
블로그   blog.naver.com/maybook05
페이스북   facebook.com/maybook05

ISBN   979-11-87373-99-5 03300

이 도서의 국립중앙도서관 출판시도서목록(CIP)은 e-CIP홈페이지(http://nl.go.kr/ecip)와
국가자료공동목록시스템(http://www.nl.go.kr/kolisnet)에서 이용하실 수 있습니다.
(CIP 제어번호 : CIP2019041133)

• 책값은 뒤표지에 있습니다. 잘못된 책은 바꾸어 드립니다.